תלמוד בבלי

— מהדורת נאה —

פסחים חלק א

Steinsaltz Center

KOREN

Please note that the number ranges that appear at the bottom of each daf of the Vilna pages indicate the corresponding pages of the Koren Talmud Bavli translation and commentary.

תלמוד בבלי

הוצאת קורן ירושלים

— מהדורת נאה —

מסכת פסחים

דף ב. עד דף כא.

COMMENTARY BY

Rabbi Adin Even-Israel Steinsaltz

EDITOR-IN-CHIEF

Rabbi Dr Tzvi Hersh Weinreb

EXECUTIVE EDITOR

Rabbi Joshua Schreier

•

STEINSALTZ CENTER

KOREN PUBLISHERS JERUSALEM

אור

א לְאַרְבָּעָה עָשָׂר בּוֹדְקִין אֶת הֶחָמֵץ לְאוֹר הַנֵּר. כָּל מָקוֹם שֶׁאֵין מַכְנִיסִין בּוֹ חָמֵץ — אֵין צָרִיךְ בְּדִיקָה. *וּבַמָּה אָמְרוּ ב' שׁוּרוֹת בַּמַּרְתֵּף — מָקוֹם שֶׁמַּכְנִיסִין בּוֹ חָמֵץ, בֵּית שַׁמַּאי אוֹמְרִים: ב' שׁוּרוֹת עַל פְּנֵי כָּל הַמַּרְתֵּף, וּבֵית הִלֵּל אוֹמְרִים: שְׁתֵּי שׁוּרוֹת הַחִיצוֹנוֹת, שֶׁהֵן הָעֶלְיוֹנוֹת.§

גמ' מַאי אוֹר? רַב הוּנָא אָמַר: נַגְהֵי, וְרַב יְהוּדָה אָמַר: לֵילֵי. קָא סַלְקָא דַּעְתָּךְ דְּמַאן דְּאָמַר נַגְהֵי — נַגְהֵי מַמָּשׁ, וּמַאן דְּאָמַר לֵילֵי — לֵילֵי מַמָּשׁ. מֵיתִיבִי: (בראשית מד) "הַבֹּקֶר אוֹר וְהָאֲנָשִׁים שֻׁלְּחוּ", אַלְמָא: אוֹר יְמָמָא הוּא! מִי כְּתִיב "הָאוֹר בֹּקֶר"? "הַבֹּקֶר אוֹר" כְּתִיב, כְּמַאן דְּאָמַר: צַפְרָא נְהַר. וְכִדְרַב יְהוּדָה אָמַר רַב, דְּאָמַר רַב יְהוּדָה אָמַר רַב: *לְעוֹלָם יִכָּנֵס אָדָם בְּכִי טוֹב וְיֵצֵא בְּכִי טוֹב. מֵיתִיבִי: (ש"ב כג) "וּכְאוֹר בֹּקֶר יִזְרַח שָׁמֶשׁ" אַלְמָא אוֹר יְמָמָא הוּא! מִי כְּתִיב "אוֹר בֹּקֶר"? "וּכְאוֹר בֹּקֶר" כְּתִיב. וְהָכִי קָאָמַר: וּכְאוֹר בֹּקֶר בָּעוֹלָם הַזֶּה — כְּעֵין זְרִיחַת שֶׁמֶשׁ לַצַּדִּיקִים לָעוֹלָם הַבָּא. מֵיתִיבִי: (בראשית א) "וַיִּקְרָא אֱלֹהִים לָאוֹר יוֹם" אַלְמָא אוֹר יְמָמָא הוּא! הָכִי קָאָמַר: *לַמֵּאִיר וּבָא קְרָאוֹ יוֹם. אֶלָּא מֵעַתָּה "וְלַחֹשֶׁךְ קָרָא לָיְלָה" — לַמַּחְשִׁיךְ וּבָא קָרָא לָיְלָה?! וְהָא קַיְימָא לַן דְּעַד צֵאת הַכּוֹכָבִים יְמָמָא הוּא! אֶלָּא הָכִי קָאָמַר: קַרְיֵיהּ רַחֲמָנָא לִנְהוֹרָא; וּפַקְדֵיהּ אַמִּצְוָתָא דִּימָמָא, וְקַרְיֵיהּ רַחֲמָנָא לַחֲשׁוֹכָא וּפַקְדֵיהּ אַמִּצְוָתָא דְּלֵילְיָא. מֵיתִיבִי: (תהלים קמח) "הַלְלוּהוּ כָּל כּוֹכְבֵי אוֹר" אַלְמָא אוֹר אוּרְתָּא הוּא! הָכִי קָאָמַר: הַלְלוּהוּ כָּל כּוֹכָבִים הַמְּאִירִים. אֶלָּא מֵעַתָּה, כּוֹכָבִים הַמְּאִירִים הוּא דְּבָעוּ שַׁבּוּחֵי, שֶׁאֵינָן מְאִירִין — לָא בָּעוּ שַׁבּוּחֵי?! וְהָא כְּתִיב: (שם) "הַלְלוּהוּ כָּל צְבָאָיו"! אֶלָּא הָא קמ"ל: דְּאוֹר דְּכוֹכָבִים נַמִי אוֹר הוּא. לְמַאי נָפְקָא מִינַּהּ — לְנוֹדֵר מִן הָאוֹר, (דִּתְנַן) [א]: הַנּוֹדֵר מִן הָאוֹר — אָסוּר בְּאוֹרָן שֶׁל כּוֹכָבִים. מֵיתִיבִי: (איוב כד) "לָאוֹר יָקוּם רוֹצֵחַ יִקְטָל עָנִי וְאֶבְיוֹן וּבַלַּיְלָה יְהִי כַגַּנָּב"

הָא

רש"י

אור לְאַרְבָּעָה עָשָׂר. גָּרְסִי': לְאוֹר הַנֵּר. בַּגְּמָרָא (דף ז:) מְפָרֵשׁ טַעְמָא: בּוֹדְקִין. שֶׁלֹּא יַעֲבוֹר עָלָיו בְּ"בַל יֵרָאֶה" וּבְ"בַל יִמָּצֵא": וּבַמָּה אָמְרוּ. לְקַמָּן בְּמַתְנִיתִין: שְׁתֵּי שׁוּרוֹת. שֶׁל חָבִיּוֹת הַסְּדוּרוֹת בְּמַרְתֵּף שֶׁל יַיִן, צָרִיךְ לִבְדּוֹק בֵּינֵיהֶם. אַחֲרֵי שֶׁאָמַרְנוּ כָּל מָקוֹם שֶׁאֵין מַכְנִיסִין בּוֹ חָמֵץ אֵין צָרִיךְ לִבְדּוֹק, לָמָה הוּצְרְכוּ לְבוֹדְקָן? וּמְפָרֵשׁ: לֹא אָמְרוּ אֶלָּא בְּמַרְתֵּף שֶׁמַּכְנִיסִין בּוֹ חָמֵץ, כְּגוֹן מַרְתֵּף שֶׁמִּסְתַּפֵּק מִמֶּנּוּ יַיִן לְשׁוּלְחָנוֹ. וּפְעָמִים שֶׁהַשַּׁמָּשׁ עוֹמֵד לִמְזוֹג יַיִן, וּפִתּוֹ בְּיָדוֹ, וּכְשֶׁהַיַּיִן כָּלֶה נִכְנָס לַמַּרְתֵּף לְהָבִיא יַיִן: שְׁתֵּי שׁוּרוֹת עַל פְּנֵי כָל הַמַּרְתֵּף. בַּגְּמָ' (דף ח:) מְפָרֵשׁ מַאי הִיא: שְׁתֵּי שׁוּרוֹת הַחִיצוֹנוֹת כו'. מְפָרֵשׁ בַּגְּמָ' (שם): **גמ'** ה"ג: קָא סַלְקָא דַּעְתָּךְ מַאן דְּאָמַר נַגְהֵי נַגְהֵי מַמָּשׁ. כְּשֶׁיָּאִיר הַשַּׁחַר, שַׁחֲרִית שֶׁל י"ד: מַאן דְּאָמַר לֵילֵי לֵילֵי מַמָּשׁ לָא גָּרְסִי', דְּהָא וַדַּאי לֵילֵי הוּא מַמָּשׁ: הַבֹּקֶר אוֹר. קס"ד דְּה"ק: וְלַבֹּקֶר דְּהַיְינוּ אוֹר, כְּלוֹמַר: שֶׁשְּׁמוֹ אוֹר, הָאֲנָשִׁים שׁוּלְּחוּ: מִי כְּתִיב הָאוֹר בֹּקֶר. דְּלִשְׁתַּמַּע וְלָאוֹר דְּהַיְינוּ בֹּקֶר, דְּמִיתְלֵי לוֹמַר דְּאוֹר שֵׁם דָּבָר הוּא, וְקָרֵי לַבֹּקֶר אוֹר: הַבֹּקֶר אוֹר כְּתִיב. הַאי אוֹר לָאו שֵׁם דָּבָר הוּא, אֶלָּא הַבֹּקֶר הֵאִיר וְהָאֲנָשִׁים שׁוּלְּחוּ. כְּמַאן דְּאָמַר צַפְרָא נְהַר. וּלְפִי דַרְכּוֹ לִימֶּדְךָ הַכָּתוּב דֶּרֶךְ אֶרֶץ מֵאַחֵי יוֹסֵף שֶׁהִמְתִּינוּ עַד שֶׁהֵאִיר הַמִּזְרָח כִּדְרַב יְהוּדָה. אֲבָל אוֹר שֶׁהוּא שֵׁם דָּבָר — אֵינוֹ אֶלָּא לַיְלָה: בְּכִי טוֹב. הַיּוֹצֵא לַדֶּרֶךְ יִכָּנֵס עַרְבִית לְבֵית מָלוֹן בְּעוֹד הַחַמָּה זוֹרַחַת, וּלְמָחָר יַמְתִּין עַד הָנֵץ הַחַמָּה וְיֵצֵא. וְזֶה טוֹב לוֹ, שֶׁהָאוֹר טוֹב לוֹ, שֶׁנֶּאֱמַר בָּאוֹר "כִּי טוֹב". וּמַה הִיא טוֹבָתוֹ — מִפְּנֵי הַחַיּוֹת וּמִפְּנֵי הַלִּסְטִים: וּכְאוֹר בֹּקֶר. הַשְׁתָּא מַשְׁמַע לָן דְּשֵׁם דָּבָר הוּא, וְהָכִי קָאָמַר דָּוִד: וּכְאוֹר זֶה, דְּהַיְינוּ בֹּקֶר — כֵּן יִזְרַח שֶׁמֶשׁ לַצַּדִּיקִים שֶׁיַּצִּילוּ מְאַפֵּילָתָן לָעוֹלָם הַבָּא: מִי כְּתִיב אוֹר בֹּקֶר. דְּהַיְינוּ שֵׁם דָּבָר, וְנֵימָא אוֹר הוּא בֹּקֶר, וְכֵן יִזְרַח שֶׁמֶשׁ: וּכְאוֹר בֹּקֶר כְּתִיב. וְאֵין זֶה שֵׁם דָּבָר, אֶלָּא כְּמֵאִיר שֶׁל בֹּקֶר יִזְרַח שֶׁמֶשׁ, כְּשֶׁמַּתְחִיל הַבֹּקֶר לְהָאִיר בָּעוֹלָם הַזֶּה וְהוּא חֹשֶׁךְ וְאֹפֶל, בַּעֲלוֹת הַשַּׁחַר נוֹגַהּ — כִּזְרִיחַת הַשֶּׁמֶשׁ שֶׁל עַכְשָׁיו תִּהְיֶה אוֹתָהּ שָׁעָה לַצַּדִּיקִים לֶעָתִיד לָבֹא. לְפִי שֶׁיְּהֵא אוֹר הַחַמָּה גָּדוֹל מְאֹד, וַאֲפִילּוּ עֲלוֹת הַשַּׁחַר שֶׁלָּהּ יָאִיר כְּהָנֵץ הַחַמָּה שֶׁל עַכְשָׁיו: לַמֵּאִיר וּבָא קְרָאוֹ יוֹם. מִשָּׁעָה שֶׁמַּתְחִיל לְהָאִיר, וְהַאי אוֹר — לָאו שֵׁם דָּבָר הוּא: וְהָא קַיְימָא לַן. בְּשְׁמַעְתָּא קַמַּיְיתָא דִּבְרָכוֹת: עַד צֵאת הַכּוֹכָבִים יְמָמָא. כִּדְכְתִיב "מֵעֲלוֹת הַשַּׁחַר וְעַד צֵאת הַכּוֹכָבִים" דְּעֶזְרָא (נחמיה ד): אֶלָּא. תְּרֵיץ הָכִי: קַרְיֵיהּ רַחֲמָנָא לִנְהוֹרָא כו'. הַאי "וַיִּקְרָא" — לָאו קְרִיאַת שֵׁם הוּא, דְּתֵימָא שֶׁקָּרָא אֶת שֵׁם הָאוֹר יוֹם, אֶלָּא: קָרָא לַבְּרִיָּה הַמְּאִירָה, שֶׁבָּרָא מֵהוֹד מַעֲטֵה לְבוּשׁוֹ: וּפַקְדֵיהּ אַמִּצְוָתָא דִּימָמָא. נָוֶה לְשַׁמֵּשׁ בַּיּוֹם, וְלַחוֹשֶׁךְ נָוֶה לְשַׁמֵּשׁ בַּלַּיְלָה. קָרָא — כְּמֶלֶךְ שֶׁקָּרָא לְעַבְדּוֹ שֶׁיָּבֹא לְפָנָיו: הָא קמ"ל דְּאוֹר כּוֹכָבִים נַמִי אוֹר הוּא. לְעוֹלָם כּוֹכָבִים הַמְּאִירִים קָאָמַר, וּדְקָא קַשְׁיָא לָךְ הָא שֶׁאֵינָן מְאִירִין לֹא — הָא דְּנָקַט כּוֹכְבֵי אוֹר לָאו לְמַעוּטֵי כּוֹכָבִים שֶׁאֵינָן מְאִירִין, דְּכָל כּוֹכָבִים יֵשׁ לָהֶם אוֹר, וְלֵיכָּא לְמַעוּטֵי מִידֵי, וּקְרָא אַשְׁמְעִינַן דְּאוֹר כּוֹכָבִים קָרוּי אוֹר, וְנָפְקָא מִינַּהּ לְנוֹדֵר הֲנָאָה מִן הָאוֹר שֶׁיֵּאָסֵר בְּאוֹרָן שֶׁל כּוֹכָבִים:

מִדְּקָאָמַר

תוספות

אור לארבעה עשר בודקין את החמץ. פ"ה: שלא לעבור עליו בבל יראה ובל ימצא. וקשה לר"י: כיון דצריך ביטול, כדאמר בגמ' (דף ו:): הבודק צריך שיבטל, ומדאורייתא בביטול בעלמא סגי, אמאי הצריכו חכמים בדיקה כלל? ונראה לר"י: דאע"ג דסגי בביטול בעלמא — החמירו חכמים לבדוק חמץ ולבערו, שלא יבא לאכלו. וכן משמע לקמן (דף י:), דבעי רבא: ככר בשמי קורה וכו' או דלמא: זימנין דנפל ואתי למיכליה. והטעם שהחמירו כאן טפי מבשאר איסורי הנאה, שלא הצריכו לבערם — משום דחמץ מותר כל השנה, ולא נאסר רק בפסח, ולא בדילי מיניה. כדאמר לקמן (דף יא.). ולא דמי לבשר בחלב וערלה וכלאי הכרם — שאיסורם נוהג איסור עולם. *ונזיר נמי — איסוריה שרי לאחריני. אי נמי: שאני חמץ שהחמירה בו תורה לעבור ב"בל יראה ובל ימצא" — החמירו חכמים לבדוק ולבערו אפילו היכא דביטלו, משום דילמא אתי למיכליה. ונראה לרשב"א דאפילו לפי טעם האחרון צ"ל דהחמירו חכמים בכל חמץ, אפי' בחמץ נוקשה, ועל ידי תערובת — אף על גב דליכא בל יראה לפר"ת בריש "אלו עוברין" (דף מג.) דהא אמר שיאור ישרף — והיינו חמץ נוקשה, כדמוכח התם. ואיכא למ"ד נמי התם דכ"ש חמץ גמור על ידי תערובת. משמע דאסור להשהותו, דאי מותר להשהותו — אמאי ישרף? ישהה אותו עד אחר הפסח, ויהא מותר אפילו לרבי יהודה. דלא אסר רבי יהודה חמץ אחר הפסח אלא בחמץ גמור, דאיכא ג' קראי לתוך זמנו ולפני זמנו ולאחר זמנו (לקמן דף כח:). אבל בנוקשה, דליכא אלא חד קרא — אפי' ר' יהודה מודה:

קא סלקא דעתך מ"ד נגהי וכו'. לא נקט קס"ד אלא משום מאן דאמר נגהי, דלא קאי הכי. ואגב אורחיה נקט נמי לילי ממש. ומש"ה אין לשבש הספרים:

וכדרב יהודה. לא קאי אמאי דמשני כדאמר צפרא נהר, אלא מילתא באפי נפשה היא, ומפרש מה השמיענו הפסוק לכ"ע:

יכנס בכי טוב. אור"י: דבפרק "הכונס" (דף ס. ושם:) משמע דטעם הוי משום מזיקין. דמפיק ליה התם מ"לא תצאו איש מפתח ביתו" וקרא משום מזיקין קא מזהיר, דמפקינן מיניה התם כיון שניתן רשות למשחית וכו'. ולפי זה, אפילו מעירו אדם צריך ליזהר שילא בכי טוב. והא דנקט כניסה תחלה — היינו משום דאורחא דגמרא למינקט הכי, כמו מטפס ועולה ומטפס ויורד בפרק "עושין פסין" (דף כא.) דנקט עליה תחלה, ובפ' "במה מדליקין" (דף לד:): בין השמשות כהרף עין, זה נכנס וזה יוצא. וקשה: הא דריש רב יהודה הא דרשה גופה מקרא אחרינא ד"לא תצאו" בפרק "הכונס" (דף ס. ושם:)! ואומר רשב"א: דצריכי תרי קראי, הבקר אור — צריך לעיר אחרת, ואפי' היכא דליכא למיחש למזיקין, כגון אחי יוסף דהוו י"א, והטעם מפני הפחתים. וקרא דלא תצאו — איצטריך לעירו, ומפני המזיקין:

וכאור בקר בעולם הזה. פי' ר"ת: דהיינו עד חצי היום, כדמוכח בפ' "תמיד נשחט" (דף נח.) דעד ו' שעות נקרא בקר, כעין זה יהיה תחלת זריחת השמש, דהיינו הנץ החמה, לצדיקים לעתיד לבא:

והא קיימא לן עד צאת הכוכבים יממא הוא. אומר ר"י: דפשיטא ליה לגמרא דעד צאת הכוכבים יממא, משום דמסקינן בספ"ב דמגילה (דף כ:) דמעלות השחר יום הוא, דכתיב: "ואנחנו עושים במלאכה מעלות השחר עד צאת הכוכבים", ואומר: "והיה לנו הלילה משמר והיום מלאכה". ומהתם נמי מוכח דעד צאת הכוכבים יום הוא. ולא קשה מההוא קרא לתנאי דפרק "במה מדליקין" (דף לד: ולה.) דקאמר ר' יהודה משתשקע החמה, כל זמן שפני מזרח מאדימין. ואיכא למאן דאמר התם: שני חלקי מיל, שהוא לפי הנראה שעה גדולה לפני צאת הכוכבים — דאין אנו בקיאין בצאת הכוכבים, כדאמר התם: לא כוכבים גדולים הנראין ביום ולא כוכבים קטנים הנראין בלילה — אלא בינונים:

(כדתנן) [כדתניא] הנודר מן האור. מיהו, היכא דלשון בני אדם אינו כלשון המקרא — אזלינן אחר לשון בני אדם, כדאמרינן בערכין (ד' יט:) גבי האומר משקל ידי עלי, מדאורייתא — קיבורת כולה. בנדרים — הלך אחר לשון בני אדם, דהיינו עד האציל*:

אי

עין משפט נר מצוה

א א מיי' פ"ב מהלכות חמץ ומצה הלכה ג סמג עשין לט טור וש"ע א"ח סי' תלג סעיף א:

רבינו חננאל

(**אור** ל) ארבעה עשר בודקין את החמץ לאור הנר כו' [מאי אור] רב הונא אמר נגהי רב יהודה אמר לילי. אף על גב דאסיקנא לדברי הכל אור אורתא הוא קס"ד דמאן דאמר נגהי קסבר האי אור צפרא הוא ומאן דאמר לילי קסבר לילי הוא. ואותבינן עליה והכתיב הבקר אור ואיך תאמר האור לילי הוא ופריק מי כתיב האור בקר דשמעת מינה שהאור בקר הוא הבקר אור כתיב ופי' הבקר האיר ולא כי האור הוא הבקר: **מיתיבי** וכאור בקר יזרח שמש אלמא אור יממא הוא ושנינן וכאור בקר כתיב. כלומר כאור בקר קודם זריחת שמש לצדיקים לעתיד לבוא הוא כעין זריחת שמש בעולם הזה נמצא זריחת שמש בעולם הזה כעין אור בקר קודם זריחת שמש לצדיקים לעתיד לבוא: **ויקרא** אלהים לאור יום ושני' למאיר ובא קראו יום. כלומר משיאיר היום [בבקר] קרא יום: **הללוהו** כל כוכבי אור. פי' בא הכתוב להודיע דאפילו זוהר הכוכבים נקרא אור נפקא מינה לנודר דאמר מר הנודר מן האורה אסור באורן של כוכבים:

מסורת הש"ס

תורה אור

[במשנה שבמשניות וכרי"ף איתא ולמה]

ב"ק ס: תענית י: ע"ש

מגילה כ:

[דתניא]

[כדתניא]

[וע"ע תוס' יבמות עא. ד"ה והכי מולין]

הגהות מהר"י לנדא

א] גמרא לנודר הנודר מן האור. אין זה לא משנה ולא ברייתא (ועי' לל"ח):

גליון הש"ס

גמ' ור"י אומר לילי. עי' תוי"ט תרומות פ"ח מ"ג: **רש"י** ד"ה בכי טוב וכו' מפני החיות ומפני הלסטים. עיין יומא כא ע"א ברש"י ד"ה היוצא יחידי: **תום'** ד"ה אור לי"ד וכו' שלא יבא לאכלו. עי' לקמן י ע"ב תוס' ד"ה ואם לא בדק:

הא מדקאמר "ובלילה יהי כגנב" — אלמא אור יממא הוא! התם הכי קאמר: אי פשיטא לך מילתא כנהורא, דאנפשות קאתי — רוצח הוא וניתן להצילו בנפשו, ואי מספקא לך מילתא כליליא — יהי בעיניך כגנב, ולא ניתן להצילו בנפשו. מיתיבי: °"יחשכו כוכבי נשפו יקו לאור (איוב ג) ואין ואל יראה בעפעפי שחר" מדקאמר "יקו לאור ואין" — אלמא אור יממא הוא! התם מילט הוא דקא לייט ליה איוב למזליה, אמר: יהא רעוא דליצפיה הך גברא לנהורא ולא לישכחיה. מיתיבי: °"ואומר אך חשך ישופני (תהלים קלט) ולילה אור בעדני" אלמא אור יממא הוא! התם הכי קאמר דוד: אני אמרתי אך חשך ישופני לעוה"ב שהוא דומה ליום, עכשיו *— העולם הזה שהוא דומה ללילה אור בעדני. מיתיבי, *ר' יהודה אומר: בודקין אור (לארבעה) [ארבעה] עשר, ובארבעה עשר שחרית, ובשעת הביעור. מדקאמר רבי יהודה: "בודקין אור ארבעה עשר ובארבעה עשר שחרית" אלמא אור אורתא הוא! ש"מ. מיתיבי: *מאימתי ארבעה עשר אסור בעשיית מלאכה? ר' אליעזר בן יעקב אומר: משעת האור. רבי יהודה אומר: [א]משעת הנץ החמה. אמר ליה ר"א בן יעקב לרבי יהודה: וכי היכן מצינו יום שמקצתו אסור בעשיית מלאכה ומקצתו מותר בעשיית מלאכה? [ולקמן נה.] אמר ליה: הוא עצמו יוכיח, שמקצתו מותר באכילת חמץ ומקצתו אסור באכילת חמץ. מדקאמר רבי יהודה משעת הנץ החמה, אלמא: אור דקאמר ר"א בן יעקב — אורתא הוא! לא, מאי אור — עמוד השחר. אי הכי, דקאמר ליה: היכן מצינו יום שמקצתו מותר בעשיית מלאכה ומקצתו אסור בעשיית מלאכה, [ולקמן לט:] *נימא איהו לנפשיה, הא איכא לילה דקא שרי ר"א בן יעקב! ה"ק: בשלמא לדידי — אשכחנא דקא פלגי רבנן בין יממא לליליא, (דתנן) [דתניא] *גבי תענית צבור: [ב]עד מתי אוכל ושותה — עד שיעלה עמוד השחר. דברי ר' אליעזר בן יעקב. ר' שמעון אומר: עד קרות הגבר. אלא לדידך, היכא אשכחנא יממא גופיה דפלגי ביה רבנן? אמר ליה: הוא עצמו יוכיח, שמקצתו מותר באכילת חמץ ומקצתו אסור באכילת חמץ. שפיר קאמר ליה ר' יהודה לר"א! הכי קאמר ליה רבי אליעזר: אמינא לך אנא מלאכה דרבנן, ואת אמרת לי חמץ דאורייתא, דעד הכא — אסר רחמנא ועד הכא — שרא רחמנא. ואידך — שעות דרבנן. ואידך — הרחקה הוא דעבוד רבנן לדאורייתא. *מיתיבי: אין משיאין משואות אלא על החדש שנראה בזמנו לקדשו, ואימתי משיאין משואות — לאור עבורו. אלמא: אור אורתא הוא! ש"מ. מיתיבי: *[ג]היה עומד כל הלילה ומקריב על המזבח, לאורה טעון קידוש ידים ורגלים, דברי רבי! אורה שאני. § מיתיבי מר זוטרא: המפלת

מדקאמר ובלילה יהי כגנב. מכלל דאור דרישיה דקרא יממא הוא. והכי קאמר: ביום, כשעוברי דרכים הולכים – עומד רוצח בפני הדרכים והורגן ונוטל את ממונם. ובלילה הוא נעשה כגנב, לחתור בתים ולגנוב: הכי קאמר. מה שנתנה לך תורה רשות על הבא במחתרת להורגו, כדכתיב (שמות כב) "אם במחתרת ימצא הגנב והוכה ומת אין לו דמים", אם ברור לך הדבר כאור שהוא בא על עסקי נפשות – דהיינו כל אדם חוץ מאב על הבן וכיוצא בו, שמכיר בו שהוא אוהבו מאד. אבל שאר כל אדם, אם היה בעל הממון עומד כנגדו להציל ממנו ממונו – זה עומד עליו והורגו – רוצח הוא, וניתן רשות לכל הקודם להציל את בעל הממון בנפשו של בא במחתרת. ובלילה, אם מספקא לך כלילה, כגון שאדם אוהבך שהוא חביב ורחמיו עליך, ואם היית עומד כנגדו להציל ממונך אינו הורגך – יהי בעיניך כגנב, ולא ניתן להורגו. והכי אמרינן בסנהדרין (דף עב:) דאב על הבן אינו נהרג במחתרת: כוכבי נשפו. כוכבי לילו: יקו לאור. יצפה ליום: עפעפי. זיהור: לנהורא. לדבר המאיר. ולא שיהיה שם היום אור, ולא קאמר יקו ליום – אלא יקו שיאיר ואין: ואומר אך חושך ישופני. ואומר – סבור הייתי בעולי כשהייתי נרדף, אך בחשך זה אמות; והוא ישופני – והוא יחשיך תמיד עלי, לשון נשף. ולילה וחשך שהייתי שרוי בו נעשה אור בעדני – אצלי. וגבי לילה שייך למימר יום. אלמא הכי קאמר דוד: הלילה נעשה לי יום: אני אמרתי. מפני חטאי, שאף מן העולם הבא אטרד. ועכשיו שמחל לי על אותו עון – אף מן העולם הזה, שהייתי שרוי בו בחשך ובחרפה – האיר בעדני, שהודיע הקב"ה לשונאי דוד בימי שלמה שמחל לדוד, כשבקש להכניס ארון לבית קדשי הקדשים ודבקו שערים זה בזה, במועד קטן (דף ט.*): בודקין. חמץ: מדקאמר ובי"ד שחרית מכלל דאור אורתא הוא. וטעמא דר' יהודה מפרש לקמן בפירקין: אסור בעשיית מלאכה. במקום שנהגו בו לנהוג איסור, דאמרינן לקמן (דף נ.): מקום שנהגו שלא לעשות מלאכה – אין עושין: משעת האור. אבל קודם לכן, אפילו נהגו – בטלה דעתן: מותר באכילת חמץ. עד שש שעות, כדלקמן בפרקין (ד' יא:): אורתא הוא. משתחשיכה ושקעה חמה של שלשה עשר: נימא איהו לנפשיה. היכן מצינו שהיום אסור והלילה מותר? הכי קאמר ליה. הך איסורא דרבנן היא, ולאו דאורייתא. ובשלמא לדידי, דאמינא משעת עמוד השחר – אשכחן בעלמא במידי דרבנן דהלילה מותר והיום אסור: דפלגי ביה רבנן. שנתנו חילוק בשיעורים, זה לאיסור וזה להיתר: אמינא לך אנא דרבנן. היכן הורגלו לעשות כן, דנימא דהכא נמי כך גזרו: ואת אמרת לי. ראיה במילי דאורייתא, שגזירת הכתוב כך היא, ואין זו מדת חכמים: שעות דרבנן. לבד איסור של תורה שהוא משש שעות ולמעלה, כדלקמן (ד' יא:): הוסיפו חכמים שתי שעות, כדתנן: אוכלין כל ארבע, ותולין כל חמש, ושורפין בתחלת שש. הרי לך בשל דבריהם שתי שעות אסורות, והארבע ראשונות לא אסרו: ואידך. ההוא לא דמי להכא, דהרחקה עבוד רבנן לדאורייתא משום יום המעונן ובני אדם שאינן בקיאין בשעות ויטעו בין שש לשבע, אבל באיסור זה – כולו דרבנן, אחר שגזרו איסור – כל היום גזרו: אין משיאין משואות. אבוקות בראשי הרים היו שלוחי בית דין עושין, להודיע שהיום קידשו בית דין את החדש: אלא על החדש שנראה בזמנו לקדשו. ביום שלשים, שנראה לקדש. דאילו כשהחדש מעובר ועושין ראש חדש ביום שלשים ואחד – אין מקדשין אותו, שכבר קידשוהו שמים. ומשמעינן האי תנא, דאחסר עבדינן משואות, ואמלא לא עבדינן משואות. וכשאין רואין משואות – יודעין שהחדש מעובר: לאור עבורו. ליל שעבר שלשים, להודיע שהיום נתקדש. (ליל) שלשים [ואחד] קרי (אור) עבורו – על שם שבו נעשה החדש מעובר כשאין קובעין בו את ראש חדש: אלמא אור אורתא הוא. דהא ביום אין משואות של אור נראין מרחוק: עומד ומקריב כל הלילה לאורה טעון קידוש ידים ורגלים. דקסבר רבי: לינה פוסלת בקידוש ידים ורגלים, וטעמא מפרש בזבחים: אורה שאני. היכא דתני אורה, לא פליג רב יהודה דהוא לשון יום:
המפלת

אי פשיטא לך דאנפשות קאתי. אומר ר"י וריב"א: דהאי קרא באב על הבן מיירי, דסתם אב מרחם על הבן ולא יהרגנו אם יעמוד נגדו להציל ממונו, ולכך לא ניתן להצילו בנפשו אלא כשיודע בברור שלהורגו בא. כדמוכח בפרק "בן סורר" (דף עב: ושם) דמוקי הברייתא דתניא: "אם זרחה עליו השמש" וכי עליו בלבד זרחה? אלא: אם ברור לך כשמש שאין לו שלום עמך – הרגהו, ואם לאו – אל תהרגהו באב על הבן. והכיא דתניא אם ברור לך שיש לו שלום עמך אל תהרגהו – מוקי בבן על האב:
מאימתי י"ד אסור בעשיית מלאכה. פירש רש"י: אסור בעשיית מלאכה במקום שנהגו. ואין נראה לר"י: דבפ' "מקום שנהגו" (דף נה.) מוכח בהדיא דרבי יהודה אית ליה איסורא ולא מנהגא ועוד תני *תנא איסורא ואת אמרת מנהגא ועוד ניחזי היכי נהוג. לכך נראה: דבאיסור ודאי פליגי ובגליל כי היכי דפליגי התם במתני' ב"ש וב"ה:
רבי אליעזר ב"י אומר משעת האור. למאי דמסקינן אור ממש נקט ר' אליעזר בן יעקב שיעור למילתיה בתחלת היום, ור' יהודה נקט הנץ החמה משעת כניסת פועלים למלאכה, שהוא אחר זריחת השמש. כדאמר ב"השוכר את הפועלים" (דף פג: ושם) פועל בכניסתו – משלו, ביליאתו – משל בעה"ב. פי': ביליאתו מביתו למלאכה, כדכתיב (תהלים קד) "תזרח השמש יאספון וגו' יצא אדם לפעלו". ולא הוי ר"א בן יעקב לא כב"ש ולא כב"ה, דבית שמאי אוסרין *הלילה וב"ה מתירין עד הנץ. ולמאי דס"ד דאור אורתא כב"ש – יאמר רבי אליעזר בן יעקב: לא נחלקו ב"ש וב"ה בדבר הזה:
היכן מצינו יום שמקצתו מות' ומקצתו אסו'. פי': היכא דליכא סברא כי הכא. וכן חמץ, דאקשי ליה מיניה. אבל היכא דאיכא סברא, כגון *לא יאכל אדם מן המנחה ולמעלה [ולקמן צט:] משום תיאבון, וכיוצא בו – לא מיירי:
אם

ב א מיי' פ"ח מהלכות יו"ט הלכה יח: [סמג לאוין עה]
ג ב מיי' פ"א מהלכות תענית הלכה ח סמג עשין דרבנן ג טוש"ע א"ח סי' תקסד:
ד ג מיי' פ"ה מהלכות ביאת מקדש הל' ח:

[ר"ה טו: ועי' תוס' שם ד"ה וכי]

רבינו חננאל

תא שמע בודקין אור ארבעה עשר ובארבעה עשר שחרית ובשעת הביעור מדקתני ובארבעה עשר שחרית מכלל דאור אורתא הוא ש"מ. וכיון שנתברר כי זה האור ששנינו במשנתנו אורתא הוא למה לי למימר עוד ת"ש. יש לומר כי לא מזו המשנה לבדה שמענו כי אור אורתא הוא אלא גם יש לנו ללמוד מזו האחרת: מאימתי ארבע' עשר אסור בעשיית מלאכה ר' אליעזר בן יעקב אומר משעת האור ר' יהודה אומר משעת הנץ החמה ש"מ מדקאמר ר"י משעת הנץ החמה מכלל דאור דקאמר ר' אליעזר בן יעקב אורתא הוא ודחי' מאי משעת האור דקאמר ר' אליעזר בן יעקב משיעלה עמוד השחר ויאיר אור היום והכי קאמר ליה בשלמא לדידי דאמינא בלילי י"ד שרי למיעבד מלאכה ובימא אסור אשכחן דשרו בליליא ואסרו בימא כי האי גונא בתענית דתניא עד מתי אוכל ושותה עד שיעלה עמוד השחר אלא לדידך היכא אשכחן משיעלה עמוד השחר עד הנץ החמה מותר ושאר היום אסור אמר ליה ר' יהודה הוא עצמו ערב הפסח יוכיח שהוא מותר באכילת חמץ עד ארבע שעות ומכאן ולהלן אסור ודחי ר' אליעזר שאני חמץ דהוא מדאורייתא והתורה התירה מקצת היום ואסרה מקצת היום ולא שמעי' אסור מדרבנן [דהיינו] המלאכה בארבעה עשר שהיא מדרבנן מן אכילת חמץ שהיא מן התורה אסורה ור' יהודה אמר לך אנא נמי לא אמרי אלא בשעה ששית שאיסורה מדרבנן שמן התורה אכילת חמץ מותר עד חצי היום דקיימא לן אך ביום הראשון אך חלק והנה מצאנו לרבנן ביום אחד שאסרו מקצתו ודחי ר' אליעזר לאו משום איסורא הוא אלא הרחקה עבוד כו': תא שמע אין משיאין משואות אלא על החדש שנראה בזמנו לקדשו ואימתי משיאין עליו לאור עבורו ש"מ אור אורתא הוא ועוד יש משנה אחרת כי אור אורתא הוא

[חגיגה יב: ב"מ פג:]
[לקמן י: מנחות סז:]
תוספתא פ"ג
[*שבת ל.]
[ב"ק מב:]
[תענית יב. ע"ש]
ר"ה כב:
זבחים יט: תוספתא יומא פ"א ומנחות פ"א
[יום שלשים קרי יום עבורו כל"ל עי' רש"י ר"ה כב:]

גמרא

*המפלת אור לשמונים ואחד, בית שמאי פוטרין מקרבן, ובית הלל מחייבים. אמרו (להן) בית הלל לבית שמאי: מאי שנא אור שמונים ואחד מיום שמונים ואחד? אם שוה לו לטומאה – לא ישוה לו לקרבן? מדקאמר ב"ה לב"ש: מאי שנא אור שמונים ואחד מיום שמונים ואחד, שמע מינה אור אורתא הוא! שמע מינה. מיתיבי: *יכול יהא נאכל אור לשלישי; ודין הוא: זבחים נאכלים ליום אחד, ושלמים נאכלים לשני ימים. מה להלן לילה אחר היום – אף כאן לילה אחר היום – ת"ל: °"ביום זבחכם יאכל וממחרת והנותר עד יום" – בעוד יום הוא נאכל, ואינו נאכל לאור שלישי. יכול ישרף מיד, ודין הוא: זבחים נאכלין ליום ולילה אחד, ושלמים נאכלין לשני ימים ולילה אחד, מה להלן – תיכף לאכילה שריפה, אף כאן – תיכף לאכילה שריפה – תלמוד לומר: °"והנותר מבשר הזבח ביום השלישי באש ישרף" – ביום אתה (שורף), ואי אתה שורפו בלילה. מדקאמר: "יהא נאכל אור לשלישי", אלמא: אור אורתא הוא! שמע מינה. תא שמע: *אור של יום הכפורים מתפלל שבע ומתודה, שחרית מתפלל שבע ומתודה, במוסף מתפלל שבע ומתודה, במנחה מתפלל שבע ומתודה, *בערבית מתפלל מעין שמונה עשר. ר' חנינא בן גמליאל אומר, משום אבותיו: מתפלל שמונה עשר שלימות, מפני שצריך לומר הבדלה בחונן הדעת. אלמא: אור אורתא הוא! שמע מינה. תא שמע, *דתני דבי שמואל: לילי ארבעה עשר בודקין את החמץ לאור הנר, אלמא: אור אורתא הוא! אלא: בין רב הונא ובין רב יהודה, דכולי עלמא: אור אורתא הוא. ולא פליגי, *מר כי אתריה ומר כי אתריה. באתריה דרב הונא קרו *נגהי, ובאתריה דרב יהודה קרו לילי. ותנא דידן מאי טעמא לא קתני "לילי"? *לישנא מעליא הוא דנקט. וכדר' יהושע בן לוי, דאמר ר' יהושע בן לוי: לעולם אל יוציא אדם דבר מגונה מפיו, *שהרי עקם הכתוב שמונה אותיות ולא הוציא דבר מגונה מפיו, שנאמר: °"מן הבהמה הטהורה ומן הבהמה אשר איננה טהורה". רב פפא אמר: תשע, שנאמר: °"כי יהיה בך איש אשר לא יהיה טהור מקרה לילה". רבינא אמר: עשר, וי"ו דטהור. רב אחא בר יעקב אמר: שש עשרה, שנאמר: °"כי אמר מקרה הוא בלתי טהור הוא כי לא טהור". תניא דבי רבי ישמעאל: לעולם יספר אדם בלשון נקיה, שהרי בזב קראו "מרכב" ובאשה קראו "מושב" ואומר: °"ותבחר לשון ערומים", ואומר: °"ודעת שפתי ברור מללו". מאי "ואומר"? וכי תימא: הני מילי – בדאורייתא, אבל בדרבנן לא – תא שמע: ואומר "ותבחר לשון ערומים". וכי תימא: הני מילי – בדרבנן, אבל במילי דעלמא – לא, *ואומר: "ודעת שפתי ברור מללו". ובאשה לא כתיב בה מרכב?! והכתיב: °"ותקם רבקה ונערתיה ותרכבנה על הגמלים"! התם משום ביעתותא דגמלים אורחא היא. והכתיב: °"ויקח משה את אשתו ואת בניו וירכיבם על החמור"! התם משום

רש"י

המפלת אור לשמונים ואחד. בכריתות בפרק קמא. דקיימא לן "זאת תורת היולדת" – מלמד שמביאה קרבן אחד על ולדות הרבה. יכול שתביא על הלידה שלפני מלאות ועל הלידה שלאחר מלאות קרבן אחד ולא יותר – תלמוד לומר: "זאת". שאם ילדה לאחר מלאות, כגון שטבלה לסוף שבועיים של נקבה ונתעברה והפילה, אם תוך מלאות הפילה – נפטרת בקרבן אחד, ואם לאחר מלאות הפילה – כבר נתחייבה בקרבן הראשון קודם לידה שניה, ולבסוף מלאות של לידה שניה תביא שתי קרבנות. ואם הפילה ליל של כניסת שמונים ואחד, שכבר עברה מלאות שלה אבל עדיין אינה ראויה להבאת קרבן, שאין קרבן נשחט בלילה: בית הלל מחייבי. שתי קרבנות, דלאחר מלאות קרינא ביה, ובית שמאי פוטרין אותה בקרבן אחד, כדמפרש טעמייהו: מאי שנא אור שמונים ואחד מיום שמונים וא'. הלא אתם מודים לנו שאם לא הפילה הלילה והפילה למחר – שחייבת, אף כשהפילה אור לשמונים ואחד – תתחייב, שהרי לכל דבר זמן היום והלילה שוים: אם שוה לו לטומאה לא ישוה לו לקרבן. בתמיה. ועוד ראיה אחרת: דהואיל ושוה לו לטומאה, שעד שקיעת החמה של שמונים דמיה טהורים, ואם תראה לאחר שקיעת החמה דמיה טמאין, כאילו היא רואה למחר. ולמה לא ישוה לו אף לקרבן? שכשם שאם תפיל למחר תתחייב – כך תתחייב על הוולד של לילו. ותשובת בית שמאי במסכת כריתות היא שנויה: לא, אם אמרתם ביום שמונים ואחד – שכן יצתה לשעה הראויה להביא בה קרבן, לפיכך נתחייבה בקרבן הראשון ושוב אין לידה השניה נפטרת בו. תאמרו במפלת אור לשמונים ואחד, שלא יצתה מידי וולד הראשון לשעה הראויה לקרבן. והדמים שאתם אומרים אינן מוכיחים – שהרי הפילה תוך מלאות דמיה של לידה טמאין, ופטורה מן הקרבן: אור לשלישי. לאור כניסתו של שלישי. ה"ג גרסינן אור לשלישי, ואשלמים קאי, דכתיב בהו "ביום זבחכם יאכל וממחרת", ולוה לשורפו לבוקרו של שלישי. יכול יהא נאכל ליל שלפניו: זבחים נאכלים ליום אחד. תודה, דכתיב "ביום קרבנו יאכל", ושלמים נאכלים לשני ימים. מה להלן לילה אחר היום, דכתיב בגופיה דקרא "לא יניח ממנו עד בוקר", הא כל הלילה – אוכל. וכן פסח "לא תותירו ממנו עד בוקר". אף כאן – לילה אחר הימים הכתובים בה: ת"ל וממחרת והנותר עד יום. בעוד שהוא יום "ממחרת" – אכול, ולא משתחשך: מה להלן תיכף לאכילה שריפה. כשכלה זמן אכילתן מתחיל זמן שריפתו, כדכתיב "והנותר ממנו עד בקר באש תשרופו": אף כאן. זמן אכילתו כלה ערבית, כדאמר, ונשרף בלילה: תלמוד לומר. ב"צו את אהרן", "ביום השלישי באש ישרף". כאן לא נאמר "עד יום", אלא "ביום", משום דהאי קרא לא איירי בזמן אכילה אלא בשריפה, להורות שביום הוא נשרף ולא בלילה. ולאורא דלעיל ב"קדושים תהיו": באתריה דרב הונא קרו. לאורתא נגהי: מאי טעמא לא תני לילי. כדתנא דבי שמואל? ומשני: אלישנא מעליא קא מיהדר. שמלוה, ודרך נקיי הדעת, לספר בלשון נקיה: דבר מגונה. לאו משום דלילי דבר מגונה הוא. והא דר' יהושע בן לוי – בעלמא איתמר. ומיהו, שמעינן מינה לשון חכמים לחזור אחר לשון נאה ונקי: אשר איננה טהורה. ולא כתיב "הבהמה הטמאה" כי אורחיה. הרי שמונה אותיות עקם: "הטמאה" חמש אותיות הן, "אשר איננה טהורה" שלש עשרה אותיות. ואע"ג דבאורייתא כתיב טמא – שני אורחיה בחד דוכתא, ללמדך לחזור על לשון נקיה: אשר לא יהיה טהור. הוה ליה למיכתב "איש טמא". וכי נמי משוית ל"טהור" חסר ו' – איכא עיקום תשע, שהרי שתים עשרה יש, וטמא אינו אלא שלש: ו' דטהור. דהא לא חסר הוא: כי אמר מקרה. טמא הוא לכתוב ולשתוק, ויש כאן עיקום י"ו אותיות: בזב כתיב (ויקרא טו) "וכל המרכב אשר ירכב", ובאשה כתיב (שם) "או על הכלי אשר היא יושבת", לפי שאין הגון להזכיר רכיבה ופיסוק רגלים באשה, ואע"פ שהמרכב והמושב שוין בטומאתם: ותבחר לשון ערומים. מלוה עליך כך: ברור מללו. ל' נקי ומבורר: מאי ואומר. למה לו "ואומר", הא נפקא ליה מקמא! ה"ק וכי תימא ה"מ בדאורייתא. תורה הקפידה בלשונה, שנאמרה מפי הגבורה, אבל חכמים במשנה וברייתא אין להקפיד על לשונם: ת"ש ותבחר לשון ערומים. שמענו שהערומים בוחרי לשון הם: משום ביעתותא דגמלים. שהוא גבוה, ומתיירא שלא תפול, אורחה דאשה לרכוב, כדי שתהא מחזקת בו בידים ורגלים:

משום

תוספות

אם שיוה לו לטומאה. חזרו ב"ה מזה הטעם מתשובתם של ב"ש, וטעמייהו כדתניא פ"ק דכריתות (דף ח.) "או לבת" – לרבות אור לשמונים ואחד: תלמוד לומר ביום. תימה: אמאי איצטריך "עד יום"? תיפוק ליה דאינו נאכל אור לשלישי מדאיצטריך ביום, דאי ס"ד דנאכל – פשיטא דאינה נשרפת באותו לילה, דתיכף לאכילה שריפה! ויש לומר: דאי לאו עד יום ה"א נאכל, ואיצטריך "ביום" למעוטי שלא ישרף בלילה של אחרי כן: שהרי בזב קראו מרכב וכו'. מרכב ומושב אין דינו שוה, דנוגע במרכב אין טעון כבוס בגדים, כדמוכח בתורת כהנים ובריש מסכת כלים*. והשתא קשה לר"י: היכי קאמר דבאשה קרוי מושב? אם ר"ל אפי' אוכף שיש לו דין מרכב, אף באשה שינה הכתוב לקרותו מושב, לדבר דרך כבוד, דהא לקמן משני משום ביעתותא דגמלא אורחא הוא. אלמא: לשנות הדבר ממה שהוא אין לכתוב דרך כבוד! ונראה לר"י דה"פ: ובאשה קראו מושב – מרבויא דקרא דמושב, דהכי איתא בתורת כהנים: "אשר היא יושבת עליו" – זה מושב, "כלי" – זה מרכב, לימדנו הכתוב לספר בלשון נקיה שלא כתבו בהדיא כמו בזב:

כל

עין משפט נר מצוה

ה א מיי' פ"ד מהלכות מחוסרי כפרה הלכה ח'*: סמ"ג עשין רי"ח:
ו ב מיי' פי"ז מהלכות מעשה הקרבנות הל' ו:
ז ג מיי' פי"ט מהלכות פסולי המוקדשין הלכה ז:
ח ד מיי' פ"ב מהלכות תפלה הלכה ז ופ"ג מהל' תשובה ה"ז טור או"ח סי' תרי"ט:
ט ה מיי' שם הלכה ד טוש"ע או"ח סי' תלג סעיף א:

[משנה ג]

[פי' כנוי הוא כמו שקורין לסומא סגי נהור והעיקר בה מן ולא יגה שביב אשו (איוב יח) ערוך]

מסורת הש"ס

כריתות ז: עדיו' פ"ד מ"ז
[להם]
זבחים נו: [ע"ש כמה שינויים]
[שורפו]
יומא פז: נדה ח:
ביומא ובנדה הגי' בנעילה מתפלל שבע ומתודה
[לקמן ז: ע"ש]
[שבת קנב. ב"ב טו: יומא נה. נדרים מט: ב"מ מ. קיז. ב"ב יב: מנחות קז: בכורות קו: חולין סו.]
*[ברכות יא: יומא עה: יבמות יא: קג. סה. כתובות יג. סה. גיטין עו: ב"מ לא. סנהד' נג. תמורה ל.]
[ת"ש ואומר כו']

גליון הש"ס

גמ' שהרי עקם הכתוב. עי' מדרש רבה ריש פ' אמור:

רבינו חננאל

דתנן בכריתות פ' המפלת לאור שמונים ואחד ב"ש פוטרין מן הקרבן וב"ה מחייבין כו' פי' יולדת נקבה שטבלה לאחר י"ד ושמשה ונתעברה והפילה לילי פ"א כלומר שלמו פ' יום ימי טוהר ובמוצאי פ' בלילה לילי פ"א הפילה ב"ש פוטרין מן הקרבן על זה הנפל שהיו אומרים הקרבן שהיא מביאה על הלידה פוטר זה הנפל שהרי ביום פ"א נתחייבה בקרבן הלידה וכל מה שהיה מקודם אותו הקרבן פוטרם זה הקרבן וב"ה [מחייבין דהלילה] כיום פ"א הוא חשוב הלא אם ראתה דם לילי פ"א דם נדה הוא ולא דם טוהר פירוש הנה הלילה והיום שוין לטומאה כי ראיתה לילי פ"א וראיתה יום פ"א שוין לטומאה נדה היא בין ביום בין בלילה כך אם הפילה לילי פ"א כאלו יום פ"א הפילה וכשם שחייבת קרבן אחר המפלת יום פ"א כך חייבת קרבן המפלת לילי פ"א ומדקאמרי ב"ה מאי שנא [אור] פ"א מיום פ"א ש"מ אור אורתא הוא ש"מ: [ועוד] ת"ש דתניא יכול יהא זבח השלמים נאכל לאור שלישי ודין הוא וכו' ונסיב ליה תלמודא ת"ל והנותר מבשר הזבח ביום השלישי באש ישרף ביום אתה שורפו ואי אתה שורפו בלילה ש"מ אור אורתא הוא ש"מ. פשוטה היא מיהו אנו מפרשי' ראש דברים התודה נאכלת ביום שנשחטת ובלילה והנותר בבקר נשרף שנאמר ובשר זבח תודת שלמיו ביום קרבנו יאכל וגו' דינה להאכל יום שנשחטה וכל הלילה ובקר שהוא תכף לאכילתה כלומר עכשיו כשנאסר באכילתה תהיה שרפתה וזהו זבחים נאכלין ליום אחד כך זבח השלמים נאכלין לשני ימים ולילה אחד שנאמר ביום הקריבו את זבחו יאכל וממחרת נאכלין בו ביום שנשחטין ובלילה ומחר וכיון שחשך נאסר באכילתן הייתי אומר ישרפו אותה הלילה ותהא שריפתן תיכף לאיסור אכילתן ת"ל והנותר ביום השלישי באש ישרף ביום ישרף ולא בלילה ש"מ אור אורתא הוא ש"מ: ת"ש אור יום הכפורים מתפלל שבע ומתודה וכו' ועוד תא שמע לילי ארבעה עשר בודקין את החמץ לאור הנר ש"מ אור אורתא הוא שמע מינה. ותנא דידן אמאי קרי ללילה אור ואמרינן לישנא מעליא כלומר לא בעי למיתנא לילה שהוא חשך אלא קראו לחשך אור כגון דקרו לסמיא סגיא נהורא וכדאמרינן אל יוציא אדם דבר מגונה מפיו שהרי עקם הכתוב שמונה אותיות שנאמר ומן הבהמה אשר איננה טהורה שהן י"ג אותיות ואלו כתב בה"א הטמאה היה די לו ומפני מה הוסיף שמונה אותיות משום שלא להזכיר שם טומאה. ודברי רב פפא ורבינא ורב אחא כענין הזה ופשוטין הן: בזב קראו מרכב שנאמר וכל המרכב אשר ירכב עליו יטמא ובאשה כתיב (ויקרא טו כ) וכל אשר תשב עליו יטמא ומפני מה לא הזכיר באשה מרכב שהמרכב הוא בפיסוק רגלים והוא דרך גנאי באשה הזכרת פיסוק רגלים במקום שאפשר לו להזכירו בלשון שבח אבל ברכיבת הגמל וכיוצא בה משום פחד שמתיראה לרכוב דרך ישיבה שלא תפול אי אפשר שלא להזכיר רכיבה אין עליו כלום. ואקשינן אטו

טמא

משום בניו אורחא הוא. והכתיב: °"והיא רכבת על החמור"! התם משום ביעתותא דליליא – אורחא הוא. ואיבעית אימא: משום ביעתותא דליליא – ליכא, משום ביעתותא דדוד – איכא. ואיבעית אימא: ביעתותא דדוד נמי ליכא, משום ביעתותא דהר איכא. ובאורייתא מי לא כתיב טמא? אלא: כל היכא דכי הדדי נינהו – משתעי בלשון נקיה, כל היכא דנפישין מילי – משתעי בלשון קצרה. כדאמר רב הונא אמר רב, ואמרי לה אמר רב הונא אמר רב משום ר"מ: [א]לעולם *ישנה אדם לתלמידו דרך קצרה. וכל היכא דכי הדדי נינהו משתעי בלשון כבוד? והא רוכבת ויושבת דכי הדדי נינהו, וקאמר רוכבת! "רכבת" כתיב. הנהו תרי תלמידי דהוו יתבי קמיה דרב, חד אמר: שויתינן האי שמעתא כדבר אחר מסנקן, וחד אמר: שויתינן האי שמעתא כגדי מסנקן. ולא אישתעי רב בהדי דהאיך. הנהו תרי תלמידי דהוו יתבי קמיה דהלל וחד מינייהו רבן יוחנן בן זכאי, ואמרי לה: קמיה דרבי וחד מינייהו רבי יוחנן. חד אמר: מפני מה בוצרין בטהרה ואין מוסקין בטהרה? וחד אמר: מפני מה בוצרין בטהרה ומוסקין בטומאה? אמר: מובטח אני בזה שמורה הוראה בישראל. ולא היה ימים מועטים עד שהורה הוראה בישראל. הנהו תלתא כהני, חד אמר להו: הגיעני כפול, וחד אמר: הגיעני כזית, וחד אמר: הגיעני כזנב הלטאה. בדקו אחריו ומצאו בו שמץ פסול. והא (תניא): *[ב]אין בודקין מן המזבח ולמעלה! לא תימא "שמץ פסול" אלא אימא "שחץ פסול". ואי בעית אימא: שאני התם – דאיהו דארע נפשיה. ההוא ארמאה דהוה סליק ואכיל פסחים בירושלים, אמר, כתיב: °"כל בן נכר לא יאכל בו", °"כל ערל לא יאכל בו" ואנא הא קאכילנא משופרי שופרי. אמר ליה רבי יהודה בן בתירא: מי קא ספו לך מאליה? אמר ליה: לא. כי סלקת להתם אימא להו: ספו לי מאליה. כי סליק אמר להו: מאליה ספו לי. אמרו ליה: *[ג]אליה לגבוה סלקא. אמרו ליה: מאן אמר לך הכי? אמר להו: רבי יהודה בן בתירא. אמרו: מאי האי דקמן? בדקו בתריה ואשכחוהו דארמאה הוא, וקטלוהו. שלחו ליה לרבי יהודה בן בתירא: שלם לך ר' יהודה בן בתירא, דאת בנציבין ומצודתך פרוסה בירושלים! רב כהנא חלש, שדרוה רבנן לר' יהושע בריה דרב אידי, אמרו ליה: זיל בדוק מאי דיניה. אתא אשכחיה דנח נפשיה. קרעיה ללבושיה, ואהדריה לקרעיה לאחוריה, ובכי ואתי. אמרו ליה: נח נפשיה? אמר להו: אנא לא קאמינא, °"ומוציא דבה הוא כסיל". יוחנן חקוקאה נפק לקרייתא, כי אתא אמרו ליה: חיטין נעשו יפות? אמר להם: שעורים נעשו יפות. אמרו ליה: צא ובשר לסוסים ולחמורים! דכתיב: °"השעורים והתבן לסוסים ולרכש". מאי הוי ליה למימר? אשתקד נעשו חיטין יפות. אי נמי: עדשים נעשו יפות.§ רב

תורה אור: ש"א כה | שמות יב | שם | משלי י | מלכים א ה

רש"י

משום בניו. שהן זכרים, כתב לשון רכיבה: דכי הדדי נינהו. שאין אורך בלשון לא מן המגונה – משתעי בלשון כבוד: וכל היכא כו'. והני דלעיל עיקם – ללמדך שצריך לחזר אחר לשון נקי. ובשאר מקומות כתיב לשון מגונה וקצר – ללמדך שישנה אדם לתלמידו לשון קצרה, לפי שמתקיימת גירסא שלה יותר מן הארוכה: רכבת כתיב. ואע"ג דמצי למיכתב נמי "ישבת" חסר, מיהו: כל חסירות שבתורה לדרוש הן באין, וכאן למדך בחסרון זה שמתפוס לשון קצרה ואפילו הוא מגונה, שהרי כאן תפס לשון מגונה וקצר: בגדי מסנקן. °כגדי עייף. סינוק לשון עייפות, ודומה לו: גד גדי וסינק לא, בגמרא דשבת בפרק "במה אשה יוצאה" (דף סז:) = התגבר מזלי ואל תהי עייף: מפני מה בוצרים בטהרה. בכלים טהורים: ואין מוסקין בטהרה. בזיתים קא קרי מסיקה. ואין צריך למוסקן בטהרה, כדאמר במסכת שבת ב"יציאות שבת" (ד' יז.) דלא חשיב מוהל היוצא מהן להכשיר, שאינו שמן גמור אלא היוצא ע"י הבד, אבל יין הזב על הענבים – מכשירן, דניחא ליה ביה: הגיעני כפול. מלחם הפנים, לחלקי: שמץ פסול. פסול כהונה, חלל: אין בודקין. לענין יוחסין, לישא אשה: מן המזבח ולמעלה. אם שימש במזבח – אין צריך לבדוק למעלה הימנו, דאם לא היה ראוי לכהונה לא היו מניחין אותו לשמש, כדתנן במסכת מדות (פ"ה משנה ד): לשכת הגזית, שם היו יושבים ב"ד מייחסי כהונה ולויה, כל כהן שנמצא בו פסול כשהיה רוצה להתחנך לעבודה – לובש שחורים ויוצא: שחץ פסול. הוא עצמו היה גס רוח ומבזה קדשי שמים, ואין ראוי לשמש. כדקיימא לן [במנחות] (דף יח:): עבודה המסורה לבני אהרן, כהן שאינו מודה בכולן, אף במגונה שבהן – אין לו חלק בכהונה: דארע אנפשיה. והצריך בדיקה אחריו, וגלה שלא בדקוהו יפה מתחלה: מי קא ספו לך. כלום נותנין לך מן האליה לאכול? אין נותנין לך אלא מן הכחוש שבו. ונתכוון להטעותו, לכשילך עוד ישאל מן האליה. ובי"ד ר' יהודה בן בתירא לא היה להורגו: ספו לי מאליה. הלעיטוני מן האליה. וכבש היה, ואלייתו קריבה לגבוה, דכתיב בכבש (ויקרא ג): "האליה תמימה": ר' יהודה בן בתירא. קאמר לי שאין אתם נותנים לי חלק יפה, אלא מן הכחוש, ואני נתתי דמים כמו כן: מאי דקמן. מה הדבר הזה שבא לפנינו: נציבין. שם עירו. האי עובדא נקט הכא משום ההוא דלעיל, דגרמו שניהם לבדוק אחריהם. וההוא נקט משום לשון מגונה: בדוק מאי דיניה. בדוק ודע מה נהייתה בו: אהדרי' לקרעיה לאחוריה. שלא ידינו מהר להדיא ויצא לגס: חקוקאה. כינוי השם: לקריתא. לכפרים, לראות בתבואות: שעורין נעשו יפות. ומכלל דבריו משמע שהחטים לא נעשו יפות. ולא היה רוצה להוציא דבר קללה מפיו: עדשים נעשו יפות. מאכל אדם:

רב

תוספות

כל היכא דכי הדדי וכו'. ולכך עקם הכתוב, ללמדנו שלעולם יספר אדם בלשון נקיה. ואם לא היה עוקם – אם כן מהיכא תיתי, אפילו היכא דכי הדדי נינהו: רכבת כתיב. וא"ת: לכתוב נמי ישבת! ואומר ר"י: דלא מצי למיכתב ישבת, דכל היכא דכתב ישב בלא וי"ו אתא לדרשה, כדדרשינן "ולוט ישב בשער סדום" – אותו היום מינוהו שופט (בראשית רבה פרשה נ): אין מוסקין בטהרה. מפרש ה"ר יוסף: דטעמא דבצירה דפ"ק דשבת (ד' יז. ושם) לא שייכי במסיקה, דשמא יבצרנו בקופה מזופפת. והיא נמי פעמים שאדם הולך לכרמו ורואה אשכול שביכרה – סוחטו ומזלפו ע"ג ענבים, ובשעת בצירה עדיין משקה טופח עליהן. דבזיתים אינו רגיל לעשות כן, שאינו משקה ואינו חשוב, כדאמר התם, ואינו רוצה בקיומה: שמץ פסול. פירש רבינו חננאל: דבר עבודת כוכבים, כדכתיב (שמות לב) "לשמצה בקמיהם". ופסול לכהונה, כדתנן במסכת מנחות (דף קט.): כהנים ששמשו בבית חוניו לא ישמשו במקדש, ואין צ"ל לדבר אחר. פירוש: לע"ז, שנאמר "אך לא יעלו כהני הבמות אל מזבח ה'": ואנא אכילנא משופרי שופרי. מכאן אין ראיה שנאמין לכל הבא לפנינו ואומר ישראל אני – דשאני הכא דרוב ישראל היו, ואזלינן בתר רובא. אך יש להביא ראיה מפרק "החולץ" (דף מה. ושם) דאמר ליה: זיל גלי, או נסיב בת מינך. וכן *מההוא דאתא לקמיה דרבי יהודה ואמר: נתגיירתי ביני לבין עצמי. אמר ליה: נאמן אתה לפסול את עצמך, ואי אתה נאמן לפסול את בניך. והיינו משום דמצי למימר ישראל אני. והא דאמר ב"החולץ" (דף מו:): מי שבא ואמר גר אני, יכול נקבלנו – תלמוד לומר "אתך" במוחזק לך. התם מיירי במוחזק לן באבהתיה שהם גוים, דאי לאו הכי – נאמן במיגו, דאי בעי אמר ישראל אני*: מאליה מי קספו לך. אע"ג דגדי אין אליתו קריבה – רוב פסחיהם היה טלה. או שמא הגיד לו. ורבי יהודה בן בתירא שלא עלה לרגל(א) – י"ל שלא היה לו קרקע, או זקן היה שאינו יכול להלך ברגליו דפטור מפסח כמו מראיה. א"נ: נציבין חו"ל היא, כדמוכח בסיפרי בפ' ראה. ועוד בתרגום ירושלמי (בראשית י) "וארך ואכד וכלנה" בארץ שנער מתרגם: והדס ונציבין וקטיספי*: חקוקאה פי' רבינו חננאל: סופר. ור"י פירש: מעיר חקוקה היה. בספר יהושע (יט):

[יבמות מז.] | [עי' תוס' יבמות מז. ד"ה במוחזק]

(א) [עי' מ"ש במשנה למלך בפ"א מהל' ק"פ וסיים בזה"ל סוף דבר לדברי תוס' אלו מתחלתם ועד סופם צריכים אלי תלמוד]

עין משפט נר מצוה

י א מיי' פ"ב מהלכות דעות הלכה ד:

יא ב מיי' פ"ב מהלכות א"ב הלכה ב טוש"ע אה"ע סי' ב:

יב ג מיי' פ"א מהלכות מעשה הקרבנות הלכה יח:

רבינו חננאל

טמא מי לא כתיב בתורה ופרקינן אלא כל היכא דכי הדדי נינהו משתעי דרך כבוד אלא במקום טמא שצריך לומר לא טהור שזה שלש אותיות וזה שש אותיות משתעי דרך קצרה. ואמרינן וכל היכא דכי הדדי נינהו משתעי בלשון כבוד והא רוכבת ויושבת דכי הדדי נינהו ולא משתעי דרך כבוד ופרקינן רכבת כתיב פי' ואם י"ל נכתוב ישבת חסר וי"ו כל יושבת מלא נכתב כגון (איכה ד כא) יושבת בארץ עוץ (שופטי' ד' ה) והיא יושבת תחת תומר וכשמחסירו למדרש מחסירו ואין שם מדרש: בגדי מסנקן. פי' בגדי שמן מלא בכל אבריו כלומר נתמלאו מלא מעים שלנו מזו ההלכה שבענו ממנה כדתנן בתמיד (ד' כח) האברים והפדרים שלא נתאכלו מערב סונקין אותן בצדי המזבח וי"א גדי שנתפשט במים ומתחבט לצאת משם ואינו יכול וזה שאמר כדבר אחר מסנק ולא אשתעי בהדיה רב לפי שדבר על עצמו גנאי ופי' דבר אחר כמו חזיר: בוצרין בטהרה. כלומר נזהרין על בצירת ענבים ומסקי במסיקת זיתים אינן נזהרין כל כך פי' הענבים עלולים לקבל טומאה מפני שהמשקה שבהן מצוי להיות שותת בשעתו מה שאינו כן בזיתים ואע"פ ששניהן מכשירין כדתנן שבעה משקין הן הטל והמים והיין והשמן והדם והחלב ודבש דבורים: ושבח לזה שאמר מפני מה אין מוסקין בטהרה דלא הוציא טומאה מפיו: וזה שאמר ההוא כהן הגיעני כזנב הלטאה שהיא שרץ: ומצא בו. שמץ פסול פי' ע"ז כדכתי' (שמות לב כה) לשמצה בקמיהם *) שניה' פסולין לכהונה כי הכהנים ששמשו לע"ז פסולין כדתנן בסוף מנחות כהנים ששמשו בבית חוניו לא ישמשו במקדש בירושלים ואין צריך לומר לדבר אחר שנאמר (מלכים ב כג ט) אך לא יעלו כהני הבמות אל מזבח ה' כלומר בבית חוניו פסול וכל שכן ע"ז עצמה ואקשינן והתנן במסכת קדושין אין בודקין לא מן המזבח ולמעלה ולא מן הדוכן ולמעלה כלומר כל כהן שהוחזק להקריב למזבח ובן לוי שהוחזק לדוכן אין צריכין לדקדק אחריו שלא עלה למזבח ולא לדוכן עד שבדקו והכשירוהו יושבי לשכת הגזית כדתנן בסוף מדות לשכת הגזית שם היתה סנהדרי גדולה יושבת ודנה את הכהונה כהן שנמצא בו פסול כו' ושנינן לא תימא שמץ פסול אלא שחץ פסול פי' שחץ פסול פסולות גסות הרוח ולעינת לשון כדאמרינן במסכת שבת פרק במה אשה אנשי ירושלים אנשי שחץ היו: רבי יהושע בריה דרב אידי לא בקש לומר דנח נפשיה דרב כהנא דאמר ומוציא דבה הוא כסיל: חקוקאה פי' סופר כדכתיב (ישעיה י א) הוי החוקקים:

*) עיין בערוך ערך שמץ

מסורת הש"ס

חולין סג. | [תנן] | קדושין עז. | [לקמן פד:]

גליון הש"ס

רש"י ד"ה כגדי מסנקן כגדי עיף. עי' בהרע"ב רפ"ב למסכת תמיד:

תורה אור

*רב בר אחוה דר' חייא ובר אחתיה. כי סליק להתם אמר ליה: איבו קיים? [א]אמר ליה: אימא קיימת. אמר ליה: אימא קיימת? אמר ליה: *איבו קיים. אמר ליה לשמעיה: [ב]חלוץ לי מנעלי, והוליך כלי אחרי לבית המרחץ. שמע מינה תלת, ש"מ: [ג]אבל אסור בנעילת הסנדל, ושמע מינה: [ד]שמועה רחוקה אינה נוהגת אלא יום אחד, ושמע מינה: *[ה]מקצת היום ככולו. ההוא דאמר: דונו דיני. אמרי: שמע מינה מדן קאתי, דכתיב: °"דן ידין עמו כאחד שבטי ישראל" (בראשית מט). ההוא דהוה קא אזיל ואמר: אכיף ימא אסיסני ביראתא. בדקו ואשכחוהו דמזבולון קאתי, דכתיב: °"זבולן לחוף ימים ישכן" (שם). §

והשתא דקיימא לן דלכולי עלמא אור אורתא הוא. מכדי, בין לרבי יהודה ובין לר' מאיר חמץ אינו אסור אלא משש שעות ולמעלה, ונבדוק בשית! *וכי תימא: *זריזין מקדימין למצות — נבדוק מצפרא! דכתיב: °"וביום השמיני ימול בשר ערלתו" (ויקרא יב) ותניא: *[ו]כל היום כולו כשר למילה, אלא שזריזין מקדימים למצות, שנאמר: °"וישכם אברהם בבקר" (בראשית כב). (יומא קיג כח:) אמר רב נחמן בר יצחק: בשעה שבני אדם מצויין בבתיהם, ואור הנר יפה לבדיקה. אמר אביי: [ז]הילכך, האי צורבא מרבנן לא לפתח בעידניה באורתא דתליסר דנגהי ארבסר, דלמא משכא ליה שמעתיה ואתי לאימנועי ממצוה. בעו מיניה מרב נחמן בר יצחק: המשכיר בית לחבירו בארבעה עשר, על מי לבדוק? על המשכיר לבדוק — דחמירא דידיה הוא, או דלמא על השוכר לבדוק — דאיסורא ברשותיה קאי? *[ח]ת"ש: המשכיר בית לחבירו — על השוכר לעשות לו מזוזה. התם, הא אמר רב משרשיא: *מזוזה חובת הדר היא, הכא מאי? אמר להו רב נחמן בר יצחק, תנינא: [ט]המשכיר בית לחבירו, אם עד שלא מסר לו מפתחות חל ארבעה עשר — על המשכיר לבדוק, ואם משמסר לו מפתחות חל ארבעה עשר על השוכר לבדוק. בעו מיניה מרב נחמן בר יצחק: המשכיר בית לחבירו בארבעה עשר, חזקתו בדוק או אין חזקתו בדוק? למאי נ"מ? [י]לישייליה! דליתיה להאי דלשייליה, לאטרוחי להאי מאי? אמר להו רב נחמן בר יצחק, תניתוה: הכל נאמנים על ביעור חמץ, אפילו נשים אפילו עבדים אפילו קטנים. מאי טעמא מהימני — לאו

רש"י

רב בר אחוה ובר אחתיה דר' חייא הוה. אייבו אביו של רב אחיו של ר' חייא היה מן האב, כדאמרינן בפ"ק דסנהדרין (דף ה.): אייבו וחנה ושילא ומרתא ור' חייא כולהו בני דר' אחא מכפרי הוו. ואימא שהיתה אמו של רב — אחותו של רבי חייא היתה מן האם: כי סליק. רב מעירו מבבל לארץ ישראל, שהיה ר' חייא שם: אמר. ר' חייא לרב: אייבו אביך הוא קיים? א"ל. רב: אימא קיימת. בלשון שאלה. כלומר: עד שאתה משאיל על אבי, שאל על אמי, שאף היא אחותך: אמר לו. עוד ר' חייא לרב: ואימא אחותי קיימת? אמר ליה. רב: אייבו קיים. ואבי כלום קיים הוא? עדיין לא השיבותיך עליו, ומאליו הדבר. וי"א: בניחותא היה משיבו רב על מי שהוא שואל, כדי שיבין מן הכלל. וקשה בעיני לומר שיוציא רב דבר שקר מפיו: חלוץ לי מנעלי. להתאבל על אחי ואחותי: והוליך כלי אחרי לבית המרחץ. ללמד הלכה לתלמידים נתכוון, שאין שמועה רחוקה שלאחר שלשים יום נוהגת אלא יום אחד, ומקצתו ככולו, ואינו צריך לישב כל היום כולו. מדאמר ליה והולך לי כלי אחרי לבית המרחץ, ולא המתין עד למחר — אלמא שעה אחת סגי: ההוא דהוה קאמר דונו דיני. בכל דבר משא ומתן שהיה לו עם אדם, היה אומר תמיד: בא לדין, ואינו נשמע לדבר אדם אלא על פי דיין: אכיף ימא אסיסני ביראתא. אתקין בירוגות. אם היו לי פלטין לבנות, לא הייתי קובעם אלא על שפת הים. ותמיד היה משתבח בשפת הים. ובתשובות הגאונים מצאתי: אכיף ימא אספנא ברותא. ופירוש: כך היה משתבח בשפת הים ואומר תמיד: קנים שעל שפת הים — ברושים הם במקומות אחרים, ולשון זה הגון. קנה בלשון ארמי — אספנא, ברוש — ברותא: בין לר' מאיר בין לרבי יהודה. דאיפליגו במתניתין *בהרחקה דעבוד רבנן לאורייתא. חמץ אינו אסור מן התורה בבל יראה ובאכילה אלא משש שעות, משעברו שש שעות, כדיליף לקמן* מן "אך" חלק, ומן "לא תשחט על חמץ": נבדוק. חמץ בתחלת שש, וקודם איסורו יבערנו. למה לי לאקדומי כולי האי? דבשלמא אי אור יממא הוא, איכא לתרוצי דמתניתין נמי בשש קאמר, אבל השתא קשיא: נבדוק מצפרא. דאיכא הקדמה לזריזים, כדאשכחן גבי מילה, ובזריזותיה דאברהם, שנאמר "וישכם אברהם בבקר", שלא המתין עד חום החמה. ומכל מקום בלילה לא הקדים: ואור הנר יפה לבדיקה. בלילה, אבל ביום מחשיך. ואם תאמר יבדוק לאור היום — הא ילפינן לקמן* מחיפוש שמצותו בנר: לא יפתח בעידנא. לא יתחיל בגירסא. אם קבע עת לתורה בלילות לא יתחיל להתעסק בשמעתתא: באורתא דתליסר נגהי ארבסר. ליל יציאת שלשה עשר שהוא כניסת ארבעה עשר, והוא ליל בדיקת חמץ: דחמירא דידיה הוא. החמץ שבבית שלו הוא: ברשותיה קאי. שהרי עתה הבית שלו: לעשות לו מזוזה. אלמא: מידי דמצוה — עליה רמיא: חובת הדר. לפי שהיא משמרתו, וכתיב "ביתך" — ביאתך, נכנס ויוצא בה. אבל הכא — בדיקת חמץ דרבנן. דאי משום "בל יראה ובל ימצא" — הא אמר לקמן דסגי ליה בבטול בעלמא, אי מסיח דעתיה מיניה ומשוי ליה כעפרא, ואמר: כל חמירא דאיכא בביתא הדין כו'. ורבנן הוא דאצרוך בדיקה. והשתא, כי האי גוונא, מיבעיא לן טורח זה על מי מוטל: מסירת מפתח. הוא קנין השכירות. ואם עד שלא מסר המפתח נכנס ליל ארבעה עשר — חלה חובת הבדיקה על המשכיר, שעדיין היתה ברשותו. ואף על פי שמסר לו ביום — כבר חלה חובה עליו: בארבעה עשר. שחרית, מי מחזקינן ליה להאי משכיר דודאי בדקו אמש כמצות חכמים, אי לא: למאי נפקא מיניה לישייליה. להאי, אם בדקו אם לאו: כגון דליתיה להאי. משכיר למישייליה, ומיבעי לן לאטרוחי להאי שוכר לבדוק מספק, מאי? נאמנין על ביעור חמץ. להעיד בארבעה עשר שבדקו בעליו אמש: מאי טעמא נאמנין. הא לאו בני אסהודי נינהו. לאו משום דבלאו חמירה דידהו נמי מחזקינן ליה בדוק? דודאי לא עבר זה על דברי חכמים, ואפי' הוא עם הארץ לשאר דברים — חבר הוא לענין בדיקה, דהכל זריזין: דקסבר

תוספות

אבא קיים א"ל אבא קיים אימא קיימא א"ל אימא קיימא. זאת גירסת פר"ח. פי': ר' חייא שאל על אביו אם הוא קיים ורב השיב לו שאביו של רב קיים. וכן באם. ולפי גירסת הספרים ר' חייא שאל על אביו אם הוא קיים. והשיב לו רב: אימא קיימת. פי': אימא של רב היא קיימת, ולא רצה להשיב אבא קיים שלא יטעה רבי חייא ויסבור שמשיבו על מה ששאלו, דקרי אינשי לאבי אבא אבא. לכך פירש הגמרא דרב בר אחוה ובר אחתיה דר' חייא הוה, לפרש טעמא למה משיב כן:

שנאמר וישכם אברהם בבקר. ואם תאמר: והיכי מוכח מהאי קרא דזריזין מקדימין למצות ואין מקדימין טפי מצפרא? והא בפרק "גיד הנשה" (חולין צא. שם) יליף ר' אבהו מהאי קרא דתלמיד חכם לא יצא יחידי בלילה. ויש לומר: דהכא מוכח מקרא דעקידה דלא היה נמנע אברהם מלצאת יחידי בלילה דשלוחי מצוה אינן נזוקין. ועוד: דשני נעריו היו עמו והתם מוכח מוישכם אברהם בבקר דכתיב גבי סדום דלא היה מצוה ויחידי היה שלא רצה שיראו במפלתן של סדום*:

על המשכיר לבדוק דחמירא דידיה הוא. אין לפרש הטעם כיון דשלו הוא ואין אדם יכול לבטל אלא הוא חייב לבדוק. דא"כ — אמאי נקט משכיר לחברו בי"ד? אפילו בי"ג יתחייב המשכיר מהאי טעמא לבדוק! לכך מפרש ר"י: דחמירא דידיה הוא — וחל עליו חיוב בדיקה שעה אחת קודם שהשכירה. ומייתי ראיה ממזוזה, דאע"פ דחל חיוב קודם שהשכיר על השוכר לעשות מזוזה. ודחי דמזוזה חובת הדר הוא. כלומר: אפי' לא היה משכירה היה יכול ליפטר ממזוזה, שלא היה דר ומשתמש בבית. אבל גבי חמץ, [אילו] לא ישכיר לאחר — יצטרך לבדוק: אם משמסר המפתח. פירש"י דמסירת המפתחות קונה. ואין נראה לר"י, דהא אמר ב"מרובה" (ב"ק עט.): כשם שקרקע נקנית בכסף בשטר ובחזקה — כך שכירות [קרקע] נקנה בכסף וכו'. ולא אמרי' דמהני מסירת המפתח, אלא כמאן דאמר לך חזק וקני, כדאמרינן ב"הפרה" (ב"ק נב. ושם). ומפרש ר"י: דהכא שמסר לו המפתח ולא החזיק, ומי שיש בידו מפתח כשחל י"ד — חייב לבדוק, דאותו שאין בידו מפתח איך יכנס ויבדוק? מיהו, אם הפקיד אדם מפתח ביתו אצל אדם אחר — אינו חייב הנפקד לבודקו, אלא דוקא כשרוצה להחזיק בבית ולקנותו*: לאו

[ועי' תוס' ב"ק נב. ד"ה כיון ותוס' ב"ב נב: ד"ה נעל]

עין משפט נר מצוה

יב א טור שו"ע יו"ד סי' תב סעיף יב:
יג ב שם סעיף ב:
יד ג מיי' פ"ה מהלכות אבל הלכה א סמג עשין מדרבנן בב טוש"ע יו"ד סי' שפב סעיף א:
טו ד ה מיי' פ"ז שם הל' א סמג שם טור שו"ע יו"ד סי' תב סעיף א:
טז ו מיי' פ"א מהלכות מילה הל' ח סמג עשין כח טוש"ע יו"ד סי' רסב סעיף א:
יז ז מיי' פ"ב מהל' חמץ ומצה הל' ג סמג עשין לט טוש"ע או"ח סימן תלא סעיף ב:
יח ח מיי' פ"ה מהלכות מזוזה הל' יא סמג עשין כג טוש"ע יו"ד סי' רצא סעיף ב:
יט ט מיי' פ"ב מהלכות חמץ ומצה הלכה יח סמג עשין לט טוש"ע או"ח סי' תלז סעיף א:
כ י טור שו"ע או"ח שם סעיף ב:

[ועי' תוס' יומא כח. ד"ה אמר ותוס' ב"ק ס: ד"ה לעולם ותוס' לעיל ב. ד"ה יכנס]

רבינו חננאל

רבי חייא שאל לרב בן אחיו שהוא בן אחותו כשעלה לארץ ישראל אמר ליה אבא קיים כלומר אבי חי הוא לא בקש רב לומר לו כי מת או לא אמר לו אבי שלי חי כלומר אביך אינו חי וכן השיב לו על אמו כענין הזה: ולמדנו ממנו שלשה דברים שאבל אסור בנעילת הסנדל וכי מקצת היום ככולו וכי שמועה רחוקה אינה נוהגת אלא יום אחד: ולמה שנינו אור ארבעה עשר בודקין את החמץ. כלומר למה אין בודקין ביום אלא בלילה ואוקימנא בשעה שבני אדם מצויין בבתיהם מפני שביום טרודין הן בשוק ובערב באין לבתיהן וכן בלילה יפה אור הנר לבדוק בו כי ביום אינו מאיר וכן אמר רב הונא בתלמוד ארץ ישראל כדהוינן ערקין באלין בתותה דסדרא רובא היינו מדליקין כשהיו כהים היינו יודעין שהוא יום וכד הוו מבהיקין היינו יודעין שהוא לילה: המשכיר בית לחברו השוכר חייב במזוזה שהמזוזה חובת הדר היא: המשכיר בית בארבעה עשר בניסן על מי לבדוק ופשטנא על המשכיר לבדוק דתניא המשכיר בית לחברו אם עד שלא חל י"ד מסר לו המפתח על השוכר לבדוק ואם משחל י"ד מסר לו המפתח על המשכיר לבדוק שכבר נתחייב מבערב. ועלה בעינן המשכיר בית לחבירו בי"ד והלך חזקתו בדוק או לא ופשטינן לה מהא דתניא הכל נאמנין על ביעור חמץ אפי' נשים ואפילו עבדים ואפילו קטנים מאי טעמיה

מסורת הש"ס

[סנהדרין ה.] מ"ק כ.

[במ"ק כ: אי' אבא כצ"ל עי' קדושין לא: וטור ש"ע יו"ד סי' רמ ס"ב]

[לקמן נה. מ"ק טז: יז: יט: כ: נזיר ה. ו. טו: בכורות כ: כא. נדה לג.]

[ר"ה לב:]

בהרי"ף גורס וב"ח זריזין מקדימין למצות כדכתיב וביום השמיני ימול מלמד שכל היום כשר למילה אלא שזריזין מקדימין למצות שנא' וישכם אברהם בבקר ונבדוק מצפרא אמר רנב"י בשעה שבנ"א כו'

[ב"מ קב.]

[לקמן יא:]

ע"ז כא. ב"מ קא:

[לקמן ה.]

[דף ז:]

גליון הש"ס

רש"י ד"ה רב בר אחוה כו'. בני דר"א מכפרי. בסנהדרין שם איתא בני אבא בר אחא כרסלא מכפרי:

עין משפט
נר מצוה

כא א מיי' פ"י מהלכות מעשר הל' ב:
כב ב מיי' פ"ב מהל' חמץ ומצה הל' יז סמג עשין לט טוש"ע או"ח סי' תלז סעיף ב:
כג ג מיי' שם הל' יח טוש"ע או"ח שם סעי' ד:
כד ד מיי' שם הלכה יח טוש"ע או"ח שם סעי' ג:

תורה אור

לָאו מִשּׁוּם דְּחֶזְקָתוֹ בָּדוּק? דְּקָסָבַר: הַכֹּל חֲבֵרִים הֵם אֵצֶל בְּדִיקַת חָמֵץ. *דְּתַנְיָא: [א]חָבֵר שֶׁמֵּת וְהִנִּיחַ מְגוּרָה מְלֵיאָה פֵּירוֹת, אֲפִי' הֵן בְּנֵי יוֹמָן – הֲרֵי הֵן בְּחֶזְקַת מְתוּקָּנִים. וּמִמַּאי? דִּילְמָא שָׁאנֵי הָכָא מִשּׁוּם דְּקָאָמְרִי הָנֵי. אַטּוּ אֲמִירָה דְּהָנֵי מִידֵּי מְשַׁשָּׁא אִית בֵּיהּ? אֶלָּא מַאי – דְּחֶזְקָתוֹ בָּדוּק, הַאי "הַכֹּל נֶאֱמָנִים"? "כָּל הַבָּתִּים בְּחֶזְקַת בְּדוּקִין בְּאַרְבָּעָה עָשָׂר" מִיבָּעֵי לֵיהּ! אֶלָּא מַאי – מִשּׁוּם אֲמִירָה דְּהָנֵי, הָא לָא אָמְרִי הָנֵי – לָא, תִּפְשׁוֹט מִינֵּיהּ דְּאֵין חֶזְקָתוֹ בָּדוּק! לֹא, לְעוֹלָם אֵימָא לָךְ [ב]חֶזְקָתוֹ בָּדוּק, וְהָכָא בְּמַאי עָסְקִינַן – [ג]דְּמוּחְזַק לָן דְּלָא בְּדַק, וְקָאָמְרִי הָנֵי בְּדַקִינֵיהּ. מַהוּ דְּתֵימָא: לָא לְהֵימְנִינְהוּ רַבָּנַן, קמ"ל: כֵּיוָן דִּבְדִיקַת חָמֵץ מִדְּרַבָּנַן הוּא, *דְּמִדְּאוֹרַיְיתָא בְּבִיטּוּל בְּעָלְמָא סַגִּי לֵיהּ – הֵימְנוּהוּ רַבָּנַן בִּדְרַבָּנַן. § אִיבַּעְיָא לְהוּ: הַמַּשְׂכִּיר בַּיִת לַחֲבֵירוֹ בְּחֶזְקַת בָּדוּק, וּמְצָאוֹ שֶׁאֵינוֹ בָּדוּק מַהוּ? מִי הָוֵי כְּמִקַּח טָעוּת, אוֹ לֹא? תָּא שְׁמַע, דְּאָמַר אַבַּיֵי: [ד]לָא מִיבַּעְיָא בְּאַתְרָא דְּלָא יָהֲבִי אַגְרָא וּבָדְקוּ – דְּנִיחָא לֵיהּ לְאִינִישׁ לְקִיּוּמֵי מִצְוָה בְּגוּפֵיהּ, אֶלָּא אֲפִילּוּ בְּאַתְרָא דְּיָהֲבִי אַגְרָא וּבָדְקוּ – *°דְּנִיחָא לֵיהּ לְאִינִישׁ לְקִיּוּמֵי מִצְוָה בְּמָמוֹנֵיהּ. § *תְּנַן הָתָם, ר"מ אוֹמֵר: אוֹכְלִין כָּל חָמֵשׁ וְשׂוֹרְפִין בִּתְחִלַּת שֵׁשׁ. ר' יְהוּדָה אוֹמֵר: אוֹכְלִין כָּל אַרְבַּע, וְתוֹלִין כָּל חָמֵשׁ, וְשׂוֹרְפִין בִּתְחִלַּת שֵׁשׁ. דְּכוּלֵּי עָלְמָא מִיהָא חָמֵץ מִשֵּׁשׁ שָׁעוֹת וּלְמַעְלָה אָסוּר, מְנָלַן? אָמַר אַבַּיֵי: תְּרֵי קְרָאֵי כְּתִיבִי, כְּתִיב: °"שִׁבְעַת יָמִים שְׂאוֹר לֹא (שמות יב) יִמָּצֵא בְּבָתֵּיכֶם", וּכְתִיב: °"אַךְ בַּיּוֹם הָרִאשׁוֹן (שם) תַּשְׁבִּיתוּ שְׂאוֹר מִבָּתֵּיכֶם". הָא כֵּיצַד? °לְרַבּוֹת אַרְבָּעָה עָשָׂר לְבִיעוּר. וְאֵימָא: לְרַבּוֹת לֵילֵי חֲמִשָּׁה עָשָׂר לְבִיעוּר, דְּסָלְקָא דַּעְתָּךְ אָמִינָא: יָמִים כְּתִיב, יָמִים – אִין, לֵילוֹת – לָא, קָא מַשְׁמַע לָן: אֲפִילּוּ לֵילוֹת. הַהוּא לָא אִיצְטְרִיכָא לֵיהּ, דְּהָא

דְּקָסָבַר. הַאי תַּנָּא: הַכֹּל חֲבֵירִין אֵצֶל בְּדִיקָה. וַאֲפִילּוּ עַם הָאָרֶץ. וּכְדָבָר שֶׁהוּא מוּחְזָק חָבֵר מַחְזְקִינַן לֵיהּ שֶׁלֹּא עָבַר זְמַנּוֹ עַד שֶׁעֲשָׂאוּהוּ: דְּתַנְיָא חָבֵר. הַנֶּאֱמָן עַל הַמַּעַשְׂרוֹת וּמֵת, וְהִנִּיחַ מְגוּרָה מְלֵיאָה פֵּירוֹת, אֲפִילּוּ הֵן בְּנֵי יוֹמָן, שֶׁנִּתְמָרְחוּ הַיּוֹם – הֲרֵי הֵן בְּחֶזְקַת מְתוּקָּנִים, דְּוַדַּאי לֹא יָנַּח מִתַּחַת יָדוֹ עַד שֶׁגָּמַר כָּל מִצְוָתוֹ. וְהָכָא נַמִי, כֵּיוָן דַּאֲף עַמֵּי הָאָרֶץ חֲבֵירִין הֵן עַל הַבְּדִיקָה – חֶזְקָתָן שֶׁבְּדָקוּהוּ: וּמִמַּאי. דְּהָא דְּקָתָנֵי נֶאֱמָנִין, טַעְמָא מִשּׁוּם דְּהַכֹּל חֲבֵירִים הֵם אֵצֶל בְּדִיקָה, דִּלְמָא אֵין עַמֵּי הָאָרֶץ חֲבֵירִים עַל כָּךְ, וְטַעְמָא מִשּׁוּם דְּקָאָמְרִי הָנֵי אָנוּ רָאִינוּ שֶׁבָּדְקוּ: כָּל הַבָּתִּים בְּחֶזְקַת בְּדוּקִים מִיבָּעֵי לֵיהּ לְמִיתְנֵי. וְלָא הֲוָה לְמִיתְלְיֵיהּ בַּאֲמִירָה דְּהָנֵי. וּמַקְשִׁינַן: אֶלָּא מִדְּתָלָא בַּאֲמִירָה – וַדַּאי אִיכָּא לְמֵידַק, הָא לָא אָמְרִי – לָא. אִם כֵּן: מַאי קָא מִיבַּעְיָא לָךְ? תִּיפְשׁוֹט מִינָּהּ דְּאֵין חֶזְקָתוֹ בָּדוּק! וּמְשַׁנֵּי: מֵהָא לֵיכָּא לְמֵידַק לְמִיפְשַׁט מִידֵי, דְּאִיכָּא לְאוֹקְמָא לְהָא כְּגוֹן דְּמוּחְזָק לָן בְּהַאי דְּלֹא בָּדַק, כְּגוֹן שֶׁרְאִינוּהוּ טָרוּד אוֹ יָצָא מִבְּעוֹד יוֹם לַדֶּרֶךְ, וְאָמְרִי הָנֵי: אֲנַחְנוּ בְּדַקְנוּהוּ: בְּבִיטּוּל בְּעָלְמָא. דִּכְתִיב "תַּשְׁבִּיתוּ" וְלָא כְּתִיב "תְּבַעֲרוּ". וְהַשְׁבָּתָה דְּלֵב הִיא הַשְׁבָּתָה: בִּדְרַבָּנַן. הֵימְנוּהוּ רַבָּנַן בְּחִיּוּבָא דְּלֵיתָא אֶלָּא מִדְּרַבָּנַן, דְּהֵם הִצְרִיכוּ וְהֵם הִתִּירוּ לִסְמוֹךְ בַּאֲמִירָתָן שֶׁל אֵלּוּ. וְכֹחַ בִּידֵיהֶם לְהַאֲמִינָם בְּמִידֵי דְּלָאו דְּאוֹרַיְיתָא: מִי הָוֵי מִקַּח טָעוּת. וְאִם בָּא הַשּׂוֹכֵר לַחֲזוֹר בּוֹ עַל יְדֵי עֲלִילוֹתָיו, וְלוֹמַר: לֹא כָּךְ שָׂכַרְתִּי, וְאֵין תְּנַאי שֶׁלָּנוּ קַיָּים, מַהוּ לַחֲזוֹר? לָא מִבַּעְיָא הֵיכָא דְּלָא יָהֲבִי אַגְרָא. לַאֲחֵרִים וּבָדְקִי, אֶלָּא כָּל אִישׁ וְאִישׁ בּוֹדֵק אֶת בֵּיתוֹ – דְּלָא מָצֵי לְמֵימַר לֵיהּ מִקַּח טָעוּת, דְּאִם הָיִיתִי יוֹדֵעַ שֶׁאֵינוֹ בָּדוּק לֹא הָיִיתִי שׂוֹכְרוֹ – דְּוַדַּאי נִיחָא לְאִינִישׁ לְמֶעֱבַד מִצְוָה בְּגוּפֵיהּ. וְאִי נַמִי הֲוָה יָדַע דְּלָא בְּדִיק – לֹא הָיָה מַנִּיחוֹ בְּכָךְ: אֶלָּא אֲפִילּוּ בְּאַתְרָא. דְּנְהִיגֵי כָּל בְּנֵי הָעִיר לִשְׂכּוֹר בּוֹדְקִין כָּל אִישׁ בְּבֵיתוֹ, דְּאִיכָּא הַשְׁתָּא חֶסְרוֹן כִּיס – אֲפִילּוּ הָכִי אִי יָדַע בֵּיהּ אֶתְמוֹל דְּלָא בְּדִיק – לָא הֲוֵי הָדַר בֵּיהּ, דְּנִיחָא לֵיהּ כו'. וְהַאי דְּקָא הָדַר בֵּיהּ – מִשּׁוּם מִלְּתָא אַחֲרִיתִי הִיא, דְּאַשְׁכַּח בֵּיתָא אַחֲרִיתִי דְּשַׁפִּירָא מִינֵּיהּ: תְּנַן הָתָם. גָּרְסִינַן. וְאַף עַל גַּב דִּבְפִירְקִין הִיא: וְשׂוֹרְפִין בִּתְחִלַּת שֵׁשׁ. וְלֹא יַמְתִּין עַד תְּחִלַּת שֶׁבַע שֶׁהוּא אָסוּר מִן הַתּוֹרָה, לְפִי שֶׁאָדָם טוֹעֶה *בְּשָׁעוֹת: ר' יְהוּדָה אוֹמֵר. טוֹעֶה אָדָם יוֹתֵר מִכָּאן, וְצָרִיךְ לְהִתְרַחֵק מִן הָעֲבֵירָה יוֹתֵר, וְלֹא יֹאכַל מִסּוֹף אַרְבַּע וּלְמַעְלָה: תּוֹלִין. לֹא אוֹכְלִין וְלֹא שׂוֹרְפִין. כְּלוֹמַר: אֵין צָרִיךְ לִשְׂרוֹף, וּמַאֲכִיל הוּא לִבְהֶמְתּוֹ כָּל חָמֵשׁ – אֲבָל הוּא לֹא יֹאכַל: דְּכוּלֵּי עָלְמָא מִיהָא חָמֵץ מִשֵּׁשׁ שָׁעוֹת וּלְמַעְלָה אָסוּר. מִן הַתּוֹרָה, דְּאִי לָא מִיתְּסַר עַד אוֹרְתָּא – לָא הֲווּ גָּזְרֵי בֵּיהּ, דְּבֵין יְמָמָא לְלֵילְיָא לָא טָעוּ אֱינָשֵׁי: שִׁבְעַת יָמִים שְׂאוֹר לֹא יִמָּצֵא בְּבָתֵּיכֶם. אֲפִילּוּ שָׁעָה אַחַת בְּתוֹךְ הַשִּׁבְעַת יָמִים, וּכְתִיב "אַךְ בַּיּוֹם הָרִאשׁוֹן תַּשְׁבִּיתוּ" – הֲרֵי שָׁעָה זוֹ שָׁעָה אַחַת: הָא כֵּיצַד לְרַבּוֹת כו'. דְּעַל כָּרְחֵיךְ הַאי "הָרִאשׁוֹן" – רִאשׁוֹן קוֹדֶם לְכָל שִׁבְעָה קָאָמַר, דְּהַיְינוּ אַרְבָּעָה עָשָׂר: וְאֵימָא לְרַבּוֹת לֵיל חֲמִשָּׁה עָשָׂר. שֶׁלֹּא יַמְתִּין עַד הַבֹּקֶר, וְהָכִי קָאָמַר: אַךְ בִּכְנִיסַת יוֹם הָרִאשׁוֹן – מִיָּד תַּשְׁבִּיתוּ, דְּאִי מִ"שִּׁבְעַת יָמִים" – הֲוָה אָמִינָא: יָמִים – אִין, לֵילוֹת – לָא:
הַשְׁבָּתַת

לאו משום דחזקתו בדוק. תימה: מאי ס"ד דאי בחזקתו בדוק – אם כן מה צריך לאמירה דהני כלל? ואומר ר"י: דמיירי כגון שבעל הבית בעיר. אע"ג דחזקתו בדוק, כיון דאיתיה בעיר – צריך לישאל הימנו. ולהכי מהני אמירה דהני – דלא שאלינן. אע"ג דגבי טבל סמכינן אחזקת חבר, ואין צריך אפילו לישאל – היינו משום דכיון ששולח לו לאכול – מסתמא תיקנה שלא יבא לידי מכשול. אבל גבי בדיקה, אפילו לא יהיה בדוק – לא יהיה כל כך מכשול, לכך צריך לישאל אם הוא בעיר. ומסיק: אי חזקתו בדוק – כל הבתים בחזקת בדוקין מיבעי ליה, וממילא ידעינן דאמירה דהני מהני, ואין צריך לישאל הימנו אפילו אם הוא בעיר. ועוד פירש ר"י: דס"ד דאיירי דאמרי הני לא היה בדוק ואנן בדקנו. דאי חזקתו בדוק – מהימני, מגו דאי בעי שתקי. אבל אי אין חזקתו בדוק – אמאי מהימני? ופריך: אי הכי כל הבתים בחזקת בדוקין מיבעי ליה, דממילא ידעינן דמהימני במגו: **מדאורייתא** בביטול בעלמא סגי. פי' בקונטרס: מדכתיב "תשביתו" ולא כתיב "תבערו" – אלמא: השבתה בלב היא. וקשה לר"י: דהאי השבתה הבערה היא, ולא ביטול. דתניא בשמעתין, רע"א: אין צריך, הרי הוא אומר "תשביתו" ומצינו להבערה שהיא אב מלאכה. ועוד: ד"תשביתו" אמרינן לקמן מ"אך" – חלק, שהוא משש שעות ולמעלה, ואחר איסורא לא מהני ביטול! ואומר ר"י: דמדאורייתא בביטול בעלמא סגי, מטעם דמאחר שביטלו הוי הפקר ויצא מרשותו, ומותר. מדקאמרינן: אבל אתה רואה של אחרים ושל גבוה. והא דאמרינן בנדרים (דף מה.) הפקר בפני שלשה – מדאורייתא אין צריך: **הימנוהו** רבנן בדרבנן. אף על גב דכל דבר שהוא בידם מהימנינן להו לנשים ועבדים, ואפילו מדאורייתא. דמעשים בכל יום שאנו מאמינים לאשה ועבד על השחיטה ועל הניקור, ובפ' "המדיר" (כתובות עב. ושם) גבי: מאכילתו שאינו מעושר – משמע שסומך עליה לענין חלה ומעשר. מכל מקום, גבי בדיקת חמץ אע"ג דבידם, מ"מ אי הוי מדאורייתא – לא מהימנינן להו, משום דאיכא טירחא יתירתא וצריך דקדוק גדול. כדמוכח בירושלמי שמפרש מפני שנשים עצלניות הן. ותחומין דרבנן מהימנינן להו לאשה ועבד, ולא קטן, מדתניא בפ' "כילד מעברין" (עירובין נח: ושם): אפילו עבד ואפילו שפחה נאמנת לומר עד כאן תחום שבת, אבל קטנים לא דגריעי טפי, מדחשיב להו בשמעתין בסוף. ובפרק שני דכתובות (דף כח. ושם): אלו נאמנים להעיד בגודלן מה שראו בקוטנן עד כאן היינו מהלכין בשבת. משמע: אבל בקוטנן לא, היינו משום דתחומין אין בידם כלל, לכך אין נאמנים כמו בבדיקת חמץ:* **המשכיר** בית לחבירו בחזקת שהוא בדוק. נראה לרשב"א: דבשלשה עשר איירי, דבארבעה עשר על המשכיר לבדוק: **וכתיב** אך ביום הראשון תשביתו. פי' הקונטרס: מדמחייב ביום הראשון להשבית – מכלל דמקצתו מותר. ואין נראה לר"י, דהא תשביתו – הבערה היא, ולא צוה הכתוב לשורפו אלא לאחר איסורו. ועוד: אי ממשמעות דיום ראשון משמע מקצת מותר – מה צריך ל"אך" – חלק? מיהו, ללישנא שני שפירש הקונטרס דא"ך ח"ן בא"ס בט"ע – אתי שפיר. ונראה לר"י: דמייתורא דקרא קדריש. ועוד: מדכתיב "אך" ודרשינן לקמן "אך" – חלק, פריך: **ואימא** לרבות ליל חמשה עשר לביעור. *הוי מצי לשנויי "ביום" כתיב, כדמשני בסמוך. וכי נמי משני דאיתקש השבתת שאור לאכילת חמץ – לא צריך לקרא דמייתי "שבעת ימים שאור לא ימצא" דמדאיתקש השבתת שאור לאכילת חמץ – יכול לדרוש הכל כמו שדורש רבי יוסי (הגלילי) לקמן*:
דהא

רבינו חננאל

לאו משום דחזקתו בדוק וקסבר הכל חברין אצל ביעור חמץ ותניא חבר שמת והניח מגורה מליאה פירות אפילו הן בני יומן הרי הן בחזקת מתוקנין ודחי' לא אלא משום דאמרי הני והדרינן ומוקמינן לעולם כי האי גונא חזקתו בדוק והא דתניא הכל נאמנין על ביעור חמץ כגון דמוחזק לן בהאי ביתא דלא בדיק ואמרי הני דבדיק (נימני') [צ"ל נאמנין] כיון דבדיקת חמץ מדרבנן היא דאי מדאורייתא בביטול בעלמא סגי לה הימנינהו רבנן להני נשי ועבדים וקטנים במילתא דהיא מדרבנן ונדחית: **המשכיר** בית לחבירו בחזקת בדוק ונמצא שאינו בדוק כי האי גונא מקח טעות הוא או לא ופשטה אביי דלא הוי מקח טעות דניחא ליה לאיניש למעבד מצוה בממוניה וכל שכן בגופיה: **וכולי** עלמא חמץ בי"ד משש שעות ולמעלה אסור מדאוריית' מנא לן ופשיט לה אביי הכן בהאי טעמא והאי דאביי שייכא בדר' יוסי הגלילי כדבעינן למימר קמן שנאמר (שמות יב) שבעת ימים מצות תאכלו וגו' ואי אפשר לומר זה ביום הראשון ביום טוב הראשון הוא וביום ההוא אתה אוכל מצה ומשבית שאור שנאמר שבעת ימים שאור לא ימצא בבתיכם ואי אפשר לומר נמי השבתת שאור לילי ט"ו הוא משום דביום הראשון תשביתו שאור כתיב ולא בלילה שמעי' דזה ביום הראשון קודם יום טוב הראשון הוא ותוב איתקש השבתת שאור לאכילת (מצה) [נ"ל חמץ] שנאמר שבעת ימים שאור לא ימצא בבתיכם וגו' ומשעה שנאסר באכילת חמץ [ביום] הוזהר לאכילת מצה שנאמר כל מחמצת לא תאכלו וכו' וכתיב בערב תאכלו מצות וגו' ש"מ דבעינן השבתת שאור ביום קודם חיוב אכילת מצה וכיון דחיוב אכילת מצה ליל ט"ו הוא נמצא חיוב השבתת שאור שהוא בי"ד:

מסורת הש"ס

לקמן ט. ע"ז מא: נדה טו:

[ולקמן י.]

[ב"מ כט: בכורו' יח: נח.]

לקמן יא: ודף כא.

[בשעה]

[וע"ע תוספות עירובין לח: ד"ה כאן ועוד שם נט. ד"ה ותחומין]

עיין מהרש"ל

[דף ה.]

גליון הש"ס

דניחא ליה לאיניש לקיומי מצוה בממוניה. עי' לקמן דף י ע"ב תוס' ד"ה בממוניה: **שם** לרבות י"ד לביעור. עי' תשובת הר"ן סימן נ"ג:

תורה אור

דְּהָא אִיתְקַשׁ הַשְׁבָּתַת שְׂאוֹר לַאֲכִילַת חָמֵץ, וַאֲכִילַת חָמֵץ לַאֲכִילַת מַצָּה. הַשְׁבָּתַת שְׂאוֹר לַאֲכִילַת חָמֵץ – דִּכְתִיב: °"שִׁבְעַת יָמִים שְׂאֹר לֹא יִמָּצֵא בְּבָתֵּיכֶם כִּי כָּל אֹכֵל מַחְמֶצֶת וְנִכְרְתָה". וַאֲכִילַת חָמֵץ לַאֲכִילַת מַצָּה – דִּכְתִיב: °"כָּל מַחְמֶצֶת לֹא תֹאכֵלוּ בְּכֹל מוֹשְׁבֹתֵיכֶם תֹּאכְלוּ מַצּוֹת (וגו')", וּכְתִיב בֵּיהּ בְּמַצָּה: °"בָּעֶרֶב תֹּאכְלוּ מַצֹּת". וְאֵימָא לְרַבּוֹת לֵיל י"ד לַבִּיעוּר! 'בַּיּוֹם' כְּתִיב. וְאֵימָא מִצַּפְרָא! *"אַךְ" חִלֵּק. דְּבֵי רַבִּי יִשְׁמָעֵאל תָּנָא: מָצִינוּ י"ד שֶׁנִּקְרָא רִאשׁוֹן, שֶׁנֶּאֱמַר: °"בָּרִאשֹׁן בְּאַרְבָּעָה עָשָׂר יוֹם לַחֹדֶשׁ". רַב נַחְמָן בַּר יִצְחָק אָמַר: רִאשׁוֹן – דְּמֵעִיקָּרָא מַשְׁמַע, דְּאָמַר קְרָא: °"הֲרִאישׁוֹן אָדָם תִּוָּלֵד". אֶלָּא מֵעַתָּה, °"וּלְקַחְתֶּם לָכֶם בַּיּוֹם הָרִאשׁוֹן" הָכִי נַמִי רִאשׁוֹן דְּמֵעִיקָּרָא מַשְׁמַע?! שָׁאנֵי הָתָם, דִּכְתִיב: "וּשְׂמַחְתֶּם לִפְנֵי ה' אֱלֹהֵיכֶם שִׁבְעַת יָמִים", מַה שְּׁבִיעִי – שְׁבִיעִי לֶחָג, אַף רִאשׁוֹן – רִאשׁוֹן לֶחָג. הָכָא נַמִי כְּתִיב: °"אַךְ בַּיּוֹם הָרִאשׁוֹן תַּשְׁבִּיתוּ" "שִׁבְעַת יָמִים מַצּוֹת תֹּאכֵלוּ"! אִם כֵּן נִכְתּוֹב קְרָא "רִאשׁוֹן", "הָרִאשׁוֹן" לָמָּה לִי? שְׁמַע מִינָּהּ לְכִדְאָמְרַן. אִי הָכִי, הָתָם נַמִי "הָרִאשׁוֹן" לָמָּה לִי? וְתוּ, הָתָם דִּכְתִיב: °"בַּיּוֹם הָרִאשׁוֹן שַׁבָּתוֹן וּבַיּוֹם הַשְּׁמִינִי שַׁבָּתוֹן" אֵימַר "רִאשׁוֹן" דְּמֵעִיקָּרָא מַשְׁמַע! שָׁאנֵי הָתָם, דְּאָמַר קְרָא: "וּבַיּוֹם הַשְּׁמִינִי שַׁבָּתוֹן" מַה שְּׁמִינִי – שְׁמִינִי דְּחַג, אַף רִאשׁוֹן – רִאשׁוֹן דְּחַג. "הָרִאשׁוֹן" לָמָּה לִי? לְמַעוֹטֵי חוּלּוֹ שֶׁל מוֹעֵד. חוּלּוֹ שֶׁל מוֹעֵד מֵרִאשׁוֹן וּשְׁמִינִי נָפְקָא! אִיצְטְרִיךְ, סד"א: הוֹאִיל דִּכְתַב רַחֲמָנָא: "וּבַיּוֹם הַשְּׁמִינִי", *וי"ו מוֹסִיף עַל עִנְיָן רִאשׁוֹן, דַּאֲפִילּוּ בְּחוּלּוֹ שֶׁל מוֹעֵד, קמ"ל. וְלֹא לִכְתּוֹב רַחֲמָנָא לֹא וי"ו וְלֹא ה"א?! וְתוּ: הָתָם דִּכְתִיב °"בַּיּוֹם הָרִאשׁוֹן מִקְרָא קֹדֶשׁ יִהְיֶה לָכֶם" רִאשׁוֹן דְּמֵעִיקָּרָא מַשְׁמַע! אֶלָּא: הָנֵי שְׁלֹשָׁה רִאשׁוֹן מִיבָּעֵי לֵיהּ לְכִדְתָנֵי דְּבֵי רַבִּי יִשְׁמָעֵאל. דְּתָנָא דְּבֵי ר' יִשְׁמָעֵאל: בִּשְׂכַר שְׁלֹשָׁה "רִאשׁוֹן" זָכוּ לִשְׁלֹשָׁה "רִאשׁוֹן" – לְהַכְרִית זַרְעוֹ שֶׁל עֵשָׂו, לְבִנְיַן בֵּית הַמִּקְדָּשׁ, וְלִשְׁמוֹ שֶׁל מָשִׁיחַ. לְהַכְרִית זַרְעוֹ שֶׁל עֵשָׂו – דִּכְתִיב: °"וַיֵּצֵא הָרִאשׁוֹן אַדְמוֹנִי כֻּלּוֹ כְּאַדֶּרֶת שֵׂעָר". וּלְבִנְיַן בֵּית הַמִּקְדָּשׁ – דִּכְתִיב: °"כִּסֵּא כָבוֹד מָרוֹם מֵרִאשׁוֹן מְקוֹם מִקְדָּשֵׁנוּ". וְלִשְׁמוֹ שֶׁל מָשִׁיחַ – דִּכְתִיב: °"רִאשׁוֹן לְצִיּוֹן הִנֵּה הִנָּם". רָבָא אָמַר, אמֵהָכָא: °"לֹא תִשְׁחַט עַל חָמֵץ דַּם זִבְחִי" – לֹא תִשְׁחַט הַפֶּסַח וַעֲדַיִין חָמֵץ קַיָּים. וְאֵימָא: כָּל חַד וְחַד כִּי שָׁחֵיט! זְמַן שְׁחִיטָה אָמַר רַחֲמָנָא. תַּנְיָא נַמִי הָכִי: "אַךְ בַּיּוֹם הָרִאשׁוֹן תַּשְׁבִּיתוּ שְׂאֹר מִבָּתֵּיכֶם" – מֵעֶרֶב יוֹם טוֹב, אוֹ אֵינוֹ אֶלָּא בְּיוֹם טוֹב עַצְמוֹ – ת"ל: "לֹא תִשְׁחַט עַל חָמֵץ דַּם זִבְחִי" – לֹא תִשְׁחַט אֶת הַפֶּסַח וַעֲדַיִין חָמֵץ קַיָּים, דִּבְרֵי רַבִּי יִשְׁמָעֵאל. רַבִּי עֲקִיבָא אוֹמֵר: אֵינוֹ צָרִיךְ, הֲרֵי הוּא אוֹמֵר: °"אַךְ בַּיּוֹם הָרִאשׁוֹן תַּשְׁבִּיתוּ שְׂאֹר מִבָּתֵּיכֶם", וּכְתִיב: "כָּל מְלָאכָה לֹא (תַעֲשׂוּ)", וּמָצִינוּ לְהַבְעָרָה שֶׁהִיא אַב מְלָאכָה. [א]רַבִּי יוֹסֵי אוֹמֵר: אֵינוֹ צָרִיךְ, הֲרֵי הוּא אוֹמֵר: "אַךְ בַּיּוֹם הָרִאשׁוֹן תַּשְׁבִּיתוּ שְׂאֹר מִבָּתֵּיכֶם" – מֵעֶרֶב יוֹם טוֹב, אוֹ אֵינוֹ אֶלָּא בְּי"ט – תַּלְמוּד לוֹמַר: "אַךְ" – חִלֵּק. וְאִי בְּיוֹם טוֹב עַצְמוֹ – מִי שָׁרֵי? הָא אִיתְקַשׁ הַשְׁבָּתַת שְׂאוֹר לַאֲכִילַת חָמֵץ, וַאֲכִילַת חָמֵץ לַאֲכִילַת מַצָּה! אָמַר רָבָא: שְׁמַע

(מסורת הש"ס ומקורות: [מתמנלת] · שמות יב · שם · שם · [עי' שבת קד.] · שם · [לקמן עח. עירובין קה. יומא פה: סוכה מח. ב"ק יא: שבועות יג. מנחות לז: בכורות טו. כריתות ז. תמורה כה.] · איוב טו · ויקרא כג · שמות יב · [לקמן סא.] · ויקרא כג · שם · בראשית כה · ירמיה יז · ישעיה מח · שמות לד · [יבמות ט. קדושין יד: ב"מ לה. שבועות י. זבחים מח. חולין עח.] [כריתות כב:] · שם יג · [מגילה כג. זבחים נב.] · [וכתיב] · [ויעשה בהם])

רש"י

הַשְׁבָּתַת שְׂאוֹר לַאֲכִילַת חָמֵץ. מִשָּׁעָה שֶׁהִזְהִיר שֶׁלֹּא לֶאֱכוֹל חָמֵץ – נִצְטַוָּה לְהַשְׁבִּית הַשְּׂאוֹר, דִּכְתִיב "שְׂאוֹר לֹא יִמָּצֵא בְּבָתֵּיכֶם, כִּי כָּל אוֹכֵל (חָמֵץ)": וַאֲכִילַת חָמֵץ לַאֲכִילַת מַצָּה. מִשָּׁעָה שֶׁחַיָּיב לֶאֱכוֹל מַצָּה – הִזְהִיר שֶׁלֹּא לֶאֱכוֹל חָמֵץ, דִּכְתִיב "כָּל מַחְמֶצֶת לֹא תֹאכֵלוּ, בְּכֹל מוֹשְׁבוֹתֵיכֶם תֹּאכְלוּ מַצּוֹת", וּכְתִיב "בָּעֶרֶב תֹּאכְלוּ מַצּוֹת", אַלְמָא: זְמַן אֲכִילַת מַצָּה וְאִיסּוּר חָמֵץ וְהַשְׁבָּתַת שְׂאוֹר – מֵחֲשֵׁיכָה: אַךְ חִלֵּק. אַכִּין וְרַקִּין מִיעוּטִין, אַלְמָא: מִקְצָת הַיּוֹם מוּתָּר וּמִקְצָתוֹ אָסוּר. וּמֵעַתָּה יֵשׁ לָנוּ לַחֲלֵק: חֶצְיוֹ לְאִיסּוּר וְחֶצְיוֹ לְהֶיתֵּר. וְאִיכָּא דְּאָמַר: "אַךְ" הוּא חֵן בְּגִימַטְרִיָּא* דְּאַ"ת בַּ"שׁ גִּ"ף דְּכַ"ן, וְתוֹפֵס ח' תַּחַת אָלֶ"ף וְנַדֵּ"י בִּמְקוֹם כ': רִאשׁוֹן דְּמֵעִיקָּרָא מַשְׁמַע. בְּלָאו רוּמְיָא דִּקְרָא אַהֲדָדֵי מַשְׁמַע רִאשׁוֹן בְּמַשְׁמָעוּת דִּקְרָא, שֶׁהוּא יוֹם קוֹדֶם לְכָל שִׁבְעָה דִּקְרָא, כֵּיוָן דִּכְתִיב "שִׁבְעַת יָמִים מַצּוֹת תֹּאכֵלוּ, אַךְ בַּיּוֹם הָרִאשׁוֹן" – רִאשׁוֹן קוֹדֶם לְמַעֲשֶׂה קָאָמַר: הֲרִאשׁוֹן אָדָם תִּוָּלֵד. הַקּוֹדֵם לְאָדָם הָרִאשׁוֹן נוֹלַדְתָּ: הָכָא נַמִי הָא כְּתִיב. בְּהַאי קְרָא גּוּפֵיהּ שִׁבְעַת יָמִים, וּדְרוֹשׁ נַמִי רִאשׁוֹן דּוּמְיָא דִּשְׁבִיעִי: הָתָם נַמִי. גַּבֵּי לוּלָב, ה' דְּהָרִאשׁוֹן לָמָּה לִי: מֵרִאשׁוֹן וּשְׁמִינִי נָפְקָא. מִדִּכְתִיב בְּהָנְהוּ שַׁבָּתוֹן – מִכְּלָל דְּאִיכָּא דְּלָאו שַׁבָּתוֹן נִינְהוּ: עַל עִנְיָן רִאשׁוֹן. עַל יָמִים הַקְּדוּמִים לוֹ, דְּהַיְינוּ חוּלּוֹ שֶׁל מוֹעֵד: לֹא לִכְתּוֹב רַחֲמָנָא לֹא וָי"ו. דְּמַשְׁמַע רִיבּוּיָא, דְּתוּ אִיצְטְרִיךְ הֵ"א לְמִיעוּט: אֶלָּא מֵהָנֵי שְׁלֹשָׁה רִאשׁוֹן. דִּכְתִיב בְּמִקְרָא קוֹדֶשׁ דְּפֶסַח, וּמִקְרָא קוֹדֶשׁ דְּסוּכּוֹת, וּמִצְוַת לוּלָב – לָא תּוֹתַב לְרַב נַחְמָן. דְּהָנֵי רִאשׁוֹן דִּכְתִיב בְּהוּ לָאו לְמַשְׁמָעוּתַיְיהוּ קָאָתוּ, אֶלָּא שְׁמָא בְּעָלְמָא הוּא דְּנִקְרְאוּ רִאשׁוֹן, וּכְתַנָּא דְּבֵי ר' יִשְׁמָעֵאל: בִּשְׂכַר ג' רִאשׁוֹן. שְׁבִיתַת הָרֶגֶל דְּפֶסַח, וּשְׁבִיתַת הָרֶגֶל דְּחַג, וּנְטִילַת לוּלָב שֶׁנִּקְרְאוּ רִאשׁוֹנִים – זָכוּ לִשְׁלֹשָׁה רִאשׁוֹן: לֹא תִשְׁחַט עַל חָמֵץ וגו'. וּשְׁחִיטַת פֶּסַח זְמַנָּהּ מִתְּחִלַּת שֶׁבַע, שֶׁהוּא בֵּין הָעַרְבַּיִם, שֶׁכְּבָר נוֹטָה חַמָּה לְצַד שְׁקִיעָתָהּ. וְהָכִי אָמְרִינַן בְּפֶ' "אָמַר לָהֶן הַמְמוּנֶּה" (יומא כח:): לְלוֹתֵיהּ דְּאַבְרָהָם מִכִּי מַשְׁחֲרֵי כּוֹתְלֵי – דְּהַיְינוּ מֵחֲצוֹת וְאֵילָךְ, וְגָמְרִינַן מִינֵּיהּ דִּשְׁחִיטַת הַתָּמִיד מִתְּחִלַּת שֶׁבַע. וְקַשְׁיָא לָן הָתָם מַתְנִי' דְּתָמִיד נִשְׁחָט בְּשֵׁשׁ שָׁעוֹת וּמֶחֱצָה, וּמְשַׁנֵּי לָן: שָׁאנֵי כּוֹתְלֵי בֵּית הַמִּקְדָּשׁ דְּלָא מְכַוְּונֵי – רְחָבִין תַּחְתֵּיהֶן מְאֹד, וְלָא מִשְׁתַּחֲרֵי עַד שֵׁשׁ וּמֶחֱצָה: וְאֵימָא כָּל חַד וְחַד. יְבַעֵר סָמוּךְ לִשְׁחִיטָתוֹ מְעַט, וְאִם שָׁהָה עַד תֵּשַׁע – יְבַעֲרֶנּוּ בְּתֵשַׁע: זְמַן שְׁחִיטָה קָאָמַר רַחֲמָנָא. לֹא חִלְּקָה תוֹרָה לְיִשְׂרָאֵל לָזֶה זְמַנּוֹ וְלָזֶה זְמַנּוֹ, הוֹאִיל וְקָבַע לוֹ זְמַן וְאִיסּוּרוֹ שָׁוֶה בַּכֹּל – לְכוּלָּם זְמַן אֶחָד קָבַע: שֶׁהִיא אַב מְלָאכָה. וְזוֹ הַבְעָרָה שֶׁלֹּא לְצוֹרֶךְ הִיא, וְהַכָּתוּב אָסַר מְלָאכָה בְּיוֹ"ט, הִלְכָּךְ הַאי רִאשׁוֹן בְּאַרְבָּעָה עָשָׂר קָאָמַר: אַךְ חִלֵּק. הִתִּיר לְךָ הַכָּתוּב לַהֲנוֹתוֹ מִקְצָת יוֹם בִּיעוּרוֹ. וְאִי יוֹם בִּיעוּרוֹ בְּיוֹם טוֹב – מִי שָׁרֵי לַהֲנוֹיֵיהּ כְּלָל? הָא אִיתְקַשׁ כו' וַאֲכִילַת מַצָּה מֵחֲשֵׁיכָה. וְעַל כָּרְחָךְ הַשְׁבָּתַת שְׂאוֹר כְּשֶׁתֶּחְשַׁךְ, וְאִם כֵּן לָא מַשְׁכַּחַתְּ "אַךְ" חִלֵּק. דְּאִי לָאו "אַךְ" – אִיכָּא לְמֵימַר: בַּיּוֹם הָרִאשׁוֹן בֵּין הַשְּׁמָשׁוֹת שֶׁהוּא הַתְחָלַת הַיּוֹם. אֲבָל הָשְׁתָּא – עַל כָּרְחָךְ בְּתוֹךְ יוֹם בִּיעוּרוֹ שָׁרֵי לֵיהּ קְרָא לַהֲנוֹיֵיהּ:

תוספות

דהא איתקש השבתת שאור לאכילת חמץ וכו'. בפרק "כל שעה" (לקמן כח:) יליף ר' יהודה לאוכל חמץ מו' שעות ולמעלה שהוא בלא תעשה, ור' שמעון פליג עליה. ומהכא לא מצי למילף מידי, דלא הוקשה אכילת חמץ להשבתת שאור שמשש שעות ולמעלה, אלא להשבתת שאור של שבעת ימים. וקשה לרשב"א: אמאי לא יליף כרת להשבתת שאור מדאיתקש לאכילת חמץ: **למעוטי** חולו של מועד. אתרווייהו קאי, דלולב אינו ניטל במדינה אלא יום אחד: **כדתנא** דבי ר' ישמעאל. אע"ג דכתיבי טובא – בהנך ג' מצות כתיבי כולהו, וכל הכתוב במצוה אחד חשיבי חדא. ואין להקשות מנלן דמהני ג' ראשון דרשינן, ו"אך ביום הראשון" לכדדרשינן. דילמא ההוא איכתיב להך דרשא? דמסתברא דמהני דכתיבי במקרא קודש, דרשי' כולהו להך דרשא: **לא** תשחט את הפסח ועדיין חמץ קיים. הקשה רשב"א: היכי יליף מהכא דחמץ אסור מו' שעות ולמעלה? והא זמן שחיטת הפסח אחר התמיד הוי, ותמיד ששחטו לפני חצות פסול וא"כ זמן שחיטה לא הוי מיד אחר חצות עד כדי שהיית הקרבת תמיד! וי"ל: כיון דדיעבד אם שחט הפסח קודם תמיד כשר, כדתנן התם – *חשיב זמן שחיטה מחצות ואילך: **זמן** שחיטה קאמר רחמנא. אע"ג דאמת הוא דלא תשחט על חמץ כל חד וחד כי שחיט, דאמרינן בפרק "תמיד נשחט" (לקמן סג. ושם): השוחט את הפסח על החמץ – עובר בלאו. מ"מ כיון דאשכחן דהזהיר על ההשבתה, והזהיר שלא לשחוט פסח על חמץ – סברא הוא שבזמן שחיטה הזהיר על השבתה: **דברי** ר' ישמעאל. תימה לר"י: דתנא דבי רבי ישמעאל נפקא ליה מקרא אחרינא, ובכמה דוכתין* פריך מר' ישמעאל אתנא דבי רבי ישמעאל: **(ואומר)** כל מלאכה לא תעשו. אע"ג דכשישרף ויעשה גחלים הנאתו מותר, כדאמר בפרק "כל שעה" (לקמן כו:) גבי ערלה בישלה על גבי גחלים – דברי הכל הפת מותר, וה"ה חמץ. והא דתנן בפ' "כל שעה" (ד' כא.): לא יסיק בו תנור וכירים – היינו מדרבנן. אור"י: דסברא הוא, דקרא דתשביתו איירי בכל ענין, אפילו אינו צריך לגחלתו. אי נמי, כיון דמתחלת הבערה אינו יכול להנות ממנו, אע"ג שיהא לו הנאה ממנו אחר כך – אסור, כמו נדרים ונדבות שאין קריבין בי"ט, למ"ד (ביצה דף יט כ.) אף על פי שיש בהן מאכל הדיוט לבסוף. ומאן דשרי – שרי מלהנות°:

לחלק

ש"מ

עין משפט נר מצוה

כה א מיי' פ"א מהל' חמץ ומצה הל' ח:

רבינו חננאל

ואימא מצפרא בי"ד ופרקינן אך חלק כדקיימא לן אכין ורקין למעט ובא זה אך וחלק גם י"ד חציו מותר וחציו אסור: **רב** נחמן בר יצחק אמר אך ביום הראשון הראשון של יום טוב ראשון משמע כלומר קודם יום טוב ודייק מהא דכתיב הראשון אדם תולד (איוב טו ז) כלומר הראשון של אדם הראשון נולדת ולפני גבעות חוללת ואקשי' עליה אלא מעתה ולקחתם לכם ביום הראשון הכי נמי וכו': **רבא** אמר מהכא לא תשחט על חמץ דם זבחי וגו' לא תשחט את הפסח ועדיין חמץ קיים ושחיטת הפסח מן התורה וזמן שחיטת הפסח שהיא משעה ששית ולמעלה קאמר: **תניא** כרבא ואליבא דר' ישמעאל ר"ע אומר הרי הוא אומר כל מלאכה לא יעשה ומצינו הבערה שהיא אב מלאכה לפיכך כיון שטעון שרפה אי אפשר להשבתת שאור ביו"ט אלא מערב יו"ט:

הגהות מהר"י לנדא

א] גמ' רבי יוסי אומר אינו צריך וכו'. נ"ל רבי יוסי הגלילי:

גליון הש"ס

תום' ד"ה וכתיב כל מלאכה בסוף הדבור שרי מלהנות. נ"ל מלה':

עין משפט נר מצוה

כו א מיי' פ"א מהלכות חמץ ומצה הלכה ב ופ"ד הלכה א ב סמג לאוין עט:

כז ב ג ד מיי' פ"ד שם הלכה ב ג ד סמג שם טוש"ע או"ח סי' תמ סעיף א:

[שבת ע. וש"נ]

[ולא יראה לך שאור כצ"ל וכ"א בילקוט]

תורה אור

שמע מינה מדרבי עקיבא תלת; שמע מינה: *אין ביעור חמץ אלא שריפה, ושמע מינה: *הבערה לחלק יצאת, ושמע מינה: לא אמרינן הואיל והותרה הבערה לצורך הותרה נמי שלא לצורך.§ ת"ר: °"שבעת ימים שאור לא ימצא בבתיכם" (שמות יב) מה ת"ל? והלא כבר נאמר: °"לא יראה לך שאור [ולא יראה לך *חמץ] בכל גבלך" (שם יג). לפי שנא': "לא יראה לך שאור" — *שלך אי אתה רואה, אבל אתה רואה של אחרים ושל גבוה. [א]יכול יטמין ויקבל פקדונות מן הגוי — ת"ל: "לא ימצא". אין לי אלא בגוי שלא כיבשתו, ואין שרוי עמך בחצר. גוי שכיבשתו ושרוי עמך בחצר מנין — ת"ל: "לא ימצא בבתיכם". אין לי אלא שבבתיכם, בבורות בשיחין ובמערות מנין — ת"ל: "בכל גבלך". ועדיין אני אומר: בבתים — עובר משום בל יראה ובל ימצא ובל יטמין ובל יקבל פקדונות מן הגוי. בגבולין — שלך אי אתה רואה, אבל אתה רואה של אחרים ושל גבוה. מנין ליתן את האמור של זה בזה ושל זה בזה — ת"ל: שאור שאור לגזירה שוה. נאמר שאור בבתים: "שאור לא ימצא בבתיכם", ונאמר שאור בגבולין: "לא יראה לך שאור", מה שאור האמור בבתים — עובר משום בל יראה ובל ימצא ובל יטמין ובל יקבל פקדונות מן הגוי', אף שאור האמור בגבולין — עובר משום בל יראה ובל ימצא ובל יטמין ובל יקבל פקדונות מן הגוי'. ומה שאור האמור בגבולין — שלך אי אתה רואה אבל אתה רואה של אחרים ושל גבוה, אף שאור האמור בבתים — שלך אי אתה רואה אבל אתה רואה של אחרים ושל גבוה.§ אמר מר: אין לי אלא בגוי שלא כיבשתו ואין שרוי עמך בחצר, גוי שכיבשתו ושרוי עמך בחצר מנין — ת"ל: "לא ימצא". כלפי *לייא?! אמר אביי: איפוך. רבא אמר: לעולם לא תיפוך, ואריישא קאי. שלך אי אתה רואה — אבל אתה רואה של אחרים ושל גבוה, אין לי אלא בגוי שלא כיבשתו ואין שרוי עמך בחצר, [ב]גוי שכיבשתו ושרוי עמך בחצר מנין — ת"ל: "לא ימצא". והאי תנא מיהדר אהיתירא ונסיב לה קרא לאיסורא?! °משום שנאמר "לך" "לך" תרי זימני.§ אמר מר: יכול יטמין ויקבל פקדונות מן הגוים — תלמוד לומר: "לא ימצא". הא אמרת רישא: שלך — אי אתה רואה, אבל אתה רואה של אחרים ושל גבוה! לא קשיא; [ג]הא — דקביל עליה אחריות, הא — דלא קביל עליה אחריות. כי הא דאמר להו רבא לבני מחוזא: [ד]בערו חמירא דבני חילא מבתייכו, כיון דאילו *מיגנב ואילו מיתביד — ברשותייכו קאי ובעיתו לשלומי — כדילכון דמי, ואסור. הניחא למאן דאמר: *דבר הגורם לממון — כממון דמי. אלא למאן דאמר: לאו כממון דמי, מאי איכא למימר? שאני הכא, דאמר "לא ימצא". איכא דאמרי: הניחא למאן דאמר דבר הגורם לממון לאו כממון דמי — היינו

[לקמן כג. כט.]

רש"י

ש"מ. מדלא נפקא ליה דהאי יום הראשון ערב יום טוב הוא, אלא משום דאסור להבעיר ביום טוב — שמע מינה סבירא ליה כר' יהודה, דאמר לקמן בפרק "כל שעה" [כח. וכז:] אין ביעור חמץ אלא שריפה. ויליף לה מנותר, דאי השבתתו בכל דבר סבירא ליה — לוקמיה ביו"ט, ויבערנו בדבר אחר, יאכילנו לכלבים או ישליכנו לים: וש"מ. מדקאמר שהוא אב מלאכה — סבירא ליה כר' נתן, דאמר: הבערה לחלק יצאתה. דתניא (שבת דף ע.): הבערה ללאו יצאת, שהיתה בכלל "לא תעשה כל מלאכה", חזר והוציאה מכללו, ופרט בה לאו לעצמה, לומר לך שאינה במיתת בית דין כשאר מלאכות אלא בלאו זה לבדו. רבי נתן אומר: לחלק יצאתה, שלא תאמר העושה ארבעה או חמשה אבות מלאכות בשוגג בשבת אינו חייב אלא אחת, דהא חד לאו איכא בכולהו וחד כרת — לפיכך פרט בה בפני עצמה, להקיש אליה, מה היא מיוחדת שהיא אב מלאכה וחייבין עליה לעצמה כו'. אלמא: לר' יוסי לאו אב מלאכה היא: והלא כבר נאמר ולא יראה לך שאור בכל גבולך. הרי בתים במשמע: לפי שנאמר ולא יראה לך. דמדכתב "לך" משמע מינה: שלך אי אתה רואה, אבל אתה רואה בגבולין של אחרים, כגון גוי ושל גבוה, אם הקדישם לבדק הבית: יכול. נלמוד ממקרא זה שיטמין את שלו *בבית שלא יראנו ודיו, דהא "לא יראה" כתיב: ויקבל פקדונות מן הגוי. דהא כתיב "לך": ת"ל לא ימצא. אסר לך הטמנה, שאף היא בכלל מציאה, ואסר לך של אחרים, דהכא לא כתיב "לך": אין לי. מ"לא ימצא" דאסור אלא גוי שלא כבשתו תחת ידיך, ואינו שרוי עמך בחצר. ולקמיה פריך: איפכא מסתברא: גוי שכיבשתו תחת ידך. דהוי ממונו כממונך, או שלא כיבשתו אבל שרוי בחצרך מנין, תלמוד לומר: "לא ימצא". לקמיה מפרש לה: ואין לי אלא בבתים. כלומר: ואם נאמר זה ולא נאמר "ולא יראה לך שאור", הייתי אומר: אין לי שאסור לשהות חמץ אלא בבתים, מפני שהוא מצוי אצלו תמיד. דהא בהאי קרא בתים הוא דכתיב: תלמוד לומר בכל גבולך. בקרא ד"לא יראה" כתיב: ועדיין. אע"פ שנאמר שניהם, יש לי לומר: בבתים עובר בכל אלו, דהא "לא ימצא" דמשמע אפילו הטמנה לא כתב אלא בבתים, ולא כתב בהו נמי "לך" להוציא של אחרים. אבל בגבולין בורות שיחין ומערות כתב "לך", ואני אומר: אבל אתה רואה בהן של אחרים. מנין ליתן קולו של זה בזה וחומרו של זה בזה — ת"ל כו'. ולקמיה פריך: מאי קאמר דמייתי לה של אחרים ושל גבוה לאיסורא ולהתירא הכא והכא: כלפי לייא. שתי מלות. כלפי היכן נוטה דבר זה? הא איפכא מסתברא: גוי שכבשתו — מסתברא דאסור טפי: לייא. היכן. ונחבירו בברכות בפרק "הרואה" (דף נח.): אלבי לנהרא בגגי לייא — חרסים שבורים להיכן הולכין: איפוך. אין לי דאסור אלא בגוי שכיבשתו, דהוי דומיא דשלך. גוי שלא כיבשתו מנין? תלמוד לומר "לא ימצא". ולא כתב לא תמצא, אבל לא ימצא — לגמרי משמע: ואריישא קאי. להיתירא. אין לי דמותר לראות של אחרים, בדלא קביל עליה אחריות כדלקמיה, אלא שלא כיבשתו. גוי שכיבשתו מנין דמותר? ת"ל: "לא ימצא". ופרכינן לרבא: תנא מהדר אהיתירא, ונסיב לה למילתיה קרא לאיסורא. ומשני: להיתירא קא נסיב לה, משום שנאמר בגבולין בשאור "לך" "לך" תרי זימני. "לא יראה לך שאור בכל גבולך שבעת ימים" בפרשת ראה, וכתיב "לא יראה לך חמץ ולא יראה לך שאור בכל גבולך" בפרשת בא. ואם אינו ענין להאי "לך" בגבולין גבי ראייה, דהא כבר אמור — תניהו ענין ללא ימצא, ודרוש ביה: לא ימצא לך אף במלוי אצלך, והיינו שרוי עמך דקאמינא לך, דאין חמץ אסור אלא אם כן שלך. אבל אתה מוצא את שלו. והיא לך דחמץ — לא קחשיב, דשאור וחמץ מילרך צריכי, כדאמר בביצה (דף ז:) דהאי מחבריה לא יליף: מחוזא. עירו של רבא: דבני חילא. גיים של בית המלך, ומטילין תיקון טורח מזונותיהן על העיירות: הניחא. הא דאמרינן דמשום אחריות אסור: למאן דאמר כו'. רבי שמעון דאמר ליה בבבא קמא (דף עא:): קדשים שחייב באחריותן — חייב: להכי

תוספות

לחלק יצאת. מדקרי לה אב מלאכה. ועוד אומר ריב"א: דלמ"ד ללאו יצאתה — לא היה אסור ביו"ט, כיון דאין שם מלאכה עליה: **לא** אמרינן מתוך. דאי אמרינן מתוך שרי. אע"ג דבעינן צורך היום קצת — הכא מה שמבער הוי צורך: **אבל** אתה רואה של אחרים ושל גבוה. הקשה הרב ר' יעקב דאורליי"נש: דהכא לא מצריך תרי קראי למעוטי גוי וגבוה, דמחד "לך" ממעטינן תרוייהו, אע"ג דתלתא "לך" כתיבי. ובפ' "כל שעה" (לקמן כג.) משמע דצריכי כולהו. ובמנחות בפרק "רבי ישמעאל" (דף סו. ושם) קאמר: תרי "עריסותיכם" כתיבי חד — למעוטי גוי, וחד — למעוטי הקדש. ומיהו, בספרים מדויקים גרס: חד — כדי עריסותיכם. פירוש: כשיעור עיסת מדבר, וחד לעיסת הקדש. וכן נראה, דב"ראשית הגז" (חולין קלה:) דרשינן מ"עריסותיכם" — כדי עיסתכם:

משום דכתיב לך לך תרי זימני. פ"ה: כיון דמייתר "לך" שדייה א"לא ימצא". וקשה לרשב"א: דמיתורא ד"לך" גופיה, אפילו בלא ["לא] ימצא" מצינו למעוטי גוי שכיבשתו. ואור"י: דאי לאו מ"לא ימצא" הוה אמינא ממעטינן גוי שכיבשתו — דההוא נמי "לך" חשיבא. וה"א דאתי לדרשה אחרינא. אבל השתא דשדינא א"לא ימצא" ממשמעותיה — ממעטינן גוי שכיבשתו. ד"לא ימצא לך" — משמע אפילו במצוי בעינא לך. אבל עוד קשה לו: כיון דשדינא א"לא ימצא", אמאי איצטריך ליה לעיל למדרש: מה שאור האמור בגבולים וכו' — אף שאור האמור בבתים שלך אי אתה רואה וכו'! ותירץ ר"י: דאי לאו דרשה דשאור שאור — הוה מוקי לה למעוטי של אחרים ושל גבוה בבתים כמו בגבולים, ולא למעוטי גוי שכיבשתו, ודוחק. הקשה רבינו תם: דבשום דוכתא לא מצריכנא תרי קראי לכיבשתו ושלא כיבשתו, בראשית הגז (חולין קלה:) גבי ביתך דגנך שדך, וטובא דמייתי התם — בכולהו לא מצריך אלא חד קרא לכיבשתו ושלא כיבשתו! ותי' רשב"א: דכיון דגלי לן הכא גוי שכיבשתו לא חשיב שלך — בשום דוכתא תו לא צריך תרי קראי, וממעטינן תרוייהו מחד קרא. וכן יש לתרץ מה שהקשה ה"ר יעקב דאורליינ"ש מ"עריסותיכם":

התם

רבינו חננאל

אמר רבא ש"מ מדר"ע תלת ש"מ אין ביעור חמץ אלא שרפה דאי ס"ד בלא שרפה ישביתהו אפילו ביו"ט שלא בשרפה ושמעי' מינה הבערה לחלק יצאתה דאי ס"ד ללאו יצאתה תיתי עשה דהשבתת חמץ לידחי לאו דהבערה וש"מ לא אמרינן מתוך שהותרה הבערה לצורך הותרה נמי שלא לצורך: **ת"ר** שבעת ימים שאור לא ימצא בבתיכם מה ת"ל והלא כבר נאמר לא יראה לך שאור בכל גבולך שבעת ימים וכו' עד מנין ליתן את האמור של זה בזה ואת האמור של זה בזה ת"ל שאור שאור לגזרה שוה נאמר שאור בבתים שבעת ימים שאור לא ימצא בבתיכם ונאמר שאור בגבולין לא יראה לך שאור בכל גבולך מה שאור האמור בבתים כיון שהוא מצוי בביתו עובר בבל יראה ובבל ימצא ובבל יטמין ובבל יקבל פקדונות מן הנכרי' שאילו כולן נכנסין בכלל דבר המצוי בביתו שאין אדם רואה בביתו אלא דבר המצוי בביתו וכן כלם אף שאור שאמור בגבולין כן ומה שאור האמור בגבולין כתיב ביה לא יראה לך שלך אי אתה רואה אבל אתה רואה של אחרים ושל גבוה אף שאור האמור בבתים של אחרים ושל גבוה מותר: **אמר** מר יכול יטמין ויקבל פקדונו' מן הנכרי' ת"ל לא ימצא אין לי אלא נכרי שלא כבשתו ואין שרוי עמך בחצר הוא שלא ימצא אצלך לא טמון ולא פקדון נכרי שכבשתו ושרוי עמך מנין ת"ל לא ימצא ואקשי' (כלפליא) [נראה דצ"ל כלפי אליה] כלומר דברים מהופכין הן כמו שהאליה הפוך מן הראש שכל המהלך בדרך המהלכין הולך ראשו לפנים וזנבו לאחריו והמהופך הולך זנבו לפנים והראש אחריו כך גם זה כלומר אם אסרה לך התורה בנכרי שלא כבשתו עאכ"ו בנכרי שכבשתו שהוא כמו שלך שודאי אסור: **אמר** אביי איפוך. כלומ' נכרי שכבשתו ושרוי עמך בחצר כמו שלך הוא חשוב ואסור אלא מנין שאף נכרי שלא כבשתו ואינו שרוי עמך בחצר שהוא אסור ת"ל לא ימצא כלל: **רבא** אמר לעולם לא תיפוך ואריישא קאי. כלומר בתחלת הענין הדברים אמורים שלך אי אתה רואה אבל אתה רואה של אחרים ושל גבוה אין לי אלא שמותר לך לראות חמצו של נכרי אלא בנכרי שלא כבשתו ואין שרוי עמך שאין בך יכולת למנעו נכרי שכבשתו ושרוי עמך בחצר מנין שאע"פ שיש בך יכולת למנעו שמותר שנא' לא יראה לך שלך אי אתה רואה אבל אתה רואה של אחרים ואקשי' האי תנא מהדר אהתירא כלומר ממשמע הני קראי מראין הדברים שמותר לראות חמצו של נכרי שלא כבשתו ונסיב לה קרא לא ימצא בבתיכם דמשמע לאיסורא ופרקי' הייתה אומר אסור שנא' לא ימצא מכל מקום קמ"ל לא יראה לך חמץ ולא יראה לך שאור לך לך תרי זימני דאפי' נכרי שכבשתו שרי דקרינא ביה שלך אי אתה רואה אבל אתה רואה של אחרים ושל גבוה והני מילי דלא קביל עליה אחריות אבל קביל עליה ישראל אחריות אסור כדרבא דאמר לבני מחוזא בערו חמירא דבני חילא פי' הגברים בני החיילות הוו מפקידין את החמץ שלהן בבתי ישראל והיו נותנין להם קמח ואומרין להם עשו לנו לחם ואפילו אם אבד [illegible] כאלו שלהם הוא וע"ג דאמרינן דבר הגורם לממון [illegible] אני אשלם ואותה העת נמצא כאלו ממונו אבד אבל כל זמן שהוא ממון הו"א דנכרי הוא קמ"ל דבין כך ובין כך אסור:

מסורת הש"ס

[לקמן יב: כח.: כז: תמורה לג.]

[נ"י ומסר"ס ע"ש]

נ"א כדי

[בערוך ערך כלפי גרס אלי' פי' דברים מהופכין כמו שהאליה הפוך מן הראש כו']

[עי' תוס' שבועות מד. סד"ה שומר]

[לקמן כט: וש"נ]

גליון הש"ס

משום שנאמר לך לך תרי זימני. עי' בריטב"א קדושין כח: ד"ה כיוצא: **תוס'** ד"ה לחלק וכו' לא היה אסור ביו"ט. עיין ביצה דף כג ע"א תוס' ד"ה על גבי חרס:

לְהָכִי אִיצְטְרִיךְ לֹא יִמָּצֵא. מִשּׁוּם דְּבְעָלְמָא לָאו כְּמָמוֹן דָּמֵי, אִילְטְרִיךְ קְרָא לְמֵימַר דְּגַבֵּי חָמֵץ מִיהָא מִתְּפַס: הוֹאִיל וְכִי אִיתֵיהּ הָדָר. הוּא גּוּפֵיהּ לְמָרֵיהּ בְּעֵינֵיהּ, וְזֶה עֲדַיִין לֹא נֶאֱבַד. וְכִי אֲמָרָהּ ר' שִׁמְעוֹן לְהַהוּא – הֵיכָא דְּאֵינוֹ בָּעַיִן, כְּגוֹן גַּבֵּי גּוֹנֵב קָדָשִׁים שֶׁהָיוּ הַבְּעָלִים חַיָּיבִין בְּאַחֲרָיוּתָן, אָמַר רַבִּי שִׁמְעוֹן אַף עַל פִּי שֶׁאֵין כֶּפֶל לְהֶקְדֵּשׁ, דִּכְתִיב "לְרֵעֵהוּ" וְלֹא לְהֶקְדֵּשׁ – הָכָא חַיָּיב. דְּכֵיוָן דְּזֶה חַיָּיב בְּאַחֲרָיוּתָן – רֵעֵהוּ קָרֵינָא בֵּיהּ, דְּהָא גָּרַם לוֹ לְהִתְחַיֵּיב מָמוֹן: אַרְנוֹנָא. הַמֶּלֶךְ נוֹטֵל עִישּׂוּר מִן הַבְּהֵמָה וּמִן הַתְּבוּאָה: חַיֶּיבֶת בִּבְכוֹרָה. [בכורות ג.] דְּקַיְימָא לָן: *כָּל שֶׁיַּד גּוֹי בָּאֶמְצַע – פְּטוּרָה מִן הַבְּכוֹרָה, שֶׁנֶּאֱמַר (במדבר ג) "לִי כָל בְּכוֹר בְּיִשְׂרָאֵל", אֲבָל לֹא בַּאֲחֵרִים. וְעֵדֶר זֶה שֶׁעִישּׂוּרוֹ שֶׁל מֶלֶךְ בְּתוֹכוֹ – חַיֶּיבֶת בִּבְכוֹרָה לָתֵת לְכֹהֵן הַבְּכוֹרוֹת שֶׁלָּהֶם, אוֹ לֹא? דְּמָצֵי מְסַלֵּק לֵיהּ. לַגּוֹי בְּמָעוֹת: לָא תִּיבְּעֵי לָן. כֵּיוָן דְּאַכַּתִּי לֹא זָכָה גּוֹי בָּהֶן, וְדִינוֹ אֵינוֹ קָבוּעַ בָּהֶן יוֹתֵר מִמָּעוֹת, אִיכָּא לְמֵימַר לֹא יִתֵּן לוֹ בְּהֵמוֹת אֶלָּא מָעוֹת: [תוספתא פ"ב] וְאע"ג דְּמָצֵי מְסַלֵּק לֵיהּ. דְּכָל כַּמָּה דְּלָא סַלְּקֵיהּ – יָדוֹ שַׁיָּיכָא בַּבְּהֵמוֹת: עִיסַּת אַרְנוֹנָא חַיֶּיבֶת. וְאע"ג דְּעִיסַּת גּוֹי פְּטוּרָה, וְאוֹכֵל יִשְׂרָאֵל בְּלֹא חַלָּה, דְּהָא "עֲרִיסוֹתֵיכֶם" כְּתִיב – זוֹ חַיֶּיבֶת. דְּלֵית לַהּ קָלָא, וְהָרוֹאֶה אוֹמֵר שֶׁלּוֹ הִיא, וְאוֹכְלָהּ בְּלֹא חַלָּה. אֲבָל בְּהֵמָה – אִית לַהּ קָלָא. וְהָדְתַנְיָא חַיֶּיבֶת – בְּעִיסָּה הוּא דְּתַנְיָא: אֵין זָקוּק לְבַעֵר. לֹא הִזְקִיקוּהוּ לְהוֹצִיא אֶת הַגּוֹי מִן הַבַּיִת, כִּדְאָמְרָן: אֲבָל אִתָּה רוֹאֶה שֶׁל אֲחֵרִים: הִפְקִידוֹ אֶצְלוֹ. [ע"ז כא. וטוו.] וְקִבֵּל עָלָיו אַחֲרָיוּת, כִּדְמְפָרֵשׁ וְאָזֵיל, זָקוּק לְבַעֵר: יִחֵד לוֹ בַּיִת. כְּלוֹמַר: לֹא קִיבְּלוֹ עָלָיו, אֶלָּא אָמַר לֵיהּ "הֲרֵי הַבַּיִת לְפָנֶיךָ, הַנַּח בְּאַחַת מִן הַזָּוִיּוֹת" – אֵין זָקוּק לְבַעֵר: מַאי קָאָמַר. הֵיכִי יָלֵיף מִ"לֹּא יִמָּצֵא"? לְעוֹלָם אֵסֵיפָא. וְ"לֹא יִמָּצֵא" מַשְׁמַע הַמָּצוּי בְּיָדְךָ לְכָל חֶפְצְךָ, הַיְינוּ דְּקַבֵּיל עֲלֵיהּ אַחֲרָיוּת, דַּהֲוֵי כְּדִידֵיהּ: אַף בַּמָּקוֹם שֶׁאָמְרוּ לְהַשְׂכִּיר. [נ"ל שמכבנים] [עי' תוספות כתובות ז. ד"ה מתוך] בפ"ק דע"א תְּנַן: [תוספתא פ"א] אֵין מַשְׂכִּירִין בָּתִּים לְגוֹיִם בְּאֶרֶץ יִשְׂרָאֵל, אֲבָל בְּסוּרְיָא מַשְׂכִּירִין, וְכָל שֶׁכֵּן בְּחוּצָה לָאָרֶץ. וְאַף בַּמָּקוֹם שֶׁהִתִּירוּ לְהַשְׂכִּיר, לֹא לְבֵית דִּירָה הִתִּירוּ, אֶלָּא לְהַעֲמִיד בּוֹ בְּהֵמוֹת וְעֵצִים, וְלֹא שֶׁיָּדוּר הוּא בּוֹ: שֶׁאֵין מָצוּי בְּיָדְךָ. שֶׁהֲרֵי אוֹתָהּ זָוִית מְסוּרָה לַגּוֹי: כּוֹפֶה עָלָיו אֶת הַכְּלִי. דְּהָא לָא חֲזֵי לְטַלְטוּלֵי וְאַפּוּקֵי. וּמִיהוּ, בְּ"בַל יֵרָאֶה" לֹא עָבַר, דְּהָא בַּטְלֵיהּ בְּלִבֵּיהּ מֵאֶתְמוֹל, כִּדְאָמְרִינַן לְקַמָּן: הַבּוֹדֵק צָרִיךְ שֶׁיְּבַטֵּל בְּלִבּוֹ. אֶלָּא מִשּׁוּם שֶׁלֹּא יִשְׁכַּח וְיֹאכְלֶנּוּ – צָרִיךְ כְּפִיַּית כְּלִי: [מגילה כט: סנהדרין יב: ע"ז ה: [ר"ה ז. בכורות נח. תוספתא מגילה פ"ג] מִיבְדַּל בְּדִילֵי מִינֵּיהּ. אֲפִילּוּ בְּחוֹל לָמוּד הוּא לִפְרוֹשׁ מִמֶּנּוּ: חֲמֵצוֹ שֶׁל גּוֹי. הַמּוּפְקָד אֶצְלוֹ, וְלֹא קִיבֵּל עָלָיו אַחֲרָיוּת, דְּמוּתָּר לְשַׁהוֹתוֹ: עוֹשֶׂה לוֹ מְחִיצָה. בְּאַרְבָּעָה עָשָׂר, מִשּׁוּם הֶיכֵּר, שֶׁלֹּא יִשְׁכַּח וְיֹאכְלֶנּוּ. וְלֹא סַגֵּי לֵיהּ בִּכְפִיַּית כְּלִי כָּל שִׁבְעָה, שֶׁהַכְּלִי נִיטָּל לְצוֹרֶךְ. וּמִיהוּ הַהוּא דִּלְעֵיל, לֹא אֶפְשָׁר לֵיהּ בִּמְחִיצָּה, וּמִשּׁוּם חַד יוֹמָא סַגֵּי לֵיהּ בִּכְפִיַּית כְּלִי, וּבַלַּיְלָה יְבַעֲרֶנּוּ: הַמְפָרֵשׁ. מִן הַיַּבָּשָׁה לַיָּם: בְּשַׁיָּירָא. לְמָקוֹם רָחוֹק: קוֹדֶם שְׁלֹשִׁים יוֹם. לַפֶּסַח. וּלְקַמָּן מְפָרֵשׁ כְּנֶגֶד שֶׁשּׁוֹאֲלִין בְּהִלְכוֹת הַפֶּסַח קוֹדֶם הַפֶּסַח שְׁלֹשִׁים יוֹם, וּמֵאָז חָל עָלָיו לְהִזָּהֵר בְּצָרְכֵי הַפֶּסַח: דַּעְתּוֹ לַחֲזוֹר. בִּימֵי הַפֶּסַח: אֲפִילּוּ מֵרֹאשׁ הַשָּׁנָה נַמִי. דְּכִי הָדַר בֵּיהּ בִּימֵי הַפֶּסַח – עָבַר עֲלֵיהּ, וְהַהִיא שַׁעְתָּא לָאו בִּרְשׁוּתֵיהּ הִיא דְּלִיבַטְלֵיהּ, שֶׁהֲרֵי אִיסּוּר הֲנָאָה הוּא וְאֵינוֹ שֶׁלּוֹ. וּכְשֶׁרְאָהוּ – עוֹבֵר עֲלֵיהּ: אוֹצָר. שֶׁהִכְנִיס שָׁם תְּבוּאָה, וְתַחְתֶּיהָ חָמֵץ. וְאָמְרִינַן לְקַמָּן: *חָמֵץ שֶׁנָּפְלָה עָלָיו מַפּוֹלֶת – הֲרֵי הוּא כִּמְבוֹעָר: [דף ח.] תּוֹךְ שְׁלֹשִׁים זָקוּק לְבַעֵר. דִּלְכַתְּחִלָּה לֹא זֶהוּ בִּיעוּרוֹ: קוֹדֶם שְׁלֹשִׁים. לֹא חָלָה חוֹבַת בִּיעוּר עָלָיו, וְכִי מָטֵי הַהִיא שַׁעְתָּא – לֹא מְחוּיָּיב, כִּדְאָמְרַן, דְּהָא נָפְלָה עָלָיו מַפּוֹלֶת: שֶׁהֲרֵי

תורה אור

הַיְינוּ דְּאִיצְטְרִיךְ "לֹא יִמָּצֵא". אֶלָּא, לְמַאן דְּאָמַר כְּמָמוֹן דָּמֵי – "לֹא יִמָּצֵא" לָמָּה לִי? אִיצְטְרִיךְ, סָלְקָא דַּעְתָּךְ אָמֵינָא: הוֹאִיל וְכִי אִיתֵיהּ – הָדַר בְּעֵינֵיהּ, לָאו בִּרְשׁוּתֵיהּ קָאֵי – קָמַשְׁמַע לָן. בְּעוּ מִינֵּיהּ מֵרָבָא: בֶּהֱמַת אַרְנוֹנָא חַיֶּיבֶת בִּבְכוֹרָה אוֹ אֵין חַיֶּיבֶת בִּבְכוֹרָה? כָּל הֵיכָא דְּמָצֵי מְסַלֵּק לֵיהּ בְּזוּזֵי – לָא קָא מִיבַּעְיָא לָן דְּחַיָּיב, כִּי קָא מִיבַּעְיָא לָן – הֵיכָא דְּלָא מָצֵי מְסַלֵּק לֵיהּ בְּזוּזֵי, מַאי? אֲמַר לְהוּ: פְּטוּרָה. וְהָתַנְיָא: חַיֶּיבֶת! הָתָם – דְּמָצֵי מְסַלֵּק לֵיהּ. אִיכָּא דְּאָמְרִי, אֲמַר רָבָא: [א]בֶּהֱמַת אַרְנוֹנָא פְּטוּרָה מִן הַבְּכוֹרָה, וְאע"ג דְּמָצֵי מְסַלֵּק לֵיהּ. [ב]עִיסַּת אַרְנוֹנָא – חַיֶּיבֶת בְּחַלָּה, וְאע"ג דְּלָא מָצֵי מְסַלֵּק לֵיהּ. מַאי טַעְמָא – בְּהֵמָה אִית לַהּ קָלָא, עִיסָּה לֵית לַהּ קָלָא.§ תָּנוּ רַבָּנַן: *[ג]גּוֹי שֶׁנִּכְנַס לַחֲצֵירוֹ שֶׁל יִשְׂרָאֵל וּבְצֵיקוֹ בְּיָדוֹ – אֵין זָקוּק לְבַעֵר. הִפְקִידוֹ אֶצְלוֹ – זָקוּק לְבַעֵר. יִחֵד לוֹ בַּיִת – אֵין זָקוּק לְבַעֵר, שֶׁנֶּא': "לֹא יִמָּצֵא". מַאי קָאָמַר? אָמַר רַב פָּפָּא: אַרֵישָׁא קָאֵי, וְהָכִי קָאָמַר: הִפְקִידוֹ אֶצְלוֹ – זָקוּק לְבַעֵר, שֶׁנֶּאֱמַר: "לֹא יִמָּצֵא". רַב אַשִׁי אָמַר: לְעוֹלָם אַסֵּיפָא קָאֵי, וְהָכִי קָאָמַר: [ד]יִחֵד לוֹ בַּיִת – אֵין זָקוּק לְבַעֵר, שֶׁנֶּאֱמַר: "לֹא יִמָּצֵא בְּבָתֵּיכֶם" – וְהָא לָאו דִּידֵיהּ הוּא, דְּגוֹי כִּי קָא מְעַיֵּיל – לְבֵיתָא דְּנַפְשֵׁיהּ קָא מְעַיֵּיל. לְמֵימְרָא דִּשְׂכִירוּת קָנְיָא? *וְהָתְנַן: [ה]אַף בְּמָקוֹם שֶׁאָמְרוּ לְהַשְׂכִּיר – לֹא לְבֵית דִּירָה אָמְרוּ, מִפְּנֵי *שֶׁמַּכְנִיסִין לְתוֹכוֹ ע"ג. וְאִי סָלְקָא דַּעְתָּךְ דִּשְׂכִירוּת קָנְיָא, כִּי קָא מְעַיֵּיל – לְבֵיתֵיהּ דְּנַפְשֵׁיהּ קָא מְעַיֵּיל! שָׁאנֵי הָכָא, דְּאַפְּקֵיהּ רַחֲמָנָא בִּלְשׁוֹן "לֹא יִמָּצֵא" – מִי שֶׁמָּצוּי בְּיָדְךָ, יָצָא זֶה שֶׁאֵינוֹ מָצוּי בְּיָדְךָ. אָמַר רַב יְהוּדָה אָמַר רַב: [ו]הַמּוֹצֵא חָמֵץ בְּבֵיתוֹ בְּיוֹם טוֹב – *כּוֹפֶה עָלָיו אֶת הַכְּלִי. אָמַר רָבָא: אִם שֶׁל הֶקְדֵּשׁ הוּא – אֵינוֹ צָרִיךְ. מַאי טַעְמָא – מִיבְדַּל בְּדִילֵי מִינֵּיהּ. וְאָמַר רַב יְהוּדָה אָמַר רַב: [ז]חֲמֵצוֹ שֶׁל גּוֹי – עוֹשֶׂה לוֹ מְחִיצָה עֲשָׂרָה טְפָחִים מִשּׁוּם הֶיכֵּר, וְאִם שֶׁל הֶקְדֵּשׁ הוּא – אֵינוֹ צָרִיךְ. מַאי טַעְמָא – מִיבְדַּל בְּדִילֵי אִינָשֵׁי מִינֵּיהּ. וְאָמַר רַב יְהוּדָה אָמַר רַב: *[ח]הַמְפָרֵשׁ וְהַיּוֹצֵא בְּשַׁיָּירָא, קוֹדֶם שְׁלֹשִׁים יוֹם – אֵין זָקוּק לְבַעֵר, תּוֹךְ שְׁלֹשִׁים יוֹם – זָקוּק לְבַעֵר. אָמַר אַבַּיֵי: הָא דְּאָמְרַתְּ תּוֹךְ שְׁלֹשִׁים יוֹם זָקוּק לְבַעֵר – לָא אֲמַרַן אֶלָּא שֶׁדַּעְתּוֹ לַחֲזוֹר, אֲבָל אֵין דַּעְתּוֹ לַחֲזוֹר – אֵין זָקוּק לְבַעֵר. אֲמַר לֵיהּ רָבָא: וְאִי דַּעְתּוֹ לַחֲזוֹר, אֲפִילּוּ מֵרֹאשׁ הַשָּׁנָה נַמִי?! אֶלָּא אָמַר רָבָא: [ט]הָא דְּאָמְרַתְּ קוֹדֶם שְׁלֹשִׁים יוֹם אֵין זָקוּק לְבַעֵר – לָא אֲמַרַן אֶלָּא שֶׁאֵין דַּעְתּוֹ לַחֲזוֹר, אֲבָל דַּעְתּוֹ לַחֲזוֹר – אֲפִילּוּ מֵרֹאשׁ הַשָּׁנָה זָקוּק לְבַעֵר. וְאָזְדָא רָבָא לְטַעְמֵיהּ, דְּאָמַר רָבָא: [י]הָעוֹשֶׂה בֵּיתוֹ אוֹצָר, קוֹדֶם שְׁלֹשִׁים יוֹם – אֵין זָקוּק לְבַעֵר, תּוֹךְ שְׁלֹשִׁים יוֹם – זָקוּק לְבַעֵר. וְקוֹדֶם שְׁלֹשִׁים נַמִי לָא אֲמַרַן אֶלָּא שֶׁאֵין דַּעְתּוֹ לְפַנּוֹתוֹ, אֲבָל דַּעְתּוֹ לְפַנּוֹתוֹ – אֲפִילּוּ קוֹדֶם שְׁלֹשִׁים יוֹם נַמִי זָקוּק לְבַעֵר. הָנֵי שְׁלֹשִׁים יוֹם מַאי עֲבִידְתַּיְיהוּ? *כְּדְתַנְיָא: [כ]שׁוֹאֲלִין וְדוֹרְשִׁין בְּהִלְכוֹת הַפֶּסַח קוֹדֶם הַפֶּסַח שְׁלֹשִׁים יוֹם, ר' שִׁמְעוֹן בֶּן גַּמְלִיאֵל אוֹמֵר: שְׁתֵּי שַׁבָּתוֹת. מַאי טַעְמָא דְּתַנָּא קַמָּא שֶׁהֲרֵי

התם דמצי מסלק ליה. הק' ר"י: דבפ' "איזהו נשך" (ב"מ דף ע: ושם) אמר דהמקבל צאן ברזל מן הגוי – הוולדות פטורים מן הבכורה, אף על גב דמצי מסלק ליה לגוי בזוזי, כדאמר התם: כיון דאלו בעי גוי זוזי ולא משכח – שקול בהמה! ותי' ר"י: דשאני התם, *שמתחלה היתה הבהמה של גוי, וכיון דאי בעי זוזי ולא משכח – שקיל בהמה, לא נפקא מרשותיה. אבל כשהבהמה של ישראל ומצי מסלק ליה לגוי בזוזי – לא נכנסה לרשותו: **בהמת** ארנונא פטורה מן הבכורה אע"ג דמצי מסלק ליה. והא דתניא חייבת, פ"ה דגבי עיסה תניא. וק' לרשב"א: דהא גבי בהמה תניא בהדיא בתוספתא [בכורות פ"ב] *דחייבת בבכורה, וכן גבי עיסה תניא*: עיסת ארנונא חייבת בחלה, [תוספתא דחלה פ"א] אע"ג דלא מצי מסלק ליה! ואית ספרים דגרסי: בהמת ארנונא פטורה, והוא דלא מצי מסלק ליה. ולפי זה מתיישבות שתי הברייתות: **יחד** לו בית. פ"ה: דלא קיבל עליו אחריות, אלא אמר ליה "הרי הבית לפניך". וק' לר"י: מאי איריא יחד? אפילו לא יחד נמי, והכי נמי מסיק בסמוך למימר דשכירות קניא! ופר"ת: דאפילו באחריות מיירי, ומשום הכי מפיק מ"לא ימצא" דלא חשיב מצוי, כיון שיחד לו בית. ורב פפא אית ליה מסברא, כיון שיחד לו בית – הוי כאלו קיבל עליו אחריות על חמצו של גוי בביתו של גוי*: **כופה** עליו כלי. אע"ג דאיכא למ"ד בפ' "כירה" (שבת מג.) אין כלי ניטל אלא לדבר הניטל! איכא לאוקמי בצריך למקומו, אי נמי: הכא שרי, משום דילמא אתי למיכליה: [ועי' תוס' ב"מ פא: ד"ה והא] שנאמר

כח א מיי' פ"ד מהל' בכורות הלכה א סמג עשין מא טוש"ע יו"ד סי' שכ סעיף ה:
כט ב מיי' פ"ו מהלכות ביכורים הל' ט סמג עשין קמא טוש"ע יו"ד סי' של סעיף ג:
ל ג ד מיי' פ"ד מהל' חמץ ומצה הלכה ב טוש"ע או"ח סימן תמ סעיף ג:
לא ה מיי' פ"י מהלכות ע"ז הל' ד סמג לאוין מח טוש"ע יו"ד סי' קנא סעיף י:
לב ו מיי' פ"ג מהלכות חמץ ומצה הלכה ח סמג לאוין עט טוש"ע או"ח סי' תמו סעיף א:
לג ז מיי' פ"ד שם הל' ב סמג שם טוש"ע א"ח סי' תמ סעיף ב:
לד ח ט י מיי' פ"ב שם הלכה יט סמג שם טוש"ע או"ח סימן תלו סעיף א ב:
לה כ טור ש"ע א"ח סי' תכט סעיף א:

רבינו חננאל

בהמת ארנונא. פי' בהמה שיש בה שותפות לנכרי פטורה מן הבכורה דבהדיא קי"ל כל יד נכרי באמצע פטור מן הבכורה ואע"ג דמצי מסלק ליה לנכרי בדמי מ"ט בהמה אית לה קלא כלומר דהאי בהמה דנכרי היא ולא אתו למימר דישראל היא וקא אכיל בוכרי אבל עיסת ארנונא אע"ג דלא מצי מסלק ליה לנכרי מינה חייבת בחלה דהא לית לה קלא: **ת"ר** נכרי שנכנס לחצרו של ישראל ובצק בידו אין זקוק ישראל להוציאו מידו של נכרי ולבערו הפקידו אצלו חייב לבער אלא אם יחד ליה בית ולאו ברשותיה דישראל קאי: **למימרא** דשכירות קניא והתנן בע"ז סוף פ"ק אף במקום שאמרו להשכיר לא לבית דירה אמרו מפני שמכנים לתוכו עבודת כוכבים וכתיב (דברים ז כו) לא תביא תועבה אל ביתך ואי ס"ד דשכירות קניא לאו ביתך הוא ושני' לעול' שכירות לא קניא ושאני הכא דכתיב לא ימצא כל חמץ שמצוי בידך אסרה תורה והאי כיון דיחד לו בית יצא מידו זה החמץ ואינו מצוי בידו: **אמר** רב המוצא חמץ ביו"ט שאינו יכול לבערו כופה עליו את הכלי חיישינן שמא יאכלוהו בניו ואם של הקדש אינו צריך מ"ט מיבדל בדילי אינשי מיניה מקמי הכי ולא אתו למיכליה דחמיר עלייהו איסוריה וחמץ של נכרי צריך מחיצה עשרה טפחים כדי שיצא מרשות ישראל לגמרי: **וכן** המפרש בים או היוצא בשיירא תוך שלשים יום זקוק לבער (לאחרי כן יבער) קודם שלשים יום אין זקוק לבער בד"א בשאין דעתו לחזור אבל כשדעתו לחזור אפי' מתחלת השנה חייב לבער וכן דין העושה את ביתו אוצר תוך שלשים יום זקוק לבער קודם שלשים יום אין זקוק לבער במה דברים אמורים בשאין דעתו לפנותו קודם הפסח אבל דעתו לפנותו חייב לבער: **והני** שלשים יום מאי עבידתייהו דתניא

גליון הש"ס

גמ' בהמת ארנונא. עיין נדרים סב ע"ב בר"ן ד"ה והלך זו ארנונא: **תום'** ד"ה התם שמתחלה היתה הבהמה. עי' ב"ב נ ע"א תוד"ה קסבר:

עין משפט נר מצוה

לו א מיי' פ"ג מהלכות חמץ ומצה הלכה ז סמג עשין לט טוש"ע או"ח סי' תלד סעיף ב:

לז ב מיי' פ"א מהלכות מעשר הלכה יב:

לח ג מיי' פ"ג מהלכות חמץ ומצה הלכה ז ח סמג עשין לט טוש"ע או"ח סימן תלד סעיף ב:

שֶׁהֲרֵי מֹשֶׁה עוֹמֵד בְּפֶסַח רִאשׁוֹן וּמַזְהִיר עַל הַפֶּסַח שֵׁנִי, שֶׁנֶּאֱמַר: *°"וַיַּעֲשׂוּ בְנֵי יִשְׂרָאֵל אֶת הַפֶּסַח בְּמוֹעֲדוֹ", וּכְתִיב: °"וַיְהִי אֲנָשִׁים אֲשֶׁר הָיוּ טְמֵאִים לְנֶפֶשׁ אָדָם". וְר' שִׁמְעוֹן בֶּן גַּמְלִיאֵל אָמַר לָךְ: אַיְּידֵי דְּאַיְירֵי בְּמִילֵּי דְּפִסְחָא, מַסִּיק לְהוּ לְכָל מִילֵּי דְּפִסְחָא. מַאי טַעְמָא דְּרשב"ג? שֶׁהֲרֵי מֹשֶׁה עוֹמֵד בְּרֹאשׁ הַחֹדֶשׁ וּמַזְהִיר עַל הַפֶּסַח, שֶׁנֶּאֱמַר: °"הַחֹדֶשׁ הַזֶּה לָכֶם רֹאשׁ חֳדָשִׁים", וּכְתִיב: "דַּבְּרוּ אֶל כָּל עֲדַת יִשְׂרָאֵל לֵאמֹר בֶּעָשׂוֹר לַחֹדֶשׁ הַזֶּה וְיִקְחוּ לָהֶם אִישׁ שֶׂה לְבֵית אָבֹת וגו'". מִמַּאי דְּבְרֵישׁ יַרְחָא קָאֵי? דִּילְמָא בְּאַרְבָּעָה בְּיַרְחָא אוֹ בַּחֲמִשָּׁה בְּיַרְחָא קָאֵי! אֶלָּא אָמַר רַבָּה בַּר שִׁימִי מִשְּׁמֵיהּ דְּרָבִינָא, מֵהָכָא: °"וַיְדַבֵּר ה' אֶל מֹשֶׁה בְמִדְבַּר סִינַי בַּשָּׁנָה הַשֵּׁנִית בַּחֹדֶשׁ הָרִאשׁוֹן", וּכְתִיב: °"וְיַעֲשׂוּ בְנֵי יִשְׂרָאֵל אֶת הַפָּסַח בְּמוֹעֲדוֹ". הָכָא נַמִי, מִמַּאי דִּבְרֵישׁ יַרְחָא קָאֵי? דִּילְמָא בְּאַרְבָּעָה בְּיַרְחָא אוֹ בַּחֲמִשָּׁה בְּיַרְחָא קָאֵי! אָמַר רַב נַחְמָן בַּר יִצְחָק: אָתְיָא "מִדְבָּר" מִ"מִּדְבָּר". כְּתִיב הָכָא "בְּמִדְבַּר סִינַי" וּכְתִיב הָתָם °"וַיְדַבֵּר ה' אֶל מֹשֶׁה בְּמִדְבַּר סִינַי בְּאֹהֶל מוֹעֵד בְּאֶחָד לַחֹדֶשׁ הַשֵּׁנִי". מַה לְּהַלָּן בְּרֹאשׁ חֹדֶשׁ — אַף כָּאן בְּרֹאשׁ חֹדֶשׁ. וְנִיכְתּוֹב בְּרֵישָׁא דְּחֹדֶשׁ רִאשׁוֹן, וַהֲדַר נִיכְתּוֹב דְּחֹדֶשׁ שֵׁנִי! אָמַר רַב מְנַשְּׁיָא בַּר תַּחְלִיפָא מִשְּׁמֵיהּ דְּרַב: °זֹאת אוֹמֶרֶת אֵין מוּקְדָּם וּמְאוּחָר בַּתּוֹרָה. אָמַר רַב פָּפָּא: לָא אֲמַרַן אֶלָּא בִּתְרֵי עִנְיָינֵי, אֲבָל בְּחַד עִנְיָינָא, מַאי דְּמוּקְדָּם — מוּקְדָּם, וּמַאי דִּמְאוּחָר — מְאוּחָר. דְּאִי לָא תֵּימָא הָכִי — "כְּלָל וּפְרָט אֵין בִּכְלָל אֶלָּא מַה שֶּׁבִּפְרָט" דִּילְמָא פְּרָט וּכְלָל הוּא. וְתוּ, "פְּרָט וּכְלָל — נַעֲשָׂה כְּלָל מוּסָף עַל הַפְּרָט" דִּילְמָא כְּלָל וּפְרָט הוּא. אִי הָכִי, אֲפִילּוּ בִּתְרֵי עִנְיָינֵי נַמִי! הָנִיחָא לְמַאן דְּאָמַר: *"כְּלָל וּפְרָט הַמְרוּחָקִין זֶה מִזֶּה — אֵין דָּנִין אוֹתוֹ בִּכְלָל וּפְרָט" — שַׁפִּיר. אֶלָּא לְמַאן דְּאָמַר "דָּנִין", מַאי אִיכָּא לְמֵימַר? אֲפִילּוּ לְמ"ד דָּנִין, הָנֵי מִילֵּי — בְּחַד עִנְיָינָא, אֲבָל בִּתְרֵי עִנְיָינֵי — אֵין דָּנִין.§ אָמַר רַב יְהוּדָה אָמַר רַב: אהַבּוֹדֵק צָרִיךְ שֶׁיְּבַטֵּל. מַאי טַעְמָא? אִי נֵימָא מִשּׁוּם פֵּירוּרִין הָא לָא חֲשִׁיבִי, וְכִי תֵּימָא: כֵּיוָן דְּמִינְּטַר לְהוּ אַגַּב בֵּיתֵיהּ חֲשִׁיבִי — *וְהָתַנְיָא: בסוֹפֵי תְאֵנִים וּמְשַׁמֵּר שָׂדֵהוּ מִפְּנֵי עֲנָבִים, סוֹפֵי עֲנָבִים וּמְשַׁמֵּר שָׂדֵהוּ מִפְּנֵי מִקְשָׁאוֹת וּמִפְּנֵי מִדְלָעוֹת, בִּזְמַן שֶׁבַּעַל הַבַּיִת מַקְפִּיד עֲלֵיהֶן — אֲסוּרִין מִשּׁוּם גָּזֵל וְחַיָּיבִין בְּמַעֲשֵׂר, בִּזְמַן שֶׁאֵין בַּעַל הַבַּיִת מַקְפִּיד עֲלֵיהֶן — מוּתָּרִין מִשּׁוּם גָּזֵל וּפְטוּרִין מִשּׁוּם מַעֲשֵׂר! אָמַר רָבָא: גְּזֵירָה שֶׁמָּא יִמְצָא גְּלוּסְקָא יָפָה וְדַעְתֵּיהּ עִילָּוֵיהּ. °וְכִי מַשְׁכַּחַת לֵיהּ לְבַטְּלֵיהּ! גדִּילְמָא מַשְׁכַּחַת לֵיהּ לְבָתַר אִיסּוּרָא, וְלָאו בִּרְשׁוּתֵיהּ קָיְימָא, וְלָא מָצֵי מְבַטֵּיל. דְּא"ר אֶלְעָזָר: *שְׁנֵי דְבָרִים אֵינָן בִּרְשׁוּתוֹ שֶׁל אָדָם וַעֲשָׂאָן הַכָּתוּב כְּאִילּוּ *בִּרְשׁוּתוֹ, וְאֵלּוּ הֵן: בּוֹר בִּרְשׁוּת הָרַבִּים, וְחָמֵץ מִשֵּׁשׁ שָׁעוֹת וּלְמַעְלָה. °וְנִיבַטְּלֵיהּ בְּאַרְבַּע, וְנִיבַטְּלֵיהּ בְּחָמֵשׁ! כֵּיוָן דְּלָאו זְמַן אִיסּוּרָא הוּא, וְלָאו זְמַן בִּיעוּרָא הוּא — דִּילְמָא פָּשַׁע וְלָא מְבַטֵּל לֵיהּ. וְנִיבַטְּלֵיהּ

רש"י

שֶׁהֲרֵי מֹשֶׁה רַבֵּינוּ עוֹמֵד בְּפֶסַח רִאשׁוֹן. וְדוֹרֵשׁ לָהֶן בְּהִלְכוֹת פֶּסַח הַשֵּׁנִי, דְּהַיְינוּ שְׁלֹשִׁים יוֹם, שֶׁהוּא בְּאַרְבָּעָה עָשָׂר בְּאִיָּיר: מַה לְּהַלָּן רֹאשׁ חֹדֶשׁ. דִּכְתִיב בֵּיהּ "בְּאֶחָד לַחֹדֶשׁ הַשֵּׁנִי": וְנִיכְתּוֹב בְּרֵישָׁא כו'. לֹא הַשְׁמַעְתִּין פָּרֵיךְ, אֶלָּא אַסֵּדֶר פָּרָשִׁיּוֹת קָפָרֵיךְ: מִכְּדִי פָּרָשַׁת פֶּסַח נֶאֶמְרָה תְּחִלָּה, שֶׁהֲרֵי בַּחֹדֶשׁ הָרִאשׁוֹן נֶאֱמַר, כִּדְכְתִיב "בַּחֹדֶשׁ הָרִאשׁוֹן לֵאמֹר", וּפָרָשָׁה פְּקוּדִים נֶאֶמְרָה בְּאִיָּיר, וּמַאי טַעְמָא אַקְדְּמָהּ לְהַאי בְּרֹאשׁ הַסֵּפֶר, וּפָרָשַׁת זוֹ בְּפָרָשַׁת "בְּהַעֲלוֹתְךָ"? אֵין מוּקְדָּם וּמְאוּחָר בַּתּוֹרָה. לֹא הִקְפִּידָה תּוֹרָה עַל סֵדֶר מוּקְדָּם וּמְאוּחָר, וּפָרָשִׁיּוֹת דְּנֶאֶמְרוּ תְּחִלָּה הִקְדִּימוּ הַמְאוּחָרוֹת לָהּ: בִּתְרֵי עִנְיָינֵי. בִּשְׁתֵּי פָּרָשִׁיּוֹת: בְּחַד עִנְיָינָא. בְּמִקְרָאוֹת הַסְּדוּרוֹת בְּפָרָשָׁה אַחַת: דְּאִי לָא תֵּימָא הָכִי. דִּבְסֵדֶר כְּתִיבָתָן נֶאֶמְרוּ, הָא דְּקַיְימָא לָן כָּל כְּלָל וּפְרָט אֵין בַּכְּלָל אֶלָּא מַה שֶּׁהוּא בַּפְּרָט, לְפִי שֶׁבָּא הַפְּרָט וּפֵירֵשׁ שֶׁזֶּהוּ הַכְּלָל — הֵיכִי סָמְכִינַן עֲלָהּ? דִּילְמָא פְּרָט וּכְלָל הוּא: נַעֲשָׂה כְּלָל מוּסָף עַל הַפְּרָט. שֶׁלֹּא תֹּאמַר אֵין כָּאן אֶלָּא פְּרָט, אוֹ כַּיּוֹצֵא בּוֹ נָבִיא בְּדִינוֹ בְּבִנְיָן אָב — לָכֵן הוֹסִיף הַכָּתוּב כְּלָל אַחֲרָיו, לְהָבִיא כָּל דָּבָר, וַאֲפִילּוּ אֵינוֹ דּוֹמֶה לַפְּרָט: אִי הָכִי. קַשְׁיָא לָךְ, אֲפִילּוּ בִּתְרֵי עִנְיָינֵי תִּיקְשֵׁי לָךְ, דְּהָא דָּיְינִינַן כְּלָל וּפְרָט כְּשֶׁנֶּאֱמַר אֶחָד מֵהֶן בְּפָרָשָׁה זוֹ וְאֶחָד מֵהֶן בְּפָרָשָׁה אַחֶרֶת! הָא נִיחָא. דְּלָא קַשְׁיָא לָךְ: לְמַאן דְּאָמַר כְּלָל וּפְרָט הַמְרוּחָקִין אֵין דָּנִין כו'. וּפְלוּגְתָּא הִיא בִּמְנָחוֹת, בְּפֶרֶק "כָּל הַמְּנָחוֹת בָּאוֹת מַצָּה" (דף נה:) וּבְבָבָא קַמָּא בְּ"הַחוֹבֵל" (דף פה.): הַבּוֹדֵק צָרִיךְ שֶׁיְּבַטֵּל. בְּלִבּוֹ סָמוּךְ לִבְדִיקָה מִיָּד, וְאוֹמֵר: כָּל חֲמִירָא דְּאִיכָּא בְּבֵיתָא הָדֵין לִיבְטִיל: מַאי טַעְמָא. הֲרֵי מְבַעֵר כָּל הַנִּמְצָא: וְכִי תֵּימָא כֵּיוָן דְּמִינְּטַר לְהוּ אַגַּב בֵּיתֵיהּ. עִם שְׁאָר מָמוֹנוֹ הוּא מְשַׁמְּרָן, שֶׁכְּשֶׁהוּא נוֹעֵל בֵּיתוֹ לְשׁוֹמְרוֹ נִמְצָא מְשַׁמֵּר כָּל מַה שֶּׁבְּתוֹכוֹ — הִלְכָּךְ חֲשִׁיבֵי. וְשִׁימּוּר דְּלָאו אַדַּעְתָּא דִּידֵיהּ הוּא — מִי מַחְשְׁבֵי לֵיהּ?! וְהָתַנְיָא סוֹפֵי תְאֵנִים. סוֹף לְקִיטַת תְּאֵנִים. נִמְצָאִים בִּתְאֵנָה תְּאֵנִים שֶׁאֵינָן מִתְבַּשְּׁלוֹת כָּל צָרְכָּן עוֹלָמִית: וּמְשַׁמֵּר שָׂדֵהוּ מִפְּנֵי עֲנָבִים. וּבַעַל הַבַּיִת זֶה מְשַׁמֵּר שָׂדֶה זוֹ שֶׁלֹּא יִכָּנְסוּ בְּנֵי אָדָם לְתוֹכָהּ, וְאֵין דַּעְתּוֹ מִפְּנֵי הַתְּאֵנִים אֶלָּא מִפְּנֵי שֶׁיֵּשׁ בָּהּ עֲנָבִים, שֶׁעֲדַיִין לֹא הִגִּיעַ עֵת הַבָּצִיר. אוֹ סוֹפֵי עֲנָבִים שֶׁלֹּא יִתְבַּשְּׁלוּ עוֹלָמִית, וּבַעַל הַבַּיִת מְשַׁמֵּר שָׂדֵהוּ זוֹ שֶׁהֵן בְּתוֹכָהּ, וְלֹא בִּשְׁבִילָן, אֶלָּא מִפְּנֵי מִדְלָעוֹת וּמִקְשָׁאוֹת שֶׁבָּהּ. קִשּׁוּאִין וּדְלוּעִין שֵׁם הַפְּרִי עַצְמוֹ. מִקְשָׁאוֹת וּמִדְלָעוֹת קָרֵי כָּל הָאִילָנוֹת: וְחַיָּיבִין בְּמַעֲשֵׂר. אִם לִיקְּטָן בַּעַל הַבַּיִת, אוֹ נְתָנָן לְאַחֵר: וּפְטוּרִין מִן הַמַּעֲשֵׂר. דְּהֶפְקֵר פָּטוּר מִן הַמַּעֲשֵׂר: וְדַעְתּוֹ עָלֶיהָ. חֲשׁוּבָה הִיא בְּעֵינָיו, וְחָס עָלֶיהָ לְשׂוֹרְפָהּ, וּמַשְׁהָהּ אֲפִילּוּ רֶגַע אֶחָד — וְנִמְצָא עוֹבֵר עָלֶיהָ בְּ"בַל יֵרָאֶה" וּבְ"בַל יִמָּצֵא". אֲבָל מְשֶׁבְּטָלָהּ — אֵינוֹ עוֹבֵר, דְּלֹא כָּתַב אֶלָּא תַּשְׁבִּיתוּ: דְּלָאו בִּרְשׁוּתֵיהּ הוּא. אֵינוֹ שֶׁלּוֹ: דְּאָמַר ר' אֶלְעָזָר ב' דְּבָרִים אֵינָן שֶׁלּוֹ וַעֲשָׂאָן הַכָּתוּב כְּאִילּוּ הֵן בִּרְשׁוּתוֹ. לְהִתְחַיֵּיב עֲלֵיהֶן: בּוֹר בִּרְשׁוּת הָרַבִּים. הַפּוֹתְחוֹ חַיָּיב בִּנְזָקִין, וְאֵין הַבּוֹר שֶׁלּוֹ אֶלָּא שֶׁל הֶפְקֵר, שֶׁהֲרֵי בִּרְשׁוּת הָרַבִּים הוּא. וְאַף עַל פִּי שֶׁכְּרָהוּ — אֵין רְשׁוּת הָרַבִּים קְנוּיָה לוֹ: וְנִיבַטְּלֵיהּ בְּאַרְבַּע. כְּלוֹמַר: לָמָּה הוּצְרַכְתּוֹ לְבַטֵּל בַּלַּיְלָה? לִיתַּקְּנוּ רַבָּנַן לְכָל אָדָם שֶׁיְּבַטֵּל קוֹדֶם אִיסּוּרוֹ: פָּשַׁע. יִשְׁכַּח, וְיָבֹא לִידֵי פְּשִׁיעָה. שֶׁעַל יְדֵי מָה יִזָּכֵר? אֲבָל עַכְשָׁיו שֶׁעָסוּק בִּבְדִיקָתוֹ — יִזָּכֵר: וְנִיבַטְּלֵיהּ

תוספות

שנאמר ויהי אנשים. והא דאמר ב"הניזקין" (גיטין ד' ס. ושם) שמונה פרשיות נאמרו ביום שהוקם המשכן, והיינו בראש חדש ניסן, פרשת טמאים, לא כפ"ה דפי' פרשת טמאים "ויהי אנשים" — דזו הפרשה נאמרה בערב הפסח, כדמשמע הכא, אלא פרשת טמאים — טומאת תרומה וקדשים:

ומזהיר על פסח שני. אע"ג שעל ידי שאלתן הוזקק לומר להן — מ"מ לא היה צריך להאריך, אלא: אל תעשו פסח, ותו לא:

ממאי דבריש ירחא קאי. תימה, דשבת בפ"ר עקיבא (דף פו: ושם) קאמר *(רבה) [רבא] דכ"ע בר"ח אתו למדבר סיני כתיב הכא "ביום הזה באו מדבר סיני" וכתיב התם "החדש הזה וגו'" מה להלן ר"ח — אף כאן ראש חדש. אלמא, פשיטא ד"החדש הזה" נאמר לו בר"ח. והיינו משום דאמר ב"הקומץ רבה" (מנחות כט.) שנתקשה משה רבינו בראיית הלבנה, עד שאמר לו הקב"ה: כזה ראה וקדש. ותי' ר"ת: אע"ג שאמר הקב"ה למשה בריש ירחא, דילמא משה לא אמר להם לישראל, אלא בג' או בד' בירחא. ומסיק דיליף מדבר ממדבר, דבההיא דבאחד לחדש השני אמירת הקב"ה ואמירת משה הוי בריש ירחא, דכתיב *"באחד לחדש השני ויתילדו וגו'". ור"י מפרש: אע"ג דהחדש הזה הוה בריש ירחא, מיהו דילמא הא דקאמר "דברו אל כל עדת ישראל" — לא הוה בריש ירחא. ואם תאמר: אמאי לא יליף התם מדבר ממדבר כי הכא? וי"ל: דמדבר ממדבר לא ילפינן:

אבל בחד ענינא מאי דמוקדם מוקדם. היינו דוקא היכא דליכא דרשה וטעם. דהא תנן בפ' "נגמר הדין" (סנהדרין מה. ושם) דדחיית הנסקל קודם לסקילתו, אע"ג דסקילה כתיב ברישא, דכתיב "כי סקל יסקל או ירה יירה" — היינו משום דכתיב במקום אחר סקילה בגמר מיתה, דכתיב "וסקלתם באבנים ומתו":

אבל בתרי ענייני אין דנין. והא דפריך בסוף "הפרה" (ב"ק ד' נד: ושם) ואימא בהמתך דדברות ראשונות — כלל, שור וחמור — פרט, *בהמתך דדברות האחרונות — חזר וכלל, אע"ג דמרוחקין טובא! היינו משום דעשרת הדברות חשיבי כחד ענינא, דבדיבור אחד נאמרו:

ודעתיה עילויה. פירוש: ולא בטל מאליו כמו פירורין. ועל פ"ה קשה: מאי פריך כי משכחת ליה ניבטלה? הא פי' ודעתיה עילויה — שחס עליה לבטלה:

***משש** שעות ולמעלה. פ"ה: מתחלת שש. ולא נהירא לר"ת, דע"כ הא דאמר לעיל חמץ מו' שעות ולמעלה אסור — היינו מסוף שש! ופר"ת: דמסוף שש קאמר. ומייתי ראיה מחיטי קורדנייתא שהן קשין, והוה חמץ נוקשה, שאינו אסור נמי אלא*) מדרבנן:

לפני

*) [ועי' תוס' חולין ד': ד"ה מותר מיד וכו' דבשעות דרבנן לחוששין לקודשין מ"מ מקודשת גמורה לא הויא דאם בא אחר וקדשה חוששין לקידושי שניהן וע"ע תוספות קדושין נח. ד"ה אלמא]

רבינו חננאל

שואלין בהלכות הפסח קודם לפסח שלשים יום שנאמר ויהי אנשים אשר היו טמאים לנפש אדם וגו' דהא עומד בפסח ראשון ומזהיר על פסח שני רשב"ג אמר שתי שבתות שנאמר וידבר ה' אל משה במדבר סיני בשנה השנית לצאתם מארץ מצרים בחדש הראשון לאמר ויעשו בני ישראל את הפסח במועדו וגמר במדבר במדבר גזרה שוה שנא' וידבר ה' אל משה במדבר סיני באחד לחדש השני וגו' מה במדבר הזה אחד בחדש הזה אף במדבר האמור בענין פסח אחד בחדש הזה קאי באחד לחדש ומזהיר בפסח שני שבתות: **ואקשי'** מעשה דניסן הוה ליה למכתב ברישא למה פתח תחלת הספר בחדש השני ולאחר כמה ענינים הזכיר מעשה דניסן ואמר משמיה דרב אין מוקדם ומאוחר בתורה והני מילי בתרי עניני כגון האי במדבר סיני באחד לחדש השני הכתוב בתחלת הספר שהוא ענין שאו את ראש כל עדת בני ישראל וזה במדבר סיני בשנה השנית שהוא בחדש הראשון הכתוב אחרי כמה פרשיות והוא ענין הפסח כי האי גונא אומר אין מוקדם ומאוחר בתורה אלא אע"פ שזה כתב אחר זה באמירה ובצואה ענין הפסח שהוא בחדש הראשון הוא נאמר תחלה ואחריו נאמר ענין הפקודים אבל בחד ענינא מאי דמוקדם מוקדם ומאי דמאוחר מאוחר דאי לא תימא הכי המדות שהתורה נדרשת בהן באות להתחלף כי מה שאתה דן אותו בכלל ופרט כגון (ויקרא א ב) אדם כי יקריב מכם קרבן לה' מן הבהמה כלל כל הבהמה מן הבקר ומן הצאן פרט ואין בכלל אלא מה שבפרט בקר וצאן אין מידי אחרינא לא ואם תאמר אין מוקדם ומאוחר שמא מן הבקר ומן הצאן תקריבו נאמר תחלה בצואה ואחר כן נאמר מן הבהמה שנמצא פרט וכלל וקיימא לן פרט וכלל נעשה הכלל מוסף על הפרט ואתרבו להו כל מילי לפיכך אמרנו לעולם בחד ענינא המוקד' מוקדם והמאוח' מאוחר. ואקשי' אי הכי דחיישינן כל האי גונא אפי' בתרי עניני נמי משכחת לה דדין כלל ופרט מתהפך לפרט וכלל כאשר כבר אמרנו בחד ענינא הניחא לר' דאמר כלל ופרט המרוחקין זה מזה אין דנין אותו בכלל ופרט כגון (שמות כא כה) כויה תחת כויה כלל אפילו כויה שאין בה חבורה בא חבורה תחת חבורה ופרט שהכויה יש בה חבורה והם כלל ופרט המרוחקין זה מזה כי פצע תחת פצע הפסיק ביניהם ונמצאו רחוקים זה מזה ואמרי' כי האי גונא אין דנין אותו בכלל ופרט וכל שכן אם רחוקין בשני מקראות ומקרא אחד מפסיק ביניהן אלא לבן עזאי דאמר כי האי גונא דנין אותו בכלל [ופרט] מאי איכא למימר ושנינן לבן עזאי נמי דאמר דנין לא אמר אלא בענין אחד דשתיהן הכויה והחבורה ענין הכאת הגוף וצער הן אבל בתרי עניני לא אמר וחלוקת ר' ובן עזאי מפורשת בפ' החובל בחבירו בתחלתו [ד' פ"ה]: **אמר** רב יהודה הבודק אחר שיבער הכל צריך שיבטל בלבו מה שאינו ידוע לו עכשיו ודייקי' מאי טעמא אי משום פרורין אע"פ שלא בטלן כמו בטלי הן דהא לא קפיד עלייהו ואע"ג (דלא מינטרי) [דמנטרי] אגב בית לא חשיבי מידי כדתניא אסיפת תאנים ומשמר שדהו מפני ענביו כו' עד בזמן שאין בעל הבית מקפיד עליהן מותרין משום גזל ופטורין מן המעשר פי' אסיפת תאנים שכבר אספו התאנה ונשתיירו בה שתים ושלש והסיח דעתו מהן ואינו שומר אלא הענבים כו' ופירש רבא למה צריך לבטל לאו משום פירורין אלא גזירה שמא ימצא גלוסקא דדעתיה עלה ואקשי' למה צריך לבטל אור ארבעה עשר בשעת הבדיקה עת שימצאנה יבטלנה ודחי' שמא ימצאנה אחר זמן איסורה וביטולו אותו העת אינו מועיל כלום כי אין אדם מבטל אלא דבר שלו והחמץ בזמן איסורו יוצא מרשותו ואינו קרוי חמצו אלא להתחייב בו בראייתו ובהיותו מצוי ברשותו בלבד כדאמר ר' אלעזר משום ר' ישמעאל שני דברים אינן ברשותו של אדם ועשאן הכתוב כאלו הן ברשותו ונתחייב בהן ואלו הן בור ברשות הרבים וחמץ משש שעות ולמעלה:

מסורת הש"ס

נ"ל ויעשו את הפסח בראשון

[ב"ק פה. מנחות נה: נדה לג.]

*והן כן נכון לסיים וכ"א בב"ק וכ"א בכתובות

גליון הש"ס

גמ' זאת אומרת אין מוקדם. עיין בכס"י בחומש בראשית ו' ג' ר"ה ג'. שמות ד' כ': **שם** וכי משכחת ליה לבטולה. עי' לקמן כא ע"א תד"ה ואי אשמעי': **שם** ונבטליה בד'. בריה"ג הגי' תחלה ונבטליה בשש ואח"כ ונבטליה בד' וה':

וְנִיבַטְּלֵיהּ בְּשִׁית! כֵּיוָן דְּאִיסּוּרָא דְּרַבָּנַן עִילָּוֵיהּ – כִּדְאוֹרַיְיתָא דָּמְיָא, וְלָאו בִּרְשׁוּתֵיהּ קַיְימָא, וְלָא מָצֵי מְבַטֵּיל. *דְּאָמַר רַב גִּידֵּל אָמַר ר' חִיָּיא בַּר יוֹסֵף אָמַר רַב: [א]הַמְקַדֵּשׁ מִשֵּׁשׁ שָׁעוֹת וּלְמַעְלָה, אֲפִילּוּ בְּחִיטֵּי קוֹרְדַנְיָיתָא – אֵין חוֹשְׁשִׁין לְקִידּוּשִׁין. וּלְבָתַר אִיסּוּרָא לָא מָצֵי מְבַטֵּיל לֵיהּ? וְהָא תַּנְיָא: הָיָה יוֹשֵׁב בְּבֵית הַמִּדְרָשׁ וְנִזְכַּר שֶׁיֵּשׁ חָמֵץ בְּתוֹךְ בֵּיתוֹ – מְבַטְּלוֹ בְּלִבּוֹ, אֶחָד שַׁבָּת וְאֶחָד יוֹם טוֹב. בִּשְׁלָמָא שַׁבָּת – מַשְׁכַּחַתְּ לַהּ, כְּגוֹן שֶׁחָל אַרְבָּעָה עָשָׂר לִהְיוֹת בַּשַּׁבָּת. אֶלָּא יוֹם טוֹב – בָּתַר אִיסּוּרָא הוּא! אָמַר רַב אַחָא בַּר יַעֲקֹב: הָכָא [ב]בְּתַלְמִיד יוֹשֵׁב לִפְנֵי רַבּוֹ עָסְקִינַן, וְנִזְכַּר שֶׁיֵּשׁ עִיסָּה מְגוּלְגֶּלֶת בְּתוֹךְ בֵּיתוֹ, וּמִתְיָירֵא שֶׁמָּא תַּחֲמִיץ קָדֵים וּמְבַטֵּיל לֵיהּ מִיקַּמֵּי דְּתַחְמִיץ. דַּיְקָא נַמִי, דְּקָתָנֵי: הָיָה יוֹשֵׁב בְּתוֹךְ בֵּית הַמִּדְרָשׁ, שְׁמַע מִינַּהּ. § אָמַר רַבָּה בַּר רַב הוּנָא אָמַר רַב: הַפַּת שֶׁעִיפְּשָׁה, כֵּיוָן שֶׁרָבְתָה מַצָּה – מוּתֶּרֶת, הֵיכִי דָּמֵי? אִילֵּימָא דְּיָדַע בָּהּ דְּחָמֵץ הִיא – כִּי רָבְתָה מַצָּה מַאי הָוֵי? אֶלָּא, דְּלָא יָדְעִינַן בַּהּ אִי חָמֵץ הוּא אִי מַצָּה הוּא – מַאי אִירְיָא כִּי רָבְתָה מַצָּה? אֲפִילּוּ כִּי לָא רָבְתָה מַצָּה נַמִי, נֵיזִיל בָּתַר בַּתְרָא! מִי לָא תְּנַן: *[ג]מָעוֹת שֶׁנִּמְצְאוּ לִפְנֵי סוֹחֲרֵי בְהֵמָה – לְעוֹלָם מַעֲשֵׂר, בְּהַר הַבַּיִת – חוּלִּין, בִּירוּשָׁלַיִם, בִּשְׁעַת הָרֶגֶל – מַעֲשֵׂר, בִּשְׁאָר יְמוֹת הַשָּׁנָה – חוּלִּין. וְאָמַר רַב שְׁמַעְיָה בַּר זֵירָא: מַאי טַעְמָא – הוֹאִיל וְשׁוּקֵי יְרוּשָׁלַיִם עֲשׂוּיִין לְהִתְכַּבֵּד בְּכָל יוֹם. אַלְמָא אָמְרִי': קַמָּאֵי קַמָּאֵי אָזְלֵי לֵיהּ, וְהָנֵי אַחֲרִינֵי נִינְהוּ. [ד]הָכָא נַמִי – נֵימָא: קַמָּא קַמָּא אָזֵיל, וְהַאי דְּהָאִידָּנָא הוּא! שָׁאנֵי הָכָא, דְּעִיפּוּשָׁהּ מוֹכִיחַ עִילָּוֵיהּ. אִי עִיפּוּשָׁהּ מוֹכִיחַ עִילָּוֵיהּ – כִּי רָבְתָה מַצָּה מַאי הָוֵי? אָמַר רַבָּה: לָא תֵּימָא שֶׁרָבְתָה מַצָּה, אֶלָּא אֵימָא: [ה]שֶׁרַבּוּ יְמֵי מַצָּה עִילָּוֵיהּ. אִי הָכִי פְּשִׁיטָא! לָא צְרִיכָא, דְּעִיפּוּשָׁהּ מְרוּבֶּה. מַהוּ דְּתֵימָא: כֵּיוָן דְּעִיפּוּשָׁהּ מְרוּבֶּה – אִיגַּלְיָא מִילְּתָא דְּוַדַּאי חָמֵץ מַעַלְיָא הוּא, קָא מַשְׁמַע לָן: כֵּיוָן שֶׁרַבּוּ יְמֵי מַצָּה עִילָּוֵיהּ, אָמְרִינַן: כָּל יוֹמָא וְיוֹמָא נַהֲמָא חֲמִימָא אֲפָה, וּשְׁדָא עִילָּוֵיהּ וְעָפְשָׁא טְפֵי. וּמִי אָזְלִינַן בָּתַר בַּתְרָא? וְהָא תַּנְיָא, ר' יוֹסֵי בַּר יְהוּדָה אוֹמֵר: [ו]תֵּיבָה שֶׁנִּשְׁתַּמְּשׁוּ בָהּ מְעוֹת חוּלִּין וּמְעוֹת מַעֲשֵׂר, אִם רוֹב חוּלִּין – חוּלִּין, אִם רוֹב מַעֲשֵׂר – מַעֲשֵׂר. וְאַמַּאי? לֵיזִיל בָּתַר בַּתְרָא! אָמַר רַב נַחְמָן בַּר יִצְחָק: הָכָא בְּמַאי עָסְקִינַן – כְּגוֹן שֶׁנִּשְׁתַּמְּשׁוּ בָהּ מְעוֹת חוּלִּין וּמְעוֹת מַעֲשֵׂר, וְאֵין יוֹדֵעַ אֵיזֶה מֵהֶן בַּסּוֹף. רַב זְבִיד אָמַר: כְּגוֹן שֶׁנִּשְׁתַּמְּשׁוּ בָהּ צִיבּוּרִין צִיבּוּרִין. רַב פַּפָּא אָמַר: כְּגוֹן דְּאִישְׁתַּכַּח *בְּגוּמָא. § אָמַר רַב יְהוּדָה: הַבּוֹדֵק צָרִיךְ שֶׁיְּבָרֵךְ. מַאי מְבָרֵךְ? רַב פַּפִּי אָמַר מִשְּׁמֵיהּ דְּרָבָא: (אוֹמֵר*) "לְבַעֵר חָמֵץ". רַב פַּפָּא אָמַר מִשְּׁמֵיהּ דְּרָבָא: "עַל בִּיעוּר חָמֵץ". בִּ"לְבַעֵר" – כּוּלֵּי עָלְמָא לָא פְּלִיגִי דְּוַדַּאי לְהַבָּא מַשְׁמַע, כִּי

רש"י

וְנִיבַטְּלֵיהּ בְּשִׁית. לִיתַקְּנוּ רַבָּנַן לְכָל אָדָם לִיבַטֵּל בְּלִבּוֹ בִּתְחִלַּת שֵׁשׁ, דְּהַשְׁתָּא לָא פָּשַׁע, דְּאִיכָּא זִכָּרוֹן טוּבָא, שֶׁהֲרֵי עָסוּק בִּשְׂרֵיפָתוֹ: כֵּיוָן דְּאִיסּוּרָא דְּרַבָּנַן. דְּמִשֶּׁעָבְרוּ חָמֵשׁ אָסוּר בְּחָמֵץ לְדִבְרֵי הַכֹּל – כִּדְאוֹרַיְיתָא דָּמֵי, וְאֵינוֹ שֶׁלּוֹ וְלָא מָצֵי מְבַטֵּל לֵיהּ בְּלִבּוֹ. וְכֵיוָן דְּחַס עֲלֵיהּ וּמַשְׁהֵי לֵיהּ פּוּרְתָּא – עָבַר עֲלֵיהּ: הַמְקַדֵּשׁ. אִשָּׁה: מִשֵּׁשׁ שָׁעוֹת וּלְמַעְלָה. מִתְּחִלַּת שֵׁשׁ, דְּאִיסּוּרָא דְּרַבָּנַן הוּא: אֲפִילּוּ בְּחִיטֵּי קוֹרְדַנְיָיתָא. הָאוּמָּמִים בְּהָרֵי אֲרָרָט קָשִׁין הֵם מְאֹד, וַאֲפִילּוּ הָכִי אֵין חוֹשְׁשִׁין לְקִידּוּשִׁין אִם בָּאוּ עֲלֵיהֶם מַיִם. וְאַף עַל גַּב דְּאָתֵי אִיסּוּר הֲנָאַת חָמֵץ דְּרַבָּנַן דְּשֵׁשׁ וּמַפְקַע קִידּוּשֵׁי תּוֹרָה וְשָׁרֵי אֵשֶׁת אִישׁ לְעָלְמָא, הָא מִתָּרְלִינַן* בְּכַמָּה דּוּכְתִּין: כָּל דִּמְקַדֵּשׁ אַדַּעְתָּא דְּרַבָּנַן מְקַדֵּשׁ, וְהֶפְקֵר בֵּ"ד הֶפְקֵר, וְהֵם הִפְקִירוּ מָמוֹנוֹ: עִיסָּה מְגוּלְגֶּלֶת. שֶׁלֹּא הֶחֱמִיצָה, וּמִפְּנֵי אֵימַת כְּבוֹד רַבּוֹ אֵין יָכוֹל לָקוּם וְלֵילֵךְ וְלַאֲפוֹתָהּ: דְּקָדֵים וּמְבַטֵּל לָהּ. בְּלִבּוֹ, דַּעֲדַיִין הִיא בִּרְשׁוּתוֹ, שֶׁלֹּא נֶאֶסְרָה עָלָיו: דַּיְקָא נַמִי. דַּעֲדַיִין לֹא הֶחֱמִיצָה, דְּקָתָנֵי: הָיָה יוֹשֵׁב בְּבֵית הַמִּדְרָשׁ, דְּמַשְׁמַע מִפְּנֵי שֶׁאֵין יָכוֹל לָקוּם וְלֵילֵךְ מִשָּׁם הוּא מְבַטְּלָהּ בְּלִבּוֹ. וְאִי בְּחָמֵץ גָּמוּר – לָמָּה לִי יוֹשֵׁב בְּבֵית הַמִּדְרָשׁ? וַאֲפִילּוּ אִם הָיָה פָּנוּי, מַה בְּיָדוֹ לַעֲשׂוֹת יוֹתֵר? הַשְׁבָּתָה בַּלֵּב זֶהוּ בִּיעוּרוֹ! אֶלָּא וַדַּאי כְּשֶׁיֵּשׁ בְּיָדוֹ לְתַקֵּן קָאֵי, וּבְיָדוֹ לַאֲפוֹתָהּ אִם הָיָה פָּנוּי, הוֹאִיל וְלֹא הֶחֱמִיצָה עֲדַיִין. וּמִשּׁוּם יוֹם טוֹב נָקַט יוֹשֵׁב בְּבֵית הַמִּדְרָשׁ. וּדְשַׁבָּת מִתּוֹקְמָא בְּחָמֵץ גָּמוּר, וּבְאַרְבָּעָה עָשָׂר שֶׁחָל לִהְיוֹת בַּשַּׁבָּת: כֵּיוָן שֶׁרָבְתָה מַצָּה. קס"ד: אִם נִשְׁתַּמְּשׁוּ בְּתֵיבָה זוֹ מַצָּה יוֹתֵר מֵחָמֵץ, אָזְלִינַן בָּתַר רוּבָּא – וּמוּתֶּרֶת: רוֹב אוֹכְלֵי בָּשָׂר בִּירוּשָׁלַיִם כָּל יְמוֹת הַשָּׁנָה מִמָּעוֹת מַעֲשֵׂר שֵׁנִי הֵן, לְפִי שֶׁלֹּא הָיוּ מַסְפִּיקִין לֶאֱכוֹל כָּל מָעוֹת מַעֲשֵׂר שֵׁנִי שֶׁלָּהֶן בָּרֶגֶל, וְנוֹתְנִין אוֹתָם לִבְנֵי הָעִיר בְּטוֹבַת הֲנָאָה, וְהֵן אוֹכְלִים אוֹתָם בִּקְדוּשָּׁתָן. וְעִיקַּר אֲכִילַת מָעוֹת מַעֲשֵׂר שְׁלָמִים הָיוּ מְבִיאִין מֵהֶן, כִּדְקַיְימָא לָן בִּמְנָחוֹת (דף פב.). הִלְכָּךְ לוֹקְחִין מֵהֶן בְּהֵמוֹת, דְּכָל זְמַן שֶׁיֵּשׁ לוֹ מָעוֹת מַעֲשֵׂר – אֵינוֹ מוֹצִיא מָעוֹת חוּלִּין. וְאַע"ג דְּאִיכָּא לְמֵימַר שֶׁמָּא מִיַּד הַמּוֹכֵר נָפְלוּ, וּמָעוֹת חוּלִּין הֵן – סְפֵק אִיסּוּרָא לְחוּמְרָא: בְּהַר הַבַּיִת לְעוֹלָם חוּלִּין. וַאֲפִילּוּ בִּשְׁעַת הָרֶגֶל שֶׁיֵּשׁ מָעוֹת מַעֲשֵׂר מְרוּבִּין בִּירוּשָׁלַיִם מִמָּעוֹת חוּלִּין – לָא מְסַפְּקִינַן לְהוּ בְּמַעֲשֵׂר, דְּאָזְלִינַן בָּתַר רוּבָּא דְּשַׁתָּא, וְאָמְרִינַן: לָאו הָאִידָּנָא נְפוּל אֶלָּא קוֹדֶם הָרֶגֶל. וּבִירוּשָׁלַיִם בִּשְׁאָר יְמוֹת הַשָּׁנָה חוּלִּין, דְּרוֹב מָעוֹת הָעִיר חוּלִּין. וּבִשְׁעַת הָרֶגֶל מַעֲשֵׂר, כִּדְמְפָרֵשׁ טַעְמָא מַה טַּעַם בִּשְׁעַת הָרֶגֶל מַעֲשֵׂר וְלָא אָמְרִי' קוֹדֶם הָרֶגֶל נְפוּל, כִּדְאָמְרַן גַּבֵּי מְצָאָן בְּהַר הַבַּיִת, הוֹאִיל וְשׁוּקֵי יְרוּשָׁלַיִם עֲשׂוּיִים לְהִתְכַּבֵּד בְּכָל יוֹם מִפְּנֵי הַטִּיט. וְאִי נְפוּל קוֹדֶם הָרֶגֶל – הֲווּ מִשְׁתַּכְּחִי בִּשְׁעַת כִּיבּוּד. אֲבָל הַר הַבַּיִת, מִתּוֹךְ שֶׁהוּא מְשׁוּפָּע וְהָרוּחַ מְכַבַּדְתּוֹ מֵעֲפָרוֹ, וְעוֹד שֶׁאֵין אָדָם נִכְנָס בְּאָבָק שֶׁעַל גַּבֵּי רַגְלָיו וְאֵינוֹ עָשׂוּי לְהִתְכַּבֵּד. אַלְמָא: בְּכָל דָּבָר הֶעָשׂוּי לְהִתְכַּבֵּד אָמְרִינַן קַמָּאֵי קַמָּאֵי אָזְדוּ. וּסְתָם תֵּיבוֹת שֶׁמִּשְׁתַּמְּשִׁין בָּהֶן אוֹכְלִין נוֹטְלִין רִאשׁוֹן רִאשׁוֹן כְּדֵי שֶׁלֹּא יִתְעַפְּשׁוּ, וְכָל שֶׁכֵּן דְּמִסְתַּמָּא בְּדָקָהּ זֶה אוֹר לְאַרְבָּעָה עָשָׂר, וְהַאי דְּבַתְרָא הִיא – וּמַצָּה הִיא: מוֹכִיחַ עָלֶיהָ. שֶׁהֲרֵי הוּא זֶה יָמִים רַבִּים, וְחָמֵץ הוּא: שֶׁרַבּוּ יְמֵי הַמַּצָּה. וְרָאוּי לִהְיוֹת מְעוּפָּשׁ מִשֶּׁנִּכְנַס הַפֶּסַח: אִי הָכִי פְּשִׁיטָא. אֲפִי' סָפֵק לֵיכָּא, דְּמִסְתָּמָא וַדַּאי בְּדָקָהּ, וְהָא מַצָּה הִיא: אִם רוֹב חוּלִּין. נִשְׁתַּמְּשׁוּ בָּהּ חוּלִּין, אַלְמָא: בָּתַר רוּבָּא אָזְלִינַן, וְלָא בָּתַר בַּתְרָא: צִיבּוּרִין צִיבּוּרִין. שֶׁל מַעֲשֵׂר בְּזָוִית זוֹ, וְשֶׁל חוּלִּין בְּזָוִית זוֹ, וּבְיוֹם א': בְּגוּמָא. דְּלֵיכָּא לְמֵימַר זִיל בָּתַר בַּתְרָא, דְּקַמָּאֵי הָא שַׁקְלִינְהוּ. מִשּׁוּם דְּיֵשׁ לָחוּשׁ שֶׁמָּא בְּגוּמָא נִטְמָן, וְלֹא רָאוּהוּ: בְּלְבַעֵר כּוּלֵּי עָלְמָא לָא פְּלִיגִי דְּלְהַבָּא מַשְׁמַע. וְשַׁפִּיר דָּמֵי, דִּבְרָכָה קוֹדֶם עֲשִׂיַּית הַמִּצְוָה בָּעֵינַן, כִּדְלְקַמָּן: מֵעִיקָּרָא

תוספות

לפני סוחרי בהמה לעולם מעשר. פ"ה: אע"פ דאיכא למתל במוכר כמו בלוקח – מספיקא תלינן לחומרא. ואין נראה לר"י, דסמוך מיעוטא דחולין דשאר מעות לפלגא דמוכר, וה"ל רובא להיתר. ואור"י: דלוקחים הוו רובא, דכמה בני אדם עומדים על בהמה אחת לקנות:

בהר הבית לעולם חולין. מקשה ר"י היאך נמלאו שם? הא אמר בפ' "הרואה" (ברכות סב:): לא יכנס בהר הבית במעות הצרורות בסדינו! ואור"י: דאינו אסור אלא היכא דנושאן בפרהסיא בסדינו, דגנאי הוא, דנראה כהולך שם לסחורה. אבל בצינעא – לא*:

עשויין להתכבד בכל יום. קשה לר"י דמסקי' בפרק "דם הנדה" (נדה נו: ושם) גבי שרץ שנמלא במבוי – אין חזקתו מתכבד אלא על ידי בדיקה! ותירץ: דשרץ שהוא בכעדשה – אין חזקתו כל כך מתכבד כמו במעות*:

[עי' תוס' נדה נו. ד"ה וכ"ה ת"ב בהר]

בלבער כ"ע לא פליגי דלהבא משמע. מכאן היה מלריך רשב"א לברך לפני המילה "להכניסו". דאי לאחר המילה – ישקר בברכתו, ד"להכניסו" – להבא משמע. ועוד: שלריך לברך עובר לעשייתו. ולא נראה לר"ת, דבפרק "ר' אליעזר דמילה" (שבת דף קלז: ושם) תניא: המל אומר: אקב"ו על המילה. אבי הבן אומר: להכניסו. משמע: לאחר המילה מקומו. אע"ג דלהכניסו משמע להבא – לא קשה, דלא על זאת הנעשה עכשיו מברך, אלא משבח ומודה להקב"ה שלוונו על המילה כשתבא לידו. ותיקנוה כאן – לגלות ולהודיע שזו המילה נעשה לשם יולרנו, ולא לשם ע"ג, ולא לשם מורנא, ולא לשם הר גרזים. ואין לריך לברך עובר לעשייתו אלא במקום שהעושה המלוה הוא מברך, אבל כשמברך אחר – לא. ותדע: שהרי ברכת אירוסין אינו מברך אלא אחר אירוסין:

עין משפט נר מצוה

לט א מיי' פ"ה מהל' אישות הלכה א סמג עשין מח טוא"ח סי' תמג טוש"ע אה"ע סי' כח סעיף כא:

מ ב מיי' פ"ג מהלכות חמץ ומצה הלכה י טוש"ע או"ח סי' תמד סעיף ח:

מא ג מיי' פ"ו מהלכות מ"ש ונ"ר הלכה י:

מב ד ה טוש"ע או"ח סי' תמו סעיף ד:

מג ו מיי' פ"ו מהלכות מ"ש ונ"ר הלכה יא:

[וע"ע תוס' ב"מ כו. ד"ה בהר]

רבינו חננאל

וניבטליה בשעה ששית למה בזמן הביעור כו' פשוט' היא. פי' קורדניאתא חטים חזקים ואין מחמיצין (היא) אפי' אלו כיון שהוכשרו במים איסורי הנאה הן כחמץ גמור ואקשי' וכי בתר איסורא לא מצי מבטל ליה והתניא היה יושב בבית המדרש ונזכר שיש לו חמץ בבית מבטלו בלבו אחד שבת ואחד יום טוב והנה יום טוב לא משכחת לה אלא בתר איסורא וקתני דמבטל ושנינן לא בתלמיד חכם שיש לו עסה מגולגלת בביתו ביום טוב ומתיירא שמא תחמיץ שמקדים ומבטלה קודם שתחמיץ דיקא נמי מדקתני היה יושב בבית המדרש ש"מ: **פת** שעיפשה ולא ידע אי מצה אי חמץ הוא אם רבו ימי מצה מותרת היא פי' אחר הפסח: **ואקשי'** וניזל בתר בתר'. כלומר כמעו' מעשר כיון שעכשיו כל הפת שעושין מצה היא [גם זו] מצה היא שהחמיץ כבר עבר מי לא תנן [בפ"ז דשקלי'] מעות שנמצא לפני סוחרי בהמה לעולם מעשר כלומר במעות מעשר שני קונין בהמה כדכתיב (דברים יד כו) ונתתה הכסף בכל אשר תאוה נפשך וגו' ואמרי' מה טעם הואיל ושוקי ירושלים עשוין להתכבד בכל יום אלמא אמרי' אינהו אזלו והני אחריני נינהו וכו' אקשי' ומי אזלינן אחר האחרון והתניא ר' יוסי אומר תיבה שנשתמש בה חולין ומעשר אם רוב חולין חולין ואם רוב מעשר מעשר ולא קתני אחר אחרון ופרקי' בדלא ידעינן איזה מהן אחרון או כגון שנשתמשו צבורין כלומר צבור מכאן וצבור מכאן ושנידהן כאחד ואין אחד מהן אחרון או נמצא בגומא דאיכא למימר לא ראה אותה:

מסורת הש"ס

לקמן כח: [ע"ש]

[יבמות לה: וש"נ]

ב"מ כו. שקלים פ"ז מ"ב

[עי' תו' נדה נו: ד"ה בגומא]

[ברי"ף וברא"ש ליתא וברי"ף אי' רב פפי משמיה דרבא אמר על ביעור חמץ רב פפא משמיה דרבא אמר לבער *וברא"ש אי' קלת בנ"א]

*לפנינו איתא ברא"ש ממש כגי' הרי"ף בלי שום שינוי.

כי פליגי — ב"על ביעור". מר סבר: מעיקרא משמע, ומ"ס: להבא משמע. מיתיבי: "ברוך *אשר קדשנו במצותיו וצונו על המילה"! התם היכי נימא? נימא "למול" — לא סגיא דלאו איהו מהיל? אבי הבן מאי איכא למימר? אין הכי נמי. מיתיבי: "ברוך אשר קדשנו במצותיו וצונו על השחיטה". התם נמי, היכי נימא? נימא "לשחוט" — לא סגיא דלאו איהו שחט? פסח וקדשים מאי איכא למימר? אין הכי נמי. מיתיבי: *העושה לולב לעצמו מברך "שהחיינו וקימנו והגיענו לזמן הזה". נטלו לצאת בו אומר "אשר קדשנו במצותיו וצונו על נטילת לולב". שאני התם, דבעידנא דאגבהה נפק ביה. אי הכי, "לצאת בו"?! "יצא בו" מיבעי ליה! אין הכי נמי, *ומשום דקא בעי למיתנא סיפא "לישב בסוכה" תנא רישא נמי "לצאת בו". דקתני סיפא: *העושה סוכה לעצמו אומר: ברוך אתה ה' שהחיינו וקימנו והגיענו לזמן הזה. נכנס לישב בה אומר: ברוך אשר קדשנו במצותיו וצונו לישב בסוכה. [א]והלכתא: "על ביעור חמץ". דכולי עלמא מיהא, מעיקרא בעינן לברוכי, מנלן? דאמר רב יהודה אמר שמואל: *[ב]כל המצות מברך עליהן עובר לעשייתן. מאי משמע דהאי עובר לישנא דאקדומי הוא? אמר ר"נ בר יצחק, דאמר קרא: °"וירץ אחימעץ דרך הככר ויעבר את הכושי" (שמואל ב יח). אביי אמר, מהכא: °"והוא עבר לפניהם" (בראשית לג). ואבע"א, מהכא: °"ויעבר מלכם לפניהם וה' בראשם" (מיכה ב). בי רב אמרי: חוץ מן הטבילה ושופר. בשלמא טבילה — דאכתי גברא לא חזי, אלא שופר מ"ט? וכי תימא: משום דילמא מיקלקלא תקיעה. אי הכי אפילו שחיטה ומילה נמי! אלא אמר רב חסדא: [ג]"חוץ מן הטבילה" בלבד איתמר. תניא נמי הכי: *טבל ועלה, בעלייתו אומר: ברוך אשר קדשנו במצותיו וצונו על הטבילה.§ "לאור הנר וכו'".§ מנא הני מילי? אמר רב חסדא: למדנו מציאה ממציאה, ומציאה מחיפוש, וחיפוש מחיפוש, וחיפוש מנרות, ונרות מנר. מציאה ממציאה — כתיב הכא: °"שבעת ימים שאר לא ימצא בבתיכם" (שמות יב), וכתיב התם: °"ויחפש בגדול החל ובקטן כלה וימצא" (בראשית מד). ומציאה מחיפוש דידיה, וחיפוש מנרות — דכתיב: °"בעת ההיא אחפש את ירושלים בנרות" (צפניה א), ונרות מנר, דכתיב: °"נר (אלהים) [ה'] נשמת אדם חפש כל חדרי בטן" (משלי כ). *תנא דבי ר' ישמעאל: לילי י"ד בודקים את החמץ לאור הנר, אף על פי שאין ראיה לדבר — זכר לדבר, שנאמר: "שבעת ימים שאר לא ימצא", ואומר: "ויחפש בגדול החל ובקטן כלה",* [וימצא] ואומר: "בעת ההיא אחפש את ירושלים בנרות", ואומר: "נר (אלהים) [ה'] נשמת אדם חפש". מאי "ואומר"? וכי תימא: האי "בעת ההיא" קולא הוא, דקאמר רחמנא: לא בדיקנא לה בירושלים בנהורא דאבוקה, דנפיש נהורא טובא, אלא בנהורא דשרגא, דזוטר נהורא טפי, דעון רבה משתכח ועון זוטר לא משתכח — תא שמע: "נר ה' נשמת אדם".§ תנו רבנן: [ד]אין בודקין לא לאור החמה, ולא לאור הלבנה, [ה]ולא לאור האבוקה, אלא לאור הנר, מפני

[לעיל ג. ע"ש]

תוספות

כי פליגי בעל ביעור מר סבר לשעבר משמע. פירש ר"ת: לשעבר משמע טפי מלהבא, אבל מ"מ משמע נמי קצת להבא. דאי לא משמע כלל להבא אלא לשעבר – א"כ היכי קאמר בסמוך נימא "למול" לא סגי דלאו איהו מהיל? וכי בשביל שאין אנו יודעין לתקן יאמר שקר:

לא סגי דלאו איהו מהיל. דעל האב מוטל, כדפירש הקונטרס. אבל המל גריס מברך "למול את הגרים" *שהמברך חייב למול כמו האב המל: **בעידנא** דאגבהה נפיק ביה. וא"ת: כיון דנפק היאך יברך? והלא צריך לברך עובר לעשייתו! *ואומר ר"י: אע"ג דנפק אכתי עוסק במצוה, שצריך לנענע בקריאת הלל (סוכה לז:): **לצאת** יצא מיבעי ליה. לצאת משמע שלא יצא עדיין באותה נטילה, ומשכחת לה כשהפכו, כדאמרי' בסוכה (ד' מג.) דאינו יוצא אלא דרך גדילתו, או שנטלו שלא לצאת בו באותה נטילה. וכשאדם נוטל לולב אין צריך להופכו כדפי' ר"י, כיון שצריך לנענע בהלל, או משום שאינו רוצה לצאת באותה נטילה: **והלכתא** על ביעור חמץ. יכול הוא לומר כן, שאף זה הלשון משמע להבא, או שמא דוקא "על ביעור חמץ". ויש טעם בברכות. ור"י לא מצא טעם לכל הברכות: **על** הטבילה. אומר ר"ת בשם הגאון: דוקא בטבילת גר דלא חזי קודם טבילה, דלא מצי למימר "וצונו" – דאכתי גוי הוא. אבל שאר חייבי טבילה, כגון בעל קרי וכיוצא בו – מותר לברך, כדאמרינן בפ' "מי שמתו" (ד' כב.): נהוג עלמא כתלתא סבי, כר' יהודה* בבעל קרי שיכול להתפלל ולברך וללמוד קודם טבילה. *אעפ"כ אומר ר"י דאין לגעור בנשים שמברכות אחר הטבילה, כיון דאיכא טבילת גר דלא מצי לברך – לא חילקו. וכן בנטילת ידים – לא חילקו בין נטילה של אחר בית הכסא, דלא מצי לברך קודם. מיהו, בנטילה יש טעם אחר לברך אחר נטילה קודם ניגוב, כדאמרינן (סוטה ד' ד:): האוכל לחם בלא ניגוב ידים – כאילו אוכל לחם טמא. וי"מ: דבכל טבילות קאמר, דגברא לא חזי, דקודם שירד למים אינו צריך לברך – דילמא משום ביעתותא דמיא מימנע ולא טביל, ואחר שיורד אז הוא ערום ואסור לברך משום דלבו רואה את הערוה*: **ונרות** מנר. וקשה: דהוה ליה למימר חיפוש מנר, ולא נרות מנר! וי"ל: דחיפוש לא קאי אנר. לכך יש לפרש דיליף חיפוש דנר מחיפוש דירושלים שהיא בנרות, ואותן נרות מנר. ואתי שפיר, דהשתא צריך לאתויי קרא דחיפוש נרות, ולא סגי בקרא ד"נר ה' נשמת אדם וגו'":

מטה

[שבת קלז:] [ועי' תוס' סוכה לט. ד"ה עובר]

רש"י

מעיקרא משמע. על ביעור שביערתי. והרי עדיין לא בדיק, דהא ברכה קודם בדיקה היא. ביעור, היינו נמי בדיקה: **נימא** למול. בתמיה. משמע דאותו רופא המל את כל בני העיר (צוה) [נלטוו] למול את התינוק הזה: **וכי לא סגי דלאו איהו מהיל**. עליו המצוה מוטלת?! והלא על אביו מוטל, כדאמרן בקדושין פרק קמא (*קרוב לסופו). אבל ביעור – מצוה על בעל החמץ מוטלת. וכל איש ואיש בודק ביתו. והיכא דיכול לומר "לבער" – לא נימא "על ביעור": ופרכינן: **אבי הבן מאי איכא** למימר. אי על המילה לשעבר משמע – וזה אפשר לו לומר למול, מאי איכא למימר? היכי שרינן ליה למימר "על המילה": **אין הכי נמי**. צריך לומר "למול": **פסח וקדשים**. הבעלים נלטוו דכתיב (ויקרא א) "וסמך ידו ושחט": **נפק ביה**. ומברך על שעבר: **והלכתא על ביעור**. נמי להבא משמע, וגבי מילה נמי לא שנא אבי הבן מאינש דעלמא, דהא להבא משמע, ו"על מילה" נמי כ"למול" דמי: **עובר**. קודם, כמו "ויעבר את הכושי" – קדמו, במיתת אבשלום: **ויעבר מלכם** לפניהם. יקדים לילך בראש: **דאכתי גברא לא חזי**. כגון טבילת בעלי קרי, דקיימא לן בברכות (ד' כ:) שאסור בדברי תורה ובברכה, דעזרא תיקן טבילה לבעלי קריין לדברי תורה. ומשום ההוא טבילה תקון בכל הטבילות ברכתן לבסוף: **למדנו מציאה**. האמורה בחמץ, ממציאה האמורה בגביע דבנימין: **ומציאה מחיפוש**. כלומר: ואותה מציאה של בנימין, מחיפוש האמור אצלה. דמה מציאה של גביע ע"י חיפוש – אף מציאת חמץ ע"י חיפוש: **וחיפוש מחיפוש וחיפוש מנרות**. לאחר שלמדת שהיא ע"י חיפוש, חזור ולמוד זה החיפוש מחיפוש שכתוב בירושלים שהוא בנרות, כדכתיב "בעת ההיא אחפש את ירושלים בנרות": **ונרות מנר**. דכתיב בנר יחידי "נר *(אלהים) נשמת אדם חופש כל חדרי בטן". ולקמיה מפרש הא למה לי: **זכר לדבר**. כדפרשינן. והשתא מפרש קראי היכא. וראיה ממש ליתא, אלא אסמכתא בעלמא, דדברי תורה מדברי קבלה נינהו: **קולא הוא**. דאקיל רחמנא גבי ירושלים דלא נבדקיה באבוקה, אלא באור קטן, הילכך לא ילפינן חמץ מיניה להקל: **תא שמע**. מהאי קרא דבדיקה מעלייתא היא, דכתיב "חופש כל חדרי בטן":

מפני

[נלטוו] [דף כט.] [שבת קלז: מנחות מב.] סוכה מו. [תוספתא ברכות פ"ו ע"ש] [שבת ל. וש"נ] [מנחות מב.] לקמן קיט: מנחות לה: מגילה כח: סוכה לט. נדה סג. [ה'] כל"ל ברכות נח.

גליון הש"ס

רש"י זכר לדבר. דד"ת מד"ק נינהו כדאי' בחגיגה י ע"ב:

עין משפט נר מצוה

מד א מיי' פ"ג מהלכות חמץ ומצה הלכה ו סמג לאוין לט טוש"ע א"ח סי' תלב סעיף א:

מה ב מיי' פ"א מהלכות ברכות הל' ג ופי"א הלכה ג ופ"ד מהלכות תפילין הלכה ז סמג עשין כג [טוש"ע או"ח סימן כה סעיף ח וסי' קנח סעיף יא רב אלפס בהל' תפילין דף עג:]:

מו ג מיי' פי"א מהלכות ברכות הל' ז סמג עשין כז טוש"ע י"ד סי' רסח סעיף ב:

מז ד מיי' פ"ב מהלכות חמץ ומצה הלכה ד סמג עשין לט טוש"ע או"ח סי' תלג סעיף א:

מח ה מיי' שם טוש"ע א"ח שם סעיף ב:

רבינו חננאל

אמר רב יהודה הבודק צריך שיברך קודם שיתחיל לבדוק מאי מברך ואסיקנא והלכתא אקב"ו על ביעור חמץ וכל המצות כולן מברך עליהן קודם עשייתן חוץ מן הטבילה בלבד כדתניא טבל ועלה בעלייתו אומר אקב"ו על הטבילה יש מי שאומר דבטבילה דגר בלבד הוא זה הדבר דתנן עלה וב"ה אמר הפורש מן הערלה כפורש מן הקבר אבל שאר חייבי טבילות מברכין ואחר כך טובלין דגרסי' נדה קוצה לה חלה ויש אומרין כל טמא אינו מברך אלא אחר הטבילה דתנן בתרומות פ"א חמשה לא יתרומו ואם תרמו תרומתן תרומה האלם והשכור והערום והסומא ובעל קרי ואמרי' בגמ' הללו חמשה אין תורמין לכתחלה יש מהם מפני הברכה והוא האלם והערום ובעל קרי מפני שאינן יכולין לברך ולתרום ויש מהן שאין מכוונים את המובחר והן הסומא והשכור: **שתוי** אל יתפלל ואם התפלל תפלתו תחנונים כלומר ידי תפלה יצא שכור אל יתפלל ואם התפלל תפלתו גידופין איזהו שתוי זה ששתה רביעית שכור ששתה יותר מרביעית. ר' זירא בעי קמיה דר' אסי שכור מהו לברך א"ל ואכלת ושבעת אפי' מדומדם וכו': **אמר** רב חסדא למדנו מציאה ממציאה הכא כתיב שאור לא ימצא והתם כתיב ויחפש בגדול החל וגו' והכא כתיב מציאה בחפוש וכתיב קרא אחרינא בעת ההיא אחפש את ירושלים בנרות נמצאת זו המציאה בשאור כאלו כתיב בה חפוש בנר ואם [תאמר] חפוש ירושלים בנרות קולא הוא כלומר שבנר אינו חפוש יפה הנה הפסוק אמר נר ה' נשמת אדם וגו' כלומר הנר חופש כל מה שבחדרים: **ת"ר** אין בודקין לא לאור החמה ולא לאור הלבנה ולא לאור האבוקה אלא לאור

תורה אור

מִפְּנֵי שֶׁאוֹר הַנֵּר יָפֶה לִבְדִיקָה. וְאַף עַל פִּי שֶׁאֵין רְאָיָה לַדָּבָר – זֵכֶר לַדָּבָר, שֶׁנֶּאֱמַר: °"שִׁבְעַת יָמִים שְׂאֹר לֹא יִמָּצֵא בְּבָתֵּיכֶם", וְאוֹמֵר: °"וַיְחַפֵּשׂ בַּגָּדוֹל הֵחֵל", וְאוֹמֵר: °"בָּעֵת הַהִיא אֲחַפֵּשׂ אֶת יְרוּשָׁלַיִם בַּנֵּרוֹת", וְאוֹמֵר: °"נֵר ה' נִשְׁמַת אָדָם חֹפֵשׂ כָּל חַדְרֵי בָטֶן". הַאי אוֹר הַחַמָּה הֵיכִי דָּמֵי? אִי נֵימָא בְּחָצֵר – הָאָמַר רָבָא: [א]חָצֵר אֵינָהּ צְרִיכָה בְּדִיקָה, מִפְּנֵי שֶׁהָעוֹרְבִין מְצוּיִין שָׁם. אֶלָּא בְּאַכְסַדְרָה – הָאָמַר רָבָא: [ב]אַכְסַדְרָה לְאוֹרָהּ נִבְדֶּקֶת! לָא צְרִיכָא, לַאֲרוּבָּה דְּבַחֶדֶר. וּדְהֵיכָא? [ג]אִי לְבַהֲדֵי אֲרוּבָּה – הַיְינוּ אַכְסַדְרָה, אֶלָּא לַצְּדָדִין. וַאֲבוּקָה לָא? וְהָאָמַר רָבָא: מַאי דִּכְתִיב °"וְנֹגַהּ כָּאוֹר תִּהְיֶה קַרְנַיִם מִיָּדוֹ לוֹ וְשָׁם חֶבְיוֹן עֻזֹּה" *לְמָה צַדִּיקִים דּוֹמִין בִּפְנֵי שְׁכִינָה – כְּנֵר בִּפְנֵי הָאֲבוּקָה. וְאָמַר רָבָא: *אֲבוּקָה לְהַבְדָּלָה – מִצְוָה מִן הַמּוּבְחָר! אָמַר רַב נַחְמָן בַּר יִצְחָק: זֶה יָכוֹל לְהַכְנִיסוֹ לַחוֹרִין וְלַסְּדָקִין, וְזֶה – אֵינוֹ יָכוֹל לְהַכְנִיסוֹ לַחוֹרִין וְלַסְּדָקִין. רַב זְבִיד אָמַר: זֶה – אוֹרוֹ לְפָנָיו, וְזֶה – אוֹרוֹ לְאַחֲרָיו. רַב פָּפָּא אָמַר: הַאי – בָּעֵית, וְהַאי – לָא בָּעֵית. רָבִינָא אָמַר: הַאי – מָשֵׁיךְ נְהוֹרָא, וְהַאי – מִיקְטַף אִיקְטוֹפֵי. § "כָּל מָקוֹם שֶׁאֵין מַכְנִיסִין כו'". § "כָּל מָקוֹם" לְאַתּוֹיֵי מַאי? לְאַתּוֹיֵי הָא דְּתָנוּ רַבָּנַן: [ד]חוֹרֵי בַּיִת הָעֶלְיוֹנִים וְהַתַּחְתּוֹנִים, [ה]וְגַג הַיָּצִיעַ, וְגַג הַמִּגְדָּל, [ו]וְרֶפֶת בָּקָר, וְלוּלִין, וּמַתְבֵּן, [ז]וְאוֹצְרוֹת יַיִן, וְאוֹצְרוֹת שֶׁמֶן – אֵין צְרִיכִין בְּדִיקָה. רַשְׁבַּ"ג אוֹמֵר: מִטָּה הַחוֹלֶקֶת בְּתוֹךְ הַבַּיִת וּמַפְסֶקֶת – צְרִיכָה בְּדִיקָה. וּרְמִינְהוּ: [ח]חוֹר שֶׁבֵּין אָדָם לַחֲבֵירוֹ – זֶה בּוֹדֵק עַד מְקוֹם שֶׁיָּדוֹ מַגַּעַת, וְזֶה בּוֹדֵק עַד מְקוֹם שֶׁיָּדוֹ מַגַּעַת, וְהַשְּׁאָר מְבַטְּלוֹ בְּלִבּוֹ. ר' שִׁמְעוֹן בֶּן גַּמְלִיאֵל אוֹמֵר: מִטָּה הַחוֹלֶקֶת בְּתוֹךְ הַבַּיִת, וְעֵצִים וַאֲבָנִים סְדוּרִים תַּחְתֶּיהָ, וּמַפְסֶקֶת – אֵינָהּ צְרִיכָה בְּדִיקָה. קַשְׁיָא מִטָּה אַמִּטָּה, קַשְׁיָא חוֹרִין אַחוֹרִין! חוֹרִין אַחוֹרִין לָא קַשְׁיָא; הָא – בְּעִילָּאֵי וּבְתַתָּאֵי, וְהָא – בְּמִיצְעֵי. מִטָּה אַמִּטָּה לָא קַשְׁיָא; הָא – דְּמִידְלַיָּא, הָא – דְּמִיתַּתָּאֵי. וְאוֹצְרוֹת יַיִן אֵין צָרִיךְ בְּדִיקָה?! וְהָתַנְיָא: אוֹצְרוֹת יַיִן – צָרִיךְ בְּדִיקָה, אוֹצְרוֹת שֶׁמֶן – אֵין צָרִיךְ בְּדִיקָה! הָכָא בְּמַאי עָסְקִינַן – בְּמִסְתַּפֵּק. אִי הָכִי שֶׁמֶן נַמִי! שֶׁמֶן – יֵשׁ קֶבַע לַאֲכִילָה, יַיִן – אֵין קֶבַע לִשְׁתִיָּה. תָּנֵי רַבִּי חִיָּיא: עָשׂוּ אוֹצְרוֹת שֵׁכָר בְּבָבֶל כְּאוֹצְרוֹת יַיִן בְּאֶרֶץ יִשְׂרָאֵל בְּמִסְתַּפֵּק. אָמַר רַב חִסְדָּא: בֵּי דָּגִים אֵין צָרִיךְ בְּדִיקָה. וְהָתַנְיָא: צְרִיכִין בְּדִיקָה! לָא קַשְׁיָא; הָא – בְּרַבְרְבֵי, הָא – בְּזוּטְרֵי. אָמַר רַבָּה בַּר רַב הוּנָא: בֵּי מִילְחֵי וּבֵי קִירֵי צָרִיךְ בְּדִיקָה. אָמַר רַב פָּפָּא: בֵּי צִיבֵי וּבֵי תַּמְרֵי צָרִיךְ בְּדִיקָה. תָּנָא: אֵין מְחַיְּיבִין אוֹתוֹ לְהַכְנִיס יָדוֹ לַחוֹרִין וְלַסְּדָקִין לִבְדּוֹק – מִפְּנֵי הַסַּכָּנָה. מַאי סַכָּנָה? אִי נֵימָא מִפְּנֵי סַכָּנַת עַקְרָב – כִּי מִשְׁתַּמֵּשׁ הֵיכִי אִישְׁתַּמֵּשׁ? [ט]לָא צְרִיכָא – דְּנָפַל. אִי נָפַל – לָמָּה לִי בְּדִיקָה? וְהָתְנַן: *חָמֵץ שֶׁנָּפְלָה עָלָיו מַפּוֹלֶת – הֲרֵי הוּא כִּמְבוֹעָר! הָתָם – שֶׁאֵין הַכֶּלֶב יָכוֹל לְחַפֵּשׂ אַחֲרָיו, הָכָא – כְּשֶׁהַכֶּלֶב יָכוֹל לְחַפֵּשׂ אַחֲרָיו. וְהָא אָמַר ר' אֶלְעָזָר: *שְׁלוּחֵי מִצְוָה אֵינָן נִיזּוֹקִין! אָמַר רַב אַשִׁי: שֶׁמָּא תֹּאבַד לוֹ מַחַט, וְאָתֵי לְעַיּוֹנֵי בַּתְרַהּ. וּכְהַ"ג לָאו מִצְוָה הוּא?! וְהָתַנְיָא: *הָאוֹמֵר "סֶלַע זוֹ לִצְדָקָה בִּשְׁבִיל שֶׁיִּחְיֶה בְּנִי" אוֹ "שֶׁאֶהְיֶה בֶּן הָעוֹלָם הַבָּא" הֲרֵי

(שמות יב) (בראשית מד) (צפניה א) (משלי כ) (חבקוק ג)

רש"י

מִפְּנֵי שֶׁאוֹר הַנֵּר יָפֶה לִבְדִיקָה. לְקַמֵּיהּ מְפָרֵשׁ מַאי מַעַלְיוּתָא מֵאֲבוּקָה: לְאוֹרָהּ נִבְדֶּקֶת. לְאוֹר שֶׁלָּהּ נִבְדֶּקֶת, וְאֵין צָרִיךְ לְהָבִיא לָהּ אוֹר הַנֵּר בַּלַּיְלָה, אֶלָּא בּוֹדְקָהּ בַּיּוֹם: וּדְהֵיכָא. בְּאֵיזֶה מָקוֹם בַּחֶדֶר לָא סַגְיָא לָהּ לְאוֹר הָאֲרוּבָּה? אִי נֵימָא לַהֲדֵי אֲרוּבָּה. נֶגֶד הַחוֹר מַמָּשׁ, מַאי לָאו הַיְינוּ אַכְסַדְרָה: לַצְּדָדִין. שֶׁל חוֹר: וְנֹגַהּ. שֶׁל עָתִיד לַצַּדִּיקִים, כְּאוֹר שֶׁל שִׁבְעַת יְמֵי בְרֵאשִׁית יִהְיֶה: קַרְנַיִם. מִלְּשׁוֹן "כִּי קָרַן עוֹר פָּנָיו" (שמות לד), וְזַהֲרוּרִין מִיַּד הקב"ה לוֹ לַצַּדִּיק, מִזִּיו שֶׁל הקב"ה יֵלְכוּ זַהֲרוּרִין לְהַקְרִין פְּנֵי הַצַּדִּיקִים. וְלֹא יִהְיֶה אוֹרָם שָׁוֶה לְאוֹרוֹ, אֶלָּא כְּנֵר בִּפְנֵי הָאֲבוּקָה: אוֹרוֹ לְאַחֲרָיו. וְאָדָם הָאוֹחֲזוֹ לְפָנָיו הוּא בּוֹדֵק, הִלְכָּךְ אֵין יָפֶה לִבְדִיקָה: בָּעֵית. מִתְיָרֵא שֶׁלֹּא יַבְעִיר אֶת הַבַּיִת, וְאֵין לִבּוֹ עַל הַבְּדִיקָה יָפֶה: הַאי מָשֵׁיךְ נְהוֹרֵיהּ. אוֹר הַנֵּר נִמְשָׁךְ וּמַאֲרִיךְ בִּמְקוֹמוֹ, וְאֵינוֹ דּוֹלֵק בִּקְפִיצוֹת אֶלָּא נָח בְּמָקוֹם אֶחָד: מִיקְטַף אִיקְטוֹפֵי. נִפְסָק וְקוֹפֵץ תָּמִיד, לְשׁוֹן "הַקּוֹטְפִים מַלּוּחַ" (איוב ל): כָּל לְאִיתּוֹיֵי מַאי. דְּלָא תָּנָא מָקוֹם *שֶׁמַּכְנִיסִין בּוֹ כו': חוֹרֵי. שֶׁבַּכּוֹתֶל: הָעֶלְיוֹנִים וְהַתַּחְתּוֹנִים. הַגְּבוֹהִים יוֹתֵר מִדַּאי וְהַנְּמוּכִים יוֹתֵר מִדַּאי, וְאֵין נוֹחִין לְהִשְׁתַּמֵּשׁ – אֵין צָרִיךְ לִבְדּוֹק: וְגַג הַיָּצִיעַ. אע"פ שֶׁהוּא נָמוּךְ, הוֹאִיל וּמְשׁוּפָּע – אֵין צָרִיךְ לִבְדּוֹק. אֲבָל שְׁאָר גַּגִּין שֶׁלָּהֶן לֹא הָיוּ מְשׁוּפָּעִין: יָצִיעַ. אנפרי"ן: גַּג הַמִּגְדָּל. משטיי"ר שֶׁל עֵץ, שֶׁנּוֹתְנִים לְתוֹכוֹ כֵּלִים וְאוֹכָלִים, תּוֹכוֹ צָרִיךְ בְּדִיקָה וְלֹא גַּגּוֹ: וְרֶפֶת בָּקָר. שֶׁאִם הָיָה שָׁם חָמֵץ – הַבְּהֵמוֹת אֲכָלוּהוּ: וְלוּלִין. מְקוֹם דִּירַת תַּרְנְגוֹלִין: וּמַתְבֵּן. בֵּית הַתֶּבֶן. דְּמָה דַּרְכּוֹ שֶׁל חָמֵץ שָׁם? וְכֵן אוֹצְרוֹת יַיִן וָשֶׁמֶן: הַחוֹלֶקֶת. מַעֲמִידִין אוֹתָהּ בִּמְקוֹם מְחִיצָה לַחֲלֹק תַּשְׁמִישֵׁי הַבַּיִת, וְאוֹרְחָא דְּמִילְּתָא נָקַט: וּמַפְסֶקֶת. יֵשׁ הֶפְסֵק בֵּין שׁוּלֶיהָ לַקַּרְקַע, כְּגוֹן שֶׁרַגְלֶיהָ גְּבוֹהִים לְמַטָּה: עַד מָקוֹם שֶׁיָּדוֹ מַגַּעַת. כְּגוֹן שֶׁהַכּוֹתֶל עָב הַרְבֵּה: וּמַפְסֶקֶת. יֵשׁ אֲוִיר בֵּין שׁוּלֶיהָ לָעֵצִים: קַשְׁיָא חוֹרִין אַחוֹרִין. דְּקָא תָּנָא הָכָא חוֹרִין צְרִיכִין בְּדִיקָה: הָא. דְּקָתָנֵי לְעֵיל אֵין צְרִיכִין – בְּעִילָּאֵי וְתַתָּאֵי, שֶׁאֵין נוֹחָה תַּשְׁמִישְׁתָּן, כִּדְקָתָנֵי בְּהֶדְיָא. וְהָא – בְּמִצְעֵי, שֶׁנּוֹחִים לְהִשְׁתַּמֵּשׁ: דְּמִדְלַיָּא. שֶׁגְּבוֹהָה הַרְבֵּה, וְיֵשׁ אֲוִיר תַּחְתֶּיהָ הַרְבֵּה – נוֹחָה תַּשְׁמִישְׁתָּהּ: דְּמִיתַּתָּאֵי. אַף עַל פִּי שֶׁיֵּשׁ קְצָת אֲוִיר – אֵין נוֹחָה תַּשְׁמִישְׁתָּהּ: בְּמִסְתַּפֵּק. אוֹצָר שֶׁמִּסְתַּפֵּק הֵימֶנּוּ יַיִן לְשׁוּלְחָנוֹ – צָרִיךְ בְּדִיקָה. פְּעָמִים שֶׁהַשַּׁמָּשׁ נִכְנָס לְהָבִיא יַיִן כְּשֶׁהוּא כָּלֶה עַל הַשּׁוּלְחָן, וּפִתּוֹ בְּיָדוֹ: יֵשׁ קֶבַע לַאֲכִילָה. יוֹדֵעַ הוּא כַּמָּה שֶׁמֶן צָרִיךְ לְכָךְ וְכָךְ בְּנֵי אָדָם, וּמְבִיאוֹ קוֹדֶם סְעוּדָה, וְאֵין צָרִיךְ לַעֲמוֹד מִן הַשּׁוּלְחָן וּלְהָבִיא. אֲבָל יַיִן – אֵין קֶבַע לִשְׁתִיָּה, פְּעָמִים שֶׁשְּׁתִיַּית סְעוּדָה [זוֹ] מְרוּבָּה מִשֶּׁל אֶתְמוֹל, וְאֵין הַשַּׁמָּשׁ בָּקִי בַּדָּבָר: עָשׂוּ אוֹצְרוֹת שֵׁכָר בְּבָבֶל. לְהַצְרִיךְ בְּדִיקָה בְּמִסְתַּפֵּק, כְּאוֹצְרוֹת יַיִן בְּאֶרֶץ יִשְׂרָאֵל. דְּכֵיוָן דִּרְגִילִין בּוֹ – אֵין קֶבַע לִשְׁתִיָּיתוֹ: הָא בְּרַבְרְבֵי. אֵין צָרִיךְ בְּדִיקָה, שֶׁיֵּשׁ לָהֶם קֶבַע וְאוֹמֶד, וְאֵין צָרִיךְ לַעֲמוֹד וּלְהָבִיא בְּאֶמְצַע הַסְּעוּדָה: זוּטְרֵי. אֵין לָהֶם קֶבַע וְאוֹמֶד, וְצָרִיךְ לַעֲמוֹד וּלְהָבִיא: בֵּי מִלְחֵי. בֵּית הַמֶּלַח: וּבֵי קִירֵי. שַׁעֲוָה, צָרִיךְ בְּדִיקָה, לְפִי שֶׁעוֹמֵד מִתּוֹךְ הַסְּעוּדָה לְהָבִיא מֶלַח וְנֵרוֹת: דְּנָפַל. אִם נָפַל הַבִּנְיָן אֵין מְחַיְּיבִין אוֹתוֹ לִבְדּוֹק אֶת גַּל אֲבָנִים אֶלָּא לְמַרְאִית הָעַיִן, אֲבָל לֹא לְהַכְנִיס יָדוֹ בֵּינֵיהֶן. וּמִתְּחִלָּה כְּשֶׁהָיָה הַכּוֹתֶל קַיָּים – נִשְׁתַּמֵּשׁ בְּחוֹרָיו, וְעַכְשָׁיו נָפַל וְיֵשׁ שָׁם סַכָּנַת עַקְרַבִּים, שֶׁדַּרְכָּן לִימָּצֵא בְּאַשְׁפּוֹת וּבְגַלִּין: בְּשֶׁאֵין הַכֶּלֶב יָכוֹל לְחַפֵּשׂ אַחֲרָיו. הָכִי מְפָרֵשׁ לָהּ *ר"ש בפ"ב. *וְתַנְיָא: כַּמָּה חֲפִישַׂת הַכֶּלֶב – שְׁלֹשָׁה טְפָחִים: שֶׁמָּא תֹּאבַד לוֹ מַחַט. קוֹדֶם לָכֵן, וְאָתֵי לְעַיּוֹנֵי בַּתְרַהּ. וְכֵיוָן דְּמִתְכַּוֵּין אַף לַמַּחַט – לָאו שְׁלִיחַ מִצְוָה הוּא, וְנִיזּוֹק: וּכְהַ"ג. דְּמִתְכַּוֵּין לְמִצְוָה וּלְצָרְכּוֹ, לָאו שְׁלִיחַ מִצְוָה הוּא?! בִּתְמִיָּה: הֲרֵי

כ"ה שאין לקמן קג: | לקמן לה. כ"מ מב. | [לקמן: וש"נ] | כ"ב י: ר"ה ד. | [לקמן לה:] | [נ"ל רשב"ג]

תוספות

מטה החולקת בתוך הבית ומפסקת. פרש"י: דלענין תחתיה מיירי. וקשה: דלפי' לא ה"ל למימר "החולקת" אלא "מפסקת" ותו לא! אלא י"ל: חולקת בתוך הבית, ומפסקת – היינו שמונחת באמצע הבית. וחולקת – היינו שמגעת מכותל לכותל, ואינו יכול לעבור מצד אחר אלא על גבי המטה, או ישוח ויעבור תחתיה. וקאמר דאין צריך בדיקה לצד הפנימי. וכן משמע בירושל' ובתוספתא*, [פ"א] דקאמר, רשב"ג אומר: מטה שהיא חוללת החולקת בתוך הבית, ועצים ואבנים מונחים תחתיה – בודק לצד החיצון ואינו בודק לצד הפנימי. ומתוך הירושלמי משמע דברייתא דקתני בה עצים ואבנים גרס "אין צריך בדיקה". והא דלא משני הכא שיש עצים ואבנים – משום דלא משמע ליה שבשביל כך אין צריך בדיקה [אלא] (רש"ל) משום דאין דרך לשוח ולעבור תחת המטה. ומשני: הא דמידליא – התם צריך בדיקה, לפי שרגליה גבוהין ויכול לעבור תחתיה בלא שחייה. אי נמי במידליא א"נ – דלא ניחא לעלות על גבה ולעבור. וי"ס דגרסי: אין צריך בקמייתא, ובבתרייתא צריך. ולפי גירסא זו נקט עצים ואבנים סדורים תחתיה לרבותא. ור"ח גרס בתרוייהו אין צריך, ופריך מהא דבקמייתא לא בעינן עצים סדורים, ובבתרייתא בעינן: **הכא** כשהכלב יכול לחפש אחריו. ולכך אינו פטור אלא מפני הסכנה. והא דמשמע גבי מפולת דאם הכלב יכול לחפש – אינו כמבוער, וצריך לבערו, ולא מיפטר מפני סכנת עקרב, אור"י: שאני התם, דודאי איכא חמץ – הטריחוהו חכמים *להשכיר פועלים במרא וחצינא. אבל הכא, שאין החמץ ידוע – לא הטריחוהו:

שיזכה

עין משפט נר מצוה

מט א מיי' שם הל' ז טוש"ע שם סעיף ו:
נ ב ג מיי' שם טוש"ע שם סעיף א:
נא ד מיי' שם הלכה ו טוש"ע שם סעיף ד:
נב ה מיי' שם טוש"ע שם סעיף ה:
נג ו מיי' שם טוש"ע סעיף ו:
נד ז מיי' שם טוש"ע שם סעיף ג:
נה ח מיי' שם הלכה ה טוש"ע שם ס"ז:
נו ט מיי' שם טוש"ע שם סעיף ח:

[פי' אורה מידו של הקב"ה לו לצדיק כמו כי קרן עור פני משה ושם חביון עוזו אעפ"כ שם אצל המקום עוזו כלומר תוקף האור הגדול אצל הקב"ה יותר מאצל הצדיקים ערוך בערך קרן]

רבינו חננאל

הנר מפני שאור הנר יפה לבדיקה. ואע"ג דקי"ל חצר אין צריכה בדיקה הואיל ועורבין מצויין שם ואכסדרה לאורה נבדקת (אתא) ולא לאור החמה [אתא] לאשמעינן שהבודק ביום בזמן שהחמה מצויה בעולם כשהוא בודק בבית אינו בודק אלא בנר וכן באבוקה אע"ג שהאבוקה להבדלה מצוה מן המובחר אין בודקין אלא בנר דמשיך נהוריה ואורו לפניו ויוכל להכניסו בחורין ובסדקין: **תנו** רבנן חורי הבית העליונים כו'. פי' העליונים שאין יד מגעת להשתמש בהן וכן התחתונים עם הקרקע והגג שאין בני אדם משתמשין בו וכן היציע וזה היציע יש לו שלש שמות יציע צלע והתא יציע דכתיב (מ"א ו ו) היציע התחתונה וגו' ומפרש בפ' המוכר את הבית בתחלתו וכן הרפת דכתיב (חבקוק ג טז) ואין בקר ברפתים ולולין דכתי' (מ"א ו ח) ובלולים יעלו. ומתבן כמשמעו. ואוצרות יין ושמן שאין מסתפקין מהן ואין נכנסין בהם בכל שעה דליכא למיחש שמא נכנס אדם שם בפת שבידו ושכחו כל אלו אין צריכין בדיקה וכן מטה החולקת בבית אם היא מוטלת בקרקעית הבית ומפסקת כלומר היא מיושבת מן הכותל של בית עד הכותל שכנגדו ואין אדם יכול לעבור לא מתחתיה ולא מצדדיה כל הבית שהוא אחורי המטה אין צריך בדיקה ואם מטה זו מידליא עד שיהיו עצים ואבנים סדורין תחתיה שאין מי שיכול לעבור תחתיה ואם הם אוצרות יין ושמן במסתפק מהן וכן אוצרות שכר בבבל ובי דגים קטנים ובי ציבי ובי תמרי ובי מלחי ובי קירי כולן צריכין בדיקה. פי' קירי שעוה: **תנא** אין מחייבין אותו להכנים ידו לחור שנפל עכשיו ואע"ג שהכלב יכול לחפש אחריו דחיישינן לסכנת עקרב ואע"ג דאמר ר' אלעזר שלוחי מצוה אין ניזוקין חיישינן שמא יתכוין לחפש אגב חיפוש החמץ על מחט שאבדה לו קודם לכן

תורה אור

הֲרֵי זֶה צַדִּיק גָּמוּר! דִּילְמָא בָּתַר דְּבָדַק אָתֵי לְעִיּוּנֵי בָּתְרָהּ. ר"נ בַּר יִצְחָק אָמַר: מִשּׁוּם סַכָּנַת הַגּוֹיִם, וּפְלִימוֹ הִיא. דְּתַנְיָ': חוֹר שֶׁבֵּין יְהוּדִי לָאֲרַמַּאי — בּוֹדֵק עַד מְקוֹם שֶׁיָּדוֹ מַגַּעַת, וְהַשְּׁאָר מְבַטְּלוֹ בְּלִבּוֹ. פְּלִימוֹ אוֹמֵר: [א]כָּל עַצְמוֹ אֵינוֹ בּוֹדֵק מִפְּנֵי הַסַּכָּנָה. מַאי סַכָּנָה? אִי נֵימָא סַכָּנַת כְּשָׁפִים — כִּי אִישְׁתַּמֵּישׁ הֵיכִי אִישְׁתַּמֵּישׁ? הָתָם כִּי אִישְׁתַּמֵּישׁ — יְמָמָא וּנְהוֹרָא, וְלָא מַסִּיק אַדַּעְתֵּיהּ. הָכָא — לֵילְיָא, וּשְׁרָגָא הוּא, וּמַסִּיק אַדַּעְתֵּיהּ. וְהָאָמַר רַבִּי אֶלְעָזָר: *שְׁלוּחֵי מִצְוָה אֵינָן נִיזּוֹקִין! הֵיכָא דִּשְׁכִיחַ הֶיזֵּיקָא שָׁאנֵי, שֶׁנֶּאֱמַר: °"וַיֹּאמֶר (שמואל א טז) שְׁמוּאֵל אֵיךְ אֵלֵךְ וְשָׁמַע שָׁאוּל וַהֲרָגָנִי וַיֹּאמֶר ה' עֶגְלַת בָּקָר תִּקַּח בְּיָדֶךָ וגו'". בְּעוֹ מִינֵּיהּ מֵרַב: הָנֵי בְּנֵי בֵּי רַב דְּדָיְירִי בְּבָאגָא, מַהוּ לְמֵיתֵי קַדְמָא וַחֲשׁוֹכָא לְבֵי רַב? אֲמַר לְהוּ: *נֵיתוּ, עָלַי וְעַל צַוָּארִי. נֵיזִיל מַאי? אֲמַר לְהוּ: לָא יָדַעְנָא. אִיתְּמַר, א"ר אֶלְעָזָר: שְׁלוּחֵי מִצְוָה אֵינָן נִיזּוֹקִין לֹא בַּהֲלִיכָתָן וְלֹא בַּחֲזִירָתָן. כְּמַאן — כִּי הַאי תַּנָּא, דְּתַנְיָא, אִיסִי בֶּן יְהוּדָה אוֹמֵר: כְּלַפֵּי שֶׁאָמְרָה תּוֹרָה °"וְלֹא יַחְמֹד אִישׁ אֶת אַרְצְךָ" (שמות לד) — מְלַמֵּד שֶׁתְּהֵא פָּרָתְךָ רוֹעָה בָּאֲפָר וְאֵין חַיָּה מַזִּיקָתָהּ, תַּרְנְגוֹלְתְּךָ מְנַקֶּרֶת בָּאַשְׁפָּה וְאֵין חוּלְדָּה מַזִּיקָתָהּ. וַהֲלֹא דְּבָרִים ק"ו, וּמָה אֵלּוּ שֶׁדַּרְכָּן לִזּוֹק — אֵינָן נִיזּוֹקִין, בְּנֵי אָדָם שֶׁאֵין דַּרְכָּן לִזּוֹק — עַל אַחַת כַּמָּה וְכַמָּה. אֵין לִי אֶלָּא בַּהֲלִיכָה, בַּחֲזָרָה מִנַּיִן? תַּלְמוּד לוֹמַר: °"וּפָנִיתָ בַבֹּקֶר וְהָלַכְתָּ לְאֹהָלֶיךָ" (דברים טז) מְלַמֵּד שֶׁתֵּלֵךְ וְתִמְצָא אָהָלְךָ בְּשָׁלוֹם. וְכִי מֵאַחַר דַּאֲפִילּוּ בַּחֲזִירָה, בַּהֲלִיכָה לָמָּה לִי? לִכְדְר' אַמִי, דְּא"ר אַמִי: כָּל אָדָם שֶׁיֵּשׁ לוֹ קַרְקַע — עוֹלֶה לָרֶגֶל, וְשֶׁאֵין לוֹ קַרְקַע — אֵין עוֹלֶה לָרֶגֶל. א"ר אָבִין בַּר רַב אַדָּא אָמַר ר' יִצְחָק: מִפְּנֵי מָה אֵין פֵּרוֹת גִּינּוֹסָר בִּירוּשָׁלַיִם — כְּדֵי שֶׁלֹּא יְהוּ עוֹלֵי רְגָלִים אוֹמְרִים: *אִלְמָלֵא לֹא עָלִינוּ אֶלָּא לֶאֱכוֹל פֵּרוֹת גִּינּוֹסָר בִּירוּשָׁלַיִם — דַּיֵּינוּ, נִמְצֵאת עֲלִיָּיה שֶׁלֹּא לִשְׁמָהּ. כַּיּוֹצֵא בּוֹ אָמַר ר' דּוֹסְתַּאי בְּר' יַנַּאי: מִפְּנֵי מָה אֵין חַמֵּי טְבֶרְיָא בִּירוּשָׁלַיִם — כְּדֵי שֶׁלֹּא יְהוּ עוֹלֵי רְגָלִים אוֹמְרִים: *אִלְמָלֵא לֹא עָלִינוּ אֶלָּא לִרְחוֹץ בְּחַמֵּי טְבֶרְיָא — דַּיֵּינוּ, וְנִמְצֵאת עֲלִיָּיה שֶׁלֹּא לִשְׁמָהּ. § "וּבַמֶּה אָמְרוּ ב' שׁוּרוֹת וכו'". § מַרְתֵּף מַאן דְּכַר שְׁמֵיהּ?! [ב]הָכִי קָאָמַר: כָּל מָקוֹם שֶׁאֵין מַכְנִיסִין בּוֹ חָמֵץ — אֵין צָרִיךְ בְּדִיקָה, וְאוֹצְרוֹת יַיִן וְאוֹצְרוֹת שֶׁמֶן נַמִי אֵין צָרִיךְ בְּדִיקָה. וּבַמֶּה אָמְרוּ שְׁתֵּי שׁוּרוֹת בַּמַּרְתֵּף — מְקוֹם שֶׁמַּכְנִיסִין בּוֹ חָמֵץ, וּבְמִסְתַּפֵּק. § "בש"א שְׁתֵּי שׁוּרוֹת וכו'". § אָמַר רַב יְהוּדָה: שְׁתֵּי שׁוּרוֹת שֶׁאָמְרוּ — מִן הָאָרֶץ וְעַד שְׁמֵי קוֹרָה. וְרַבִּי יוֹחָנָן אָמַר: שׁוּרָה אַחַת כְּמִין *גַּאם. תַּנְיָא כְּוָתֵיהּ דְּרַב יְהוּדָה, תַּנְיָא כְּוָתֵיהּ דְּרַבִּי יוֹחָנָן. תַּנְיָא כְּוָתֵיהּ דְּרַב יְהוּדָה, בֵּית שַׁמַּאי אוֹמְרִים: שְׁתֵּי שׁוּרוֹת עַל פְּנֵי כָּל הַמַּרְתֵּף. וּשְׁתֵּי שׁוּרוֹת שֶׁאָמְרוּ — מִן הָאָרֶץ וְעַד שְׁמֵי קוֹרָה. תַּנְיָא כְּוָתֵיהּ דְּרַבִּי יוֹחָנָן: שְׁתֵּי שׁוּרוֹת עַל פְּנֵי כָּל הַמַּרְתֵּף, חִיצוֹנָה רוֹאָה אֶת הַפֶּתַח, וְעֶלְיוֹנָה רוֹאָה אֶת הַקּוֹרָה. שֶׁלִּפְנִים הֵימֶנָּה וְשֶׁלְּמַטָּה הֵימֶנָּה — אֵין צָרִיךְ בְּדִיקָה. § "בֵּית הִלֵּל אוֹמְרִים: שְׁתֵּי שׁוּרוֹת הַחִיצוֹנוֹת שֶׁהֵן הָעֶלְיוֹנוֹת". § אָמַר רַב: [ג]עֶלְיוֹנָה וְשֶׁלְּמַטָּה הֵימֶנָּה. וּשְׁמוּאֵל אָמַר: עֶלְיוֹנָה וְשֶׁלִּפְנִים הֵימֶנָּה. מַאי טַעְמָא דְּרַב — דָּיֵיק "חִיצוֹנוֹת". וְהָא "עֶלְיוֹנוֹת" קָתָנֵי! לְמַעוּטֵי תַּתָּאֵי דְּתַתְיָיתָא. וּשְׁמוּאֵל אָמַר: עֶלְיוֹנָה וְשֶׁלִּפְנִים הֵימֶנָּה, מַאי טַעְמָא — דָּיֵיק "עֶלְיוֹנוֹת". וְהָא "חִיצוֹנָה" קָתָנֵי! לְמַעוּטֵי גַּוָּיָיאתָא דְּגַוָּיָיאתָא. רַבִּי חִיָּיא תָּנֵי כְּוָתֵיהּ דְּרַב, וְכוּלְּהוּ תַּנָּאֵי תָּנוּ כְּוָתֵיהּ דִּשְׁמוּאֵל. וְהִלְכְתָא כְּוָתֵיהּ *דִּשְׁמוּאֵל. §

מתני'

רש"י

הֲרֵי זֶה צַדִּיק גָּמוּר. בְּדָבָר זֶה, וְלֹא אָמְרִינַן שֶׁלֹּא לִשְׁמָהּ עוֹשֶׂה, אֶלָּא קִיֵּים מִצְוַת בּוֹרְאוֹ שֶׁצִּוָּהוּ לַעֲשׂוֹת צְדָקָה, וּמִתְכַּוֵּין אַף לַהֲנָאַת עַצְמוֹ שֶׁיִּזְכֶּה בָּהּ לָעוֹלָם הַבָּא אוֹ שֶׁיִּחְיוּ בָּנָיו: בָּתַר דְּבָדַק. וְגָמַר אֶת כָּל הַמִּצְוָה אָתֵי לְעִיּוּנֵי בַּתְרָהּ: כָּל עַצְמוֹ אֵינוֹ בּוֹדֵק. כָּל עַצְמוֹ שֶׁל חוֹר אֵינוֹ בּוֹדֵק, שֶׁלֹּא יֹאמַר הַגּוֹי: כְּשָׁפִים עָשָׂה לִי: וְלָאו אַדַּעְתֵּיהּ. דְּגוֹי, לָשׂוּם אֶל לִבּוֹ עֲלִילָה זוֹ: אֵיךְ אֵלֵךְ. לִמְשׁוֹחַ אֶת דָּוִד. וְאַע"פ שֶׁשְּׁלוּחוֹ שֶׁל מָקוֹם הָיָה – הֲרֵי הָיָה יָרֵא: בְּנֵי בֵּי רַב. תַּלְמִידִים הַצְּרִיכִים לְרַבָּם עֲדַיִין קָרוּ בְּנֵי רַב: דְּדָיְירוּ בְּבָאגֵי. בִּכְפָרִים שֶׁבַּבִּקְעָה. וּבְלַעַ"ז קנפי"א: מַהוּ לְמֵיתֵי קְדוּמָא וַחֲשׁוֹכָא. הַשְׁכֵּם וְהַעֲרֵב קוֹדֶם עֲלוֹת הַשַּׁחַר וּמִשֶּׁתֶּחְשַׁךְ, כְּלוּם יֵשׁ לָהֶם לִירָא מִן הַמַּזִּיקִים? וְעַל צַוָּארִי. יְהֵא עוֹנֶשׁ הֶיזֵּיקָן, דְּוַדַּאי לֹא יִזּוֹקוּ, שֶׁהַמִּצְוָה מְגִינָּה עֲלֵיהֶם: נֵיזִיל. לְאוּשְׁפִּיזָא מִשֶּׁתֶּחְשַׁךְ, מַאי? כְּלוּם יְכוֹלִין לִסְמוֹךְ עַל הַמִּצְוָה אַף בַּחֲזָרָה, אוֹ לֹא? כְּלַפֵּי שֶׁאָמְרָה תּוֹרָה. מִתּוֹךְ שֶׁאָמְרָה תּוֹרָה כָּךְ – אָנוּ לְמֵדִין שֶׁהִבְטִיחוֹ הַכָּתוּב שֶׁלֹּא יוּזַּק מָמוֹנוֹ, וְכָל שֶׁכֵּן גּוּפוֹ, דְּאֵין דַּרְכּוֹ לִזּוֹק, דְּאָדָם אִית לֵיהּ מַזָּלָא וְאֵינוֹ מָהִיר לִהְיוֹת נִיזָּק בְּגוּפוֹ: כִּדְרַבִּי אַמִי. קְרָא קַמָּא לִכְדְר' אַמִי אָתָא: פֵּירוֹת גִּינּוֹסָר. מְתוּקִין מְאֹד, כִּדְאָמְרִי' בִּבְרָכוֹת (דף מד.) וְהַיְינוּ כִּינֶּרֶת, שֵׁם מְדִינָה בְּאֶרֶץ יִשְׂרָאֵל: מַרְתֵּף מַאן דְּכַר שְׁמֵיהּ. לְפוֹטְרוֹ מִן הַבְּדִיקָה, דְּקָא מְתַמַּהּ תַּנָּא קַמָּא וְאָמַר "וּבַמֶּה אָמְרוּ": הָכִי קָאָמַר. דְּקָתָנֵי רֵישָׁא "כָּל מָקוֹם שֶׁאֵין מַכְנִיסִין" כו', וְאָמְרִי' לְעֵיל כָּל מָקוֹם לְאִיתּוּיֵי מַאי – לְאִיתּוּיֵי אוֹצְרוֹת יַיִן וָשֶׁמֶן. וּמִשּׁוּם הָכִי אָמְרִי' וּבַמֶּה אָמְרוּ לְקַמָּן צָרִיךְ בְּדִיקָה. וּמְפָרֵשׁ: בְּמָקוֹם שֶׁמַּכְנִיסִין בּוֹ חָמֵץ, וְהֵיכִי דָּמֵי – כְּגוֹן בְּמִסְתַּפֵּק: שְׁתֵּי שׁוּרוֹת שֶׁאָמְרוּ. בֵּית שַׁמַּאי (אוֹמְרִים) מִן הָאָרֶץ וְעַד שְׁמֵי קוֹרָה. דֶּרֶךְ הָאוֹצְרֵי יַיִן לְסַדֵּר חֲבִיּוֹתֵיהֶן שׁוּרוֹת שׁוּרוֹת עַד שֶׁמְּמַלְּאִין כָּל קַרְקַע הַמַּרְתֵּף, וְחוֹזְרִין וּמַנִּיחִין חָבִית עַל חָבִית כַּשּׁוּרוֹת הַתַּחְתּוֹנוֹת עַד הַקּוֹרָה. וְאָמְרֵי בֵּית שַׁמַּאי, שֶׁאוֹתָן שְׁתֵּי שׁוּרוֹת חִילוֹנוֹת, אוֹתָהּ שֶׁרוֹאָה אֶת הַפֶּתַח עַל פְּנֵי רוֹחַב כָּל הַמַּרְתֵּף, וְהַשּׁוּרָה שֶׁלְּאַחֲרֶיהָ – צָרִיךְ לִבְדּוֹק מִן הָאָרֶץ עַד הַתִּקְרָה: שְׁמֵי קוֹרָה. כְּמוֹ "שְׁמֵי הַשָּׁמַיִם" (תהלים קמח): וְר' יוֹחָנָן אָמַר. שְׁתֵּי שׁוּרוֹת שֶׁאָמְרוּ בֵּית שַׁמַּאי – הִיא שׁוּרָה חִילוֹנָה מִן הָאָרֶץ וְעַד תִּקְרָה, וְחוֹזֵר וּבוֹדֵק כָּל הֶחָבִיּוֹת הָעֶלְיוֹנוֹת עַל פְּנֵי כָּל אָרְכּוֹ וְרָחְבּוֹ שֶׁל מַרְתֵּף, שֶׁאַף הִיא נִקְרֵאת שׁוּרָה אִם בָּאתָ לִמְנוֹת מִלְמַעְלָה לְמַטָּה: גַּאם. הִיא *גִּימֶ"ל יְוָונִית, וַעֲשׂוּיָה כְּמִין כַּף שֶׁלָּנוּ פְּתוּחָה. שׁוּרָה אַחַת כְּמִין גַּאם הַיְינוּ שׁוּרָה בִּזְקִיפָה, וְשׁוּרָה עֶלְיוֹנָה בִּשְׁכִיבָה כְּאָדָם הַבּוֹדֵק כּוֹתֶל הַבַּיִת מִבַּחוּץ וְהַגַּג: הָרוֹאָה אֶת הַקּוֹרָה. דְּהַיְינוּ כָּל גַּג הַשּׁוּרוֹת: שֶׁלִּפְנִים הֵימֶנָּה. וְשֶׁלְּמַטָּה הֵימֶנָּה. שֶׁל חִילוֹנָה: שֶׁל עֶלְיוֹנָה, אֵינָהּ צְרִיכָה בְּדִיקָה: בֵּית הִלֵּל אוֹמְרִים כו'. מַתְנִי' קָא נָסֵיב: עֶלְיוֹנָה וְשֶׁלְּמַטָּה הֵימֶנָּה. הַאי עֶלְיוֹנָה – לֹא כָּל גַּג הַשּׁוּרוֹת בְּאוֹרֶךְ הַמַּרְתֵּף קָאָמַר, כִּדְקָאָמַר רַבִּי יוֹחָנָן אַלִּיבָּא דְּבֵית שַׁמַּאי, אֶלָּא שׁוּרַת חָבִית אַחַת עַל פְּנֵי רוֹחַב כָּל הַמַּרְתֵּף, וְלֹא מִן הָאָרֶץ וְעַד הַקּוֹרָה – אֶלָּא אוֹתָהּ שׁוּרָה הָרוֹאָה אֶת הַפֶּתַח וְאֶת הַקּוֹרָה: וְשֶׁלְּמַטָּה הֵימֶנָּה. וְעוֹד שׁוּרַת חָבִית אַחַת לְמַטָּה מִן הָעֶלְיוֹנָה הִיא מִשּׁוּרָה הַזְּקוּפָה כְּנֶגֶד הַפֶּתַח. וְהַאי פֶּתַח לָאו כְּנֶגְדּוֹ מַמָּשׁ קָאָמַר, אֶלָּא הַכּוֹתֶל שֶׁהַפֶּתַח בּוֹ קָרֵי הָכִי: עֶלְיוֹנָה וְשֶׁלִּפְנִים הֵימֶנָּה. בְּגַג הֶחָבִית. בּוֹדֵק שְׁתֵּי שׁוּרוֹת עַל פְּנֵי כָּל הַמַּרְתֵּף: מַאי טַעְמָא דְּרַב. דְּלָא בָּעֵי לְמֵימַר עֶלְיוֹנָה וְשֶׁלִּפְנִים הֵימֶנָּה כְּמַשְׁמָעוּתֵיהּ דְּמַתְנִיתִין, דְּהָא מַתְנִיתִין עֶלְיוֹנוֹת קָתָנֵי: דָּיֵיק חִיצוֹנוֹת. וְאוֹתָהּ שֶׁלִּפְנִים לָאו חִילוֹנָה הִיא. וְקָא סָבַר רַב דְּתַנָּא דְּמַתְנִי' בְּחִילוֹנוֹת דָּק בְּלִישָּׁנֵיהּ, אֲבָל בָּעֶלְיוֹנוֹת – לָא דָּק בְּלִישָּׁנֵיהּ: וּשְׁמוּאֵל דָּיֵיק עֶלְיוֹנוֹת. תַּתָּאֵי דְּתַתְיָיתָא. כְּגוֹן שְׁלִישִׁית וְשֶׁתַּחְתֶּיהָ: וְהָא שֶׁל מַטָּה – לָאו עֶלְיוֹנָה הִיא:

מתני'

תוספות

שיזכה לעולם הבא הרי זה צדיק גמור. והדתנן (אבות פ"א מ"ג): אל תהיו כעבדים המשמשין את הרב על מנת לקבל פרס – היינו בכה"ג שאם לא תבוא לו אותה הטובה שהוא מצפה – תוהא ומתחרט על הצדקה שעשה. אבל מי שאינו תוהא ומתחרט – ה"ז צדיק גמור. וכן משמע בריש מסכת ר"ה (דף ד.), ובפ"ק דב"ב (דף י:*):

מלמד שתהא פרתך רועה באפר. ומ"את" קדריש: "את ארצך" הטפל לארצך:

לכדרבי אמי. ואם תאמר: והשתא "את" למה לי למידרש בהליכה? ואור"י: דלא נכתב אלא משום דבר שנתחדש בה, משום חדוש דלארצך – כתב נמי 'את' למדרש, אע"ג דלא איצטריך:

רב דייק חיצונות. נראה לר"י: דרב סבר דאיכא למידק טפי מחילונות, משום דתנן ברישא, ושמואל סבר דמעליונות איכא למידק, כיון דעליונות אחילונות קאי, ומפרש מה הן חילונות:

אין

עין משפט נר מצוה

נז א מיי' פ"ב מהלכות חמץ ומצה הל' ה סמג עשין לט טוש"ע או"ח סי' תלג סעיף ז:

נח ב מיי' שם טוש"ע שם סעיף ג:

נט ג מיי' שם הלכה ו טוש"ע שם סעיף ט:

רבינו חננאל

לכן. ואמרינן וכה"ג לאו מצוה היא והתניא האומר סלע זו לצדקה בשביל שיחיה בני בשביל שאזכה לעולם הבא הרי זה צדיק גמור ופרקי' חיישינן דלמא מסח דעתיה מבדיקת חמץ לגמרי ואינו מחפש אלא על המחט שאין שם מצוה להגן עליו: **רב** נחמן בר יצחק אמר משום סכנת שכנו נכרי שלא יחשדוהו ויאמר היהודי שכני כשפים עושה לי בכותל ויסכנהו ואע"ג דקי"ל שלוחי מצוה אינן ניזוקין היכא דקביעא הזיקא שאני דכתיב איך אלך ושמע שאול והרגני והא שמואל לקיים דבר ה' שהיא מצוה היה הולך אלא במקום שיש היזק קבוע לא סמכינן אהאי שנא' ויאמר ה' עגלת בקר תקח בידך: **בעו** מרב הני בי רב ששוכנים בשדות מהו שיבאו בלילה בשחר ליכנם לבהמ"ד ויחזרו משחשכ' חוששין מהיזק או לא אמר להם יבאו עלי ועל צוארי כלומר יבואו ואני ערב להם שלא יהיה בהם היזק לא בביאתן ולא בחזירתן כמאן כי האי תנא דתניא איסי בן יהודה אומר כלפי שאמרה תורה ולא יחמוד איש את ארצך בעלותך: **מפני** מה אין פירות גינוסר בירושלים שלא יאמרו עולי רגלים אלו לא עלינו אלא לאכול פירות הללו דיינו ונמצאת עלייה שלא לשמה ומפני מה אין חמי טבריא בירושלים וכו': **למה** אמרו שתי שורות. אקשי' מי הזכיר בכאן מרתף כלל עד שיאמר למה אמרו שתי שורות במרתף ופרקי' כיון דתנא כל מקום שאין מכניסין בו חמץ אין צריך בדיקה ממילא שמעי' דמרתף אין צריך בדיקה אם כן למה אמרו שתי שורות במרתף מקום שמכניסין בו חמץ היכי דמי במסתפק ממנו: **אמר** רב יהודה שתי שורות שאמרו מן הארץ ועד שמי קורה ר' יוחנן אמר שורה א' כמין גמא כלומר ממשש המרתף השורה החיצונה הרואה את הפתח והעליונות הרואות את הקורות זהו כמין גמא יווני ותניא כתרוייהו: **ב"ה** אומר שתי שורות החיצונות שהן העליונו'. פי' כל השורות שבמרתף ראשיהם של כלם רואות את הקורות וצדי כל השורות רואות את הפתח לפיכך אמר רב עליונה ושלמטה הימנה דדייק חיצונות ואע"פ שכל השורות ראשיהם שכנגד הפתח כלן חיצונות אינך מוצא שתים חיצונות כאחת אלא אם תפשיט ותקח השורה העליונה ושלמטה הימנה כי אם תקח שורה אחת מן הארץ ועד שמי קורה שבפנים ממנה פנימית נקראת ודייק רב חיצונות ראשי השורות הרואות פני הפתח חיצונית ממש ומשום זה קתני שהן עליונות ללמדך כי ממעלה מתחיל ושמואל חיצונה ושלפנים הימנה דהוא דייק עליונות כלומר העליונות דוקא ולא תמצא שתים עליונות אלא כי האי גונא ומפני מה קתני חיצונות למעוטי מן השורה השלישית ולפנים שדברי הכל אין צריך בדיקה. תאני ר' חייא כוותיה דרב וכלהו תנאי תנו כשמואל ואע"ג דקיימא לן הלכתא כרב באיסורי וזו איסור היא כאן דכולהו תנאי תנו כשמואל הלכתא כוותיה הלכך בית שהוא מלא חביות של יין מן הקצה אל הקצה ומקרקע הבית עד שמי קורה זהו מרתף בודק השורה הרואה את הפתח ושלפנים הימנה אלו שניהן בודק משמי קורה ועד הקרקע ודיו:

מסורת הש"ס

יומא יא. קידושין לט: חולין קמב.

[ע"ז ל.]

[עי' תוס' מגילה כח. ד"ה אלמלא]

[ערוך ערך גם פי' כמו ד' הפוכה]

[מכל הפוסקים ראשונים ואחרונים דפסקו כרב מוכח דלא היה בגירסתם והלכתא כוותי' דשמואל. וכ"כ התוס' ד"ה שתי]

גליון הש"ס

גמ' ושאין לו קרקע וכו' איתא בירושלמי ספ"ג דפאה: תוס' ד"ה לכדר"א וכו' משום דבר שנתחדש. כדאיתא שבועות יט ע"א כל פרשה שנאמרה ונשנית לא נשנית אלא בשביל דבר שנתחדש בה:

מַתְנִי' [א]אֵין חוֹשְׁשִׁין שֶׁמָּא גֵּירְרָה חוּלְדָּה מִבַּיִת לְבַיִת וּמִמָּקוֹם לְמָקוֹם, דְּא"כ מֵחָצֵר לְחָצֵר וּמֵעִיר לְעִיר – אֵין לַדָּבָר סוֹף.§ **גמ'** טַעְמָא – דְּלָא חֲזֵינָא דְּשָׁקַל, הָא חֲזֵינָא דְּשָׁקַל – חָיְישִׁינַן, וּבָעֵי בְּדִיקָה. וְאַמַּאי? נֵימָא אֲכַלְתֵּיהּ! מִי לָא תְּנַן: *[ב]מְדוֹרוֹ' הַגּוֹיִם טְמֵאִים. וְכַמָּה [ג]יִשְׁהֶה בַּמָּדוֹר וִיהֵא הַמָּדוֹר צָרִיךְ בְּדִיקָה – אַרְבָּעִים יוֹם, וְאע"פ שֶׁאֵין לוֹ אִשָּׁה. *[ד]וְכָל מָקוֹם שֶׁחוּלְדָּה וַחֲזִיר יְכוֹלִין לְהַלּוֹךְ – א"צ בְּדִיקָה! א"ר זֵירָא: לָא קַשְׁיָא; הָא – בְּבָשָׂר, וְהָא – בְּלֶחֶם. בְּבָשָׂר – לָא מְשַׁיְּירָא, בְּלֶחֶם – מְשַׁיְּירָא. אָמַר רָבָא: הַאי מַאי? בִּשְׁלָמָא הָתָם – אֵימוּר הֲוָה אֵימוּר לָא הֲוָה, וְאִם תִּמְצָא לוֹמַר הֲוָה – אֵימוּר אֲכַלְתֵּיהּ. אֲבָל הָכָא – דְּוַדַּאי דַּחֲזֵינָא דְּשָׁקַל – מִי יֵימַר דַּאֲכַלְתֵּיהּ? הָוֵי סָפֵק וְוַדַּאי, *וְאֵין סָפֵק מוֹצִיא מִידֵי וַדַּאי. וְאֵין סָפֵק מוֹצִיא מִידֵי וַדַּאי?! וְהָא *תַּנְיָא: חָבֵר שֶׁמֵּת וְהִנִּיחַ מְגוּרָה מְלֵאָה פֵּירוֹת, וַאֲפִילּוּ הֵן בְּנֵי יוֹמָן – הֲרֵי הֵן בְּחֶזְקַת מְתוּקָּנִין. וְהָא הָכָא, דְּוַדַּאי טְבִילִי הָנֵי פֵּירֵי, וְסָפֵק מְעוּשָּׂרִין וְסָפֵק לֹא מְעוּשָּׂרִין – וְקָאָתֵי סָפֵק וּמוֹצִיא מִידֵי וַדַּאי! הָתָם וַדַּאי וְוַדַּאי הוּא, דְּוַדַּאי מְעַשְּׂרֵי, כְּדְר' חֲנִינָא חוֹזָאָה. *דְּא"ר חֲנִינָא חוֹזָאָה: חֲזָקָה עַל חָבֵר שֶׁאֵין מוֹצִיא מִתַּחַת יָדוֹ דָּבָר שֶׁאֵינוֹ מְתוּקָּן. וְאִי בָּעֵית אֵימָא: סָפֵק וְסָפֵק הוּא, דִּילְמָא מֵעִקָּר' אֵימוּר דְּלָא טְבִילִי, כְּר' אוֹשַׁעְיָא. דְּא"ר אוֹשַׁעְיָא: *[ה]מַעֲרִים אָדָם עַל תְּבוּאָתוֹ וּמַכְנִיסָהּ בְּמוֹץ שֶׁלָּהּ, כְּדֵי שֶׁתְּהֵא בְּהֶמְתּוֹ אוֹכֶלֶת וּפְטוּרָה מִן הַמַּעֲשֵׂר. וְאֵין סָפֵק מוֹצִיא מִידֵי וַדַּאי?! וְהָתַנְיָא, אָמַר ר' יְהוּדָה: *מַעֲשֶׂה בְּשִׁפְחָתוֹ שֶׁל מֵצִיק אֶחָד בְּרִימּוֹן, שֶׁהֵטִילָה נֵפֶל לַבּוֹר

וּבָא

רש"י

מתני' אין חוששין שמא גירדה חולדה כו'. אין חוששין כשבדק זוית זו ובא לבדוק זו שמא בתוך שבא לבדוק זו גיררה חולדה חמץ למקום הבדוק, וצריכנא לחזור ולבדוק: **שאם כן.** שבאת לחוש לכך – הרי גם מחצר לחצר יש לומר כך: אני בדקתי קודם לחבירי, ולאחר בדיקתי הביאה חולדה חמץ מחצר חבירי לחצרי, ואין לדבר סוף. ולאו חצר ממש קאמר, אלא כל בתי החצר קרוי חצר: **גמ' הא חזינן.** שהביאתו לכאן – חיישינן שמא עדיין הוא כאן, וצריך לבדוק. ואמאי? נימא: אכלתיה: **מי לא תנן.** במסכת אהלות: מדורות הגוים טמאין, מפני שקוברין נפליהם בבתיהם, והגוים מטמאין במיתתן אף באהל לרבנן, *ולר"ש בן יוחי נמי, דאמר קברי הגוים אינם מטמאין במגע ומשא – מודה הוא דלא אימעוט אלא מטומאת אהל, דלא מקרו אדם: **וכמ' ישהה הגוי במדור** ויהא המדור צריך בדיקה לכשיצא הגוי וירצה ישראל לדור בו: **מ' יום.** כדי יצירת הולד: **ואע"פ שאין עמו אשה.** לפי שחשוד הוא על הזנות: **וכל מקום שחזיר וחולדה יכולין להלוך אין צריכין בדיקה.** שאם הושלך שם – חטטוהו ואכלוהו: **הא.** דאהלות בבשרא מיירי, הלכך ודאי אכלוה, דלא משיירא: **האי מאי.** כלומר: מאי קושיא? א"כ אורחא דמשייר' בבישרא – ליכא לן למיחש התם מידי. דהתם חששא בעלמא הוא; אימור הוה אימור לא הוה, הלכך היכא דשכיחא חולדה – תלינן לקולא, ואמרי': אם תמצא לומר הוה – אימור אכלתיה. וספק אכילה יכול להוציאנו מידי ספק השלכה. אבל הכא גבי חמץ, דקשיא לך היכא דחזינן דגררה נמי נימא אכלתיה, ודאי הוה: **מי יימר דאכלתיה.** הוי ספק ביעור; ודאי חמץ היה כאן, ואין ספק היתר מוציא את הבית הזה מידי ודאי איסור: **מגורה.** גורן: **בני יומן.** דגורן הן, שהיום נתמרחו: **והא הכא.** דכיון דממורחין הן, והרי הן בבית, דכל מגורה בבית היא: **ודאי טבילי.** דהא נגמרה מלאכתן, וראו פני הבית, וחל שם טבל עליהן משעה שראה פני הבית. ספק עישרן חבר זה, ספק לא עישרן. ואתי ספק זה ומוציא פירות הללו מידי ודאי טבל – משום דרוב חברים מעשרין הם מיד, קודם שיניחם מתחת ידו: **התם ודאי וודאי הוא.** כי היכי דפשיטא לן דטבילי מעיקרא – הכי נמי פשיטא לן דעשרינהו, ואין גמגום והילוך אחר הרוב בדבר, אלא חזקה ודאי על כל החברים: **ואי בעית אימא ספק וספק הוא.** כי היכי דמספקא לן אי לא עשרינהו – הכי נמי איכא לספוקי אי חל עלייהו שם טבל מעולם אי לא, ומעיקרא אימור לא טבול. ואע"פ שהן ממורחין ובתוך הבית – אימור עבד להו כדר' אושעיא שהכניסה לבית במוץ שלה ואחר כך דש וממרח. וחובת הטבל חלה בראיית פני הבית, כדבעיא מליעא ב"השוכר" (דף פח:), וזה בראיית פני הבית לא נגמרה מלאכתן לחול עליו שם טבל, וכשנגמר מלאכתן – כבר בתוך הבית הוא, ואין אלו פני הבית אלא כשנכנס דרך פתחים, כדתניא: *חסידים הראשונים היו מכניסים פירותיהן דרך טרקסמון כדי לחייבן במעשר, עכשיו מכניסין דרך גגות דרך חצירות וקרפיפות לבית כדי לפוטרן. הלכך לא חייל עלייהו שם טבל, ומותר היורש הזה לאוכלן אכילת קבע. ולא תימא נהי דלא חייל עלייהו טיבלא לאכילת עראי, אכילת קבע מיהא ליתסרו – דהא דמיתסרא אכילת קבע קודם קביעות גורן וגמר מלאכה מדרבנן הוא, וגבי איסור דרבנן סמכינן אחזקת חבר שעישרן: **כדי שתהא בהמתו אוכלת.** ואפילו קבע, דכל זמן שאין שם גורנו של טבל עליו – אינו אוסר באכילת עראי. וכל אכילת בהמה לא גזרו עליה משום אכילת קבע, דתנן במסכת פאה (פ"א מ"ו): מאכיל לבהמה ולחיה ולעופות ופטור מן המעשרות עד שימרח. אבל למאכל אדם, נהי דלא טביל מדאורייתא – מיהו אפילו קודם מירוח אסרו לאכול קבע בכולי גמרא: **מציק.** איניש אלמא, וישראל הוה:

ובא

תוספות

אין חוששין שמא גירדה חולדה. ואם תאמר: והא מרישא שמעי', דקתני: כל מקום שאין מכניסין בו חמץ – אין צריך בדיקה! תריץ דהוה מוקמינן בשאין חולדה וברדלס יכולין להלך שם:

כל מקום שחולדה וברדלס וחזיר מצויין שם אין צריך בדיקה. אומר ר"י: דכהנים מותרין ליכנס בבתי גוים אפי' אין חזיר וחולדה מצויין שם, משום דתניא בתוספתא *דאין מדורות העובדי כוכבים בחוצה לארץ:

בבשר לא משיירא. אומר ר"ת: דהיינו דוקא בשר נפלים דרכיך. דהא בפרק [שני] דב"ק (דף יט: ושם) חשיב חזיר שאכל בשר – אכילה על ידי הדחק: **ואם** תמצא לומר הוה אימור אכלתיה. וא"ת: והא מדורות הגוים רשות היחיד הן, ותנן במסכת טהרות (פ"ו מ"ד): כל מקום שאתה יכול להרבות ספיקות וספיקי ספיקות – ברשות היחיד טמא! וי"ל: דלא דמי הך ספיקא לשאר ספיקי דהתם אית לן למימר שיהא בו נפל? ודמי לספק ביאה. א"נ: אימר אכלתיה עדיף משאר ספיקות, דספק הרגיל הוא, וקרוב לודאי. ותדע, דאפילו מידי ודאי בעי למימר שיוצא זה הספק:

כדי שתהא בהמה אוכלת. ותימה: דמ"מ הוי ודאי טבל מדרבנן לענין אכילת קבע, אפי' הכניסה במוץ שלה. כדאמר: כדי שתהא בהמה אוכלת, משמע: אבל הוא עצמו – אסור. ובתוספת' תניא, ומייתי לה בפ"ק דביצה (דף יג.): הכניס לבית שבולין לעשות מהן עיסה – אוכל מהן עראי, ופטור. וקאתי ספק ומוציא מידי ודאי דרבנן, וחשיב להו בחזקת מתוקנים. גבי חמץ, אמאי לא אתי ספק ומוציא מידי ודאי בדיקה דרבנן, דמדאורייתא בביטול בעלמא סגי! ואומר ר"י: דמתני' איירי בשלא ביטלו, דהוי ודאי דאוריי'. ועוד אומר ר"י: דהא דקאמר הרי הן בחזקת מתוקנין – היינו בהנך דלא חזו אלא לבהמה. והא דפריך במנחות בפרק "רבי ישמעאל" (דף סז: ושם) אמאי דקאמר מירוח הגוי אינו פוטר משום בעלי כיסין, פירוש: עשירים שמוכרין תבואתן לגוי קודם מירוח, וחוזרין וקונין מהן אחרי מירוח – תרומה נמי, אפשר דעביד כרבי אושעיא וכו'. משמע דלגמרי פטור! ה"פ: עביד להו כרבי אושעיא, ובמידי דמאכל בהמה – מה הועילו חכמים בתקנתן? **כדי** שתהא בהמה אוכלת. משמע דטבל שראה פני הבית אפילו בהמה נמי לא אכלה. ותימה לר"י: מאי שנא משאר הנאה דשרי? דלא מלינו טבל שהוא אסור בהנאה! ויש לומר: דדרשינן ב"במה מדליקין" (שבת כו. ושם) גבי אין מדליקין בטבל טמא משום דכתיב "את משמרת תרומותי" – בשתי תרומות הכתוב מדבר, אחת טהורה ואחת טמאה. מה טהורה אין לך בה אלא משעת הרמה ואילך אף טמאה כן, והיינו הדלקה, והדר גמר טהורה מטמאה, מה טמאה דמיתסר בהדלקה קודם הרמה – אף טהורה. וכן להאכיל לבהמה, וכל הנאה של כילוי ומהכא נמי ידעינן דאין ישראל מאכיל לבהמתו כרשיני תרומה. ורש"י לא פי' כן בשבת*:

בשפחתו של מציק ובא כהן והציץ לידע אם זכר אם נקבה. מכאן אין להוכיח דשפחה מטמאה בלידה – דשמא של גבירתה היה. מיהו, בת"כ אמרינן בהדיא: "דבר אל בני ישראל" – אין לי אלא בני ישראל, מנין לרבות גיורת ושפחה משוחררת ושאין משוחררת – ת"ל "אשה". והא דפריך בפ' "הערל" (יבמות עד: ושם): מי מלית אמרת תרומה כתיב הכא, והתניא "דבר אל בני ישראל". גיורת ושפחה משוחררת מנין – ת"ל "אשה". הא דנקט התם משוחררת – לאו למעוטי שאין משוחררת, אלא קיצר הברייתא, משום דלא פריך אלא ממשוחררת כדמסיק: ואי ס"ד לתרומה – משוחררת בנות מיכל תרומה ניהו? ושאין משוחררת אכלה שפיר אם היא של *כהן. ואומר ר"י: דכהן שוטה היה, דאפילו אם נאמר של גבירתה היה, וכהן זה קרוב היה – לא היה לו ליטמא, דאמרינן ב"תורת כהנים" דאין כהן מטמא לנפלים, דדומיא דאביו ואמו בעינן בני קיימא. ועוד: דכאן לא היה לצורך המת:

ספק

מסורת הש"ס

אהלות פי"ח מ"ז

[שם מ"ח]

[יבמות סא.]

[יבמות יט: לח. ע"ז מא: חולין י.]

לעיל ד: ע"א מא. נדה טו:

[עירובין לב.]

ברכות לה. מנחות סז: נדה טו:

שם ע"ז מב. [תוספתא לאהלות פט"ז]

[ברכות לה:]

[וע"ע תוספות לקמן לד. ד"ה מתמין]

[וע"ע בתוספות יבמות עד: ד"ה ושפחה מנין]

עין משפט נר מצוה

ס א מיי' פ"ב מהלכות חמץ ומצה הלכה ז סמג עשין לט טוש"ע או"ח סי' תלד סעיף א:

סא ב מיי' פי"א מהל' טומאת מת הלכה ז:

סב ג שם הלכה ח:

סג ד שם הלכה ט:

סד ה מיי' פ"ג מהלכות מעשר הלכה ו סמג עשין קלח טוש"ע י"ד סי' שלא סעיף פד:

רבינו חננאל

אין חוששין שמא גררה חולדה מבית לבית. חששא הוא דלא חיישי' הא אי חזינן לחולדה דשקלא נהמא קמן צריך לבדוק עד דמשכח לה אמאי נימא אכלתיה כדתנן בסוף אהלות בענין מדורות העובדי כוכבים טמאים וכו' כ"מ שחולדה וחזיר יכולין להלך אין צריך בדיקה דאמרי' כל (שרץ) שהיה שם הללו אכלוהו ופריק ר' זירא מתני' דאהלות בבשר (שרץ) דלא משיירא לפיכך לא חיישי' מתני' דהכא בלחם משום דמשיירי רבא אומר התם באהלות ספק וספק הוא אמרינן שמא שרץ היה שם [שמא לא היה] ואם היה שמא אכלוהו הכא ודאי היה שם פת ומשמא אכלוהו לא שרינן ליה דאין ספק דוחה הודאי ומתמהי' ולא והתניא חבר שמת והניח מגורה מלאה פירות וכו' ודחי' התם נמי ודאי הוא שעשרן דחזקה הוא על החבר שאין דבר יוצא מתחת ידו שאינו מתוקן. ירושל' ובלבד שמת ביישוב הדעת אי נמי דלמא [לא] טבילי וכר' אושעיא עביד דאמר מערים אדם על התבואה ואינו עושה אותה גורן אלא מכניסה במוץ שלה כדי שתהא בהמתו אוכלת המוץ ופטור מן המעשר לפיכך אומר בחזקת מתוקן אבל אלו נתברר דודאי טבילי לא אמרינן בחזקת מתוקנין: **ולא** והתניא מעשה בשפחתו של מציק אחד ברימון פי' שם מקום שהטילה נפל לבור

סה א מיי' פ"ט מהל' טומאת מת הי"א:
סו ב מיי' פ"ב מהלכות חמץ ומצה הלכה ז ופ"ג הלכה ב סמג עשין לט טוש"ע או"ח סי' תלד סעיף א וסי' תלט ס"ג:
סז ג מיי' שם פ"ג הל"י וסמג שם טוש"ע או"ח סי' תלט סעיף א:
סח ד מיי' פ"ח מהל' מאכלות אסורות הל' יא סמג לאוין קמא טור שו"ע י"ד סי' קי סעיף ג:
סט ה מיי' פ"ב מהל' חמץ ומצה הל' יא סמג עשין לט טוש"ע או"ח סי' תלט סעיף ב:
ע ו מיי' פי"ג מהלכות תרומות הל' יד טוש"ע יו"ד סי' קיא סעיף א:

רבינו חננאל

ובא כהן והציץ בו לידע מה הפילה וטהרוהו חכמים מפני שחולדה וברדלס מצוין בבור דאמרינן שמא גררוהו בחור שלהם ולא היה שם בעת שהציץ ולא האהיל עליו ופרקי' לא תימא שהטילה נפל אלא אימא כמין נפל דהוה ספק וספק כו' ושמא גררה חולדה לא חיישי' והתנן מה שמשייר יניחנו במקום מוצנע מאי לאו דחיישי' כי האי גונא וקתני שלא יהיה צריך בדיקה מכלל שאם לא יניח במקום מוצנע צריך בדיקה אמר רבא הכי תנן במתניתין יניחנו במקום מוצנע שמא תטול חולדה בפנינו ויהא צריך בדיקה אחריו תניא כותיה וכן הלכה: **תשע** צבורין של מצה ואחד של חמץ ושקל עכבר חד מינייהו היינו תשע חנויות דתניא תשע חנוי' כלן מוכרו' בשר שחוטה ואחת מוכרת בשר נבל' [ולקח] ואינו יודע מאיזה מהן לקח ספיקו אסור: **פירש** אם נפל ככר ונטלו עכבר והכניסו לבית היינו סיפא ובנמצא הלך אחר הרוב הלכך אם הרוב מצה מן הבית אינו צריך בדיקה ואם הרוב חמץ צריך בדיקה וכן סוגיא דהדין שמעתא כולה: [**היינו**] דתנן שתי קופות אחת של חולין וא' של תרומה ולפניהם שני סאין א' חולין [ואחד תרומה] ונפלו אלו לתוך אלו מותרות שאני אומר חולין לתוך חולין נפלו כו' כך בכאן העכבר שנטל המצה הוא שנכנס בבית הבדוק ואינו צריך בדיקה אחרת ואמרי' אימור דאמרי' שאני אומר חולין לתוך חולין

ספק גררוהו ההיא שעתא. ואם תאמר: האי בור היכא קאי? אי ברשות הרבים – אפי' בספיקא אחת טהור, ואי ברשות היחיד – מאי משני שהטילה כמין נפל לבור, והתנן (טהרות פ"ו מ"ד): כל ספיקות וספיקי דספיקות שאתה יכול להרבות ברשות היחיד – טמא! ויש לומר: דגרירת חולדה וברדלס הוי ספק הרגיל, כדפי' לעיל. אומר ר"י: דל"ל דרגלי הכהן היו ברשות הרבים. דע"כ בחורייהו ליכא פותח טפח, דאי איכא פותח טפח – (מפני) מה מועלת גרירה? והא פותח טפח מביא את הטומאה. ואי רגליו ברשו' היחיד – ניחוש שמא גררוהו נגד רגליו, וטומאה בוקעת ועולה. ועוד י"ל: דרגלי כהן ברשות היחיד היו, וגררוהו ואכלוהו הוי ספק הרגיל:

ולא חיישינן לחולדה. הא לא פריך דניחוש לחולדה אפילו מבית לבית דא"כ אין לדבר סוף, דאי אפשר שלא יבדוק אחד קודם חבירו, ואיכא למיחש שמא הביאה חולדה מבית שאין בדוק לבדוק. אלא ממקום למקום פריך, דהיינו באותו הבית עצמו. כלומר: ולא חיישינן לחולדה באותו בית עצמו:

בשלשה עשר לא משיירא. פי': פעם שאינה משיירת. ולהכי, היכא דלא חזינן – לא חיישינן, כיון דאפי' גררה פעם – שאין משיירת. אבל היכא דחזינן – חיישינן, כיון דפעמים משיירת. ובי"ד לעולם משיירת, ואפי' לא חזינן – חיישינן. וגבי בשר – אפילו חזינן לא חיישינן, דלעולם לא משיירת. וא"ש אביי כרבי זירא:

היינו תשע חנויות. לפי מה שפ"ה לענין בדיקה – לא נהירא לר"י, דהיכי מייתי ראיה מתשע חנויות דהוי ספיקא דאוריית' ואזלינן לחומרא, והכא ספיקא דרבנן הוא כדאמרינן בסמוך! מיהו י"ל דאיירי כגון שלא ביטל. ועוד קשה: דגבי תשע חנויות ליכא חזקת היתר, אבל הכא – אוקמא אחזקת בדוק, דהא בבדוק מיירי. דאי לאו הכי – פשיטא דבעי בדיקה! ונראה לר"י: דלענין שהביא עכבר לבית ונמצא קבעי, אי שרי לאכילה אי לאו. ואם תאמר: כי אתא עכבר ושקל מהני ציבורין, אמאי חשיב ליה קבוע? מאי שנא נמצא בפי עכבר, מנמצא ביד גוי, דבפ' "גיד הנשה" (חולין צה. ושם) פריך לרב דאמר: בשר שנתעלם מן העין אסור, מבנמצא הלך אחר הרוב. ומשני: שנמצא ביד גוי! ואומר ר"י: דהכא מיירי כשראינו שלקח מן הקבוע, שנולד הספק במקום קביעות. אבל אם לא ראינו – הוה ליה כפירש, ואזלינן בתר רובא. והא דפריך ב"תערובות" (זבחים דף עג:) גבי זבחים שנתערבו בחטאות המתות או בשור הנסקל, אמאי ימותו כולם? נכבשינהו ונידינהו, ונימא: כל דפריש מרובא פריש. אע"פ שכבר נולד הספק במקום קביעות – שאני התם, דלא הוי קבוע גמור, שהאיסור מעורב בהיתר ואינו ניכר, ומדרבנן אסרו בקבוע זה. דמדאורייתא לא חשיב קבוע אלא כשהאיסור ידוע במקומו ולהכי נמי גזרינן התם טפי שמא יקח מן הקבוע מבנמצא, כיון שאין האיסור ידוע: **היינו** שתי קופות. הך סוגיא דמדמה בדיקת חמץ לשתי קופות לא אתי כר"ל דמוקי בשילהי "הערל" (יבמות פב.) להך דשתי קופות כשרבו חולין על התרומה. אלא כר' יוחנן, דלא בעי התם רבייה. דלדידיה א"ש, דמדמי חמץ להאי. וכולה שמעתא איירי שהככר כל כך גדול דליכא למימר אכלתיה:

וּבָא כֹּהֵן וְהֵצִיץ בּוֹ לֵידַע אִם זָכָר הוּא אִם נְקֵבָה הִיא. וּבָא מַעֲשֶׂה לִפְנֵי חֲכָמִים וְטִיהֲרוּהוּ, מִפְּנֵי שֶׁחוּלְדָּה וּבַרְדְּלָס מְצוּיִין שָׁם. וְהָא הָכָא, דְּוַדַּאי הֵטִילָה, וְסָפֵק גְּרָרוּהוּ וְסָפֵק לֹא גְּרָרוּהוּ הַהִיא שַׁעְתָּא, וְקָאָתֵי סָפֵק וּמוֹצִיא מִידֵי וַדַּאי! [א]לָא תֵּימָא "שֶׁהֵטִילָה נֵפֶל לַבּוֹר" אֶלָּא אֵימָא "שֶׁהִפִּילָה כְּמִין נֵפֶל לַבּוֹר" וְהָוֵי סָפֵק וְסָפֵק. וְהָא "לֵידַע אִם זָכָר הוּא אִם נְקֵבָה הִיא" קָתָנֵי! הָכִי קָאָמַר: לֵידַע אִם רוּחַ הִפִּילָה אִם נֵפֶל הִפִּילָה, וְאִם תִּמְצָא לוֹמַר נֵפֶל הִפִּילָה – לֵידַע אִם זָכָר הוּא וְאִם נְקֵבָה הִיא. וְאִיבָּעֵית אֵימָא: הָתָם וַדַּאי וְוַדַּאי הוּא, כֵּיוָן דְּחוּלְדָּה וּבַרְדְּלָס מְצוּיִין שָׁם – וַדַּאי גְּרָרוּהוּ בְּהַהִיא שַׁעְתָּא. נְהִי דְּשִׁיּוּרֵי מְשַׁיְּירָא – מִיגְרַר מִיהַת וַדַּאי גָּרְרוּם בְּהַהִיא שַׁעְתָּא. (לִישָּׁנָא אַחֲרִינָא: נְהִי דְּוַדַּאי אֲכָלוּם – לָא אָמְרִינַן, וַדַּאי גְּרָרוּהוּ לְחוֹרַיְיהוּ – אָמְרִינַן). וּמִי אָמְרִינַן: אֵין חוֹשְׁשִׁין שֶׁמָּא גָּרְרָה חוּלְדָּה? וְהָא קָתָנֵי סֵיפָא: *מַה שֶּׁמְּשַׁיֵּיר יַנִּיחֶנּוּ בְּצִנְעָה, שֶׁלֹּא יְהֵא צָרִיךְ בְּדִיקָה אַחֲרָיו! אָמַר אַבַּיֵּי: לָא קַשְׁיָא, הָא – בְּאַרְבָּעָה עָשָׂר, הָא – בִּשְׁלֹשָׁה עָשָׂר. בִּשְׁלֹשָׁה עָשָׂר דִּשְׁכִיחַ רִיפְתָּא בְּכוּלְּהוּ בָּתֵּי – לָא מְצַנְעָא, בְּאַרְבָּעָה עָשָׂר דְּלָא שְׁכִיחָא רִיפְתָּא בְּכוּלְּהוּ בָּתֵּי – מְצַנְעָא. אָמַר רָבָא: וְכִי חוּלְדָּה נְבִיאָה הִיא? דְּיָדְעָא דְּהָאִידָּנָא אַרְבֵּיסַר וְלָא אָפֵי עַד לְאוּרְתָּא, וּמְשַׁיְּירָא וּמַטְמְרָא?! אֶלָּא אָמַר רָבָא: מַה שֶּׁמְּשַׁיֵּיר – [ב]יַנִּיחֶנּוּ בְּצִנְעָה, שֶׁמָּא תִּטּוֹל חוּלְדָּה בְּפָנֵינוּ, וִיהֵא צָרִיךְ בְּדִיקָה אַחֲרָיו. תַּנְיָא כְּוָותֵיהּ דְּרָבָא: הָרוֹצֶה לֶאֱכוֹל חָמֵץ אַחַר בְּדִיקָה כֵּיצַד יַעֲשֶׂה? מַה שֶּׁמְּשַׁיֵּיר – יַנִּיחֶנּוּ בְּצִנְעָה, שֶׁלֹּא תָּבוֹא חוּלְדָּה וְתִיטּוֹל בְּפָנֵינוּ, וִיהֵא צָרִיךְ בְּדִיקָה אַחֲרָיו. רַב מָרִי אָמַר: גְּזֵירָה [ב]שֶׁמָּא יַנִּיחַ עֶשֶׂר וְיִמְצָא תֵּשַׁע.§ [ג]תֵּשַׁע צִיבּוּרִין שֶׁל מַצָּה וְאֶחָד שֶׁל חָמֵץ, וַאֲתָא עַכְבָּרָא וּשְׁקַל וְלָא יָדְעִינַן אִי מַצָּה שְׁקַל אִי חָמֵץ שְׁקַל – הַיְינוּ תֵּשַׁע חֲנוּיוֹת. פֵּירַשׁ וַאֲתָא עַכְבָּר וּשְׁקַל – הַיְינוּ סֵיפָא. *דִּתְנַן: *[ד]תֵּשַׁע חֲנוּיוֹת, [ה]כּוּלָּן מוֹכְרִין בְּשַׂר שְׁחוּטָה וְאַחַת מוֹכֶרֶת בְּשַׂר נְבֵלָה, וְלָקַח מֵאַחַת מֵהֶן וְאֵינוֹ יוֹדֵעַ מֵאֵיזֶה מֵהֶן לָקַח – סְפֵיקוֹ אָסוּר. וּבַנִּמְצָא הַלֵּךְ אַחַר הָרוֹב. [ה]שְׁנֵי צִיבּוּרִין, אֶחָד שֶׁל מַצָּה וְאֶחָד שֶׁל חָמֵץ וְלִפְנֵיהֶם שְׁנֵי בָּתִּים, אֶחָד בָּדוּק וְאֶחָד שֶׁאֵינוֹ בָּדוּק, וַאֲתוּ שְׁנֵי עַכְבָּרִים אֶחָד שְׁקַל מַצָּה וְאֶחָד שְׁקַל חָמֵץ, וְלָא יָדְעִינַן הֵי לְהַאי עַיֵּיל וְהֵי לְהַאי עַיֵּיל – הַיְינוּ שְׁתֵּי קוּפּוֹת*). דִּתְנַן: *[ו]שְׁתֵּי קוּפּוֹת, אַחַת שֶׁל חוּלִּין וְאַחַת שֶׁל תְּרוּמָה וְלִפְנֵיהֶם שְׁנֵי סְאִין, אֶחָד שֶׁל חוּלִּין וְאֶחָד שֶׁל תְּרוּמָה וְנָפְלוּ אֵלּוּ לְתוֹךְ אֵלּוּ – מוּתָּרִין, שֶׁאֲנִי אוֹמֵר: חוּלִּין לְתוֹךְ חוּלִּין נָפְלוּ, וּתְרוּמָה לְתוֹךְ תְּרוּמָה נָפְלָה. אֵימוּר דְּאָמְרִינַן: "שֶׁאֲנִי אוֹמֵר" בִּתְרוּמָה

וּבָא כֹּהֵן וְהֵצִיץ. עַל שְׂפַת הַבּוֹר: לֵידַע אִם זָכָר אִם נְקֵבָה. וְכֹהֵן קָרוֹב הוּא מִבְּנֵי הַבַּיִת הָיָה, וּשְׁלָחוּהוּ שָׁם לְהַגִּיד לְאִמּוֹ מַה טִּיבוֹ, וְתַבְחִין בֵּין טוּמְאַת וְטָהֳרַת זָכָר לִימֵי טוּמְאַת וְטָהֳרַת נְקֵבָה. וְלֹא נִזְכַּר* אוֹתוֹ כֹּהֵן עַל אַזְהָרַת "לְנֶפֶשׁ לֹא יִטַּמָּא", וְהֵלִיךְ בּוֹ בַּבּוֹר, וְהַנֵּפֶל לֹא רָאָה, וְטִיהֲרוּהוּ מִמַּאֲהִיל עַל הַמֵּת: שֶׁחוּלְדָּה וּבַרְדְּלֵס מְצוּיִין שָׁם. וּסְתָם חוֹר חוּלְדָּה וּבַרְדְּלֵס פּוֹתֵחַ טֶפַח הוּא, וְגֵירְרוּהוּ לְחוֹרָן, וְלֹא הֶאֱהִיל: רוּחַ הִפִּילָה. שָׁפִיר מָלֵא רוּחַ. וְאִם תִּמְצָא לוֹמַר נֵפֶל הָיָה, כְּלוֹמַר: לְכָל אֵלֶּה הוּלְרַךְ, שֶׁמָּא רוּחַ הוּא וְאַגִּיד, וְאֵין כָּאן לֹא טוּמְאַת זָכָר וְלֹא טוּמְאַת נְקֵבָה. וְאִם אֶרְאֶה שֶׁהוּא וָולָד – נְרִיכַנִי לִרְאוֹת אִם זָכָר אִם נְקֵבָה: וַדַּאי גְּרָרוּהוּ. מוּחְזָקִין הֵן בְּכָךְ, וְלָא דָּמֵי לְמַתְנִיתִין. דְּקָתָנֵי הָא חֲזֵינָא חָיְישִׁינַן, דִּנְהִי דְּוַדַּאי אָכְלָה לֹא אָמַר – אֲבָל גֵּירְרוּהוּ לַחוֹר שֶׁלָּהֶן אָמַר: בַּרְדְּלֵס. אלנמ"ס, פוטוויס"י: וּמַה שֶּׁמְּשַׁיֵּיר. אַחַר בְּדִיקָה *מַאֲכִילָתוֹ – יַנִּיחֶנּוּ בְּצִנְעָה: בִּשְׁלֹשָׁה עָשָׂר. רֵישָׁא דְּקָתָנֵי אֵין חוֹשְׁשִׁין – בְּבוֹדֵק בִּשְׁלֹשָׁה עָשָׂר, שֶׁמָּצוּי פַּת הַרְבֵּה לַחוּלְדָּה בְּתוֹךְ הַבָּתִּים, וְאֵינָהּ חוֹשֶׁשֶׁת לְשַׁיֵּיר. וְסֵיפָא בְּהֶדְיָא תְּנַן בָּהּ בְּי"ד, וְכֵיוָן דְּלָא חָזְיָא הַחוּלְדָּה פַּת הַרְבֵּה בַּבָּתִּים כְּמוֹת שֶׁהִיא רְגִילָה – מְשַׁיֶּירֶת: וְכִי חוּלְדָּה נְבִיאָה הִיא. לָתֵת לֵב עַל כָּךְ, וְלִרְאוֹת אֶת הַנּוֹלָד, וְיוֹדַעַת שֶׁלֹּא יֹאפוּ עוֹד הַיּוֹם: וְתִיטּוֹל בְּפָנֵינוּ. וְהֵיכָא דַּחֲזֵינַן – עַל כָּרְחֵיךְ חָיְישִׁינַן: וְיִמְצָא תֵּשַׁע. דְּהָכָא וַדַּאי אִיכָּא לְמֵיחַשׁ, דְּהָא מוּכְחָא מִילְּתָא שֶׁנְּטָלָהּ פְּרוּסָה אַחַת: תֵּשַׁע צִיבּוּרִין כו'. פִּיסְקֵי הֲלָכוֹת הֵן: וַאֲתָא עַכְבָּר וּשְׁקַל. וְנִכְנַס לַבַּיִת בְּפָנֵינוּ, וְלָא יָדְעִינַן אִי חָמֵץ שְׁקַל. וְכֵיוָן דַּחֲזֵינָא – צְרִיכִין אָנוּ לִבְדּוֹק, אוֹ דִּילְמָא מַצָּה שְׁקַל: הַיְינוּ תֵּשַׁע חֲנוּיוֹת. דְּקַיְימָא לָן בְּהוּ לְקַמֵּיהּ, דְּכָל קָבוּעַ שֶׁנְּטָלוֹ מִמָּקוֹם קָבוּעַ – אֵין הוֹלְכִין בּוֹ אַחַר הָרוֹב, אֶלָּא הֲרֵי הוּא כְּמֶחֱצָה עַל מֶחֱצָה, וּסְפֵק אִיסּוּרָא לְחוּמְרָא: פֵּירַשׁ. פְּרוּסָה מֵאַחַת מִן הַצִּיבּוּרִין לְאַחַ' מִן הַזָּוִיּוֹת, וְלָא יָדְעָנָא מֵהֵי מִינַּיְיהוּ פֵּירַשׁ, וַאֲתָא עַכְבָּר וּשְׁקָלֵיהּ וְנִכְנַס לַבַּיִת: הַיְינוּ סֵיפָא. *דְּמַתְנִי' דְּתֵשַׁע חֲנוּיוֹת, דְּהֵיכָא דְּלֹא לְקָחוֹ בִּמְקוֹם קְבִיעוֹ – הוֹלְכִין בּוֹ אַחַר הָרוֹב: וְלָקַח מֵאַחַת מֵהֶנָּה. בְּתוֹךְ הַחֲנוּת – סְפֵיקוֹ אָסוּר, דְּכָל קָבוּעַ כְּמֶחֱצָה עַל מֶחֱצָה נִידּוֹן, דְּנָפְקָא לָן מִן "וְאָרַב לוֹ וְקָם עָלָיו" (*בְּפֶ' בַּתְרָא דְּיוֹמָא) (פד:) וּבְפ"ק דִּכְתוּבּוֹת (טו.): וּבַנִּמְצָא. בָּשָׂר הַנִּמְצָא בַּקַּרְקַע בֵּין הַחֲנוּיוֹת – הַלֵּךְ אַחַר הָרוֹב, דְּכָל דְּפָרֵישׁ מֵרוּבָּא פָּרֵישׁ, דְּכֵיוָן דְּפָרֵישׁ – אֵין כָּאן תּוֹרַת קָבוּעַ: שְׁתֵּי קוּפּוֹת. דָּבָר זֶה אָנוּ יְכוֹלִין לִלְמוֹד מִמִּשְׁנַת שְׁתֵּי קוּפּוֹת, דְּתָלֵינַן לְקוּלָּא: וְלִפְנֵיהֶן שְׁנֵי סְאִין. שֶׁל פֵּירוֹת: וְנָפְלוּ אֵלּוּ לְתוֹךְ אֵלּוּ. הַסְּאִין לְתוֹךְ אֵלּוּ הַקּוּפּוֹת, וְיָדוּעַ לָנוּ שֶׁהָאֶחָד נָפַל בָּזוֹ וְאֶחָד בָּזוֹ, וְאֵין יָדוּעַ אֵי זֶה בָּזוֹ וְאֵי זֶה בָּזוֹ: הֲרֵי אֵלּוּ מוּתָּרִין. פֵּירוֹת שֶׁל קוּפּוֹת הַחוּלִּין מוּתָּרִין לְזָר כְּבַתְּחִלָּה, אֲפִי' אֵין בַּקּוּפָּה כְּדֵי לְהַעֲלוֹת הַסְּאָה בְּאֶחָד וּמֵאָה. שֶׁאָנוּ אוֹמְרִים: חוּלִּין לְתוֹךְ חוּלִּין נָפְלוּ. אַלְמָא: תָּלֵינַן לְקוּלָּא הֶיתֵּר בְּהֶיתֵּר וְאִיסּוּר בְּאִיסּוּר, וְאַע"ג דְּאִיכָּא לְמֵימַר אִיפְכָא. הָכָא נַמִי לְקוּלָּא תָּלֵינַן, וְאָמְרִינַן: הֶחָמֵץ נִכְנַס לְשֶׁאֵינוֹ בָּדוּק, וְהַמַּצָּה לַבָּדוּק: בִּתְרוּמָה הלך

נ"ל נזכר

[נ"ל לאכילתו]

ס"א ל"ג

[לקמן י:]

[ס"א דברייתא כל"ל]

[דתניא כל"ל]

כתובות טו. חולין לה. נדה יח.

[כפ"ט דסנהד' עט: כל"ל]

לקמן מד. יבמו' פב. נזיר לו: תוספתא דתרומות פ"ה

*) [נ"ל דתניא והא דלא מייתי משנה דתרומות פ"ז מ"ה עי' פי' ר"ש שם וכן בתוס' יבמות פב. ד"ה שתי]

*בתרומה דרבנן, בחמץ דאורייתא מי אמרינן? אטו בדיקת חמץ דאורייתא?! דרבנן היא! *דמדאוריי' בביטול בעלמא סגי ליה. [א]צבור אחד של חמץ, ולפניו ב' בתים בדוקין, ואתא עכבר ושקל, ולא ידעינן אי להאי על אי להאי על – היינו שני שבילין. *דתנן: שני שבילין, א' טמא וא' טהור, והלך באחד מהן ועשה טהרות, ובא חבירו והלך בשני ועשה טהרות. רבי יהודה אומר: אם נשאלו זה בפני עצמו וזה בפני עצמו – טהורין, שניהן בבת אחת – טמאין. רבי יוסי אומר: בין כך ובין כך טמאין. אמר רבא ואיתימא רבי יוחנן: [ב]בבת אחת – דברי הכל טמאין, בזה אחר זה – דברי הכל טהורין. לא נחלקו אלא בבא להשאל עליו ועל חבירו. רבי יוסי [ג]מדמי ליה לבת אחת, ורבי יהודה מדמי ליה לזה אחר זה. ספק על ספק לא על – היינו בקעה, ובפלוגתא דר"א ורבנן. *דתנן: הנכנס לבקעה בימות הגשמים וטומאה בשדה פלונית, ואמר אחד: הלכתי במקום הלז, ואיני יודע אם נכנסתי באותה שדה ואם לא נכנסתי. ר"א מטהר, וחכמים [ד]מטמאין. שהיה ר"א אומר: ספק ביאה – טהור, ספק מגע טומאה – טמא. על ובדק ולא אשכח – פלוגתא דר"מ ורבנן. *דתנן, היה ר"מ אומר: כל דבר שבחזקת טומאה – לעולם הוא בטומאתו עד שיודע לך הטומאה היכן היא. [ה]וחכמים אומרים: בודק עד שמגיע לסלע או לקרקע בתולה. [ו]על ובדק ואשכח – פלוגתא דר' ורשב"ג. *דתניא: שדה שנאבד בה קבר – הנכנס לתוכה טמא. נמצא בה קבר – הנכנס לתוכה טהור, שאני אומר: קבר שאבד – הוא קבר שנמצא, דברי ר'. רשב"ג אומר: תיבדק כל השדה כולה. הניח ט' ומצא י' – פלוגתא דר' ורבנן. *דתניא: הניח מנה ומצא מאתים – חולין ומעשר שני מעורבין זה בזה, דברי ר'. וחכ"א: [ז]הכל חולין. הניח י' ומצא תשע – היינו סיפא, *דתניא: הניח מאתים ומצא מנה – מנה מונח ומנה מוטל, דברי ר', וחכ"א: [ח]הכל חולין.

הניח

בתרומה דרבנן. בזמן הזה: ולא ידעינן אי להאי על ואי להאי על. אי מצרכינן בדיקה לתרווייהו אי לא: היינו שני שבילין. מהא דתנן גבי שני שבילין מצינו למיפשט: אחד טמא. קבר מוטל בו לרחבו וממלא את כולו, ואין עובר בו שלא יאהיל: והלך ועשה טהרות. נגע בטהרות אח"כ: והלך בשני. יודעין הן שבשביל שהלך זה לא הלך זה, דהשתא ודאי אחד מהן טמא: אם נשאלו. כל א' לחכם ספקו בפני עצמו – טהור, ואין ב"ד יכול לטמאו. כדקיימא לן בספק טומאה ברה"ר ספקו טהור. ואם באו בבת אחת, הואיל ובהוראה אחת יש לנו לומר טמאין או טהורין, אי אפשר לנו לומר להם טהורים אתם – שהרי האחד ודאי טמא. רבי יוסי אומר: בין כך ובין כך טמאין, גרס: בזה אחר זה דברי הכל טהורין. אע"פ שכל אחד אומר לפנינו כך היה המעשה שלי ושל חבירי, אבל איני נשאל אלא על עצמי מה תהא עלי: עליו ועל חבירו. מה תהא על שנינו. ר' יוסי מדמי להו לבת אחת, ואע"פ שאין שניהן לפניך – צריך אתה הוראה אחת לשניהן: או טמאין אתם, או טהורין אתם. והרי אין אתה יכול לומר טהורין אתם: ר' יהודה מדמי להו לזה אחר זה. הואיל ואין כאן שואל אלא אחד, משיבין לו: טהור אתה, שהרי ספק ביאה הוא. ומעצמו יבין שאף חבירו כמוהו. אבל כששניהן שואלין בתוך כדי דיבור – צריך אתה להשיב לשניהן כאחד. וגבי בתים נמי, אם באו לשאול זה לעצמו וזה בפני עצמו – אמרינן ליה לכל חד אי אתה צריך לבדוק. דכיון דבדיקת חמץ דרבנן תלינן לקולא, ואמרינן ספקו מותר. ואי בבת אחת באו – שניהן צריכין בדיקה: ספק על ספק לא על. ראה עכבר שנטל חמץ באגר, והבית בדוק, ואין יודע אם נכנס או לא נכנס: בקעה. הרבה שדות הסמוכים יחד קרי בקעה: בימות הגשמים. הויא בקעה רשות היחיד לטומאה, מפני שכבר צמח הזרע, ואין רשות לכל אדם ליכנס לה. וקי"ל: ספק טומאה ברשות היחיד – ספקו טמא: בשדה פלונית. כלומר: באחת השדות, ויודעין אנו באיזו היא, וכל שדה ושדה מסויימת במצריה: במקום הלז. בבקעה זו: וחכמים מטמאין. דהויא ליה ספק טומאה ברה"י. ור"א לא חשיב לה ספק טומאה אא"כ נכנס לשדה, אבל אינו יודע אם האהיל אם לא. אבל השתא הוה ליה ספק ספיקא. וגבי בתים אפילו רבנן מודו, דכיון דבדיקת חמץ דרבנן – תלינן לקולא: על. העכבר נכנס לבית לפניו, ובדק בעל הבית אחריו ולא אשכח: כל דבר שבחזקת טומאה. במסכת נדה: גל טמא שנתערב עם שני גלין טהורין, בדקו אחד מהן ונמצא טהור – הוא טהור ושנים טמאים. שנים ומצאן טהורין – הן טהורין והשלישי טמא. שלשתן ומצאן טהורים – כולן טמאים. שהיה ר"מ אומר: כל דבר שבחזקת טומאה לעולם היא בטומאתה, עד שיודע לך טומאה היכן היא. וחכמים אומרים: בודק בקרקע, וחופר עד שיגיע לסלע או לקרקע בתולה שלא זזה ממקומה לעולם. ואם לא מצא – תולין ואומרים בא עורב ונטלה, בא עכבר ונטלה. וגבי בדיקת חמץ אפילו לר"מ אמרינן עכבר אכלה, דבדיקת חמץ דרבנן: על ובדק ואשכח. נכנס העכבר בפניו ובדק בעל הבית אחריו ואשכח פרוסה ואינו יודע אם זו היא אם לאו: אבד בה קבר. אין ידוע היכן מקומו: נמצא בה קבר. לאחר זמן, ואין ידוע אי זהו קבר האבוד בה: הניח מנה. של מעשר שני: מעורבין. ומביא סלעים בשוה מנה ואומר: כ"מ שהן מעות מעשר שני הרי הן מחוללים על הסלעים הללו. ומעלה הסלעים לירושלים: הכל חולין. שהמנה נטל, ואלו הובאו אחרי כן. וגבי חמץ נמי, לרבנן הט' (נמי) שהניח אינן כאן, וצריך לבדוק כל הבית, שמא גררום חולדות והעשר הנמצאות איש אחר הביאן כאן: היינו סיפא. לרבי (מאיר) [דאמר] זה הנמצא זהו א' מן הראשונים, הכא נמי א"צ לבדוק ולחזר אלא על הפרוסה האבודה. ולרבנן צריך לחזר אחר כולן, שאין כאן א' מן הראשונים:

הבית

הלך באחד מהן ועשה טהרות. הא דנקט טהרות ולא קאמר אדם טהור – משום דלגברי, אע"ג דמוקמינן לה בחזקת טהורים – מצריכין להו טבילה והזאה שלא יגעו שניהם בתרומה, דלאו התרומה טמאה ודאית, והאוכל במיתה. ואם נגעו שניהם באחד ונכנס למקדש – חייב*: בבת אחת ד"ה טמאים. נראה דהיינו מדרבנן דמדאוריית' אפי' בבת אחת טהורים: ספק על ספק לא על היינו בקע'. תימה לר"י: מה שייך לדמויי לבקעה? דהכא אפי' ליכא אלא ספק אחד – אוקמא אחזקת בדוק, כדאמרינן לעיל. ולעיל דימה אותו לספק טומאה ברשות הרבים, והכא מדמי לספק טומאה ברשות היחיד: ספק ביאה טהור. פר"י: דבספק ספיקא פליגי. וכן פר"ת במסכת ע"ז פרק בתרא (ד' ע.), אבל רש"י פירש שם בע"א. ונראה לר"י דטעמא דרבי אליעזר דמטהר בספק ספיקא – משום דלא גמרינן מסוטה לטמא ברשות היחיד. אלא ספיקא אחת כסוטה, אבל תרי ספיקי – לא. ורבנן סברי: כיון דמן הדין אפי' בספיקא אחת היה לטהר, דאוקמא אחזקת טהרה ואפ"ה טמא – הוא הדין אפילו בתרי ספיקי*: על ובדק ולא אשכח פלוגתא דר' מאיר ורבנן. תימה: אפי' לר"מ, דאמר לעולם היא בחזקת טומאה וכו'. ונפקא מינה לטהרות שנעשו על גביו. הכא, גבי בדיקה כיון שבדק ולא מצא מה יעשה? אם יצריכוהו לבדוק פעם שניה נמי לא ימצא! ורש"י פירש: דאפי' לר' מאיר אמר: אימר עכבר אכליה, דבדיקת חמץ אינו אלא מדרבנן. וקשה: דהא בהדיא אמר פלוגתא דר' מאיר ורבנן! וי"ל: דמיירי בשלא בטלה. וקאמר דלר' מאיר לא סגי בבדיקה, כיון דלא אשכח והוי בספק לאו ד"לא ימצא" וצריך לבטלו. וסגי אפילו לרבי מאיר, דלא איירי אלא בספק טומאה דאורייתא, אבל הכא דבדיקת חמץ דרבנן – שרי: חולין ומעשר שני מעורבים זה בזה. פ"ה: שיביא סלעים בשוה מנה, ואומר: כל מקום שהוא מעות מעשר שני – יהיו מחוללים על מעות הללו. ובחנם פירש כן, דמינייהו גופייהו היה יכול ליקח שיעור מעות מעשר, ואומר: אם אלו מעות מעשר – הרי טוב, ואם לאו – כל מקום שהן הרי הן מחוללין על אלו. וריב"א הקשה לפרש"י דאיך יכול לחלל אסלעים? ובפרק "הזהב" (ב"מ ד' מה.) אמר: טיבעא אטיבעא לא מחללין, ושם פי'*): הניח עשר ומצא תשע פלוגתא דרבי ורבנן. דר' לטעמיה, דאמר: הוא קבר שאבד הוא קבר שנמצא. וכיון שמצא אחד – א"צ לבדוק. ולרבנן – עד שמצא עשר, כדפ"ה. ומיירי שכל הככרות קשורים זה בזה, דומיא דפלוגתא דרבי ורבנן. דבפ"ק דבילה (דף י:) אמר: מחלוקת בכיסים קשורים, אבל כשאין קשורים – דברי הכל חולין ומע"ש מעורבין זה בזה, ואף על גב דהשתא אין לתלות בעכברים – תלינן בקטנים:

הניח

*) [עי' תוס' ב"מ מה. ד"ה ליפלוג ותוס' ביצה י: ד"ה חולין ועי' שם היטב גם ברש"י דהחליפו שיטתייהו]

מסורת הש"ס:
[עי' תוס' ביצה י: ד"ה הכל]
[לעיל ז:]
כתובות כז. טהרות פ"ה [מ"ה]
בבא בתרא נה: ע"ז ע. טהרות פ"ו [מ"ה]
בכורות כה: נדה סא.
בכורות כה:
ביצה י: [תוספתא מ"ש פ"ד]
ביצה שם

עין משפט נר מצוה

עא א מיי' פ"ב מהל' חמץ הל' יא סמג לאוין לט טוש"ע או"ח סי' תלט סעיף ב:

[ועי' תוס' כתובות כז. ד"ה והלך]

עב ב ג מיי' פי"ט מהל' אבות הטומאה הלכה ב:

עג ד מיי' שם פ"כ הל' ט ופ"ב מהל' חמץ הלכה יב:

עד ה ו מיי' שם הלכה יא ופ"ט מהלכות טומאת מת הל"י טוש"ע או"ח סי' תלט ס"ב:

עה ז ח מיי' פ"ו מהל' מעשר שני הלכה ג ופ"ב מהל' חמץ ומצה הלכה יב טוש"ע או"ח סי' תלט סעיף ג:

רבינו חננאל

נפלו בדרבנן [וכן] אוקמי' להא בהדיא בפ' ואלו עוברין [דף מז.] בפסח בתרומה בזמן הזה שהיא מדרבנן: צבור אחד חמץ ושני בתים בדוקין ושקל עכבר ככר אחד מהן ולא ידעינן בהי מינייהו על פשטינן להא משני שבילין וקי"ל כר' יוחנן דאמר הכל מודים שאם נשאלו לחכם שניהם ביחד דברי הכל טמאים נשאלו בזה אחר זה דברי הכל טהורין לא נחלקו אלא בבא לשאול עליו ועל חברו רבי יהודה מדמה ליה לבת אחת ושניהם טמאים ור' יוסי מדמה לה לזה אחר זה ושניהן טהורין וכן אם באו אלו הבעלי בתים ושאלו שניהם ביחד צריכין בדיקה בזה אחר זה אין אחד מהן צריך בדיקה בא אחד [מהם] לשאול על ביתו ועל בית חברו הלכה כר' יוסי ואליבא דר' יוחנן: ספק על ספק לא על פשטי' לה מבקעה בימות הגשמים שהיא רשות היחיד וחלקו בו ר' אליעזר וחכמים והלכה כחכמים שמטמאין כן בכאן צריך לבדוק על בדק ולא אשכח פשטי' לה מדרבנן דאמרי בודק עד שמגיע לסלע או לבתולה פי' ארץ בתולה על בדק ואשכח פשטי' לה חלוקת ר' ורשב"ג ר' אומר הקבר שנמצא הוא הקבר שאבד רשב"ג אומר תבדק כל השדה כולה: הניח תשע ומצא עשר חלוקת ר' ורבנן דתניא הניח מנה ומצא מאתים חולין ומעשר שני מעורבין כלומר המנה שהניח היה מעשר שני ובא אחר והוסיף עליו מנה אחר של חולין וחכמים אומרים הכל חולין כלומר אותו המנה של מעשר ניטל ואלו אדם אחר הניחם וכולן חולין הם: הניח עשר ומצא תשע חלוקת ר' ורבנן דתניא הניח מאתים ומצא מנה מנה מונח ומנה מוטל דברי רבי כלומר אדם בא ונטל חצים והניח חצים והמנה הנמצא מעשר שני הוא וחכמים

הִנִּיחַ בְּזָוִית זוֹ וּמָצָא בְּזָוִית אַחֶרֶת — פְּלוּגְתָּא דְּרשב"ג וְרַבָּנַן. דְּתַנְיָא: קַרְדּוֹם שֶׁאָבַד בַּבַּיִת — הַבַּיִת טָמֵא, שֶׁאֲנִי אוֹמֵר: אָדָם טָמֵא נִכְנַס לְשָׁם וּנְטָלוֹ. רשב"ג אוֹמֵר: הַבַּיִת טָהוֹר, שֶׁאֲנִי אוֹמֵר: הִשְׁאִילוֹ לְאַחֵר וְשָׁכַח, אוֹ שֶׁנְּטָלוֹ מִזָּוִית זוֹ וְהִנִּיחַ בַּזָּוִית הָאַחֶרֶת וְשָׁכַח. זָוִית מַאן דְּכַר שְׁמֵיהּ? חַסּוֹרֵי מְחַסְּרָא וְהָכִי קָתָנֵי: [א]קַרְדּוֹם שֶׁאָבַד בַּבַּיִת — הַבַּיִת טָמֵא, שֶׁאֲנִי אוֹמֵר: אָדָם טָמֵא נִכְנַס לְשָׁם וּנְטָלוֹ; אוֹ שֶׁהִנִּיחוֹ בְּזָוִית זוֹ וּמְצָאוֹ בְּזָוִית אַחֶרֶת — הַבַּיִת טָמֵא, שֶׁאֲנִי אוֹמֵר: אָדָם טָמֵא נִכְנַס לְשָׁם וּנְטָלוֹ מִזָּוִית זוֹ וְהִנִּיחוֹ בְּזָוִית אַחֶרֶת. רשב"ג אוֹמֵר: הַבַּיִת טָהוֹר, שֶׁאֲנִי אוֹמֵר: הִשְׁאִילוֹ לְאַחֵר וְשָׁכַח, אוֹ שֶׁנְּטָלוֹ מִזָּוִית זוֹ וְהִנִּיחַ בְּזָוִית זוֹ וְשָׁכַח. אָמַר רָבָא: [ב]עַכְבָּר נִכְנָס וְכִכָּר בְּפִיו, וְנִכְנַס אַחֲרָיו וּמָצָא פֵּירוּרִין — צָרִיךְ בְּדִיקָה, מִפְּנֵי שֶׁאֵין דַּרְכּוֹ שֶׁל עַכְבָּר לְפָרֵר. וְאָמַר רָבָא: [ג]תִּינוֹק נִכְנָס וְכִכָּר בְּיָדוֹ, וְנִכְנַס אַחֲרָיו וּמָצָא פֵּירוּרִין — א"צ בְּדִיקָה, מִפְּנֵי שֶׁדַּרְכּוֹ שֶׁל תִּינוֹק לְפָרֵר. בָּעֵי רָבָא: עַכְבָּר נִכְנָס וְכִכָּר בְּפִיו, וְעַכְבָּר יוֹצֵא וְכִכָּר בְּפִיו מַהוּ? מִי אָמְרִינַן: הַיְינוּ הַאי דְּעָל, וְהַיְינוּ הַאי דִּנְפַק. אוֹ דִּילְמָא: אַחֲרִינָא הוּא? אִם תִּמְצָא לוֹמַר: [ד]הַיְינוּ הַאי דְּעָל וְהַיְינוּ הַאי דִּנְפַק, עַכְבָּר לָבָן נִכְנָס וְכִכָּר בְּפִיו, וְעַכְבָּר שָׁחוֹר יוֹצֵא וְכִכָּר בְּפִיו מַהוּ? הַאי וַדַּאי אַחֲרִינָא הוּא, אוֹ דִּילְמָא אַרְמוּיֵי אַרְמְיֵהּ מִינֵּיהּ? וְאת"ל: [ה]עַכְבָּרִים לָא שָׁקְלִי מֵהֲדָדֵי, עַכְבָּר נִכְנָס וְכִכָּר בְּפִיו, וְחוּלְדָּה יוֹצְאָה וְכִכָּר בְּפִיהָ מַהוּ? חוּלְדָּה וַדַּאי מֵעַכְבָּר שְׁקַלְתֵּיהּ, אוֹ דִּילְמָא: אַחֲרִינָא הוּא, דְּאִם אִיתָא דְּמֵעַכְבָּר שְׁקַלְתֵּיהּ — עַכְבָּר בְּפִיהָ הֲוָה מִשְׁתַּכַּח, וְאת"ל: [ו]אִם אִיתָא דְּמֵעַכְבָּר שְׁקַלְתֵּיהּ עַכְבָּר בְּפִיהָ הֲוָה מִשְׁתַּכַּח — עַכְבָּר נִכְנָס וְכִכָּר בְּפִיו, וְחוּלְדָּה יוֹצְאָה וְכִכָּר וְעַכְבָּר בְּפִי חוּלְדָּה, מַהוּ? הָכָא וַדַּאי אִיהוּ הוּא, אוֹ דִּילְמָא: אִם אִיתָא דְּאִיהוּ נִיהוּ — כִּכָּר בְּפִי עַכְבָּר מִשְׁתַּכַּח הֲוָה בָּעֵי אִישְׁתַּכּוֹחֵי. אוֹ דִּילְמָא: [ז]מִשּׁוּם בִּיעֲתוּתָא הוּא נָפַל, וּשְׁקַלְתֵּיהּ? תֵּיקוּ. בָּעֵי רָבָא: כִּכָּר בְּשָׁמֵי קוֹרָה צָרִיךְ סוּלָּם לְהוֹרִידָהּ אוֹ אֵין צָרִיךְ? מִי אָמְרִינַן כּוּלֵּי הַאי לָא אַטְרַחוּהוּ רַבָּנַן כֵּיוָן דְּלָא נָחֵית מִנַּפְשֵׁיהּ — לָא אָתֵי לְמֵיכְלָהּ, אוֹ דִּילְמָא: זִימְנִין דְּנָפֵל וְאָתֵי לְמֵיכְלָהּ. וְאִם תִּמְצֵי לוֹמַר [ח]זִימְנִין דְּנָפֵל וְאָתֵי לְמֵיכְלָהּ — כִּכָּר בַּבּוֹר צָרִיךְ סוּלָּם לְהַעֲלוֹתָהּ אוֹ אֵין צָרִיךְ? [ט]הָכָא וַדַּאי דְּלָא עֲבִידָא דְּסָלְקָה מִנַּפְשָׁהּ, אוֹ דִּילְמָא: זִימְנִין דְּנָחֵית לְמֶעֱבַד צוֹרְכֵיהּ, וְאָתֵי לְמֵיכְלֵיהּ. את"ל: זִימְנִין דְּנָחֵית לְצוֹרְכֵיהּ וְאָתֵי לְמֵיכְלָהּ, כִּכָּר בְּפִי נָחָשׁ צָרִיךְ חַבָּר לְהוֹצִיא אוֹ אֵין צָרִיךְ? [י]בְּגוּפֵיהּ אַטְרַחוּהוּ רַבָּנַן, בְּמָמוֹנֵיהּ לָא אַטְרַחוּהוּ רַבָּנַן, אוֹ דִּילְמָא לָא שְׁנָא? תֵּיקוּ.§ **מתני'** *רַבִּי יְהוּדָה אוֹמֵר: בּוֹדְקִין אוֹר י"ד, וּבְי"ד שַׁחֲרִית, וּבִשְׁעַת הַבִּיעוּר. וַחכ"א: [כ]לֹא בָּדַק אוֹר י"ד — יִבְדּוֹק בְּי"ד, לֹא בָּדַק בְּי"ד — יִבְדּוֹק בְּתוֹךְ הַמּוֹעֵד[א], לֹא בָּדַק בְּתוֹךְ הַמּוֹעֵד יִבְדּוֹק לְאַחַר הַמּוֹעֵד. **[ל]וּמַה *) שֶּׁמְּשַׁיֵּיר יַנִּיחֶנּוּ בְּצִינְעָא, כְּדֵי שֶׁלֹּא יְהֵא צָרִיךְ בְּדִיקָה אַחֲרָיו.§ **גמ'** מ"ט דְּרַבִּי יְהוּדָה? רַב חִסְדָּא וְרַבָּה בַּר רַב הוּנָא דְּאָמְרִי תַּרְוַיְיהוּ: כְּנֶגֶד שָׁלֹשׁ הַשְׁבָּתוֹת שֶׁבַּתּוֹרָה: °"לֹא יֵרָאֶה לְךָ חָמֵץ וְלֹא יֵרָאֶה לְךָ שְׂאֹר", °"שִׁבְעַת יָמִים שְׂאֹר לֹא יִמָּצֵא בְּבָתֵּיכֶם", °"אַךְ בַּיּוֹם הָרִאשׁוֹן תַּשְׁבִּיתוּ שְּׂאֹר מִבָּתֵּיכֶם". מָתִיב רַב יוֹסֵף, רַבִּי יְהוּדָה אוֹמֵר: כָּל שֶׁלֹּא בָּדַק בִּשְׁלֹשָׁה פְּרָקִים הַלָּלוּ — שׁוּב אֵינוֹ בּוֹדֵק. אַלְמָא: בְּמִכָּאן וְאֵילָךְ הוּא דִּפְלִיגִי! מָר זוּטְרָא מַתְנֵי הָכִי; מָתִיב רַב יוֹסֵף, רַבִּי יְהוּדָה אוֹמֵר: כָּל שֶׁלֹּא בָּדַק בְּאֶחָד מִשְּׁלֹשָׁה פְּרָקִים הַלָּלוּ — שׁוּב אֵינוֹ בּוֹדֵק. אַלְמָא: בְּשׁוּב אֵינוֹ בּוֹדֵק הוּא דִּפְלִיגִי! אֶלָּא: רַבִּי יְהוּדָה נַמִי אִם לֹא בָּדַק קָאָמַר, וְהָכָא בְּהָא קָמִיפַּלְגִי, מָר סָבַר: מְקַמֵּי אִיסּוּרָא — אִין, בָּתַר אִיסּוּרָא — לָא, גְּזֵירָה דִּילְמָא אָתֵי לְמֵיכַל מִינֵּיהּ. וְרַבָּנַן סָבְרִי: לָא גָּזְרִינַן. וּמִי גָּזַר ר' יְהוּדָה דִּילְמָא אָתֵי לְמֵיכַל מִינֵּיהּ? וְהָא *תְּנַן: מִשֶּׁקָּרַב הָעוֹמֶר יוֹצְאִין וּמוֹצְאִין שׁוּקֵי יְרוּשָׁלַיִם שֶׁהֵם מְלֵאִים קֶמַח וְקָלִי.

שֶׁלֹּא

*) [לשון הר"ן הביאו תוי"ט ומה שמשייר בלילה לערכו שיאכל בלילה גם בבוקר]

הַבַּיִת טָמֵא. כָּל כְּלֵי הַבַּיִת טְמֵאִין, שֶׁאֲנִי אוֹמֵר: אָדָם טָמֵא נִכְנַס לְשָׁם, וּמִשְׁמֵשׁ בְּכָל כְּלֵי הַבַּיִת: זָוִית מַאן דְּכַר שְׁמֵיהּ. פָּתַח בְּאִבְּדוֹ, וְסַיֵּים בְּנִמְצָא בְּזָוִית אַחֶרֶת: חַסּוֹרֵי מִיחַסְּרָא וְהָכִי קָתָנֵי. שֶׁאֲנִי אוֹמֵר: אָדָם טָמֵא נִכְנַס לְשָׁם וּלְקָחוֹ לְאִבּוּד. וְגַבֵּי מְצָאוֹ בְּזָוִית אַחֶרֶת — שֶׁמָּא אָדָם טָמֵא הֱנִיחוֹ שָׁם. רַבָּן שִׁמְעוֹן כו'. וְגַבֵּי חָמֵץ נַמִי, לְרַבָּנַן חוֹשְׁשִׁין שֶׁמָּא עַכְבָּר עָשָׂה, וְכֵיוָן דְּחוֹשְׁשִׁין לְעַכְבָּר — יֵשׁ לָחוּשׁ נַמִי לֹא זֶהוּ אֶלָּא אַחֵר, וּלְרַבָּן שִׁמְעוֹן תּוֹלִין בָּאָדָם עַצְמוֹ שֶׁהוּא עָשָׂה וְשָׁכַח, וְא"צ בְּדִיקָה: וְנִכְנַס אַחֲרָיו וּמָצָא פֵּירוּרִין צָרִיךְ בְּדִיקָה. וְאֵין תּוֹלִין הַכִּכָּר בּוֹ, שֶׁאֵין דַּרְכּוֹ שֶׁל עַכְבָּר לְפָרֵר, וְלֹא זֶהוּ כִּכָּר שֶׁהִכְנִיס הָעַכְבָּר: אִם תִּמְצָא לוֹמַר הַיְינוּ הַאי כו'. דְּאִי פָּשְׁטַתְּ לֵיהּ דְּחָיְישִׁינַן דִּילְמָא אַחֲרִינָא הֲוַאי — תּוּ לָא צְרִיכָא לְמִיבָּעֵי שָׁחוֹר וְלָבָן. אֲבָל אִי פָּשְׁטַתְּ לֵיהּ דְּלָא חָיְישִׁינַן — אַכַּתִּי שָׁחוֹר וְלָבָן מִיבַּעְיָא לָן: אַרְמוּיֵיהּ. הִשְׁלִיכוֹ מִמֶּנּוּ וּנְטָלוֹ הוּא. וַחֲבֵירוֹ בַּחֲגִיגָה (ד' טו:): אִי נָקְטֵיהּ בְּיָד, מַאן מְרַמֵּי לֵיהּ מִן יְדֵי? לְדִידֵיהּ הֲוָה שָׁקֵיל לֵיהּ. אֶת הָעַכְבָּר עַצְמוֹ הָיָה מֵבִיא: כִּכָּר וְעַכְבָּר בְּפִי חוּלְדָּה. עַכְבָּר נִכְנַס וְכִכָּר בְּפִיו, וְחוּלְדָּה יוֹצֵא' כְּשֶׁנִּכְנַס בּוֹ לִבְדּוֹק, וּבְפִיהָ כִּכָּר מִכָּאן וְעַכְבָּר מִכָּאן: כִּכָּר בְּפִי נָחָשׁ. בְּעָיָא בְּחַנְפֵּי נַפְשָׁהּ הִיא, וְלָא דָּמֵי לְהָנָךְ דִּלְעֵיל. וְל"ג את"ל: לָא אַטְרַחוּהוּ. וִיבַטֵּל בְּלִבּוֹ: בְּמָמוֹנֵיהּ. לִשְׂכּוֹר חָבֵר:

מתני' בְּתוֹךְ הַמּוֹעֵד. בְּשָׁעָה שִׁשִּׁית, שֶׁהוּא מוֹעֵד הַבִּיעוּר: לְאַחַר הַמּוֹעֵד. מִשֵּׁשׁ שָׁעוֹת וּלְמַעְלָה, עַד שֶׁתֶּחְשַׁךְ*:

גמ' שָׁלֹשׁ הַשְׁבָּתוֹת. שָׁלֹשׁ לְשׁוֹנוֹת שֶׁל הַשְׁבָּתָה: רְאִיָּיה, מְצִיאָה, וְהַשְׁבָּתָה: אַלְמָא בְּמִכָּאן וְאֵילָךְ הוּא דִּפְלִיגִי. וְלָאו בְּמִידֵי אַחֲרִינָא. דְּרַבִּי יְהוּדָה לֹא מַצְרִיךְ שָׁלֹשׁ בְּדִיקוֹת, אֶלָּא הָכִי קָאָמַר: אוֹ אוֹר לְאַרְבָּעָה עָשָׂר, אוֹ שַׁחֲרִית, אוֹ בְּשָׁעָה שִׁשִּׁית. וְרַבָּנַן אָמְרֵי: אִם לֹא בָּדַק בְּתוֹךְ הַמּוֹעֵד — יִבְדּוֹק לְאַחֲרָיו: וּמַר זוּטְרָא מַתְנֵי. בְּהֶדְיָא בְּאֶחָד מִשְּׁלֹשָׁה פְּרָקִים: לְבָתַר אִיסּוּרָא. לֹא יִבְדּוֹק, דְּגָזְרִינַן דִּילְמָא אַיְּידֵי דְּעָסֵיק בֵּיהּ אָתֵי לְמֵיכַל מִינֵּיהּ: מִשֶּׁקָּרַב הָעוֹמֶר. בּוֹ בַּיּוֹם יוֹצְאִים וּמוֹצְאִים שׁוּקֵי יְרוּשָׁלַיִם מְלֵאִים קֶמַח וְקָלִי מִן הֶחָדָשׁ לִמְכּוֹר. וְקוֹדֶם י"ט נִקְטַף וְנִטְחַן וְנִתְיַיבֵּשׁ הַקָּלִי בַּתַּנּוּר:

שֶׁלֹּא

הניח בזוית זו ומצא בזוית אחרת פלוגתא דרבן שמעון בן גמליאל ורבנן. דלרבנן לריך בדיקה, דחוששין שמא עכבר עשה ולא זהו שהניח. ולית להו לרבנן הוא שאבד הוא שנמלא, אלא כרשב"ג, דאמר תיבדק כל השדה כולה. אי נמי: אתי אפי' כר', ומיירי כגון שאין יודע כמה ככרות הניח, ולריך בדיקה שמא לא מלא כולם:

שאני אומר אדם טמא נכנס לשם. וא"ת: דהכא ובפרק קמא דחולין (דף ט:) גבי ללוחית תלינן באדם טמא, ובפרק קמא דנדה (דף ד.) גבי ככר הנתון על גבי הדף ומדף טמא מונח תחתיה תלינן באדם טהור! ותירץ ר"ת: דאמר בפ"ק דשבת (דף טו:) גזרו על ספק כלים הנמלאים, ולא גזרו על ספק אוכלין הנמלאים. אי נמי: גבי ככר — רגלים לדבר שטהור הסירו, שלא יפול על המדף ויטמא*:

[ועי' תוס' חולין נו: ד"ה בקלוי]

מפני שדרכו של תינוק לפרר. ומיירי שיש פירורין כדי כל הככר, ולכך אין לריך בדיקה. ואפי' לרבן שמעון בן גמליאל דאמר: תיבדק כל השדה כולה — הכא רגלים לדבר יש, שהפרורים מן הככר, שהרי מיד נכנס אחריו:

מי אמרינן היינו הא דעל היינו הא דנפק. ואפילו לרשב"ג, דאמר: תיבדק כל השדה כולה — הכא רגלים לדבר, שהרי הוא עם הככר:

או דילמא אחרינא הוא. ואפי' לר' דאמר: הוא שנמלא הוא שנאבד — הכא חיישינן, דמסתמא הראשונה נשאר בבית, וזהו אחר שילא:

בממוניה לא אטרחוהו רבנן. פי': הכא דוק', דשמא יוליאנה או יאכלנה. אבל היכא דאיכא חמץ — אמר לעיל (דף ד:): דניחא ליה לאינש דליעבד מלוה בממוניה:

ואם לא בדק בתוך המועד. פי' הקונטרס: בשעה ששית. וקשה: דלרבי יהודה קרי ליה שעת הביעור, ולמה שינה לשונו? אלא "בתוך המועד" — היינו מתחלת שבע עד סוף הפסח. ולאחר המועד יבדוק, כדי שלא יתערב לו חמץ של איסור בשל היתר ויאכלנו. ורש"י לא רלה לפרש כן, מפני שפירש במשנה דבודקים שלא יעבור ב"בל יראה":

קולרין

רבינו חננאל

אומרים הכל חולין כלומר אותם המאתים של מעשר שני נלקחו וזה המנה אחר הניחו וחולין הן הניח בזוית זו ומצא בזוית אחרת חלוקת רשב"ג ורבנן וקיימא לן כרבנן דאמרי הבית טמא שאני אומר אדם טמא נכנס לבית ונטלו מזוית זו והניחו בזוית אחרת: **אמר** רבא עכבר נכנס וככר בפיו נכנס אחריו ומצא פירורין צריך בדיקה שאין דרך עכבר לפרר אלא העכבר עם הככר שנטל הלך לו ואלו הפירורין אינן ממנו לפיכך צריך לבדוק אבל אם נטל תינוק ככר ונכנס לבית ונכנס אחריו ומצא פירורין אין צריך בדיקה שכן דרך התינוק לפרר: **בעי** רבא עכבר נכנס וככר בפיו ועכבר יוצא וככר בפיו כו' בעי רבא ככר בשמי קורה צריך סולם להורידו או לא כו' בעי רב אשי ככר בפי נחש צריך חבר להוציאו או לא כו' אלו כולן עלו בתיקו: **מתני'** ר' יהודה אומר בודקין אור ארבעה עשר ובארבעה עשר בשעת הביעור. ירושלמי בשעת הביעור שעה חמישית וחכמי' אומרים לא בדק באור ארבעה עשר יבדוק בי"ד כו' כלומר אין צריך [אלא] לבדוק שחרית בי"ד אם לא בדק באור י"ד אבל אם בדק אור י"ד אין צריך אחרי כן בדיקה כלל. פריש רב חסדא טעמא דר' יהודה דבעי שלש בדיקות כנגד שלש אזהרות שהזהירה תורה על השבתת חמץ ומותבינן עליה מהא דר' יהודה אומר כל שלא בדק אחד משלשה פרקים הללו שוב אינו בודק אלמא ר' יהודה חדא זימנא בעי ואוקימנא לעולם חדא זימנא בעי ובהא פליגי ר' יהודה סבר עד שעת ביעור בודק שאם ימצא חמץ ישרפנו אבל אחר זמן ביעורו אינו בודק חיישינן דילמא אתי למיכל מיניה פי' כגון שהיה במדינת הים ובא במועד ולאחר המועד שחייב כל זמן

עו א מיי' פי"ב מהל' משכב ומושב הל' טז ופ"ב מהל' חמץ הל' יב טוש"ע או"ח סי' תלט סעיף ד:

עז ב ג מיי' פ"ב מהל' חמץ הל' ח ט טוש"ע או"ח סי' תלח סעיף א:

עח ד ה ו ז מיי' שם הל' יג וטור שם:

עט ח ט מיי' שם הל' יד וטוש"ע שם ס"ב:

פ י מיי' שם הל' יג:

פא כ מיי' פ"ג מהל' חו"מ הל' ה סמג עשין לט טוש"ע או"ח סי' תלה:

פב ל מיי' שם הל' ב וסמג שם טוש"ע או"ח סי' תלד סעיף א:

[עי' פירש"י מנחות סז: ד"ה ובשעת]

[לעיל ב: מנחות סז:]

[לעיל ט: ועירש"י שם]

שמות יג

שם יב

מנחות סז:

הגהות מהר"ב רנשבורג

א] מתני' לא בדק כו' לאחר המועד. עי' ערוך ערך מעד ודו"ק:

שלא ברצון חכמים (הן עושין), דברי ר"מ. רבי יהודה אומר: ברצון חכמים היו עושין. ולא קא גזר ר' יהודה דילמא אתי למיכל מיניה! אמר(א) *רבא: שאני חדש, מתוך שלא התרת לו אלא על ידי קטוף — הוא זכור. א"ל אביי: תינח בשעת קטיפה, טחינה והרקדה מאי איכא למימר? הא לא קשיא; טחינה — ברחיא דיד, הרקדה — ע"ג נפה. אלא הא דתנן: *קוצרין בית השלחים ושבעמקים אבל לא גודשין, ואוקימנא כרבי יהודה, מאי איכא למימר? אלא אמר אביי: חדש — בדיל מיניה, חמץ — לא בדיל מיניה. אמר רבא: דרבי יהודה אדרבי יהודה קשיא, דרבנן אדרבנן לא קשיא(ב)? דר' יהודה אדר' יהודה לא קשיא — כדשנינן. דרבנן אדרבנן נמי לא קשיא: הוא עצמו מחזר עליו לשורפו, מיכל קאכיל מיניה?! רב אשי אמר: דר' יהודה אדר' יהודה לא קשיא; קמח וקלי תנן(ג). הא דרב אשי *בדותא היא; התינח מקלי ואילך — מעיקרא עד קלי מאי איכא למימר? וכ"ת על ידי קיטוף כדרבא — אלא קוצרין בית השלחין ושבעמקים, ואוקימנא כרבי יהודה מאי איכא למימר? אלא דרב אשי בדותא היא. וכל היכא דלא בדיל מיניה מי גזר רבי יהודה? *והתנן: [א]לא יקוב אדם שפופרת של ביצה וימלאנה שמן ויתננה בצד הנר בשביל שתהא מנטפת, ואפי' היא של חרס, ור' יהודה מתיר! התם משום חומרא דשבת מבדל בדילי. ורמי דשבת אשבת; *דתניא: חבל דלי שנפסק לא יהא קושרו אלא עונבו, רבי יהודה אומר: כורך עליו פונדא או פסקיא, ובלבד שלא יענבנו. קשיא דרבי יהודה אדרבי יהודה, קשיא דרבנן אדרבנן! דרבנן אדרבנן לא קשיא, שמן בשמן — מיחלף, עניבה בקשירה — לא מיחלף. דרבי יהודה אדר' יהודה לא קשיא; טעמא דרבי יהודה לאו משום דגזר עניבה אטו קשירה, אלא משום דקסבר: עניבה גופה קשירה היא. ורמי רבנן אדרבנן, *דתנן [ב]קושרין דלי בפסקיא אבל לא בחבל, ורבי יהודה מתיר. חבל דמאי? אילימא חבל דעלמא — "ורבי יהודה מתיר"? קשר של קיימא הוא! דודאי אתי לבטולי. אלא פשיטא — דגרדי, וגזרו רבנן חבל דגרדי אטו חבל דעלמא?! אין, חבל בחבל — מיחלף, עניבה בקשירה — לא מיחלפא. וכל היכא דבדיל מיניה לא גזר רבי יהוד'(ד)? והתניא: *בכור שאחזו דם, אפי' הוא מת — אין מקיזין לו דם, דברי ר' יהודה וחכ"א [ג]יקיז ובלבד שלא יטיל בו מום. התם, מתוך שאדם בהול על

רש"י

שלא ברצון חכמים. דאיכא למיגזר דילמא כי מעסקי ביה אתי למיכל מיניה: ר' יהודה אומר כו' מתוך **שלא** התרתה לו. קצירה כדרך כל השנה, אלא בידים קוטפין המלילות מן הקרקע, דהא אסור לקצור לפני העומר דכתיב (ויקרא כג) "עומר ראשית קצירכם אל הכהן", שהוא תחלה לקצירה – זכור הוא את איסור החדש על ידי שינוי המעשה, ולא אתי למיכל: טחינה והרקדה. שהרי קמח תנינא, דהיה בידים, וכשטחנוהו והרקידוהו איזה שינוי היה שם דלא ליתי למיתב לפומיה ההיא שעתא? ומשנינן טחינה. לא היו טוחנין אותו ברחים של מים, אלא ברחים של יד, דהוי שינוי לזכרון: על גבי נפה. לצד תחתון של נפה, הופך הנפה על פניה: **אלא הא** דתנן. במנחות: קוצרין בית השלחין, כדרך חול, קודם לעומר: ושל בית העמקים. תבואה הגדילה בין העמקים, וטעמא מפרש התם: כתוב אחד אומר "וקצרתם את קצירה והבאתם", אלמא מותר לקצור קודם לעומר, וכתוב אחד אומר "עומר ראשית קצירכם", דמשמע שהוא קודם לכל קציר. הא כיצד? ממקום שאתה מביא עומר – אי אתה קוצר קודם לו, וממקום שאי אתה מביא עומר – אתה קוצר. ותנן בפרק "כל הקרבנות" (מנחות פה.): אין מביאין סולת למנחה לא מבית הזבלין, ולא מבית השלחין, ולא מבית העמקים. מפני שתבואה שלהן אינה מן המובחר: **מאי איכא** למימר. הא ליכא התם שינויא, דהא קוצרין קתני, ובמגל, ולא גזרינן דילמא אתי למיכל. ואוקמיה להיא כר' יהודה, במסכת מנחות בפרק "ר' ישמעאל" (דף עא.) מדקתני סיפא: אנשי יריחו קוצרין לפני העומר כו', ולא מיחו בידם חכמים. ואמרינן: מאן שמעת ליה דאמר מיחו ולא מיחו – ר' יהודה: חדש מבדל בדילי מיניה. שהרי לא הורגלו לאוכלו כל השנה, ואין למודין לפשוט יד להושיט לפיהם. אבל חמץ – למודין הן בכך כל השנה: דרבנן אדרבנן **לא** קשיא. בתמיה, דלא משנית אלא לר' יהודה, והא דרבנן נמי קשיא! דבמתני' לא גזרינן, והתם קתני שלא ברצון חכמים – דמשמע דגזר ר' מאיר דהוא מבני פלוגתיה דילמא אתי למיכל: **הוא** עצמו מחזר עליו לשורפו. אע"ג דבעלמא גזרינן בדבר שעסוק בו שלא יושיט לפיו – הכא בבדיקת חמץ ליכא למיגזר, דהוא עצמו כל עסקו זה בחמץ אינו אלא מחזר עליו לשורפו – אין לך זכרון לאיסור גדול מזה: ומיכל קא **אכיל** מיניה. בתמיה: קמח וקלי תנן. ואין אלו ראויין לאכילה: מקלי ואילך. לאחר שנתייבש בתנור אין ראוי לאכול: מעיקרא. בעודו רך בקליות, קודם שיתייבש, מאי איכא למימר: וכי תימא. זכור הוא ע"י הקיטוף, כדשני רבא לעיל, בית השלחים דליכא קיטוף מאי איכא למימר? **אלא** בדותא. וטעמא דר' יהודה משום דבדילי מיניה, וחמץ לא בדיל מיניה, שרגיל בו כל שעה: כל נר שבגמ' היינו הכלי – קרוויש"ל: מנטפת. טיפין דקות כשהפתילה מבערת: ואפי' היא של חרס. אותה שפופרת דמאיסא – אפ"ה אסור, דילמא אתי למיכל מינה. ותניא: *הנותן שמן לנר – חייב משום מבעיר, והמסתפק ממנו – חייב משום מכבה: ורבי יהודה מתיר. ואע"ג דשמן הכל מדירין בו. ודרבנן אדרבנן ליכא לאקשויי, דהא אוקימנא טעמא בחמץ משום דהוא עצמו מחזר עליו לשורפו: קשר של קיימא. שהוא עשוי שלא להתירו לעולם – הוי אב מלאכה, במסכת שבת: לא יהא קושרו. דהוי קשר של קיימא, אלא עונבו. ולא גזרי' עניבה אטו קשירה: כורך. כריכה בעלמא: פונדא. אזור חלול: פסיקייא. פיישל"א, שכורכין סביבות שוקיים: **שלא** יענבנו. גזירה משום קשירה, הואיל ועסוק בכך: **קשיא** דרבנן. דשפופרת, אדרבנן דחבל: שמן. זה בשמן דכל שנה מיחלף, ואתי למיכליה: קושרין דלי בפסקייא. דלאו קשר שעשוי להתקיים הוא, דאינו מפסיד פסקייא שלו בכך: **אבל לא** בחבל. שמא יניחנו שם עולמית: אי נימא חבל דעלמא. שמתמישו לכך, ואיכא למיחש שמא יניחנו שם: חבל דגרדי. שאינו ראוי למילוי מים תמיד. ורבי יהודה מתיר, ולא גזר גבי שבת, כדאוקימנא טעמא דמשום חומרא דשבת פרשי אינשי מאיסורא דיליה, וזכרין הן. אבל דרבנן הכא אדרבנן דעניבה – קשיא: ומשנינן חבל בחבל מיחלף כו'. והשתא איתרצו כולהו. דרבנן גזרו כל היכא דמיחלף, בין בשבת בין בשאר איסורי. הילכך: בחדש לפני העומר גזרו, וכן בשפופרת, וכן בחבל. אבל(ה) בחמץ – לא, משום דמוזהר עליו לשורפו. ובעניבה נמי לא – משום דלא מיחלפא. ורבי יהודה גזר בכל מילי דלא בדילי מינייהו, ובמידי דבדילי מיניה – לא גזר. הילכך: בחמץ גזר, אבל בחדש – בדילי מיניה. ובכל הנך דשבת – משום דבדילי מינייהו. ודקא מחמיר בעניבה – משום דקסבר היא גופא קשירה היא: בכור. אסור להטיל בו מום, ואפי' לגרום, כדתניא: "מום לא יהיה בו", אין לי אלא שלא יטיל בו מום, מניין שלא יגרום לו – ת"ל "כל מום", במסכת ביצה (ד' כח:): **אין** מקיזין דם. אפי' במקום שאינו עושה בו מום, דהיינו בכל מקום שבו אם אינו חותך ממנו עצם או פוגם שפתו או אזנו, וכל דבר שאינו חוזר לקדמותו הוי מום, אידך לא הוי מום. וקא גזר רבי יהודה אטו מקום שעושה בו מום. ואע"ג דקדשים הכל בדילין מהן – מחלוקת רבי שמעון ורבי יהודה בתורת כהנים*: על

תוספות

קוצרין בית השלחין. פירש רש"י: ממקום שאי אתה מביא – אתה קוצר וכו', ובית השלחין וכל הנהו, אע"ג דתניא בפרק "כל הקרבנות" (מנחות דף פה.) אם הביא – כשר, כיון דלכתחלה לא יביא – חשבינן ליה ממקום שאי אתה מביא. ואין לתמוה: מי איכא מידי דמדאורייתא לכתחלה אסור, ובדיעבד שרי – דאיכא מילי טובא, דבעינן שיטנה הכתוב עליו לעכב, כגון קדשים:

אבל לא גודשין. דבגדישה ליכא פסידא אם ימתין אחר העומר. דדוקא משום פסידא התירו קצירה, שממהרין ליקצר מאחר פירות ואי לא קצרי להו – פסדי. והא דשרי רבי יהודה קמח וקלי לעיל – יש לומר: משום עולי רגלים הקילו. ור' מאיר אוסר בקמח, ושרי קצירה לקמן בפ' "מקום שנהגו" (דף נו.) דקתני במילתיה: קוצרין ברצון חכמים, והיינו משום פסידא. וכן פי' הקונטרס במנחות. ואם תאמר: א"כ מאי פריך? דילמא הכא שרי רבי יהודה משום פסידא, אבל גבי חמץ גזרינן! ויש לומר: משום מצות ביעור יש להתיר כמו משום פסידא:

כורך עליו פונדא. לאו דוקא כורך, דאפילו לקשור יכול, דלא מבטל ליה. ובלבד שלא יענבנו – אחבל קאי:

כל היכא דבדיל מיניה לא גזר ר' יהודה. דר' מאיר אדר"מ לא רצה להקשות, דלעיל גזר גבי חדש וגבי בכור לא גזר. דבפרק "כל פסולי המוקדשין" (בכורות לג: ושם) תניא: בכור שאחזו דם – מקיזין לו במקום שאין עושין לו מום, דברי ר' מאיר. ורבי יהודה אומר וכו'. משום דאיכא לשנויי: שאני בכור דאיכא פסידא:

זה

עין משפט נר מצוה

פג א מיי' פ"ה מהל' שבת הלכה יב סמג לאוין סה טוש"ע או"ח סי' רסה סעיף ה:

פד ב מיי' פ"י מהלכות שבת הלכה ג סמג לאוין סה טוש"ע או"ח סי' שיז סעיף ד:

פה ג מיי' פ"ב מהלכות בכורות הל' יג סמג לאוין שמג טוש"ע י"ד סי' שיג סעיף ו:

רבינו חננאל

שבא לדלוק. ואקשי' ומי גזר ר' יהודה והתנן במנחות פ' [ר"י] משקרב העומר יוצאין ומוצאין שוקי ירושלים מלאין קמח וקלי שלא ברצון חכמים דברי ר' מאיר ר' יהודה אומר ברצון חכמים היו עושין דאלמא מתעסקין היו בחדש בזמן איסורו ולא גזר ר' יהודה שלא יאכל ממנו ופריק רבא שאני חדש הואיל ולא התירו חכמים לקצור כדרכו אלא בקטוף כדכתיב (דברים כג כו) וקטפת מלילות זכור הוא כי אסור לאכול מן החדש וכן בטחינה לא התירו לטוחנו אלא ברחים של יד והרקדה ע"ג נפה כיון דחזי כל הני שינויי אתי למדכר ולאימנועי. ואקשי' בית השלחין דתנן קוצרין בית השלחין מה איכא למימר הנה קוצרין בלא שינוי ופריק אביי חדש בדיל מיניה פי' מובדל הוא ממנו ואינו אוכלו אלא עד שיראה שהותר אבל החמץ שאינו מובדל ממנו כלל אלא אוכלו יתראה לו כי בהתירו עומד ויבא לאכול ממנו לפיכך גזרו עליו. אמרי' עלה והא דקשיא ר' יהודה אדר' יהודה שנינן כאביי והא דתנינן במתנית' בלשון חכמים הוא ר' מאיר קשיא דר' מאיר אדר' מאיר אמאי בחמץ לא גזר ובחדש גזר משנינן (הנה נמי) [הוא עצמו] מחזר על (הפסח) [החמץ] לשורפו יאכל אותו לפיכך לא גזרו אבל החדש דלא מתעסק ביה כדי לשרפו אלא כדי לאכלו מתעסק ביה גזרו בו ור' יהודה לא גזר ביה ובא לאכלו אשר לפרש שאני חדש דקמח וקלי תנן כלומר לא התירו לו אלא על ידי קליה ודחי' לה הכי הא ברותא היא כלומר חיצונה היא ולא נשנת בין החכמים ואקשי' אפירוקא דאביי וכללא הוא דכל היכא דלא בדיל מינה גזר ביה ר' יהודה והתנן לא יקוב אדם שפופרת של ביצה וכו' ור' יהודה מתיר הנה השמן לא בדיל מיניה ולא גזר ר' יהודה שמא יסתפק מן השמן שבשפופרת של ביצה ושני' שאני שבת דחמיר ליה: איני והא קשירות דלי בחבל דבשבת היא וחכמים מתירין לענבו ור' יהודה אוסר קשיא דרבנן אדרבנן ודר' יהודה אדר' יהודה רבנן אסרי בשפופרת דכיון דלא מאיסא ליה לאסתפוקי מיניה דשמן בשמן מיחלף כלומר [הרואה] אותך שמן יאכל הוא גם זה לפיכך גוזרין לעשות שפופרת ... אבל הרואה אותך עונב בשבת לא יקשור דאתי למימר אלו היתה קשירה מותרת לא היה עונב אלא קושר לפיכך לא גזרו בו ור' יהודה לא משום דגזר עניבה אטו קשירה אלא משום דאמר העניבה קשירה מעליא היא והא דרמינן דרבנן אדרבנן קושרין דלי בפסקיא אבל לא בחבל כו' ור' יהודה אומר בהדיא כל קשר שאינו של קיימא מותר וכן הא דרמינן אדר' יהודה והתניא בכור שאחזו דם כו' דברים פשוטין הן:

מסורת הש"ס

[במנחות סז: איתא רבה]

מנחות עח.

[וכן אי' בשבת כז. יבמות כא. גיטין פח: ב"ב קמה. זבחים ק: איתא בדותא בל'. כרס כ"מ ע. עה: ב"ב קח: מנחות סח. לה: כריתות יד. וע' בדותא כריש ובערוך ערך בר ד' כתב פי' במקום שטעו חכמי' ולא דברו כהלכה לא רצו לגנותם ולומר טעו אלא אמרו בדותא כלומר דעת חיצונית היא]

[ביצה כב.]

[וכן בבכורות לג:]

הגהות הב"ח

(א) גמ' אמר רבה שאני חדש: (ב) שם דרבנן אדרבנן לא קשיא אלא אמר רבא דר' יהודה אדרבי יהודה: (ג) שם וקלי תנן והא דרב אשי וכו' על ידי קטוף כדרבה ברותא: (ד) שם וכו' ר"י גזר ר' יהודה והתניא: (ה) רש"י ד"ה ומשנינן וכו' בחמץ לא משום למחזר עליו לשורפו:

על ממונו, אמרינן: אי שרית ליה במקום שאין עושין בו מום – אתי למעבד במקום שעושין בו מום. ורבנן – כל שכן, דאי לא שרית ליה כלל – אתי למעבד. ומי אמרינן לרבי יהודה אדם בהול על ממונו? *והתנן, ר' יהודה אומר: אין °*(מקדרין) הבהמה בי"ט – מפני שהוא עושה חבורה, אבל מקרצפין. וחכ"א: אין מקדרין, אף אין מקרצפין. *ותניא: איזהו קידור ואיזהו קרצוף? קידור – קטני', ועושין חבור'. קרצוף – גדולים, ואין עושין חבורה! התם דאי שביק לי' מיית – אמרינן: אדם בהול על ממונו, הכא אי שביק לי' – צערא בעלמא הוא – לא אמרי': אדם בהול על ממונו. ור' יהודה, מאי שנא גבי חמץ דגזר °ומאי שנא גבי קרצוף דלא גזר? לחם בלחם – מיחלף, קידור בקרצוף – לא מיחלף.§

מתני' *ר"מ אומר: אוכלים כל חמש, ושורפין בתחלת שש. רבי יהודה אומר: [א]אוכלין כל ארבע, ותולין כל חמש, ושורפין בתחלת שש. ועוד א"ר יהודה: שתי חלות של תודה פסולות מונחות על *גב האיצטבא, כל זמן שמונחות – כל העם אוכלין, ניטלה אחת – תולין, לא אוכלין ולא שורפין, ניטלו שתיהן – התחילו כל העם שורפין. *ר"ג אומר: חולין נאכלין כל ארבע, ותרומה כל חמש, ושורפין בתחלת שש.§ (שם)

גמ' *תנן התם: [ב]אחד אומר בשנים בחדש ואחד אומר בשלשה(א) – עדותן קיימת, שזה יודע בעיבורו של חדש וזה אינו יודע בעיבורו של חדש. [ג]אחד אומר בשלשה ואחד אומר בה' – עדותן בטלה. אחד אומר בשתי שעות ואחד אומר בשלש שעות – עדותן קיימת, אחד אומר בשלש ואחד אומר בחמש – עדותן בטלה(ב), דברי רבי מאיר. רבי יהודה אומר: עדותן קיימת. אחד אומר בחמש ואחד אומר בשבע – עדותן בטלה, שבחמש חמה במזרח ובשבע חמה במערב. אמר אביי: כשתמצא לומר, לדברי רבי מאיר – אין אדם טועה ולא כלום, לדברי רבי יהודה – אדם טועה חצי שעה. לדברי ר"מ – *אין אדם טועה ולא כלום, מעשה כי הוה במיפק תרתי ומעייל תלת, והא דקאמר שתים – בסוף שתים, והא דקאמר שלש – בתחלת שלש. לדברי רבי יהודה אדם טועה חצי שעה, מעשה כי הוה – בפלגא דארבע הוה, והאי דקאמר שלש – בסוף שלש וקטעי פלגא דשעתא לקמיה, והאי דקאמר חמש – בתחלת חמש וקטעי פלגא דשעתא לאחוריה. איכא דאמרי, אמר אביי: כשתמצא לומר, לדברי רבי מאיר – אדם טועה משהו, לדברי רבי יהודה – אדם טועה שעה ומשהו. לדברי ר"מ אדם טועה משהו, מעשה כי הוה – או בסוף שתים הוה או בתחלת שלש, וחד מינייהו טועה משהו. לדברי רבי יהודה – אדם טועה שעה ומשהו, מעשה כי הוה – או בסוף שלש או בתחלת חמש, וחד

(סנהדרין מ. [סט:]) (סנהדרין מ:)

על ממונו. כהן זה בהול על הבכור שלא ימות: כ"ש. הואיל ובהול הוא, אי לא שרית ליה במקום שאינו עושה בו מום – עובר על דבריך ועושה, ושוב אין נזהר בין מקום מום לשלא במקום מום, דסבור שהכל שוה: מקדרין. אשטרלי"ד: מקרצפין. כדפרשינן, בכלי שפיו גסות ואינו עושה חבורה. דחובל בבעלי חיים אב מלאכה היא. קתני מיהת אבל מקרצפין – אלמא לא גזר מתוך שאדם בהול, אי שרית ליה קירצוף – עביד קידור, לפי שהטיט מכחיש את הבהמה ומצערה: לא מיחלף. ורבנן סברי: מיחלף: **מתני'** ושורפין בתחלת שש. ואע"ג דכל שעה ששית מדאורייתא שריא – גזור רבנן עלה דילמא טעי, וסבור על השביעי' שהיא ששית. אבל אחמישי' לא טעי למימר על השביעית שהיא חמישית, ומותר: תולין כל חמש. ואינו אוכל, דטעי וסבור על שביעית שהיא חמישית. ומיהו, לשרוף אינו צריך, ומאכיל לבהמתו. אבל בששית – אף בהנאה אסור מדרבנן, גזירה משום שביעית: שתי חלות. של חמץ: של תודה פסולות. ובגמרא מפרש מאן פסלינהו: היו מונחות. בכל ערב פסח: על גב האיצטבא. סטיו שהיה בהר הבית, שאם מתקבלין ויושבים בני אדם, והיו רואין אותן לסימן: ניטלה אחת מהן. בתחלת חמש בא שליח בית דין ונוטל האחת: ותרומה כל חמש. דאסור להפסיד קדשים בידים כל זמן שיכול לאוכלן: ושורפין בתחלת שש. דהא ודאי רובא טעו בין שש לשבע: **גמ'** אחד אומר בשנים בחדש. הרג זה את הנפש, ואחד מן העדים אומר בשלשה בחדש – עדותן קיימת. ובית דין היו בודקין אותן בשבע חקירות, כדלקמן. וכיון דהושוו שניהן לומר בשלישי או ברביעי, וכשבדקום איזה יום בחדש אמר זה בשני וזה אמר בשלישי – שניהן על יום אחד העידו, אלא שזה ידע בעיבורו של חודש, שחודש שעבר מלא והוקבע ר"ח ביום שלשים ואחד, וזה שאמר בשנים בחדש – ידע בו, וזה שאמר שלשה – סבור שהוקבע החדש ביום שלשים. והואיל ויש טועין בכך, אע"פ שמכוונין אנו לחלק את עדותן כדי שתתבטל להציל את הנפש – אין בידינו כח לחלקו: עדותן בטלה. דבהא ליכא למטעי, וקרא כתיב (דברים יג) "ודרשת וחקרת והנה אמת נכון" – שתהא עדותן מכוונת, ואי לא – לא קטלינן, והוא והן פטורים. דאין עדים נהרגין אלא על ידי הזמה: **אחד אומר בשתי שעות כו'** עדותן קיימת. דטועה אדם בכך: **אחד אומר בחמש ואחד אומר** בשבע עדותן בטלה. אפילו לרבי יהודה. דבחמש חמה במזרחו של רקיע, ויכול להבין על ידי הצל, כשנותן ידו כנגד המזרח הוה הצל לצד מערב: ובשבע חמה במערב. והצל לצד מזרח: **כשתמצא** לומר. כשתדקדק בדבריהם ותעמוד על מכונו, תמצא לדברי רבי מאיר דמקיים עדות דב' וג' ומבטל של ג' ושל ה' – אין אדם טועה ולא כלום, ולדברי רבי יהודה דמקיים אף שלש וחמש – אדם טועה חצי שעה. לרבי מאיר אין אדם טועה(ג) כלום – והטועה שקרן הוא. והאי דמקיים רבי מאיר עדות של שתים ושלש – משום ששניהם העידו על רגע אחד. דמעשה כי הוה – במיפק תרתי ומעייל תלת, ביציאתה של שניה כשהשלישית נכנסת. ושניהן כך העידו, דהאי דאמר שתים – בסוף שניה קאמר, והאי דקאמר כו'. ולקמן פריך: מי יודע שכוונתן לכך היתה? דילמא האי דקאמר שתים – בתחלת שתים קאמר, ויש חילוק ביניהן, והואיל ולר"מ אין תולין בטעות – הרי הן שקרנין! ולדברי רבי יהודה תולין בטעות חצי שעה. הילכך: כי אמר האי בשלש והאי בחמש – עדותן קיימת, דמעשה כי הוה בפלגא דארבע כו'. וזה אמר בסוף שלש וזה בתחלת חמש, וכל אחד מהן טעה מן המעשה חצי שעה. ולקמיה פריך ליה: היכי מהדרינן לצרופי עדותן? הוה לן למימר דהאי בתחלת ג' קאמר, והאי בסוף חמש קאמר – ויש חילוק גדול ביניהן, וכולי האי לא טעו, ותתבטל עדותן ונציל את הנפש: וחד מינייהו קא טעי משהו. אם בסוף שתים הוה – האי דקאמר שלש בתחלת שלש וקא טעי משהו, ואי בתחלת שלש האי דקאמר שתים – בסוף שתים, וקא טעי משהו: לדברי רבי יהודה. מעשה הוה בסוף שלש

זה ידע בעיבורו של חדש. וה"ה דה"מ למימר זה ידע בחסרונו של חדש, וזה לא ידע דחדש שעבר חסר היה. והקשה ריב"א: ומה אלו דייקינן בהני סהדי, דתרוייהו ידעי בעיבורו של חדש וה"ל עדות מוכחשת ואיך ניקום וניקטול מספיקא דהכי פריך בסמוך אע"ג דבפ' "בן סורר" (סנהד' סט.) דייק מהכא דרובא דאינשי עבידי דטעי בעיבורא דירחא – מ"מ מה נפסיד אם נדקדק בהם? וי"ל: דהכא דייקינן בהו שפיר, כיון דשיילי להו באיזה יום וקמיכווני ליום אחד – ש"מ שזה לא ידע. ומ"מ, שפיר מוכיח ב"בן סורר" (שם) מהכא דאזלינן בתר רובא בדיני נפשות, דרובא טעי בעיבורא דירחא. דאי לא אזלי' בתר רובא, כיון שזה אומר בשנים וזה אומר בשלשה – מיד ה"ל מוכחשין וכי הדר מכוונים ליום אחד – ה"ל חוזר ומגיד. תדע, דהא אחד אומר בג' ואחד אומר בה' – עדותן בטלה, אע"פ שמכוונים ליום אחד, ולא אמרינן דטעו בשני עיבורים. דבתרי עיבורי לא טעו אינשי, וחשבינן להו חוזר ומגיד: **אחד** אומר בשתי שעות. וא"ת: אמאי עדותן קיימת? אילו דייקינן בהני סהדי, הא דקאמר שתים – בתחילת שתים, וה"ל קודם הנץ החמה ועדותן בטלה, כדאמר לקמן דתחילת שעה שניה קודם הנץ החמה הוא, דמהלך אדם ביום עשר פרסה שהן מ' מילין, ומעלות השחר עד הנץ החמה מהלך ה' מילין, כדאמר ב"מי שהיה טמא" (לקמן צג:), וזה עולה לשעה ומחצה! וי"ל: כשזה אומר קודם הנץ החמה וזה אומר לאחר הנץ החמה, דמדקדקין בהנך – לא טעו אינשי, אבל הני לא דקדקו אלא בשעות ואין בני אדם בקיאין בשעות, וסבורין שהשניה התחילה אחר הנץ החמה:

אלא

רבינו חננאל

ולרבי יהודה מי אמרינן אדם בהול על ממונו דאי שרית ליה בחדא אתי למעבד טובא והתנן ביום טוב בפ"ב ר' יהודה אומר אין מקרדין ביום טוב מפני שעושה חבורה אבל מקרצפין וחכמים אומרים אין מקרדין אף לא מקרצפין והתניא איזהו קירוד קטנים ועושין חבורה ואיזהו קרצוף גדולים ואין עושין חבורה פי' קירוד כמו תולעים והן רמש כגון אינבא שנושכין בבשר הבהמה ואין מפרידין הקטנים מבשר הבהמה אלא בעשיית חבורה כגון האלכא שאין שולפין אותה מן השער אלא בקושי אבל הפרדת הגדולים נקראת קרצוף והנה התיר ר' יהודה הקרצוף ולא (התיר) [חשש] מתוך שזה בהול על ממונו כיון שתתיר לו הקרצוף שמא יעשה הוא קירוד ופרקי' התם גבי קירוד דלא מתה הבהמה מנשיכת הרמש הזה אבל צערא בעלמא הוא דאית ליה לא גזר רבי יהודה הקרצוף אטו קירוד דקירוד נמי אפשר דעביד ליה לאורתא אבל הכא גבי בכור אי שרית ליה במקום שאין עושין בו מום כיון שהוא בהול על ממונו אתי למעבד במקום שעושין בו מום וחמץ נמי דמיחלף במצה דכולה פת היא גזר ר' יהודה קרצוף בקירוד דלא מיחלף דהני גדולי' והני קטנים לא גזר: **מתני'** ר' יהודה אומר אוכלין כל ארבע ותולין כל חמש ושורפין בתחלת שש. פי' חייש ר' יהודה דילמא אתי למטעי בין שעה רביעית לששית: **תנן** התם בסנהדרין פ"ה אחד אומר בשתים בחדש ואחד אומר בשלשה עדותן קיימת פי' שניהם ביום אחד מעידין אלא שהאומר בשנים יודע שהחדש שיצא מעובר היה והאומר שלשה לא היה יודע שהחדש שיצא מעובר היה אלא מחשב לו יום שלשים מן החדש שנכנס ולפיכך אמר שלשה אחד אומר בשתי שעות ביום ואחד אומר בשלש עדותן קיימת אחד אומר בשלש ואחד אומר בחמש עדותן בטלה ר' יהודה אומר עדותן קיימת ואתי אביי ואוקמינהו ללישנא קמא דידיה לדברי ר"מ אין אדם טועה ולא כלום לדברי ר' יהודה אדם טועה חצי שעה וללישנא בתרא דיליה לדברי

עין משפט נר מצוה

פו א מיי' פ"א מהל' חמץ ומצה הלכה ט סמג לאוין טו טוש"ע או"ח סי' תמג סעיף א:

פז ב מיי' פ"ב מהלכות עדות הל' ד טוש"ע ח"מ סי' ל סעיף ז:

פח ג שם הלכה ה:

[נ"ל מקרדין וכ"א בעדיות פ"ג מי"ב וכן בביצה כג. במשנה ובגמ' וכן בערוך וכ"א בתוספת' דביצה פ"ב וכ"ה בתוי"ט]

מסורת הש"ס

ביצה כג. [עדיות פ"ג מי"ב]

ביצה שם. [תוספתא דביצה פ"ב]

לעיל ד: לקמן כח.

[במשנה שבמשניו' איתא גג וכן גרס התוי"ט]

הגהות הב"ח

(א) גמ' בשלשה בחדש עדותן קיימת: (ב) שם ואחד אומר בחמש עדותן בטלה ר' יהודה אומר כצ"ל ותיבות דברי ר' מאיר נמחק: (ג) רש"י ד"ה כשתמצא לומר וכו' טועה ולא כלום והטועה שקרן:

גליון הש"ס

גמ' ומ"ש גבי קרצוף. ק"ל הא קידור הוא רק דרבנן דהא אינו מתכוין ולא הוי פ"ר כמבואר להדי' בביצה דאמר ר"י לטעמיה דדשא"מ אסור וא"כ הוי רק איסור דרבנן דהא בשבת דף מא ע"ב בתו' ד"ה מיח' כתבו דלר"י דבר שאינו מתכוין בשב' הוי דרבנן וכ"כ תו' ביומא דף לד ע"ב וכ"כ רש"י בשבת דף קכא ע"ב ד"ה לפי תומו ואם כן מש"ה לא גזר קירצוף אטו קידור דקידור גופיה הוא דרבנן אבל בחמץ גזרינן שמא יאכל דהוי דאורייתא ונע"ג. אח"ז מצאתי בעזה"י שהקשו כן בתוס' ישנים יומא דף לד ע"ב:

פט א מיי׳ פ״א מהלכות עדות הלכה ד סמג עשין קט:

צ ב מיי׳ פ״ב מהלכות עדות הלכה ה:

תורה אור

וְחַד מִינַּיְיהוּ קָטְעֵי שָׁעָה וּמַשֶּׁהוּ. אֲזַל רַב הוּנָא בְּרֵיהּ דְּרַב יְהוּדָה אֲמָרָהּ לִשְׁמַעְתְּתָא קַמֵּיהּ דְּרָבָא, אֲמַר: וּמָה אִילּוּ דָּיְיקִינַן בְּהָנֵי סָהֲדֵי דְּהַאי דְּקָאָמַר שָׁלֹשׁ — בִּתְחִלַּת שָׁלֹשׁ, וְהַאי דְּקָאָמַר חָמֵשׁ — בְּסוֹף חָמֵשׁ, וְהָוְיָא עֵדוּת מוּכְחֶשֶׁת וְלָא קָטְלִינַן, וַאֲנַן נֵיקוּם וְנִקְטִיל מִסְּפֵקָא? (במדבר לה) וְרַחֲמָנָא אָמַר: "וְשָׁפְטוּ הָעֵדָה" "וְהִצִּילוּ הָעֵדָה"! אֶלָּא אָמַר רָבָא: לְדִבְרֵי רַבִּי מֵאִיר אָדָם טוֹעֶה שְׁתֵּי שָׁעוֹת חָסֵר מַשֶּׁהוּ, לְדִבְרֵי רַבִּי יְהוּדָה אָדָם טוֹעֶה שָׁלֹשׁ שָׁעוֹת חָסֵר מַשֶּׁהוּ. לְדִבְרֵי רַבִּי מֵאִיר אָדָם טוֹעֶה שְׁתֵּי שָׁעוֹת חָסֵר מַשֶּׁהוּ, מַעֲשֶׂה כִּי הֲוָה — אוֹ בִּתְחִלַּת שְׁתַּיִם אוֹ בְּסוֹף שָׁלֹשׁ, וְחַד מִינַּיְיהוּ קָטְעֵי ב׳ שָׁעוֹת חָסֵר מַשֶּׁהוּ. לְדִבְרֵי רַבִּי יְהוּדָה אָדָם טוֹעֶה שָׁלֹשׁ שָׁעוֹת חָסֵר מַשֶּׁהוּ, מַעֲשֶׂה כִּי הֲוָה — אוֹ בִּתְחִלַּת שָׁלֹשׁ אוֹ בְּסוֹף חָמֵשׁ, וְחַד מִינַּיְיהוּ קָטְעֵי שָׁלֹשׁ שָׁעוֹת חָסֵר מַשֶּׁהוּ. *תְּנַן: הָיוּ בּוֹדְקִין(א) אוֹתוֹ בְּשֶׁבַע חֲקִירוֹת: בְּאֵיזוֹ שָׁבוּעַ, בְּאֵיזוֹ שָׁנָה, בְּאֵיזֶה חֹדֶשׁ, בְּכַמָּה בַּחֹדֶשׁ, בְּאֵיזֶה יוֹם, בְּאֵיזוֹ שָׁעָה, בְּאֵיזֶה מָקוֹם. *(וְתַנְיָא) *מַה בֵּין חֲקִירוֹת לִבְדִיקוֹת? חֲקִירוֹת, אָמַר אֶחָד מֵהֶן אֵינִי יוֹדֵעַ — עֵדוּתָן בְּטֵלָה. בְּדִיקוֹת, אֲפִילּוּ שְׁנֵיהֶם אוֹמְרִים אֵין אָנוּ יוֹדְעִים — עֵדוּתָן קַיֶּימֶת. וְהָוֵינַן בָּהּ: מַאי שְׁנָא חֲקִירוֹת וּמַאי שְׁנָא בְּדִיקוֹת? וְאָמְרִינַן: חֲקִירוֹת, אָמַר אֶחָד מֵהֶן אֵינִי יוֹדֵעַ עֵדוּתָן בְּטֵלָה — דְּהָוְיָא לָהּ עֵדוּת שֶׁאִי אַתָּה יָכוֹל לַהֲזִימָּהּ, בְּדִיקוֹת — עֵדוּת שֶׁאַתָּה יָכוֹל לַהֲזִימָּהּ הִיא. וְאִי אָמְרַתְּ טָעֵי אִינִישׁ כּוּלֵּי הַאי — חֲקִירוֹת דְּאֵיזוֹ שָׁעָה נַמִי עֵדוּת שֶׁאִי אַתָּה יָכוֹל לַהֲזִימָּהּ הִיא, דְּאָמְרִי "מִטְעֵי קָטָעֵינַן"! דְּיָהֲבִינַן לְהוּ כּוּלֵּי טָעוּתַיְיהוּ. לְרַבִּי מֵאִיר יָהֲבִינַן לְהוּ מִתְּחִילַּת שָׁעָה רִאשׁוֹנָה עַד סוֹף חָמֵשׁ. וּבְדִין הוּא דְּנֵיתִיב לְהוּ מֵעִיקָּרָא טְפֵי, אֶלָּא בֵּין יְמָמָא לְלֵילְיָא לֹא טָעוּ אֱינָשֵׁי. וּלְרַבִּי יְהוּדָה יָהֲבִינַן לְהוּ מִתְּחִילַּת שָׁעָה רִאשׁוֹנָה וְעַד סוֹף שִׁשִּׁית. וּבְדִין הוּא דְּנֵיתִיב לְהוּ מֵעִיקָּרָא טְפֵי,

אֶלָּא

שָׁלֹשׁ. וְהַאי דְּאָמַר בִּתְחִילַּת חָמֵשׁ – טָעֵי שָׁעָה רְבִיעִית וּמַשֶּׁהוּ שֶׁל סוֹף שָׁלֹשׁ. אִי נַמִי, בִּתְחִילַּת חָמֵשׁ הֲוָה, וְהַאי דְּאָמַר בְּסוֹף שָׁלֹשׁ – טָעָה שָׁעָה רְבִיעִית וּמַשֶּׁהוּ: **לִשְׁמַעְתְּתָא.** דְּאַבָּיֵי: **אֲמַר.** רָבָא: וְכִי אֶפְשָׁר לוֹמַר שֶׁאֵין תּוֹלִין טָעוּת אֶלָּא מַשֶּׁהוּ לְר׳ מֵאִיר, וְשָׁעָה וּמַשֶּׁהוּ לְר׳ יְהוּדָה?! א״כ הֵיאָךְ אַתָּה מְצָרֵף עֵדוּתָן? מִי אָמַר לְךָ שֶׁזֶּה הַמַּקְדִּים נִתְכַּוֵּין לְסוֹף הַשָּׁעָה, וְהַמְאַחֵר נִתְכַּוֵּין לִתְחִילַּת הַשָּׁעָה, כְּדֵי לְקָרְבָן זֶה אֵצֶל זֶה וּלְצָרֵף עֵדוּתָן שֶׁלֹּא תְּהֵא בֵּינֵיהֶן אֶלָּא שִׁיעוּר טָעוּת הָאָדָם? וּמָה אִילּוּ דָּיְיקַתְּ בְּהָנֵי סָהֲדֵי לְחַלֵּק עֵדוּתָן, מָצֵית לְמֵימַר: הַאי דְּאָמַר שָׁלֹשׁ – בִּתְחִלַּת שָׁלֹשׁ, וְהַאי דְּאָמַר חָמֵשׁ – בְּסוֹף חָמֵשׁ, וְיֵשׁ חִילּוּק בֵּינֵיהֶן שָׁלֹשׁ שָׁעוֹת חָסֵר מַשֶּׁהוּ, וְכֵיוָן דְּאֵין אָדָם טוֹעֶה כָּל כָּךְ – נֶחְלֶקֶת עֵדוּתָן, וְהָוְיָא מוּכְחֶשֶׁת, וְלָא קָטְלִינַן לֵיהּ לְהַאי. וַאֲנַן נֵיקוּם וּנְקָרֵב עֵדוּתָן כְּדֵי שֶׁיֵּהָרֵג זֶה(ב)?! **וְהָא רַחֲמָנָא אֲמַר** וְהִצִּילוּ הָעֵדָה. אֶת הָרוֹצֵחַ, דִּמְחַפְּשִׂין לִזְכוּת! אֶלָּא וַדַּאי, מִדְּקָאָמַר עֵדוּתָן קַיֶּימֶת – ש״מ דִּסְבִירָא לְהוּ דַּאֲפִי׳ אַתָּה מְחַלְּקָן כְּמוֹ אֲשֶׁר תּוּכַל, וְלוֹמַר שֶׁהַמּוּקְדָּם נִתְכַּוֵּין לִתְחִלַּת הַשָּׁעָה וְהַמְאוּחָר לְסוֹפָהּ – יֵשׁ לְךָ לִתְלוֹת בְּטָעוּת, וְאֵינְךָ יָכוֹל לְהַכְחִישָׁם – שֶׁאָדָם טוֹעֶה בְּכָל זֹאת: **אֶלָּא אָמַר רָבָא** לְר׳ מֵאִיר(ג) **אָדָם טוֹעֶה.** כָּל מַה שֶּׁאַתָּה יָכוֹל לְחַלֵּק אֶת אֵלּוּ שֶׁהָיָה מְקַיֵּים עֵדוּתָן, דְּהַיְינוּ שְׁתֵּי שָׁעוֹת חָסֵר מַשֶּׁהוּ – וּמִשּׁוּם הָכִי עֵדוּתָן קַיֶּימֶת. דְּכִי נַמִי אָמְרַתְּ, זֶה שֶׁאָמַר שְׁתַּיִם – בִּתְחִלַּת שְׁתַּיִם, וְזֶה שֶׁאָמַר שָׁלֹשׁ – בְּסוֹף שָׁלֹשׁ, כָּל רְגָעִים שֶׁבֵּינְתַיִים שֶׁאֵירַע הַמַּעֲשֶׂה בָּהֶן יֵשׁ לְאֵלּוּ לִטְעוֹת, וְלוֹמַר כְּמוֹ שֶׁאָמְרוּ: מַעֲשֶׂה כִּי הֲוָה אִי בְּסוֹף שָׁלֹשׁ אִי בִּתְחִילַּת שְׁתַּיִם. כְּלוֹמַר: לָא מִיבַּעְיָא אִם הָיָה הַמַּעֲשֶׂה בְּסוֹף שְׁתַּיִם אוֹ בִּתְחִילַּת ג׳ – דְּטָעוּת מוּעֶטֶת הוּא, דְּאִי נַמִי *נֹאמַר הַאי בִּתְחִילַּת [דא״כ אמר כצ״ל] שְׁתַּיִם – אֵין כָּאן טָעוּת אֶלָּא שָׁעָה, וְהַאי אִי נַמִי אָמַר בְּסוֹף שָׁלֹשׁ – אֵין כָּאן טָעוּת אֶלָּא שָׁעָה, אֶלָּא אֲפִילּוּ הֲוָה מַעֲשֶׂה בִּתְחִילַּת שְׁתַּיִם, וְהַאי דְּאָמַר שָׁלֹשׁ בְּסוֹף שָׁלֹשׁ, וְיֵשׁ כָּאן טָעוּת שְׁתֵּי שָׁעוֹת חָסֵר מַשֶּׁהוּ – אֲפִי׳ הָכִי אֵין כָּאן לָנוּ לְבַטְּלָן, שֶׁאַף בְּכָךְ אָדָם טוֹעֶה(ד). וּלְר׳ יְהוּדָה נַמִי כו׳. וּבְהַאי עִנְיָינָא דְּפָרֵישִׁית, דְּכִי נַמִי מְרַחַקְתְּ לְהוּ בְּכָל הַיְּכוֹלֶת – אַכַּתִּי טָעוּ בְּהָכִי, דְּהַיְינוּ שָׁלֹשׁ שָׁעוֹת חָסֵר מַשֶּׁהוּ, מַעֲשֶׂה כִּי הֲוָה כו׳. כְּלוֹמַר: בְּכָל מַה שֶּׁאַתָּה יָכוֹל לְהַרְחִיק. אֲפִי׳ הָאֶחָד אָמַר שֶׁבְּאוֹתָהּ שָׁעָה הָיָה הַמַּעֲשֶׂה – אֵין עֵד הָרָחוֹק מִמֶּנּוּ מוּכְחָשׁ, דְּטָעוּ בְּהָכִי: **הָיוּ בּוֹדְקִין אוֹתוֹ**(ה). לְעֵדֵי נְפָשׁוֹת: **בְּשֶׁבַע חֲקִירוֹת.** מִקְּרָאֵי נָפְקָא לָן בְּסַנְהֶדְרִין, בְּהַהוּא פִּירְקָא (ד׳ מ.): **שָׁבוּעַ.** שְׁמִיטָּה. בְּאֵיזוֹ שְׁמִיטָּה שֶׁל יוֹבֵל, שֶׁיֵּשׁ בּוֹ שֶׁבַע שְׁמִיטּוֹת: **בְּאֵיזוֹ שָׁנָה.** שֶׁל שְׁמִיטָּה: **בְּאֵיזֶה חוֹדֶשׁ.** בַּשָּׁנָה: **בְּכַמָּה יָמִים.** בַּחוֹדֶשׁ: **בְּאֵיזֶה יוֹם.** בַּשַּׁבָּת, בְּאֶחָד בַּשַּׁבָּת אוֹ בְּשֵׁנִי בַּשַּׁבָּת אוֹ בִּשְׁלִישִׁי בַּשַּׁבָּת, אוֹ א׳ מִן הָאֲחֵרִים: [ותנן] **(וְתַנְיָא) מַה בֵּין חֲקִירוֹת לִבְדִיקוֹת.** דְּקָתָנֵי הָתָם: מַכִּירִין אַתֶּם אוֹתוֹ? הִתְרֵיתֶם בּוֹ? בַּמֶּה הֲרָגוֹ? בְּסַיִיף הֲרָגוֹ, אוֹ בַּאֲרִירִין הֲרָגוֹ? כֵּלָיו שְׁחוֹרִים אוֹ לְבָנִים? וְכָל הַמַּרְבֶּה בִּבְדִיקוֹת הֲרֵי זֶה מְשׁוּבָּח. וּמַה בֵּין חֲקִירוֹת – הָנָךְ שֶׁבַע קַמָּייתָא, לִבְדִיקוֹת אַחֲרָנְייתָא: **חֲקִירוֹת אָמַר אֶחָד**(ו) **אֵינִי יוֹדֵעַ.** בְּאַחַת מֵהֶן, וַאֲפִי׳ *בְּשָׁעוֹת [נ״א בשם אומ׳ אני יודע] אוֹמֵר אֵינִי יוֹדֵעַ – עֵדוּתָן בְּטֵלָה: **דְּהָוְיָא** לֵיהּ עֵדוּת **שֶׁאִי אַתָּה יָכוֹל לַהֲזִימָּהּ.** דְּרַחֲמָנָא אָמַר *"וְדָרְשׁוּ הַשּׁוֹפְטִים הֵיטֵב וְהִנֵּה עֵד שֶׁקֶר הָעֵד וגו׳ (דברים יט) וַעֲשִׂיתֶם לוֹ כַּאֲשֶׁר זָמַם לַעֲשׂוֹת" וגו׳, עֵדוּת שֶׁאַתָּה יָכוֹל לְקַיֵּים בָּהּ תּוֹרַת הֲזָמָה – הֲוֵי עֵדוּת, וְאִי לָא – לָא. וַהֲזָמָה אֵינָהּ אֶלָּא בְּ"עִמָּנוּ הֱיִיתֶם", בְּאוֹתוֹ הַיּוֹם וּבְאוֹתָהּ שָׁעָה שֶׁאַתֶּם אוֹמְרִין שֶׁרְאִיתֶם עֵדוּת זוֹ בְּמָקוֹם זֶה – הֱיִיתֶם עִמָּנוּ בְּמָקוֹם פְּלוֹנִי. וְכִי אָמְרִי בְּאַחַת מֵהֶן, אֲפִי׳ בַּחֲקִירוֹת דְּאֵיזוֹ שָׁעָה, אֵינִי יוֹדֵעַ – שׁוּב אֵינְךָ יָכוֹל לוֹמַר לוֹ עִמִּי הָיִיתָ בְּאוֹתָהּ שָׁעָה. וְא״ת: אַתָּה יָכוֹל לַהֲזִימוֹ ע״י הַיּוֹם, אִם יָבוֹאוּ עֵדִים וְיֹאמְרוּ כָּל הַיּוֹם הֱיִיתֶם עִמָּנוּ! – מִילְּתָא, בְּעָלְמָא לְהוּ תּוֹרַת הֲזָמָה מִן חֲקִירוֹת הַשָּׁעוֹת, וְרַחֲמָנָא רַבֵּי שֶׁבַע חֲקִירוֹת בִּגְזֵרָה שָׁוָה דְּ"הֵיטֵב" "הֵיטֵב" בְּסַנְהֶדְרִין: **בְּדִיקוֹת.** כִּי אָמְרִי אֵין אָנוּ יוֹדְעִין – עֵדוּת שֶׁאַתָּה יָכוֹל לַהֲזִימָּהּ הִיא, שֶׁאֵין הַהֲזָמָה תְּלוּיָה בָּהֶן אֶלָּא בַּחֲקִירוֹת. דְּמָה "עִמָּנוּ הֱיִיתֶם" יֵשׁ לוֹמַר בְּכֵלִים שְׁחוֹרִים אוֹ לְבָנִים? **וְאִי אָמְרַתְּ טָעֵי אִינִישׁ כּוּלֵּי הַאי** חֲקִירוֹת דְּאֵיזוֹ שָׁעָה נַמִי. אֵין לְךָ בָּהּ הֲזָמָה, אֲפִי׳ כִּי לֹא אָמַר אֵינִי יוֹדֵעַ. דְּהָא כִּי אָמַר בְּחָמֵשׁ, וְאָמְרֵי לֵיהּ בְּחָמֵשׁ עִמָּנוּ הָיִיתָ – יָכוֹל לוֹמַר: בְּאַרְבַּע הָיָה, אֲבָל טָעִיתִי: וּמְשַׁנֵּי דְּיָהֲבִינַן לְהוּ כּוּלֵּי טָעוּתַיְיהוּ. וְאִם יֵשׁ מְזִימִין כָּאן, יְכוֹלִין לַהֲזִים ע״י שָׁעָה וְטָעוּתָהּ, וְלוֹמַר לוֹ: כָּל הַשָּׁעָה וְטָעוּתָהּ הָיִיתָ עִמָּנוּ: **לְרַבִּי מֵאִיר.** דְּאָמַר אָדָם טוֹעֶה ב׳ שָׁעוֹת – יָהֲבִינַן לְהוּ לְהָנֵי דִּשְׁתַּיִם וְג׳ מִתְּחִילַּת שָׁעָה רִאשׁוֹנָה עַד סוֹף חָמֵשׁ בֵּין שְׁנֵיהֶן. לְהַאי דִּשְׁתַּיִם יָהֲבִינַן לֵיהּ שָׁעָה רִאשׁוֹנָה וּשְׁנִיָּה וּשְׁלִישִׁית וּרְבִיעִית, וּלְהַאי דְּג׳ יָהֲבִינַן לֵיהּ עוֹד חֲמִישִׁית וְתוּ לָא. דְּכִי אָמְרֵי לֵיהּ לְהַאי דִּשְׁתַּיִם בִּשְׁנִיָּה עִמָּנוּ הָיִיתָ – יֵשׁ לוֹמַר טָעִיתִי שְׁתֵּי שָׁעוֹת לַאֲחוֹרַיי, וּמַעֲשֶׂה הָיָה בָּרִאשׁוֹנָה. וְעוֹד הָיָה לוֹ לוֹמַר: מַעֲשֶׂה הָיָה קוֹדֶם לָרִאשׁוֹנָה שָׁעָה אַחַת, אֶלָּא בֵּין יְמָמָא לְלֵילְיָא לָא טָעוּ אֱינָשֵׁי, וְכִי אָמְרֵי לֵיהּ רִאשׁוֹנָה וּשְׁנִיָּה עִמָּנוּ הָיִיתָ – יֵשׁ לוֹ לוֹמַר טָעִיתִי ב׳ שָׁעוֹת לְפָנַי, שְׁלִישִׁית וּרְבִיעִית. וְאִי אָמְרֵי לֵיהּ כָּל אַרְבַּע שָׁעוֹת עִמָּנוּ הָיִיתָ – הֲרֵי הוּזַם. וּלְבַעַל שָׁלֹשׁ נַמִי יָהֲבִינַן לְקַמֵּיהּ רִאשׁוֹנָה וּשְׁנִיָּה, וּלְבַתְרֵיהּ יָהֲבִינַן רְבִיעִית וַחֲמִישִׁית. וְאִי מַזְמֵי לֵיהּ לְכוּלְּהוּ חָמֵשׁ – הֲרֵי הוּזַם: **וּלְרַבִּי יְהוּדָה.** דְּאָמַר: אָדָם טוֹעֶה ג׳ שָׁעוֹת – יָהֲבִינַן לְהוּ לְהָנָךְ דְּשָׁלֹשׁ וְחָמֵשׁ, דְּאַיְירֵי ר׳ יְהוּדָה בָּהֶן מִתְּחִילַּת שָׁעָה רִאשׁוֹנָה וְעַד סוֹף שֵׁשׁ, וּלְבַעַל שָׁלֹשׁ יָהֲבִינַן לְקַמֵּיהּ רִאשׁוֹנָה וּשְׁנִיָּה. וְדִין הוּא דְּנֵיתִיב לֵיהּ טְפֵי:

אֶלָּא

סנהדרין מ.

[שם]

אלא אמר רבא לדברי ר׳ מאיר אדם טועה ב׳ שעות חסר משהו. ואם תאמר: א״כ אחד אומר בג׳ וא׳ אומר בה׳, אמאי עדותן בטילה? נימא דעובדא ברביעית הוה! וי״ל: דסבר רבא דאין לתלות הטעות בשניהם. אך יש להקשות: אחד אומר בג׳ וא׳ אומר בה׳, אמאי עדותן בטילה? אילו דייקת בהני סהדי – דילמא האי דקאמר בג׳ בסוף ג׳. ויש לומר: דלהחמיר ולקיים עדותן – לא בדקינן להו:

באיזה יום. תימה: כיון דכבר כיוונו יום אחד לחדש, למה למשיילינהו באיזה יום? והלא אפי׳ לא כיוונו איזה יום – ה״ל חוזרין ומגידין, ואין יכולין לחזור בהם אחר כדי דבור. ויש לומר: כיון דז׳ חקירות ילפינן מקראי, בפרק "היו בודקים" (סנהדרין דף מ.) לרי׳ שלא יכחישו זה את זה, ושלא יכחישו את עצמן. א״כ: נפקא מינה לאחד אומר בב׳ בחודש, ואחד אומר בג׳, כדפרישית:

לרבי מאיר יהבינן להו מתחילת שעה ראשונה עד סוף ה׳. הקשה ריב״א: אמאי לא נתלה הטעות במזימים? וכשאומרים המזימים עמנו הייתם עד סוף ה׳ – נאמר שטעו וקרו לד׳ ה׳, והמעשה היה בה׳, ולא יהיו מוזמים בכך. ונהי שהעדות מוכחשת היא, שהרי אותו שאמר שתים לא היה יכול לטעות עד ה׳ – מ״מ מוזמים לא יהיו! ואור״י: דלא תלינן הטעות כלל בשני עדים, כדפרישית לעיל:

ניכול

רבינו חננאל

לדברי ר׳ מאיר אדם טועה משהו ולדברי ר׳ יהודה אדם טועה שעה ומשהו ובא רבא ודחה להני תרי לישני דאביי ופשוטות נינהו ואוקמי׳ רבא הכי לדברי ר׳ מאיר אדם טועה שתי שעות חסר משהו ומעשה כי הוה פירוש השעה שראו העדות אי בתחלת שעה שניה היה וזה שאמר שנים שפיר אמר והאי דאמר שלש טעה שתי שעות חסר משהו לפיכך אמר עדותן קיימת אי בסוף שלש היה המעשה והאי דקאמר בשתי שעות טעה שתי שעות חסר משהו והאי דקאמר שלש שפיר קאמר לדברי ר׳ יהודה אדם טועה ג׳ שעות חסר משהו מעשה כי הוה בתחלת שעה ג׳ והאי דקאמר ה׳ טועה ג׳ שעות חסר משהו או בסוף ה׳ היה המעשה והאי דקאמר ג׳ טועה ג׳ שעות חסר משהו ואקשי׳ על הא דרבא תנן היו בודקין אותן בשבע חקירות אחת מהן באיזו שעה וקתני סיפא מה בין חקירות לבדיקות אמר אחד בחקירות איני יודע עדותן בטלה בבדיקות אמר אחד איני יודע ואפי׳ שנים אומרים אין אנו יודעין עדותן קיימת והוינן בה מכדי חקירות ובדיקות תרווייהו מדאורייתא נינהו דכתיב (דברים יג טו) ודרשת וחקרת ומתרגמי׳ ותבדוק מה לי חקירות מה לי בדיקות ואמרי׳ חקירות כי אמר איני יודע הויא לה עדות שאי אתה יכול להזימה וכל עדות שאינך יכול להזימה אינה עדות ואי ס״ד טעי איניש כולי האי חקירות דאיזו שעה עדות שאינך יכול להזימה היא שאם יכוונו שני העדים ויעידו בשעה ג׳ ויזימום בשעה ג׳ יאמרו טעינו שעה ה׳ היה המעשה וכיון שאמרת יתכן שיטעו זה השיעור הדין עמהם (על זה הדין) נמצא כי בטלה תורת חקירות ואיזה שעה היא לדברי הכל בין לת״ק דאמר שבע חקירות הן בין לר׳ יוסי דאמר שלש חקירות הן ואלו הן איזה יום איזו שעה איזה מקום מ״מ לדברי הכל איזו שעה הכל מודים שהיא מן החקירות ופריק רבא דיהבינן להו כולהי טעותייהו פי׳ כל עדות שיעיד אדם משעה שניה של יום עד שעה ששית ומשעה שביעית עד שעה י״א של יום יהבינן להו לר׳ מאיר שתי שעות חסר משהו ולר׳ יהודה שלש שעות חסר משהו כיצד לר׳ יהודה אם יעידו בשעה שנייה של יום צריכין המזומין להעיד בו עמנו הייתם משעה שנייה עד שעה רביעית ואם יעידו בשלישית יאמרו עמנו הייתם משעה שנייה עד ה׳ ואם יעידו בשעה ד׳ יאמרו עמנו הייתם משעה שנייה עד שעה ששית כשם שיש לומר טעו לפניהם ג׳ שעות חסר משהו כך י״ל טעו לאחור וכל היכא דאיכא למתלי בטעות תלינן ולא קטלינן אלא אם יעידו המזומין

הגהות הב"ח

(א) גמ׳ בודקין אותן בשבע: (ב) רש״י ד״ה אמר רבא וד״ה והא רחמנא הד״א: (ג) ד״ה אלא אמר רבא לר׳ מאיר שהיה מקיים עדותן אדם טועה וכו׳ את אלו דהיינו שתי שעו׳ כצ״ל: (ד) ד״ה מעשה וכו׳ אדם טועה הס״ד ואח״כ מ״ה ולר׳ יהודה כו׳ משהו הס״ד: (ה) ד״ה היו אותן: (ו) ד״ה חקירות אחד מהן איני:

ניכול כולה שית. לאו דוקא כולה שית, דהא צריך לשרוף תוך שש: **ולהך** לישנא דאדם טועה שעה ומשהו ניכול עד סוף חמש. אפי' טעה בשתי שעות היה יכול להקשות: ניכול עד סוף חמש, שבחמש חמה במזרח ובשבע חמה במערב:

בשית חמה בי קרנתא קאי. הקשה ריב"א: לאביי, דאמר לר' יהודה דאמר אדם טועה חצי שעה, ותלינן הטעות בשניהן, אם כן, אחד אומר בה' ואחד אומר בשבע אמאי עדותן בטלה? כיון דאין הכירא בתחילת שש לז', נימא: האי דקאמר ה' – בסוף ה', והאי דקאמר ז' – בתחילת ז', ועובדא הוה בפלגא דשית, וטעה כל אחד חצי שעה! וי"ל: דהא דקאמר שית – חמה בי קרנתא קאי, וטעו בין תחילת שש לז' – היינו חמץ דלכל מסור. אבל עדות מסורה לזריזין. אי נמי: הך שינויא דקאמר בי קרנתא קאי – לית ליה לאביי:

אימתי שלא בשעת ביעורו. פירש הקונטרס: שלא בשעת ביעורו – בשש, ובשעת ביעורו – מכאן ואילך. ופריך: הואיל ובשעת ביעורו השבתתו בכל דבר, ימתין עד שבע. וקשה לר"ת: היכי ימתין עד שבע לבערו? הא אסקינן לעיל (ד' י:) דגזר ר' יהודה בשעת איסורו לבדוק, דילמא אתי למיכל מיניה! ועוד: שעת ביעורו דמתני' – היינו בשש. ועוד: דמנותר יליף ר' יהודה *דחמץ [לקמן כז:] בשריפה, ונותר אחר שיעורו טעון שריפה, וכמו כן חמץ. ומפר"ת: דשלא בשעת ביעורו – היינו אחר שש, שרוב העולם מבערין בשש כתיקון חכמים. (ד)וטעם משום דיליף מנותר* [שס] – והיינו לאחר איסורו. אבל בשעת ביעורו, דהיינו בשש, כיון שאינה מצוה לבערו אלא מדרבנן – השבתתו בכל דבר. וכן איתא בירושלמי פרק "כל שעה":

ארבע זמן סעודה לכל היא. לא שייך האי טעמא אלא לענין אכילה, אבל לענין עדות – לא: רבן

אֶלָּא בֵּין יְמָמָא לְלֵילְיָא לֹא טָעוּ אֱינָשֵׁי. וּבְדִין הוּא דְּנֵיתִיב לְקַמֵּיהּ טְפֵי, אֶלָּא שֶׁבְּה' חַמָּה בַּמִּזְרָח וּבְז' חַמָּה בַּמַּעֲרָב. תְּנַן, ר"מ אוֹמֵר: אוֹכְלִין כָּל ה', וְשׂוֹרְפִין בִּתְחִילַּת ו'. רַבִּי יְהוּדָה אוֹמֵר: אוֹכְלִין כָּל ד', וְתוֹלִין כָּל ה', וְשׂוֹרְפִין בִּתְחִילַּת ו'. לְאַבַּיֵי אַלִּיבָּא דְּר"מ, דְּאָמַר: אֵין אָדָם טוֹעֶה וְלֹא כְּלוּם – נֵיכוֹל כּוּלָּהּ שִׁית! וּלְהַךְ לִישָּׁנָא נַמִי דְּאָמַר: אָדָם טוֹעֶה מַשֶּׁהוּ – נֵיכוֹל עַד סוֹף שִׁית! וְאַבַּיֵי אַלִּיבָּא דְּר' יְהוּדָה, דְּאָמַר: אָדָם טוֹעֶה חֲצִי שָׁעָה – נֵיכוֹל עַד פַּלְגָּא דְּשִׁית. וּלְהַךְ לִישָּׁנָא נַמִי דְּאָמְרַתְּ אָדָם טוֹעֶה שָׁעָה וּמַשֶּׁהוּ – נֵיכוֹל עַד סוֹף ה'! (אֶלָּא) אָמַר אַבַּיֵי: עֵדוּת – מְסוּרָה לַזְּרִיזִים, חָמֵץ – לַכֹּל מָסוּר. וְרָבָא אַלִּיבָּא דְּר"מ, דְּאָמַר: אָדָם טוֹעֶה שְׁתֵּי שָׁעוֹת חָסֵר מַשֶּׁהוּ – מִתְּחִילַּת ה' לֹא נֵיכוֹל! ה' – חַמָּה בַּמִּזְרָח וְז' – חַמָּה בַּמַּעֲרָב. אִי הָכִי, בְּשִׁית נַמִי נֵיכוֹל! אָמַר רַב אַדָּא בַּר אַהֲבָה: שִׁית יוֹמָא בְּקַרְנָתָא קָאֵי. וְרָבָא אַלִּיבָּא דְּר' יְהוּדָה, דְּאָמַר: אָדָם טוֹעֶה ג' שָׁעוֹת חָסֵר מַשֶּׁהוּ, מִתְּחִילַּת ד' לֹא נֵיכוֹל! ה' – חַמָּה בַּמִּזְרָח, וְשֶׁבַע – חַמָּה בַּמַּעֲרָב, וְכָל שֶׁכֵּן ד'. אִי הָכִי, בְּה' נַמִי נֵיכוֹל! *תַּרְגְּמָה אַבַּיֵי אַלִּיבָּא דְּרָבָא: עֵדוּת מְסוּרָה לַזְּרִיזִים, חָמֵץ לַכֹּל מָסוּר. וְרָבָא אָמַר: לָאו הַיְינוּ טַעְמָא דְּרַבִּי יְהוּדָה, אֶלָּא רַבִּי יְהוּדָה לְטַעֲמֵיהּ, דְּאָמַר: *אֵין בִּיעוּר חָמֵץ אֶלָּא שְׂרֵיפָה, וְיָהֲבוּ לֵיהּ רַבָּנַן שָׁעָה אַחַת לִלְקוֹט בָּהּ עֵצִים. אֵיתִיבֵיהּ רָבִינָא לְרָבָא, א"ר יְהוּדָה: אֵימָתַי – שֶׁלֹּא בִּשְׁעַת בִּיעוּרוֹ, אֲבָל בִּשְׁעַת בִּיעוּרוֹ – הַשְׁבָּתָתוֹ בְּכָל דָּבָר! אֶלָּא אָמַר רָבָא: [א]גְּזֵירָה מִשּׁוּם יוֹם הַמְּעוּנָּן. אִי הָכִי, אֲפִילּוּ בְּאַרְבַּע שָׁעוֹת נַמִי לֹא נֵיכוֹל! אָמַר רַב פַּפָּא: ד' זְמַן סְעוּדָה לַכֹּל הִיא. ת"ר: *שָׁעָה רִאשׁוֹנָה – מַאֲכַל לוּדִים, שְׁנִיָּה – מַאֲכַל לִיסְטִין, שְׁלִישִׁית – מַאֲכַל יוֹרְשִׁין, רְבִיעִית – מַאֲכַל פּוֹעֲלִין, חֲמִישִׁית – מַאֲכַל תַּלְמִידֵי חֲכָמִים, שִׁשִּׁית – מַאֲכַל כָּל אָדָם. וְהָאָמַר רַב פַּפָּא: רְבִיעִית זְמַן סְעוּדָה לַכֹּל הִיא! אֶלָּא אֵיפוֹךְ: [ב]רְבִיעִית – מַאֲכַל כָּל אָדָם, חֲמִישִׁית – מַאֲכַל פּוֹעֲלִים, שִׁשִּׁית – מַאֲכַל תַּלְמִידֵי חֲכָמִים. מִכָּאן וְאֵילָךְ – כְּזוֹרֵק אֶבֶן לַחֵמֶת. אָמַר אַבַּיֵי: לָא אֲמַרַן אֶלָּא דְּלָא טָעֵים מִידֵּי בְּצַפְרָא, אֲבָל טָעֵים מִידֵּי בְּצַפְרָא – לֵית לַן בָּהּ. אָמַר רַב אַשִׁי: כְּמַחֲלוֹקֶת בָּעֵדוּת כָּךְ מַחֲלוֹקֶת בְּחָמֵץ. פְּשִׁיטָא, הַיְינוּ הָךְ דְּאָמְרִינַן! הָא קָא מַשְׁמַע לָן: *שִׁינּוּיֵי דְּשָׁנֵינַן – שִׁינּוּיָא הוּא, וְלָא תֵּימָא תַּנָּאֵי הִיא. *אָמַר רַב שִׁימִי בַּר אַשִׁי: לֹא שָׁנוּ אֶלָּא בְּשָׁעוֹת, אֲבָל אֶחָד אוֹמֵר קוֹדֶם הָנֵץ הַחַמָּה, וְאֶחָד אוֹמֵר אַחַר הָנֵץ הַחַמָּה – עֵדוּתָן בְּטֵלָה. פְּשִׁיטָא! אֶלָּא: [ג]אֶחָד אוֹמֵר קוֹדֶם הָנֵץ הַחַמָּה, וְאֶחָד אוֹמֵר בְּתוֹךְ הָנֵץ הַחַמָּה – עֵדוּתָן בְּטֵלָה. הָא נַמִי פְּשִׁיטָא! מַהוּ דְּתֵימָא: תַּרְוַיְיהוּ חֲדָא מִילְּתָא קָאָמְרִי, וְהָא דְּקָאָמַר בְּתוֹךְ

אֶלָּא בֵּין יְמָמָא לְלֵילְיָא **לָא** טָעוּ אֱינָשֵׁי. וּלְבַתְרֵיהּ יָהֲבִינַן לֵיהּ רְבִיעִית חֲמִישִׁית וְשִׁשִּׁית. וּלְבַעַל חָמֵשׁ יָהֲבִינַן לְקַמֵּיהּ רְבִיעִית וּשְׁלִישִׁית וּשְׁנִיָּה, וּלְבַתְרֵיהּ שִׁשִּׁית. וְאַכַּתִּי הֲוָה לָן לְמֵיתַב לֵיהּ, אֶלָּא הָא פָּרֵישׁ רַבִּי יְהוּדָה בְּהֶדְיָא דְּבֵין חָמֵשׁ לְשֶׁבַע לָא טָעוּ, שֶׁבְּחָמֵשׁ חַמָּה בַּמִּזְרָח וּבְשֶׁבַע בַּמַּעֲרָב. וְכָל הָנָךְ טָעוּתָא דְּיָהֲבִינַן לְהוּ – ה"מ לְאַפּוּלִינְהוּ וּלְמִפְטְרִינְהוּ מִקְּטָלָא. אֲבָל מ"מ, מִשָּׁעָה כְּשֶׁהוּזַּם אֶחָד מֵהֶן בְּאוֹתָהּ שָׁעָה לְבַדָּהּ וּבָטֵל אַחֲרֶיהָ – מִיָּד בָּטְלָה הָעֵדוּת, וַאֲפִי' לֹא הוּזַּם בְּטָעוּת שֶׁלְּפָנָיו, דְּהָא כִּי אָמְרוּ לֵיהּ לְבַעַל ג' שְׁלִישִׁית וּרְבִיעִית וַחֲמִישִׁית עִמָּנוּ הָיִיתָ, וְהוּלְכַךְ לוֹמַר בַּשְּׁנִיָּה הָיָה אֶלָּא שֶׁטָּעִיתִי – הֲרֵי נֶחְלְקָה עֵדוּתָן, שֶׁאִם בַּשְּׁנִיָּה הָיָה הַמַּעֲשֶׂה – אֵין כָּאן אֶלָּא עֵד אֶחָד, דְּהָא חֲבֵירוֹ אָמַר בְּחָמֵשׁ, וּבֵין שְׁנִיָּה לַחֲמִישִׁית לָא טָעוּ: **נֵיכוֹל** עַד סוֹף שִׁשִּׁית. דְּהָא מִן הַתּוֹרָה אֵינוֹ אָסוּר אֶלָּא מִשֶּׁעָבְרוּ שֵׁשׁ, וְרַבָּנַן לָמָּה(א) הוּא דַּעֲבוּד הַרְחָקָה בְּמִידֵּי דְּלָא טָעוּ אֱינָשֵׁי בֵּיהּ? **עֵדוּת** מְסוּרָה לַזְּרִיזִים. אֵין אָדָם בָּא לְהָעִיד עַל הַנֶּפֶשׁ אא"כ בָּקִי בַּשָּׁעוֹת, לְפִי שֶׁיּוֹדֵעַ הוּא שֶׁסּוֹפוֹ לְהִדָּרֵשׁ בִּדְרִישָׁה וַחֲקִירָה. אֲבָל חָמֵץ עַל הַכֹּל מוּטָל, וְשֶׁאֵינוֹ בָּקִי בַּשָּׁעוֹת טוֹעֶה בָּהֶן: בְּחָמֵשׁ חַמָּה בַּמִּזְרָח וּבְשֶׁבַע בַּמַּעֲרָב. וְחָמֵץ אֵינוֹ אָסוּר אֶלָּא בְּשֶׁבַע, וְאֵין טָעוּת בֵּין חָמֵשׁ לְשֶׁבַע: **אִי הָכִי** בְּשֵׁשׁ נַמִי נֵיכוֹל. דְּהָא בְּשֵׁשׁ עֲדַיִין לֹא נָטְתָה חַמָּה לְצַד מַעֲרָב אֶלָּא בְּאֶמְצַע הָרָקִיעַ, וּזְרִיחָתָהּ תַּחְתֶּיהָ בְּרֹאשׁ כָּל אָדָם, וְאֵין צֵל נוֹטֶה לֹא לְכָאן וְלֹא לְכָאן אֶלָּא תַּחְתָּיו: **יוֹמָא**. חַמָּה: **בֵּי קַרְנָתָא קָאֵי**. בְּאֶמְצַע הָרָקִיעַ, קְרוֹבָה לִנְטוֹת לַמִּזְרָח וּקְרוֹבָה לִנְטוֹת לַמַּעֲרָב, וְאֵין עוֹמְדִין עָלֶיהָ. וּלְהָכִי נָקַט לִישָּׁנָא דְּבֵי קַרְנָתָא וְלָא נָקַט בֵּי מִילְעֵי דְּדָרוֹם קָאֵי, לְפִי שֶׁגַּלְגַּל חַמָּה שֶׁחַמָּה סוֹבֶבֶת בּוֹ עָגוֹל הוּא, וְדָבָר עָגוֹל אֵין חִילּוּק אַרְבַּע רוּחוֹת נִיכָּר בּוֹ, וּמִזְרָחוֹ מִתְעַגֵּל עַד חֲצִי דְּרוֹמוֹ וַחֲצִי צְפוֹנוֹ, וּמֶיחֱזֵי פַּלְגֵי דָּרוֹם בְּסוֹף מִזְרָח וְרֹאשׁ מַעֲרָב: **מִתְּחִילַּת אַרְבַּע לָא נֵיכוֹל**. דְּהָא טָעֵי שֵׁשׁ וְחָמֵשׁ וְאַרְבַּע. וּמְשַׁנֵּי: שָׁמְעִי' לֵיהּ לְרַבִּי יְהוּדָה דְּאָמַר בֵּין חָמֵשׁ לְשֶׁבַע לָא טָעוּ, וְכ"ש אַרְבַּע: **עֵדוּת** מְסוּרָה לַזְּרִיזִין. וְהִילְכָּךְ מוֹדֵי בֵּיהּ רַבִּי יְהוּדָה דְּלָא טָעוּ בֵּין חָמֵשׁ לְשֶׁבַע. אֲבָל חָמֵץ לַכֹּל מָסוּר, וְטָעוּ. מִיהוּ, כּוּלֵּי הַאי לָא טָעוּ. וְאַע"ג דְּטָעוּ בֵּין תְּחִילַּת שָׁלֹשׁ לְסוֹף חָמֵשׁ, דְּהַיְינוּ שָׁלֹשׁ שָׁעוֹת – לָא טָעוּ בֵּין סוֹף אַרְבַּע לִתְחִילַּ' שֶׁבַע, לְאַסְרִינְהוּ בְּד' מִשּׁוּם שֶׁבַע, אַע"ג דְּאִיכָּא בְּצִיר מִשָּׁלֹשׁ – מִשּׁוּם דְּאִיכָּא הֶיכֵּירָא בַּחַמָּה: **וְרָבָא אֲמַר**. טַעְמָא דְּר' יְהוּדָה בְּחָמֵץ לָאו מִשּׁוּם טָעוּתָא הִיא, דְּלָא טָעוּ אֱינָשֵׁי בֵּין חָמֵשׁ לְשֶׁבַע, כִּדְקָאָמַר: חָמֵשׁ חַמָּה בַּמִּזְרָח כו'. וְהַאי דְּקָאָמַר תּוֹלִין כָּל חָמֵשׁ – ר' יְהוּדָה לְטַעְמֵיהּ, דְּאָמַר בְּאִידָךְ פִּירְקִין (דף כח.): אֵין בִּיעוּר חָמֵץ אֶלָּא שְׂרֵיפָה, הִילְכָּךְ אָסְרוּ רַבָּנַן בַּאֲכִילָתוֹ כְּדֵי שֶׁיְּהֵא לוֹ פְּנַאי לְלַקֵּט עֵצִים בֵּינְתַיִים, וְאִי שָׁרֵית לֵיהּ כָּל חָמֵשׁ – אֵינוֹ נִזְכַּר. אֲבָל עַכְשָׁיו דְּתָלֵי לֵיהּ – רָמֵי אַנַּפְשֵׁיהּ וּמִדְכַּר לְלַקֵּט: **אֵימָתַי**. אֲנִי אוֹמֵר אֵין בִּיעוּר חָמֵץ אֶלָּא שְׂרֵיפָה: **שֶׁלֹּא בִּשְׁעַת בִּיעוּרוֹ**. בִּתְחִילַּת שֵׁשׁ וְכָל שֵׁשׁ, דְּאַכַּתִּי מִדְּאוֹרַיְיתָא שָׁרֵי(ב). אֲבָל בִּשְׁעַת בִּיעוּרוֹ, בְּשֶׁבַע, שֶׁהוּא מוּזְהָר מִן הַתּוֹרָה – הַשְׁבָּתָתוֹ בְּכָל דָּבָר. וְטוֹרֵחַ זֶה לָמָּה? אִם אֵין לוֹ עֵצִים – יַמְתִּין עַד שְׁעַת בִּיעוּרוֹ, וְיַשְׁבִּיתֶנּוּ בְּכָל דָּבָר: **יוֹם הַמְּעוּנָּן**. שֶׁאֵין חַמָּה זוֹרַחַת, וְאֵין יְכוֹלִין לִבְדּוֹק בַּחַמָּה: **זְמַן סְעוּדָה לַכֹּל הִיא**. וְהַכֹּל בְּקִיאִים בָּהּ: **לוּדִים** וְלִסְטִים רַעַבְתָּנִים הֵן, אֶלָּא שֶׁהַלִּיסְטִים גְּעוּרִין כָּל הַלַּיְלָה וִישֵׁנִים שַׁחֲרִית שָׁעָה רִאשׁוֹנָה, וְאוֹכְלִין בַּשְּׁנִיָּה: **יוֹרְשִׁין**. לָאו מִשּׁוּם רַעַבְתָּנוּת, אֶלָּא הוֹאִיל וְלֹא עָמְלוּ בּוֹ: **כְּמַחֲלוֹקֶת**. דְּרַבִּי מֵאִיר וְר' יְהוּדָה בְּעֵדוּת, מִשּׁוּם דִּלְרַבִּי יְהוּדָה טָעֵי אֱינָשֵׁי טְפֵי, כָּךְ מַחֲלוֹקֶת בְּמַתְנִיתִין נַמִי בְּחָמֵץ, מִשּׁוּם דְּלָר' יְהוּדָה טָעֵי אֱינָשֵׁי טְפֵי. וּבֵין לְר' מֵאִיר וּבֵין לְר' יְהוּדָה דְּלָא מְרַחֲקֵי כּוּלֵּי טָעוּתָא כִּדְאָמְרַן בְּעֵדוּת, לְמַר שְׁתֵּי שָׁעוֹת וּלְמַר שָׁלֹשׁ שָׁעוֹת(ג): **מִשּׁוּם שִׁינּוּיָיא דְּשַׁנֵּינַן**. חָמֵץ לַכֹּל מָסוּר. דְּלָא תֵּימָא תַּנָּאֵי הִיא, כִּי קַשְׁיָא לָךְ מַתְנִי' דְּסַנְהֶדְרִין וּמַתְנִי' דְּהָכָא, לָא תֵּימָא: תַּנָּאֵי הִיא אַלִּיבָּא דְּר' מֵאִיר וְר' יְהוּדָה, דְּתַנָּא דְּמַתְנִי' סָבַר לְר' מֵאִיר אָדָם טוֹעֶה שָׁעָה אַחַת וּלְר' יְהוּדָה אָדָם טוֹעֶה שְׁתַּיִם, וְתַנָּא דְּסַנְהֶדְרִין סָבַר: לְר"מ אָדָם טוֹעֶה שְׁתַּיִם, וּלְר' יְהוּדָה שָׁלֹשׁ. אֶלָּא וַדַּאי כְּאוֹתוֹ מַחֲלוֹקֶת שֶׁל שָׁם כָּךְ הוּא כָּאן, אֶלָּא מִשּׁוּם דְּחָמֵץ לַכֹּל מָסוּר הוּא. א"נ: כִּי קָשֶׁה לָךְ לְר' יְהוּדָה דְּאָמַר הָתָם אֵין טָעוּת בֵּין חָמֵשׁ לְשֶׁבַע מִשּׁוּם חַמָּה, וְהָכָא אָמַר טָעוּ – לָא תֵּימָא תַּנָּאֵי הִיא, אֶלָּא כְּטַעְמוֹ שָׁם כָּךְ טַעְמוֹ כָּאן, אֶלָּא שֶׁהֶחָמֵץ לַכֹּל מָסוּר. אִי נַמִי: מִשּׁוּם יוֹם הַמְּעוּנָּן: **לֹא שָׁנוּ**. הָךְ דְּסַנְהֶדְרִין אֶלָּא שֶׁהֵעִידוּ עַל הַשָּׁעוֹת, אֲבָל הוֹצִיאוּ בְּפִיהֶם שֵׁם הָנֵץ הַחַמָּה – אֵין כָּאן טָעוּת אֶלָּא כָּזָב: **בְּתוֹךְ הָנֵץ**. כְּשֶׁמַּתְחִיל הָנֵץ: הֲלָכָה

צא א מיי' פ"א מהל' חמץ הלכה ט:
צב ב טוש"ע או"ח סי' קנז:
צג ג מיי' פ"ב מהלכות עדות הלכה ה סמג לאוין טו:

רבינו חננאל

המזומן שיהו עמהן [כדי] שיתכן שיטעו אבל אם יעידו בשעה ה' אין נותנין שלש שעות שהן ה' וששית ושביעית בטעותם למה שבחמש חמה במזרח ובשבע חמה במערב ואין אדם טועה בזה וכענין הזה נותנין למעיד בשעה שביעית ולא יוזמו אלא אם כן יעידו עליהם כי עמנו הייתם משעה שביעית עד שעה עשירית ואם יטעו בשעה ט' לא יוזמו אלא עד שיעידו שהיו עמהם משעה שביעית עד שעה י"א ולמה שנינו אחד אומר בשתי שעות ולא שנינו אחד אומר בשעה ראשונה לפי ששעה ראשונה שהוא שחרית ושעה י"ב שהוא ערבית אין אדם טועה בהן ודייקי' הני מילי מדקתני ר' יהודה אחד אומר בג' ואחד אומר בה' עדותן קיימת ואמר רבא מעשה כי הוה בתחלת ג' שעות הוה וטעי האי דאמר ה' ג' שעות (הוה וטעי האי ה' ג' שעות) חסר משהו אי בסוף ה' הוה מעשה והאי (דקתני) [דקאמר] ג' טעי ג' שעות חסר משהו לפניו ומצטרפי ש"מ דטעי אדם זה השיעור לפניו ולאחריו. וכענין הזה אליבא דר' מאיר שתי שעות חסר משהו זולתי השעות שאין בן אדם טועה בהן שעה ראשונה שאין אדם טועה בה שהיא ג' וכ"ש ד' וכיוצא בה:

ואקשינן ממתני' אמאי תאני ר' מאיר אוכלין כל חמש ושורפין בתחלת שש לאביי דאמר אין אדם טועה ולא כלום יאכל עד סוף שש דהא קיימא לן אך חלק מחצי היום איסורו של חמץ וללישנא אחרינ' דאביי כו' ולרבא אליבא דר' מאיר דאמר אדם טועה שתי שעו' מתחלת חמש לא יאכל למה אמר רבי מאיר אוכלין כל ה' וכן לר' יהודה מתחלת ד' ופרקי' בהא אליבא דר' יהודה הא אוקימ' לגבי עדות דלא טעי איניש בין שעה ה' לז' דבה' חמה במזרח ובז' חמה במערב וכל שכן ד' דודאי לא טעי בו' ואסיקנא תרגמה אביי בין לדידיה בין אליבא דרבא עדות מסורה לזריזין חמץ לכל מסור ולפיכך עבדו רבנן הרחקה ואתא רבא לאוקומי טעמא דר' יהודה משום דקסבר אין ביעור חמץ אלא שריפה ונדחו דבריו ואוקמה גזרה משום יום המעונן. אסקינן במחלוקת דר' מאיר ור' יהודה בעדות דמשום טעותן היא כך מחלוקת בחמץ קאמר לן דשנויא דשנין שנויי נינהו וסמכינן עלייהו.

אמר רב שימי בר אשי לא שנו דטעו אלא בשעו' כלומר אחד [אומר] כך וכך שעה ביום אבל אחד אומר קודם הנץ החמה ואחד אומר אחר הנץ החמה עדותן בטלה כי עדות מכחשת היא וכענין הזה פירשנו למעלה כי בכל מקום שהטעות דחויה העדות בטלה היא:

הגהות הב"ח

(א) רש"י ד"ה ניכול וכו' למה להו לעכוב: (ב) ד"ה אימתי וכו' מדאורייתא שרי הס"ד: (ג) ד"ה כמחלוקת וכו' ד"ה משום הל"ח: (ד) תוס' ד"ה אימתי וכו' חכמים וטעמס משוס.

[שבת נב: וש"נ]
[לקמן כח. כז: תמורה לד.]
שבת י. [ע"ש]
[כתובות לח:]
סנהדרין מב.

בְּתוֹךְ הָנֵץ הַחַמָּה — בְּגִילּוּיֵי' הֲוָה קָאֵי, וְזַהֲרוּרֵי בְּעָלְמָא הוּא דַּחֲזָא, קָא מַשְׁמַע לָן. אָמַר רַב נַחְמָן אָמַר רַב: הֲלָכָה כְּרַבִּי יְהוּדָה. אֲמַר לֵיהּ רָבָא לְרַב נַחְמָן: וְנֵימָא מָר הֲלָכָה כְּר' מֵאִיר, דִּסְתַם לָן תַּנָּא כְּוָותֵיהּ! דִּתְנַן: *כָּל שָׁעָה שֶׁמּוּתָּר לֶאֱכוֹל — מַאֲכִיל. הַהִיא לָאו סְתָמָא הוּא, מִשּׁוּם דְּקַשְׁיָא *"מוּתָּר". וְנֵימָא מָר הֲלָכָה כְּרַבָּן גַּמְלִיאֵל, דַּהֲוָה לֵיהּ מַכְרִיעַ! א"ל: רַבָּן גַּמְלִיאֵל לָאו מַכְרִיעַ הוּא, טַעַם דְּנַפְשֵׁיהּ קָאָמַר. וְאִיבָּעֵי' אֵימָא: רַב דְּאָמַר כִּי הַאי תַּנָּא, *אדְּתַנְיָ': אַרְבָּעָה עָשָׂר שֶׁחָל לִהְיוֹת בַּשַּׁבָּת — מְבַעֲרִין אֶת הַכֹּל מִלִּפְנֵי הַשַּׁבָּת, וְשׂוֹרְפִין תְּרוּמוֹת טְמֵאוֹת תְּלוּיוֹת וּטְהוֹרוֹ', וּמְשַׁיְּירִין מִן הַטְּהוֹרוֹ' מְזוֹן שְׁתֵּי סְעוּדוֹת, כְּדֵי לֶאֱכוֹל עַד ד' שָׁעוֹת, דִּבְרֵי רַבִּי אֶלְעָזָר בֶּן יְהוּדָה אִישׁ בַּרְתּוֹתָא שֶׁאָמַר מִשּׁוּם ר' יְהוֹשֻׁעַ. אָמְרוּ לוֹ: טְהוֹרוֹת לֹא יִשָּׂרְפוּ, שֶׁמָּא יִמְצְאוּ לָהֶן אוֹכְלִין. אָמַר לָהֶן: כְּבָר בִּקְּשׁוּ וְלֹא מָצְאוּ. אָמְרוּ לוֹ: שֶׁמָּא חוּץ לַחוֹמָה לָנוּ? אָמַר לָהֶם: לְדִבְרֵיכֶם, אַף תְּלוּיוֹת לֹא יִשָּׂרְפוּ — שֶׁמָּא יָבֹא אֵלִיָּהוּ וִיטַהֲרֵם. אָמְרוּ לוֹ: *כְּבָר מוּבְטָח לָהֶן לְיִשְׂרָאֵל שֶׁאֵין אֵלִיָּהוּ בָּא *לֹא בְּעַרְבֵי שַׁבָּתוֹת וְלֹא בְּעַרְבֵי יָמִים טוֹבִים מִפְּנֵי הַטּוֹרַח. אָמְרוּ: לֹא זָזוּ מִשָּׁם עַד שֶׁקָּבְעוּ הֲלָכָה כְּרַבִּי אֶלְעָזָר בֶּן יְהוּדָה אִישׁ בַּרְתּוֹתָא שֶׁאָמַר מִשּׁוּם רַבִּי יְהוֹשֻׁעַ. מַאי לָאו אֲפִילּוּ לֶאֱכוֹל? °אָמַר רַב פַּפָּא מִשְּׁמֵיהּ דְּרָבָא: לֹא, לְבַעֵר. וְאַף ר' סָבַר לְהָא דְּרַב נַחְמָן, דְּאָמַר רַבִּין בַּר רַב אַדָּא: במַעֲשֶׂה בְּאָדָם אֶחָד שֶׁהִפְקִיד דִּיסַקַּיָּא מְלֵאָה חָמֵץ אֵצֶל יוֹחָנָן *חֲקוּקָאָה, וְנִקְּבוּהָ עַכְבָּרִי' וְהָיָה חָמֵץ מְבַצְבֵּץ וְיוֹצֵא, וּבָא לִפְנֵי רַבִּי. שָׁעָה רִאשׁוֹנָה אָמַר לוֹ: הַמְתֵּן, שְׁנִיָּה — אָמַר לוֹ: הַמְתֵּן, שְׁלִישִׁית — אָמַר לוֹ: הַמְתֵּן, רְבִיעִית — אָמַר לוֹ: הַמְתֵּן, חֲמִישִׁית — א"ל: צֵא וּמוֹכְרָהּ בַּשּׁוּק. מַאי לָאו? גלְגוֹיִם, כְּרַבִּי יְהוּדָה? אָמַר רַב יוֹסֵף: לֹא, לְיִשְׂרָאֵל, כְּרַבִּי מֵאִיר. אֲמַר לֵיהּ אַבַּיֵי: אִי לְיִשְׂרָאֵל — נִישְׁקְלֵי' לְנַפְשֵׁיהּ! מִשּׁוּם חֲשָׁדָא. *דְּתַנְיָא: דגַּבָּאֵי צְדָקָה שֶׁאֵין לָהֶם עֲנִיִּים לְחַלֵּק — פּוֹרְטִין לַאֲחֵרִים וְאֵין פּוֹרְטִין לְעַצְמָן. גַּבָּאֵי תַּמְחוּי שֶׁאֵין לָהֶם עֲנִיִּים לְחַלֵּק — מוֹכְרִין לַאֲחֵרִים וְאֵין מוֹכְרִין לְעַצְמָן, מִשּׁוּם שֶׁנֶּאֱמַר: °"וִהְיִיתֶם נְקִיִּם מֵה' וּמִיִּשְׂרָאֵל" (במדבר לב). אֲמַר לֵיהּ רַב אַדָּא בַּר מַתְּנָה לְרַב יוֹסֵף: בְּפֵירוּשׁ אָמַרְתְּ לָן: צֵא וּמוֹכְרָן לְגוֹיִם כְּרַבִּי יְהוּדָה. אָמַר רַב יוֹסֵף: כְּמַאן אָזְלָא הָא שְׁמַעְתָּא דְּרַבִּי — כְּרשב"ג. *דִּתְנַן: ההַמַּפְקִיד פֵּירוֹת אֵצֶל חֲבֵירוֹ, אֲפִילּוּ הֵן אֲבוּדִין — לֹא יִגַּע בָּהֶן. רשב"ג אוֹמֵר: מוֹכְרָן בְּבֵ"ד מִפְּנֵי הֲשָׁבַת אֲבֵידָה. אֲמַר לֵיהּ אַבַּיֵי: וְלָאו אִיתְּמַר עֲלָהּ, אָמַר רַבָּה בַּר בַּר חָנָה א"ר יוֹחָנָן: ולֹא שָׁנוּ אֶלָּא בִּכְדֵי

רש"י

הֲלָכָה כְּר' יְהוּדָה. דְּתוֹלִין כָּל חָמֵשׁ: וְנֵימָא הֲלָכָה כְּר' מֵאִיר. דְּאוֹכְלִין כָּל חָמֵשׁ, דְּהָא סְתַם לָן תַּנָּא כְּוָותֵיהּ, דִּתְנַן: כָּל שָׁעָה שֶׁמּוּתָּר לֶאֱכוֹל מַאֲכִיל לִבְהֵמָה לְחַיָּה וְלָעוֹפוֹת, דְּמַשְׁמַע כְּשֶׁאֵינוֹ מוּתָּר לֶאֱכוֹל — אֵינוֹ מַאֲכִיל. וְאִי רַבִּי יְהוּדָה — הָא אִיכָּא חָמֵשׁ דְּאֵינוֹ אוֹכֵל וּמַאֲכִיל, אֶלָּא ר' מֵאִיר הִיא, דְּאָמַר: אוֹכֵל עַד תְּחִלַּת שֵׁשׁ, וּמִשָּׁעָה שֶׁאֵינוֹ אוֹכֵל אֵין מַאֲכִיל: מִשּׁוּם דְּקַשְׁיָא מוּתָּר. בְּפֶרֶק "כָּל שָׁעָה" מַקְשִׁינַן: כָּל שָׁעָה שֶׁאוֹכֵל מַאֲכִיל מִיבָּעֵי לֵיהּ. וּמוּתָּר מַשְׁמַע כָּל שָׁעָה שֶׁמּוּתָּר אָדָם אַחֵר לֶאֱכוֹל — מַאֲכִיל זֶה הָאָסוּר לֶאֱכוֹל. וּמִדּוּחְקָא דְּהָא קוּשְׁיָא אוֹקִימְנָא כְּרַבָּן גַּמְלִיאֵל, וְהָכִי קָאָמַר: כָּל שָׁעָה שֶׁמּוּתָּר כֹּהֵן לֶאֱכוֹל בִּתְרוּמָה — מַאֲכִיל יִשְׂרָאֵל חוּלִּין לִבְהֵמָה. אַלְמָא: סְתָמָא לָאו כְּר"מ הִיא: כְּרַבָּן גַּמְלִיאֵל. בְּמַתְנִי': לָאו מַכְרִיעַ הוּא. כִּדְפְרִישִׁית לְקַמָּן בְּפִירְקִין (ד' כא.), דְּאֵין הַכְרָעַת דַּעַת שְׁלִישִׁית מַכְרַעַת, וְהָא הַכְרָעַת דַּעַת שְׁלִישִׁית הִיא, דְּהָא ר"מ וְרַבִּי יְהוּדָה לָא אַיְירֵי דְּנֶיהֱוֵי שַׁיָּיךְ חִילּוּק בֵּין זְמַן תְּרוּמָה לִזְמַן חוּלִּין כְּלָל. דְּאִי הֲוָה תְּנַן: ר"מ אוֹמֵר אֶחָד חוּלִּין וְא' תְּרוּמָה כָּל חָמֵשׁ, ר' יְהוּדָה אוֹמֵר א' חוּלִּין וְאֶחָד תְּרוּמָה כָּל אַרְבַּע, וְרַבָּן גַּמְלִיאֵל אוֹמֵר: חוּלִּין כָּל אַרְבַּע, תְּרוּמָה כָּל חָמֵשׁ — הָוְיָא הַכְרָעָה. אֲבָל הַשְׁתָּא, דְּאִינְהוּ לָא אַדְכּוּר תְּרוּמָה וְחוּלִּין כְּלָל, וְלָא גִּלּוּ דַּעְתָּם שֶׁיְּהֵא שׁוּם רֶמֶז דִּין לְחַלֵּק בֵּינֵיהֶם — לָאו הַכְרָעָה הִיא, אֶלָּא דַּעַת שְׁלִישִׁית: ה"ג: וְאִיבָּעֵית אֵימָא רַב דְּאָמַר כִּי הַאי תַּנָּא. דְּקָבַע הִלְכְתָא כְּרַבִּי אֶלְעָזָר בְּרַבִּי יְהוּדָה, דְּאָמַר: אֲפִי' תְּרוּמָה כָּל אַרְבַּע, וְתוּ לָא, דְּקָתָנֵי דְּקָבְעוּ הֲלָכָה כְּמוֹתוֹ: תְּלוּיוֹת. סָפֵק טְמֵאוֹת סָפֵק טְהוֹרוֹת: מְזוֹן שְׁתֵּי סְעוּדוֹת. וְלֹא שָׁלֹשׁ. דְּכָל שָׁלֹשׁ סְעוּדוֹת דְּשַׁבָּת עַרְבִית שַׁחֲרִית וּמִנְחָה, וְעֶרֶב פֶּסַח אָסוּר לֶאֱכוֹל מִן הַמִּנְחָה וּלְמַעְלָה: טְהוֹרוֹת לֹא יִשָּׂרְפוּ. כְּלָל, הוֹאִיל וְלֹא הִגִּיעַ זְמַנָּן לְבַעֵר. וְאַע"פ שֶׁיֵּשׁ לוֹ שִׁיּוּר(א) כְּדֵי לְאַנְשֵׁי בֵּיתוֹ שֶׁל כֹּהֵן — שֶׁמָּא יִמְצָא כֹּהֲנִים אוֹרְחִים שֶׁיַּאֲכִילוּם, וְלֹא נַפְסִיד תְּרוּמָה בְּיָדַיִם. וְאִם לֹא יִמְצָא — יַאֲכִילוּם לְמָחָר לְכַלְבֵי כֹּהֲנִים, אוֹ יְבַטְּלֵם בְּלִבּוֹ: כְּבָר בִּקְּשׁוּ וְלֹא מָצְאוּ. כְּלוֹמַר: כָּל מַה שֶּׁיֵּשׁ לוֹ לְבַקֵּשׁ — כְּבָר בִּיקֵּשׁ, דְּהָא בְּשַׁבָּת לֹא יָבוֹאוּ אוֹרְחִים, וּכְבָר יוֹדֵעַ וּבָקִי הוּא בְּאוֹתָן שֶׁבָּעִיר מִי יָבוֹא אֶצְלוֹ: לָנוּ. לְשׁוֹן מָלוֹן, שֶׁמָּא בְּתוֹךְ הַתְּחוּם לָנִים כֹּהֲנִים אוֹרְחִים הַלַּיְלָה, וְיָבוֹאוּ לְמָחָר: אַף לְדִבְרֵיכֶם. דְּחָיְישִׁינַן לְשֶׁמָּא, אַמַּאי לָא פְּלִיגִיתוּ אֶלָּא בִּטְהוֹרוֹת? אַף תְּלוּיוֹת לֹא יִשָּׂרְפוּ קוֹדֶם זְמַנָּן, שֶׁמָּא יָבוֹא אֵלִיָּהוּ הַיּוֹם אוֹ מָחָר קוֹדֶם זְמַן בִּיעוּרָן וִיטַהֲרֵם, וְיֹאמַר: לֹא נָגַע בָּהֶן טוּמְאָה, וְיֹאכְלוּם: לֹא בְּעַרְבֵי שַׁבָּתוֹת כו'. וְהַיּוֹם עֶרֶב שַׁבָּת, וּלְמָחָר עֶרֶב יוֹם טוֹב: מִפְּנֵי הַטּוֹרַח. שֶׁיֵּשׁ לָהֶן לַעֲסוֹק בִּסְעוּדוֹת שַׁבָּת, וְיִטָּרְדוּ בּוֹ: מַאי לָאו אֲפִי' לֶאֱכוֹל. בְּכָל דְּבָרָיו קָבְעוּ כְּמוֹתוֹ, וְאַף בְּמַה שֶּׁקָּבַע זְמַן הָאֲכִילָה עַד ד' שָׁעוֹת, וַאֲפִי' בִּתְרוּמָה: לֹא, לְבַעֵר. הָא דְּקָבְעוּ כְּמוֹתוֹ, לָא אַיְירֵי בַּאֲכִילָה אֶלָּא בְּבִיעוּר, שֶׁהָיוּ חֲבֵירָיו חֲלוּקִין עָלָיו שֶׁלֹּא יְבַעֲרוּ טְהוֹרוֹת עַד לְמָחָר, קָבְעוּ דְּשׂוֹרְפִין מֵעֶרֶב שַׁבָּת בִּשְׁלֹשָׁה עָשָׂר. אֲבָל בְּשִׁיעוּר — לְעוֹלָם אֵימָא לָךְ כְּדֵי לֶאֱכוֹל עַד חָמֵשׁ שָׁעוֹת, וְהִיא בִּכְלָל: דִּיסַקַּיָּא. שְׁתֵּי מִלּוֹת מוּרְכָּבוֹת: שְׁנֵי שַׂקִּים, אַמְתַּחַת שֶׁל עוֹר: וְנִקְּבוּהָ עַכְבָּרִים. וְהָיָה נֶחְסָר, וְאַרְבָּעָה עָשָׂר בְּנִיסָן הָיָה, וְחָמֵץ בְּזוֹל. וּבָא לִפְנֵי רַבִּי לֵידַע אִם יִמְכְּרוּהוּ, מִפְּנֵי חֶסְרוֹנוֹ שֶׁל מַפְקִיד: הַמְתֵּן. שֶׁמָּא יָבֹא וְיֹאכַל בְּעָלָיו: חֲמִישִׁית. דְּמֵהַשְׁתָּא תּוּ לָא אָכֵיל לֵיהּ: אָמַר לוֹ צֵא וּמוֹכְרָן בַּשּׁוּק. בְּעוֹד שֶׁהוּא מוּתָּר בַּהֲנָאָה: לֹא לְיִשְׂרָאֵל. וּכְרַבִּי מֵאִיר, וְהָכִי קָאָמַר לֵיהּ: אִי שֶׁהַיְיתוֹ הָא שַׁעְתָּא — לָא מַשְׁכַּחַתְּ יִשְׂרָאֵל דְּזָבֵין לֵיהּ: נִישְׁקְלֵיהּ לְנַפְשֵׁיהּ. וְיֹאכְלֶנּוּ, וְיִתֵּן דָּמָיו לַבְּעָלִים. לָמָּה לוֹ לִטְרוֹחַ וְלֵילֵךְ בַּשּׁוּק, אַחֲרֵי שֶׁנּוֹתֵן לוֹ רְשׁוּת לִמְכּוֹר: פּוֹרְטִין. פְּרוּטוֹת שֶׁל נְחֹשֶׁת שֶׁגָּבוּ לִצְדָקָה, וּכְשֶׁמְּשַׁהִין אוֹתָם מַחֲלִידוֹת, צָרִיךְ לְפוֹרְטָן בְּכֶסֶף: תַּמְחוּי. מַאֲכַל לֶחֶם וּמִינֵי מַאֲכָל שֶׁגּוֹבִין לְחַלֵּק: וְאֵין מוֹכְרִין לְעַצְמָן. שֶׁמָּא יַחְשְׁדוּם שֶׁלּוֹקְחִים בְּזוֹל: בְּפֵירוּשׁ אָמַרְתְּ לָן כו'. *רַב יוֹסֵף חָלָה וְשָׁכַח תַּלְמוּדוֹ, וּלְאַחַר זְמַן כְּשֶׁהָיָה מַחֲלִיף דְּבָרָיו הָיוּ מַזְכִּירִין אוֹתוֹ תַּלְמִידָיו: כָּךְ לִימַּדְתָּנוּ בָּרִאשׁוֹנָה: כְּמַאן אָזְלָא הָא דְּרַבִּי. שֶׁהוֹרָה לִמְכּוֹר פִּקָּדוֹן מִפְּנֵי שֶׁאָבַד: אֲבוּדִין. נֶחְסָרִין וְהוֹלְכִין:

בִּכְדֵי

תוספות

רבן גמליאל לאו מכריע הוא. וקשה לר"י דלימא הלכה כר"ג דסתם לן תנא כוותיה בפ' "כל שעה" (לקמן כח.) מדקתני "מותר". ואפי' אם מספקא ליה אם יש לדקדק בלשון מותר אם לאו, מ"מ נימא הלכה כר' מאיר או כרבן גמליאל, דממה נפשך ההיא ד"כל שעה" כחד מינייהו אתו! וי"ל: דלאיבעית אימא סמיך. ודין הכרעה אפרש בסוף פירקין בע"ה:

ושורפין תרומות טמאות ותלויות וטהורות. אפילו אם נאמר דאסור לשרוף טהורות משום דכתיב (במדבר יח) "את משמרת תרומותי" כמו שאסור לטמאם — הכא שרי. אע"ג דמדאורייתא בביטול בעלמא סגי, ואין צריך לשורפה — מכל מקום כיון דסופה ליאסר ולילך לאיבוד — שרי לשורפה כמו לטמאותה, דשרי ר' מאיר בסוף פירקין לשרוף טמאה עם הטהורה:

ומשיירין מזון שתי סעודות. וכ"ש בחולין שאוכליהן [פ"ג] מרובין דמשיירין, כדמשמע בתוספת'*:

מאי לאו לגוים. להכי משמע לגוים, דאי לישראל — לישקול לנפשיה, כדפריך אביי בסמוך. בירושלמי גרס: לא ומוכרה בבית דין בשוק. משמע: אע"פ שנתן לו רשות רבי שהיה אב"ד למכור — אפי' הכי צריך ב"ד בשעת מכירה כדי לשומן. וא"ת: מ"ש מאלמנה דמוכרת לאחרים שלא בב"ד, ובב"ד יכולה לעכב אפילו לעצמה, דאמר בכתובות (ד' צח. ושם): אלמנה ששמה לעצמה — לא עשתה ולא כלום, דאמר: מאן שם ליך. משמע: דבבית דין יכולה לשום. וקאמרינן נמי התם: ההוא גברא דאפקידו גביה כיסתא דיתמי, אזל שמה לנפשיה. לסוף אייקר, אמר ליה: מאן שם ליך. וי"ל: דמוכרת שלא בבית דין משום חינא. וגבי כיסתא דיתמי דיכול לעכב לעצמו — היינו דוקא בדיעבד. א"נ גבי יתמי — בית דין עצמן הן המפקידים, ולכך יכול לעכב לעצמו על פיהם. אבל פקדון של אחרים — לא. והא דאמר ב"אלו מציאות" (ב"מ כח:*) שם דמיהם ומניחן(ג), גבי מציאה — התם ליכא חשד, שהרי הוא מחזיר אבידה:

בכדי

[מסורת הש"ס: לקמן כח. | [שם] | (לקמן כ: מט.) | עירובין מג: | [עי' תוס' עירובין מג: ד"ה האי תנא וכו' מבואר דלא כפירש"י דהכא] | [עי' תוס' לעיל ג: ד"ה חקוקאה] | ב"מ לח. ב"ב ח: | ב"מ שם | [נדרים מח.] | [ב"מ כח: ע"ש, נכ"ל]]

עין משפט נר מצוה

צד א מיי' פ"ג מהל' חמץ ומצה הל' ג ד סמג עשין לט טוש"ע או"ח סי' תמד סעיף א:

צה ב ג מיי' פ"ז מהל' שאלה הל' ג' טוש"ע או"ח סי' תמג סעיף ב וטוש"ע ח"מ סי' רלב סעיף יט: [רב אלפס ב"מ פ"ג דף פ"א]:

צו ד מיי' פ"ט מהלכות מתנות עניים הלכה יא סמג עשין קסב טוש"ע י"ד סי' רנז סעיף ב:

צז ה ו מיי' פ"ז מהל' שאלה הלכה א סמג עשין פח טוש"ע ח"מ סי' רלב סעיף טז:

רבינו חננאל

אמר רב נחמן אמר רב הלכה כר' [יהודה] ואע"ג דלאכילת חמץ משמע כיון דאמרי' במחלוקת בעדות כך מחלוקת בחמץ ושינויא דשנינן שינויא הוא ממילא שמעי' דהלכתא נמי כר' יהודה בעדות: **אמר** ליה רבא ונימא מר הלכה כר' מאיר שהרי שנינו סתמא כל שעה שמותר לאכול מאכיל כוותיה דר' מאיר אמר ליה לא עמדה ההיא סתמא כר' מאיר דאי הות כר' מאיר כל שעה שאוכל מאכיל מבעי לי' למיתנא ונדחת ור"ג נמי לאו מכריע הוא דהא ר"ג קדים טובא ואין ראשון מכריע לדברי אחרון ועוד אין ר"ג ור"מ דבריהם שוין דהא ר"ג לא התיר בחמץ אלא (התרו) [התרומה] הלכך לא אמרינן מכריע הוא לדחות דברי ר' יהודה ולקיים דברי ר' מאיר אלא טעמא דנפשי' קאמר: **איבעית** אימא רב דאמר כי האי תנא דתאני ארבעה עשר שחל להיות בשבת כו' ומשיירין בטהורות מזון שתי סעודות כדי לאכול עד ארבע שעות דברי ר' אלעזר בן יהודה איש ברתותא וכו' ודחה רב פפא משמא דרבא ואמר לא קבעו הלכה כמותו אלא בלבער בלבד שאמר מבערין את הכל מלפני השבת. ואמרי' אף רבי סבר דהלכתא כר' יהודה מההוא מעשה דאפקיד ההוא גברא דיסקיא מלאה חמץ אצל ר' יוחנן חקוקה ולא התיר לו ר' למכרה אלא שעה חמישית ואסקינן משמא דרב יוסף כי שעה חמישית התיר לו למכרה לגוים כר' יהודה: **והא** דרבי כרשב"ג הוא דתנן המפקיד פירות אצל חבירו אפילו הן אובדין לא יגע בהן רשב"ג אומר ימכרם בב"ד מפני השב אבדה לבעלים ודחי' לא כי

הגהות הב"ח

(א) רש"י ד"ה טהורות וכו' שיור לאנשי ביתו של כהן דשמא כצ"ל ותיבת כדי נמחק: (ב) תום' ד"ה מאי לאו וכו' ומניחן התם גבי מציאה ליכא חשד כצ"ל:

גליון הש"ס

גמ' אמר ר"פ משמיה דרבא לא לבער. כעין זה תענית י"ח ע"א מנחות ל"ב ע"א:

בִּכְדֵי חֶסְרוֹנָן, אֲבָל יוֹתֵר מִכְּדֵי חֶסְרוֹנָן — מוּכְרָן בְּבֵית דִּין, וְכָל שֶׁכֵּן הָכָא דְּהָא פְּסִידִי לְגַמְרֵי.§ "וְעוֹד אָמַר ר' יְהוּדָה שְׁתֵּי חַלּוֹת כו'".§ תָּנֵי תַּנָּא קַמֵּיהּ דְּרַב יְהוּדָה: עַל גַּב הָאִיצְטַבָּא. א"ל: וְכִי לְהַצְנִיעָן הוּא צָרִיךְ?! תְּנֵי: עַל גַּג הָאִיצְטַבָּא. *אָמַר רַחֲבָא אָמַר ר' יְהוּדָה. אהַר הַבַּיִת סְטָיו כָּפוּל הָיָה*. תַּנְיָא נַמִי הָכִי: הַר הַבַּיִת סְטָיו כָּפוּל הָיָה, רַבִּי יְהוּדָה אוֹמֵר: אִיסְטְוָונִית הָיְתָה נִקְרֵאת, סְטָיו לִפְנִים מִסְּטָיו.§ "פְּסוּלוֹת וכו'".§ אַמַּאי פְּסוּלוֹת? אָמַר רַבִּי חֲנִינָא: מִתּוֹךְ שֶׁהָיוּ מְרוּבּוֹת — נִפְסָלוֹת בְּלִינָה, דְּתַנְיָא: *באֵין מְבִיאִין תּוֹדָה בְּחַג הַמַּצּוֹת, מִפְּנֵי חָמֵץ שֶׁבָּהּ. פְּשִׁיטָא! אָמַר רַב אַדָּא בַּר אַהֲבָה: הָכָא גבְּי"ד עָסְקִינַן, וְקָסָבַר: *אֵין מְבִיאִין קָדָשִׁים לְבֵית הַפְּסוּל. וְכוּלֵּי עָלְמָא בִּשְׁלֹשָׁה עָשָׂר מַיְיתֵי לְהוּ, וּמִתּוֹךְ שֶׁהֵן מְרוּבּוֹת — נִפְסָלוֹת בְּלִינָה. מִשּׁוּם ר' יַנַּאי אָמְרוּ: כְּשֵׁירוֹת הָיוּ, וְאֶלָּא אַמַּאי קָרֵי לְהוּ פְּסוּלוֹת — שֶׁלֹּא נִשְׁחַט עֲלֵיהֶן הַזֶּבַח. וְנִשְׁחוֹט! שֶׁאָבַד הַזֶּבַח. וְנַיְיתֵי זֶבַח אַחֵר וְנִשְׁחוֹט! דְּאָמַר: זוֹ תּוֹדָה וְזוֹ לַחְמָהּ, וּכְדְרַבָּה. דְּאָמַר רַבָּה*: דאָבַד הַלֶּחֶם — מֵבִיא לֶחֶם אַחֵר, אָבְדָה תּוֹדָה — אֵין מֵבִיא תּוֹדָה אַחֶרֶת. מ"ט? לֶחֶם גְּלַל תּוֹדָה, וְאֵין תּוֹדָה גְּלַל לֶחֶם. וְנִיפְרְקִינְהוּ וְנַפְּקִינְהוּ לְחוּלִּין! אֶלָּא: לְעוֹלָם שֶׁנִּשְׁחַט עֲלֵיהֶן הַזֶּבַח, וְנִשְׁפַּךְ הַדָּם. וּכְמַאן — כְּרַבִּי, דְּאָמַר רַבִּי: *שְׁנֵי דְבָרִים הַמַּתִּירִין מַעֲלִין זֶה בְּלֹא זֶה. דְּתַנְיָא: *הכִּבְשֵׂי עֲצֶרֶת אֵין מְקַדְּשִׁין אֶת הַלֶּחֶם אֶלָּא בִּשְׁחִיטָה. כֵּיצַד? שְׁחָטָן לִשְׁמָן, וְזָרַק דָּמָן לִשְׁמָן — קִידֵּשׁ הַלֶּחֶם. שְׁחָטָן שֶׁלֹּא לִשְׁמָן וְזָרַק דָּמָן שֶׁלֹּא לִשְׁמָן — לֹא קִידֵּשׁ הַלֶּחֶם. שְׁחָטָן לִשְׁמָן וְזָרַק דָּמָן שֶׁלֹּא לִשְׁמָן — לֶחֶם קָדוֹשׁ וְאֵינוֹ קָדוֹשׁ, דִּבְרֵי רַבִּי. ר' אֶלְעָזָר בְּר"ש אוֹמֵר: לְעוֹלָם אֵינוֹ קָדוֹשׁ הַלֶּחֶם עַד שֶׁיִּשְׁחוֹט לִשְׁמָן וְיִזְרוֹק דָּמָן לִשְׁמָן. אֲפִי' תֵּימָא ר' אֶלְעָזָר בְּרַבִּי שִׁמְעוֹן, הָכָא בְּמַאי עָסְקִינַן — כְּגוֹן ושֶׁנִּתְקַבֵּל הַדָּם בַּכּוֹס וְנִשְׁפַּךְ. וְר"א בְּר"ש סָבַר לֵיהּ כַּאֲבוּהּ, *דְּאָמַר: כָּל הָעוֹמֵד לִזְרוֹק — כְּזָרוּק דָּמֵי. תָּנָא, מִשּׁוּם רַבִּי אֶלְעָזָר אָמְרוּ: כְּשֵׁירוֹת הָיוּ, כָּל זְמַן שֶׁמּוּנָּחוֹת — כָּל הָעָם אוֹכְלִין, נִיטְּלָה אַחַת מֵהֶן — תּוֹלִין, לֹא אוֹכְלִין וְלֹא שׂוֹרְפִין. נִיטְּלוּ שְׁתֵּיהֶן — הִתְחִילוּ כּוּלָּן שׂוֹרְפִין. תַּנְיָא אַבָּא שָׁאוּל אוֹמֵר:

שְׁתֵּי

רש"י

בִּכְדֵי חֶסְרוֹנָן. כְּשֶׁאֵין נֶחְסָרִין אֶלָּא כְּדֶרֶךְ חֶסְרוֹן שֶׁל פֵּירוֹת הַקָּלוּב בְּב"מ בְּ"הַמַּפְקִיד" (ד' מ.): לְחִטִּין וּלְאוֹרֶז תִּשְׁעָה חֲצָאֵי קַבִּין לַכּוֹר: דְּהָא פָּסִיד לְגַמְרֵי. שֶׁנֶּאֱסָרִים בַּהֲנָאָה: עַל גַּב הָאִיצְטַבָּא. עַל הַכִּסֵּא מַמָּשׁ: וְכִי לְהַצְנִיעָם הוּא צָרִיךְ. וַהֲלֹא לְמַרְאֵה הָעַיִן הֵם נִיתָּנוֹת שָׁם: גַּג הָאִיצְטַבָּא. גַּג הָיָה בָּנוּי לְמַעְלָה מִפְּנֵי הַגְּשָׁמִים: סְטָיו כָּפוּל הָיָה. הָאִיצְטַבָּא סָבִיב סָבִיב מַקֶּפֶת, וּבְתוֹךְ אוֹתוֹ הֶקֵּף עוֹד אַחֵר: מִתּוֹךְ שֶׁהֵן מְרוּבּוֹת. לַחְמֵי תוֹדָה בִּשְׁלֹשָׁה עָשָׂר בְּנִיסָן, שֶׁכָּל מִי שֶׁיֵּשׁ לוֹ לְהָבִיא תוֹדָה בָּרֶגֶל מְבִיאָהּ בִּשְׁלֹשָׁה עָשָׂר: נִפְסָלוֹת בְּלִינָה. לְבוֹקְרוֹ שֶׁל י"ד. לַחְמֵי תוֹדָה מ' חַלּוֹת, וְי' מֵהֶן חָמֵץ, שֶׁנֶּאֱ' (ויקרא ז) "עַל חַלֹּת לֶחֶם חָמֵץ": אֵין מְבִיאִין קָדָשִׁים לְבֵית הַפְּסוּל. אֵין מְבִיאִין קָרְבָּן בְּיוֹם שֶׁיִּתְמַעֵט זְמַן אֲכִילָתוֹ שֶׁקָּבְעָה לוֹ תּוֹרָה, וְנִמְצָא בָּא לִידֵי נוֹתָר. וְתוֹדָה נֶאֱכֶלֶת לְיוֹם וָלַיְלָה, וְאִם יְבִיאוּם בְּי"ד — אֵינָן נֶאֱכָלוֹת שֶׁל חָמֵץ אֶלָּא עַד שֵׁשׁ שָׁעוֹת: וְכוּלֵּי עָלְמָא בְּי"ג מַיְיתֵי לְהוּ. כָּל מִי שֶׁעָלָיו תּוֹדָה מְבִיאָהּ בְּי"ג, לְפִי שֶׁלֹּא יַקְרִיבֶנָּה לְמָחָר, וְכ"ש בַּפֶּסַח: נִפְסָלוֹת בְּלִינָה. שֶׁאֵין לָהֶם אוֹכְלִין כָּל כָּךְ. וּמִשּׁוּם דִּפְסוּלוֹת וְעוֹמְדוֹ' הָיוּ נִיתָּנִין שָׁם. דְּאִם הָיוּ כְּשֵׁירוֹת — לֹא הָיוּ נוֹתְנִין אוֹתָן שָׁם כְּדֵי לְפוֹסְלָן בְּיָדַיִם, שֶׁמּוּנָּחוֹת שָׁם עַד זְמַן הַבִּיעוּר וְנִשְׂרָפוֹת: כְּשֵׁירוֹת הָיוּ. כְּלוֹמַר: אֲפִילּוּ לֹא הָיָה לָהֶן פְּסוּל גָּדוֹל כְּלִינָה, שֶׁהֵן כְּבָר לִשְׂרֵיפָה — אַפ"ה, מֵאַחַר שֶׁאֵין לָהֶם תַּקָּנָה לֵיאָכֵל, וַאֲפִילּוּ הֵן עֲדַיִין טְעוּנוֹת עִיבּוּר צוּרָה — יָהֲבִינַן לְהוּ הָתָם. וְהֵיכִי דָּמֵי — כְּגוֹן שֶׁלֹּא נִשְׁחַט עֲלֵיהֶן הַזֶּבַח, וְיֵשׁ לָהֶן קְדוּשַּׁת דָּמִים מִשֶּׁהוּקְדְּשׁוּ, וְאֵין לָהֶן הֶיתֵּר עַד שֶׁיִּשָּׁחֵט עֲלֵיהֶן הַזֶּבַח וְיִזָּרֵק הַדָּם. דְּלַחְמֵי תוֹדָה אֵין קְדוֹשִׁין קְדוּשַּׁת הַגּוּף אֶלָּא בִּשְׁחִיטַת הַזֶּבַח, כְּדְתַנְיָא בִּמְנָחוֹת: "עַל חַלֹּת לֶחֶם חָמֵץ יַקְרִיב קָרְבָּנוֹ עַל זֶבַח" — מְלַמֵּד שֶׁאֵין הַלֶּחֶם קָדוֹשׁ אֶלָּא בִּזְבִיחַת הַתּוֹדָה. וְהַאי קָדוֹשׁ — קְדוּשַּׁת הַגּוּף קָאָמַר, דְּהָא מִשָּׁעָה שֶׁאָמַר הֲרֵי (עָלַי*) לְתוֹדָתִי חָל עֲלֵיהֶם שֵׁם הֶקְדֵּשׁ, אֲבָל אֵין קְדוֹשׁוֹת לִיפָּסֵל בְּלִינָה וּבִטְבוּל יוֹם, וְאִם נִטְמְאוּ — נִפְדִּין וְיוֹצְאִין לְחוּלִּין עַד שֶׁיִּשָּׁחֵט הַזֶּבַח עֲלֵיהֶן. וּכְשֵׁם שֶׁהַזֶּבַח מְקַדְּשָׁן — כָּךְ בִּזְרִיקַת הַדָּם נִיתָּרִין הֵם לַאֲכִילָה כִּבְשַׂר הַתּוֹדָה עַצְמוֹ, דְּהוֹאִיל וּתְלוּיִין בָּהּ הֲרֵי הִיא כָּמוֹהָ. וּזְרִיקַת הַדָּם מַתֶּרֶת קָדָשִׁים, דִּכְתִיב "וְדַם זְבָחֶיךָ יִשָּׁפֵךְ", וַהֲדַר "וְהַבָּשָׂר תֹּאכֵל": אֵין מֵבִיא תוֹדָה אַחֶרֶת. עַל אוֹתוֹ לֶחֶם, וּפוֹדִין אוֹתוֹ וְיוֹצֵא לְחוּלִּין. דְּלֶחֶם גְּלַל תּוֹדָה, וְכֵיוָן דְּהוּקְבַּע לָזוֹ — פָּסוּל לְאַחֶרֶת. אֲבָל בַּדָּמִים יִקַּח תּוֹדָה, אוֹ לֶחֶם תּוֹדָה אַחֶרֶת: וְאֵין תּוֹדָה גְּלַל לֶחֶם. שֶׁהִיא עִיקָּר: וְנִפְרְקִינְהוּ. דְּכָל זְמַן שֶׁלֹּא קִידְּשׁוּ לְגוּפָן יֵשׁ לָהֶם פִּדְיוֹן, וְהוֹאִיל וְיֵשׁ לָהֶם תַּקָּנָה בְּכָךְ — לָמָּה הָנוּ מַפְסִידִין קָדָשִׁים? אֶלָּא לְעוֹלָם שֶׁנִּשְׁחַט עֲלֵיהֶן הַזֶּבַח. דְּשׁוּב אֵין לָהֶן תַּקָּנָה: וּכְגוֹן שֶׁנִּשְׁפַּךְ הַדָּם. וּמִיהוּ, עֲדַיִין אֵינָן טְעוּנוֹת שְׂרֵיפָה, וּצְרִיכוֹת לְעַבֵּר צוּרָתָן, דִּתְנַן בְּ"כֵּיצַד צוֹלִין" (לקמן פב.*): כֹּל שֶׁפְּסוּלוֹ בְּגוּפוֹ — יִשָּׂרֵף מִיָּד; בְּדָם וּבִבְעָלִים — תְּעוּבַּר צוּרָתוֹ, וְיֵצֵא לְבֵית הַשְּׂרֵיפָה. וְאַפ"ה מְזַלְזְלִינַן בְּהוּ, וְיָהֲבִינַן לְהוּ הָתָם: כְּמַאן. קָאָמְרַתְּ דִּבְשְׁחִיטָה לְחוּדָהּ קָדוֹשׁ גּוּפוֹ שֶׁלֹּא לִפְדּוֹת עוֹד: שְׁחִיטָה וּזְרִיקָה. הֵן מַתִּירִין אֶת הַזֶּבַח וְאֶת הַתָּלוּי בּוֹ: מַעֲלִין. מַעֲלִין אוֹתוֹ מַעֲלָה אַחַת לִיקָּדֵשׁ בְּגוּפוֹ, וְאַעַ"פ שֶׁאֵינוֹ נִיתָּר עַד שֶׁתָּבוֹא הַשְּׁנִיָּה: שְׁתֵּי הַלֶּחֶם שֶׁל עֲצֶרֶת תְּלוּיִין בִּשְׁנֵי כִּבְשֵׂי שְׁלָמִים דִּכְתִיב (ויקרא כג) "וּשְׁנֵי כְבָשִׂים בְּנֵי שָׁנָה לְזֶבַח הַשְּׁלָמִים, וְהֵנִיף הַכֹּהֵן אוֹתָם עַל לֶחֶם הַבִּכּוּרִים תְּנוּפָה לִפְנֵי ה'". וְגָמְרִינַן לְהוּ מִלַּחְמֵי תוֹדָה שֶׁאֵין קְדוֹשִׁים אֶלָּא בִּזְבִיחָתָהּ, בִּמְנָחוֹת בְּפֶרֶק "הַתְּכֵלֶת"*: קָדוֹשׁ. לִיפָּסֵל בְּיוֹצֵא, וְשֶׁלֹּא יִפָּדֶה עוֹד: וְאֵינוֹ קָדוֹשׁ. וְאֵינוֹ נִיתָּר בַּאֲכִילָה. וְאַף עַל פִּי שֶׁהַכְּבָשִׂים עַצְמָן מוּתָּרִין, דְּקַיְימָא לָן: כָּל הַזְּבָחִים שֶׁנִּזְבְּחוּ שֶׁלֹּא לִשְׁמָן כְּשֵׁירִין, אֶלָּא שֶׁלֹּא עָלוּ לַבְּעָלִים לְשֵׁם חוֹבָה. וְתַנְיָא בְּפֶרֶק שֵׁנִי דְּבֵיצָה (ד' כ:): כִּבְשֵׂי עֲצֶרֶת שֶׁשְּׁחָטָן שֶׁלֹּא לִשְׁמָן — הַדָּם יִזָּרֵק וְהַבָּשָׂר יֵאָכֵל. אִינְהוּ הוּא דְּמִתְאַכְלֵי כִּשְׁלָמִים בְּעָלְמָא; אֲבָל לֶחֶם, כֵּיוָן דִּכְבָשִׂים אֵין שְׁמָן עֲלֵיהֶן, דְּהָא לֹא עָלוּ לְשֵׁם חוֹבָה אֶלָּא לְשֵׁם שַׁלְמֵי נְדָבָה עֲלֵיהֶן — מִי יַתִּירֶנּוּ? כַּאֲבוּהּ. בְּב"ק בְּפֶרֶק "מְרוּבֶּה" (ד' עו:): הָעוֹמֵד לִיזְרוֹק. שֶׁאֵינוֹ מְחוּסָּר אֶלָּא זְרִיקָה: כְּזָרוּק דָּמֵי. לָחוּל עָלָיו כָּל שֵׁם פְּסוּל קָדְשֵׁי קָדָשִׁים. אֲבָל לְאִישְׁתַּרוּיֵי — לָא מִישְׁתְּרֵי עַד דְּזָרֵיק:

שְׁתֵּי

תוספות

בכדי חסרונן. פ"ה: כדרך חסרונס של פירות. וקשה לר"י: א"כ מ"ט דרשב"ג, דאמר מוכרן בב"ד? ואור"י: דמיירי דנחסר בחדש אחד יותר ממה שחסרון עולה לחדש, וקרי בכדי חסרונן — לפי שעדיין לא נתחסרו יותר מכדי חסרון העולה לשנה, כדמפר' ב"המפקיד" (ב"מ מ.): לחטין ולאורז תשעה חצאי קבין לכור. אבל אם נחסרו יותר — ד"ה מוכרן בב"ד:

אמר רחבא אמר רבי יהודה. לפי שהיה רבו מובהק קרי לי' ר':

אין מביאין תודה אחרת. פ"ה: ואותו לחם פודים ויוצא לחולין, ויקח בדמים תודה אחרת או לחם לתודה אחרת. ואין נראה, כיון דלחם גופיה לא חזי לתודה אחרת — דמים נמי לא חזו לתודה אחרת, דמאי שנא? ובפרק "התודה" (מנחות פ.) אמר בהדיא: הפריש מעות ללחמי תודה ונותרו — אין מביא בהן תודה אחרת. ואע"ג דהדמים אסורים פריך שפיר וניפרקינהו דשמא תמצא תודה שאבדה. א"נ: ניפרקינהו בשוה פרוטה, דלכתחלה יכול לחלל שוה מנה על פרוטה כשאין הפסד להקדש, כדמוכח בערכין (ד' כט.):

אלא לעולם שנשחט עליהן הזבח. אומר ריב"א דהשתא הדר ביה ממה שאמר כשירות היו, דבי"ג איירי שנשחט הזבח, כדאמר לעיל: אין מביאין תודה בי"ד, והשתא מיפסלו טפי שנשפך הדם וגם נפסלו בלינה. ולכך מעמיד בנשפך הדם, שהטעם הראשון שאמר רבי חנינא מתוך שהן מרובות נפסלות בלינה נראה לו דוחק, דאיך יתכן דמפני ריבוי שלהן לא ימצא אוכלים? הלא מותרין לזרים! ובירושלמי רבי חנינא גופיה משני האי שינויא, דגרס התם: רבי חנינא אומר פסולות היו, מפני שהיו ממהרים להביא תודותיהן מפני חמץ שבתודות ואי אפשר שלא ישפך דמה של אחת מהן והן נפסלות. מדקאמר מפני שממהרין — משמע דבי"ג מיירי, דכולם היו מביאין:

שחטן שלא לשמן ונזרק דמן שלא לשמן. נראה: נזרק דמן שלא לשמן — לאו דוקא, דהוא הדין אם נזרק לשמן:

הלחם קדוש. ב"התכלת" (מנחות ד' מז:) איכא מאן דאמר קדוש לתפוס פדיונו. ולא בעי למימר שילא לחולין — אלא תופס פדיונו ואינו יוצא לחולין, דאל"כ אכתי תיקשי: וליפרקינהו:

כל העומד ליזרק כזרוק דמי. וא"ת: זרק דמן שלא לשמן, נימא נמי כזרוק דמי, ואמאי קאמר רבי אלעזר ב"ר שמעון דאינו קדוש? וי"ל: כיון שעקרן מלשמן — גרע מנשפך הדם, ואיגליא מלתא דלא הוי כזרוק בשעת קבלה. וקשה: דבפרק "המנחות והנסכים" (מנחות קב.) אמר: פיגל בזריקה — מטמא טומאת אוכלים לר"ש, משום דכל העומד לזרוק כזרוק דמי. ודוחק לחלק בין פיגול לשלא לשמו. וי"ל: דלגביה גופיה דזבח חשיב כזרוק, אע"ג דפיגל בזריקה. אבל לגבי דברים המתקדשים עם הזבח, כגון לחם — לא חשיב כזרוק, כשנעשה הזריקה שלא בהכשר:

כשירות היו. וא"ת: מאחר דכשירות היו אמרי משהין אותן עד שעת איסור? וי"ל: דהיינו (כרשב"ג) דאמר לעיל (ד' יא:): תרומה כל חמש, ולחמי תודה כתרומה, והיו נוטלים האחרונה בסוף חמש. וכן משמע בירושלמי:

שתי

עין משפט נר מצוה

צח א מיי' פ"ה מהל' בית הבחירה הל' א:

צט ב ג מיי' פ"ב מהל' חגיגה הל' יג:

ק ד מיי' פי"ב מהלכות פסולי מוקדשין הל' יא:

קא ה מיי' פי"ז שם הלכה יח:

קב ו (מיי' פ"ג שם הל' יח ופ"ו מהל' איסורי מזבח הל' ד ה):

[סטיו לפנים מסטיו כל"ל]

רבינו חננאל

אמרו רבנן לא יגע בהן כר' יוחנן דאמר מחלוקת אם אבד בכדי חסרונן אבל יתר מכדי חסרונן אפי' רבנן מודו שמוכרין אותן וכל שכן הכא בפסח שאם ישארו יפסדו לגמרי וכבר פרשנוהו בגמ' במקומו באר היטב: **מתני'** ועוד אמר ר' יהודה שתי חלות של תודה פסולות כו' תאני תנא ע"ג האצטבא אמר ליה רב יהודה וכי להצניען הוא צריך שמניחן בתוך הבית תני על גג האצטבא שיהו הכל מביטין עליהן: **למה** פסולות מפני שיש בחלות של תודה חמץ לפיכך אין מביאין תודה בחג המצות ואפילו בארבעה עשר אין מביאין שכיון שאין התודה נאכלת אלא ליום ולילה ובארבעה עשר אין מותר לאכלן אפילו בו ביום כלו אין מביאין אותו להפסל לפיכך מקדימין ומביאין הכל ביום שלשה עשר ומפני שהיו באות הרבה היו נותרות ונפסלות. והאי דר' ינאי דאמר כשרות היו נדחו ואוקימנא בשנשחט עליהן הזבח ועדיין לא נזרק הדם וכדר' דאמר שני דברים המתירין והן שחיטה וזריקה שמתירין חלבים למזבח והבשר לאכילה מועלין זה בלא זה כלומר מקדיש האחד בלא חבירו והנהנה ממנו כנהנה מן ההקדש שחייב קרבן מעילה ור' (מאיר) [מאי] היא דתניא כבשי עצרת אין מקדשין אלא בשחיטה כיצד שחטן לשמן וזרק דמן (שלא) לשמן קדש הלחם שחטן שלא לשמן וזרק דמן שלא לשמן לא קדש הלחם שחטן לשמן וזרק דמן שלא לשמן הלחם קדוש ואינו קדוש דברי רבי ר' אלעזר בר' שמעון אומר לעולם אינו קדוש עד שישחוט לשמן ויזרוק דמן לשמן ואמרי' אפי' תימא רבי אלעזר בר' שמעון כגון דקבליה לדם ואשתפוך וסבר לה כר' שמעון אבוה דאמר כל העומד לזרוק כזרוק דמי: **משום** ר' אלעזר אמר כשרות היו כל זמן ששתיהן מונחות הכל אוכלין וכו' תניא אבא

מסורת הש"ס

לקמן נג: סוכה מה. ברכות לג:

ביצה יט:

[ביצה שם: ולקמן לח: זבחים עה: בכורות ס: נדה ע:]

מנחות פ. וע"ש שנ"ל ר' אבא

[מנחות עט.]

יבמות קד: מנחות מז. וקף עב: (יבמות קה:)

אלו

ב"ק עו: (מנחו' עט: קב: בריתות כג: תמורה כב:]

[ולקמן לז:]

[ג"ל ר"י]

דף מז.

שְׁתֵּי פָּרוֹת הָיוּ חוֹרְשׁוֹת בְּהַר הַמִּשְׁחָה, כָּל זְמַן שֶׁשְּׁתֵּיהֶן חוֹרְשׁוֹת – כָּל הָעָם אוֹכְלִין, נִיטְּלָה אַחַת מֵהֶן – תּוֹלִין, לֹא אוֹכְלִין וְלֹא שׂוֹרְפִין. נִיטְּלוּ שְׁתֵּיהֶן – הִתְחִילוּ כָּל הָעָם שׂוֹרְפִין.§

מתני' *רַבִּי חֲנִינָא סְגַן הַכֹּהֲנִים אוֹמֵר: [א]מִימֵיהֶם שֶׁל כֹּהֲנִים לֹא נִמְנְעוּ מִלִּשְׂרוֹף אֶת הַבָּשָׂר שֶׁנִּטְמָא בִּוְולַד הַטּוּמְאָה עִם הַבָּשָׂר שֶׁנִּטְמָא בְּאַב הַטּוּמְאָה, אע"פ שֶׁמּוֹסִיפִין טוּמְאָה עַל טוּמְאָתוֹ. הוֹסִיף ר' עֲקִיבָא *וְאָמַר: מִימֵיהֶם שֶׁל כֹּהֲנִים לֹא נִמְנְעוּ מִלְּהַדְלִיק אֶת הַשֶּׁמֶן שֶׁנִּפְסַל בִּטְבוּל יוֹם בְּנֵר שֶׁנִּטְמָא בִּטְמֵא מֵת, אַף עַל פִּי שֶׁמּוֹסִיפִין טוּמְאָה עַל טוּמְאָתוֹ. אָמַר רַבִּי מֵאִיר: מִדִּבְרֵיהֶם לָמַדְנוּ שֶׁשּׂוֹרְפִין תְּרוּמָה טְהוֹרָה עִם הַטְּמֵאָה בַּפֶּסַח. א"ר יוֹסֵי: [ב]אֵינָהּ הִיא הַמִּדָּה. וּמוֹדִים ר' אֱלִיעֶזֶר וְרַבִּי יְהוֹשֻׁעַ שֶׁשּׂוֹרְפִין זוֹ לְעַצְמָהּ וְזוֹ לְעַצְמָהּ, עַל מָה נֶחְלְקוּ – עַל הַתְּלוּיָה וְעַל הַטְּמֵאָה, שֶׁר' אֱלִיעֶזֶר אוֹמֵר: [ג]תִּשָּׂרֵף זוֹ לְעַצְמָהּ וְזוֹ לְעַצְמָהּ, וְר' יְהוֹשֻׁעַ אוֹמֵר: שְׁתֵּיהֶן כְּאַחַת.§

גמ' מִכְּדִי, בָּשָׂר שֶׁנִּטְמָא בִּוְולַד הַטּוּמְאָה מַאי הָוֵי – שֵׁנִי, כִּי שָׂרֵיף לֵיהּ בַּהֲדֵי בָּשָׂר שֶׁנִּטְמָא בְּאַב הַטּוּמְאָה מַאי הָוֵי – שֵׁנִי, שֵׁנִי וְשֵׁנִי הוּא, מַאי מוֹסִיף לוֹ טוּמְאָה עַל טוּמְאָתוֹ אִיכָּא?! אָמַר רַב יְהוּדָה: הָכָא [ד]בִּוְולַד וְוָלַד עָסְקִינַן, דְּהָוֵי לֵיהּ שְׁלִישִׁי, וְקָסָבַר: שְׁלִישִׁי מוּתָּר לַעֲשׂוֹתוֹ שֵׁנִי. וְהָא אֵין אוֹכֶל מְטַמֵּא אוֹכֶל! דְּתַנְיָא: יָכוֹל יְהֵא אוֹכֶל מְטַמֵּא אוֹכֶל – ת"ל: °"וְכִי יֻתַּן מַיִם עַל זֶרַע וְנָפַל מִנִּבְלָתָם עָלָיו טָמֵא הוּא" – הוּא טָמֵא, וְאֵין עוֹשֶׂה כַּיּוֹצֵא בּוֹ טָמֵא. הָנִיחָא לְאַבָּיֵי דְּאָמַר: לֹא שָׁנוּ אֶלָּא בְּחוּלִּין, אֲבָל בִּתְרוּמָה וְקָדָשִׁים – עוֹשֶׂה כַּיּוֹצֵא בּוֹ. וּלְרַב אַדָּא בַּר אַהֲבָה מִשְּׁמֵיהּ דְּרָבָא נַמִי, דְּאָמַר: לֹא שָׁנוּ אֶלָּא חוּלִּין וּתְרוּמָה אֲבָל בְּקָדָשִׁים – עוֹשֶׂה כַּיּוֹצֵא בָּהֶן – שַׁפִּיר. אֶלָּא לְרָבִינָא מִשְּׁמֵיהּ דְּרָבָא, דְּאָמַר: מִקְרָא מָלֵא דִּיבֵּר הַכָּתוּב, לָא שְׁנָא חוּלִּין לָא שְׁנָא תְּרוּמָה, לָא שְׁנָא קֳדָשִׁים – אֵינוֹ עוֹשֶׂה כַּיּוֹצֵא בּוֹ. מַאי אִיכָּא לְמֵימַר? הָכָא בְּמַאי עָסְקִינַן – דְּאִיכָּא מַשְׁקִין בַּהֲדֵי בָּשָׂר, דְּקָא מִיטַּמֵּא מֵחֲמַת מַשְׁקִין. אִי הָכִי, הַאי "עִם הַבָּשָׂר שֶׁנִּטְמָא בְּאַב הַטּוּמְאָה"? "עִם הַבָּשָׂר וּמַשְׁקִין" מִיבָּעֵי לֵיהּ! אֶלָּא: [ה]נְהִי דְּאֵין אוֹכֶל מְטַמֵּא אוֹכֶל מִדְּאוֹרַיְיתָא, מִדְּרַבָּנַן מִיהוּ מְטַמֵּא.§ "הוֹסִיף ר' עֲקִיבָא מִימֵיהֶן שֶׁל כֹּהֲנִים לֹא נִמְנְעוּ מִלְּהַדְלִיק כו'".§ מִכְּדִי, שֶׁמֶן שֶׁנִּפְסַל בִּטְבוּל יוֹם מַאי הָוֵי – שְׁלִישִׁי, וְכִי מַדְלִיק לֵיהּ בְּנֵר שֶׁנִּטְמָא בִּטְמֵא מֵת מַאי הָוֵי – שֵׁנִי, מַאי קמ"ל – שְׁלִישִׁי מוּתָּר לַעֲשׂוֹתוֹ שֵׁנִי, הַיְינוּ הָךְ! אָמַר רַב יְהוּדָה: הָכָא [ו]בְּנֵר שֶׁל מַתֶּכֶת עָסְקִינַן, דְּרַחֲמָנָא אָמַר בַּחֲלַל

(ויקרא יא; תורה אור)

רש"י

שְׁתֵּי פָּרוֹת הָיוּ חוֹרְשׁוֹת. אוֹתוֹ הַיּוֹם, לְסִימָן: בְּהַר הַמִּשְׁחָה. הוּא הַר הַזֵּיתִים: **מתני'** מִימֵיהֶם שֶׁל כֹּהֲנִים. הָכָא נָקַט לָהּ מִשּׁוּם סֵיפָא, דְּקָתָנֵי: מִדִּבְרֵיהֶן לָמַדְנוּ שֶׁשּׂוֹרְפִין תְּרוּמָה כו': מִלִּשְׂרוֹף אֶת הַבָּשָׂר שֶׁנִּטְמָא בִּוְולַד הַטּוּמְאָה. שֶׁנָּגַע בְּשַׂר קוֹדֶשׁ זֶה בְּרִאשׁוֹן לְטוּמְאָה, וְה"ל אִיהוּ שֵׁנִי, וְלֹא נִמְנְעוּ מִלְּשׂוֹרְפוֹ עִם חָמוּר מִמֶּנּוּ, מִמִּי שֶׁנָּגַע בְּאַב הַטּוּמְאָה. דְּהוֹאִיל וְאַף זֶה הַקַּל לִשְׂרֵיפָה עוֹמֵד – לֹא חָשׁוּ אִם מְטַמְּאִין אוֹתוֹ יוֹתֵר מִמַּה שֶּׁהָיָה. וּבַגְּמָרָא פָּרֵיךְ: מַאי תּוֹסֶפֶת טוּמְאָה אִיכָּא? הֲלֹא גַּם בָּרִאשׁוֹנָה בִּוְולַד טוּמְאָה נָגַע, וְעַכְשָׁיו חוֹזֵר וְנוֹגֵעַ בִּוְולַד הַטּוּמְאָה: מִלְּהַדְלִיק שֶׁמֶן. שֶׁל תְּרוּמָה: שֶׁנִּפְסַל בִּטְבוּל יוֹם. וְהוּא שְׁלִישִׁי. דִּטְבוּל יוֹם פּוֹסֵל אֶת הַתְּרוּמָה מִן הַתּוֹרָה, בִּיבָמוֹת פֶּרֶק "הֶעָרֵל" (דף עה.) מִ"בְּכָל קוֹדֶשׁ לֹא תִגָּע", וְיוֹלֶדֶת מִשֶּׁטָּבְלָה לְסוֹף יְמֵי טוּמְאָה עַד מְלֹאת יְמֵי טָהֳרָה שֶׁלָּהּ טְבוּלַת יוֹם אָרוֹךְ הִיא, שֶׁהֲרֵי אֵינָהּ רְאוּיָה לְהָבִיא כַּפָּרָה עַד יוֹם שְׁמוֹנִים וְאֶחָד, אַלְמָא: לָא הָוֵי הֶעֱרֵב שֶׁמֶשׁ דִּילָהּ עַד שְׁקִיעַת הַחַמָּ' דִּשְׁמוֹנִי': בְּנֵר שֶׁנִּטְמָא בִּטְמֵא מֵת. טְמֵא מֵת אַב הַטּוּמְאָ' הוּא, וּמְטַמֵּא כֵּלִים, דִּכְתִיב (במדבר יט) "וְכֹל אֲשֶׁר יִגַּע בּוֹ הַטָּמֵא יִטְמָא וְהַנֶּפֶשׁ הַנּוֹגַעַת תִּטְמָא עַד הָעָרֶב", בְּפָרָשַׁת פָּרָה גַּבֵּי טוּמְאַת מֵת. אַלְמָא: טְמֵא מֵת מְטַמֵּא אָדָם, וַעֲשָׂאוֹ הַכָּתוּב אַב הַטּוּמְאָה, כְּשֶׁרֶץ וּנְבֵילָה שֶׁמְּטַמְּאִין אָדָם, וְלֹא כְּנוֹגֵעַ בָּהֶן שֶׁאֵין מְטַמֵּא אֶלָּא אוֹכָלִין וּמַשְׁקִין, כִּדְכְתִיב בִּשְׁרָצִים (ויקרא יא) "כֹּל אֲשֶׁר בְּתוֹכוֹ יִטְמָא, מִכָּל הָאוֹכֶל אֲשֶׁר יֵאָכֵל אֲשֶׁר יָבוֹא עָלָיו מַיִם יִטְמָא, וְכָל מַשְׁקֶה אֲשֶׁר יִשָּׁתֶה בְּכָל כְּלִי יִטְמָא", אַלְמָא: לֹא מְקַבֵּל טוּמְאָה מִן הַכְּלִי שֶׁקִּיבֵּל טוּמְאָה מִן הַשֶּׁרֶץ אֶלָּא אוֹכֶל וּמַשְׁקֶה בִּלְבַד, וְלֹא אָדָם וְכֵלִים. וְהַאי נֵר הָוֵי רִאשׁוֹן, וְעַכְשָׁיו יֵשׁ כָּאן תּוֹסֶפֶת טוּמְאָה. שֶׁמִּתְּחִלָּה הָיָה שֶׁמֶן זֶה שְׁלִישִׁי, וְחוֹזֵר וְנַעֲשֶׂה שֵׁנִי ע"י הַנֵּר. דְּהוֹאִיל וְיֵשׁ טוּמְאָה עָלָיו, לָא חָיְישִׁינַן לֵיהּ, וּמוּתָּר לְהוֹסִיף בְּיָדַיִם: מִדִּבְרֵיהֶן לָמַדְנוּ שֶׁשּׂוֹרְפִין תְּרוּמָה טְהוֹרָה עִם הַטְּמֵאָה בַּפֶּסַח. עִם זְמַן הַבִּיעוּר, דְּהוֹאִיל וְהוֹלֶכֶת לְאִיבּוּד אַף הַטְּהוֹרָה, וַאֲסוּרָה מִדְּאוֹרַיְיתָא – לָא חָיְישִׁינַן לִשְׁמִירָתָהּ, וְאַע"ג שֶׁמּוּזְהָרִין אָנוּ לְשׁוֹמְרָהּ בְּטָהֳרָה, דִּכְתִיב (במדבר יח) "אֶת מִשְׁמֶרֶת תְּרוּמוֹתָי": אֵינָהּ הִיא הַמִּדָּה. אִי אַתָּה יָכוֹל לִלְמוֹד אֶת זוֹ מִדִּבְרֵיהֶן. וּבַגְּמָרָא מְפָרֵשׁ אַמַּאי אֵינָהּ הִיא הַמִּדָּה: וּמוֹדִים ר"א כו'. רַבִּי יוֹסֵי קָאָמַר לָהּ, דְּאַע"ג דְּאִיפְּלוּג ר"א וְרַבִּי יְהוֹשֻׁעַ בִּשְׂרֵיפַת תְּרוּמָה – בְּהָא מוֹדוּ שֶׁשּׂוֹרְפִין זוֹ לְעַצְמָהּ וְזוֹ לְעַצְמָהּ: **גמ'** שֵׁנִי וְשֵׁנִי הוּא. מִתְּחִלָּה הָיָה שֵׁנִי, וַעֲדַיִין שֵׁנִי הוּא: הָכָא בִּוְולַד וְוָלַד עָסְקִינַן. הַאי בִּוְולַד הַטּוּמְאָה דְּקָתָנֵי מַתְנִי' – וְולַד וְולַד קָאָמַר, דְּהַיְינוּ שֵׁנִי. וּבָשָׂר שֶׁנָּגַע בּוֹ הָוֵה שְׁלִישִׁי, וְכִי הֲדַר שָׂרְפִי לֵיהּ בַּהֲדֵי בָּשָׂר שֶׁנִּטְמָא בְּאַב הַטּוּמְאָה שֶׁהוּא רִאשׁוֹן – חוֹזֵר וְנַעֲשֶׂה שְׁלִישִׁי זֶה שֵׁנִי: וְהָא אֵין אוֹכֶל מְטַמֵּא אוֹכֶל. וְכֵיוָן דְּלָא מְטַמֵּא לֵיהּ, מַאי תּוֹסֶפֶת אִיכָּא: וְאֵין עוֹשֶׂה כַּיּוֹצֵא בּוֹ. וְאֵין מְטַמֵּא אוֹכֶל כַּיּוֹצֵא בּוֹ: הוּא טָמֵא. מַשְׁמַע מִיעוּטָא: אֲבָל תְּרוּמָה וְקָדָשִׁים עוֹשֶׂה כַּיּוֹצֵא בָּהּ. דִּילְפִינַן מִנְּבוּאַת חַגַּי – לֶחֶם וְנָזִיד יַיִן וָשֶׁמֶן (חגי ב): שַׁפִּיר. דְּמַתְנִי' בְּקָדָשִׁים קָיְימִי': מִקְרָא מָלֵא. לֹא הוֹצִיא מִמַּשְׁמָעוֹ לֹא תְּרוּמָה וְלֹא קֳדָשִׁים, אֶלָּא דָּבָר שָׁלֵם דִּיבֵּר, דְּאֵין אוֹכֶל מְטַמֵּא אוֹכֶל לְעוֹלָם. וּנְבוּאַת חַגַּי – טוּמְאוֹת דְּרַבָּנַן נִינְהוּ, וּכְבָר נִגְזְרוּ, כִּדְלְקַמָּן. אֲבָל דְּאוֹרַיְיתָא – לֹא מְטַמֵּא אֶלָּא אוֹכֶל מַשְׁקֶה, וּמַשְׁקֶה אוֹכֶל. לְקַמָּן בְּפִירְקִין (דף יח.) יָלֵיף לָהּ דְּאוֹכֶל מְטַמֵּא מַשְׁקֶה וּמַשְׁקֶה אוֹכֶל: דְּאִיכָּא מַשְׁקִין בַּהֲדֵי בָּשָׂר. כְּשֶׁנָּגַע בְּאַב הַטּוּמְאָה הָיָה מַשְׁקֶה טוֹפֵחַ עָלֶיהָ, וְנִטְמָא עִמָּהּ, וְהָוֵה אַף הַמַּשְׁקֶה רִאשׁוֹן. וּכְשֶׁשּׂוֹרְפָהּ עֲדַיִין הוּא עָלֶיהָ, וּמְטַמֵּא הַבָּשָׂר שֶׁנִּשְׂרָף עִם זֶה מֵחֲמַת הַמַּשְׁקִין, וְנַעֲשֶׂה שְׁלִישִׁי שֵׁנִי: מִדְּרַבָּנַן מְטַמֵּא. וְקָא מוֹסְפֵי לֵיהּ טוּמְאָה מִדְּרַבָּנַן: מַאי הָוֵי שֵׁנִי. דְּנֵר הָוֵי רִאשׁוֹן: הַיְינוּ הָךְ. דְּר' חֲנִינָא דְּתָרֵילְנָא בְּהָכִי, וּמַאי הוֹסִיף ר"ע? דְּמַשְׁמַע דְּהוֹסִיף עֵדוּת עַל עֵדוּת, חִידּוּשׁ עַל חִידּוּשׁ:

בַּחֲלַל

עדיות פ"ב [מ"א]

ג"ז שם

תוספות

שתי פרות היו חורשות. בירושלמי דייק ירושלים לא מקום שנהגו בו שלא לעשות מלאכה? כלומר: סברא הוא לנהוג שם איסור, כיון שמתקבצין שם אף ממקומות שנהגו בהן איסור. ומשני: נראות כחורשות: **אבל** תרומה וקדשים עושין כיוצא בהן. פירש בקונטרס: דנפיק מקרא דחגי "אל הלחם ואל הנזיד". ולר"ת דמפרש לקמן [ד' יז.] "או אל הנזיד" אור"י: דנפקא ליה מ"והבשר אשר יגע בכל טמא לא יאכל" (ויקרא ז') – אפי' באוכל. ותרומה נפקא לן, כיון דלא מצינו למימר מקרא מלא דבר הכתוב דהא איכא קדשים דעושין כיוצא בהן – נוקי קרא בדדמי טפי, דהיינו חולין:

דאיכא משקין בהדי בשר. מכאן מדקדק ריב"א* דמשקין מטמא בפחות מרביעית, דסתם משקין דבהדי בשר לית בהן רביעית. ולקמן (דף יז:*) נמי אמרו גבי מים: אבל פחות מרביעית – טמאים. והא דאמר בפרק "אין מעמידין" (ע"ז דף לג. ושם) גבי יין נסך דמטמא טומאת משקין ברביעית, ובפ"ב דנדה (דף יט:) גבי דם הירוק, ובכמה דוכתין – אומר ריב"א: דבפסול גוייה איירי, דשיעורו ברביעית, כדאמר במעילה בפרק "קדשי מזבח" (דף יז:) דכל המשקים מצטרפין לפסול הגוייה ברביעית. ור"י מפרש: דהא דבעינן רביעית – היינו בהנך דעיקר טומאה לאו דאורייתא, כגון סתם יין כותים ודם הירוק, דאפי' ביתר מרביעית לא מטמא מדאורייתא. אבל שאר משקין – מדאורייתא בכל שהוא. ור"ת אומר: דמדאורייתא בעינן רביעית לטמא אחרים, אבל מדרבנן מטמא אחרים בכל שהוא. ולפי' נ"ל דהשתא לא מסיק אדעתיה שאוכל יטמא אוכל אפילו מדרבנן, מדאיצטריך לאוקמא במשקין ומדרבנן, ולא מוקי כמסקנא דאוכל מטמא אוכל מדרבנן ואף על גב דאין אוכל מטמא אוכל אפילו מדרבנן, מכל מקום משכחנא שלישי ע"י עצים ולבונה, או על ידי משקין – דאכתי לא גזרו דכל הפוסל את התרומה מטמא משקין להיות תחלה:

עם בשר ומשקין מיבעי ליה. וא"ת: אמאי לא פריך: מאי אירייא שנטמא באב הטומאה – אפי' בראשון ושני נמי, כדפריך לקמן על ר"ע! וי"ל: משום דרבי חנינא קאמר מימיהם של כהנים, משמע שמעולם כך הוא, אף קודם "י"ח דבר" דגזרו דכל הפוסל התרומה מטמא משקין להיות תחלה. דבפ"ק דשבת (דף יד: ושם) מוקי האוכלין והכלים שנטמאו במשקין במשקין הבאים מחמת ידים. ולפי שגזרו דידים פוסלין התרומה – עושין המשקין שנגעו בהן תחלה:

מאי קא משמע לן דשלישי מותר לעשותו שני היינו הך. למ"ד אין אוכל מטמא אוכל מדאורייתא – לא פריך, דלדידיה הוסיף דמותר לעשות אף שני דאורייתא:

ואילו

עין משפט נר מצוה

קג א מיי' פי"ט מהל' פסולי מוקדשין ה"ו:
קד ב ג מיי' פ"ג מהל' חמץ ומצה הל' ד:
קה ד מיי' פי"ט מהל' פסולי מוקדשין ה"ו:
קו ה מיי' פ"ז מהלכות אבות הטומאה הל' א סמג עשין רמז:
קז ו מיי' פי"ט מהלכות פסולי מוקדשין הל' ו:

[ועי' תוס' עירובין לט. ד"ה היה אוכל ותו' יומא פ: ד"ה וחליה ובחולין פז: ד"ה כל משקה וכריתות יג: ד"ה וחלב]

גליון הש"ס

תוס' ד"ה דאיכא. למשקין מטמא בפחות מרביעית כו' עי' ברש"י לקמן דף יז ע"ב ד"ה אבל לית בהו רביעית:

רבינו חננאל

שאול אומר שתי פרות היו חורשו' בהר המשחה כו': **מתני'** אמר רבי חנניה סגן הכהנים מימיהן של כהנים לא נמנעו מלשרוף הבשר שנטמא בולד הטומאה עם הבשר שנטמא באב הטומאה כו' נקוט האי כללא בידך השרץ וכיוצא בו הוא אב הטומאה כדתנן אבות הטומאה השרץ ושכבת זרע וטמא מת כו' והנוגע בהן נקרא ולד ראשון והנוגע בולד נקרא ולד שני והנוגע בולד [שני] נקרא ולד שלישי אקשי' אמתני' מכדי בשר שנטמא בולד הטומאה ולד שני הוא כי שריף ליה בהדי בשר שנטמא באב הטומאה הלא נעשה הנוגע באב הטומאה ולד ראשון כי נגע באחר משוי ליה ולד שני כי בבשר שהיה ולד שני לא הוסיף לו טומאה ולד שני הוה וגם עתה כשנגע בו הולד הראשון נעשה ולד שני מה הוסיף לו דקתני במתני' אע"פ שמוסיף לו טומאה על טומאתו ופריק רב יהודה ולד דמתני' ולד שני שעשה הבשר שנגע בו ולד שלישי עשאו שני הנה הוסיף לו טומאה שעד עתה היה ולד שלישי ועכשיו נעשה שני ואקשי' היאך הבשר שהוא אוכל יטמא אוכל כיוצא בו והתניא יכול יהא אוכל מטמא אוכל ת"ל וכי יותן מים על זרע וגו' הוא טמא ואין עושה טמא כיוצא בו הניחא למאן דאמר בחולין אינו עושה ולמאן דאמר בחולין ובתרומה נמי אין עושה אבל בקדשים עושה טומאה כיוצא בה שפיר דהני קדשים נינהו אלא לרבינא דאמר אפילו קדשים אין עושה אוכל טמא כיוצא בו מאי איכא למימר ופריק רב נחמן בר יצחק מהא דתנן [פרה פ"ח] אין כלי חרס מטמא (חבית) [חבירו] אלא במשקה נטמא המשקה טמאוהו הכא נמי כגון דאיכא משקין בהדי האי בשרא דמטמ' הבשר מחמת משקין ונדחה (ואפי') [אלא נהי] דאין אוכל מטמא אוכל מדאורייתא ומתני' דקתני בשר מטמא בשר אחר מדרבנן: **מתני'** הוסיף ר' עקיבא מימיהם של כהנים כו'. אקשי' מכדי שמן שנפסל בטבול יום מאי הוא שלישי כי הטבול יום פוסל ואינו מטמא והשלישי פוסל ואינו מטמא דתנן בתרומות פ"ב הראשון והשני שבתרומה טמא ומטמא והשלישי פסול ולא מטמא דתנן בטבול יום פ"ב המקפה של תרומה והשום והשמן של חולין ונגע טבול יום במקצתו פסל את כלן נמצא זה השמן פסול והוא כמו שלישי כדנגע ביה בזה השמן הנר שנטמא מת שני הוא כי הנר הוא ולד ראשון והשמן שנגע בנר נעשה ולד שני מאי קמ"ל ר' עקיבא שלישי מותר לעשותו שני היינו דר' חנינה סגן

קח א מיי' פ"ז מהלכות אבות הטומאה הלכה ה:

קט ב מיי' פ"י שם הלכה ג:

ואילו הכא פסול וטמא. °אע"ג דשלישי של תרומה מטמא הקודש כמו שלישי דקודש, דתנן במסכת טהרות (פ"ב משנה ז): שלישי שבכולן מטמא משקה קודש, ופוסל אוכלי קודש. ואתרומה קאי, מ"מ אור"י: דמגע טבול יום לא חשיב כשלישי, דאפילו בקודש גופיה לא מטמא. דבמעילה בפ' "חטאת העוף" (דף ח.) תנן: חטאת העוף מועלין בה משהוקדשה, נמלקה – הוכשרה ליפסל בטבול יום. ודייק בגמרא: לאיפסולי – אין, לטמויי – לא. והכי סבר רבי עקיבא לקמן (דף יט.) בהסולת והקטורת והלבונה וכו'. מיהו, תימה: דשלישי דטבול יום יעשה רביעי מק"ו ממחוסר כפורים, כדמסיק רבי יוסי שלישי דעלמא. ונימא: מה מחוסר כפורים שמותר בתרומה – פסול בקודש, שלישי דטבול יום שפסול בתרומה – אינו דין שיעשה רביעי בקודש. ואם יש שום מיעוט בשלישי דטבול יום – א"כ כי עביד לקמן ק"ו, נימא: שלישי דטבול יום יוכיח! ובירושלמי במסכת חגיגה פריך לה:

אפילו בראשון ושני נמי תחלה הוי. מכאן משמע דשמן חשוב משקה, ולקמן (דף יז.) גבי משקה בית מטבחיא, וכן בכמה דוכתי. והא דתנן (טהרות פ"ג משנה ב), ר"מ אומר: שמן תחלה לעולם, וחכ"א: אף הדבש. ור"ש שזורי אומר: היין. פירוש: דווקא יין, אבל הנך – לא. ופסקינן ב"הקומץ רבה" (מנחות לא.) דהלכתא כוותיה. אור"ת: דהתם מיירי בנקרש ואחר כך נמוח, כדמשמע בתוספתא* (טהרות פ"ג). דקאמר התם: כמה אמרו שמן תחלה לעולם – בנקרש ואחר כך נמוח. ובלא נקרש משמע דכ"ע מודו. וכן משמע בריש פ"ג דמסכת טהרות (משנה א) דקתני התם: הרוטב והגריסין וחלב ושמן, שהן משקה טופח – הרי הן תחלה. קרשו ואח"כ נימוחו – הרי הן שניים. ובתר הכי קתני, ר"מ אומר: השמן תחלה לעולם. והיינו לעולם – אפי' קרשו. ואהא קאי ר"ש שזורי. והכא משמע ליה בלא נקרש*:

הכא טהור וטמא. הקשה ר"י: לוקמ' בז' דאסור מדאורייתא והיינו מדבריהם – כי היכי דשלישי דאורייתא מותר לעשותו שני, ה"נ איסור דאורייתא. ורבי יוסי דאמר אינה היא המדה – אית ליה דלית לן למילף איסור מטומאה, כמו שמפרש לקמן לר"ל משום בר קפרא, דלא ילפינן איסור מטומאה. ואור"י: דלא בעי לאוקמא בשבע, דשורפין תרומה טהורה עם הטמאה – משמע ליה כדרך שבני אדם רגילין לשרוף והיינו בשש: **התם** פסול וטמא והכא טהור וטמא. וקשה לר"י: בשלמא למ"ד אוכל מטמא אוכל – א"ש, דלא יליף איסורא דרבנן בשעה ששית מפסול דאורייתא. אבל למ"ד אין אוכל מטמא אוכל מדאורייתא – אמאי לא יליף שפיר, כמו שמותר לעשות מפסול דאורייתא ראשון דאורייתא – ה"נ מותר לעשות מאיסורא דרבנן שני דרבנן, כדקמדמי בסמוך, דקאמר: נימא דקסבר ר"מ כו'! ואור"י: דלא דמי. דמקלקול דאורייתא שיכול לקלקלו עוד יותר – אין ללמוד שיוכל לקלקל קלקול דרבנן יותר, אפי' בקלקול דרבנן. אבל בסמוך מדמי שפיר קלקול איסור דרבנן, לקלקול שלישי דרבנן. תדע, דהא ר' יוסי דס"ל לקמן (טז.) טומאת משקין לטמא אחרים דאורייתא, וה"ל וולד טומאה דר' חנינא דאורייתא – לא יליף מיניה איסורא דרבנן שיהא מותר לעשותו שני דרבנן, דלמ"ד אין אוכל מטמא אוכל כששורפו עם טמאה – לא הוי אלא שני דרבנן. וא"ת: לאמי דמוקים לה בולד טומאה דרבנן, °ר' חנינא נמי מוסיף אדר' עקיבא, דמר"ע דאמר פסול מדאורייתא מותר לעשותו ראשון – לא שמעינן שיהא שלישי דרבנן מותר לעשותו שני. ובירושלמי פריך לה, וקאמר: למ"ד בולד טומאה דרבנן – לא בא ר"ע אלא לפחות! תיפתר בטבול יום דבית הפרס שהוא מדבריהם. אך שמחליף דברי רבי יוחנן לבר קפרא:

בלא

[וע"ע תוספות עירובין ... מנחות לה. ד"ה אימא]

תורה אור

°"בחלל חרב" – **חרב הרי הוא כחלל, והויא ליה (במדבר יט) אב הטומאה, וקסבר: שלישי מותר לעשותו ראשון. ומאי דוחקיה דרב יהודה לאוקמיה בנר של מתכת? נוקמיה בנר של חרס, ומאי הוסיף – דאילו התם טמא וטמא, ואילו הכא – פסול וטמא! אמר רבא: מתניתין קשיתיה, מאי איריא דתני נר שנטמא בטמא מת? ניתני שנטמא בשרץ! אלא: איזהו דבר שחלוקה טומאתו בין טומאת מת לשרץ – הוי אומר זה מתכת. אמר רבא: ש"מ, קסבר ר"ע: *טומאת משקין לטמא אחרים – דאורייתא. דאי ס"ד דרבנן – מכדי, האי נר מאי קא מהניא להאי שמן? אי לאיפסולי גופי' – הא פסיל וקאי. ממאי, דילמא לטמא אחרים מדרבנן! אי מדרבנן – מאי איריא באב הטומאה, אפילו בראשון ושני נמי תחלה הוי, *דתנן: אכל הפוסל את התרומה – מטמא משקין להיות תחלה, בחוץ מטבול יום. אלא ש"מ: דאורייתא היא. "א"ר מאיר מדבריהם למדנו וכו'". מדבריהם דמאן? אילימא מדברי ר' חנינא סגן הכהנים – מי דמי? התם – טמא וטמא, הכא – טהור וטמא. ואלא מדברי ר"ע – מי דמי? התם – פסול וטמא, הכא – טהור וטמא. נימא קסבר רבי מאיר: מתניתין באב הטומאה דאורייתא, וולד הטומאה דרבנן. דמדאורייתא טהור מעליא, ומאי

[לקמן יט: עט. שבת קלה: נזיר נג: חולין ג.]

[לקמן טו:]

פרה פ"ח [מ"ז] [חולין לג.]

דף טז.

בחלל חרב. הקיש חרב לחלל. מתכת שנגע במת הרי הוא אבי אבות הטומאה כמת עצמו, ושנגע בטמא מת – הרי הוא אב הטומאה כמוהו. גזירת הכתוב הוא במתכת אצל טומאת מת, ולא אצל שאר טומאות: וה"ל. נר אב הטומאה, וכשנותן שמן שלישי לתוכו נעשה ראשון: נוקמה בנר של חרס. דאינו אלא ראשון כנוגע בטמא מת, ואשמעינן ר"ע דשלישי מותר לעשותו שני. ודקשיא לך מאי הוסיף אדר' חנינא, הוסיף טובא, דאילו התם גבי בשר קדשים כי שריף שלישי בהדי ראשון ועשהו שני – טמא היה מתחלה לטמא אחרים, שהשלישי עושה רביעי בקודש, ועכשיו כשהוא שני הוי טמא – כלומר לא נשתנה שמו לקלקול יותר מבראשונה. ואילו גבי עדותו של ר"ע גבי תרומה קאי, דאילו שמן קודש אינו אלא של מנחות, ונאכל הוא ואינו ראוי להדליק נר. ואם נטמא קודש שנתנו במנחה משנתקדש בכלי – אין לו היתר לכהנים, ונשרף בקודש בבית הדשן כשאר פסולי קדשי קדשים. אבל שמן תרומה שנטמא – כהנים מדליקין בו, דכתיב "נתתי לך את משמרת תרומותי", בשתי תרומות הכתוב מדבר, אחת תרומה טהורה ואחת תרומה טמאה. ואמר רחמנא: שלך תהא להסיק' תחת תבשילך, ביבמות בפ' "הערל" (דף עד.). ושמן שלישי של תרומה אינו טמא לטמא אחרים, אלא פסול – דאין שלישי עושה רביעי בתרומה, וכי הדר עביד ליה שני – ה"ל טמא: מתני' קשיתיה. לרב יהודה. מאי איריא דתני טמא מת? אי בנר של חרס קאי, ובראשון עסקינן – למה לי דנקט שקיבל טומאה זו מאב הטומא' של מת? ליתני שנטמ' סתם, ואנן קי"ל דאין כלי מקבל טומאה אלא מאב הטומאה, ומה לי אב הטומאה דמת מה לי אב הטומאה דשרץ? אלא מדנקט מת – ש"מ בנר של מתכת עסקינן, דיש חילוק בו בין נגיעת אב הטומאה דמת לאב הטומאה דעלמא, ואשמעי' דבנר שהוא עצמו אב הטומאה קאמר: ש"מ. מדקאמר "הוסיף ר"ע" – קסבר טומאת משקים לטמא אחרים דאורייתא היא, ודלא כהני תנאי דפירקין, דאמרי לקמן* שאין משקין מטמא אוכל מן התורה אלא מדרבנן. דאי ס"ד דאין משקין מטמאין אחרים אלא מדרבנן – מאי תוספת דאוסיף ר"ע דאמר שהשמן שהיה שלישי עשאוהו ראשון, ומה בכך? האי נר אב הטומאה, כי עשאו ראשון להאי שמן – מאי מהני ליה, אחרי שלא יטמא אחרים? לאפסולי גופיה. הוא דמהני ליה, הא פסול וקאי! דילמא. אהני ליה שיטמא אחרים מעכשיו מדרבנן: אי. תוספת דרבנן אתא לאשמעי', מאי איריא דנקט שמדליקין אותו בנר אב הטומאה, שעושין אותו להאי שמן ראשון דאורייתא? א"כ אשמעינן שמדליקין אותו בראשון לטומאה, או בשני לטומאה, נמי תחלה הוי. כלומר: איכא נמי תוספת מדרבנן כי היא, שנעשה ראשון מדרבנן ומטמא עוד שני ושלישי, דהא גזור רבנן על המשקין שאפילו נגעו משקין בשני יעשו ראשונים: דתנן כל הפוסל את התרומה. כל הני דמייתינן בפ' "יציאות השבת" (דף יג:) גבי שמונה עשר דבר שגזרו עליהם תורת שניים לפסול את התרומה – מטמאין משקין אפילו חולין להיות תחלה, חוץ מטבול יום שפוסל לתרומה מן התורה, וגזירת הכתוב היא. ומ"מ איקלישא טומאה דידיה, ולא גזרו ביה לעשות משקין תחלה, דאין דברי תורה צריכין חיזוק. ומשום דמשקין עלולים לקבל טומאה, ומה היא עלילתן – שמקבלין טומאה שלא בהכשר, גזרו עליהן חומר הרבה, שיהו כהנים נזהרין לשומרן: אלא ש"מ. מדמהדר למעבדיה ראשון דאורייתא, ש"מ לטמויי אחרים ולעשותן שני דאורייתא קאמר, כל סדר טומאה דאב עושה ראשון ראשון שני בחולין ותו לא, ושני שלישי בתרומה, ושלישי רביעי בקודש – כולה מדאורייתא הוא, בפירקין: נימא קסבר ר"מ. מדיליף מדבריהן קסבר מתני' דר' חנינא בשר שנטמא באב הטומאה דקתני – באב הטומאה דאורייתא, דכל אב הטומאה דאורייתא הוא. אבל "בשר שנטמא בוולד הטומאה" דקתני – בוולד הטומאה דרבנן, כגון כלי שנטמא במשקין, דמדאורייתא אין אוכלין ומשקין מטמאין כלי, שאין אוכל נעשה אב הטומאה, ורבנן גזרו שיהיו משקין מטמאין כלי, משום משקה זב וזבה שהן אב הטומאה, כגון רוקו ומימי רגליו, בפ"ק דנדה (דף ז:). והאי בשר נטמא באותו כלי, דהוי וולד וולד דרבנן, שהמשקין היו וולד הטומאה, והכלי היא וולד וולד דרבנן. ומדאורייתא טהור הוא, והאי בשר שנעשה שלישי על ידו – טהור גמור מן התורה הוא, ואשמעינן ר' חנינא, דכיון דאיכא עלה טומאה דרבנן – מטמאין לה בראשון דאורייתא:

ומאי

[דהוי ליה לכתוב בחלל כמו למעל' הנוגע בעצם או בחלל אלא הכי כתב חרב מיותר להורות דהחרב הרי הוא כחלל ערוך ערך חל]

רבינו חננאל

סגן הכהנים ומוקים רב יהודה למתני' בנר של מתכת דרחמנא אמר בחלל חרב ודייקי' מדהו' ליה למכתב בחלל כדכתי' [במדבר יט יח] ועל הנוגע בעצם או בחלל וכתי' וכל אשר יגע על פני השד' בחלל חרב או במת שמעי' מינ' דלא כתבו אלא ללמד כי החרב הרי הוא כחלל ותניא בספרי דבי רב בחלל חרב בא הכתוב ולמד על החרב שמטמא טומאת שבעה והנוגע בו טמא טומאת שבעה הא למדנו לכלים ולאדם וגו' וגרסי' בתחלת שחיטת חולין בענין טמא השוחט בקדשים האי טמא דאיטמי במאי אי נימא דאיטמי במת בחלל חרב כתיב וילפינן חרב הרי הוא כחלל אב הטומאה [הוא] טמייה לסכין תיזל סכין תטמיה לבשר נתברר כי כל כלי מתכת הנוגעים בטמא מת הן אב והשמן שהיה שלישי עכשיו בנגיעתו בנר שנטמא בטמא מת נעשה ולד ראשון וקאמ' לן ר' עקיב' שלישי מותר לעשותו ראשון וכבר פרשנוהו בתחלת שחיט' חולין. וראינו לרבותינו הגאונים שהעמידו זה הנר שנהרג בו אדם הוא מכלל שאם לא נהרג בו אין זה הדין עליו ונתקש' לנו שיש שמועות מוכיחות כאשר פירשנו ונדחק רב יהוד' ואמר נר של מתכת ולא אמר נר של חרש שאע"פ שהנר של חרש הנוגע בטמא מת טמא הוא והרי הוסיף ר"ע על ר' חנניה סגן הכהנים דר' חנניה לא אמר אלא טמא שלישי מותר לעשותו שני אבל טמא ופסול לא אמר ואלו ר' עקיבא הוסיף אפי' פסול [מותר] לעשותו טמא. מתני' קשיתי' מאי איריא מתני' נר שנטמא בטמא מת: **אמר** רבא ש"מ מדר' עקיבא דקתני הוסיף דטומאת משקין כגון השמן וכיוצא בו לטמא אחר דאורייתא היא דאי ס"ד מדרבנן הוא אבל מדאורייתא טמא הוא אותו המשקה ואינו מטמא אחרים כל שאינו מטמא פסול הוא הנה הטומאה השניה לא הוסיפה לו ולשמן כלום פסול היה מקודם ועכשיו פסול הוא ואלא מאי לטמא אחרים מדאוריי' הוא מכדי משקה לא שנא כי נגעו באב הטומאה ולא שנא כי נגעו בראשון ובשני אינהו שני עבדי דתנן בפ"ח [דפרה] כל הפוסל בתרומה מטמא משקין להיות תחלה חוץ מטבול יום למה לי למתני בנר שנטמא בטמא מת ולאוקמא בנר של מתכת ליתני בנר ואפי' בנר של חרש שמעינן מינה שלישי מותר לעשותו שני ראשון וטמא משקים לטמא אחרים דאורייתא: **מתני'** אמר רבי מאיר מדבריהם למדנו ששורפין תרומה טהורה עם הטמאה בפסח כו' סברינן דהתנא

גליון הש"ס

תום' ד"ה ואילו הכא וכו' אע"ג דשלישי. עיין חולין פז ע"ב תוד"ה משקה טבול יום: **בא"ד** מ"מ אור"י דמגע טב"י. עי' חגיגה כ ע"א תוד"ה לאב"נ: **גמ'** אמר רבא ש"מ קסבר ר"ע. עי' טורי אבן מגילה דף יט ע"ב ד"ה ר"י מתיר: **תום'** ד"ה התם פסול וכו' ר"ח נמי מוסיף. עיין זבחים ג ע"א תוד"ה הכותב:

וּמַאי מִדִּבְרֵיהֶם — מִדִּבְרֵי ר' חֲנִינָא סְגַן הַכֹּהֲנִים. אָמַר רֵישׁ לָקִישׁ מִשּׁוּם בַּר קַפָּרָא: מַתְנִיתִין בְּאַב הַטּוּמְאָה דְּאוֹרַיְיתָא וּוְלַד הַטּוּמְאָה דְּאוֹרַיְיתָא, וּמַאי מִדִּבְרֵיהֶם — מִדִּבְרֵי ר"א וְרַבִּי יְהוֹשֻׁעַ. הֵי ר' יְהוֹשֻׁעַ? אִילֵימָא הָא רַבִּי יְהוֹשֻׁעַ, דִּתְנַן: *חָבִית שֶׁל תְּרוּמָה שֶׁנּוֹלַד לָהּ סְפֵק טוּמְאָה, רַבִּי אֱלִיעֶזֶר אוֹמֵר: אִם הָיְתָה מוּנַּחַת בְּמָקוֹם הַתּוּרְפָּה — יַנִּיחֶנָּה בְּמָקוֹם הַמּוּצְנָע, וְאִם הָיְתָה מְגוּלָּה — יְכַסֶּנָּה. רַבִּי יְהוֹשֻׁעַ אוֹמֵר: אִם הָיְתָה מוּנַּחַת בְּמָקוֹם הַמּוּצְנָע — יַנִּיחֶנָּה בְּמָקוֹם הַתּוּרְפָּה, וְאִם הָיְתָה מְכוּסָּה — יְגַלֶּנָּה. מִי דָּמֵי? הָתָם — גְּרָמָא בְּעָלְמָא, הָכָא — בְּיָדַיִם. אֶלָּא — הָא ר' יְהוֹשֻׁעַ, דִּתְנַן: *חָבִית שֶׁל תְּרוּמָה שֶׁנִּשְׁבְּרָה בַּגַּת הָעֶלְיוֹנָה, וְתַחְתּוֹנָה חוּלִּין טְמֵאִין, מוֹדֶה ר"א וְרַבִּי יְהוֹשֻׁעַ [א]שֶׁאִם יָכוֹל לְהַצִּיל מִמֶּנָּה רְבִיעִית בְּטׇהֳרָה — יַצִּיל. וְאִם לָאו, ר"א אוֹמֵר: תֵּרֵד וְתִטַּמֵּא וְאַל יְטַמְּאֶנָּה בַּיָּד, *רַבִּי יְהוֹשֻׁעַ אוֹמֵר: [ב]אַף יְטַמְּאֶנָּה בַּיָּד. אִי הָכִי, הַאי "מִדִּבְרֵיהֶם"? "מִדְּבָרָיו" מִיבָּעֵי לֵיהּ! ה"ק: מִמַּחֲלוֹקְתָּן שֶׁל ר"א וְר"י לָמַדְנוּ. דַּיְקָא נַמִי, דְּקָתָנֵי: מוֹדֶה ר"א וְר' יְהוֹשֻׁעַ, ש"מ. וְכֵן א"ר נַחְמָן אָמַר רַבָּה בַּר אֲבוּהּ: מַתְנִי' בְּאַב הַטּוּמְאָה דְּאוֹרַיְיתָא וּוְלַד הַטּוּמְאָה דְּאוֹרַיְיתָא. וּמַאי "מִדִּבְרֵיהֶם" — מִדִּבְרֵי ר"א וְרַבִּי יְהוֹשֻׁעַ. אֵיתִיבֵיהּ רָבָא לְרַב נַחְמָן, *אָמַר רַבִּי יוֹסֵי: אֵין הַנִּדּוֹן דּוֹמֶה לָרְאָיָה, שֶׁכְּשֶׁהֵעִידוּ רַבּוֹתֵינוּ, עַל מָה הֵעִידוּ — אִם עַל הַבָּשָׂר שֶׁנִּטְמָא בִּוְולַד הַטּוּמְאָה שֶׁשּׂוֹרְפִין אוֹתוֹ עִם הַבָּשָׂר שֶׁנִּטְמָא בְּאַב הַטּוּמְאָה — זֶה טָמֵא וְזֶה טָמֵא; אִם עַל הַשֶּׁמֶן שֶׁנִּפְסַל בִּטְבוּל יוֹם שֶׁמַּדְלִיקִין אוֹתוֹ בְּנֵר שֶׁנִּטְמָא בִּטְמֵא מֵת — זֶה פָּסוּל וְזֶה טָמֵא. אַף אָנוּ מוֹדִים בִּתְרוּמָה שֶׁנִּטְמֵאת בִּוְולַד הַטּוּמְאָה, שֶׁשּׂוֹרְפִין אוֹתָהּ עִם הַתְּרוּמָה שֶׁנִּטְמֵאת בְּאַב הַטּוּמְאָה. אֲבָל הֵיאָךְ נִשְׂרֹף הַתְּלוּיָה עִם הַטְּמֵאָה? שֶׁמָּא יָבֹא אֵלִיָּהוּ וִיטַהֲרֶנָּה.

הַפִּיגּוּל

[נ"ל כל פסולי המוקדשי' לד.]

רש"י

וּמַאי מִדִּבְרֵיהֶם. דְּר' מֵאִיר: מִדִּבְרֵי ר' חֲנִינָא. דִּתְרוּמָה טְהוֹרָה בְּשֵׁשׁ שָׁעוֹת דָּמְיָא לְהַהוּא דִּשְׁלִישִׁי דְּטָהוֹר דְּאוֹרַיְיתָא וְטָמֵא דְּרַבָּנַן, וְהָא נַמִי שָׁרְיָא מִדְּאוֹרַיְי' עַד תְּחִילַּת שֶׁבַע, וַאֲסִירָא מִדְּרַבָּנַן. וְכֵיוָן דְּאַשְׁמְעִינַן ר' חֲנִינָא דִּמְטַמִּינַן טוּמְאָה דְּרַבָּנַן בְּטוּמְאָה דְּאוֹרַיְיתָא, דִּמְטַמֵּא לֵיהּ מִדְּרַבָּנַן אוֹכֶל אֶת אוֹכֶל — מְטַמִּינַן נַמִי תְּרוּמָה טְהוֹרָה דַּאֲסִירָא מִדְּרַבָּנַן בְּטוּמְאָה דִּתְרוּמָה טְמֵאָה דְּאוֹרַיְיתָא. דְּלָא מְטַמְּיָא לָהּ אֶלָּא מִדְּרַבָּנַן, דְּאֵין אוֹכֶל מְטַמֵּא אוֹכֶל אֶלָּא מִדְּרַבָּנַן: **ארשב"ל.** לָא תִּדְחַק לְאוֹקְמָא הָכִי, דְּמַאי מִדִּבְרֵיהֶן דְּקָאָמַר — מִדִּבְרֵי רַבִּי אֱלִיעֶזֶר וְרַבִּי יְהוֹשֻׁעַ קָאָמַר, וְלָאו אַמַּתְנִי' קָאֵי ר"מ, אֶלָּא בְּעָלְמָא קָאֵי, וְהָכִי קָאָמַר: מִדִּבְרֵי סוֹפְרִים שָׁמַעְנוּ שֶׁשּׂוֹרְפִין כו', וּמַאן נִינְהוּ סוֹפְרִים — רַבִּי אֱלִיעֶזֶר וְר' יְהוֹשֻׁעַ. וְהַאי עֵדוּת דְּר' חֲנִינָא וְרַבִּי עֲקִיבָא לָא שַׁיָּיךְ גַּבֵּי פֶּסַח, וְאַיְּידֵי דְּבָעֵי לְאוֹרוּיֵי שֶׁשּׂוֹרְפִים קֹדֶשׁ טָהוֹר עִם הַטָּמֵא — נָקַט לָהּ: **שֶׁנּוֹלַד.** שֶׁאֵירַע, כְּגוֹן שֶׁנִּכְנַס אָדָם טָמֵא לְשָׁם, סָפֵק נָגַע בָּהּ סָפֵק לֹא נָגַע: **הַתּוּרְפָּה.** הֶפְקֵר: **יַנִּיחֶנָּה בְּמָקוֹם הַמּוּצְנָע.** עֲדַיִין מוּזְהָר עַל שְׁמִירָתָהּ. וְטַעְמָא מְפָרֵשׁ בִּבְכוֹרוֹת בְּפֶ' (*עַד כַּמָּה) "אֶת מִשְׁמֶרֶת תְּרוּמֹתָי" — שְׁתַּיִם בְּמַשְׁמַע, אַחַת טְהוֹרָה וְאַחַת תְּלוּיָה, וַאֲמַר רַחֲמָנָא עֲבֵיד לָהּ שִׁימּוּר: **יַנִּיחֶנָּה בְּמָקוֹם הַתּוּרְפָּה.** כְּלוֹמַר: אִם רָצָה יָכוֹל לִגְרוֹם לָהּ טוּמְאָה, דְּקָסָבַר: יֵשׁ אֵם לַמָּסוֹרֶת, וּ"תְרוּמֹתָי" כְּתִיב. אַלְמָא: שָׁמְעִינַן לֵיהּ לְרַבִּי יְהוֹשֻׁעַ, דְּכֵיוָן דְּאֵינָהּ רְאוּיָה אֶלָּא לְהַדְלָקָה — יָכוֹל לִגְרוֹם לָהּ טוּמְאָה. וְהָא נַמִי, אַף עַל פִּי טְהוֹרָה בַּת בִּיעוּר הִיא, וּמְטַמְּאִין אוֹתָהּ: **חָבִית שֶׁל תְּרוּמָה בַּגַּת הָעֶלְיוֹנָה.** הַיְינוּ עֲדָשִׁים שֶׁל גַּת שֶׁקּוֹרִין מייט"י, שֶׁהָעֲנָבִי' בְּתוֹכָהּ: **וְהַתַּחְתּוֹנָה.** הַיְינוּ בּוֹר שֶׁהַיַּיִן יוֹרֵד לְתוֹכוֹ: **טְמֵאִין.** חוּלִּין טְמֵאִין יֵשׁ בָּהּ, וּרְאוּיִין לוֹ בִּימֵי טוּמְאָתוֹ, אוֹ לְמִי שֶׁאֵינוֹ אוֹכֵל חוּלִּין בְּטׇהֳרָה. וְאִם תִּפּוֹל תְּרוּמָה זוֹ לְתוֹכוֹ — ה"ל מְדוּמָּע טָמֵא, וְלָא חֲזֵי לְיִשְׂרָאֵל מִשּׁוּם תְּרוּמָה וַאֲפִי' טְהוֹרָה, וְלֹא לִמְכּוֹר לְכֹהֵן דְּכֵיוָן דִּטְמֵאָה הִיא אֲסוּרָה. בִּיבָמוֹת בְּ"הֶעָרֵל" (דף עג:) נָפְקָא לָן שֶׁהָאוֹכֵל תְּרוּמָה טְמֵאָה עוֹבֵר בַּעֲשֵׂה: "בִּשְׁעָרֶיךָ תֹּאכְלֶנּוּ", לָזֶה, הַטָּמֵא וְהַטָּהוֹר יַחְדָּו, וְלֹא לְאַחֵר: **מוֹדֶה ר"א וְר' יְהוֹשֻׁעַ.** אַף עַל פִּי שֶׁנֶּחְלְקוּ בְּאֵין יָכוֹל בַּסֵּיפָא, מוֹדִין וְשָׁוִין הֵן בְּכָךְ, שֶׁאִם יָכוֹל לְהַצִּיל מִמֶּנָּה רְבִיעִית בְּטׇהֳרָה, אִם יָכוֹל לַחֲזֹר אַחַר כֵּלִים טְהוֹרִין וּלְקַבֵּל קוֹדֶם שֶׁתֵּרֵד כּוּלָּהּ לְתוֹךְ הַטְּמֵאִין, וִיקַבֵּל הֵימֶנָּה רְבִיעִית הַלּוֹג: **יַצִּיל.** יַחֲזֹר אַחֲרֵיהֶן, וְאַל יְקַבְּלֶנָּה בְּכֵלִים טְמֵאִין כְּדֵי לְהַצִּיל אֶת הַחוּלִּין, שֶׁלֹּא יִתְעָרֵב מִמֶּנָּה בָּהֶן וְיֶאֱסְרוּ. וְאַף עַל פִּי שֶׁבְּתוֹךְ כָּךְ יֵרֵד מִמֶּנָּה לְתוֹכָם וְיַפְסִידֵם — לָא מְטַמְּאִינַן לָהּ לִתְרוּמָה מִשּׁוּם הַצָּלַת חוּלִּין: **וְאִם לָאו.** שֶׁלֹּא יִמְצָא כְּלִי טָהוֹר, וְסוֹף סוֹף לְטוּמְאָה אָזְלָא כּוּלָּהּ — בָּזוֹ נֶחְלְקוּ רַבִּי אֱלִיעֶזֶר וְר' יְהוֹשֻׁעַ. דְּר' אֱלִיעֶזֶר אוֹמֵר: אַף עַל פִּי כֵן תֵּרֵד וְתִטַּמֵּא מֵאֵלֶיהָ, וְיַפְסִיד הַחוּלִּין, וְאַל יְטַמְּאֶנָּה בַּיָּד כְּדֵי לְהַצִּילָן. ר' יְהוֹשֻׁעַ אוֹמֵר: יְטַמְּאֶנָּה בַּיָּד. אַלְמָא: לְרַבִּי יְהוֹשֻׁעַ, כֵּיוָן דְּסוֹפָהּ לְאִיבּוּד — שָׁרֵי לְטַמּוּיֵיהּ בַּיָּד. וּבְפֶסַח נַמִי לָא שְׁנָא. וְר' מֵאִיר מִדְּרַבִּי יְהוֹשֻׁעַ יָלֵיף: **מִמַּחֲלוֹקְתָּן לָמַדְנוּ.** שֶׁהֲרֵי הֲלָכָה כְּרַבִּי יְהוֹשֻׁעַ בְּטׇהֳרוֹת, דְּרַבִּי אֱלִיעֶזֶר נִמְנוּ עָלָיו שֶׁלֹּא לִקְבּוֹעַ הֲלָכָה כְּמוֹתוֹ מִפְּנֵי תַּנּוּרוֹ שֶׁל עַכְנַאי בְּב"מ (דף נט:): **דַּיְקָא נַמִי.** דְּר"מ מִדְּרַבִּי יְהוֹשֻׁעַ יָלֵיף, מִדְּקָא מַהֲדַר לֵיהּ רַבִּי יוֹסֵי: אֵינָהּ הִיא מִן הַמִּדָּה, דְּמוֹדֶה ר"א וְרַבִּי יְהוֹשֻׁעַ בָּזוֹ. ש"מ: מִינַּיְיהוּ הֲוָה יָלֵיף לָהּ. וּלְקַמֵּיהּ פָּרֵיךְ: אַמַּאי אֵינָהּ הִיא הַמִּדָּה? **א"ר יוֹסֵי.** לְר"מ אֵין הַנִּדּוֹן דּוֹמֶה לָרְאָיָה. נִדּוֹן — שְׂרֵיפַת חָמֵץ בְּפֶסַח, שֶׁאַתָּה דָּן וְלָמֵד מֵאֵלּוּ, אֵינוֹ דּוֹמֶה לַדְּבָרִים שֶׁאַתָּה מֵבִיא רְאָיָה מֵהֶן עָלָיו. עַל מָה הֵעִידוּ שֶׁתּוּכַל לִלְמוֹד מֵהֶן? **זֶה טָמֵא וְזֶה טָמֵא.** שְׁלִישִׁי בַּקּוֹדֶשׁ טָמֵא הוּא, וְהָרִאשׁוֹן שֶׁהוּא נִשְׂרָף עִמּוֹ טָמֵא הוּא: **שֶׁמָּא יָבֹא אֵלִיָּהוּ.** לְאַחַר זְמַן, וְיֹאמַר טְהוֹרָה הָיְתָה, וְנִמְצָא לְמַפְרֵעַ שֶׁטִּימֵּאתוּ תְּרוּמָה בְּיָדַיִם. אַף עַל פִּי שֶׁהִיא טְעוּנָה שְׂרֵיפָה מִפְּנֵי אִיסּוּר חָמֵץ — אָסוּר לְטַמְּאָהּ בְּיָדַיִם:

תוספות

באב הטומאה דאורייתא. נראה לר"י דלהכי נקט דאורייתא — משום דאיכא אב הטומאה דרבנן, כגון מעת לעת שבנדה, ובית הפרס, וארץ העמים, והרבה כיוצא בהן. והא דנקט דאורייתא — לא נפקא מינה מידי, למ"ד אין אוכל מטמא אוכל — דמ"מ לא מטמא אלא מדרבנן. ולא נקט דאורייתא אלא משום דבעי למימר ולד טומאה דרבנן, דהוי דווקא דרבנן:

ולד טומאה דרבנן. פ"ה: כגון כלי שנטמא במשקין. והק' ה"ר יעקב דאורלינ"ש: א"כ היכי יליף רבי מאיר מדברי ר' חנינא? הא בשר קודש שנטמא מכלי שנטמא במשקין אינו נשרף אלא בעיבור צורה, כדמוכח במס' חגיגה (דף כב. ושם) ובפ' "על אלו מומין" (בכורות דף לח. ושם) דקאמר: כלי שנטמא במשקין מאחוריו — תוכו ואזנו ואוגנו וידיו טהורין, דעבוד בהו רבנן היכרא דלא לישרוף עליה תרומה וקדשים. ומאחר שנעש' נותר, אפי' היה טהור לגמרי — מותר לשורפו עם הטמא', כדמוכח לקמן (ע"ב). מיהו, אי עיבור צורה היינו לינה בעלמא, אע"ג דלא הוי נותר — לא קשה מידי. ולפרש"י אינה היא מן המדה דר' יוסי — היינו דלא מדמינן איסור דרבנן לטומאה דרבנן. ונראה לר"י: דוולד טומאה דרבנן — היינו כדמפרש ר' ירמיה הכא, בבשר שנטמא במשקין. ור' מאיר לטעמיה וכו', ור' יוסי לטעמיה דאמר: טומאת משקים לטמא אחרים דאורייתא. אע"ג דבכלי שנטמא במשקין אין שורפין קדשים אלא בעיבור צורה — בשאר טומאה דרבנן שורפין, דלא כל הטומאות שוות. ואור"י: דלמ"ד אוכל מטמא אוכל — לא איצטריך לאוקמא לעיל בוולד ולד, אלא לרבי יוסי, דאמר (א) משקין לטמא אחרים דאורייתא, והוי ולד טומאה דאורייתא. אבל לרבי מאיר דהוי ולד טומאה דרבנן — בלא ולד ולד איכא תוספת טומאה, דמעיקרא טמא דרבנן והשתא כששורפין טמא דאורייתא. הקשה ר"י: למ"ד אין אוכל מטמא אוכל מדאוריי' — א"כ לר' יוסי לא משכחת שלישי דאורייתא, אלא שנגע שלישי במשקין שנגעו באוכל ראשון. א"כ — מאי תוספת טומאה איכא כששורפו עם הבשר שנטמא באב הטומאה? דכיון דאין אוכל מטמא אוכל — לא הוי שני אלא מדרבנן, ובלאו הכי הוי שני דרבנן, כיון שנטמא מן המשקין דהוי תחלה. ואור"י: דאכתי לא נגזרה גזירה דכל הפוסל התרומה מטמא משקין להיות תחלה, כדפי' לעיל. א"נ: דהאי שלישי נטמא בעצים ולבונה, כדפירש ר"ת לקמן גבי רביעי בקדש. וסבירא ליה השתא דחיבת הקודש מהני למימני ביה ראשון ושני, אע"ג דר"ל בעי לה (לקמן דף כ.) ולא איפשיט:

דמדאורייתא טהור מעליא הוא. הקשה ר"י: הניחא למ"ד אוכל מטמא אוכל — יליף שפיר איסור דרבנן לעשותו שני משלישי מדרבנן, אע"ג דאיסור הוי כמו פסול ולעיל משמע דטמא ופסול אינם שוין דחשיב ליה הוסיף — מ"מ בטומאה דרבנן לא משמע ליה לחלק. אלא למאן דסבר אין אוכל מטמא אוכל מדאורייתא, מאי קסבר? אי קסבר דיש להשוותם — א"כ בלא שום ראיה יהא איסור דרבנן מותר לעשותו שני דרבנן. ואי קסבר דאין להשוותם — אם כן היכי יליף משלישי? וי"ל: דלא יליף טפי, אלא מכיון דחזינא דשלישי שהוא מקולקל דרבנן מותר לעשותו שני — א"כ אין לחלק בין דרבנן לדאורייתא, וילפינן איסורא דרבנן מפסול דאורייתא לרבי עקיבא דמותר לעשותו טמא. ואור"י: דהא דשרי ר' יהושע במתני' לשרוף תלויה עם הטמאה לר' יוסי — היינו תלויה דאורייתא, דלדידיה שלישי דרבנן אסור לעשות שני:*

ולד טומאה דאורייתא. הכא דקיימינן אליבא דר"ל — לא אשכחן שלישי דאורייתא למ"ד אין אוכל מטמא אוכל אלא ע"י משקין. ואז הוי שני דרבנן, ומאי תוספת איכא? וי"ל: דלא נגזרה גזרה עדיין דכל הפוסל וכו', כדפי'. וע"י עצים ולבונה ליכא לאוקמא, דר"ל הוא דבעי בפ"ב דחולין (דף לו.) אי מהני חיבת הקודש למימני ביה ראשון ושני. והא דנקט ר"ל ולד טומאה דאורייתא — כלומר: אפי' אם נאמר בולד טומאה דאורייתא איכא לפרושי מדבריהם דר' אליעזר ור' יהושע. א"נ: נקט דאורייתא — לאוקמא אפי' לר"א, אבל לר' יהושע אפי' שלישי דרבנן מותר לעשותו שני. וכן חמץ בשש שעות שהוא איסור דרבנן יליף ר"מ מדבריו של רבי יהושע:

מדברי ר"א ור' יהושע. והא דתני במתני' מילתיה דר' חנינא ור"ע משום דר' יוסי קטעי, וסבר דר"מ מר' חנינא סגן הכהנים קאמר, כדקאמר בסמוך:

חבית שנולד לה ספק טומאה. פירש הקונטרס: כגון שנכנס שם אדם טמא ולא

רבינו חננאל

דמתני' סבר שיש לאדם לטמא התרומה הטהורה בידים לא שנא אב הטומאה ולא שנא ולד הטומאה הכל מדאוריי' ומאי מדבריהם מדברי ר' יהושע דחבית של תרומה שנולד בה ספק טומאה ואמר ר' יהושע אם היתה מונחת במקום מוצנע יניחנה במקום תורפה ואם היתה מכוסה יגלנה כלומ' יעשה אלו הדברים אולי יפול בה שרץ או יבא אדם טמא ויגע בה ותטמא כדי ליהנות ממנה כדכתיב (במדבר יח ח) ואני הנה נתתי לך את משמרת תרומותי בשתי תרומות הכתוב מדבר אחת תרומה טהורה ואחת תרומה טמאה וכתיב ונתתי לך בשתיהן הכתו' מדבר ומפורש ביבמות בפ' הערל דאמר ר' אבהו כתיב לא בערתי ממנו בטמא ממנו אי אתה מבעיר אבל אתה מבעיר בשמן של תרומה שנטמא ודחי' אימור דאמר ר' יהושע לגרום לו טומאה בעלמ' אבל לטמא' בידים מי אמר אלא הא רבי יהושע דתני בחבית של תרומה שנשברה בגת העליונה והתחתונה טמאה [רבי יהושע אומר] אף יטמאנה ביד ודחי אי הכי מדבריו היה צריך לשנות התנא כלומר שהוא ר' יהושע לבד למה שנה מדבריה' וקשיא לן ולמה לא דחה בזו התשובה בתיובתא דאותבי' למעלה מזו (אלא פרק לו כגון שנולד בה ספק טומאה) ואית לן לשנויי לפי שכך דרך התלמוד כל מקום שיש ראיות לדחות דברי המקשה שתים שלש דוחה באחת מהן ואע"פ שיש אחרות וכשישתבר אחת ישיב אחרת ופרקי' עכשיו בזו הכי קאמר ממחלוקתן של ר' אליעזר ור' יהושע שמע' הכי ואמרי' דיקא נמי דקתני מודה ר' אליעזר ורבי יהושע ש"מ: **וכן** אמר רב נחמן מתני' באב הטומאה דאורייתא ולד הטומאה דאורייתא ותרווייהו טמאה דאורייתא היא ומאי מדבריהם מדברי ר' אליעזר ור' יהושע: **איתיביה** רבא אמר ר' יוסי אין הנדון דומה לראיה שכשהעידו רבותינו לא העידו אלא על הבשר שנטמא בולד הטומאה ששורפין אותו עם הבשר שנטמא באב

הגהות הב"ח

(א) תוס' ד"ה ולד טומאה דרבנן וכו' לר' יוסי לאמר טומאת משקין:

ע"כ שייך לעיל יד ע"ב

עין משפט נר מצוה

קי א ב מיי' פי"ב מהל' תרומות הלכה ז:

מסורת הש"ס

לקמן כ: בכורות לג: תרומות פ"ח [מ"ח]

תרומות שם [מ"ט] [לקמן כ:] מנחות מח.

[הך דר' יהושע ליתא במשנה ע' בתרומות ופי' ר"ש שם]

לקמן כ: תוספתא פסחי' פ"א ה"ה

קיא א מיי' פי"ט מהל' פסולי המוקדשין הלכה ה:
קיב ב מיי' פ"ג מהל' חמץ ומצה ה"ד:
קיג ג מיי' פ"ז מהל' אבות הטומאה ה"א:

רבינו חננאל

הטומאה כו' ואי ס"ד ר' מאיר מדברי ר' יהושע קאמר היכי מהדר ליה ר' יוסי מדברי ר' חנניה סגן הכהנים וכו' ופרקי' טעה ר' יוסי דהוה סבר דר' מאיר מדברי ר' חנניה דייק ואמר ליה ר' מאיר מדברי ר' יהושע קאמינא והדר אמר ליה ר' יוסי גם לדברי ר' יהושע אינה היא המדה [ופריך הרי] מדה אחת היא שהרי ר' יהושע בהדיא אמר יטמאנה ביד ודחי' שאני התם דאיכא הפסד חולין כלומר כיון שהגת התחתונה יש בה יין שהוא חולין ואם תרד התרומה הזו עליהן תפסד לגמרי שאינו שמן שראוי להדלקה לפיכך אמר ר' יהושע יטמאנה ביד ואקשי' מתני' נמי אית בה הפסד כי אם תשרף כל אחת במדורה בפני עצמה צריכות עצים הרבה ודחי' הפסד של חולין שהוא מרובה חששו להפסד מועט כגון הפסד של עצים לא חששו: **אמר** ר' אסי אמר ר' יוחנן מחלוקת בשעה ששית שהיא גזירה מדרבנן דמדאוריי' שעה ששית שרי באכיל' אבל בשבע שהיא איסור מן התורה דברי הכל שורפין הכל כאחת לפי שהכל איסורא מדאוריי' היא ומאי מדבריהם מדברי ר' חנניה סגן הכהנים ומתני' באב הטומאה דאורייתא ולד הטומאה דאורייתא: **נימא** מסייע לי' הפיגול הנותר והטמא ב"ש אומרי' אין נשרפין כאחת וב"ה אומרים נשרפין כאחת דייקי' מדברי ב"ה כיון דמאחר דכולן השתא אסורין מדאוריי' הן אע"ג דהפיגול והנותר טהורין הן נשרפין כאחד אף הני בעידן איסורא מדאוריי' והיא משעה שביעית ולמעלה נשרפין כאחד ודחי' לעולם לא מסייע ליה ושאני פיגול ונותר דאית בהו מיהו טומאה מדרבנן דתנן הפיגול והנותר מטמאין הידים. ואתינן תוב לסיועיה מן הפת שעפשה שהיא טהורה ונשרפת עם תרומה טמאה בפסח ודחי' שאני פת שעפש' דכעפרא בעלמא היא: **ואקשי'** לר' יוחנן דאמר ר' מאיר מדברי ר' חנניה סגן הכהנים קאמר אי הכי אמאי אומר לו ר' יוסי לר' מאיר מודה ר' אליעזר ור' יהושע נימא ליה אנא אמינא לר' חנניה סגן הכהנים ואת אמרת לי מדברי ר' יהושע ושנינן הכי קאמר לו ר' מאיר לר' יוסי לא מבעי' הני דמחמרי אלא אפי' ר' יהושע דמיקל לא מיקל אלא בתלויה וטמאה אבל טמאה וטהורה לא: **אי** הכי כי ר' מאיר מדברי ר' חנניה סגן הכהנים אמר לר' יוחנן דאמר אב הטומאה דאורייתא ולד הטומאה מדרבנן הוא טמא אבל מדאורייתא טהור הוא אמאי אמר ר' יוסי אינה היא המדה הלא האב טמא [דאורייתא] והולד מדאורייתא טהור ואמר ר' חנניה לא נמנעו לשורפן כאחת

ולא ידעינן אי נגע אי לא נגע. וקשה לריב"א: אי ברה"י – ספיקו טמא, ואי ברה"ר – ספיקו טהור! ונראה לר"י לפרש: כגון שתי חביות ברה"י, ונגע באחת מהן, ואינו יודע באיזה מהן נגע, דהשתא שתיהן תלויות דבר תורה. דלא ילפינן מסוטה דברשות היחיד ספקו טמא אלא דבר שיכול להיות אמת, כעין סוטה. אבל הכא דודאי אחת מהן טהורה – אין לטמאות שתיהן מספק, כדתנן בפרק "שני נזירים" (נזיר ד' נז.): ב' נזירים שאמר להם אחד ראיתי אחד מכם שנטמא – מביאין קרבן טומאה וטהרה, ומפרש בגמ' דהוי ספק טומאה ברה"י, ואפ"ה לא אמרי' דכל אחד יביא קרבן טומאה – משום דודאי לא נטמא רק אחד מהן: **נימא** קסבר ר' יוחנן כו' מדברי ר' חנינא. פ"ה: דמשמע ליה מדקאמר מחלוקת בשש, דאי מדרבי יהושע – מאי איריא בשש אפי' בד' וה' נמי, כיון דאזיל לאיבוד. ואין נראה לר"י: דדילמא הא דנקט שש – לאו למעוטי ד' וה', אלא משום דבעי למימר אבל בז' – ד"ה שורפין. ועוד: דבד' וה' לא אזיל לאיבוד, דכיון דשרי באכילה ימלא להן אוכלין הרבה! ונראה לר"י: דדייק מדקאמר אבל בז' ד"ה שורפין, ואי מדברי רבי יהושע קאמר – א"כ מנלן דבז' שורפין לרבי יוסי: כיון דסבירא ליה דהתם שאני דאיכא הפסד חולין, אבל בעלמא לא, אע"ג דאזיל לאיבוד. א"כ, אפי' בז' לא ישרפו עם הטמא. וא"ת: הא דבז' שורפין אפילו לרבי יוסי – משום דיליף מדברי רבי עקיבא דשרי לשרוף פסול עם הטמא! וי"ל: כיון דמדרבי יהושע יליף, ולא מצינו דר"מ יליף איסור מטומאה מסברא – אין לנו ללמוד איסור מטמא. אבל אי מדבריה' – היינו מדברי רבי חנינא, ויליף ר"מ איסור מטמא, ורבי יוסי דאמר אינה היא המדה – משום דסבירא ליה ולד טומאה דאורייתא, ולא ילפינן מיניה איסור דרבנן, דהיינו בשש. אבל בז', איסור דאורייתא – ילפינן מיניה: **ונשרפת** עם הטמאה. נראה לו לדמות האי דאזיל לאיבוד לז'. אבל בו' אין שורפין. כיון דלא אזיל לאיבוד אלא משום גזירה דרבנן: **רבי** יוסי לטעמיה. קשה: רבי יוסי גופיה אית ליה לקמן (דף יח:) טומאת משקין לטמא אחרים דרבנן, והא דאית ליה הכא דאורייתא – בשיטת ר' עקיבא רבו אמר, *ואין זה לטעמיה! ועוד קשה

הַפִּיגּוּל וְהַנּוֹתָר וְהַטָּמֵא, בֵּית שַׁמַּאי אוֹמְרִים: אֵין נִשְׂרָפִין כְּאַחַת, וּב"ה אוֹמְרִים: [א]נִשְׂרָפִין כְּאַחַת. וְאִי סָלְקָא דַּעְתָּךְ ר"מ מִדִּבְרֵי רַבִּי יְהוֹשֻׁעַ קָאָמַר — אַמַּאי מַהֲדַר לֵיהּ ר' יוֹסֵי מִדְּר' חֲנִינָא סְגַן הַכֹּהֲנִים? א"ל רַב נַחְמָן: רַבִּי יוֹסֵי לָאו אַדַּעְתֵּיהּ, דְּהוּא סָבַר: ר"מ מִדְּרַבִּי חֲנִינָא סְגַן הַכֹּהֲנִים קא"ל, וַא"ל: אֲנָא מִדְּר' יְהוֹשֻׁעַ קָאָמִינָא. וַא"ל: וַאֲפִילּוּ לְרַבִּי יְהוֹשֻׁעַ נַמִי אֵינָהּ הִיא הַמִּדָּה, דְּהָא מוֹדֶה ר"א וְרַבִּי יְהוֹשֻׁעַ שֶׁשּׂוֹרֵף זוֹ בִּפְנֵי עַצְמָהּ וְזוֹ בִּפְנֵי עַצְמָהּ. וְאַמַּאי אֵינָהּ הִיא הַמִּדָּה? מִדָּה וּמִדָּה הִיא! שָׁאנֵי הָתָם, דְּאִיכָּא הֶפְסֵד חוּלִּין. מַתְקִיף לָהּ רַב יִרְמְיָה: מַתְנִיתִין נַמִי אִיכָּא הֶפְסֵד דְּעֵצִים! א"ל הַהוּא סָבָא: *לְהֶפְסֵד מְרוּבֶּה — חָשְׁשׁוּ, לְהֶפְסֵד מוּעָט — לֹא חָשְׁשׁוּ. א"ר אַסִי א"ר יוֹחָנָן: מַחֲלוֹקֶת — בְּשֵׁשׁ, [ב]אֲבָל בְּשֶׁבַע — דִּבְרֵי הַכֹּל שׂוֹרְפִין. א"ל רַבִּי זֵירָא לְר' אַסִי, נֵימָא קָסָבַר רַבִּי יוֹחָנָן: מַתְנִי' בְּאַב הַטּוּמְאָה דְּאוֹרַיְיתָא, וּוְלַד הַטּוּמְאָה דְּרַבָּנַן, וּמַאי מִדִּבְרֵיהֶם — מִדִּבְרֵי רַבִּי חֲנִינָא סְגַן הַכֹּהֲנִים. א"ל: אִין. אִיתְּמַר נַמִי, אָמַר רַבִּי יוֹחָנָן: מַתְנִיתִין בְּאַב הַטּוּמְאָה דְּאוֹרַיְיתָא וּוְלַד הַטּוּמְאָה דְּרַבָּנַן, וּמַאי מִדִּבְרֵיהֶם — מִדִּבְרֵי רַבִּי חֲנִינָא סְגַן הַכֹּהֲנִים. וּמַחֲלוֹקֶת בְּשֵׁשׁ, אֲבָל בְּשֶׁבַע — דִּבְרֵי הַכֹּל שׂוֹרְפִין. לֵימָא מְסַיַּיע לֵיהּ: הַפִּיגּוּל וְהַנּוֹתָר וְהַטָּמֵא, ב"ש אוֹמְרִים: אֵין נִשְׂרָפִין כְּאַחַת, וּב"ה אוֹמְרִים: נִשְׂרָפִין כְּאַחַת. שָׁאנֵי הָתָם, דְּאִית לְהוּ טוּמְאָה מִדְּרַבָּנַן. *דִּתְנַן: הַפִּיגּוּל וְהַנּוֹתָר — מְטַמְּאִין אֶת הַיָּדַיִם. לֵימָא מְסַיַּיע לֵיהּ: *הַפַּת שֶׁעִיפְּשָׁה וְנִפְסְלָה מִלֶּאֱכוֹל לָאָדָם, וְהַכֶּלֶב יָכוֹל לְאָכְלָהּ — מְטַמְּאָה טוּמְאַת אוֹכָלִין בִּכְבֵיצָה, וְנִשְׂרֶפֶת עִם הַטְּמֵאָה בַּפֶּסַח. שָׁאנֵי הָתָם, דְּעַפְרָא בְּעָלְמָא הוּא. אִי הָכִי, מַאי מוֹדֶה? הָכִי קא"ל ר' יוֹסֵי לְר"מ: אֲפִי' לְר' יְהוֹשֻׁעַ דְּמֵיקֵל, כִּי מֵיקֵל — בִּתְלוּיָה וּטְמֵאָה, אֲבָל בִּטְהוֹרָה וּטְמֵאָה — לֹא. אִי הָכִי, אַמַּאי אֵינָהּ הִיא הַמִּדָּה? מִדָּה וּמִדָּה הִיא! א"ר יִרְמְיָה: הָכָא בְּבָשָׂר שֶׁנִּטְמָא בְּמַשְׁקִין שֶׁנִּטְמְאוּ מֵחֲמַת שֶׁרֶץ, וְאַזְדָּא ר"מ לְטַעְמֵיהּ וְרַבִּי יוֹסֵי לְטַעְמֵיהּ: ר"מ לְטַעְמֵיהּ, דְּאָמַר: [ג]טוּמְאַת מַשְׁקִין לְטַמֵּא אֲחֵרִים — דְּרַבָּנַן, וְר' יוֹסֵי לְטַעְמֵיהּ, דְּאָמַר: *טוּמְאַת מַשְׁקִין לְטַמֵּא אֲחֵרִים — דְּאוֹרַיְי', דְּתַנְיָא:
סְפֵק

הפיגול. לא צריך הכא, אלא מסיים הברייתא: הפיגול והנותר. של קדשים: והטמא. בשר קודש שנטמא, דקיימא לן בפ' אחרון (ד' קכ:) דגזרו עליהן שיטמאו את הידים. ואע"פ שאין אוכל מטמא אדם – גזרו עליהן לטמא מיהא את הידים, ולא לטמא את הגוף, משום חשדי כהונה ועללי כהונה, כדמפרשינן התם. ואפילו הכי, דאית עלייהו טומאה דרבנן, אמרי ב"ש דאין שורפין פיגול ונותר שאין טמאים מן התורה, עם הטמאה שהוא טמא מן התורה. וכ"ש בתרומה טהורה וטמאה. ואפי' ב"ה לא קשרו אלא משום דאית לפיגול ונותר טומאה דרבנן: וא"ל. רבי יוסי לרבי מאיר: כי ילפת ליה מדרבי יהושע – נמי אינה היא המדה, דמודין הן בזו. ולקמן פריך: אמאי אינה היא המדה? מדה ומדה היא. דהא טהורה גמורה היא החבית הזאת, ומשום דסופה לאיבוד – שרי לטמויי בידים: דעצים. שצריך להיסק שתי היסקות: מחלוקת בשש. שעדיין אין על הטהורה אלא איסור דרבנן. אבל בשבע, שנאסרה כבר מן התורה – אין לך טומאה גדולה מזו, ודברי הכל, אף לר' יוסי שורפין: נימא קסבר ר' יוחנן. דמתני' דרבי חנינא בולד הטומאה דרבנן, ור"מ מיניה יליף, ודוקא נקט שש רבי יוחנן. ומשום דאית עליה איסור דרבנן הוא טעמא דר' מאיר. אבל אם בא לשורפ' בחמש וארבע – מודה רבי מאיר דאין שורפין, ואע"ג דסופה לאיבוד. דלאו מדרבי יהושע קא יליף, דטעמי' דרבי יהושע התם משום הפסד חולין. או דילמא לר' יוחנן נמי ר' מאיר מדרבי יהושע יליף, וטעמא דרבי מאיר לאו משום איסורא דרבנן הוא – דהוא הדין נמי לחמש וארבע, והאי דקאמר ר' יוחנן שש – אורחא דמילתא נקט: א"ל אין. ודווקא שש קאמר. ולקמיה פריך: אמאי קאמר ר' יוסי אינה היא המדה: נימא מסייע ליה. דבשבע מודה ר' יוסי: הפיגול ונותר כו'. רבי יוסי א"ל לעיל, וקאמר ליה לר' מאיר: בהא הוא דאמרי בית הלל נשרפין כאחת – משום דפיגול ונותר אסירי מדאורייתא, אבל באיסורא דרבנן – לא שרו לטמויי בידים. שמעינן מינה מיהא, דבאיסור דאורייתא מודה רבי יוסי, ואע"ג דליכא שם טומאה עליה: שאני התם כו'. מהא לא מיסייעא לר' יוחנן, ואפי' בשבע אימא לך דפליג ר' יוסי. ואע"ג דאסירא, הואיל ואין עליה שם טומאה – לא מטמינן ליה. והא דמודה בפיגול ונותר – משום דאית עלייהו שם טומאה דרבנן: מטמאה טומאת אוכלין. הואיל ומתחלה נראית לאדם – ירדה לה תורת טומאה, ואין עולה ממנה עד שתפסל מאכילת כלב: ונשרפת עם הטמאה בפסח. ואפילו היא תרומה טהורה. והא ודאי ר' יוסי קאמר לה, דאי ר' מאיר – אפילו פת מעלייתא שרי. וש"מ דמודה ר' יוסי היכא דלאו בת אכילה היא, והוא הדין לפת מעלייתא בשבע שעות: אי הכי. דרבי מאיר מדרבי חנינא יליף, מאי מודה ר' אליעזר דקאמר ליה ר' יוסי, הא קא יליף רבי מאיר מדרבי חנינא, מהדר ליה איהו מדרבי אליעזר ורבי יהושע: הכי קאמר ליה. הא דקא ילפת מדרבי חנינא – אינה היא מן המדה, כדמפרש לקמיה. ואפילו לרבי יהושע נמי, דשמעינן ליה דמיקל טפי גבי חבית, דקאמר יטמאנה ביד – מודה בשריפה בפסח דאין שורפין, דהתם משום הפסד חולין הוא. וכי איכא למימר דמיקל בשריפה – בתלויה וטמאה הוא דאיכא למימר דמיקל, כדשמעינן ליה גבי חבית שנולד לה ספק טומאה דאמר יגלנה. ותנא גרמא, והוא הדין בידים. אבל בטהורה – ליכא למימר דמיקל: אי הכי. דרבי מאיר מדרבי חנינא יליף, אמאי אינה היא המדה? מדה ומדה היא! דהא בשש איכא איסורא דרבנן על הטהורה, כי התם דאיכא טומאה דרבנן. והא ר' יוסי לא שני ליה בין שם טומאה לשם איסור, דהא אמרת דמודה רבי יוסי בשבע – הואיל ואיכא איסור דאורייתא, ואע"פ דליכא עלה שם טומאה. אלמא לא שני ליה, וכיון דלא שני ליה – שפיר יליף רבי מאיר מדרבי חנינא, דאמר דמטמאין טומאה מדרבנן בטומאה דאורייתא, הכא נמי מטמינן איסור דרבנן בטמא טומאה דאורייתא: א"ר ירמיה הכא. בבשר שנטמא בוולד הטומאה דקתני – כגון שנטמא במשקין שנטמאו בשרץ: ואזדא ר' מאיר לטעמיה. דאמר: משקין אין מטמאין אחרים, ואפילו אוכלין, אלא מדרבנן. והוה ליה מדאורייתא טהור מעליא, ושרפי ליה בהדי בשר שנטמא באב הטומאה דטמא מדאורייתא. וגבי תרומה טהורה בשש, דאיכא נמי איסור דרבנן עלה – לא שנא: ורבי יוסי לטעמיה. דמשקין טימאוהו לבשר זה מדאורייתא, הלכך אינה היא מן המדה, דטמא וטמא הוא. ולר' ירמיה איכא לאקשויי: א"כ, בין לר"מ בין לר' יוסי, מאי מוסיפין לו טומאתו קא מסהיד ר' חנינא? מעיקרא בראשון נגע וה"ל שני, והשתא נמי בהדי ראשון שרפינן להו! ונראה בעיני, דרבי ירמיה אוולד דקאמר רב יהודה סמיך, ולא חש למידק כולי האי, ונקט מילתיה בתר לישנא דמתני', דתני בוולד הטומאה. ולעולם בבשר שנטמא במשקין, שנטמאו בכלי, שנטמא בשרץ, דהוו להו משקין שניים והוא שלישי. ואשמעינן דשלישי מותר לעשותו שני. ואכתי איכא לאקשויי: סוף סוף, כיון דאין אוכל מטמא אלא מדרבנן, מאי קא מהני ליה האי בשר ראשון לבשר שלישי? אי לשווייה שני מדרבנן – מעיקרא נמי שני מדרבנן הוה, דאילו משקין שנגע בהן – תחלה היו מדרבנן, דהא נגע בראשון, ואפי' ע"י שני הן נעשין תחלה. אלא על כרחך ר' ירמיה כרב אדא או כאביי ס"ל, דאמרי קדשים עושין טומאה ביוצא בהן. ואשמעינן ר' חנינא דשני דרבנן עבדינן ליה שני דאורייתא, ולר' מאיר שמעינן מינה דשני דרבנן דהוא טהור מעליא דאורייתא – מותר לעשותו שני דאורייתא, והוא הדין לתרומה טהורה שנשרפת עם הטמאה. ולר' יוסי אשמעינן דשני דרבנן דהוא שלישי דאורייתא – עבדינן שני דאורייתא, הלכך אינה היא מן המדה. ורבינא דאית ליה מקרא מלא דבר הכתוב – לא ס"ל דרבי ירמיה, ומוקי לה לתוספת טומאה דרבנן דמתניתין כדאוקימנא ברישא, ומאי מדבריהן – מדברי ר' אליעזר ורבי יהושע:
ספק

[שבת קנד:] לקמן כ: נה: ביצה לו. ב"ק קיז. ב"מ לח:]
לקמן פה. קכ:
לקמן מה:
[לעיל יז:]
ומיהו י"ל דר"מ חנינא ור"ע יליף שפיר שייך לטעמיה כיון דעליהו קיימי ועוד כו' העתק מתוספי גרכמ"ו

תורה אור

*א סְפֵק מַשְׁקִין לִיטַּמֵּא — טָמֵא, לְטַמֵּא אֲחֵרִים — טָהוֹר, דִּבְרֵי ר"מ; וְכֵן הָיָה רַבִּי אֶלְעָזָר אוֹמֵר כִּדְבָרָיו. רַבִּי יְהוּדָה אוֹמֵר: לַכֹּל טָמֵא. רַבִּי יוֹסֵי וְר"ש אוֹמְרִים: לָאוֹכָלִין — טְמֵאִין, לַכֵּלִים — טְהוֹרִין. וְסָבַר רַבִּי אֶלְעָזָר מַשְׁקִין אִית לְהוּ טוּמְאָה בְּעוֹלָם? וְהָתַנְיָא, *ר"א אוֹמֵר: אֵין טוּמְאָה לַמַּשְׁקִין כָּל עִיקָּר. תֵּדַע, שֶׁהֲרֵי *הֵעִיד (*יוֹסֵף) [נ"ל רבי יוסי] בֶּן יוֹעֶזֶר אִישׁ צְרֵידָה עַל אֵיל קַמְצָא דָּכָן, בוְעַל מַשְׁקִין בֵּית מִטְבְּחַיָּא דָּכָן. הָנִיחָא לִשְׁמוּאֵל, דְּאָמַר: דָּכָן מִלְּטַמֵּא טוּמְאַת אֲחֵרִים, אֲבָל טוּמְאַת עַצְמָן יֵשׁ לָהֶן — שַׁפִּיר. אֶלָּא לְרַב, דְּאָמַר דָּכָן מַמָּשׁ — מַאי אִיכָּא לְמֵימַר? אָמַר ר"נ בַּר יִצְחָק: אַחֲדָא. וְהָא "כִּדְבָרָיו" קָאָמַר דִּנְפִישֵׁי, וְעוֹד: וְהָא "וְכֵן" קָתָנֵי! קַשְׁיָא. גּוּפָא, *רַב אָמַר: גדָּכָן מַמָּשׁ, וּשְׁמוּאֵל אָמַר: דָּכָן מִלְּטַמֵּא טוּמְאַת אֲחֵרִים, אֲבָל טוּמְאַת עַצְמָן — יֵשׁ לָהֶן. רַב אָמַר: דָּכָן מַמָּשׁ, קָסָבַר: טוּמְאַת מַשְׁקִין דְּרַבָּנַן, וְכִי גָּזְרוּ רַבָּנַן — בְּמַשְׁקִין דְּעָלְמָא, וּבְמַשְׁקִין בֵּית מִטְבְּחַיָּא לָא גַּזוּר. וּשְׁמוּאֵל אָמַר: דָּכָן מִלְּטַמֵּא טוּמְאַת אֲחֵרִים, אֲבָל טוּמְאַת עַצְמָן — יֵשׁ לָהֶן. קָסָבַר: טוּמְאַת מַשְׁקִין עַצְמָן דְּאוֹרַיְיתָא, לְטַמֵּא אֲחֵרִים — דְּרַבָּנַן. וְכִי גַּזוּר רַבָּנַן — בְּמַשְׁקִין דְּעָלְמָא, בְּמַשְׁקִין בֵּית מִטְבְּחַיָּא — לָא גַּזוּר. וְכִי לָא גַּזוּר רַבָּנַן — לְטַמּוּיֵי אֲחֵרִים, אֲבָל טוּמְאַת עַצְמָן — יֵשׁ לָהֶן. א"ל רַב הוּנָא בַּר חִינָּנָא לִבְרֵיהּ: כִּי עָיְילַתְּ לְקַמֵּיהּ דְּרַב פַּפָּא, רְמֵי לֵיהּ: מִי אָמַר שְׁמוּאֵל דָּכָן מִלְּטַמֵּא טוּמְאַת אֲחֵרִים, אֲבָל טוּמְאַת עַצְמָן — יֵשׁ לָהֶן, קְרִי כָּאן: °"וְהַבָּשָׂר אֲשֶׁר יִגַּע בְּכָל טָמֵא לֹא יֵאָכֵל"! [ויקרא ז] אָמַר רַב שִׁישָׁא בְּרֵי' דְּרַב אִידִי: מִידֵּי דַּהֲוָה אַרְבִיעִי בַּקֹּדֶשׁ. מַתְקִיף לָהּ רַב אַשִׁי: רְבִיעִי בַּקֹּדֶשׁ [שם יא] — לָא אִיקְּרִי טָמֵא, הַאי — אִיקְּרִי טָמֵא! קַשְׁיָא. ת"ש: °"וְכָל מַשְׁקֶה אֲשֶׁר יִשָּׁתֶה בְּכָל כְּלִי יִטְמָא"! מַאי יִטְמָא — הִכְשִׁיר. הִכְשִׁיר? מֵרֵישָׁא דִּקְרָא שָׁמְעַתְּ לֵיהּ "מִכָּל הָאֹכֶל אֲשֶׁר יֵאָכֵל וגו'"! חַד בִּתְלוּשִׁין וְחַד *בִּמְחוּבָּרִין. וּצְרִיכִי, דְּאִי אַשְׁמְעִינַן בִּתְלוּשִׁין — מִשּׁוּם דְּאַחְשְׁבִינְהוּ, אֲבָל מְחוּבָּרִין — אֵימָא לָא. וְאִי תְּנָא מְחוּבָּרִין [שם] — מִשּׁוּם דְּקָיְימִי בְּדוּכְתַּיְיהוּ חֲשִׁיבִי, אֵימָא לָא, אֲבָל תְּלוּשִׁין — אֵימָא לָא, צְרִיכִי. ת"ש: °"אַךְ מַעְיָן וּבוֹר מִקְוֵה מַיִם יִהְיֶה טָהוֹר"! מַאי "יִהְיֶה טָהוֹר" — מִטּוּמְאָתוֹ. וּתְלוּשִׁין מִי מַכְשִׁירִין? *וְהָאָמַר ר' יוֹסֵי בְּרַ' חֲנִינָא: דמַשְׁקִין בֵּית מִטְבְּחַיָּא, לֹא דַּיָּין שֶׁהֵן דָּכָן — אֶלָּא שֶׁאֵין מַכְשִׁירִין! תִּירְגְּמָא עַל דָּם. דְּאָמַר ר' חִיָּיא בַּר אַבָּא א"ר יוֹחָנָן: *המִנַּיִן לְדַם קָדָשִׁים שֶׁאֵינוֹ מַכְשִׁיר — [דברים יב] שֶׁנֶּאֱ': °"עַל הָאָרֶץ תִּשְׁפְּכֶנּוּ כַּמָּיִם" דָּם שֶׁנִּשְׁפָּךְ כַּמַּיִם — מַכְשִׁיר, דָּם

רש"י

סְפֵק מַשְׁקֶה לִיטַּמֵּא טָמֵא, לְטַמֵּא אֲחֵרִים טָהוֹר. כְּשֶׁנּוֹלַד סָפֵק בְּמַשְׁקֶה בִּתְחִילַּת טוּמְאָתוֹ, כְּגוֹן טָמֵא שֶׁפָּשַׁט רַגְלוֹ בְּמַשְׁקִין טְהוֹרִין, סָפֵק נָגַע סָפֵק לֹא נָגַע — זֶהוּ סְפֵק מַשְׁקֶה לִיטַּמֵּא, שֶׁנּוֹלַד לוֹ סְפֵק טוּמְאָה — טָמֵא מִן הַסָּפֵק. דְּקָסָבַר: טוּמְאַת מַשְׁקִין לִהְיוֹת עַצְמָן טְמֵאִין — דְּאוֹרַיְיתָא הִיא, דִּכְתִיב "וְכָל מַשְׁקֶה אֲשֶׁר יִשָּׁתֶה" וגו', הִלְכָּךְ הָוְיָא לֵיהּ סְפֵיקָא דְּאוֹרַיְיתָא, וּלְחוּמְרָא. סְפֵק מַשְׁקֶה לְטַמֵּא אֲחֵרִים, כְּגוֹן (א) הָיְתָ' מַקֵּל בְּיָדוֹ וּבְרֹאשָׁהּ מַשְׁקִין טְמֵאִין, וּזְרָקָהּ לְבֵין הַכִּכָּרוֹת טְהוֹרִין, סָפֵק נְגָעָה סָפֵק לֹא נְגָעָה — זֶה הוּא סְפֵק מַשְׁקֶה לְטַמֵּא אֲחֵרִים. כָּךְ הִיא שְׁנוּיָה בְּמַסֶּכֶת טְהָרוֹת: טָהוֹר. אוֹתָן הַכִּכָּרוֹת טְהוֹרוֹת הֵן. דְּקָסָבַר: מַשְׁקִין לְטַמֵּא אֲחֵרִים מִדְּרַבָּנַן הוּא, וְלֹא מִדְּאוֹרַיְיתָא, וְלֹא דּוֹרֵשׁ "יִטְמָא" דִּכְתִיב גַּבֵּי מַשְׁקִין בִּלְשׁוֹן יְטַמֵּא, הִלְכָּךְ הָוְיָא לֵיהּ סְפֵיקָא דְּרַבָּנַן, וּלְקוּלָּא. וְגִירְסָא הָכִי אִיתָא: סְפֵק מַשְׁקֶה לִיטַּמֵּא — טָמֵא, לְטַמֵּא אֲחֵרִי' — טָהוֹר: רַבִּי אֶלְעָזָר. גָּרְסִי': לַכֹּל טָמֵא. אַסְּפֵק מַשְׁקֶה לְטַמֵּא אֲחֵרִים קָאֵי, כְּשֶׁנּוֹלַד סְפֵק נְגִיעַת שׁוּם דָּבָר טָהוֹר בְּמַשְׁקִין טְמֵאִין, בֵּין שֶׁנּוֹלַד סָפֵק זֶה בְּכֵלִים בֵּין שֶׁנּוֹלַד בָּאוֹכָלִין — הֲרֵי הוּא טָמֵא מִסָּפֵק. דְּקָסָבַר: מַשְׁקִין מְטַמְּאִין כֵּלִים מִן הַתּוֹרָה, וְיָלֵיף טַעְמָא מֵ"אֲשֶׁר יִשָּׁתֶה בְּכָל כְּלִי יִטְמָא", וְדָרֵישׁ: "יִטְמָא" — יְטַמֵּא. וּמִדְּסָמְכֵיהּ לִכְלִי — מַשְׁמַע יְטַמֵּא אֶת הַכְּלִי. וְהָכִי דָּרְשִׁינַן לֵיהּ בְּתוֹרַת כֹּהֲנִים. הִלְכָּךְ, כִּי הָוֵי סָפֵק — הָוֵי לֵיהּ סְפֵיקָא דְּאוֹרַיְיתָא, וּבְרה"י סְפֵיקוֹ טָמֵא: ר' יוֹסֵי וְר' שִׁמְעוֹן אוֹמְרִים לָאוֹכָלִין טְמֵאִין. אִם נוֹלַד סָפֵק זֶה בָּאוֹכָלִים, כְּגוֹן מַשְׁקִין טְמֵאִין שֶׁנִּשְׁפְּכוּ לְבֵין הַכִּכָּרוֹת, סָפֵק נָגְעוּ סָפֵק לֹא נָגְעוּ — טְמֵאִין, דְּקָא סָבְרִי מַשְׁקִין מְטַמְּאִין אוֹכָלִין מִדְּאוֹרַיְיתָא, הִלְכָּךְ סָפֵק נַמִי בִּרְשׁוּת הַיָּחִיד טָמֵא: לַכֵּלִים טְהוֹרִים. אֲבָל אִם נוֹלַד סָפֵק זֶה בְּכֵלִים, כְּגוֹן מַשְׁקִין טְמֵאִין שֶׁנִּשְׁפְּכוּ לְבֵין הַכֵּלִים, סָפֵק נָגְעוּ סָפֵק לֹא נָגְעוּ — טְהוֹרִין, דְּקָסָבְרִי: מַשְׁקִין אֵין מְטַמְּאִין כְּלִי אֶלָּא מִדְּרַבָּנַן, וְעַל סְפֵיקוֹ לֹא גָּזְרוּ. וְרַבִּי יוֹסֵי וְר"ש דָּרְשֵׁי "יִטְמָא" יְטַמֵּא כְּרַבִּי יְהוּדָה, וּמִיהוּ כֵּלִים לָא, כִּדְיָלֵיף בְּפִירְקִין: יְטַמֵּא — לְטַמֵּא אֶת הָאוֹכָלִים, אוֹ אֵינוֹ אֶלָּא לְטַמֵּא אֶת הַכְּלִי — אָמַרְתָּ: לֹא כָּךְ הָיָה: טוּמְאָה בְּעוֹלָם. מִדְּאוֹרַיְיתָא, וַאֲפִילּוּ לְטוּמְאַת עַצְמָן: ר' אֶלְעָזָר אוֹמֵר אֵין טוּמְאָה לַמַּשְׁקִין. מִן הַתּוֹרָה כָּל עִיקָּר, וַאֲפִילּוּ לְטוּמְאַת עַצְמָן. וְהַאי "כָּל מַשְׁקֶה אֲשֶׁר יִשָּׁתֶה" מוֹקֵי לָהּ לְקַמָּן לְעִנְיַן הֶכְשֵׁר בִּשְׁמַעְתִּין: תֵּדַע. דְּאֵין לָהֶם טוּמְאָה מִן הַתּוֹרָה כָּל עִיקָּר, וַאֲפִילּוּ לְטוּמְאַת עַצְמָן: שֶׁהֲרֵי הֵעִיד יוֹסֵף בֶּן יוֹעֶזֶר עַל אֵיל קַמְצָא דָּכָן. מִין חָגָב שְׁמוֹ אֵיל קַמְצָא — דָּכָן, שֶׁהוּא טָהוֹר וְכָשֵׁר לַאֲכִילָה: וְעַל מַשְׁקֶה בֵּית מִטְבְּחַיָּא דָּכָן. עַל מַשְׁקִין שֶׁל בֵּית הַמִּטְבָּחַיִם שֶׁבָּעֲזָרָה, כְּגוֹן הַדָּם וְהַמַּיִם, שֶׁהֵן דָּכָן — שֶׁאֵינָן מְקַבְּלִין טוּמְאָה. אַלְמָא: טוּמְאַת מַשְׁקִין דְּרַבָּנַן, וּבְהָנֵי לֹא גָּזְרוּ מִשּׁוּם הֶפְסֵד קֳדָשִׁים. דְּאִי דְּאוֹרַיְיתָא — הֵיכִי מָצוּ רַבָּנַן לְטַהֲרִינְהוּ? הָא נִיחָא. הָא דְּאָמְרַתְּ לְר' אֶלְעָזָר יֵשׁ לָהֶן טוּמְאָה — לִשְׁמוּאֵל דְּאָמַר הַאי דָּכָן דְּיוֹסֵף בֶּן יוֹעֶזֶר — דָּכָן מִלְּטַמֵּא אֲחֵרִים קָאָמַר, אֲבָל טוּמְאַת עַצְמָן — יֵשׁ בָּהֶן. מָצֵית לְתָרוֹצֵי דְּהַאי אֵין טוּמְאָה לַמַּשְׁקִין דְּקָאָמַר רַבִּי אֶלְעָזָר — לְטַמֵּא אֲחֵרִים קָאָמַר. דְּהָא מֵעֵדוּתוֹ דְּיוֹסֵף בֶּן יוֹעֶזֶר לְטַמֵּא אֲחֵרִים קָאָמַר: אֶלָּא לְרַב דְּאָמַר דָּכָן מַמָּשׁ. קָאָמַר יוֹסֵף בֶּן יוֹעֶזֶר, וַאֲפִי' מִטּוּמְאַת עַצְמָן, עַל כָּרְחָךְ רַבִּי אֶלְעָזָר נַמִי מִטּוּמְאַת עַצְמָן קָאָמַר: אַחֲדָא. הָא דְּקָאָמַר ר' אֶלְעָזָר כִּדְבָרָיו דְּרַבִּי מֵאִיר — אַלְּטַמֵּא אֲחֵרִים טָהוֹר דְּרַבִּי מֵאִיר קָאֵי, אֲבָל לִיטַּמֵּא טָמֵא — לָא סְבִירָא לֵיהּ כְּוָותֵיהּ: ה"ג: וְהָא כִּדְבָרָיו דִּנְפִישֵׁי קָאָמַר וְעוֹד הָא וְכֵן קָתָנֵי קַשְׁיָא. דִּנְפִישֵׁי, כְּלוֹמַר: כִּדְבָרָיו לְשׁוֹן דְּבָרִים רַבִּים מַשְׁמַע: קָסָבַר. יוֹסֵף בֶּן יוֹעֶזֶר טוּמְאַת מַשְׁקִין אֲפִילּוּ לְטוּמְאַת עַצְמָן דְּרַבָּנַן: וּשְׁמוּאֵל אָמַר כו'. קָסָבַר יוֹסֵף בֶּן יוֹעֶזֶר טוּמְאַת מַשְׁקִין דְּאוֹרַיְיתָא לְעַצְמָן, מִן "וְכָל מַשְׁקֶה אֲשֶׁר יִשָּׁתֶה", אֲבָל לְטַמֵּא אֲחֵרִים — בְּמַשְׁקִין בְּעָלְמָא, אֲבָל מַשְׁקִין בֵּית מִטְבְּחַיָּא לֹא גְּזוּר לְטַמֵּא אֲחֵרִים, אֲבָל טוּמְאַת עַצְמָן יֵשׁ בָּהֶן, דְּהָא מִדְּאוֹרַיְיתָא רָמְיָא עֲלַיְיהוּ וְלָא מָצוּ רַבָּנַן לְמִשְׁקְלֵיהּ: קְרִי כָּאן וְהַבָּשָׂר אֲשֶׁר יִגַּע כו'. וְהָנֵי דְּמַשְׁקִין לָא מְטַמְּאוּ אוֹכָלִין דְּחוּלִּין, מִיהוּ גַּבֵּי קָדָשִׁים "אֲשֶׁר יִגַּע בְּכָל טָמֵא" כְּתִיב, וְכֵיוָן דְּאָמַר מַשְׁקִין מִטַּמְּאִין מִדְּאוֹרַיְיתָא לְעַצְמָן — בְּשַׂר קוֹדֶשׁ הַנּוֹגֵעַ בָּהֶן הֲרֵי נָגַע בְּטָמֵא: מִידֵּי דַּהֲוָה אַרְבִיעִי בַּקּוֹדֶשׁ. דְּהוּא עַצְמוֹ פָּסוּל, וְאֵינוֹ מְטַמֵּא קוֹדֶשׁ: רְבִיעִי בַּקּוֹדֶשׁ לֹא אִיקְּרִי טָמֵא. וּמק"ו הוּא דְּנָפְקָא לָן בֵּיהּ פְּסוּלָה לְקַמָּן*. הִלְכָּךְ, כִּי נָגַע בֵּיהּ קוֹדֶשׁ — לָא קָרֵינַן בֵּיהּ "הַבָּשָׂר אֲשֶׁר יִגַּע בְּכָל טָמֵא": ת"ש וְכָל מַשְׁקֶה אֲשֶׁר יִשָּׁתֶה כו'. דְּקָא מִשְׁתָּעֵי בִּכְלִי חֶרֶס שֶׁקִּיבֵּל טוּמְאָה מִן הַשֶּׁרֶץ, וּכְתַב: "כֹּל אֲשֶׁר בְּתוֹכוֹ יִטְמָא, מִכָּל הָאוֹכֶל וגו' וְכָל מַשְׁקֶה אֲשֶׁר יִשָּׁתֶה בְּכָל כְּלִי יִטְמָא" וגו'. וְקס"ד דְּהָכִי קָאָמַר: אֶחָד אוֹכָלִין שֶׁבְּתוֹכוֹ וְאֶחָד מַשְׁקִין שֶׁבְּתוֹכוֹ — יִטַּמְּאוּ. וְנָהִי דְּלָא דָּרְשַׁתְּ יִטְמָא יְטַמֵּא — מִיהוּ טוּמְאַת עַצְמָן מִיהָא מִיטַּמּוּ: מַאי יִטְמָא הֶכְשֵׁר. וְהָכִי קָאָמַר: כֹּל אֲשֶׁר בְּתוֹכוֹ יִטְמָא מִכָּל הָאוֹכֶל אֲשֶׁר יָבֹא עָלָיו מַיִם, אוֹ שֶׁיָּבֹא עָלָיו כָּל הַמַּשְׁקֶה אֲשֶׁר יִשָּׁתֶה בְּכָל כְּלִי — הָוֵי הֶכְשֵׁר, וְיִטְמָא הָאוֹכֶל מֵחֲמַת אֲוִיר כְּלִי חֶרֶס טָמֵא: בְּכָל כְּלִי. הַיְינוּ מַשְׁקִין תְּלוּשִׁין: דְּאַחְשְׁבִינְהוּ. הוֹאִיל וּמִלְאָן — גִּילָּה דַּעְתּוֹ שֶׁהוּא צָרִיךְ לָהֶם, וְזֶהוּ חֲשִׁיבָתָן: אַךְ מַעְיָן וּבוֹר יִהְיֶה טָהוֹר. דְּאַשְׁמְעִינַן: הוֹאִיל וּמְחוּבָּרִין נִינְהוּ — לָא מִיטַּמּוּ. הָא תְּלוּשִׁין — מְקַבְּלִין טוּמְאָה, וְקַשְׁיָא לְרַב: יִהְיֶה טָהוֹר מִטּוּמְאָתוֹ. וְהָכִי קָאָמַר: אִם יָבֹא הַטָּמֵא בְּמַעְיָן וּבוֹר מִקְוֵה מַיִם — יִהְיֶה טָהוֹר, הוֹאִיל וְטָבַל. הָא שְׁאוּבִין — לָא מְטַהֲרֵי לֵיהּ: וּתְלוּשִׁין מִי מַכְשְׁרֵי. הַמַּיִם הוּא דְּמַתְמֵהּ, מִשּׁוּם דְּמַיִם תְּלוּשִׁין לָא חֲשִׁיבֵי. אֲבָל שְׁאָר מַשְׁקִין לָא מַתְמַהּ, דְּכוּלְּהוּ תְּלוּשִׁין נִינְהוּ: אֶלָּא שֶׁאֵין מַכְשִׁירִים. אַלְמָא: הֶכְשֵׁר תְּלוּשִׁין דְּרַבָּנַן הוּא. דְּאִי מִדְּאוֹרַיְיתָא — מַאן שַׁקְלֵיהּ מִמַּשְׁקֵי בֵּית מִטְבְּחַיָּא דְּלָא לִיכַּשְׁרוּ? תִּירְגְּמָא. לְהָא דְּקָתָנֵי אֵין מַכְשִׁירִין — אַדָּם דְּמַשְׁקֶה בֵּית מִטְבְּחַיָּא, וְלָא אַמַּיִם. וְדַם קָדָשִׁים רַחֲמָנָא אַפְּקֵיהּ דְּלָא לִיכַּשֵּׁר, כִּדְרַבִּי חִיָּיא: שֶׁנִּשְׁפָּךְ כַּמַּיִם. דַּם חוּלִּין, שֶׁאֵין חָשִׁין לְקַבְּלוֹ בִּכְלִי מַכְשִׁיר, דְּאִיתְקַשׁ לְמַיִם. אֲבָל דַּם קָדָשִׁים מִתְקַבֵּל בִּכְלִי, וְצָרִיךְ מִמֶּנּוּ לַמִּזְבֵּחַ, וְאֵינוֹ נִשְׁפָּךְ לְאִיבּוּד כַּמַּיִם — אֵינוֹ מַכְשִׁיר, דְּלָא אִיתְקַשׁ לְמַיִם: דַּם

תוספות

קשה: במה חולקין? כיון דר' יוסי אליבא דרבי עקיבא אומר, וכי אינו מודה ר' מאיר דלר' עקיבא משקין לטמא אחרים דאורייתא? הא ר' עקיבא דריש בהדיא "יטמא יטמא" בההיא דבו ביום דרש ר' עקיבא* ותי' ה"ר יוסף מירושלים: דסבירא לי' לר' מאיר דיטמא דכתיב גבי משקין — היינו הכשר, ומשקה דמקבל טומאה — נפקא ליה מדדריש ר' עקיבא גבי חולין יטמא, דשני עושה שלישי. ובחולין לכ"ע אין אוכל מטמא אוכל שלישי, ע"כ היינו משקין:

בשלמא לשמואל דאמר דכן מלטמא אחרים. אע"ג דרבי אלעזר קאמר אין להן טומאה כל עיקר — היינו משום דקאי בת"כ אמיתיה דר' שמעון, דאמר לאוכלין טמא לכלים טהור:

חד בתלושין וחד במחוברין. והא דכתיב (ויקרא יא) "וכי יותן מים על זרע" — הא אמרינן בפ"ב דחולין (ד' לו: ושם) דחד במת וחד בשרץ, וצריכי. וכיון דגלי לן קרא בחד מינייהו דאין חילוק בין תלושין ובין מחוברים — ה"ה באידך. ומחוברים פי' ריב"א: דבשעת חיבורן נדבקו באוכל, והעלה האוכל מן המים. אבל אם נגע בעודו במים — אינו מוכשר. דתנן במסכת מכשירין (פ"ד מ"ו): לגון במערה — נדה מדיחתו והוא טהור, העלתו כל שהוא מן המים — טמא:

תירגמא אדם. בפ"ב דחולין (דף לו:) פריך אהא סינויא: והא "משקי" קאמר ביו"ד, דמשמע ב' משקין! והכא לא חייש אהאי פירכא, משום דמצי לשנויי מאי משקי — משקה דעלמא, כדאמר (קדושין ד' סד:) בוגרות דעלמא. והתם פריך, משום דאית ליה סינויא אחרינא: דם

רבינו חננאל

היא היא המדה ששורפין תרומה טהורה עם הטמאה ופריק ר' ירמיה הכי מתני' בבשר שנטמא בספק משקין הבאין מחמת שרץ שהוא ולד שאביו ספק כדתנן בטהרות פ"ד ר' יוסי אומ' ספק משקין לאוכלין טמאין לכלים טהורין (ר' מאיר) כיצד שתי חביות אחת טמאה ואחת טהור' עשה עיסה מאחת מהן ואין ידוע באיזה מהן עשה זהו ספק משקין לאוכלין טמאין לכלים טהורין ואודא ר' מאיר לטעמיה דשמעינן ליה דאמר ספק משקה הוא טמא אבל לטמא אחרים טהורים וכיון שזה הבשר ששנינו במשנתנו ולד הטומאה שנטמא בספק משקה הוא אמר ר' מאיר זה טהור מאחר ששורפין אותו עם הבשר שנטמא באב הטומאה כך מותר לשרוף התרומה הטמאה והטהורה יחדו ואמר ליה ר' יוסי לא כי אלא ולד שנטמא מספק משקין לאוכלין טמא מן התורה הוא ונמצאת משנתנו לר' מאיר (היא) טמא וטהור לר' יוסי טמא וטמא לפיכך השיב ר' יוסי לטעמיה אינה היא המדה שזה טמא וטמא וזה טמא וטהור ונמצאת לטעמא דר' מאיר מדה ולטעמא דר' יוסי אינה היא מדה: **ואקשי'** אהא דתניא ספק משקין ליטמא טמא לטמא אחרים טהור דברי ר' מאיר וכן היה ר' אליעזר אומר כדבריו איני דר' אליעזר כר' מאיר סבירא ליה דאמר משקה ליטמא טמא לטמא אחרים טהור והתניא ר' אליעזר אומר אין טומאה למשקין כל עיקר תדע שהרי העיד יוסף בן יועזר איש צרדה על משקה בית מטבחיא דכן הניחא לשמואל דאמר דכן מלטמא אחרים אבל טומאת עצמן יש בהן היינו דר' מאיר אלא לרב דאמר דכן ממש היכי אמרי' ר' אליעזר כר' מאיר סבירא ליה דסבר ליטמא טמא אבל טומאת עצמן יש בהן ופרקי' אליבא דרב מאי כדבריו אחדא פי' דמודה ר' אליעזר לר' מאיר אסיפא דאמר לטמא אחרי' טהור ופליג עליה ארישא דאמר ליטמא טמא והא דרבינא דאמר וכן היה ר' אליעזר אומר כדבריו דנפשיה שאין טומאה למשקין כלל עלתה בקשיא: **אמר** מר ועל משקה בית מטבחי' דכן רב אמר דכן ממש קסבר טומאת משקין מדרבנן היא ובמשקה בית מטבחיא לא גזרו ושמואל אמר דכן שאין מטמאין אחרים אבל הן עצמן מטמאין דקסבר טומאת משקין לעצמן היא מדאוריי' ולטמא אחרים דרבנן וכי גזור רבנן לטמא אחרים זולת משקה בית המטבחים וקשיא לן אליבא דשמואל דאמר טומאת משקין עצמן יש בהן ואינן מטמאין אחרים מדאורייתא והכתיב והבשר אשר יגע בכל טמא לא יאכל הנה כלל המקרא כל מגע טמא לא יאכל ואיך אמר שמואל הן עצמן טמאין והן דכן מלטמא אחרים ושני' עשאוהו כרביעי שהוא עצמו פסול והנוגע בו טהור ודחי' רביעי לא איקרי טמא פסול איקרי הא איקרי טמא ועלתה בקשיא לשמואל: **וחזרנו** להקשות לרב דאמר דכן ממש ת"ש וכל משקה אשר ישתה בכל כלי יטמא הנה משמע מטמא ושניה מאי יטמא דכתיב בהאי קרא יכשיר והאוכל זה המשקה שנפל עליו לקבל טומאה ודחי' ההכשרה של אוכלין כבר למדנהו מרישיה דקרא דכתיב מכל האוכל אשר יאכל אשר יבוא עליו מים יטמא ושני' לעולם תרוייהו להכשיר האי

עין משפט נר מצוה

קיד א מיי' פי"ד מהל' אבות הטומאה הלכה ז:

לקמן יח

קטו ב ג ד מיי' פ"י מהלכות טומאת אוכלין הלכה טז:

קטז ה מיי' פ"א מהל' פסולי המוקדשין הלכה לו:

מסורת הש"ס

נדרים יט. תוספתא דטהרות פ"ה [ומשום במשנה דטהרות מ"ז ומ"ט בפ"ד לא נזכר דברי ר' מאיר לכן שפיר איתא דתניא ספק משקין] ולקמן יז: עדיות פ"ח מ"ד נדרים יט. ע"א לז. [ע"ש]

[לקמן יז. ע"ז לז:]

[עי' רש"י חולין טז. ד"ה לענין הכשר]

חולין לו: [לקמן כ.]

שם כ. וכב: [חולין לג. לו:]

[ע"ז לז:] [נזיר לה:]

דף יט

הגהות הב"ח

(א) רש"י ד"ה ספק משקה וכו' כגון היה מקל בידו:

קיז א מיי' פ"ט מהל' טומאת אוכלין ה"ג:

תורה אור

דָּם שֶׁאֵינוֹ נִשְׁפָּךְ כַּמַּיִם — אֵינוֹ מַכְשִׁיר. מַתְקִיף לָהּ רַב שְׁמוּאֵל בַּר אַמִי: הֲרֵי דַּם הַתַּמְצִית, דְּנִשְׁפָּךְ כַּמַּיִם וְאֵינוֹ מַכְשִׁיר! אָמַר לֵיהּ ר' זֵירָא: הַנַּח לְדַם הַתַּמְצִית, [א]דְּאַפִּי' בְּחוּלִּין נַמִּי לֹא מַכְשִׁיר. קִבְּלָהּ מִינֵּיהּ רַב שְׁמוּאֵל בַּר אַמִי. דְּאָמַר רַחֲמָנָא: °"רַק חֲזַק לְבִלְתִּי אֲכֹל הַדָּם כִּי הַדָּם הוּא הַנָּפֶשׁ", דָּם שֶׁהַנֶּפֶשׁ יוֹצְאָה בּוֹ — קָרוּי דָּם, דָּם שֶׁאֵין הַנֶּפֶשׁ יוֹצְאָה בּוֹ — אֵינוֹ קָרוּי דָּם. תָּא שְׁמַע: *דָּם שֶׁנִּטְמָא וּזְרָקוֹ, בְּשׁוֹגֵג — הוּרְצָה, בְּמֵזִיד — לֹא הוּרְצָה(א)! מִדְּרַבָּנַן, וּדְלֹא כְּר' יוֹסֵי בֶּן יוֹעֶזֶר אִישׁ צְרֵידָה. ת"ש: *עַל מָה הַצִּיץ מְרַצֶּה — עַל הַדָּם וְעַל הַבָּשָׂר וְעַל הַחֵלֶב, שֶׁנִּטְמָא בֵּין בְּשׁוֹגֵג בֵּין בְּמֵזִיד, בֵּין בְּאוֹנֶס בֵּין בְּרָצוֹן, בֵּין בְּיָחִיד בֵּין בְּצִבּוּר! מִדְּרַבָּנַן, וּדְלֹא (כְּיוֹסֵף) בֶּן יוֹעֶזֶר אִישׁ צְרֵידָה. ת"ש: °"וְנָשָׂא אַהֲרֹן אֶת עֲוֹן הַקֳּדָשִׁים" *וְכִי אֵיזֶה עָוֹן הוּא נוֹשֵׂא? אִם עֲוֹן פִּיגּוּל — הֲרֵי כְּבָר נֶאֱמַר: °"לֹא יֵרָצֶה", אִם עֲוֹן נוֹתָר — הֲרֵי כְּבָר נֶאֱמַר: °"לֹא יֵחָשֵׁב", הָא אֵינוֹ נוֹשֵׂא אֶלָּא עֲוֹן טוּמְאָה שֶׁהוּתְּרָה מִכְּלָלָהּ בְּצִיבּוּר. מַאי לָאו — טוּמְאַת דָּם? אָמַר רַב פַּפָּא: לֹא, טוּמְאַת קְמָצִים. תָּא שְׁמַע: °"הֵן יִשָּׂא אִישׁ בְּשַׂר קֹדֶשׁ בִּכְנַף בִּגְדוֹ וְנָגַע בִּכְנָפוֹ אֶל הַלֶּחֶם וְאֶל הַנָּזִיד וְאֶל הַיַּיִן וְאֶל שֶׁמֶן וְאֶל כָּל מַאֲכָל הֲיִקְדָּשׁ וַיַּעֲנוּ הַכֹּהֲנִים וַיֹּאמְרוּ לֹא" (יִקְדָּשׁ) וְאָמַר

(דברים יב; שמות כח; ויקרא יט; שם ז; חגי ב)

דם התמצית. אינו ראוי לזריקה, דכתיב* "כי הדם הוא (הנפש) בנפש יכפר" – דם שהנפש יוצאה בו מכפר, ושאין הנפש יוצאה בו – אינו מכפר. אלמא: נשפך כמים אינו מכשיר, כדרבי יוסי בר חנינא: דאפי' בחולין לא מכשיר. כדמפרש טעמא: קיבלה מיניה ר' שמואל. לפירושא דהאי טעמא מרבי זירא אמאי לא מכשיר דם התמצית – לפי שאינו קרוי דם, והקרוי דם קרוי משקה, כדכתיב (במדבר כג) "ודם חללים ישתה"; ומכשיר – כדכתיב "וכל משקה" וגו', ואוקימנא בהכשר. ושאינו קרוי דם – אינו קרוי משקה: הורצה. קרבן לבעלים, דמרצה ציץ, כדלקמן: במזיד לא הורצה. להיות בשר קרבן נאכל לכהנים, דקנסא הוא, אבל בעלים נתכפרו, כדאמרינן ביבמות ב"האשה רבה" (ד' צ.), דכיון דמדאורייתא מרצי נמי אמזיד – לא מצו רבנן למימר ליה זיל אייתי חולין לעזרה. קתני מיהת, דם שנטמא – אלמא דם קדשים, שהוא משקין בית מטבחיא, מקבל טומאה. אלמא: משקין טומאת עלמן דאורייתא, ודכן דיוסף בן יועזר – מלטמא אחרים הוא, וקשיא לרב: ומשני לעולם טומאת משקין דרבנן. והך טומאת דם – דרבנן היא, ודקשיא לך הא העיד יוסף בן יועזר דגזירת רבנן לא אגזור אמשקי בית מטבחיא – האי תנא לית ליה דיוסף בן יועזר: על הדם ועל הבשר ועל החלב. בין שנטמא הדם, בין שנטמא הבשר, בין שנטמא החלב – הציץ מרצה. ולא שיהא בשר טמא נאכל, דאין ציץ מטהר ודוחה לא תעשה ד"והבשר אשר יגע בכל טמא לא יאכל". אלא לר' יהושע איצטריך דאמר ב"כיצד צולין" (לקמן עז.): אם אין בשר – אין דם. וקאמר הכא: ה"מ – כשיצא בשר חוץ למחיצתו, שאין ציץ מרצה על היוצא, או שאבד הבשר. אבל נטמא בשר קודם זריקת דם – הציץ מרצה עליו להתיר דם לזריקה: בין בשוגג בין במזיד. והאי דתני לעיל בשוגג הורצה במזיד לא הורצה – ב"כיצד צולין"* פליגי בה אמוראי, חד אמר: טומאתו בין בשוגג בין במזיד, אבל זריקתו – בשוגג אין, במזיד לא, וחד אמר איפכא: בין ביחיד. בקרבן יחיד, מזיד ורצון אחד הוא, אבל גבי שוגג שייך מזיד, וגבי אונס שייך רצון. ושוגג ואונס תרי מילי נינהו, וקתני מיהת "על הדם", אלמא: דם קדשים מקבל טומאה, וש"מ טומאת משקין דאורייתא, ולא רצו רבנן לטהר משקי בית מטבחיא, וקשיא לרב: מדרבנן. וקסבר האי תנא דאמשקי בית מטבחיא נמי גזור, ודלא כיוסף: ונשא אהרן. בציץ כתיב: את עון הקדשים. פסול הקרבן יכשיר וירצה, ואינו מכפר על האוכלין אותו טמא – ד"עון הקדשים" כתיב, ולא עון הכהנים: איזה עון הוא נושא. איזה פסול הוא מכשיר? אם עון פיגול – הרי כבר נאמר "לא ירצה". גרסי' בת"כ: ואם עון נותר – הרי כבר נאמר "לא יחשב". והכי פי': אם עון פיגול, והוא מחשבת חוץ למקומו, שנקראת פיגול, כדכתיב ב"קדושים תהיו": "ואם האכל יאכל ביום השלישי פגול הוא לא ירצה", ומוקמינן לה בזבחים בפ"ב (דף כח:) אם אינו ענין לחוץ לזמנו – תנהו ענין לחוץ למקומו, הרי כבר נאמר "לא ירצה" ב"קדושים תהיו", כדפרשינן. ואם עון נותר, מחשבת נותר, ששחטו על מנת להותיר ולאכלו חוץ לזמנו – הרי כבר נאמר "לא יחשב" – "ואם האכל יאכל מבשר זבח שלמיו ביום השלישי" וגו' בפרשת "צו את אהרן", ואמרינן בזבחים ובתורת כהנים: במחשב לאכול שלא בזמנו ביום השלישי הכתוב מדבר, וכתיב "לא יחשב לו" – אלמא לית ליה תקנתא. ורובא גרסי איפכא: אם עון פיגול – הרי כבר נאמר "לא יחשב", ומוקמינן ליה לפיגול חוץ לזמנו, שכן לשונו בכל הגמרא. ואם עון נותר – הרי כבר נאמר "לא ירצה", ומוקמי' ליה בנותר ממש. ולא יתכן. חדא, דלא כתב "לא ירצה" אלא במחשבת חוץ למקומו וחוץ לזמנו. ועוד: אי נותר ממש – למאי לא ירצה? אי לאכשורי קרבן – הרי כשר ועומד הוא משעה שנעשו עבודות דמו בהכשר, כדאמרינן בתורת כהנים: *או אינו אלא באוכל מזבחו ביום השלישי הכתוב מדבר? וכי אפשר לומר כן? מאחר שהוכשר חוזר ויפסל?! ואם "לא ירצה" לא יתכפר האוכל נותר קאמר – וכי יש כפרה לחייבי כריתות?! ועוד: "לא ירצה" – הקרבן משמע. ותו: מי איצטריך למימר דציץ לא מכפר על המחייב כרת? והא "עון הקדשים" כתיב, ולא עון האוכלים. וכלישנא קמא גרסי' בתורת כהנים, ועיקר הוא. והאי דקרי ליה להאי פיגול ולהאי נותר – משום דתורת כהנים מדרש הוא, ונקט לישנא דקרא: הא. כמו: הרי. כלומר: הרי יש לך להבין על כרחך, שאין לך עליו אלא עון טומאה, ומאי שנא טומאה מפסול יוצא ושאר הפסולין? שהותרה מכללה בצבור. דנדחית מפני קרבן צבור, דכתיב "במועדו", ואפי' בשבת, ואפי' בטומאה. וכיון דהיקלתה אצלה לכך – היקלתה אף ביחיד, שלא הותרה אצלו לכתחלה בלא ציץ, ירצה הציץ עליה: מאי עון טומאה. לאו טומאת דם, דאין מצריך רצוי אלא א"כ נטמא דם שהכפרה תלויה בו, אלמא: דם מקבל טומאה: לא טומאת קמצין. שהקומץ מתיר את המנחה כדם המתיר את הזבח, וכל הכפרה תלויה בו. והוא הדין דמצי לשנויי: לא, בטומאת בשר וחלב, ואליבא דר' יהושע בעי ציץ, דאמר: אם אין בשר אין דם. אלא ניחא ליה לאוקמיה כדברי הכל: בשר קודש. שרץ, לשון "קדש היה בארץ" (מלכים א יד) – טומאה. והיה חגי הנביא בודק את הכהנים בשנת שתים לדריוש, שהיה בבנין בית שני, לידע אם בקיאין בהלכות טומאה. לפי שנשתכח מהן בגולה, שלא נתעסקו בה בקדשים: ונגע בכנפו. באותו כנף שהשרץ בו, כלומר: השרץ עצמו. ועל כרחך הכי הוא, דאי משום כנף שהוא ראשון – כוליה בגד נמי ראשון הוי, ומאי איריא דנקיט כנף? אלא משום שרץ, שהשרץ עצמו נגע אל הלחם, והלחם אל הנזיד, והנזיד אל היין, והיין אל השמן או אל כל מאכל, "היקדש"? – כלום נטמא האחרון הזה שהוא רביעי בקודש? דלחם ראשון, ונזיד שני, ויין שלישי, ושמן רביעי. נזיד – תבשיל, כמו "ונזיד עדשים" (בראשית כה). יין ושמן – של נסכים:

ואמר

דם שאינו נשפך כמים אינו מכשיר. הקשה ה"ר יעקב דאורלינ"ש: א"כ, דם חיה ועוף דטעונים כיסוי – לא יהיו מכשירים, דכיון דטעונים כיסוי לא חשיב נשפך כמים, דאמרינן בפ' "כיסוי הדם" (חולין פד: ושם): אמריתו חיה בכלל בהמה לסימנים, אימא נמי בהמה בכלל חיה לכיסוי! ומשני: אמר קרא "על הארץ תשפכנו כמים". אלמא: דם חיה לא חשיב נשפך כמים! ולאו פירכא היא, דכל דם הנשפך כמים לארץ, ואין צריך לקבלו בכלי כגון דם חיה – הוקש למים לענין הכשר. וגם לענין כיסוי היה ראוי להקישו למים, אי לאו דגלי קרא להדיא:

מדרבנן ודלא כרבי יוסי בן יועזר. ה"מ לאוקמא מדאורייתא, וכמ"ד טומאת משקין דאורייתא – אלא ניחא לאוקמא מדרבנן. וסבר האי תנא מאי נטמא – הכשר, כמו שאמר רב:

על הבשר. בפ' "כיצד צולין" (לקמן עח.) אמרינן: לר"א, דאמר יש דם אע"פ שאין בשר – הציץ מרצה על האכילות. למאי הלכתא – לאקבועי בפגול, ולאפוקי מידי מעילה. ודלא כפ"ה דפי' דלא את' אלא כר' יהושע:

ה"ג ר"ת אם עון פיגול הוא נושא הרי כבר נאמר לא יחשב ואם עון נותר הרי כבר נאמר לא ירצה. דהכי איתא במסקנא בהדיא בפ"ב דזבחים *דדריש תרוייהו מחד קרא אריכא דפרשת צו. ורישיה דקרא דכתיב "ביום השלישי" – מוקי למחשב לאוכלו חוץ לזמנו, וסיפא במחשב לאוכלו חוץ למקומו. ובת"כ אהאי קרא דצו איתא האי גירסא. ורש"י הגיה איפכא על פי ת"כ דפרש' קדושים, דהתם ודאי דריש מקרא זוטא. ואותה ברייתא' נשנית לפי מה שרצה הגמרא בזבחים בתחל' ללמוד חוץ למקומו מקרא זוטא דקדושים, ולכל הפי' ק"ק אמאי נקט עון פיגול ברישא*: הא אינו נושא אלא עון טומאה שהותרה מכללה. תימה לר"ת: למ"ל שהותרה מכללה? תיפוק ליה דליכא לאוקמא לקרא אלא בהכי, כדמפרש אי עון פיגול וכו'. ואור"ת: משום דקרא משמע דלא מרצה אלא דבר שיש לו היתר בשום מקום, דכתיב בסיפא דקרא "לרצון להם" ופיגול ונותר נמי הותרו מכללם במנחת כהנים ובמנחת נסכים, דתנן בפ' ב"ש (זבחים מג: ושם) דאין חייבים עליהם משום פיגול, ועוד: דפיגול חוץ למקומו הותר מכללו בבמה. וכן משמע ב"הקומץ רבה" (מנחות כה.) דפריך: אימא עון שמאל, שהותר מכללו ביום הכפורים, אמר קרא: עון – עון שהיה בו ודחיתיו. והיינו משום דאלרצון סמיך, וה"ק: עון שהוא לרצון. וא"ת: דהתם פריך נמי: ואימא עון יוצא, דהותר מכללו בבמה. ומשני: "לרצון להם לפני ה'" – עון דלפני השם הוא נושא, ולא יוצא. וא"כ, בפיגול דחוץ למקומו – נמי נימא הכי, ומאי קאמר אם עון פיגול וכו'? וי"ל: דיוצא ודאי אינו לפני ה', אבל מחשב להוציא – "לפני השם" קרינן ביה:

רביעי

רבינו חננאל

האי קרא דכתיב בכל כלי יטמא לתלושין מן הקרקע ונתונים בכלי דמכשרי והאי קרא דכתיב אשר יבוא עליו מים יטמא למחוברין בקרקע דמכשרי כגון המעינות והנהרות והבורות וכיוצא בהן וצריכי וכו': ת"ש אך מעין ובור מקוה מים יהיה טהור הא תלושין מיטמו ודחי' מאי יהיה טהור הכין פירושיה דקרא כל כלי יטמא שיבוא במעין ובור מקוה מים יהיה טהור מטומאתו ואקשי' נמי לרב דאמר כי כתיב קרא לתלושין דלא מטמו ואפילו משקה בית מטבחיא מכשרי והאמר ר' יוסי בר' חנינא משקה בית מטבחיא לא דיין שהן דכן אלא שאינן מכשירין ושני' הדם אינו מכשיר כר' יוחנן דאמר דם הנשפך כמים מכשיר אבל דם קדשים שאינו נשפך כמים אלא מתקבל במזרק אינו מכשיר: והרי דם התמצית שאין מתקבל. כלומר שאין מתכפרין בו ואינו מכשיר ואסקי' הנח לדם התמצית שאינו דם שנאמר כי הדם הוא הנפש דם שהנפש יוצא בו הוא קרוי דם ואמרינן התם איזהו דם הנפש כל זמן שמקלח ויצא דם התמצית שהוא שותת ואע"ג דתנן ר' יהודה מחייב בדם התמצית הרי אמרינן עלה מודה היה ר' יהודה לענין כפרה שאינו מכפר והא לא דיין שהן דכן קתני כלומר דכן לשון משקין הרבה הוא ואיך תאמר תרגומה אדם לבדו ועלת' בקשיא: ת"ש דם שנטמא וזרקו בשוגג הורצה במזיד לא הורצה אלמא הדם מטמא ושנינ' טומאת הדם מדרבנן הוא ולא כיוסף שהעיד על משקה בית מטבחיא דכן: ת"ש על מה הציץ מרצה כו' ושנינן כדשנינן לעולא תוב אקשי' מיהא ונשא אהרן את עון הקדשים וכו' מאי לאו טומאת דם והנה הדם מטמא וצריך כפרה ודחי' לא טומאת קמצים כלומר אם נטמא קומץ המנחה והקריבו אותו העון נושא הציץ כדתנינן נטמא הקומץ והקריבו הציץ מרצה יצא והקריבו אין הציץ מרצה: ת"ש הן ישא איש בשר קדש בכנפו

ויקרא טז

יומא ז. יבמות צ. גיטין נד. זבחים מה. מנחות כה.

[יומא ויבמות שם] לקמן פ: [מנחות כה:]

[צ"ל כר' יוסי]

יומא ז. זבחים כג. מנחות כה.

[ותוס' יומא ז: תירצו ב' תירוצי' על זה ובזבחים כג: וכן מנחות כה. כתבו תירוץ אחר]

[וכן בזבחים כט.]

הגהות הב"ח

(א) גמ' הורצה מדרבנן ודלא כר' יוסף בן יועזר איש צרידה כצ"ל וכן לקמן:

וְאָמַר רַב: אִישְׁתַּבַּשׁ כָּהֲנֵי! מִידֵי הוּא טַעְמָא אֶלָּא לְרַב, רַב "מַשְׁקֵי בֵּית מִטְבְּחַיָּא" תָּנֵי, אֲבָל מַשְׁקֵי בֵּי מִדְבְּחַיָּא — מְטַמֵּא. גּוּפָא: רַב אָמַר: אִישְׁתַּבַּשׁ כָּהֲנֵי, וּשְׁמוּאֵל אָמַר: לָא אִישְׁתַּבַּשׁ כָּהֲנֵי. רַב אָמַר: אִישְׁתַּבַּשׁ כָּהֲנֵי, רְבִיעִי בַּקֹּדֶשׁ בְּעָא מִינַּיְיהוּ, וַאֲמַרוּ לֵיהּ טָהוֹר. וּשְׁמוּאֵל אָמַר: לָא אִישְׁתַּבַּשׁ כָּהֲנֵי, חֲמִישִׁי בַּקֹּדֶשׁ בְּעָא מִינַּיְיהוּ וַאֲמַרוּ לֵיהּ טָהוֹר. בִּשְׁלָמָא לְרַב — הַיְינוּ דִּכְתִיב "אַרְבָּעָה" °לֶחֶם וְנָזִיד וְיַיִן וְשֶׁמֶן. אֶלָּא לִשְׁמוּאֵל, חֲמִשָּׁה מְנָא לֵיהּ? מִי כְּתִיב "וְנָגַע כְּנָפוֹ", °"וְנָגַע בִּכְנָפוֹ" כְּתִיב — בְּמָה שֶׁנָּגַע בִּכְנָפוֹ. תָּא שְׁמַע: °"וַיֹּאמֶר חַגַּי אִם יִגַּע טְמֵא נֶפֶשׁ בְּכָל אֵלֶּה הֲיִטְמָא וַיַּעֲנוּ הַכֹּהֲנִים וַיֹּאמְרוּ יִטְמָא". בִּשְׁלָמָא לִשְׁמוּאֵל — מִדְּהָכָא לָא אִישְׁתַּבַּשׁ — הָתָם נַמִי לָא אִישְׁתַּבַּשׁ. אֶלָּא לְרַב, מַאי שְׁנָא הָכָא דְּאִישְׁתַּבַּשׁ וּמַאי שְׁנָא הָתָם דְּלָא אִישְׁתַּבַּשׁ? אָמַר רַב נַחְמָן אָמַר רַבָּה בַּר אֲבוּהּ: בְּקִיאִין הֵן בְּטוּמְאַת מֵת, וְאֵין בְּקִיאִין הֵן בְּטוּמְאַת שֶׁרֶץ. רָבִינָא אָמַר: הָתָם רְבִיעִי, הָכָא שְׁלִישִׁי. ת"ש: °"וַיַּעַן חַגַּי וַיֹּאמֶר כֵּן הָעָם הַזֶּה וְכֵן הַגּוֹי הַזֶּה לְפָנַי נְאֻם ה' וגו'". בִּשְׁלָמָא לְרַב — הַיְינוּ דִּכְתִיב טָמֵא, אֶלָּא לִשְׁמוּאֵל אַמַּאי טָמֵא? אִיתְמוּהֵי קָא מְתַמַּהּ. וְהָא "וְכֵן כָּל מַעֲשֵׂה יְדֵיהֶם" כְּתִיב! אָמַר מָר זוּטְרָא וְאִיתֵּימָא רַב אַשִׁי: מִתּוֹךְ שֶׁקִּלְקְלוּ אֶת מַעֲשֵׂיהֶם — מַעֲלֶה עֲלֵיהֶם הַכָּתוּב כְּאִילּוּ הִקְרִיבוּ בְּטוּמְאָה. גּוּפָא, רַב תָּנֵי "מַשְׁקֵי בֵּית מִטְבְּחַיָּא" וְלֵוִי תָּנָא "מַשְׁקֵי בֵּי מִדְבְּחַיָּא". לְלֵוִי, הָנִיחָא אִי סְבִירָא לֵיהּ כִּשְׁמוּאֵל, דְּאָמַר: *דָּכָן מִלְּטַמֵּא טוּמְאַת אֲחֵרִים, אֲבָל טוּמְאַת עַצְמָן יֵשׁ לָהֶן — מַשְׁכַּחַתְּ לַהּ דְּנָגְעֵי כּוּלְּהוּ בְּרִאשׁוֹן. אֶלָּא אִי סָבַר לֵיהּ כְּרַב דְּאָמַר: דָּכָן מַמָּשׁ, הֵיכִי מַשְׁכַּחַתְּ לַהּ? עַל כָּרְחָךְ כִּשְׁמוּאֵל סְבִירָא לֵיהּ. וְלִשְׁמוּאֵל, הָנִיחָא אִי סָבַר לַהּ כְּרַב, דְּתָנֵי: מַשְׁקֵי בֵּית מִטְבְּחַיָּא, אֲבָל מַשְׁקֵי בֵּי מִדְבְּחַיָּא אַחֲרִינֵי נַמִי מִיטַּמְאוּ — רְבִיעִי הוּא דְּלָא עָבֵיד חֲמִישִׁי, הָא שְׁלִישִׁי — עָבֵיד רְבִיעִי. אֶלָּא, אִי סָבַר לֵיהּ כְּלֵוִי, דְּתָנֵי מַשְׁקֵי בֵּי מִדְבְּחַיָּא — מַאי אִירְיָא רְבִיעִי דְּלָא עָבֵיד חֲמִישִׁי? אֲפִילּוּ שֵׁנִי וּשְׁלִישִׁי נַמִי לָא עָבְדִי! עַל כָּרְחָךְ כְּרַב סְבִירָא לֵיהּ. תַּנְיָא כְּוָותֵיהּ דְּרַב, תַּנְיָא כְּוָותֵיהּ דְּלֵוִי. תַּנְיָא כְּוָותֵיהּ דְּלֵוִי: הַדָּם וְהַיַּיִן וְהַשֶּׁמֶן וְהַמַּיִם, מַשְׁקֵי בֵּי מִדְבְּחַיָּא, שֶׁנִּטְמְאוּ בִּפְנִים וְהוֹצִיאָן לַחוּץ — טְהוֹרִין. נִטְמְאוּ בַּחוּץ וְהִכְנִיסָן בִּפְנִים — טְמֵאִין. אִינִי?! וְהָאָמַר רַבִּי יְהוֹשֻׁעַ בֶּן לֵוִי: מַשְׁקֵי בֵּי מִדְבְּחַיָּא, לֹא אָמְרוּ דָּכָן אֶלָּא בִּמְקוֹמָן. מַאי לָאו — לְמַעוֹטֵי נִטְמְאוּ בִּפְנִים וְהוֹצִיאָן לַחוּץ! לֹא, לְמַעוֹטֵי נִטְמְאוּ בַּחוּץ וְהִכְנִיסָן בִּפְנִים. וְהָא "בִּמְקוֹמָן" קָאָמַר! הָכִי קָאָמַר: לֹא אָמְרוּ דָּכָן — אֶלָּא שֶׁנִּטְמְאוּ בִּמְקוֹמָן. תַּנְיָא כְּוָותֵיהּ דְּרַב: הַדָּם וְהַמַּיִם, מַשְׁקֵי בֵּית מִטְבְּחַיָּא, שֶׁנִּטְמְאוּ בֵּין בַּכֵּלִים בֵּין בַּקַּרְקַע — טְהוֹרִין. רַבָּן

תורה אור: חגי ב · שם · שם · שם

רש"י

וְאָמַר רַב. לְקַמָּן: אִישְׁתַּבַּשׁ כָּהֲנֵי. שֶׁטִּהֲרוּ רְבִיעִי בַּקּוֹדֶשׁ. אַלְמָא: יַיִן וְשֶׁמֶן, דְּמַשְׁקֵי בֵּית מִטְבְּחַיָּא נִינְהוּ, וּמִיטַּמְּאוּ. וְאִי טוּמְאַת מַשְׁקִין דְּרַבָּנַן — הָא אָמְרַתְּ דְּלָא גְּזוּר עֲלַיְיהוּ. וְאִי נַמִי בְּטוּמְאוֹת דְּרַבָּנַן קָא בָּדֵיק לְהוּ חַגַּי לְכָהֲנֵי, וּכְבָר נִגְזַר טוּמְאָה עַל הַמַּשְׁקִין בִּימֵי חַגַּי הַנָּבִיא שֶׁהָיָה מֵאַנְשֵׁי כְנֶסֶת הַגְּדוֹלָה — קַשְׁיָא לְרַב, דְּהָא אֲמַר דָּכָן מַמָּשׁ. וְכ"שׁ אִי בִּדְאוֹרַיְיתָא קָא מִשְׁתָּעֵי, קַשְׁיָא לְרַב. וְהָא לֵיכָּא לְמֵימַר, מִדְּרַבָּנַן, וּדְלָא כְּיוֹסֵף בֶּן יוֹעֶזֶר — דְּאַקְּרָא לָא פָּלֵיג, דְּמַשְׁמַע דְּאִית עֲלַיְיהוּ טוּמְאָה — אִי דְּאוֹרַיְיתָא אִי דְּרַבָּנַן: מִידֵי הוּא טַעְמָא אֶלָּא לְרַב. כְּלוּם אַתָּה מַקְשֶׁה אֶלָּא לְרַב — רַב לָא קַשְׁיָא לֵיהּ הַאי. לְעוֹלָם חַגַּי בִּדְרַבָּנַן בָּדֵיק לְהוּ, וּכְבָר נִגְזְרָה גְּזֵירַת טוּמְאָה עַל הַמַּשְׁקִין, וּלְרַב אַלִּיבָּא דְּיוֹסֵף בֶּן יוֹעֶזֶר לָא תִּיקְשֵׁי — דְּרַב מַשְׁקֵי בֵּי מִטְבְּחַיָּא תָּנֵי בְּעֵדוּתוֹ שֶׁל יוֹסֵף; מַשְׁקֵה הַמִּטְבָּחַיִם — דָּם וּמַיִם. אֲבָל מַשְׁקֵה מִדְבְּחַיָּא — הַיַּיִן וְהַשֶּׁמֶן שֶׁהֵם מַשְׁקֵה הַמִּזְבֵּחַ — גָּזְרוּ רַבָּנַן טוּמְאָה עֲלַיְיהוּ. וְהַיְינוּ, דִּבְסֵדֶר טוּמְאוֹת דְּהַאי קְרָא אִיכָּא אוֹכֶל מְטַמֵּא אוֹכֶל וּמַשְׁקֶה מְטַמֵּא מַשְׁקֶה, דְּמִדְּרַבָּנַן טוּמְאָה עוֹשֶׂה כַּיּוֹצֵא בָּהּ: מִי כְּתִיב וְנָגַע כְּנָפוֹ. אֶל הַלֶּחֶם, דְּמַשְׁמַע שֶׁהַשֶּׁרֶץ נָגַע בַּלֶּחֶם, דְּלֶחֶם הָוֵי רִאשׁוֹן. מַה שֶּׁנָּגַע בִּכְנָפוֹ נָגַע בַּלֶּחֶם — דְּה"ל לֶחֶם שֵׁנִי: טְמֵא נֶפֶשׁ. קס"ד טְמֵא מֵת, שֶׁהוּא אַב הַטּוּמְאָה כְּשֶׁרֶץ: בְּכָל אֵלֶּה. כַּסֵּדֶר שֶׁפֵּירַשְׁנוּ: טְמֵא מֵת בַּלֶּחֶם, וְלֶחֶם בַּנָּזִיד וכו': מִדְּהָכָא לָא אִישְׁתַּבַּשׁ. דַּאֲמָרוּ לֵיהּ רְבִיעִי טָמֵא, כְּדִכְתִיב "וַיֹּאמְרוּ יִטְמָא" — הָכָא נַמִי לָא אִישְׁתַּבַּשׁ. וְאִיהוּ בְּמַה שֶּׁנָּגַע בִּכְנָפוֹ אֲמַר לְהוּ, דְּה"ל שֶׁמֶן חֲמִישִׁי. וּמִשּׁוּם הָכִי אַמְרֵי לֵיהּ טָהוֹר. אֶלָּא לְרַב, דַּאֲמַר גַּבֵּי שֶׁרֶץ נַמִי רְבִיעִי בָּעָא מִינַּיְיהוּ, מַאי שְׁנָא דַּאֲמָרוּ לֵיהּ טָהוֹר? בְּקִיאִין הֵן בְּטוּמְאַת מֵת. וְיוֹדְעִים שֶׁהַשְּׁלִישִׁי עוֹשֶׂה בָּהּ רְבִיעִי, וְלֹא הָיוּ בְּקִיאִין בְּטוּמְאַת שֶׁרֶץ, וּסְבוּרִין שֶׁאֵין שְׁלִישִׁי עוֹשֶׂה בָּהּ רְבִיעִי: רָבִינָא אָמַר. לֹא הָיוּ בְּקִיאִין בִּרְבִיעִי בַּקּוֹדֶשׁ כְּלָל. וְגַבֵּי מֵת, שְׁלִישִׁי בַּקּוֹדֶשׁ בָּעָא מִינַּיְיהוּ, דְּהַאי טְמֵא נֶפֶשׁ דִּקְרָא — לָאו טְמֵא מֵת, אֶלָּא מֵת מַמָּשׁ, כְּלוֹמַר: טוּמְאַת נֶפֶשׁ. וּמֵת אֲבִי אֲבוֹת, וְלֶחֶם אָב, וְנָזִיד רִאשׁוֹן, וְיַיִן שֵׁנִי, וְשֶׁמֶן שְׁלִישִׁי: וַיַּעַן חַגַּי וַיֹּאמֶר וגו'. סֵיפֵיהּ דִּקְרָא "וְכֵן כָּל מַעֲשֵׂה יְדֵיהֶם וַאֲשֶׁר יַקְרִיבוּ שָׁם טָמֵא הוּא": בִּשְׁלָמָא לְרַב. דְּאָמַר אִישְׁתַּבַּשׁ כָּהֲנֵי — הַיְינוּ דְּקָרֵי לְמַעֲשֵׂה יְדֵיהֶם טָמֵא: אִיתְמוּהֵי קָא מְתַמַּהּ. מֵאַחַר שֶׁבְּקִיאִין הֵן בְּהִלְכוֹת טוּמְאָה, וְכִי כָל מַעֲשֵׂה יְדֵיהֶם טָמֵא הוּא? וְכֵן. לָאו תְּמִיהָא מַשְׁמַע: שֶׁקִּלְקְלוּ מַעֲשֵׂיהֶם. לְאַחַר זְמַן, הָיָה מִתְנַבֵּא שֶׁיְּקַלְקְלוּ מַעֲשֵׂיהֶן בְּבַיִת שֵׁנִי בִּשְׁאָר עֲבֵירוֹת: וּלְלֵוִי. דְּתָנֵי מִדְבְּחַיָּא, וְהָכָא כְּתִיב יַיִן וְשֶׁמֶן דְּמִטַּמְּאוּ. הָא נִיחָא אִי סָבַר לֵיהּ בְּהָא מִילְּתָא כִּשְׁמוּאֵל, דְּדָכָן דְּיוֹסֵף בֶּן יוֹעֶזֶר דָּכָן מִלְּטַמֵּא אֲחֵרִים הֵן, אֲבָל טוּמְאַת עַצְמָן יֵשׁ בָּהֶן — מַשְׁכַּחַתְּ לָהּ לְהַאי דִּכְתִיב "אִם יִגַּע טְמֵא נֶפֶשׁ בְּכָל אֵלֶּה" דְּקָאָמַר "יִטְמָא" — דְּנָגְעוּ כּוּלְּהוּ בָּרִאשׁוֹן. וְלָאו אַסִּדְרָא קַמָּא נָקַט, וְלָא אִישְׁתַּבַּשׁ כָּהֲנֵי. שֶׁבַּתְּחִלָּה שְׁאָלָם עַל הַסֵּדֶר, וְאָמְרוּ לוֹ עַל הָאַחֲרוֹן לֹא יִטְמָא, מִפְּנֵי שֶׁהַיַּיִן לֹא יָכוֹל לְטַמְּאוֹ לַשֶּׁמֶן, שֶׁאֵין מַשְׁקִין בֵּי מִדְבְּחַיָּא מְטַמְּאִין שׁוּם דָּבָר, וּלְבַסּוֹף שְׁאָלָם אִם יִגַּע הַטָּמֵא עַצְמוֹ בְּכָל אֵלֶּה, כְּלוֹמַר: אוֹ בָּזֶה אוֹ בָּזֶה, וְאָמְרוּ לֵיהּ: יִטְמָא: אֶלָּא אִי סָבַר לֵיהּ כְּרַב דַּאֲמַר דָּכָן מַמָּשׁ הֵיכִי מַשְׁכַּחַתְּ לָהּ. לְהַאי יִטְמָא דִּקְרָא? בִּשְׁלָמָא לְרַב גּוּפֵיהּ לָא קַשְׁיָא — דְּאִיהוּ תָּנֵי מִטְבְּחַיָּא. אֶלָּא לְלֵוִי קַשְׁיָא: וְלִשְׁמוּאֵל. דַּאֲמַר לָא אִישְׁתַּבַּשׁ, וּפָרֵישׁ לְמִילְּתֵיהּ מִשּׁוּם דַּחֲמִישִׁי הֲוָה הַשֶּׁמֶן, דְּמַה שֶּׁנָּגַע בִּכְנָפוֹ כְּתִיב, הָא אִי רְבִיעִי הֲוָה — הַאי שֶׁמֶן הֲוָה טָמֵא, וְאַע"ג דְּמִן הַיַּיִן קִבְּלָהּ. אַלְמָא: מַשְׁקִין מְטַמְּאִין אֲחֵרִים: הָא נִיחָא. אִי תָּנָא בְּעֵדוּתוֹ שֶׁל יוֹסֵף מַשְׁקֵה מִטְבְּחַיָּא, אֲבָל מַשְׁקֵה מִדְבְּחַיָּא אֲפִי' אַחֲרִינֵי נַמִי מְטַמְּאוּ — הַיְינוּ דְּפָרֵישׁ לְמִילְּתֵיהּ לְעֵיל וַאֲמַר הַאי דְּלָא הָוֵי שִׁיבּוּשׁ, מִשּׁוּם דַּחֲמִישִׁי הֲוָה, וְהַיַּיִן שֶׁהוּא רְבִיעִי לָא עָבֵיד לֵיהּ חֲמִישִׁי. הָא אִי הֲוָה יַיִן שְׁלִישִׁי — הֲוָה עָבֵיד לֵיהּ רְבִיעִי. אֶלָּא אִי תְּנָא מִדְבְּחַיָּא כְּלֵוִי, מַאי אִירְיָא דְּפָרֵישׁ לְעֵיל מִשּׁוּם דַּחֲמִישִׁי הֲוָה? אֲפִילּוּ אִי הֲוָה יַיִן שֵׁנִי, שְׁלִישִׁי לַשֶּׁמֶן לָא עָבֵיד! מַשְׁקֵי בֵּי מִדְבְּחַיָּא. כְּלוֹמַר: כָּל אֵלּוּ שֶׁל קוֹדֶשׁ נִקְרָאִין עַל שֵׁם מִזְבֵּחַ, כְּגוֹן דָּם לִזְרִיקָה וּמַיִם וְיַיִן לְנַסֵּךְ וְשֶׁמֶן לִמְנָחוֹת: שֶׁנִּטְמְאוּ בִּפְנִים. בָּעֲזָרָה, וְהוֹצִיאָן לַחוּץ, וְנִפְסְלוּ בְּיוֹצֵא, שֶׁאֵין רְאוּיִין עוֹד לַמִּזְבֵּחַ: טְהוֹרִין. מִלְּטַמֵּא אֲחֵרִים, שֶׁהֲרֵי לֹא יָרְדָה לָהֶן תּוֹרַת טוּמְאָה מִתְּחִלָּה לְטַמֵּא אֲחֵרִים, וְהֵן עַצְמָן וַדַּאי טְמֵאִין כִּנְבוּאַת חַגַּי: אֲבָל נִטְמְאוּ בַּחוּץ. קוֹדֶם שֶׁיְּהֵא שֵׁם מִדְבְּחַיָּא עֲלֵיהֶן, וְהִכְנִיסָן לִפְנִים — טְמֵאִין, וַאֲפִילּוּ לְטַמֵּא אֲחֵרִים. דְּטוּמְאָתָן כְּבָר יָרְדָה בָּהֶן, וּמִי הִפְקִיעָהּ? אִינִי. אַרֵישָׁא פָּרֵיךְ, דְּקָתָנֵי "הוֹצִיאָן לַחוּץ טְהוֹרִין", וְלָא אָמְרִינַן תָּחוּל טוּמְאָתָן לְמַפְרֵעַ: אֶלָּא בִּמְקוֹמָן. בִּפְנִים: לֹא לְמַעוֹטֵי נִטְמְאוּ בַּחוּץ וְהִכְנִיסָן לִפְנִים. כִּדְמְתָרֵץ לִישָּׁנָא בְּסֵיפָא דְּמִילְּתָא, דְּהָכִי מַשְׁמַע אֶלָּא כְּשֶׁנִּטְמְאוּ בִּמְקוֹמָן. וּמִשּׁוּם דְּלָא סַיְּימֵיהּ לְפֵירוּשָׁא דְּמִילְּתָא, פָּרֵיךְ לֵיהּ: וְהָא בִּמְקוֹמָן קָאָמַר, דְּמַשְׁמַע כָּל זְמַן שֶׁהֵן בִּמְקוֹמָן טְהוֹרִין, וְתוּ לָא: רַבָּן

[לעיל טז.]

תוספות

רביעי בקודש, בעא מינייהו. פ"ה: ד"נגע בכנפו" — היינו שרץ, אל הלחם והלחם אל הנזיד וכו'. וקשה לר"ת: דמאי שנא ד"ואל כל מאכל יהיה" פירוש או אל כל מאכל, יותר מכולם? ועוד: למה דחק שמואל לתרץ במה שנגע בכנפו? לימא: אל כל מאכל דוקא. ועוד: למה קורא הכתוב לשרץ כנף? ועוד: דמפרש רבינא התם רביעי בקדש, הכא שלישי שהלחם נעשה אב הטומאה כשנוגע במת, °והא קיימא לן ב"המפלת" (נדה כח:*) דכל דבר שאין לו טהרה במקוה — אינו נעשה אב הטומאה! °מיהו, יש לומר דאין נעשה אב הטומאה — היינו דווקא לטמא אדם וכלים, אבל לאוכלין ומשקין — נעשה אב הטומאה. ומפר"ת: דהשרץ נגע בכנף ונעשה ראשון, והכנף אל הלחם או אל הנזיד, וחד מהנך אל היין או אל השמן — הרי שלשה, "ואל כל מאכל" — הרי ארבעה. ונקט סדר כנף מאכל משקה מאכל — דלא בעי למינקט שיעשה כיוצא בו. ולשמואל דייק מדכתיב בכנפו — הרי חמש. והשתא אתי שפיר לרבינא דאמר הכא שלישי — שהכנף הנוגע במת נעשה אב הטומאה, כדין כל הכלים: אבל

רבינו חננאל

וגו' ואמר רב (אשי) אשתבוש כהני כלומר טעו הכהנים באמרם כי אלו כולם הזכורים לא נטמאו מכלל דטמאין הן מכלל דרב סבר כי היין והשמן שהן משקין ומטמ' ואיך אמר דכן ממש ופרקי' מידי הוא טעמא אלא לרב (כלומר) [כלום] תקשה אלא דרב אדרב הא בהדיא תני רב משקה בית מטבחיא דכן והן המים והדם כדבעינן למימר קמן אבל משקה בית מדבחי' כגון היין שמנסכין על המזבח והשמן שמקריבין עם הקמצין (מטמא) לא אמר רב שהן דכן אלא מטמא וטעו הכהני' שאמרו אין מטמא וכשהזכרנו דברי רב דאמר אשתבש כהני הוצרכנו לבאר טעמו לפיכך אמרנו גופא רב אמר אשתבוש כהני שהשיבו על מגע רביעי בשלישי בקדשים שהוא טהור ואינו אלא פסול ושמואל אמר חמישי בקדש בעא מינייהו חגי הנביא והשיבו כהלכה טהור: **בשלמא** לרב משכחת לה מן המקרא כי רביעי שאל חגי הנביא מן הכהנים שנאמר הן ישא איש בשר קדש בכנף בגדו שנגע בו שרץ ונגע הבשר בכנף בגדו הטמא ונגע עוד הבשר בלחם או בנזיד או ביין או בשמן ונגעו אלו אל כל מאכל נמצא הכנף של בגדו שנגע בשרץ ולד ראשון כי השרץ הוא אב ונמצא הנוגע בו ולד ראשון והבשר שנגע בכנף ולד שני ואלו הלחם והנזיד והמשקין הללו שנגעו בבשר ולד שלישי והמאכל שנגע באלו נמצא ולד רביעי ושאל ואמר להם היקדש המאכל או לאו וטעו והשיבו לא קדש כלומר לא נפסל המאכל והמוכיח שעל המאכל לבדו שאלם באמרו היקדש לשון יחיד ולא אמר היקדשו דמשמע דברים הרבה ושמואל אמר חמישי שאלן ודייק מזה הכתוב שכתב בכנפו שמביא מגע דבר אחר באמצע יתר מאלו הארבעה שהזכרנו שנמצא ה' דברים ולדברי הכל החמישי בקדש טהור ולפיכך אמר לא אשתבוש כהני: **ומותבינן** מהאי קרא ויאמר חגי אם יגע טמא נפש בכל אלה היטמא ויענו הכהנים ויאמרו יטמא פי' אלו כולן באו מכח כנף הבגד שנטמא בשרץ וחזר שאלן אם תהיה הכנף טמאה טומאת נפש ונגע בו ונעש' בשר ולד ראשון* כי הטומאת נפש אב דתנן אבות הטומאות השרץ ושכבת זרע וטמא מת וכו' ונגעו הלחם והנזיד ושאר המשקין בבשר ונגע המאכל בלחם או באלו המשקין שנמצא הבשר ולד ראשון והלחם והללו ולד שני והמאכל ולד שלישי נמצאו כמו שאמר רבינא בטמא מת שלישי בעא מינייהו ולשמואל שאמר במה שנגע כנפו שמכנים בין הכנף לבשר

דבר אחר הנה ארבעה ולדות ואמרו טמא נמצא לדברי שמואל דלא אשתבוש בתרווייהו אלא לרב אמאי טעו בראשון ולא [טעו] באחרון ופריק בקיאין הן בטומאת מת כי הרביעי בטמא מת פסול הוא בקדש ואין בקיאין הן בטומאת שרץ: **בשלמא** לרב דאמר אשתבוש כהני ואמרו על הטמא טהור היינו דמיקל להון חגי הנביא ואשר יקריבו שם טמא הוא כלומר מקריבין הטמא שהוא רביעי ואומר כי טהור הוא ואינם יודעים כי טמא הוא אלא לשמואל דאמר חמישי בעא מינייהו ובקיאין הן בטמאות למה אומר להם כי מה שמקריבין טמא הוא ודחי' שמואל אתמוהי קא מתמה הנביא ואומר וכי אשר יקריבו שם טמא הוא חס ושלום אינו טמא ואקשי' עליה וכי בשבחם מדבר והלא מוכיחם שנאמר וכן כל מעשה ידיהם מכלל שכל מעשיהם רעים הם ושנינן הכי קאמר הואיל ומעשיהן מקולקלין ואשר יקריבו אינו לרצון כאלו טמא הוא. ומצאנו בתלמוד ארץ ישראל בסוף מס' סוטה קרוב לזה הפי' מיהו פירשנו מה שקבלנו וכתבנו מה שמצאנו תמן אמרי שתי שאלות שאל חגי הנביא את הכהנים באחת השיבו כראוי ובאחת שלא כראוי הן ישא איש בשר קדש וגו' כנף תחלה בשר קדש שני לחם ונזיד שלישי יין ושמן וכל מאכל רביעי בקדש בעא מינייהו ואמרו לא לא השיבו בקדש פסול ויאמר חגי אם יגע טמא נפש וגו' אם תהיה הכנף טמא נפש ונגעה בכל אלו יטמא ויענו הכהנים ויאמרו יטמא השיבו כראוי. ואמרו משמא דר' יוחנן קודם שגזרו רביעי בקדש שאלם ובשתים כראוי השיבוהו: **העיד** על איל קמצייא. פי' איל קמצייא דכי שם ממין חגב שהוא טהור: **משקה** בית מטבחיא. המים שמדיחין בהן הקרבנים בבית המטבחים רב היה שונה עדות זו שהעיד יוסף בן יועזר משקה בית מטבחיא דכן והן המים והדם והן המצויין תמיד בבית המטבחים ולוי היה שונה דברי יוסף בן יועזר משקה בית מדבחיא והן הדם והמים והיין והשמן הדם נזרק והמים מתנסך וכן היין והשמן קרב עם הקמצים ולוי סבר כשמואל דתני דכן מלטמא אחרים אבל טומאת עצמן יש בהן ומוקמינהו למאכל דאמרו הכהנים לחגי כי הוא טמא לאו דנגעו ביין ושמן ולא עליו אמרו טמא אלא על מאכל דנגע בכנף בגדו ומשום הכי אמרו טמא ורב ושמואל לא חלקו אלא במשקה בית מטבחיא שהן הדם והמים שזה אומר דכן ממש וזה אומר דכן מלטמא אחרים אבל ביין ובשמן הכל מודים דאחריני נמי מטמא מדפירש שמואל חמישי בעא מינייהו ואמר טהור מכלל שהרביעי והוא המאכל הבא מכח היין והשמן טמא הוא שנטמא ממגעם: **תניא** כלוי הדם והמים והיין והשמן משקה בית מדבחיא שנטמאו בפנים וכו' ואע"פ שיצאו לחוץ בטהרתן הן עומדין ותניא כרב הדם והמים משקה בית מדבחיא שנטמאו בין בכלים בין בקרקע טהור ר' שמעון אומר נטמאו

* דברי רבינו צ"ע הא גם בשלמא ל שאל רביעי בקדש וכמו שמסיק בעצמו והוא פי' כדברי המקשן כרבינא דשלישי בעי מינייהו ותלוי לייקב.

גליון הש"ס

תוס' ד"ה רביעי בקודש וכו' והא קי"ל בהמפלת. שם לא נזכר כלום מזה וצ"ל כלמונח סוף ערובין קד ע"ב עי' ב"ק כה ע"ב תוס' ד"ה וקמייתי: בא"ד מיהו י"ל. עי' טורי אבן חגיגה כב ע"א ד"ה מת תחוב:

עין משפט נר מצוה

קיח (א מיי' פ"י מהל' טומאת אוכלין הלכה טז) [א עי' מיי' שם פט"ו הל' ה. מהגאון מהר"י לנדא זצ"ל]
א מיי' (פ"ד) מהלכות טומאת אוכלין הלכה ב:
קיט ב ג מיי' פכ"ח מה' כלים הל' א ב:
קכ ד מיי' פט"ו מהל' פרה אדומה הל' ז:

(רַבָּן) שִׁמְעוֹן אוֹמֵר: בַּכֵּלִים — טְמֵאִין, בַּקַּרְקַע — טְהוֹרִין א"ר פַּפָּא: אֲפִילּוּ לְמ"ד טוּמְאַת מַשְׁקִין דְּאוֹרַיְיתָא — מַשְׁקֵי בֵּית מִטְבְּחַיָּא [(א)] הִלְכְתָא גְּמִירִי לָהּ. א"ל רַב הוּנָא בְּרֵיהּ דְּרַב נָתָן לְרַב פַּפָּא: וְאֶלָּא הָא דְּאָמַר ר"א: *אֵין טוּמְאָה לַמַּשְׁקִין כָּל עִיקָּר, תֵּדַע, שֶׁהֲרֵי הֵעִיד (יוֹסֵף) בֶּן יוֹעֶזֶר אִישׁ צְרֵידָה עַל מַשְׁקֵי בֵּית מִטְבְּחַיָּא דְּכָן. וְאִי הִלְכְתָא גְּמִירִי לָהּ — מִי גָּמְרִינַן מִינָּהּ? א"ל רָבִינָא לְרַב אַשִׁי: וְהָא ר"ש, דְּאָמַר טוּמְאַת מַשְׁקִין דְּאוֹרַיְיתָא, *דְּתַנְיָא, ר' יוֹסֵי וְר' שִׁמְעוֹן אוֹמְרִים: לַכֵּלִים — טְהוֹרִין, לָאוֹכָלִין — טְמֵאִין. וְהָכָא קָאָמַר (רַבָּן) שִׁמְעוֹן: בַּכֵּלִים — טְמֵאִין, בַּקַּרְקַע — טְהוֹרִין. וְאִי הִלְכְתָא הִיא — מַה לִּי בַּכֵּלִים מַה לִּי בַּקַּרְקַע? קַשְׁיָא. אָמַר רַב פַּפָּא: הָא דְּאָמְרַתְּ בַּקַּרְקַע טְהוֹרִין — לֹא שָׁנוּ [א] אֶלָּא מַיִם, אֲבָל דָּם לֹא. וּמַיִם נַמִי, לָא אֲמַרַן אֶלָּא דְּהָוֵי רְבִיעִית, *דַּחֲזֵי לְהַטְבִּיל בֵּיהּ מְחָטִין וְצִינּוֹרוֹת, אֲבָל לָא הָוֵי רְבִיעִית — טְמֵאִין.§ אָמַר מָר: "רַבִּי יְהוּדָה אוֹמֵר: לַכֹּל טָמֵא". לְמֵימְרָא דְּסָבַר רַבִּי יְהוּדָה טוּמְאַת מַשְׁקִין לְטַמֵּא טוּמְאַת כֵּלִים דְּאוֹרַיְיתָ'? *וְהָתְנַן: [ב]כָּל הַכֵּלִים שֶׁיֵּשׁ לָהֶן אֲחוֹרַיִם וְתוֹךְ, כְּגוֹן הַכָּרִים וְהַכְּסָתוֹת וְהַשַּׂקִּין וְהַמַּרְצוּפִין, נִטְמָא תוֹכוֹ — נִטְמָא גַּבּוֹ, נִטְמָא — גַּבּוֹ — לֹא נִטְמָא תוֹכוֹ. א"ר יְהוּדָה [ג]בַּמֶּה דְּבָרִים אֲמוּרִים — שֶׁנִּטְמְאוּ מֵחֲמַת מַשְׁקִין, אֲבָל נִטְמְאוּ מֵחֲמַת שֶׁרֶץ — נִטְמָא תוֹכוֹ נִטְמָא גַּבּוֹ, נִטְמָא גַּבּוֹ נִטְמָא תוֹכוֹ. וְאִי סָלְקָא דַּעְתָּךְ טוּמְאַת מַשְׁקִין לְטַמֵּא כֵּלִים דְּאוֹרַיְיתָא, מַה לִּי נִטְמָא מֵחֲמַת מַשְׁקִין, מַה לִּי נִטְמָא מֵחֲמַת שֶׁרֶץ? אָמַר רַב יְהוּדָה אָמַר שְׁמוּאֵל: חָזַר בּוֹ ר' יְהוּדָה. רָבִינָא אָמַר: לְעוֹלָם לָא הֲדַר. הָא — בְּמַשְׁקִין הַבָּאִין מֵחֲמַת יָדַיִם, הָא — בְּמַשְׁקִין הַבָּאִין מֵחֲמַת שֶׁרֶץ. אִי הָכִי, אַדְּתָנֵי "בַּמֶּה דְּבָרִים אֲמוּרִים שֶׁנִּטְמְאוּ מֵחֲמַת מַשְׁקִין", לִיפְלוֹג וְלִיתְנֵי בְּדִידָהּ: בַּמֶּה דְּבָרִים אֲמוּרִים — בְּמַשְׁקִין הַבָּאִין מֵחֲמַת יָדַיִם, אֲבָל בְּמַשְׁקִין הַבָּאִין מֵחֲמַת שֶׁרֶץ — נִטְמָא תוֹכוֹ נִטְמָא גַּבּוֹ, נִטְמָא גַּבּוֹ נִטְמָא תוֹכוֹ! אֶלָּא מְחַוַּורְתָּא כִּדְשָׁנִין מֵעִיקָּרָא: חָזַר בּוֹ רַבִּי יְהוּדָה. אִיבַּעְיָא לְהוּ: מִכֵּלִים הוּא דַּהֲדַר בֵּיהּ, אֲבָל בְּאוֹכָלִין כְּרַבִּי יוֹסֵי וְרַבִּי שִׁמְעוֹן סְבִירָא לֵיהּ. אוֹ דִּילְמָא: לְגַמְרֵי הֲדַר בֵּיהּ, כְּרַבִּי מֵאִיר? אָמַר רַב נַחְמָן בַּר יִצְחָק: תָּא שְׁמַע, *פָּרָה שֶׁשָּׁתְתָה מֵי חַטָּאת — בְּשָׂרָהּ טָמֵא*, [ד]רַבִּי יְהוּדָה אוֹמֵר: בָּטְלוּ

(פרה פ"ט [מ"ה]) [מעת לעת]

רש"י

(רַבָּן) שִׁמְעוֹן אוֹמֵר בַּכֵּלִים טְמֵאִין. (רַבָּן) שִׁמְעוֹן לְטַעְמֵיהּ, דַּאֲמַר לְעֵיל: טוּמְאַת מַשְׁקִין דְּאוֹרַיְי', וַאֲפִי' לְטַמֵּא אֲחֵרִים. כִּדְתַנְיָא גַּבֵּי סְפֵק מַשְׁקֶה לְטַמֵּא אֲחֵרִים, (רַבָּן) שִׁמְעוֹן אוֹמֵר: בְּאוֹכָלִין – טָמֵא, הִלְכָּךְ בְּמַשְׁקֵי בֵּית מִטְבְּחַיָּא לָא מָצוּ רַבָּנַן לְטַהוֹרִינְהוּ: בַּקַּרְקַע טְהוֹרִין. וּלְקַמָּן מְתַרְגֵּם לֵיהּ אַמַּיִם, וּדְאִיכָּא רְבִיעִית, דְּאִיכָּא תּוֹרַת מִקְוֶה עֲלָהּ לְמְחָטִין וְלְצִינּוֹרוֹת, דְּמִדְּאוֹרַיְיתָא לָא מְקַבְּלֵי טוּמְאָה. כִּדְכְתִיב (ויקרא יא) "מִקְוֵה מַיִם יִהְיֶה טָהוֹר". וּרְבִיעִית הָוְיָא מִקְוֶה מִדְּאוֹרַיְיתָ', דְּכִי כְּתִיב אַרְבָּעִים סְאָה – בְּאָדָם הוּא דִּכְתִיבִי, דְּנָפְקָא לָן *מֵ"אֶת כָּל בְּשָׂרוֹ" – מַיִם שֶׁכָּל גּוּפוֹ עוֹלֶה בָּהֶן, אֲבָל לְכֵלִים קְטַנִּים אֵין צָרִיךְ אֶלָּא כְּדֵי שֶׁיִּתְכַּסּוּ בַּמַּיִם. וּבְצִיר מֵרְבִיעִית גְּמָרָא גְּמִירִי לָהּ דְּלָא חָשִׁיב לְמֶיהֱוֵי מִקְוֶה. וְכֵיוָן דִּבְעָלְמָא מִדְּאוֹרַיְיתָא לָא מִיטַּמּוּ, וְרַבָּנַן הוּא דְּבַטְּלוּ רְבִיעִית דְּמִקְוֶה שֶׁלֹּא יַטְבִּילוּ כֵּלִים בִּפָחוֹת מֵאַרְבָּעִים סְאָה, כִּדְאָמְרִינַן בְּנָזִיר (דף לח.): עֶשֶׂר רְבִיעִיּוֹת הֵן, וּפָרְכִינַן: וְהָא אִיכָּא רְבִיעִית דְּמִקְוֶה! וּמְשַׁנִּינַן: בַּר מִינָּהּ דְּהַהִיא, דְּבַטְּלוּ רַבָּנַן, בְּפֶרֶק "שְׁלֹשָׁה מִינִין". וְתַנְיָא נַמִי*: זֶה הַכְּלָל: כָּל שֶׁאָדָם טוֹבֵל בּוֹ – יָדַיִם וְכֵלִים טוֹבְלִי' בּוֹ. וְגָזְרוּ טוּמְאָה אַף עַל הַמַּשְׁקִין שֶׁבַּקַּרְקַע, כָּל כַּמָּה דְּהָוֵי בְּצִיר מֵאַרְבָּעִים סְאָה. וְהָכָא גַּבֵּי מִטְבַּחַיָּא – אוֹקְמוּהָ אַדְּאוֹרַיְיתָא, וּטְהוֹרִים: הִלְכְתָא גְּמִירִי לָהּ. מִסִּינַי, דְּלָא מִיטַּמְּאוּ: מִי גָּמְרִינַן מִינָּהּ. דְּטוּמְאַת שְׁאָר מַשְׁקִין לָאו דְּאוֹרַיְיתָא. הָא אָמְרַתְּ אֲפִילּוּ הִיא – דְּאוֹרַיְיתָא גְּמִירִי בְּהָנֵי דִּטְהוֹרִין, וְהֵיכִי מַיְיתֵי רַבִּי אֱלִיעֶזֶר טַעַם לְמִילְּתֵיהּ מֵהָכָא? וְהָא רַבִּי שִׁמְעוֹן. דְּמִשּׁוּם דִּסְבִירָא לֵיהּ טוּמְאַת מַשְׁקִין דְּאוֹרַיְיתָא קָאָמַר הָכָא בַּכֵּלִים טְמֵאִין – מִשּׁוּם דִּבִשְׁאָר מַשְׁקִין דְּאוֹרַיְיתָא – וּבַקַּרְקַע הוּא דִּטְהוֹרִין – מִשּׁוּם דְּגַבֵּי שְׁאָר מַשְׁקִין דְּרַבָּנַן. אַלְמָא: לָאו הֲלָכָה לְמֹשֶׁה מִסִּינַי הוּא, וְקַשְׁיָא לְרַב פַּפָּא. דְּאִי הִלְכְתָא הִיא – מַה לִּי בַּכֵּלִים, דְּגַבֵּי שְׁאָר מַשְׁקִין דְּאוֹרַיְיתָא, מַה לִּי בַּקַּרְקַע? קַשְׁיָא גָּרְסִינַן. הָא דְּרַב פַּפָּא לָאו מִילְּתָא הִיא, וְכִי אֲמָרָהּ – לָאו אַדַּעְתֵּיהּ, וְלָא הָיָה זָכוּר לְמִשְׁנָיוֹת הַלָּלוּ: א"ר פַּפָּא הָא דְּאָמְרַתְּ. לְרַבִּי שִׁמְעוֹן בַּקַּרְקַע טְהוֹרִין – לֹא שָׁנוּ אֶלָּא מַיִם, דְּאִיכָּא שֵׁם מִקְוֶה עֲלֵיהֶן בִּמְחוּבָּר: אֲבָל דָּם. אֵין בּוֹ חִילּוּק בֵּין קַרְקַע לְכֵלִים, דְּטוּמְאָה דִּידֵיהּ דְּאוֹרַיְיתָא אַף בַּקַּרְקַע. וּלְר"ש כִּי אִיתְמַר דָּכָן דְּיוֹסֵף בֶּן יוֹעֶזֶר – אַמַּיִם לְחוּדַיְיהוּ אִיתְמַר, דְּהָוֵי רְבִיעִית, כִּדְפָרְקִינַן: צִינּוֹרוֹת. שֶׁטּוֹוִין בָּהֶם זָהָב: אֲבָל לֵית בְּהוּ רְבִיעִית. דְּמִדְּאוֹרַיְיתָא לָא חֲזוּ לְמִקְוֶה, וּמִדְּאוֹרַיְי' טְמֵאִין אַף בִּמְחוּבָּר – ה"נ טְמֵאִין.

וּדְקַיְימָא לָן שִׁיעוּר טוּמְאַת מַשְׁקִין בִּרְבִיעִית – °הָנֵי מִילֵּי לְטַמֵּא אֲחֵרִים, אֲבָל לְעַצְמָן – טְמֵאִין בְּכָל שֶׁהֵן, כִּדְתְנַן בְּטָהֳרוֹת (פ"ג מ"ג), וּמַיְיתִינַן לָהּ בִּגְמָרָא דְּ"כָל שָׁעָה" (דף לג:): טְמֵא מֵת שֶׁסָּחַט כו', כֵּיוָן שֶׁיָּצְתָה טִפָּה רִאשׁוֹנָה נִטְמֵאת בִּכְבֵיצָה: אָמַר מָר רַבִּי יְהוּדָה אוֹמֵר. גַּבֵּי סְפֵק מַשְׁקֶה לְטַמֵּא אֲחֵרִים – לַכֹּל טָמֵא, וַאֲפִילּוּ לְכֵלִים. אַלְמָא: וַדַּאי נְגִיעָתָן מְטַמֵּא כֵּלִים מִדְּאוֹרַיְיתָא, מִדְּמְטַמֵּינַן סְפֵק דִּידְהוּ: שֶׁיֵּשׁ לָהֶם אֲחוֹרַיִם וָתוֹךְ. שֶׁרְאוּיִין לְהִשְׁתַּמֵּשׁ בָּהֶן בְּתוֹכָן וּבַאֲחוֹרֵיהֶן: מַרְצוּפִין. שֶׁל עוֹר: שֶׁנִּטְמְאוּ [(א)] בְּמַשְׁקִין. דְּטוּמְאָתָן לָאו דְּאוֹרַיְיתָא לְכֵלִים, וְרַבָּנַן הוּא דִּגְזוּר בְּהוּ מִשּׁוּם מַשְׁקֶה זָב וְזָבָה שֶׁהֵן אַב הַטּוּמְאָה. וְעָבְדִי בְּהוּ רַבָּנַן הֶיכֵּרָא, שֶׁאִם נִטְמָא גַּבּוֹ – לֹא נִטְמָא תּוֹכוֹ, כִּי הֵיכִי דְּלֵידְעוּ דְּהָךְ טוּמְאָה לָאו דְּאוֹרַיְיתָא, דְּלָא לִשְׂרְפוּ עָלֶיהָ תְּרוּמָה וְקָדָשִׁים, כִּדְאָמְרִינַן בִּבְכוֹרוֹת (דף לח.) בְּעֵדוּתוֹ שֶׁל חִזְקִיָּה אֲבִי עִקֵּשׁ: אֲבָל מֵחֲמַת שֶׁרֶץ. דְּטוּמְאָתָן דְּאוֹרַיְיתָא: חָזַר בּוֹ ר' יְהוּדָה. מֵהַהִיא דִּלְעֵיל: הָא בְּמַשְׁקִין הַבָּאִין מֵחֲמַת יָדַיִם. שֶׁגָּזְרוּ חֲכָמִים טוּמְאוֹת שְׁנִיּוֹת עַל יָדַיִם סְתָם, וְגָזְרוּ עֲלֵיהֶן שֶׁיְּטַמְּאוּ מַשְׁקִין לִהְיוֹת תְּחִלָּה – וְהַהִיא דְּרַבָּנַן הוּא: אִי הָכִי. הָא דְּתָנֵי "אֲבָל נִטְמְאוּ מֵחֲמַת שֶׁרֶץ" וכו', דְּלָא מַשְׁכַּח נִטְמָא גַּבּוֹ נִטְמָא תּוֹכוֹ אֶלָּא בְּנָגְעוּ בַּשֶּׁרֶץ עַצְמוֹ – לִישְׁמְעִינַן אֲפִילּוּ מַשְׁקִין: אֲבָל בְּאוֹכָלִין. כְּרַבִּי יוֹסֵי וְרַבִּי שִׁמְעוֹן סְבִירָא לֵיהּ, דְּמַשְׁקִין מְטַמְּאִין אוֹכָלִין מִדְּאוֹרַיְיתָא: כְּרַבִּי מֵאִיר. דְּאָמַר לָא מִיטַּמֵּא אֲפִי' אוֹכָלִין אֶלָּא מִדְּרַבָּנַן: פָּרָה. שֶׁל זֶבַח אוֹ שֶׁל חוּלִּין: שֶׁשָּׁתְתָה מֵי חַטָּאת. וּשְׁחָטוּהָ בְּעוֹדָן בְּמֵעֶיהָ: בְּשָׂרָהּ טָמֵא. שֶׁמְּקַבֶּלֶת טוּמְאָה מֵהֶן, דְּמֵי חַטָּאת מְטַמְּאִין אֲפִי' אָדָם וְכֵלִים, כִּדְכְתִיב (במדבר יט) "וְהַנּוֹגֵעַ בְּמֵי הַנִּדָּה" וגו':

בָּטְלוּ

תוספות

אבל דם לא. °וא"ת: אדרבה, בדם יש לטהר טפי אפי' בכלים, דדם קדשים לא איתקש למים, כדאמרי' לעיל שאינו נשפך כמים אין מכשיר! וי"ל דהכי פי': אבל דם – היכא דמטמא, כגון דם חולין או בעלי מומין, או זבח שנפסל לו: אלא דהוי רביעית דחזי להטביל בהו מחטין וצינורות. מכאן אומר ר"י: שיש לדקדק דמקוה שכולו שאוב אינו פסול אלא מדרבנן, דמשקין בית מטבחיא שהן דכן – ע"כ הן שאובין, מדמפליג בין דם למים, ולא מפליג בין שאובין למחוברין. ואמר דחזי להטביל בהו מחטין וצינורות. ועוד, תניא בתוספתא דמסכת מקוואות (פ"ב): מקוה שהניחו ריקן ומצאו מלא – כשר, והיינו משום דספיקא דרבנן לקולא. וריקן נמי משמע שלא היה בו כלום, מדלא קאמר שהניחו חסר. והא דתניא בת"כ "אך מעין ובור" יכול אפילו מלא בכתף – תלמוד לומר "מעין". מה מעין בידי שמים – אף מקוה בידי שמים. צ"ל דאסמכתא בעלמא הוא. ואם תאמר: כיון דכולו שאוב כשר מדאורייתא, אמאי גזרו רבנן בשאיבה כלל? ויש לומר: דגזרו שאיבה אטו דילמא אתי לאטבולי במנא דבתוך הכלי ודאי אסור לטבול מדאורייתא. *ואור"י: דכי נמי בטלו רביעית דמקוה *מכל מקום כל שהוא דמעין לא בטלו, מדתנן בת"כ דמעין מטהר בכל שהוא והמקוה בארבעים סאה והא דמקוה במ' סאה היינו לבתר דביטלו רביעית ואפילו הכי קתני דמעין מטהר בכל שהוא הקשה. ר"י בשם הרב רבינו שלמה, דאמר בפרק "חומר בקודש" (חגיגה כב.) גבי מקוה שחלקו בסל תדע דבעי' כשפופרת הנוד, דהא ארעא חלחולי מחלחלא, ובעינן ארבעים סאה במקום אחד, וארעא חלחולי מחלחלא לא שייך אלא במעין, ובעינן ארבעים סאה במקום אחד. והתם מיירי בדבר שכל גופו עולה בפחות, דאם לא כן – מה ראיה לריך*? ה"ג: נטמא תוכו נטמא גבו נטמא גבו לא נטמא תוכו. וכן גרס רש"י. ואף על גב דכל כלי שטף נמי דינו כן – מכל מקום נקט כרים וכסתות ושקין ומרצופין משום דרבי מאיר פליג בהני דווקא. דקתני סיפא: רבי מאיר אומר כל שיש לו תובראות יש לו אחורים ותוך, ושאין לו תובראות וכו'. תובראות פירושו תפירות שפה לפיהן סביב, כעין מכנסים – דאז אין מהפכין אותן להשתמש בצד אחר, ויש לו דין אחורים ותוך לענין שאם נטמא גבו לא נטמא תוכו, כמו שאר כלי שטף:

הא

רבינו חננאל

נטמאו בכלים טמאין [בקרקע טהורין]. סוגיא דשמעתא רב סבר עיקר טומאת משקה מדרבנן ומשקה בית מטבחיא אוקמינהו אדאוריי' ודכן ממש ולא גזרו בהו כלל ושמואל אמר טומאת משקין לעצמן מדאורייתא לטמא אחרים מדרבנן ובמשקה בית מטבחיא לא גזרו לטמא אחרים: **אמר** רב פפא אפילו למאן דאמר טומאת משקין דאורייתא משקה בית מטבחיא דכן הלכתא גמירי לה הכי ואקשי' עליה רב הונא בריה דר' נתן מר' אליעזר דאמר אין טומאה למשקין כל עיקר תדע שהרי העיד כו' ואי הלכתא היא מהלכתא מי גמרינן ולא מצא רב פפא תשובה ולא דחינן לה דהא לא עלתה בתיובתא אבל הא דאמ' רבינא והאמר ר' שמעון דאמר טומאת משקין דאורייתא דתני' ר' יוסי ור' שמעון אומרי' לאוכלין טמאים לכלים טהורין וקתני הכא בכלים טמאים בקרקע טהורים ואי הלכתא גמירו לה מה לי בכלים מה לי בקרקע* הא פרק' רב פפא ואמר הא דאמר ר' שמעון בקרקע טהורין לא אמרן אלא במים שיש בהן כדי רביעית דחזי לאטבולי בהו מחטין וצינורות כגון מקוה מים שהוא טהור אבל אין בהן כדי רביעית לא וזהו שאמר רב פפא בזבחים דגרסי' בשחיטת קדשים פ"ב מקוה שיש בו ארבעים סאה מכוונות ונתן סאה ונטל סאה הרי זה כשר ואמר משמיה דר' יוחנן עד רובו אמר רב פפא ואם קדח ממנו רביעית מטבילין בו מחטין וצינוריות דמהכשרא דמקוה קא אתו: **אמר** מר ר' יהודה אומר לכל טמא כלומר בין ליטמא בין לטמא בין לכלים בין לאוכלין ואקשי' וכי ר' יהודה אית ליה טומאה למשקין מדאורייתא כלל** והא תניא כל הכלים שיש להם אחורי' ותוך כגון הכרים והכסתות והשקין והמרצופין שיש להם אחורים שפעמים ישן עליהם ויש להם תוך שפעמים טוען בתוכם כגון אלו נטמא גבן לא נטמא תוכם נטמא תוכם נטמא גבן אמר ר' יהודה במה דברים אמורים בטומאת משקין כלומר שהוא מדרבנן ואין טומאה מן התורה אבל טומאת שרץ נטמא תוכו נטמא גבו נטמא גבו [נטמא תוכו] הא אשכחן לר' יהודה דשני ליה בין טומאת משקה לטומאת שרץ ואי טומאת משקין מדאורייתא היא מה לי טומאת משקין מה לי טומאת שרץ כולה טומאה דאורייתא היא ואמרינן חזר בו ר' יהודה ואמר אין למשקין טומאה מדאורייתא ואע"ג דאמר רבינא לעולם לא הדר ביה ואוקמ' להאי דתני ר' יהודה לכל טמא במשקין הבאין מחמת שרץ והא דתני נטמא גבו לא נטמא תוכו במשקין הבאים מחמת ידים נדחו דבריו ועמדה השמועה ש"מ הדר ביה ואמר המשקין אין מטמאין את הכלים מן התורה אבל באוכל כר' יוסי ור' שמעון סבירא ליה דאמר לאוכלין טמאין או דלמא לגמרי הוא דהדר כר' מאיר דאמר לטמא אחרים טהור: **ת"ש** פרה ששתתה מי חטאת בשרה טמא מעת לעת ר' יהודה אומר בטלו במעיה ואי ס"ד סבר ר' יהודה דיש טומאה למשקין

* מדברי רבינו נראה דלא גרס בגמ' קשיא ואפשר דלזה רמז רש"י קשיא גרסינן לאפוקי מגי' הר"ח.
** ר"ל לטמא את הכלים וכן במסקנא דאמר דחזר בו ר"י ואמר דאין למשקין טומאה דאורייתא ר"ל לטמא את הכלים.

מסורת הש"ס

[נ"ל רבי]
[נ"ל רבי]
[נ"ל רבי]
[לקמן קטו.]
[נ"ל ר' יוסי]
[לעיל טז.]
[נ"ל רבי]
תוספתא מקוואות פ"א
[עי' תוס' ע"ז עה: ד"ה מים שהגעילה כו']
כלים פכ"ה משנה א עי' ר"ש שם

הגהות הב"ח

(א) רש"י ד"ה מרצופין של עור שנטמאו מחמת משקין:

גליון הש"ס

ברש"י ד"ה אבל לית בהו רביעית וכו' הנ"מ לטמא אחרים. עי' לעיל יד ע"א תוד"ה דאיכא משקין: **תוס'** ד"ה אבל דם לא. תמוה לי במה דפשיטא להו לתוספת דבדם ליכא טומא' דאוריי' ומדמו טומאה להכשר והא לעיל דף טז ע"ב אמרינן ת"ש ונשא אהרן וכו' מאי לאו טומאת דם הרי דדם טמא מדאוריית' וכך מבואר מדברי תוס' שם ד"ה מדרבנן הוה מצי לאוקמי מדאורייתא וכמ"ד וכו' הרי דס"ל דלמ"ד דטומאת משקין דאורייתא גם דם קדשים טמא דאורייתא ונע"ג:

בָּטְלוּ בְּמֵעֶיהָ. וְאִי סָלְקָא דַּעְתָּךְ מִכֵּלִים הוּא דַּהֲדַר בֵּיהּ, אֲבָל בְּאוֹכָלִין כְּר' יוֹסֵי וְר' שִׁמְעוֹן סְבִירָא לֵיהּ — אַמַּאי בָּטְלוּ בְּמֵעֶיהָ לְגַמְרֵי? נְהִי דְּטוּמְאָה חֲמוּרָה לֹא מְטַמְּאוּ, טוּמְאָה קַלָּה מִיהָא נִיטַמְּאוּ! מַאי "בָּטְלוּ בְּמֵעֶיהָ" נַמִּי — בָּטְלוּ מִטּוּמְאָה חֲמוּרָה. אֲבָל טוּמְאָה קַלָּה מְטַמְּאוּ, מִכְּלָל דְּתַנָּא קַמָּא סָבַר טוּמְאָה חֲמוּרָה נַמִּי מְטַמְּאוּ? הָא בְּשָׂרָהּ טָמֵא קָתָנֵי! כּוּלָּהּ ר' יְהוּדָה הִיא, וְחַסּוּרֵי מִיחַסְּרָא וְהָכִי קָתָנֵי: פָּרָה שֶׁשָּׁתְתָה מֵי חַטָּאת — בְּשָׂרָהּ טָמֵא, בד"א — טוּמְאָ' קַלָּה, אֲבָל טוּמְאָה חֲמוּרָה — לֹא. שֶׁרַבִּי יְהוּדָה אוֹמֵר: בָּטְלוּ בְּמֵעֶיהָ. רַב אַשִׁי אָמַר: לְעוֹלָם בָּטְלוּ בְּמֵעֶיהָ לְגַמְרֵי, *מִשּׁוּם דַּהֲוָה לֵיהּ מַשְׁקֶה סָרוּחַ. "ר' יוֹסֵי וְרַבִּי שִׁמְעוֹן אוֹמְרִים: לָאוֹכָלִין — טְמֵאִין, לַכֵּלִים — טְהוֹרִים". אָמַר רַבָּה בַּר בַּר חָנָה אָמַר רֵישׁ לָקִישׁ: רַבִּי יוֹסֵי בְּשִׁיטַת ר"ע רַבּוֹ אֲמָרָהּ, דְּדָרֵישׁ "יִטְמָא" — יְטַמֵּא. *דִּתְנַן, בּוֹ בַּיּוֹם דָּרַשׁ ר"ע: °"וְכָל כְּלִי חֶרֶשׂ אֲשֶׁר יִפֹּל מֵהֶם וגו'" אֵינוֹ אוֹמֵר טָמֵא, אֶלָּא "יִטְמָא" — יְטַמֵּא אֲחֵרִים. לִימֵּד עַל כִּכָּר שֵׁנִי שֶׁעוֹשֶׂה שְׁלִישִׁי בְּחוּלִּין. וְהָכָא הֵיכִי דָּרֵישׁ — °"וְכָל מַשְׁקֶ' אֲשֶׁר יִשָּׁתֶה בְּכָל כְּלִי יִטְמָא" — יְטַמֵּא, לְטַמֵּא טוּמְאַת אוֹכָלִין. אַתָּה אוֹמֵר לְטַמֵּא טוּמְאַת אוֹכָלִין, אוֹ אֵינוֹ אֶלָּא לְטַמֵּא טוּמְאַת מַשְׁקִין? אָמַרְתָּ: לֹא כָּךְ הָיָה. מַאי "לֹא כָּךְ הָיָה"? אָמַר רַב פָּפָּא: לֹא מָצִינוּ טוּמְאָה שֶׁעוֹשָׂה כַּיּוֹצֵא בָּהּ. רָבִינָא אָמַר: מִגּוּפֵיהּ דִּקְרָא נַמִּי לָא מָצֵית אָמְרַתְּ "יִטְמָא" — לְטַמֵּא טוּמְאַת מַשְׁקִין, דְּאִי סָלְקָא דַּעְתָּךְ יִטְמָא דְּסֵיפָא לְטַמֵּא טוּמְאַת מַשְׁקִין, יִטְמָא דְּרֵישָׁא נַמִּי — לְטַמֵּא טוּמְאַת מַשְׁקִין, נִיעַרְבִינְהוּ וְנִיכְתְּבִינְהוּ: °"מִכָּל הָאֹכֶל אֲשֶׁר יֵאָכֵל אֲשֶׁר יָבוֹא עָלָיו מַיִם וְכָל מַשְׁקֶה אֲשֶׁר יִשָּׁתֶה בְּכָל כְּלִי יִטְמָא". תְּרֵי יִטְמָא לָמָּה לִי? אֶלָּא: יִטְמָא דְּרֵישָׁא — לְטַמֵּא טוּמְאַת מַשְׁקִין, יִטְמָא דְּסֵיפָא — לְטַמֵּא טוּמְאַת אוֹכָלִין. וְאֵימָא לְטַמֵּא אֶת הַכֵּלִים! וְלָאו ק"ו הוּא? וּמַה כְּלִי שֶׁמְּטַמֵּא מַשְׁקֶה — אֵין מְטַמֵּא כְּלִי, מַשְׁקִין הַבָּאִין מֵחֲמַת כְּלִי — אֵינוֹ דִּין שֶׁלֹּא יְטַמְּאוּ אֶת הַכֵּלִים! וְאֵימָא: כִּי לֹא מְטַמְּאוּ — מַשְׁקִין הַבָּאִין מֵחֲמַת כְּלִי, אֲבָל מַשְׁקִין הַבָּאִין מֵחֲמַת שֶׁרֶץ — ה"נ דִּמְטַמְּאוּ! מַשְׁקִין הַבָּאִין מֵחֲמַת שֶׁרֶץ מִי כְּתִיבִי? וְלָאו

רש"י

בָּטְלוּ בְּמֵעֶיהָ. דְּאֵינָן רְאוּיִין לְמֵי חַטָּאת, וְאֵין עוֹד שֵׁם עֲלֵיהֶן. וְאִי אִית לֵיהּ לְרַבִּי יְהוּדָה מַשְׁקִין בְּעָלְמָא מְטַמְּאוּ אוֹכֶל, נְהִי דְּבָטְלִי מִתּוֹרַת מֵי חַטָּאת לְעִנְיַן דְּלָא הָוֵי טָמֵא אַב הַטּוּמְאָה לְטַמֵּא אָדָם וְכֵלִים, שֵׁם מַשְׁקֶה טָמֵא מִי לֵיכָּא עֲלַיְיהוּ כִּשְׁאָר מַשְׁקִין, לְטַמֵּא בָּשָׂר זֶה שֶׁהוּא אוֹכֶל? וְאַמַּאי בָּטְלוּ בְּמֵעֶיהָ לְגַמְרֵי אֲפִילּוּ מִלְּטַמֵּא בָּשָׂר זֶה, דְּהַיְינוּ טוּמְאַת אוֹכָלִין קַלָּה? נְהִי דְּטוּמְאָה חֲמוּרָה לָא מְטַמְּאוּ אִם נָגְעוּ אָדָם וְכֵלִים בָּהֶן בְּתוֹךְ הַמֵּעַיִם — דְּהָא אֵין שֵׁם מֵי חַטָּאת עֲלֵיהֶן — טוּמְאָה קַלָּה, כְּגוֹן אֶת הַבָּשָׂר לְטַמְּאוּ! דְּהָא מַשְׁקִין בְּעָלְמָא נִינְהוּ, וְשֵׁם טוּמְאָה לָא פָּקַע מִינַּיְיהוּ דְּנִיטַמְּאוּ מֵחֲמַת עַצְמָן, דְּאֵין נְגִיעָה גְּדוֹלָה מִמַּה שֶּׁהֵן נוֹגְעִין בְּעַצְמָן. וְכִי אָזֵיל שֵׁם מֵי חַטָּאת מִינַּיְיהוּ, הָווּ לְהוּ מַשְׁקִין שֶׁנָּגְעוּ בְּמֵי חַטָּאת! אֶלָּא ש"מ: מִכּוּלְּהוּ הֲדַר בֵּיהּ. וְכֵיוָן דְּבַחוּץ לָא מְטַמְּאוּ מַשְׁקִין אוֹכָלִין אֶלָּא מִדְּרַבָּנַן, הָכָא דְּמִילְּתָא דְּלָא שְׁכִיחָא — לָא גְּזוּר: **טוּמְאָה חֲמוּרָה.** אָדָם וְכֵלִים. טוּמְאָה קַלָּה — אוֹכָלִין: **וְהָא בְּשָׂרָהּ טָמֵא** קָאָמַר. דְּלָא טִימֵּא אֶלָּא אֶת הַבָּשָׂר, וְלָא תָּנָא: אָדָם וְכֵלִים הַנּוֹגְעִין בָּהֶן טְמֵאִין: **אֲבָל טוּמְאָה חֲמוּרָה.** שֶׁיְּהֵא עֲדַיִין שְׁמָן עֲלֵיהֶן לְטַמֵּא אָדָם הַנּוֹגֵעַ בָּהֶן — לָא מְטַמְּאִי, שֶׁר' יְהוּדָה אוֹמֵר: בָּטְלוּ בְּמֵעֶיהָ מִתּוֹרַת מֵי חַטָּאת: **רַב אַשִׁי אָמַר לְעוֹלָם** לְגַמְרֵי. דַּאֲפִי' שֵׁם מַשְׁקֶה בְּעָלְמָא לֵיכָּא עֲלַיְיהוּ, דְּה"ל מַשְׁקֶה סָרוּחַ. וְתַנְיָא בְּת"כ: "וְכָל מַשְׁקֶה אֲשֶׁר יִשָּׁתֶה בְּכָל כְּלִי יִטְמָא" — פְּרָט לְמַשְׁקֶה סָרוּחַ: **ר' יוֹסֵי** תַּלְמִידוֹ שֶׁל ר' עֲקִיבָא הָיָה, כִּדְתַנְיָא בִּיבָמוֹת בְּ"הַבָּא עַל יְבִמְתּוֹ" (דף סב:): וְהָיָה הָעוֹלָם שָׁמֵם, עַד שֶׁבָּא ר"ע אֵצֶל רַבּוֹתֵינוּ שֶׁבַּדָּרוֹם וּשְׁנָאָהּ לָהֶם. וְאֵלּוּ הֵן: ר"מ, וְרַבִּי יְהוּדָה, וְר' יוֹסֵי, וְר"ש, וְר"א בֶּן שַׁמּוּעַ: **דְּדָרֵישׁ יִטְמָא.** דִּכְתִיב גַּבֵּי אוֹכָלִין טְמֵאִין — יְטַמֵּא, וְאִיהוּ נַמִּי דָּרֵישׁ "יִטְמָא" דִּכְתִיב גַּבֵּי מַשְׁקִין טְמֵאִין — יְטַמֵּא: **בּוֹ בַּיּוֹם.** בַּיּוֹם שֶׁמִּינּוּ אֶת ר"א בֶּן עֲזַרְיָה לִנְשִׂיאוּת: **אֲשֶׁר יִפּוֹל מֵהֶם אֶל תּוֹכוֹ.** וְתַנְיָא בְּ"הַכֹּל שׁוֹחֲטִין" (חולין כד:): אע"פ שֶׁלֹּא נָגַע, אֶלָּא נִתְלָה בַּאֲוִירוֹ — ה"ל כְּלִי רִאשׁוֹן, וּכְתִיב "כֹּל אֲשֶׁר בְּתוֹכוֹ יִטְמָא" מֵחֲמַת הַכְּלִי. ה"ל אוֹכֶל שֵׁנִי, וְאֵינוֹ אוֹמֵר טָמֵא אֶלָּא יִטְמָא — לִדְרוֹשׁ בֵּיהּ יְטַמֵּא: **לִימֵּד עַל כִּכָּר שֵׁנִי.** דְּהָא קְרָא מִשְׁתָּעֵי בְּאוֹכָלִין, כִּדְכְתִיב בַּתְרֵיהּ "מִכָּל הָאוֹכֶל אֲשֶׁר יֵאָכֵל", וְהוּא הָיָה בְּתוֹךְ הַכְּלִי — "יִטְמָא". אַלְמָא: כִּכָּר שֵׁנִי עוֹשֶׂה שְׁלִישִׁי, וְאַף בְּחוּלִּין. דִּקְרָא סְתָמָא כְּתִיב. וְהָא לֵיכָּא לְמֵימַר דְּאוֹכָלִין שֶׁבּוֹ מְקַבְּלִין טוּמְאָה מִן הַשֶּׁרֶץ, דְּלֶיהֱוֵי אֲוִיר כְּלִי כְּמַאן דְּמָלֵי טוּמְאָה, וְנֶיהֱווּ אוֹכֶל רִאשׁוֹן — דְּא"כ אַף כֵּלִים שֶׁבַּאֲוִירוֹ יִטַּמְּאוּ, וּבְפִרְקִין מְפָרְשִׁינַן לַהּ בְּהֶדְיָא דְּעַל כָּרְחָךְ שֵׁנִי הוּא, וּמִן הַכְּלִי הוּא מְקַבְּלָהּ, שֶׁמְּטַמֵּא אֶת הַשְּׁלִישִׁי. וַאֲנִי שָׁמַעְתִּי: כִּכָּר עוֹשֶׂה כַּיּוֹצֵא בּוֹ, וְאִית לֵיהּ לְר"ע אוֹכֶל מְטַמֵּא אוֹכֶל. וְא"א לוֹמַר כֵּן, מִשּׁוּם דְּלָא אַשְׁכְּחַן לַהּ בְּהֶדְיָא, וְע"י הַדְּחָק נֶאֱמַר. וְא"כ, כִּי אַקְשֵׁי לְעֵיל "וְהָא אֵין אוֹכֶל מְטַמֵּא אוֹכֶל", וְדָחֵיק נַפְשֵׁיהּ וְאוֹקְמַהּ מִדְּרַבָּנַן טָמֵא — נֵימָא כְּר"ע ס"ל, דְּהָא ר"ע גּוּפֵיהּ אַיְירֵי בֵּיהּ וְהוֹסִיף עֵדוּת עַל עֵדוּתוֹ. וּלְקַמָּן דְּקָאָמַר לֹא כָּךְ הָיָה, וְלָא מָצֵי לְדָחוֹיֵיהּ אֶלָּא ע"י טַעַם זֶה: לֹא מָצִינוּ טוּמְאָה עוֹשָׂה כַּיּוֹצֵא בָּהּ — הֲרֵי מָצִינוּ לְר"ע! וְעוֹד: בְּהֶדְיָא אָמַר לְקַמָּן בְּהַהוּא "יִטְמָא" — לְטַמֵּא אֶת הַמַּשְׁקִין, וְלֹא אוֹכֶל כַּיּוֹצֵא בּוֹ: **וְהָכָא.** גַּבֵּי "יִטְמָא" דְּמַשְׁקִין, דְּקָאָמַר רַבִּי יוֹסֵי דִּמְטַמֵּא אוֹכֶל, הֵיכִי דָּרֵישׁ לֵיהּ רַבִּי יוֹסֵי, דְּמוֹקֵי לֵיהּ לְטַמֵּא אוֹכֶל, וְלֹא לְטַמֵּא מַשְׁקֶה כַּיּוֹצֵא בּוֹ, וְלֹא כְּלִי? וְכָל מַשְׁקֶה **אֲשֶׁר יִשָּׁתֶה** בְּכָל כְּלִי. אִם הָיָה הַמַּשְׁקֶה הַזֶּה בְּתוֹכוֹ שֶׁל כְּלִי חֶרֶס. דְּהָא עֲלַהּ קָאֵי "יִטְמָא", וְדָרֵישׁ בֵּיהּ יְטַמֵּא — לְטַמֵּא אֶת הָאוֹכֶל: **לֹא מָצִינוּ טוּמְאָה שֶׁעוֹשָׂה כַּיּוֹצֵא בָּהּ.** כִּדְאָמְרִינַן לְקַמָּן, דִּלְהָכִי קָרֵינָא "יִטְמָא", לְמֵימַר דְּהוּא טָמֵא וְאֵין עוֹשֶׂה כַּיּוֹצֵא בּוֹ: **וְאִי ס"ד.** הַאי "יִטְמָא" דִּכְתִיב בְּמַשְׁקֶה בְּסֵיפֵיהּ דִּקְרָא, לְטַמֵּא מַשְׁקִים קָאָמַר, וְ"יִטְמָא" דְּרֵישָׁא דִּכְתִיב גַּבֵּי אוֹכֶל — ע"כ לְטַמֵּא מַשְׁקִין מוֹקְמֵי לֵיהּ לְקַמֵּיהּ, [א] דְּהָכְתִיב לְעֵיל מֵהַאי קְרָא "טָמֵא הוּא", וְאָמְרִינַן: הוּא טָמֵא, וְאֵין עוֹשֶׂה כַּיּוֹצֵא בּוֹ. וּמִדְּאִיצְטְרִיךְ לְמַעוּטֵי אוֹכֶל — מִכְּלָל דְּמַשְׁקִין מְטַמְּאִי. א"כ יִטְמָא יְטַמֵּא לָמָּה לִי? לִיעָרְבִינְהוּ וְנִכְתְּבִינְהוּ כו': **וְאֵימָא.** "יִטְמָא" דְּסֵיפָא — לְטַמֵּא אֶת הַכֵּלִים, וְאַמַּאי קָאָמַר רַבִּי יוֹסֵי לַכֵּלִים טָהוֹר? וּמַה כְּלִי. שֶׁטִּימֵּא אֶת הַמַּשְׁקֶה הַזֶּה — לֹא יוּכַל לְטַמֵּא אֶת הַכְּלִי, כִּדְאָמַר לְקַמָּן "כֹּל אֲשֶׁר בְּתוֹכוֹ יִטְמָא מִכָּל הָאוֹכֶל" — אוֹכָלִין וּמַשְׁקִין מִיטַּמְּאִים מֵאֲוִיר כְּלִי חֶרֶס, וְאֵין כֵּלִים מִיטַּמְּאִים מֵאֲוִיר כְּלִי חֶרֶס. מַשְׁקִין אֵלּוּ, שֶׁבָּאִין מֵחֲמַת כְּלִי — אֵינוֹ דִּין כו': **וְאֵימָא כִּי לֹא מְטַמְּאוּ מַשְׁקִין הַבָּאִים מֵחֲמַת כְּלִי.** דִּבְהַאי קַל וָחוֹמֶר הוּא דְּנָפְקָא לָן דְּאֵין מַשְׁקֶה מְטַמֵּא כְּלִי, *(אֵימָא כִּי לָא מְטַמְּאוּ מַשְׁקִין כְּלִי) הָנֵי מִילֵּי מַשְׁקִין הַבָּאִין מֵחֲמַת כְּלִי, אֲבָל מַשְׁקִין שֶׁנָּגְעוּ בְּשֶׁרֶץ — יְטַמְּאוּהוּ:

וּמְשַׁנֵּי

תוספות

הא בשרה טמא קתני. משמע דוקא בשרה, אבל אדם וכלים — לא, והיינו משום דנפסלו בהיסח הדעת. ואם תאמר: כיון דפרחה מהן טומאה חמורה — אפי' טומאה קלה לא לטמאו! דהא אמרי' בפ' "בא סימן" (נדה נא.) ובפ' "טבול יום" (זבחים קה.): כל שסופו לטמא טומאה חמורה — לא בעי הכשר שרץ, וחשיב כאילו נגע בשרץ. והיינו דוקא בעוד שסופו לטמא טומאה חמורה, אבל כשאין ראוי כבר לטמא טומאה חמורה — בעי הכשר, כדאמרינן בפרק "בהמה המקשה" (חולין עג:) גבי בשר הפורש מאבר מן החי, דלא מהני ליה *מה שסופו לטמא טומאה חמורה כשהיה עם אביו, לשויה מוכשר — כיון דלאחר שפירש ממנו אין ראוי לטמא טומאה חמורה! וי"ל: דשאני התם, כששימש — מעשה עץ שימש, כדאמרינן ב"העור והרוטב" (שם דף קכט.) ולכך — כשפירש מאביו בעי הכשר. אבל מי חטאת — צריך שיהו ראויין מתחלה לשתיה, ונמצא טומאה חמורה שלהן אינו מעשה עץ, אלא מטעם שיהיו ראויין לשתיית אדם. דבע"א לא היו ראויין להזאה. ולכך, אף כשנפסלו — לא פרחה טומאת משקין:

בטלו במעיה. אבל בעודם בפיה — לא בטלו. אע"ג דאמרינן במסכת פרה (פ"ט מ"ג) דכל העופות פוסלין מי חטאת — אור"י דהתם מיירי קודם קדוש, ונפסלים כדפ"ה*) ב"הנזקין" (גיטין נג) דבעינן שתהא חיותן בכלי או משום מלאכה**). והכא איירי לאחר קידוש, מדחשיב להו סופו לטמא טומאה חמורה, ומלאכה אינה פוסלת אחר קידוש. כדתנן במסכת פרה (פ"ד מ"ד): מים, מלאכה פוסלת בהן עד שיתן לתוכן אפר. (*ובסיפא) יליף לה מדכתיב "למי נדה" — וכבר הם למי נדה. ובטלו במעיה — משום היסח הדעת. ובתוספת' (דמקוואות פ"ח) מפרש טעמ' דר"י משום דכתיב "למשמרת" — יצאו אלו שאינם למשמרת, הואיל ששתתה מהן הפרה:

לא מצינו טומאה עושה כיוצא בה. פי' הקונט': כדדרשינן לקמן יטמא — שאין טומאה עושה כיוצא בה. ואית ספרים דל"ג לקמן, ולשון לא מצינו — לא משמע כן, דמשמע דמעלמא נפקא לן, ממשמעות. ומפר"י: לא מצינו טומאה עושה כיוצא בה, כדדרשינן לעיל (דף יד.) מ"טמא הוא":

***רבינא** אמר מגופיה דקרא לא מצית אמרת. דאי ס"ד לטומאת משקין לא לכתוב אלא חד יטמא, תרי זימני למה לי — למעוטי שאין טומאה עושה כיוצא בה: **ומה** כלי שמטמא משקין. וא"ת: משקין הבאין מחמת אוכל לא יטמאו אוכל מהאי ק"ו, וכן אוכל הבא מחמת משקין לא יטמא משקין? וי"ל: דהכא עביד שפיר ק"ו, דמה כלי שאין מטמא כלי, משום שהוא קל שאינו אב הטומאה — דכשהוא אב הטומאה מטמא כלי, וכ"ש משקין הבאים מחמת כלי דקילי טפי. אבל מה שאין אוכל מטמא אוכל — היינו לפי שאין עושה כיוצא בו. וא"ת: משקין הבאים מחמת כלי שנגע במת, מנלן דלא מטמאו כלי? דמק"ו דכלי לא אתי דכלי שנגע במת מטמא כלי! וי"ל: דהאי קרא בשרץ כתיב, אבל משקין שנגעו בכלי שנגע במת — לא כתיב:

ולאו

רבינו חננאל

למשקין באוכלין וכי בהאי כר' יוסי ור' שמעון סבירא ליה נהי דלא מטמא טומאה חמורה כאב לטמא במשא כאשר עקר מי חטאת ותורתם שהן מאבות הטומאה מטמא אדם וכלים כדתנן למעלה מהן נבילה ומי חטאת שיש בהן כדי הזיה שמטמא האדם במשא לטמא בגדים טומאה קלה מטמא: **והא** ת"ק נמי בשרה טמא קתני ולא (היא) טומאת מי חטאת עצמן שהן טומאה חמורה אלא טומאה קלה והיא טומאת אוכלין הוא דמטמאה ואי הכי מאי בינייהו ואמרינן חסורי מחסרי והכי קתני בשרה טמא טומאה קלה אבל טומאת מי חטאת שהיא חמורה שמטמ' במשא לא דברי ר' יהודה שר' יהודה אומר בטלו במעיה ולעולם באוכלין ר' יהודה כר' יוסי ור' שמעון סבירא ליה: **רב** אשי אמר לעולם בטלו לגמרי משום דהוי משקה סרוח: **אמר** מר ר' יוסי ור"ש אומרים [לאוכלים טמאים] כו'. אמרי' ר' יוסי ור"ש בשטת ר' עקיבא אמרה שהמשק' מטמ' האוכלין דדרש יטמא יטמא הנוגע בו דתנן בסוטה פ"ה בו ביום דרש ר' עקיבא וכל כלי חרש וגו' וכוותיה דרש הכא ר' יוסי וכל משקה אשר ישתה בכל כלי יטמא האוכל הנוגע במשקה הזה יטמא אתה אומר אוכל מטמא מן המשקה או אינו אלא המשקה מטמא מן המשקה ולא האוכל מן המשקה אמרת לא כך היה כלומר אין טומאה עושה כיוצא בה ומאי היא אין מטמא המשקה ממשקה אלא האוכל הוא מטמא מן המשקה: **רבינא** אמר אין טומאה עושה כיוצא בה מרישא דקרא נפקא מכל האוכל אשר יאכל אשר יבא עליו מים יטמא טמא לא אמר אלא יטמא ללמדך כי הוא טמא וגם הנוגע בו יטמא ואי ס"ד כל האוכלין לעולם אין מטמאין (את) [מן] המשקין וכי יטמא דכתיב הבא במשקה אשר ישתה שניהן לטמא את המשקין באו הוה לי' לקרות יטמא לי אלא יטמא תרי למה לי אלא יטמא דכתיב באוכל לטומאת משקין וטומאה דכתיב במשקין אשר ישתה לטומא' אוכלין: **ואימא** יטמא דכתיב במשקה אשר ישתה לטומא' כלי הוא דאתי ולא לטומאת אוכלין ודחי' ומה כלי המטמא את המשקה אינו מטמא כלי שאין כלי מטמא כלי דקיימא לן שאין טומאה עושה כיוצא בה משקין הבאין מחמת כלי דתנינן בספרא שהכלי' מטמאין את המשקין שנאמר וכל משקה אשר ישתה בכל כלי יטמא: **התינח** משקין הבאין

מסורת הש"ס

[לקמן כ.]

חולין לג: סוטה כז:

ויקרא יא

שם

שם

הגהות מהר"ב רנשבורג

[א] רש"י ד"ה ואי ס"ד וכו' דהכתיב לעיל מהאי קרא. מלת לעיל נמחק וצ"ל בתר האי קרא:

*) [לא מצאתי שם רק בהמעגל פו: רש"י ד"ה מפני שמוללת משמע כן. אמנם בכת"י חולין פו: ד"ה אם מבושל כן להדיא]

**) [וע"ע תוספות גיטין פו: ד"ה אם יכולה]

תורה אור

ולאו מקל וחומר קאתי? ומה משקין הבאין מחמת כלי – מטמאין, משקין הבאין מחמת שרץ – לא כל שכן?! דיו לבא מן הדין להיות כנדון. יטמא דרישא היכי דריש – "מכל האכל אשר יאכל אשר יבוא עליו מים יטמא" יטמא – לטמא את המשקין. אתה אומר לטמא את המשקין, או אינו אלא לטמא את הכלי? אמרת ק"ו: ומה משקה שמטמא אוכל – אינו מטמא כלי, אוכל שאין מטמא אוכל – אינו דין שלא יטמא כלי! הא מה אני מקיים יטמא – לטמא את המשקין, שהן עלולין לקבל טומאה. מאי איריא משקין משום דעלולין לקבל טומאה, תיפוק ליה משום דליכא מידי אחרינא! ה"ק: וכ"ת אוכל חמור, דמטמא משקין ניטמייה לכלי – ההוא חומרא דמשקין הוא, משום דמשקין עלולין לקבל טומאה. ומה היא עלילתן – שמקבלין טומאה שלא בהכשר. יטמא – דאין עושה כיוצא בה, מהכא נפקא? מהתם נפקא*: °"וכי יתן מים על זרע ונפל מנבלתם עליו טמא הוא" (ויקרא יא) – הוא טמא, ואין עושה טומאה כיוצא בה! חד במשקין הבאין מחמת שרץ, וחד במשקין הבאין מחמת כלי. וצריכי, דאי אשמועינן במשקין הבאין מחמת כלי – משום דלא חמירי, אבל במשקין הבאין מחמת שרץ, דחמירי – אימא עושה טומאה כיוצא בה. ולשמעינן משקין הבאין מחמת שרץ, וכ"ש משקין הבאין מחמת כלי! *מילתא דאתיא בקל וחומר – טרח וכתב לה קרא. א"ל רבינא לרב אשי, והא אמר רבא: לא ר' יוסי סבר כר' עקיבא, ולא ר"ע סבר כר' יוסי! אמר ליה: רבי יוסי בשיטת ר"ע רבו אמרה, וליה לא ס"ל. אמר ליה רב אשי לרב כהנא: בשלמא ר' יוסי לא סבר לה כר"ע, *דתניא א"ר יוסי: מנין לרביעי בקודש שהוא פסול? ודין הוא, ומה מחוסר כפורים שמותר בתרומה – פסול בקודש, שלישי שפסול בתרומה – אינו דין שיעשה רביעי בקודש. ולמדנו שלישי בקודש מן התורה, ורביעי מקל וחומר. שלישי מן התורה – דכתיב: °"והבשר אשר יגע (שם ז) בכל

רש"י

ומשני משקין הבאין מחמת שרץ מי כתיבי. באורייתא. משקין מחמת כלי הוא דאתו, ומה כו'. וכיון דמינייהו הוא דיליף – דיו למשקין שנגעו בשרץ, הבאין מן הדין דמשקין שנגעו בכלי, להיות כנדון. מה אלו אין מטמאין כלי – אף אלו אין מטמאין כלי: **יטמא דרישא.** גבי אוכל, היכי דריש ליה ר"ע: **משקה שמטמא אוכל.** כדאמרן לעיל. אינו מטמא כלי כדאמרן: אוכל שאין מטמא אוכל, דאין טומאה עושה כיוצא בה, אינו דין כו'. והוא הדין דמצי למימר נמי קל וחומר מיניה וביה, כדאמרן גבי משקין. דנימא הכי: מה כלי שמטמא את האוכל הזה – אינו מטמא כלי, אוכל שבא מחמת כלי כו'. אלא משום דהדר מלטריך ליה למימר כדלעיל, ואימא: הני מילי – אוכל הבא מחמת כלי, אבל אוכל הבא מחמת שרץ – לטמא כלי. וניחא ליה למילף ממשקה, דאוקימנא בהו דלא שנא נגעו בשרץ לא שנא נטמאו מן הכלי – לא מטמאו כלי: **וכי תימא אוכל חמור.** ממשקה, דאילו משקה – אין מטמא משקה, ואילו אוכל קאמרת מטמא משקה. הלכך, אע"ג דאין משקה מטמא כלי – יהא אוכל מטמא כלי: **ההוא.** דאוקימנא האי יטמא דאוכל לטמא משקה – חומרא דמשקין היא, דעלולין לקבל טומאה: **יטמא דאין עושה כיוצא בה.** כלומר: השתא דרשינן יטמא יטמא, והאי דקרינן בתרוייהו (א) יטמא – ללמדך מיעוט דאין מטמא כיוצא בו, כגון אוכל אוכל ומשקה משקה: **הוא.** מיעוטא, ואוכל דכוותיה קא ממעט: **חד.** (ב) למעוטי משקין הבאין מחמת שרץ, אע"ג דלא כתיבי בהאי קרא משקין, ד"כי יותן מים על זרע" וגו' דמשמע אפילו שנגע בהן שרץ לאחר שניגבו – מיהו גלי באוכל, והוא הדין למשקה: **וחד במשקין הבאין מחמת כלי.** ההוא יטמא דלעיל, איירי בבאין מחמת כלי: **והא אמר רבא לא רבי יוסי.** דלקמן, דדריש ק"ו ממחוסר כפורים – סבר לה כר' עקיבא שיהא שני עושה שלישי בחולין, ולא רבי עקיבא סבר לה כרבי יוסי במאי דמייתי לקמן רביעי בקודש מקל וחומר ממחוסר כפורים. ומילתיה דרבא פרשוה רב אשי ורב כהנא לקמן בסמוך. וכיון דאית ליה לרבי יוסי משקין מטמאין אחרים דאורייתא – לא מצית רמיה אלא מיטמא, דדריש יטמא – על כרחך אית ליה שני עושה שלישי בחולין. דהא בין יטמא דאוכלין בין יטמא דמשקין – אשני כתיבי: **בשיטת רבי עקיבא רבו אמרה.** להא דאמר טומאת משקין לטמא אחרים דאורייתא – מיבעי ליה למדרש יטמא יטמא, אליבא דר"ע אמרה דדריש ליה גבי אוכלין. וקא"ר יוסי: הואיל ודריש ר"ע יטמא יטמא – אית ליה דמשקין מטמאין אחרים דאורייתא. אבל רבי יוסי לא סבירא ליה טומאת משקין לטמא אחרים דאורייתא, ולא דריש יטמא יטמא: **בשלמא רבי יוסי לא סבר ליה כר"ע.** דשני עושה שלישי בחולין: **דתניא אמר רבי יוסי מניין לרביעי בקודש שפסול ודין הוא מה מחוסר כפורים שמותר בתרומה.** כדילפינן ביבמות פרק "הערל" (ד' עד:) מקראי. טבל ועלה – אוכל במעשר, העריב שמשו – אוכל בתרומה, כדכתיב "ובא השמש וטהר ואחר יאכל מן הקדשים": **אסור בקודש.** כדיליף התם מ"וכפר עליה הכהן וטהרה" – מכלל שהיא טמאה עד עכשיו: **שלישי שפסול בתרומה.** לרבנן דפליגי אדר' עקיבא, ונפקא לן בקל וחומר מטבול יום: ומה טבול יום דמותר בחולין – אסור בתרומה, שני שפסול בחולין – אינו דין שיעשה שלישי בתרומה. במסכת סוטה, בפרק "כשם שהמים בודקין"* (דף כט.), ובקודש דין הוא שיעשה בה רביעי מקל וחומר ממחוסר כפורים: **ולמדנו שלישי בקודש מן התורה.** ודלא תימא דיו לבא מן הדין להיות כנדון: מה תרומה עושה שלישי ותו לא – אף זה קודש יעשה שלישי ותו לא. דמשום שלישי לא אצטריך לן קל וחומר, דמן התורה למדנו שלישי, וכי אתא ק"ו – לרביעי הוא דאתא. דקיימא לן בב"ק פ' שני (ד' כה.), דהיכא דמיפרך ק"ו – לא אמרינן דיו: בכל

תוספות

ולאו מק"ו קאתי ומה משקין הבאין מחמת כלי. וא"ת: נילף מק"ו דאוכל: ומה אוכל הבא מחמת שרץ – מטמא משקין, שרץ גופיה – לא כל שכן. והשתא נימא דבין משקין ובין אוכל מטמא כלי! וי"ל: דע"כ אין אוכל מטמא כלי, אפילו בא מחמת שרץ. מק"ו דמשקין הבאין מחמת כלי, שמטמא אוכל ואין מטמא כלי. אוכל הבא מחמת שרץ, שאין מטמא אוכל [מ"הוא טמא"] – אינו דין שלא יטמא כלי: **דין לבא** מן הדין להיות כנדון. הקשה הרב רבי יעקב דאורלינ"ש: אם כן יהיו משקין הבאין מחמת שרץ שניים, כמשקין הבאין מחמת כלי. ואהני קל וחומר דמטמו, ואהני דיו דהוו שניים. דכה"ג אמרינן ב"כילד הרגל" (ב"ק כה:) גבי קל וחומר דמפץ במת: לימא אהני קל וחומר לטומאת ערב, ואהני דיו לאפוקי מטומאת ז'. וגבי קרן בחצר הניזק* אמרינן נמי: אהני קל וחומר לנזק שלם, ואהני דיו למגופו! ואומר ר"י: דלא קשה, דהכא לא אשכחן מידי שנגע בשרץ שלא יהיה ראשון – הלכך אין לחלק. אבל גבי מת, אשכחן דבר הנוגע בו שלא יהיה אלא ראשון, כגון אוכלים וכלי חרס. ונזק שלם מגופו – תרי מילי נינהו. אבל אין לתרץ משום דאיכא למימר ק"ו הכי: ומה אדם וכלים שאין מיטמא מאויר כלי חרס – מיטמא משרץ, משקין שמיטמא מאויר כלי חרס – לא כל שכן שמיטמא משרץ. דהשתא נמי איכא למימר דיו, כדמוכח ב"כילד הרגל" (שם): **וכי תימא אוכל חמור** דמטמא משקין. הוי מצי למילף דאין אוכל מטמא כלי מקל וחומר: ומה כלי שמטמא אוכל – אין מטמא כלי, אוכל שאינו מטמא אוכל – אינו דין שלא יטמא כלי: **ומהו** עלילותן שמקבלין טומאה בלא הכשר. תימה לר"י: דאכתי לא הוי קל וחומר דהא עלילותן לא מהני להו לקבל טומאה ממשקין, ולענין אוכל מהני להו. א"כ אוכל חמור. ולעיל דיליף דמשקה לא מטמא כלי – לא מצי למילף בק"ו מאוכל, שמטמא משקה ואין מטמא כלי – משקה דלא מטמא משקה לא כ"ש. דהיא גופא מנלן דאוכל לא מטמא כלי? ועוד: דמשקין חמור מאוכל, דמטמא אוכל. והכא לא מצי למיעבד ק"ו כדלעיל, דמה כלי שמטמא אוכל אין מטמא כלי – אוכל הבא מחמת כלי לא כ"ש. דמ"מ, אוכל הבא מחמת שרץ מנלן? **ומה** מחוסר כפורים. אפי' מאן דאית ליה דיו, אפילו היכא דמיפרך קל וחומר – הכא מודה דבמה מלינו ילפינן שלישי ממחוסר כפורים. דמחוסר כפורים כשלישי הוא, שאינו עושה כלום בתרומה, ופוסל בקודש. והוא הדין בכל שלישי. הלכך אלים קל וחומר דהכא, ולא שייך למימר דיו: מה התם שלישי ותו לא – אף כאן שלישי ותו לא: **למדנו** שלישי מן התורה. ניחא ליה להביא מקרא, וה"מ למידרש שלישי לקודש קל וחומר מטבול יום. ורש"י פירש: דלהכי איצטריך למימר למדנו שלישי מן התורה, דלא תימא דיו. אבל השתא, דלמדנו מן התורה – לא אמרינן דיו, משום דמיפרך קל וחומר:
ניתני

רבינו חננאל

מחמת הכלי אין מטמאין את הכלי כדקאמרת משקין הבאין מחמת שרץ אמאי לא יטמא את הכלי ודחי' וכי תמצא מן התורה בפי' כתוב שהשרץ מטמא משקין מק"ו מייתינן ליה הכי ומה כלי הבא מחמת שרץ מטמא את המשקין דתנינן בתורת כהנים אם כן למה נאמר משקה בכל כלי יטמא מלמד שהכלים מטמאין את המשקה שרץ שמטמא את הכלי אינו דין שיטמא משקין וכיון דטומאת משקין מחמת שרץ בק"ו גמר מן הכלי אמרי' דיו לבא מן הדין הן משקין הבאין מחמת שרץ להיות כנדון והוא הכלי מה כלי אין מטמא כלי שאין טומאה עושה כיוצא בה אף משקין הבאין מחמת שרץ לא יטמאו את הכלי: **יטמא** דרישא לטמא האוכל את המשקה ואימא לטמא האוכל את הכלי אמרת ק"ו ומה משקה המטמא אוכל אין מטמא אוכל שאין מטמא אוכל כיוצא בו אינו דין שלא יטמא כלי הא מה אני מקיים יטמא דרישא דקרא לטמא את המשקין שהן עלולים לקבל טומאה ואמרינן לא צריכ' לכולי האי חדא דליכא מידי אחרינא לרבוייה כי (מה יטמא) [שיטמאו] כלים מן אוכל הרי דחינום מק"ו שלא יטמאו מן האוכל וכל שכן אדם לא נשאר אלא אוכלין ומשקין אוכלין ליכא למימר דהא אין טומאה עושה כיוצא בה לא נשארו אלא המשקין ותו מפני שהן עלולין לקבל טומאה שלא בהכשר ואין טומאה עושה כיוצא בה מהתם נפקא וכי יתן מים על זרע וגו' הוא טמא ואין עושה כיוצא בה ואוקמ' חד למשקין הבאין מחמת שרץ וחד למשקין הבאין מחמת כלי וצריכא וכו' זהו כלו לדברי ר' יוסי ור' שמעון דאמרי לאוכלין טמאין לכלים טהורין ואסקי' ר' יוסי בשיטת ר' עקיבא אמרה ולא סבירא ליה כוותיה דיש טומאה שלישית בחולין כמו שדרש ר' עקיבא בו ביום וכן ר' עקיבא לא סבירא ליה כר' יוסי דתניא ר' עקיבא אומר למד על ככר שני שהוא עושה שלישי בחולין ור' יוסי תני בתוספתא בסוף חגיגה מנין לרביעי בקודש שפסול ודין הוא ומה מחוסר כפורים שמותר בתרומ' כדקיימ' לן טבל ועלה אוכל במעשר העריב שמשו אוכל בתרומה הביא כפרתו אוכל בקדשים נמצא מעורב שמש מחוסר כפורים טהור בתרומה פסול בקדש שלישי שפסול בתרומה אינו דין שיעשה רביעי בקדש למדנו שלישי לקדש מן התורה שנאמר והבשר אשר יגע בכל טמא לא יאכל בטמא לא נאמר אלא בכל טמא אלו נאמר [בטמא] הייתי אומר זה טמא ראשון למה נאמר בכל טמא להוסיף טמא אחר זה טמא שני

מסורת הש"ס

לעיל יד.

[לקמן עז: יומא מג. יבמות כב: קדושין ד.: סוט' כט. ב"מ לד: סנהדרין מ: מא. זבחים פב: קי: חולין קיח:]

[סוטה כט: חגיגה כד. תוספתא לחגיגה פ"ג]

דף כט.

הגהות הב"ח

(א) רש"י ד"ה יטמא דאין וכו' דקרינן בתרווייהו יטמא נ"ב כלומר מדלא קרינן יטמא: (ב) ד"ה חד למעוטי במשקין וכו' משמע אפילו:

תורה אור

בְּכָל טָמֵא לֹא יֵאָכֵל" [א]מִי לֹא עָסְקִינַן דְּנָגַע בְּשֵׁנִי? רְבִיעִי מִקַּל וָחוֹמֶר — כִּדְאָמְרִינַן. וְאִי ס"ד סָבַר כְּר"ע, נִיתְנֵי נַמִי רְבִיעִי בַּתְּרוּמָה וַחֲמִישִׁי בַּקּוֹדֶשׁ! אֶלָּא ר"ע לָא סָבַר כְּר' יוֹסֵי מְנָלַן? א"ל: דְּלָא לִישְׁתַּמִּיט תַּנָּא וְלִיתְנֵי רְבִיעִי בַּתְּרוּמָה וַחֲמִישִׁי בַּקּוֹדֶשׁ, וְנֵימָא ר"ע הִיא. וַאֲנַן אַהָכִי נֵיקוּם וְנִסְמוֹךְ? נְפַק רַב אַשִׁי, וְאִי תֵּימָא רַב כָּהֲנָא, דַּק וְאַשְׁכַּח, הָא [*]דִּתְנַן: [ב]הַכְּלִי מְצָרֵף אֶת מַה שֶּׁבְּתוֹכוֹ לַקּוֹדֶשׁ, אֲבָל לֹא לַתְּרוּמָה, וְהָרְבִיעִי בַּקּוֹדֶשׁ פָּסוּל וְהַשְּׁלִישִׁי בַּתְּרוּמָה. וְאָמַר רַבִּי חִיָּיא בַּר אַבָּא א"ר יוֹחָנָן: מֵעֵדוּתוֹ שֶׁל ר"ע נִשְׁנֵית מִשְׁנָה זוֹ, ([*]דְּתַנְיָא): [*]הוֹסִיף ר"ע הַסּוֹלֶת וְהַקְּטוֹרֶת וְהַלְּבוֹנָה וְהַגֶּחָלִים, שֶׁאִם נָגַע טְבוּל יוֹם בְּמִקְצָתָן — פָּסַל אֶת כּוּלָּן. רְבִיעִי — אִין, חֲמִישִׁי — לָא. שְׁלִישִׁי — אִין, רְבִיעִי — לָא. אַלְמָא קָסָבַר: [ג]צֵירוּף דְּרַבָּנַן. וּפְלִיגָא דְּרַבִּי חָנִין, דְּאָמַר: [*]צֵירוּף דְּאוֹרַיְיתָא, שֶׁנֶּאֱמַר: [°]"כַּף אַחַת עֲשָׂרָה זָהָב מְלֵאָה קְטֹרֶת" — הַכָּתוּב עָשָׂה [°]כָּל מַה שֶּׁבְּכַף — אַחַת. [*]תְּנַן הָתָם: [ד]עַל מַחַט שֶׁנִּמְצֵאת בַּבָּשָׂר — שֶׁהַסַּכִּין וְהַיָּדַיִם טְהוֹרוֹת וְהַבָּשָׂר טָמֵא. נִמְצֵאת בַּפֶּרֶשׁ — הַכֹּל טָהוֹר. אָמַר רַבִּי עֲקִיבָא: [ה]זָכִינוּ שֶׁאֵין טוּמְאַת יָדַיִם בַּמִּקְדָּשׁ.

וְנֵימָא

[הגהה בגליון הגמרא: [גִּי' ל"ג]] [במדבר ז]

רש"י

בְּכָל טָמֵא מִי לָא מַשְׁמַע נַמִי דְּאִי נָגַע בְּשֵׁנִי. דְּהָא שֵׁנִי נִקְרָא טָמֵא – "כֹּל אֲשֶׁר בְּתוֹכוֹ יִטְמָא". וְהַשְׁתָּא דְּשָׁמְעִינַן לֵיהּ לְר' יוֹסֵי בִּשְׁלִישִׁי לִתְרוּמָה וְלָא רְבִיעִי, וּרְבִיעִי לְקוֹדֶשׁ וְלָא חֲמִישִׁי – עַל כָּרְחֵיךְ לֵית לֵיהּ שֵׁנִי עוֹשֶׂה שְׁלִישִׁי בְּחוּלִּין, וְלָא דָּרֵישׁ יִטְמָא יְטַמֵּא. דְּאִי אִית לֵיהּ – לַיְיתֵיהּ לִרְבִיעִי בִּתְרוּמָה בְּק"ו מִטְּבוּל יוֹם: וּמַה טְבוּל יוֹם שֶׁמּוּתָּר בְּחוּלִּין – פָּסוּל בִּתְרוּמָה, שְׁלִישִׁי שֶׁפָּסוּל בְּחוּלִּין – אֵין דִּין שֶׁיַּעֲשֶׂה רְבִיעִי בִּתְרוּמָה?! וְדַיּוֹ לֵיכָּא לְמֵימַר, דְּא"כ מִפְרִיךְ ק"ו, דְּהָא שְׁלִישִׁי לִתְרוּמָה נָפְקָא לַן מִקְּרָא כִּי הֵיכִי דְּנָפְקָא לַן שְׁלִישִׁי בְּחוּלִּין. וּרְבִיעִי בְּקַל וָחוֹמֶר, וַחֲמִישִׁי בַּקּוֹדֶשׁ בְּק"ו מִמְּחוּסַּר כִּפּוּרִים. אֶלָּא וַדַּאי לֵית לֵיהּ לְרַבִּי יוֹסֵי שֵׁנִי עוֹשֶׂה שְׁלִישִׁי בְּחוּלִּין: אֶלָּא רַבִּי עֲקִיבָא לָא סָבַר לָהּ כְּר' יוֹסֵי מְנָלַן. דִּילְמָא ר"ע אִית לֵיהּ נַמִי ק"ו דְּר' יוֹסֵי, וּמַיְיתֵי לֵיהּ בְּהַאי ק"ו רְבִיעִי בִּתְרוּמָה וַחֲמִישִׁי בַּקּוֹדֶשׁ: א"ל. אִם אִיתָא דְּיֵשׁ חוֹלְקִים בַּדָּבָר הַזֶּה, וְכִי לָא לִישְׁתַּמִּיט שׁוּם תַּנָּא וְלִיתְנֵי רְבִיעִי בִּתְרוּמָה בְּחַד דּוּכְתָּא?! וְכִי תִּיקְשֵׁי לָךְ מַנִּי – נֵימָא ר"ע הִיא. אֶלָּא וַדַּאי לֵית לֵיהּ לְר"ע ק"ו דְּר"י, מִשּׁוּם פִּירְכָא דְּדוֹר אַחֲרוֹן, כִּדְאָמַר בְּמַסֶּכֶת סוֹטָה (דף כט:): עָתִיד דּוֹר אַחֲרוֹן לְטַהֵר אֶת הַשְּׁלִישִׁי בַּתְּרוּמָה, שֶׁאָנוּ מְטַמְּאִין אוֹתוֹ בְּקַל וָחוֹמֶר מִטְּבוּל יוֹם, כִּדְאָמְרַן. וְדוֹר אַחֲרוֹן פָּרֵיךְ: מַה לִּטְבוּל יוֹם – שֶׁכֵּן אַב הַטּוּמְאָה. הִלְכָּךְ לְר"ע נַמִי, דְּאִית לֵיהּ שְׁלִישִׁי בְּחוּלִּין – לָא מַיְיתֵי שׁוּם מַעֲלָה טְפֵי לִתְרוּמָה בְּק"ו מִטְּבוּל יוֹם, מִשּׁוּם הָא פִּירְכָא. וּשְׁלִישִׁי, בֵּין בִּתְרוּמָה בֵּין בְּחוּלִּין – נָפְקָא לַן מִקְּרָא בְּהֶדְיָא, דְּדָרֵישׁ יִטְמָא יְטַמֵּא. וּרְבִיעִי בַּקּוֹדֶשׁ נַמִי מִ"וְהַבָּשָׂר אֲשֶׁר יִגַּע בְּכָל טָמֵא" – מִי לָא עָסְקִינַן דְּנָגַע בִּשְׁלִישִׁי. דְּהָא לְר"ע, הוֹאִיל וְדָרֵישׁ יִטְמָא יְטַמֵּא, אַשְׁכַּחַן שְׁלִישִׁי דְּאִיקְרֵי טָמֵא, וּמַשְׁכַּחַתְּ לָהּ דְּאָתֵי קוֹדֶשׁ לִידֵי רְבִיעִי הָכִי: שֶׁרֶץ טִימֵּא כְּלִי וְה"ל רִאשׁוֹן, וּכְלִי אוֹכֶל, וְאוֹכֶל מַשְׁקֶה, וּמַשְׁקֶה אוֹכֶל. דְּהָא לְר"ע טוּמְאַת מַשְׁקִין דְּאוֹרַיְיתָא. וַחֲמִישִׁי בַּקּוֹדֶשׁ לָא מַיְיתֵי בְּק"ו מִמְּחוּסַּר כִּפּוּרִים – דְּאִיכָּא לְמִיפְרַךְ: מַה לִּמְחוּסַּר כִּפּוּרִים – שֶׁכֵּן אַב הַטּוּמְאָה. וּמִבַּעֲיָא לַן לְר"מ וְר"א, דְּאָמְרוּ בְּהֶדְיָא דְּמַשְׁקִין אֵין מְטַמְּאִין דָּבָר אַחֵר מִן הַתּוֹרָה. וּלְרַבִּי יוֹסֵי נַמִי, דְּאוֹקִימְנָא דְּלֵיהּ לָא ס"ל – הֵיכִי מַשְׁכַּחַתְּ קוֹדֶשׁ בָּא לִידֵי רְבִיעִי? שֶׁרֶץ כְּלִי – הָוֵי רִאשׁוֹן. וּכְלִי אוֹכֶל – הָוֵי שֵׁנִי. וְאוֹכֶל מַשְׁקֶה – הָוֵי שְׁלִישִׁי. וְהֵיאָךְ יָבֹא לִידֵי רְבִיעִי? וְי"ל דְּעַל כָּרְחֵיךְ לָא מַשְׁכַּחַתְּ לָהּ אֶלָּא מִדְּרַבָּנַן. וְתֵדַע, דְּקָתָנֵי לָהּ גַּבֵּי מַעֲלוֹת דְּ"חוֹמֶר בַּקּוֹדֶשׁ" (חגיגה כ:) דְּקי"ל הָתָם דְּכוּלְּהוּ מִדְּרַבָּנַן נִינְהוּ. וְזֶהוּ מֵחָמֵשׁ מַעֲלוֹת הָאַחֲרוֹנוֹת הִיא. וְאָמַר הָתָם, ה' אַחֲרוֹנוֹת לֵית לְהוּ דְּרָבָא דְּטוּמְאָה דְּאוֹרַיְיתָא. וּבְמַסֶּכֶת סוֹטָה נַמִי סוּגְיָא דִּשְׁמַעְתָּא דְּרַבִּי יוֹסֵי מִדְּרַבָּנַן אָזְלָא. וְאוֹכֶל שְׁלִישִׁי לְר' יוֹסֵי בַּקּוֹדֶשׁ, דְּקָאָמַר לְעֵיל וְלָמַדְנוּ שְׁלִישִׁי בַּקּוֹדֶשׁ מִן הַתּוֹרָה, מֵהֵיכָן קִיבְּלָהּ? הוֹאִיל וְאֵין מַשְׁקֶה מְטַמֵּא אוֹכֶל – עַל כָּרְחֵיךְ מֵאוֹכֶל קִיבְּלָהּ, וס"ל טוּמְאָה עוֹשָׂה כַּיּוֹצֵא בָּהּ בַּקֳּדָשִׁים. וְאוֹכֶל דִּמְטַמֵּא מַשְׁקֶה, כֵּיוָן דְּלָא דָּרְשֵׁי יִטְמָא יְטַמֵּא – לָא יָדְעָנָא מֵהֵיכָא נָפְקָא לְהוּ, אִי לָאו מֵהַאי קְרָא "וְכִי יֻתַּן מַיִם עַל זֶרַע" וגו', וְדָרְשִׁינַן: הוּא טָמֵא וְאֵינוֹ עוֹשֶׂה כַּיּוֹצֵא בּוֹ, וּמִדְּאִיצְטְרִיךְ קְרָא לְמַעוּטֵי כַּיּוֹצֵא בּוֹ – מִכְּלָל דִּמְטַמֵּא אֲחֵרִים. וְכ"ת: "טָמֵא הוּא" – הֲרֵי הוּא טָמֵא וְאֵינוֹ מְטַמֵּא אֲחֵרִים – א"כ לִשְׁתּוֹק קְרָא מִינֵּיהּ, וְלִכְתּוֹב טָמֵא, וּמֵהֵיכָא תֵּיתֵי לַן טוּמְאָה לַאֲחֵרִים? וְאִי קַשְׁיָא: הוֹאִיל וּמַשְׁקִין לָא מְטַמְּאֵי אֲחֵרִינֵי לְרַבִּי יוֹסֵי, תּוּ לָא מִיתּוֹקְמָא מַתְנִי' כְּתַרְגְּמָא דְּתָרֵיץ ר' יִרְמְיָה לְעֵיל, וְאָזְדָא ר' יוֹסֵי לְטַעְמֵיהּ, וְהָדַר קוּשְׁיָין לְדוּכְתֵּיהּ: אַמַּאי אֵינָהּ הִיא הַמִּדָּה? מִדָּה וּמִדָּה הִיא! לָא תִּיקְשֵׁי. דְּכִי אוֹקִימְנָא וְאָזְדָא רַבִּי יוֹסֵי לְטַעְמֵיהּ – בָּתַר טַעְמָא דְּהָא מַתְנִי' דְּר' יוֹסֵי אַלִּיבָּא דְּר"ע אוֹקִימְנָא, דְּדָרֵישׁ יִטְמָא יְטַמֵּא, דְּהָא מֵהָא מַיְיתִינַן סַיַּיעְתָּא עֲלֵיהּ. וַאֲנִי שָׁמַעְתִּי דְּר' יוֹסֵי אִית לֵיהּ יִטְמָא יְטַמֵּא גַּבֵּי מַשְׁקִין, וְהָא דְּאָמַר לָא ס"ל בְּהַהִיא דְּאוֹכָלִין דְּר"ע – אָמְרַן לְעִנְיַן טוּמְאָה עוֹשָׂה כַּיּוֹצֵא בָּהּ. וְעַכְשָׁיו אַתָּה בָּא לִידֵי רְבִיעִי: שֶׁרֶץ כְּלִי, כְּלִי אוֹכֶל, וְאוֹכֶל מַשְׁקֶה, וּמַשְׁקֶה אוֹכֶל. וְאִי אֶפְשָׁר לְהַעֲמִידוֹ מִפְּנֵי כַּמָּה תְּשׁוּבוֹת. וּמִיהוּ, לְר"מ דְּאָמַר בְּהֶדְיָא טוּמְאַת מַשְׁקִין לְטַמֵּא אֲחֵרִים לָאו דְּאוֹרַיְיתָא – לָא מַשְׁכַּחַתְּ לָהּ רְבִיעִי אֶלָּא מִדְּרַבָּנַן: וַאֲנַן אַהָכִי נִסְמוֹךְ. מִשּׁוּם דְּלָא אַשְׁכְּחַן תַּנָּא, נֵימָא דְּר"ע לֵית לֵיהּ ק"ו: דַּק וְאַשְׁכַּח. בְּהֶדְיָא, דְּאָמַר ר"ע רְבִיעִי וְלָא חֲמִישִׁי: הַכְּלִי מְצָרֵף מַה שֶּׁבְּתוֹכוֹ. עֲרֵיבָה אֲרוּכָה וּבָהּ אוֹכְלֵי קוֹדֶשׁ מִכָּאן וְאוֹכְלֵי קוֹדֶשׁ מִכָּאן, וְאֵין נוֹגְעִין זֶה בָּזֶה, וְנָגַע טָמֵא בָּאוֹכָלִין שֶׁבְּרֹאשׁ אֶחָד וּבִכְלִי לָא נָגַע. וְאוֹכֶל אֵין מְטַמֵּא כְּלִי אַפִּי' מִדְּרַבָּנַן, וַאפ"ה הָאוֹכָלִין שֶׁבִּשְׁנֵי רָאשֶׁיהָ טְמֵאִים – שֶׁהַכְּלִי מְצָרְפָן: מֵעֵדוּתוֹ. ע"י עֵדוּתוֹ: הוֹסִיף ר"ע. בְּעֵדוּת: לְבוֹנָה וְגֶחָלִים. אע"ג דְּלָאו אוֹכָלִין נִינְהוּ – חִיבַּת הַקּוֹדֶשׁ מַכְשַׁרְתָּן וּמְשַׁוְּיָא לְהוּ אוֹכֶל, בְּפ' "כָּל שָׁעָה" (לה.): פָּסַל אֶת כּוּלָּן. אַלְמָא: מְצָרֵף כְּלִי מַה שֶּׁבְּתוֹכוֹ. דְּאִי מִשּׁוּם דְּנָגְעֵי אַהֲדָדֵי, נְהִי דְּגַחֶלֶת שֶׁנָּגַע בָּהּ מְטַמֵּא אֶת חֲבֶרְתָּהּ, אֲבָל חֲבֶרְתָּהּ תּוּ לָא מְטַמְּיָא – דְּא"כ ה"ל שִׁשִּׁי וּשְׁבִיעִי עַד ק'. וּמֵאוֹתוֹ עֵדוּת נִשְׁנֵית מִשְׁנָה זוֹ דְּהַכְּלִי מְצָרֵף, וְקָתָנֵי בְּהֶדְיָא: רְבִיעִי בַּקּוֹדֶשׁ פָּסוּל. אַלְמָא: דְּר"ע חֲמִישִׁי לֵית לֵיהּ. שְׁלִישִׁי בִּתְרוּמָה – אִין, רְבִיעִי – לָא, אַלְמָא לֵית לֵיהּ לְר"ע ק"ו דְּר' יוֹסֵי. בְּלָשׁוֹן אַחֵר שָׁמַעְתִּי, יוֹרֵד לְעִמְקֵי תְהוֹם, וְא"א לְהַעֲמִידוֹ: אַלְמָא קָסָבַר צֵירוּף דְּרַבָּנַן. מִילְּתָא בְּאַנְפֵּי נַפְשָׁהּ הִיא, מִדְּא"ר יוֹחָנָן מֵעֵדוּתוֹ שֶׁל ר"ע נִשְׁנֵית – אַלְמָא קָסָבַר ר' יוֹחָנָן צֵירוּף דִּכְלִי לְקוֹדֶשׁ דְּקָתָנֵי גַּבֵּי מַעֲלוֹת – לָאו דְּאוֹרַיְיתָא הוּא, אֶלָּא מִדְּרַבָּנַן. מֵעֵדוּתוֹ שֶׁל ר"ע דְּמִדְּרַבָּנַן הוּא, דְּגֶחָלִים וּלְבוֹנָה לָאו בְּנֵי קַבּוּלֵי טוּמְאָה נִינְהוּ אֶלָּא מִדְּרַבָּנַן. וְאע"ג דְּאָמַר מַר: "וְהַבָּשָׂר" לְרַבּוֹת עֵצִים וּלְבוֹנָה – אָמְרִי' בְּ"כָל שָׁעָה" (שם) דְּמַעֲלָה מִדְּרַבָּנַן הִיא: וּפְלִיגָא. דְּר' יוֹחָנָן אַדְּר' חָנִין: כַּף אַחַת. בַּקְּטוֹרֶת כְּתִיב, דְּקוֹדֶשׁ הוּא: תְּנַן הָתָם. בְּעֵדִיּוֹת: וְעַל הַמַּחַט הֵעִיד עִם שְׁאָר עֵדִיּוֹת, שֶׁאִם נִמְצֵאת בִּבְשַׂר קוֹדֶשׁ, שֶׁהַסַּכִּין שֶׁנָּגַע בָּהּ וְהַיָּדַיִם שֶׁל כֹּהֵן שֶׁנָּגְעוּ בָהּ טְהוֹרִין, וְהַבָּשָׂר טָמֵא. וּלְקַמֵּיהּ מְפָרֵשׁ הַאי מַחַט מַאי טוּמְאָה הֲוָה בֵּיהּ: זָכִינוּ.

תוספות

ניתני נמי רביעי בתרומה. וה"ה דהוה מצי למימר אי סבר לה כר"ע – אמאי איצטריך לאיתויי בקל וחומר רביעי בקודש ממחוסר כפורים? מגופיה דקרא שמעינן ליה, כיון דשלישי טמא בחולין קרי כאן "והבשר אשר יגע בכל טמא וגו'" כי היכי דדרשינן השתא לענין שלישי: לא לישתמיט תנא וליתני רביעי בתרומה וחמישי בקודש. פ"ה: דלמ"ד טומאת משקין לטמא אחרים דרבנן – לא משכחת רביעי בקודש אלא מדרבנן. ועל ידי עצים ולבונה משכחת לה שפיר. כדפי' לעיל. ור"ל דמיבעיא ליה אי מהני חיבת הקודש למימני ביה ראשון ושני – יסבור דאוכל מטמא אוכל. ומה שפ"ה מדקתני לה גבי מעלות בפרק "חומר בקודש" (חגיגה כ: ושם) אם כן דרבנן היא – אין נראה לר"י. דהא אוקמא כר"ע, ואיהו דריש יטמא יטמא, ע"כ רביעי בקודש דאורייתא, דקרי כאן "והבשר אשר יגע וגו'". ולירוף נמי דאורייתא לרבי חנין. והא דאמר בחגיגה (שם כא:) חמש מעלות אחרונות לית להו דררא טומאה דאורייתא – רבינו חננאל לא גרס דאורייתא. ואפילו אי גרס ליה – ה"פ: לית להו דררא טומאה דאורייתא, שלא היה לכתוב לטמאה, לפי שהן רחוקין מן הטומאה. דמן הדין היה להם להיות טהורים. ועוד פ"ה: דמאן דלא דריש יטמא יטמא נפקא ליה דאוכל מטמא אחרים מדאיצטריך "טמא הוא" למעוטי שאין טומאה עושה כיוצא בה. ואור"י: הניחא לאביי ולרב אדא בר אהבה, אבל לרבינא דאמר מקרא מלא דבר הכתוב – דילמא אתא הוא לקדשים, דה"א עושין כיוצא בהן מ"והבשר אשר יגע בכל טמא": אלמא קסבר צירוף דרבנן. יש פי' מרש"י שמפרש דדייק לר"ע דלירוף דרבנן, דמדאוריית' אין טומאה ללבונה וגחלים, דהא לאו אוכל נינהו, דמעלה דרבנן היא מה שמקבלין טומאה, ובפ' "כל שעה" (לקמן לה.) קרי לה מעלה. ואין זה ראיה, דהתם נמי קרי לה מעלה להביא כפרתו אוכל בקדשים, אף על גב דהוי דאורייתא, כדדריש בפרק "הערל" (יבמות עד:). ועוד: דבהדיא מוכח בפרק שני דחולין (דף לו:) ד"והבשר" – לרבות עצים ולבונה לאו אסמכתא היא, דמוכח התם מינה דחיבת הקודש מכשר דאורייתא[*]). ונראה לר"י כמו שהוגה בפי' דדייק דלירוף דרבנן מהא דקתני רישא על אפר חטאת, שאם נגע טמא במקלת – טימא את כולו. וזהו מדרבנן, שאפר חטאת אינו קודש אלא חול, כדמוכח בפרק "התכלת" (מנחות נב. ושם) שאין מועלין באפר פרה. וקתני הוסיף ר"ע – משמע דהוי דרבנן, כמו רישא: שאין טומאת ידים במקדש. תימה לר"י: אמאי היה להם להיות טמא? הא אין בהן היסח הדעת! ואי משום דאמר בפ' בתרא דחגיגה (דף כד. ושם) כל הפוסל התרומה מטמא ידים להיות שניות – א"כ מאי קא פריך תרוייהו בו ביום גזרו? והא הנהו ידים שפוסלות התרומה איירי

בפסח

רבינו חננאל

וכתיב לא יאכל הנוגע בזה הטמא. הנה שלישי מן התורה רביעי מקל וחומר כדאמרן ומה מחוסר כפורים שמותר בתרומה כו' ואי ס"ד דר' יוסי סבר לה כר' עקיבא דאית ליה שלישי בחולין ליתני רביעי בתרומה וחמישי בקדש דהא מעלה לכל אחד ואחד נינהו מכאן למדנו דר' יוסי לית לי' הא דר"ע ותו אשכחנן בהדיא במסכת סוטה דר' יוסי סבר אין (שלישי) [שני] עושה שלישי בחולין ור' עקיבא נמי לית ליה הא דר' יוסי דתאני ר' יוסי שלישי שפסול בתרומה אינו דין שיעשה רביעי בקדש דאי ס"ד דאית ליה כיון דאית ליה לר' עקיבא דשני עושה שלישי בחולין כמפורש בתורת כהנים נימא שלישי שפסול בחולין אינו דין שיעשה רביעי בתרומה וכי האי דינא ניתי חמישי בקדש ולימא ר' יוסי אליבא דר' עקיבא רביה אמרה מדלא אשכחן תנא דתני הכי ש"מ דאפילו ר' עקיבא לית ליה רביעי בתרומה ולא חמישי בקדש ולית ליה האי דינא דדיין ר' יוסי ומתמהי' וכי אהאי סברא נסמוך ודק רב כהנא ואשכח הא דתניא במס' חגיגה הכלי מצרף מה שבתוכו לקדש אבל לא לתרומה הרביעי בקדש והשלישי בתרומ' ואמרי' מעדותו של ר' עקיבא נשנית משנה זו דתנן הוסיף ר' עקיבא הסלת והקטורת והלבונ' והגחלים שנגע טבול יום במקצת פסל את כולן כלומר אם נגע טבול יום במקצת הסלת נפסלה כולה וכן הלבונה והקטורת כיוצא בה. ויש אומרים פי' אחר אם נגע טבול יום בסלת נעשה תחלת הסלת ראשון והקטורת שני והלבונה שלישי והגחלי' רביעי עד כאן של תורה פי' והוא דנגעי אהדדי אבל אי לא נגעי אהדדי או אם יש שם עוד חמישי והכלי הוא דמצרפן מדרבנן הוא דפסלו: **ופליגא** דר' חנן דאמר צרוף דאורייתא דכתיב כף אחת עשרה זהב עשה הכתוב כל מה שבכף אחד וקתני סיפא דהא דדייקינן עלה מעדותו של ר' עקיבא נשנית הרביעי בקדש פסול רביעי ולא חמישי: **תנן** התם בעדיות פ"ב ועל המחט שנמצאת בבשר שהסכין והידים טהורות מכלל שלא גזרו

עין משפט נר מצוה

קכא א מיי' פי"ח מהל' אבות הטומאה הלכה ז:

קכב ב ג מיי' פי"ב מהלכות אבות הטומאה הלכה ז:

קכג ד מיי' פ"י מהל' טומאת אוכלין הלכה יז:

קכד ה מיי' פ"ח מהל' אבות הטומאה הלכה ו:

מסורת הש"ס

חגיגה כ: [מנחות כז.]

חגיגה כג: יומא מח. עדיות פ"ח מ"א

[חגיגה שם]

[עדיות פ"ב משנה ג]

גליון הש"ס

גמ' כל מה שבכף אחת. עי' חולין לו ע"א תוס' ד"ה לצריך:

*) [וע"ע תוס' חגיגה כג: ד"ה והא ותוס' זבחים לו. ד"ה ואפי' הכי ותוס' מנחות כח. ד"ה יצאו ותוס' חולין לה. ד"ה אין לך]

זכות

קכה א מיי' פ"ב מהל' אבות הטומאה הלכה ג:
קכו ב מיי' שם פי"ו הלכה ב:
קכז ג שם הלכה ו:

וְנֵימָא: שֶׁאֵין טוּמְאַת יָדַיִם וְכֵלִים בַּמִּקְדָּשׁ! אָמַר רַב יְהוּדָה אָמַר רַב, וְאִיתֵימָא ר' יוֹסֵי בְּר' חֲנִינָא: יָדַיִם קוֹדֶם גְּזֵירַת כֵּלִים נִשְׁנוּ. אָמַר רָבָא: וְהָא תַּרְוַיְיהוּ בּוֹ בַּיּוֹם גָּזְרוּ, *דִּתְנַן: הַסֵּפֶר, וְהַיָּדַיִם, וְהַטְּבוּל יוֹם, וְהָאוֹכָלִין וְהַכֵּלִים שֶׁנִּטְמְאוּ בְּמַשְׁקִין! אֶלָּא אָמַר רָבָא: הַנַּח לְטוּמְאַת סַכִּין, דַּאֲפִי' בְּחוּלִּין נַמִי לָא מְטַמֵּא. הַאי סַכִּין דְּנָגַע בְּמַאי? אִילֵימָא דְּנָגַע בְּבָשָׂר — הָא אֵין אוֹכֶל מְטַמֵּא כְּלִי, וְאֶלָּא דְּנָגַע בְּמַחַט — וְהָא *אֵין כְּלִי מְטַמֵּא כְּלִי. הַאי מַחַט מַאי עֲבִידְתֵּיהּ? אִי נֵימָא סְפֵק מַחַט — וְהָא אִיתְּמַר: ר' אֶלְעָזָר וְר' יוֹסֵי בְּר' חֲנִינָא, חַד אָמַר: לֹא גָּזְרוּ עַל סְפֵק הָרוּקִין שֶׁבִּירוּשָׁלַיִם, וְחַד אָמַר: לֹא גָּזְרוּ עַל סְפֵק הַכֵּלִים שֶׁבִּירוּשָׁלַיִם! אָמַר רַב יְהוּדָה אָמַר רַב: כְּגוֹן שֶׁאָבְדָה לוֹ מַחַט טְמֵא מֵת, וְהִכִּירָהּ בַּבָּשָׂר. ר' יוֹסֵי בְּרַבִּי אָבִין אָמַר: כְּגוֹן שֶׁהָיְתָה פָּרָה חֲסוּמָה וּבָאָה מִחוּץ לִירוּשָׁלַיִם.§ גּוּפָא, ר' אֶלְעָזָר וְר' יוֹסֵי בְּר' חֲנִינָא; חַד אָמַר: לֹא גָּזְרוּ עַל סְפֵק הָרוּקִין שֶׁבִּירוּשָׁלַיִם, וְחַד אָמַר: לֹא גָּזְרוּ עַל סְפֵק הַכֵּלִים שֶׁבִּירוּשָׁלַיִם. רוּקִין תְּנֵינָא, כֵּלִים תְּנֵינָא. רוּקִין תְּנֵינָא, *דִּתְנַן: כָּל הָרוּקִין הַנִּמְצָאִין בִּירוּשָׁלַיִם טְהוֹרִין, חוּץ מִשֶּׁל שׁוּק הָעֶלְיוֹן! לָא צְרִיכָא, אַף עַל גַּב דְּאִיתַּחְזַק זָב. כֵּלִים תְּנֵינָא, *דִּתְנַן: כָּל הַכֵּלִים הַנִּמְצָאִים בִּירוּשָׁלַיִם, דֶּרֶךְ יְרִידָה לְבֵית הַטְּבִילָה — טְמֵאִין. הָא דְּעָלְמָא — טְהוֹרִין! וְלִטַעְמִיךְ, אֵימָא סֵיפָא: דֶּרֶךְ עֲלִיָּה — טְהוֹרִין. הָא דְּעָלְמָא — טְמֵאִין. אֶלָּא: רֵישָׁא דַּוְקָא, וְסֵיפָא לָאו דַּוְקָא, וּלְאַפּוֹקֵי גַּזַּיְיתָא. וּלְרַב, דְּאָמַר: כְּגוֹן שֶׁאָבְדָה לוֹ מַחַט טְמֵא מֵת וְהִכִּירָהּ בַּבָּשָׂר, כֵּיוָן דְּאָמַר מָר: *"בַּחֲלַל חֶרֶב" — חֶרֶב הֲרֵי הוּא כֶּחָלָל, אָדָם וְכֵלִים נַמִי לִיטַמֵּא! אָמַר רַב אַשִׁי: זֹאת אוֹמֶרֶת [א]עֲזָרָה רְשׁוּת הָרַבִּים הִיא, וַהֲוָה לֵיהּ סְפֵק טוּמְאָה בִּרְשׁוּת הָרַבִּים, וְכָל סְפֵק טוּמְאָה בִּרְשׁוּת הָרַבִּים — סְפֵיקוֹ טָהוֹר. הָא בִּרְשׁוּת הַיָּחִיד — סְפֵיקוֹ טָמֵא הוּא. מִכְּדִי, הַאי מַחַט — דָּבָר שֶׁאֵין בּוֹ דַּעַת לִישָּׁאֵל הוּא, *[ב]וְכָל דָּבָר שֶׁאֵין בּוֹ דַּעַת לִישָּׁאֵל בֵּין בִּרה"ר בֵּין בִּרה"י סְפֵיקוֹ טָהוֹר! מִשּׁוּם דַּהֲוֵי סְפֵק טוּמְאָה הַבָּאָה בִּידֵי אָדָם, וְאָמַר רַבִּי יוֹחָנָן: *[ג]סְפֵק טוּמְאָה הַבָּאָה בִּידֵי אָדָם נִשְׁאָלִין

זְכוּת וְטוֹבָה וְרֶיוַח וְתַקָּנָה הִיא לָנוּ מֵהֶפְסֵד קֳדָשִׁים, שֶׁלֹּא נִגְזְרָה גְּזֵרַת יָדַיִם בַּמִּקְדָּשׁ לִיטַמֵּא בְּדָבָר שֶׁאֵין מְטַמֵּא אָדָם. דְּהַאי מַחַט מוֹקְמִי לֵיהּ דְּלָאו בַּר טַמּוּיֵי אָדָם הוּא. דְּאִילּוּ חוּץ לַמִּקְדָּשׁ מְטַמְּאִים יָדַיִם בְּטוּמְאָה כָּל דְּהוּ אֲפִילּוּ סְתָמָן, מִשּׁוּם יָדַיִם עַסְקָנִיּוֹת: וְנֵימָא. נַמִי, זָכִינוּ שֶׁאֵין טוּמְאַת כֵּלִים בַּמִּקְדָּשׁ מִדְּרַבָּנַן בְּדָבָר שֶׁאֵין מְטַמֵּא מִן הַתּוֹרָה. דְּאִילּוּ בְּחוּלִּין גְּזוּר רַבָּנַן בֵּיהּ טוּמְאָה, וְאַף עַל גַּב דְּמִדְּאוֹרַיְיתָא טָהוֹר — כִּדְתְנַן גַּבֵּי י"ח דָּבָר: וְהָאוֹכָלִים וְהַכֵּלִים שֶׁנִּטְמְאוּ בְּמַשְׁקִין, וְהָכָא קָתָנֵי: סַכִּין טָהוֹר: יָדַיִם קוֹדֶם גְּזֵירַת כֵּלִים נִשְׁנוּ. לִיטַמֵּא מִדְּרַבָּנַן. וּכְשֶׁהֵעִידוּ עֵדוּת זוֹ עֲדַיִין לֹא נִגְזְרָה גְּזֵירַת חֲכָמִים עַל טוּמְאַת כֵּלִים דְּרַבָּנַן, לְפִיכָךְ לֹא יוּכַל לוֹמַר זָכִינוּ שֶׁאֵין טוּמְאַת כֵּלִים בַּמִּקְדָּשׁ — דְּהַהִיא שַׁעְתָּא אֲפִי' בְּעָלְמָא נַמִי לָא הֲוַאי: בּוֹ בַּיּוֹם. בַּעֲלִיַּית חֲנַנְיָה בֶּן חִזְקִיָּה בֶּן גָּרוֹן, בְּ"אֵלּוּ הַשַּׁבָּת". דִּתְנַן: אֵלּוּ פּוֹסְלִין אֶת הַתְּרוּמָה: הַסֵּפֶר. וְהָתָם מְפָרֵשׁ טַעְמָא מִשּׁוּם תַּקָּנַת סְפָרִים, שֶׁהָיוּ מַנִּיחִין אֶת הַסְּפָרִים עִם הַתְּרוּמָה, וְעַכְבָּרִים אוֹכְלִים אוֹתָם: וְהַיָּדַיִם. אֲפִילּוּ סְתָמָן, אִם נָגַע בִּתְרוּמָה בְּלֹא נְטִילַת יָדַיִם: וְהַטְּבוּל יוֹם. וְהָתָם פָּרֵיךְ: הָא דְּאוֹרַיְיתָא הִיא! וּמְשַׁנֵּי: סְמִי מִכָּאן טְבוּל יוֹם: אֶלָּא אָמַר רָבָא. וַדַּאי כְּבָר נִגְזְרָה עַל הַכֵּלִים מִדְּרַבָּנַן שֶׁיִּטַּמְּאוּ בְּמַשְׁקִין, וּמִיהוּ הָכָא לֵיכָּא מַשְׁקִין. וְהַנַּח לְטוּמְאַת סַכִּין, דַּאֲפִילּוּ בְּחוּלִּין שֶׁלֹּא חָשׁוּ לְהַפְסִידָן — לָא שַׁיְיכָא בְּהוּ הָכָא טוּמְאָה לַסַּכִּין. דְּהַאי סַכִּין דְּנָגַע בְּמַאי, שֶׁיִּטַּמְּאוּהוּ? לֹא בָּשָׂר וְלֹא מַחַט אֵין יְכוֹלִין לְטַמְּאוֹ, דְּאֵין אוֹכֶל וְלֹא כְּלִי שֶׁאֵינוֹ אַב הַטּוּמְאָה מְטַמְּאִין כֵּלִים אֲפִילּוּ מִדְּרַבָּנַן, וְלֹא גָּזְרוּ חֲכָמִים מִדִּבְרֵיהֶם טוּמְאָה עַל הַכֵּלִים אֶלָּא שֶׁיִּטַּמְּאוּ מִן הַמַּשְׁקִין, וּמִשּׁוּם מַשְׁקֵה זָב וְזָבָה: מַאי עֲבִידְתֵּיהּ. דִּמְטַמֵּא בָּשָׂר: סְפֵק מַחַט. לָא יָדְעִינַן אִי טָמֵא אִי טָהוֹר, וְשֶׁל מִי הָיְתָה: עַל סְפֵק הָרוּקִין. לוֹמַר שֶׁמָּא שֶׁל זָב אוֹ שֶׁל נִדָּה הֵן. וְרוּקִין אַב הַטּוּמְאָה הֵן לְטַמֵּא אָדָם, דִּכְתִיב (ויקרא טו) "וְכִי יָרוֹק הַזָּב": מַחַט שֶׁל טְמֵא מֵת. שֶׁהוּא אַב הַטּוּמְאָה, וְהַמַּחַט עַצְמוֹ אַב הַטּוּמְאָה, דְּחֶרֶב הֲרֵי הוּא כֶּחָלָל. וּלְקַמֵּיהּ פָּרֵיךְ: אַמַּאי הַסַּכִּין וְהַיָּדַיִם טְהוֹרִין? אַף גּוּפוֹ שֶׁל כֹּהֵן טָמֵא הוּא, וְצָרִיךְ טְבִילָה וְהַעֲרֵב שֶׁמֶשׁ דְּאוֹרַיְיתָא: רַבִּי יוֹסֵי בְּר' אָבִין אָמַר. לְעוֹלָם סְפֵק מַחַט, וּכְגוֹן שֶׁהָיְתָה פָּרָה חֲסוּמָה וּבָאָה מִחוּץ לִירוּשָׁלַיִם. דְּוַדַּאי מֵעָלְמָא אָתֵי, דְּמִשֶּׁנִּכְנְסָה לְשָׁם לֹא בְּלָעַתָּהּ, דְּהָווּ לְהוּ סְפֵק כֵּלִים שֶׁל מְקוֹמוֹת אֲחֵרִים: שֶׁל שׁוּק הָעֶלְיוֹן. שָׁם הָיוּ מִתְקַבְּצִין טְמֵאִין, שֶׁלֹּא לְטַמֵּא אֶת חַבְרֵיהֶם: וְאע"ג לא דְּאִיתַּחְזַק זָב. שֶׁרְאִינוּהוּ עוֹבֵר בְּשׁוּק זֶה שֶׁנִּמְצָא בּוֹ רוֹק, אַשְׁמְעִינַן דְּלֹא גָּזְרוּ, דְּכוּלֵּי הַאי לֹא שָׁמַעְנוּ מִמַּתְנִי': בְּדֶרֶךְ אַחַת הָיוּ יוֹרְדִין לְבֵית הַטְּבִילָה. וְעוֹלִין בְּדֶרֶךְ אַחֶרֶת. הַנִּמְצָאִין בְּדֶרֶךְ הַיְּרִידָה – טְמֵאִין, דְּמַאי בָּעוּ הָתָם? אֶלָּא טְמֵאִין הָיוּ, וְהָיָה רוֹצֶה לְהַטְבִּילָן, וְנָפְלוּ מִמֶּנּוּ: דֶּרֶךְ עֲלִיָּה טְהוֹרִים. שֶׁהִטְבִּילָן: וּלְטַעְמִיךְ אֵימָא סֵיפָא כו'. וּמֵהָא לֵיכָּא לְמִשְׁמַע מִינַּהּ. דְּאִיכָּא לְמֵידַק מֵרֵישָׁא הָכִי, וּמִסֵּיפָא הָכִי. וְאַשְׁמְעִינַן הָנָךְ אֲמוֹרָאֵי דִּלְעֵיל, דְּאָמְרִי לֹא גָּזְרוּ – דְּרֵישָׁא דַּוְקָא. דְּקָתָנֵי בְּדֶרֶךְ יְרִידָה הוּא דִּמְטַמְּאִין, הָא דְּכָל הָעִיר טָהוֹר. וְסֵיפָא דְּקָתָנֵי דֶּרֶךְ עֲלִיָּה טְהוֹרִין – לָא תֵּידוּק מִינַּהּ הָא דְּכָל הָעִיר טְמֵאִין, אֶלָּא לְאַפּוֹקֵי גַּזַּיְיתָא – מְבוֹאוֹת קְטַנִּים שֶׁהָיוּ סָמוּךְ לְדֶרֶךְ יְרִידָה וַעֲלִיָּה, וּפְעָמִים שֶׁהָיוּ יוֹרְדִין דֶּרֶךְ אוֹתָן מְבוֹאוֹת וּפְעָמִים עוֹלִין, וְהָנֵהוּ טְמֵאִין מִסָּפֵק, שֶׁהֲרֵי מִתְּחִלָּה טְמֵאִין הָיוּ, סָפֵק נָפְלוּ בַּיְּרִידָה סָפֵק בָּעֲלִיָּה, וּמִסְּפֵקָא לָא נָפְקִי מִטּוּמְאָה. אֲבָל שְׁאָר כֵּלִים, סָפֵק נִטְמְאוּ סָפֵק לֹא נִטְמְאוּ – לֹא גָּזְרוּ עֲלֵיהֶן מִסָּפֵק: כֵּיוָן דְּאָמַר מָר חֶרֶב הֲרֵי הוּא כֶּחָלָל. וְזוֹ נָגְעָה בְּטוּמְאַת מֵת, שֶׁהוּא אַב הַטּוּמְאָה, וְנַעֲשָׂה גַּם הַמַּחַט אַב הַטּוּמְאָה. וְאַמַּאי הַסַּכִּין וְהַיָּדַיִם טְהוֹרוֹת? אָדָם וְכֵלִים נַמִי לִיטַמֵּא. דְּכָל אַב הַטּוּמְאָה מְטַמֵּא אָדָם וְכֵלִים, בֵּין כְּלִי אֶת כְּלִי בֵּין אָדָם אֶת אָדָם, בֵּין אָדָם כְּלִי וּכְלִי אָדָם. בְּפָרָשָׁה "זֹאת חֻקַּת הַתּוֹרָה" בְּסִפְרֵי: עֲזָרָה רְשׁוּת הָרַבִּים הִיא. לְטוּמְאָה. וְאָדָם וְסַכִּין, סָפֵק נָגְעוּ בְּמַחַט זֶה סָפֵק לֹא נָגְעוּ, וְהָוְיָא לָהּ סְפֵק טוּמְאָה בִּרה"ר דִּסְפֵיקוֹ טָהוֹר: וּפָרְכִינַן הָא רה"י הֲוֵי סְפֵיקוֹ טָמֵא. הָא דָּבָר שֶׁאֵין בּוֹ דַּעַת לִישָּׁאֵל הוּא הַסַּכִּין. וְל"ג: הַאי מַחַט. אֶלָּא: מִכְּדִי דָּבָר שֶׁאֵין בּוֹ דַּעַת לִישָּׁאֵל הוּא. וְאִי גָּרְסִי' לֵיהּ – הָכִי מְפָרְשִׁינַן: מִכְּדִי הַאי עֵדוּת דְּמַחַט – דָּבָר שֶׁאֵין בּוֹ דַּעַת לִישָּׁאֵל הוּא הַסַּכִּין, וְכָל מִי שֶׁאֵין בּוֹ דַּעַת לִישָּׁאֵל כו'. דְּכָל סְפֵק טוּמְאָה מִסּוֹטָה גָּמְרִי': מַה סוֹטָה רה"י וְעַל הַסָּפֵק טְמֵאָה – אַף כָּל סְפֵק טוּמְאוֹת בִּרְשׁוּת הַיָּחִיד סְפֵיקוֹ טָמֵא. וּמִינַּהּ, מַה סוֹטָה יֵשׁ בָּהּ דַּעַת לִישָּׁאֵל אִם נִטְמְאָה אִם לָאו – אַף כָּל שֶׁיֵּשׁ בּוֹ דַּעַת לִישָּׁאֵל, כְּגוֹן אָדָם, סָפֵק נָגַע בְּשֶׁרֶץ סָפֵק לֹא נָגַע, דְּיֵשׁ בּוֹ דַּעַת שֶׁיְּכוֹלִין לְשׁוֹאֲלוֹ אִם נָגַע וְהוּא אֵינוֹ יוֹדֵעַ – סְפֵיקוֹ טָמֵא: הַבָּאָה בִּידֵי אָדָם. אָדָם הָיָה עָסוּק בָּהּ, וְאִם נָגַע בּוֹ הַסַּכִּין בַּמַּחַט – עַל יְדֵי אָדָם נָגַע בּוֹ. הִלְכָּךְ, אִם עֲזָרָה רְשׁוּת הַיָּחִיד – סְפֵיקוֹ טָמֵא: נִשְׁאָלִין

בסתם ידים. והנהו ידים דכל הפוסל התרומה מטמא ידים להיות שניות – אינו אלא לקדשים, כדמוכח בחגיגה! ותירץ ר"י: דהך גזירה ודאי אינה ההיא דחגיגה, אלא מסתמא כשגזרו אסתם ידים שיהיו שניות (א) – גזרו כמו כן מסתמא על ידים הנוגעות בראשון שיהיו שניות. הלכך, הני ידים שנגעו במחט שהוא ראשון – היה להם להיות שניות, אלא דאין טומאת ידים במקדש: **ונימא אין** טומאת ידים וכלים במקדש. תימה לר"י: ממה היה לו לכלי ליטמא? אי ממשקין – הא משקין בית מטבחיא דכן! וי"ל: דר"ע היא, דאמר: טומאת משקין לטמא אחרים דאורייתא, א"כ לית ליה שיהא דכן. וזה אין נראה לו, דלר' עקיבא יהיו דכן מלטמא כלים. וא"ת: דילמא כי אמר ר"ע זכינו – עדיין לא נגזרה גזירה דכלים, וגזירה דידים לקדש כבר נגזרה, כדאמרינן בפ"ק דשבת (ד' טו. ושם) דשלמה גזר לקודש, ואינהו גזרו לתרומה! וי"ל: דגזירה דכלים היינו בי"ח דבר, וי"ח דבר קדמו לר"ע. וא"ת: מנא ליה לגמרא שאין טומאת כלים במקדש? דילמא בי"ח דבר גזרו על כלים אף במקדש. והא דקתני שהסכין טהור – ההיא נשנית קודם י"ח דבר, שהיה מעדותו של ר' חנינא סגן הכהנים. וי"ל: דאם איתא דגזרו בי"ח דבר טומאה על הכלים במקדש – ה"ל למיתני בהדיא בשום מקום, לאשמעינן דההיא דקתני שהסכין טהור – קודם גזירה נשנית: **תרווייהו** בו ביום גזרו. תימה: דידים לקודש *שלמה גזר! וי"ל: דר"ע אי"ח דבר קאי, שהיתה מחדש. וה"ק: בי"ח דבר, כשעסקו בדיני ידים – לא רצו לגזור טומאת ידים במקדש*: **האי** סכין דנגע במאי. וס"ל דמיירי בלא משקין: **אין** כלי מטמא כלי. ולית ליה דרב יהודה דמוקי לה במחט טמא מת דההוא כלי מטמא כלי, אלא כרבי יוסי דאמר כגון שהיתה פרה חסומה: **הא** ברשות היחיד ספיקו טמא. תימה: הא איצטריך לאוקמא ברשות הרבים משום ידים, דספיקו ברה"י טמא: **מכדי** האי מחט דבר שאין בו דעת לישאל הוא. פי' האי מחט – כלי שנגע במחט, דבטומאה לא בעינן שיהא בו דעת לישאל, אלא המיטמא לחודיה. דאם לא כן – כל טומאת מת ושרץ, אפילו ברה"י, יהא ספיקו טהור: **ואמר** רבי יוחנן וכו'. ה"מ לאתויי דזעירי, דמשני (נדה ד' ה:) דמעת לעת שבנדה עושה משכב ומושב, אע"ג דמשכב ומושב אין בו דעת לישאל, כשחברותיה נושאות אותה במטה:

רבינו חננאל

על הידים טומאה במקדש אקשי' עלה והא על הסכין נמי קתני טהור ליתני ר"ע זכינו שאין טומאה במקדש לא לידים ולא לכלים ודחי' בעת שנשנית משנה זו לא גזרו רבותינו טומאה על הכלים ואפילו בחוץ והכלים בכל מקום טהורים היו אם נגעו במשקין טמאין וכל שכן במקדש אבל הידים שבחוץ טמאות הוצרך ר"ע לומר כי במקדש לא גזרו עליהן טומאה ואתקיף עלה רבא והא אשכחן דידים וכלים כאחת גזרו עליהן דתנינן (י"ד) [י"ח] דבר גזרו בו ביום ומהן הידים וטבול יום והאוכלין והכלים שנטמאו במשקין ומשני רבא הנח לסכין דאפי' בחולין לא מטמא כי מאין תרד טומאה בסכין בו אם מנגיעת הבשר בסכין הא קיימא לן אין אוכל מטמא כלי והסכין כלי הוא ואם נאמר כיון שנגע בה המחט נטמא הסכין מן המחט המחט כלי ואין כלי מטמ' כלי ועמדו דברי רבא: **ובאנו** לחקור על זה המחט מאיזה דרך טמאה הבשר ואמרנו אם המחט עצמה מטמאתה מספק דחיישי' שמא מחט זו טמאה היתה הא אמרי' לא גזרו על ספק כלים הנמצאים בירושלים ואוקמא רב יהוד' במחט ידועה שנטמאת טמא מת ונמצא עכשיו בבשר שאינה ספק אלא ודאי ור' יוסי בר אבין אוקמא בפרה חסומ' ובאה מחוץ לירושלים שנתברר כי זו המחט מחוץ לירושלים בלעתה וכי לא גזרו טומאה על ספק כלים הני מילי בירושלים אבל חוץ לירושלים גזרו וזו המחט מחוץ לירושלים היא. וחזרנו לדקדק על מי שאמר לא גזרו על ספק הרוקין שבירושלים למה הוצרך לומר זה והלא שנינו כל הרוקין הנמצאים בירושלים כו' ופשוטה היא ועוד הא דאמרי' לא גזרו על ספק כלים הנמצאים בירושלים למה הוצרך לאמרו והרי משנה שלימה שנינו בשקלים פ"ח כל הכלים הנמצאין בירושלים דרך ירידה לבית הטבילה טמאים ודייקינן הני ודאי טמאים דמוכחא מילתא דלאטבולינהו בעי הא ספק טהורין ואמרינן אדרבה דייק מסיפא דקתני דרך עליה טהורין דמוכחא מילתא דודאי הטבילן הא אחרים כולהי דאיכא למיחש שמא טמאין הן טמאין ואסקינן לעולם רישא דוקא וסיפא למעוטי גזיאתא פי' הכלים הנמצאים דרך מעבר בבית הטביל' דלא ידיע דרך עליה או דרך ירידה ואתיא סיפא לאשמעינן שהן טמאים וכי אינן טהורין אלא הנמצאין דרך עליה בלבד. ופי' גזיאתא כדכתיב (נחום א' י"ב) וכן נגוו ועבר וכדמתרגמינן עברו גזו והני מילי בבית הטבילה בלבד אבל בירושלים הכל טהור וגם מי שאמר לא גזרו על ספק כלים שבירושלים דוקא דהא מתניתין קמ"ל: **וחזרנו** להקשות כי מחט זו אם מחט טמא מת היא ודאי אי הכי אדם וכלים נמי תטמא דהא קיימא לן בחלל חרב הרי הוא כחלל וכבר פי' למעלה בענין נר של מתכת שהוא טמא מת ודחי' רב אשי עזרה כרשות הרבים היא ותנן בטהרות פ"ו ספק טומאה ברשות הרבים טהור עד שיאמר נגעתי ואקשינן עליה מכלל דברשות היחיד כי האי גונא טמא והתנן בפ"ג חרש שוטה וקטן שנמצאו במבוי שיש בו טומאה הרי זו בחזקת טהרה וכל הפקח בחזקת טומאה וכל שאין בו דעת לישאל ספקו טהור והא חרש שוטה וקטן מפני שאין בו דעת להשאיל ספקו טהור וכל שכן מחט ומשני כיון שהיא ספק טומאה הבאה בידי אדם פי' שהמתעסק בבשר הרי פקח הוא כמי שיש בו דעת

שבת יג: [זבים פ"ה מי"ב]
[ברכות נב: חגיגה כ.]
שקלים פ"ח [מ"א]
שם [מ"ב]
[לעיל יז: וש"נ]
[סוטה כח: נדה ל: ה:]
נדה ה:
[שבת טו.]
[ועי' תוס' שבת טו. ד"ה אלא]

הגהות הב"ח

(א) תוס' ד"ה אלא וכו' אסתם ידים שיהיו שניות לתרומה גזרו כמו כן מסתמא על ידי' הנוגעו' בראשון שיהיו שניות לתרומה הלכך הני ידים שנגעו בבשר שהוא ראשון:

נשאלין עליה, אפילו בכלי המונח על גבי קרקע – כדבר שיש בו דעת לישאל. "והבשר טמא". האי בשר דאיתכשר במאי? אי נימא דאיתכשר בדם – והא *א"ר חייא בר אבא א"ר יוחנן: מנין לדם קדשים שאינו מכשיר – שנאמר: °"לא תאכלנו על הארץ תשפכנו כמים" (דברים יב) דם שנשפך כמים – מכשיר, ושאינו נשפך כמים – אינו מכשיר. ואלא דאיתכשר במשקי בית מטבחיא – והא א"ר יוסי בר' חנינא: *משקי בית מטבחיא לא דיין שהן דכן, אלא שאין מכשירין. ואלא דאיתכשר בחיבת הקודש – אימור דמהניא ליה חיבת הקודש לאיפסולי גופיה, למימנא ביה ראשון ושני נמי? תיפשוט *דבעי ריש לקיש: צריד של מנחות, [א]מונין בו ראשון ושני או לא? *אמר רב יהודה אמר שמואל: [ב]כגון שהיתה פרה של זבחי שלמים, והעבירה בנהר ושחטה, ועדיין משקה טופח עליה. "נמצאת בפרש הכל טהור". וניהדר פרש וניטמייה לבשר! אמר רב אדא בר אהבה: בפרש עבה. רב אשי אמר: [ג]אפי' תימא בפרש רכה, *משום דהוי משקה סרוח. תני תנא קמיה דרב ששת: שרץ מטמא את המשקין, ומשקין מטמאין את הכלי, וכלי מטמא את האוכלין, והאוכלין מטמאין את המשקין, ולמדנו שלש טומאות בשרץ. הני ארבעה הן! גוז משקין דרישא. אדרבה, גוז משקין דסיפא! לא אשכחן תנא דאמר משקין מטמאין כלי אלא רבי יהודה, והדר ביה. וסימניך נזייתא. *תנן התם: [ד]שרץ שנמצא בתנור – הפת שבתוכו שניה, מפני שהתנור תחלה. אמר ליה רב אדא בר אהבה לרבא: וניחזי להאי תנור כמאן דמלי טומאה דמי, ותיהוי האי פת ראשונה! אמר ליה: לא סלקא דעתך, *דתניא: יכול יהו כל הכלים מטמאין מאויר כלי חרס – ת"ל

רש"י

נשאלין עליה. כלומר: חשבינן לה לטמא אותה, כאילו יש בה דעת לישאל. לשון אחר: נשאלין לב"ד מה תהא עליו(א). וזו עיקר: נשאלין עליה – בעלים יהו נשאלין בעל כרחן בשבילה לב"ד, מה תהא עליה: ואפילו הוא כלי מונח על גבי קרקע. כלומר: אע"ג דכלי טהור זה שנולד בו הספק אין בו דעת לישאל, ובו לא היה אדם עוסק שיהא מוליכו ומביאו בידו, אבל אדם עסוק בטומאה שהיה נושא שרץ בידו, ספק נגע בכלי ספק לא נגע – אם רה"י הוא, ספיקו טמא: האי בשר דאיתכשר במאי. ה"נ מלי בעי אקרא, "והבשר אשר יגע בכל טמא" במאי איתכשר? ואיכא למימר בשר דקרא פשיטא דאיכא הכשר טובא, דבשר של שלמים נאכל בכל העיר ולכל אדם, ושם מדיחין אותו ומבשלין אותו, ואיכא הכשר טובא. אבל בהמה זו שנמצאת בבשרה מחט בעזרה במקום שחיטה, ומהיכן קבל הבשר הכשר? דמה אינו מכשיר מדר' חייא בר אבא א"ר יוחנן כו': משקה בית מטבחיא. שהודחה בהן אינו מכשיר: אלא דאיתכשר בחיבת הקודש. חיבת הקודש מכשרתה לבוא לידי טומאה, דקיימא לן בפרק שני דשחיטת חולין חיבת הקודש משוויה לה אוכל לקבולי טומאה: למימני ביה ראשון ושני. שיהא הוא מטמא אחרים, דקתני: הבשר טמא, ולא קתני הבשר פסול: נמי. בתמיה. א"כ תיפשוט מדקתני טמא – משמע מטמא אחרים משום הכשר חיבת הקודש, תיפשוט דבעי ריש לקיש בשחיטת חולין: צריד של מנחות. יבש של מנחות, מקום שלא נגע לשם שמן: צריד. לשון יבש. ודומה לו גבי שופר (ר"ה ד' מ:): היה קולו דק או עבה או צריד. להכי נקט פרה של זבחי שלמים – לפי שהעור והבשר לבעלים, ומתעסק ליפות העור והבשר, ומעבירה בנהר סמוך לשחיטה, ומשקין אותה כדי שתהא נוחה להפשיט, כדאמרינן בסיומא דבילה*: ועדיין משקה טופח עליה. ואי אפשר שלא יפול מן המשקה על הבשר כל שהוא בשעת הפשט: ונהדר פרש. דקא סלקא דעתך תורת משקה עליו, שהרי בשעה זו השקה אותה: בפרש עבה. דלאו משקה הוא: שרץ מטמא את המשקין. מקל וחומר מכלי, כדלעיל. ומשקין שבאו מחמת שרץ מטמאין כלי, כדיליף מ"בכל כלי יטמא". וקא סבר: יטמא הכלי מן המשקה, כדהוה דריש לה ר' יהודה מיקמי דהדר ביה. ודריש ביה נמי להאי יטמא יטמא, ויליף מיניה דחוזר כלי זה ומטמא את האוכלין, כדאשכחן בהו דכלים מטמאין(ב) מ"כל אשר בתוכו יטמא מכל האוכל" – משמע שנטמא האוכל מאויר כלי חרס. ואוכלין את המשקין כו'. ומיהו לא מיפרכא היא, דהאי אוכל הבא מחמת כלי דקאמר קרא דמטמא משקה – לאו מכלי הבא מחמת משקה קאי, אלא בבא מחמת שרץ. ותנא תני למדנו שלש טומאות בשרץ, דמשמע דטומאה הולכת מזה לזה ומזה לזה, ומהכא הוה מלינו למיפרכיה למילתיה. אלא דאקשי ליה קושיא אחריתי, מפורשת טפי, דקתני שלש וקא חשיב ארבע, והיא היא: ואוכלין מטמאין את המשקין. דדריש יטמא דגבי אוכלין, יטמא – לטמא אוכלין המשקין, כדדריש ליה ר"ע. והוא הדין דמצי למיתני וכלי מטמא את המשקין, ומשקין מטמאין אוכלין, כיון דאית ליה יטמא יטמא, אלא חדא מינייהו נקט, ותרווייהו לא מצי למיתני, דאימא כלי מטמא את האוכלין, ואוכלין את המשקין, ומשקין שבאו מן האוכלין מטמאין את האוכלין – דהא ליתא בקרא, אפי' לר' עקיבא דהוה ליה שלישי עושה רביעי. ד"וכל משקה אשר ישתה" – אתוכו דכלי חרס קאי, שקיבל המשקה הזה טומאה מן הכלי. וכי דרשת יטמא יטמא – אהכי שני עושה שלישי משכחת מיניה, רביעי לא ילפת מיניה: הני ארבעה הויין. שלישי עושה רביעי לא משכחת ליה בקרא, דכי כתיב אוכל הבא מחמת כלי מטמא משקה – לאו בכלי הבא מחמת משקה כתיב, אלא בכלי הבא מחמת שרץ. ותנא גופיה חשיב ארבע ותני שלש: גוז משקין דרישא. חתוך משקין הראשונים, ואימא: שרץ מטמא את הכלי, והכלי את האוכל, ואוכל את המשקה. וכן הן סדורין במקרא. ור' עקיבא הוא דדריש יטמא יטמא, ושני עושה שלישי. והוא הדין דמצי למיתני נמי שרץ כלי, וכלי משקה, ומשקה אוכל. וחדא מינייהו נקט, כדפרשינן. דתרווייהו לא מצי למתני. והא אתא לאשמעינן – דשני עושה שלישי בחולין: אדרבה גוז משקין דסיפא. ואימא: שרץ משקה, ומשקה כלי, מ"בכל כלי יטמא" כדהוה דריש ליה ר' יהודה, וכלי אוכל דרוש ביה להאי יטמא דכלי יטמא. ומשקין דסיפא לא תיתני, משום דרביעי לא כתיב. ואע"ג דאוכל ודאי מטמא משקה – הכא לא תתנייה, דהאי אוכל דהכא שלישי הואי: אמר ליה לא אשכחן תנא כו'. ואי הכי תדרוש כמאן תוקמיה? וסימניך. שלא תטעה בסדרן: נזייתא. סדר מטילי שכר שעורין. תחלה נותנין כלי, ואח"כ אוכל, ואח"כ משקה: שרץ שנמצא בתנור. ולא נגע בפת – הפת שבתוכו שני לטומאה, ואינם מטמאים חולין לרבנן, מפני שהתנור תחלה. התנור קיבל טומאה מן השרץ, והפת מן התנור: וליחזייה להאי תנור כמאן דמלי טומאה. כיון דקיימא לן אויר כלי חרס מטמא מן השרץ, אף על פי שלא נגע – אלמא כמאן דמלי טומאה הוא, דהא לא נגע בו ומטמאו. ותיהוי נמי פת כאילו נוגעת בשרץ: יכול יהו כל הכלים. אם כלי שטף נתון בתוך כלי חרס, ושרץ באויר החיצון – יכול יהא כלי עץ או כלי מתכת שבתוכו טמא, משום דכתיב "כל אשר בתוכו יטמא":

תוספות

לא דיין שהן דכן אלא שאין מכשירין. לא בעי לשנויי תרגומא אדם, דלעיל* תירץ כן מחמת דוחק. וזה שאין מכשירין – משום דס"ל דתלושים לא מכשירין, דדריש יטמא דכתי' גבי משקין יטמא ממש ולא הכשר וליכא אלא חד קרא בהכשר, וס"ל לאוקמי טפי במחוברין מבתלושין: אלא דאיתכשר בחיבת הקודש. וא"ת: אי חיבת הקודש מהניא למימני ביה ראשון ושני מאי נפקא מינה דהאי משקין בית מטבחיא דכן ואין מכשירין? ואור"י: דאיצטריך לכמה דברים שמביאין בעזרה, דלא שייך בהו חיבת הקודש, כגון ביכורים או חולין שאוכלין בעזרה כדי לאכול המנחה והזבח על השובע, כדאיתא ב"הקומץ רבה" (מנחות כא:)*: ובשעת שחיטה עדיין משקה טופח עליה. פירש הקונטרס: דאי אפשר שלא יפול מן העור על הבשר. ואין נראה, דאם כן הוי ליה תלושין ותלושין לא מכשירין. כיון דדריש שמואל יטמא ממש – ליכא אלא חד קרא בהכשר, והוא מוקי לה במחוברים. ולהכי נקט והעבירה בנהר – משום דבעי הכשר מן הנהר שהוא מחובר. ואומר ר"י: דעל ידי העור הוכשר הבשר, דב"העור והרוטב" (חולין קיח:) פליגי אי יש יד להכשיר, אבל לכולי עלמא יש שומר להכשיר – ובכל העור באו מים בעודם מחוברים:

עין משפט נר מצוה

קכח א מיי' פ"ח מהל' אבות הטומאה הלכה ג:

קכט ב ג מיי' פ"ז מהל' טומאת אוכלין הלכה יז:

קל ד מיי' פי"ח מהל' אבות הטומאה ה"ב:

מסורת הש"ס

לעיל טז. [וש"נ]

[לעיל טז. חולין לו:]

חולין לו. מנחות קב:

חולין לו:

[לעיל יח.]

שבת קלז: כלים פרק ח משנה ה

שבת קלז:

[דף מ.]

הגהות הב"ח

(א) רש"י ד"ה נשאלין וכו' מה תהא עליה הס"ד: (ב) ד"ה שרץ וכו' מטמאין אותן מכל אשר בתוכו:

רבינו חננאל

דעת להשאל [דמי] כר' יוחנן דאמר נשאלין עליה אפילו בכלי המונח על [גבי] קרקע ולפיכך אמר ברשות הרבים ספיקו טהור ברשות היחיד כי האי גונא ספיקו טמא והאי ספק טומאה ברשות הרבים ספיקו טהור ברשות היחיד ספיקא טמא גמרי' לה מסוטה דכתיב בה (במדבר ה יג) ונסתרה והיא נטמאה הנה כיון שנסתרה ספיקא הוא אלא כיון שברשות היחיד נסתרה אמרה תורה נטמאה וכו' ופשוטה היא וכבר פרשנוה בכמה מקומות לפיכך לא הארכנו בה: והקשי' זה הבשר היאך נטמא בלא הכשר משקה הא אוקימנ' לדם קדשים ולמשקה בית מטבחיא דלא מכשרי היכן הוכשר שנטמא ושני' דאיתכשר בחיבת הקדש כלומר תאות אדם לקדש משוה הדבר שמקדיש אע"פ שלא הוכשר במים כאלו הוכשר. ואמרי' אימור דמהניא חיבת הקדש כו' ואמרינן אי הכי תפשוט בעיא דריש לקיש דבעי צריד של מנחות פי' שהוא פסולת הסלת כגון המורסן וכיוצא בו מונין בו ראשון ושני או לא כלומר אם נגע השרץ בהאי צריד שלא הוכשר במים ונטמא אם יגע הוא באחרים מטמא או לא ולא איפשטא וכיון דלא איפשטא לא איתברר לן דמטמיא ושני' דרך אחרת כגון בהמה של זבחי שלמים והעבירה בנהר ועדיין היה משקה טופח עליה ונשחטה והוכשר הבשר באותו משקה הטופח שהיה בעור נמצאת המחט בפרש הכל טהור אוקימ' אפי' בפרש רך שהוא כמים כיון דהוה ליה משקה סרוח אינו מטמא ואפילו למאן דאית ליה טומאה למשקין נהי דמטמא משקין הראויין לשתיה דאינון מקרי משקין אבל הני דסרוחין נינהו לא: תאני תנא הא דתנינן בתורת כהנים שהן דברי ר' עקיבא היה התנא שונה סתם השרץ מטמא את המשקה והמשקה את הכלי והכלי את האוכל והאוכל את המשקה למדנו שלש טומאות בשרץ אמר ליה רב ששת הני לפי מה שפירשת משקה וכלי ואוכל ומשקה ארבעה טומאות הן אלא גוז משקה דרישא כלומר העבר אותו ולא תאמר משקה מטמא את הכלי ולמען שלא יתחלף לך שים לך סימן נזיאתא פי' המשקה שאמרת מטמא הכלים שהן נזיאתא כדגרסינן בע"פ תמרי לבי נזיאתא ארהיט ועוד גרסי' מסורביא דנזיאתא סמי אותן דלא אשכחן תנא דתנא משקה מטמא כלי אלא ר' יהודה והדר ביה כדפרשינן לעילא: תנן התם השרץ שנמצא בתנור הפת שבתוכו שניה שהתנור תחלה ואמר ליה רבא לרב אדא בר אהבה הלא זה השרץ לא נגע בכותלי התנור אלא נתלה באוירו ואתה רואה אותו כאלו נגע בכותלי התנור וטמאהו כן נחזייה להא תנור כמאן דמלי שרצים ונימא כאלו השרץ עצמו נגע בפת ותהוי הפת תחלה אמר

ת"ל: °"כָּל אֲשֶׁר בְּתוֹכוֹ יִטְמָא" וּסְמִיךְ לֵיהּ: "מִכָּל הָאֹכֶל" — אאוֹכֶל מְטַמֵּא מֵאֲוִיר כְּלִי חֶרֶס, בוְאֵין כָּל הַכֵּלִים מְטַמְּאִין מֵאֲוִיר כְּלִי חֶרֶס.§ רַב חִסְדָּא רָמֵי פִּיסְחָא אַפִּיסְחָא וּמְשַׁנֵּי; מִי א"ר יְהוֹשֻׁעַ שְׁתֵּיהֶן כְּאַחַת, וּרְמִינְהוּ, *א"ר יוֹסֵי: אֵין הַנִּדּוֹן דּוֹמֶה לָרְאָיָה, כְּשֶׁהֵעִידוּ רַבּוֹתֵינוּ עַל מָה הֵעִידוּ — אִם עַל הַבָּשָׂר שֶׁנִּטְמָא בִּוְלַד הַטּוּמְאָה שֶׁשּׂוֹרְפִין אוֹתוֹ עִם הַבָּשָׂר שֶׁנִּטְמָא בְּאַב הַטּוּמְאָה — זֶה טָמֵא וְזֶה טָמֵא. אִם עַל הַשֶּׁמֶן שֶׁנִּפְסַל בִּטְבוּל יוֹם, שֶׁמַּדְלִיקִין אוֹתוֹ בְּנֵר שֶׁנִּטְמָא בִּטְמֵא מֵת — זֶה פָּסוּל וְזֶה טָמֵא. אַף אָנוּ מוֹדִים בִּתְרוּמָה שֶׁנִּטְמֵאת בִּוְלַד הַטּוּמְאָה שֶׁשּׂוֹרְפִין אוֹתָהּ עִם הַתְּרוּמָה שֶׁנִּטְמֵאת בְּאַב הַטּוּמְאָה, אֲבָל הֵיאַךְ נִשְׂרוֹף אֲפִילּוּ תְּלוּיָה עִם הַטְּמֵאָה, שֶׁמָּא יָבֹא אֵלִיָּהוּ וִיטַהֲרֵם? וּמְשַׁנֵּי: הָא — ר"ש וְאַלִּיבָּא דְּר' יְהוֹשֻׁעַ, הָא — ר' יוֹסֵי וְאַלִּיבָּא דְּר' יְהוֹשֻׁעַ. *דְּתַנְיָא: י"ד שֶׁחָל לִהְיוֹת בַּשַּׁבָּת מְבַעֲרִין אֶת הַכֹּל מִלִּפְנֵי הַשַּׁבָּת, וְשׂוֹרְפִין תְּרוּמוֹת טְמֵאוֹת תְּלוּיוֹת וּטְהוֹרוֹת, דִּבְרֵי ר' מֵאִיר. ר' יוֹסֵי אוֹמֵר: טְהוֹרָה בִּפְנֵי עַצְמָהּ, וּתְלוּיָה בִּפְנֵי עַצְמָהּ, וּטְמֵאָה בִּפְנֵי עַצְמָהּ. אָמַר ר"ש: לֹא נֶחְלְקוּ ר' אֱלִיעֶזֶר וְר' יְהוֹשֻׁעַ עַל הַטְּהוֹרָה וְעַל הַטְּמֵאָה שֶׁאֵין שׂוֹרְפִין, עַל הַתְּלוּיָה וְעַל הַטְּהוֹרָה — שֶׁשּׂוֹרְפִין, עַל מָה נֶחְלְקוּ — עַל הַתְּלוּיָה וְעַל הַטְּמֵאָה, שֶׁר' אֱלִיעֶזֶר אוֹמֵר: תִּישָּׂרֵף זוֹ בְּעַצְמָהּ וְזוֹ בְּעַצְמָהּ, וְר' יְהוֹשֻׁעַ אוֹמֵר: שְׁתֵּיהֶן כְּאַחַת. וְהָא מַתְנִיתִין ר' יוֹסֵי הִיא! הָכִי קָאָמַר ר' יוֹסֵי לְר' מֵאִיר: אֲפִילּוּ ר"ש וְאַלִּיבָּא דְּר' יְהוֹשֻׁעַ, דְּמֵיקֵל — כִּי מֵיקֵל בִּתְלוּיָה וּטְמֵאָה, אֲבָל בִּטְהוֹרָה וּטְמֵאָה — לֹא. רַבִּי יוֹסֵי בְּר' חֲנִינָא רָמֵי תְּרוּמָה אַפִּיסְחָא וּמְשַׁנֵּי; מִי אָמַר ר' יְהוֹשֻׁעַ שְׁתֵּיהֶן כְּאַחַת, וּרְמִינְהוּ: *חָבִית שֶׁל תְּרוּמָה שֶׁנּוֹלַד בָּהּ סְפֵק טוּמְאָה, רַבִּי אֱלִיעֶזֶר אוֹמֵר: אִם הָיְתָה מוּנַּחַת בִּמְקוֹם הַתּוּרְפָּה — יַנִּיחֶנָּה בְּמָקוֹם הַמּוּצְנָע, וְאִם הָיְתָה מְגוּלָּה — יְכַסֶּנָּה. רַבִּי יְהוֹשֻׁעַ אוֹמֵ': אִם הָיְתָה מוּנַּחַ' בְּמָקוֹם הַמּוּצְנָע — יַנִּיחֶנָּה בִּמְקוֹם הַתּוּרְפָּה, וְאִם הָיְתָה מְכוּסָּה — יְגַלֶּנָּה. גְּרָמָא — אִין, בַּיָּדַיִם — לָא! וּמְשַׁנֵּי: הָא — רַבִּי שִׁמְעוֹן אַלִּיבָּא דְּר' יְהוֹשֻׁעַ, הָא — ר' יוֹסֵי אַלִּיבָּא דְּר' יְהוֹשֻׁעַ. ר' אֶלְעָזָר רָמֵי תְּרוּמָה אַתְּרוּמָה וּמְשַׁנֵּי; מִי אָמַר ר' יְהוֹשֻׁעַ: גְּרָמָא — אִין, בַּיָּדַיִם — לָא, וּרְמִינְהוּ: *חָבִית שֶׁל תְּרוּמָה שֶׁנִּשְׁבְּרָה בַּגַּת הָעֶלְיוֹנָה וְתַחְתֶּיהָ חוּלִּין טְמֵאִין — מוֹדֶה ר' אֱלִיעֶזֶר (*לְר') יְהוֹשֻׁעַ שֶׁאִם יָכוֹל לְהַצִּיל מִמֶּנָּה רְבִיעִית בְּטָהֳרָה — יַצִּיל. וְאִם לָאו, ר' אֱלִיעֶזֶר אוֹמֵר: תֵּרֵד וְתִטַּמֵּא, וְאַל יְטַמְּאֶנָּה בַּיָּד. *ר' יְהוֹשֻׁעַ אוֹמֵר: יְטַמְּאֶנָּה בַּיָּד! וּמְשַׁנֵּי: שָׁאנֵי הָתָם דְּאִיכָּא הֶפְסֵד חוּלִּין. מַתְקִיף לָהּ רָבָא: מַתְנִי' נַמִי אִיכָּא הֶפְסֵד עֵצִים! א"ל אַבַּיֵי: *גלְהֶפְסֵד מְרוּבֶּה — חָשְׁשׁוּ, לְהֶפְסֵד מוּעָט — לֹא חָשְׁשׁוּ. וּמְנָא תֵּימְרָא דִּלְהֶפְסֵד מְרוּבֶּה חָשְׁשׁוּ וּלְהֶפְסֵד מוּעָט לֹא חָשְׁשׁוּ — דְּתַנְיָא: דחָבִית שֶׁל שֶׁמֶן תְּרוּמָה שֶׁנִּשְׁבְּרָה בַּגַּת הָעֶלְיוֹנָה, וּבַתַּחְתּוֹנָה חוּלִּין טְמֵאִין — מוֹדֶה ר' אֱלִיעֶזֶר לְר' יְהוֹשֻׁעַ שֶׁאִם יָכוֹל לְהַצִּיל מִמֶּנָּה רְבִיעִית בְּטָהֳרָה — יַצִּיל, וְאִם לָאו — תֵּרֵד וְתִטַּמֵּא וְאַל יְטַמְּאֶנָּה בַּיָּד. *מ"ש שֶׁמֶן — דְּרָאוּי לְהַדְלִיק, יַיִן נַמִי רָאוּי לְזִילּוּף! וְכ"ת זִילּוּף לָאו מִילְּתָא הִיא — וְהָאָמַר שְׁמוּאֵל מִשּׁוּם רַ' חִיָּיא: שׁוֹתִין מִלּוֹג בְּסֶלַע, וּמְזַלְּפִין מִלּוֹג בִּשְׁתַּיִם! בְּחָדָשׁ. וְהָא רָאוּי לְיַשְּׁנוֹ! *אָתֵי בֵּיהּ לִידֵי תַּקָּלָה. שֶׁמֶן נַמִי אָתֵי בֵּיהּ לִידֵי תַּקָּלָה! הדְּרָמֵי לֵיהּ בִּכְלִי מָאוּס. יַיִן נַמִי רָמֵי לֵיהּ בִּכְלִי מָאוּס! לְזִילּוּף קָא בָּעֵי לֵיהּ, בִּכְלִי מָאוּס רָמֵי לֵיהּ?! *וְתַקָּלָה עַצְמָהּ תַּנָּאֵי הִיא, דְּתַנְיָא: חָבִית שֶׁל יַיִן שֶׁל תְּרוּמָה שֶׁנִּטְמֵאת, ב"ש אוֹמְרִים: תִּשָּׁפֵךְ *חֲבַל, וּבֵית הִלֵּל אוֹמְרִים: תֵּעָשֶׂה זִילּוּף. אָמַר רַבִּי יִשְׁמָעֵאל בְּרַבִּי יוֹסֵי: אֲנִי אַכְרִיעַ, בַּשָּׂדֶה — תִּשָּׁפֵךְ חֲבַל, בַּבַּיִת — תֵּעָשֶׂה זִילּוּף. אִיכָּא דְּאָמְרִי: בְּחָדָשׁ — תִּשָּׁפֵךְ חֲבַל, בְּיָשָׁן — תֵּעָשֶׂה זִילּוּף. אָמְרוּ לוֹ: אֵין

מי אמר ר' יהושע שתיהן כאחת ורמינהו חבית. אומר ר"י: הא דלא משני פסח שאני, דמשמע ליה דפסח לא מעלה ולא מוריד — מדשרי בתלויה ואסר בטהורות, א"כ מה שהיא תלויה הוי הטעם: **הא** ר' שמעון אליבא דר' יהושע. תימה לר"י: לר' שמעון, כיון דשרי תלויה לטמא ביד, א"כ שרי לשורפו, ואמאי קרי ליה תלויה? דתלויה היינו לא אוכלין ולא שורפין! וי"ל: דתלויה לר"ש — היינו דלא מחייב לשורפו: **ראוי** לזילוף. אף על גב דתרומה טמאה בשריפה, כיון דמסקינן בפ' בתרא דתמורה (ד' לג.) הראוי לשריפה — שרפה, הראוי לקבורה — קבורה. והוא הדין בכי האי גוונא, הואיל וראוי לזילוף*:

האוכל. כְּלוֹמַר: הַאי "כֹּל אֲשֶׁר בְּתוֹכוֹ" שֶׁאָמַרְתִּי לְךָ — הָאוֹכֶל אָמַרְתִּי לְךָ. וְאִי כְּמַאן דְּמָלֵי טוּמְאָה חָשֵׁיב לֵיהּ לְחִיצּוֹן — נִמְצֵאת טוּמְאָה נוֹגַעַת בְּגַבּוֹ שֶׁל כְּלִי שֶׁטֶף, וּכְלִי שֶׁטֶף מִטַּמֵּא מִגַּבּוֹ. אֶלָּא שְׁמַע מִינָּהּ "כֹּל אֲשֶׁר בְּתוֹכוֹ יִטְמָא" — מֵחֲמַת כְּלִי הוּא דְּמִטַּמֵּא. וְאַשְׁמְעִינַן קְרָא, דְּאוֹכָלִין וּמַשְׁקִין הוּא דִּמְקַבְּלֵי טוּמְאָה מִוְּלַד הַטּוּמְאָה, אֲבָל כְּלִי לָא. וּמֵהַאי פֵּירוּקָא נָפְקָא לָן בְּכָל דּוּכְתָּא הָא דְּאַשְׁכַּחַן דְּאֵין כְּלִי רִאשׁוֹן מְטַמֵּא כְּלִי, וְאֵין אוֹכָלִין וּמַשְׁקִין מְטַמְּאִין כְּלִי, כִּדְיָלֵיף לְעֵיל מִק"ו. וְאָדָם נַמִי שֶׁאֵינוֹ אַב הַטּוּמְאָה, כְּגוֹן נוֹגֵעַ בְּטוּמְאַת נְבֵלָה וּבְשֶׁרֶץ — לֹא מְטַמֵּא כְּלִי, דִּכְתִיב "וְהַנּוֹגֵעַ בְּנִבְלָתָם יִטְמָא", וְלָא כְּתִיב כִּבּוּס בְּגָדִים. אֲבָל גַּבֵּי נוֹשֵׂא — גְּזֵירַת הַכָּתוּב הִיא בְּטוּמְאַת מַשָּׂא שֶׁמְּטַמֵּא אָדָם לְטַמֵּא בְּגָדִים שֶׁעָלָיו בִּשְׁעַת מַשָּׂא, וְלֹא בְּגָדִים הַבָּאִין לְאַחַר מִכָּאן. אַלְמָא: וְלַד הַטּוּמְאָה לֹא מְטַמֵּא כְּלִי, חוּץ מִטְּמֵא מֵת שֶׁהוּא אַב הַטּוּמְאָה. וְכֵן אָדָם לֹא מָצִינוּ לוֹ טוּמְאָה בְּכָל הַתּוֹרָה אֶלָּא מֵאַב הַטּוּמְאָה, כְּגוֹן ע"י שֶׁרֶץ וּנְבֵלָה וְשִׁכְבַת זֶרַע, וְעַל יְדֵי זָב וּמַעְיְינוֹתָיו וּמִדְרָסוֹ, וְעַל יְדֵי נִדָּה וּמַעְיְינוֹתֶיהָ וּמִדְרָסָהּ, וְע"י טְמֵא מֵת: **שְׁתֵּיהֶן כְּאַחַת.** בִּתְלוּיָה וּטְמֵאָה בְּחָמֵץ בְּפֶסַח: **וּרְמִינְהוּ כו'.** וְקָתָנֵי הֵיאַךְ יִשָּׂרֵף אֲפִילּוּ תְּלוּיָה עִם הַטְּמֵאָה: **מַתְנִי' ר' שִׁמְעוֹן הִיא וְאַלִּיבָּא דְּרַבִּי יְהוֹשֻׁעַ.** וּבָרַיְיתָא רַבִּי יוֹסֵי אֲמָרָהּ, כִּדְקָתָנֵי: אָמַר ר' יוֹסֵי, אֵין הַנִּדּוֹן כו'. וּלְקַמָּן פָּרֵיךְ: וְהָא מַתְנִי' ר' יוֹסֵי נַמִי קָאָמַר לָהּ, דִּתְנַן: א"ר יוֹסֵי אֵינָהּ הִיא הַמִּדָּה: וְשׂוֹרְפִין תְּרוּמָה תְּלוּיָה וּטְמֵאָה וּטְהוֹרָה. הַכֹּל בְּיַחַד. ר' מֵאִיר לְטַעְמֵיהּ, דְּאָמַר: מִדִּבְרֵיהֶם לָמַדְנוּ שֶׁשּׂוֹרְפִין תְּרוּמָה טְהוֹרָה עִם הַטְּמֵאָה בַּפֶּסַח: ה"ג: **לֹא נֶחְלְקוּ רַבִּי אֱלִיעֶזֶר וְרַבִּי יְהוֹשֻׁעַ עַל טְהוֹרָה וְעַל טְמֵאָה שֶׁאֵין שׂוֹרְפִין עַל הַתְּלוּיָה וְעַל הַטְּהוֹרָה שֶׁשּׂוֹרְפִין.** דְּהוֹאִיל וְלֹא הוּחְזַק טוּמְאָה — אֵין נִרְאֶה כִּמְטַמֵּא בַּיָּדַיִם: **עַל מָה נֶחְלְקוּ עַל הַתְּלוּיָה וְעַל הַטְּמֵאָה.** דְּהוֹאִיל וְאֵין לָהּ טוּמְאָה וַדָּאִית — הֲרֵי הִיא מְטַמֵּא בַּיָּדַיִם לְר' אֱלִיעֶזֶר. וְר' יְהוֹשֻׁעַ סָבַר: כֵּיוָן דִּתְלוּיָה הִיא — אִי אַתָּה מוּזְהָר עַל שְׁמִירָתָהּ: **רָמֵי תְּרוּמָה אַפִּיסְחָא.** תְּרוּמָה דְּעָלְמָא אַתְּרוּמָה דְּפִיסְחָא: **וּמִי א"ר יְהוֹשֻׁעַ שְׁתֵּיהֶן כְּאַחַת.** דְּמוּתָּר לְטַמֵּא תְּלוּיָה בַּיָּדַיִם: **בַּיָּדַיִם לָא.** וְאַע"ג דִּתְלוּיָה הִיא: **הָא.** דְּקָתָנֵי בַּיָּדַיִם לָא, ר' יוֹסֵי הִיא וְאַלִּיבָּא דְּר' יְהוֹשֻׁעַ, דְּגַבֵּי תְּלוּיָה דְּפִיסְחָא נַמִי הָכִי אָמַר, וְאָמַר הֵיאַךְ נִשְׂרוֹף אֲפִילּוּ תְּלוּיָה עִם הַטְּמֵאָה: **מַתְנִי' נַמִי אִיכָּא הֶפְסֵד עֵצִים.** וְאַמַּאי קָאָמַר רַבִּי יוֹסֵי אַלִּיבָּא דְּרַבִּי יְהוֹשֻׁעַ דְּלֹא? מוֹדֶה רַבִּי אֱלִיעֶזֶר כו'. אַמַּסְקָנָא קָאֵי, אַמַּאי לָאו תֵּרֵד וְתִטַּמָּא. וּלְקַמָּן פָּרֵיךְ: מוֹדֶה רַבִּי יְהוֹשֻׁעַ לְרַבִּי אֱלִיעֶזֶר מִבָּעֵי לֵיהּ! מִכָּל מָקוֹם קָתָנֵי גַּבֵּי שֶׁמֶן דְּכוּלְּהוּ מוֹדוּ שֶׁלֹּא יְטַמְּאֶנָּה בַּיָּדַיִם מִשּׁוּם הֶפְסֵד חוּלִּין, דְּשֶׁמֶן חוּלִּין שֶׁנִּתְעָרֵב תְּרוּמָה בָּהֶן יֵאָסְרוּ לְכֹהֵן וּלְזָר מִשּׁוּם טוּמְאָה דִּתְרוּמָה. מִשּׁוּם דְּהֶפְסֵד מוּעָט הוּא, כִּדְמְפָרֵשׁ דְּרָאוּי לְהַדְלִיק: **לָאו מִילְּתָא הִיא.** לָא חָשִׁיב, וַהֲרֵי הִפְסִידוֹ: **שׁוֹתִין מִלּוֹג.** שֶׁנִּמְכָּר בְּסֶלַע, וּמְזַלְּפִין מִלּוֹג הַנִּמְכָּר בִּשְׁתַּיִם. נוֹחַ לִקְנוֹת לוֹג בִּשְׁתֵּי סְלָעִים לְזִילּוּף, מִלִּקְנוֹתוֹ לִשְׁתִיָּה, וּמִי שֶׁאֵינוֹ עָשִׁיר יִקַּח יַיִן בְּזוֹל לִשְׁתִיָּיתוֹ, לוֹג בְּסֶלַע, וְיַיִן בְּיוֹקֶר לְזִילּוּף: **בְּחָדָשׁ.** דְּאֵין רֵיחוֹ נוֹדֵף, וְאֵין רָאוּי לְזִילּוּף: **אָתֵי בֵּיהּ לִידֵי תַּקָּלָה.** אִם יַשְׁהֶנּוּ אֶצְלוֹ עַד שֶׁיִּתְיַישֵּׁן, אָתֵי לְמִשְׁתֵּי מִינֵּיהּ: **לְזִילּוּף קָבָעֵי לֵיהּ.** וְצָרִיךְ שֶׁיְּהֵא לוֹ רֵיחוֹ טוֹב, וּבִכְלִי מָאוּס רָמֵי לֵיהּ?! בִּתְמִיָּה: **וְתַקָּלָה עַצְמָהּ.** אִי חָיְישִׁינַן לָהּ, וְאָסוּר לְשַׁהוּיֵי אִי לָא תַּנָּאֵי הִיא: **תִּשָּׁפֵךְ חֲבַל** (א). לְשׁוֹן חֲבִילָה. כְּלוֹמַר: תִּשָּׁפֵךְ יַחַד, וְלֹא לְזַלֵּף, דִּילְמָא אַדְמְזַלֵּף קַלֵּי קַלֵּי אֲפִי' בּוֹ בַּיּוֹם אָתֵי לְמִשְׁתֵּיהּ: **בַּשָּׂדֶה תִּשָּׁפֵךְ חֲבַל.** שֶׁאֵין מְזַלְּפִין בַּשָּׂדֶה. וְהָא לָא אָמְרִינַן שֶׁיְּבִיאֶנָּה בַּבַּיִת לְזַלְּפוֹ, דְּאַדְּהָכִי אָתֵי בֵּיהּ לִידֵי תַּקָּלָה: **וְאִיכָּא דְּאָמְרֵי.** לִשְׁהִיָּיה מוּעֶטֶת (לָא חָיְישִׁינַן) כִּי הָא מִן הַשָּׂדֶה לַבַּיִת — לָא חָיְישִׁינַן, אֶלָּא בְּחָדָשׁ תִּשָּׁפֵךְ חֲבַל כו' (ב): *אָמַר רַבִּי יִשְׁמָעֵאל בְּרַבִּי יוֹסֵי. כַּמָּה שָׁנִים אַחַר בֵּית הִלֵּל וּב"ש הָיָה: **אָמְרוּ לוֹ.** בְּנֵי **דוֹרוֹ:** אֵין

קלא א מיי' פ"ה מהל' טומאת מת הל' ו ופי"ג מהל' כלים הל' ב:
קלב ב שם הלכה ג:
קלג ג ד מיי' פי"ב מה' תרומות הלכה ה:
קלד ה שם הלכה יב:

[וע"ע תוס' שבת דף כה. ד"ה כך]

רבינו חננאל

אמר ליה לא אמרינן כמאן דמלי שרצים ונימ' כאלו השרץ עצמו נגע בפת ותהוי הפת תחלה דתניא יכול יהו הכלים מטמאין מאויר כלי חרס ת"ל מכל האוכל אשר יאכל אוכלין ומשקין מטמאין מאויר כלי חרס ואין כלים מטמאין מאויר כ"ח ואי ס"ד דאמרינן כמאן דמלי [שרצים] דמי הא קא נגעי שרצי' בכלים אמאי לא מטמו אלא כיון דלא מיטמו הכלים מאויר כלי חרס ש"מ דלא אמר' כמאן דמלי שרצים דמי. אחרי כל הדברים הללו חזרנו למשנתנו: **רב** חסדא רמי פסחא אפסחא תנן במתני' כי אמר ר' יוסי על התלויה ועל הטמאה נחלקו ר' אליעזר אומר תשרף זו בעצמה וזו בעצמה ר' יהושע אומר שתיהן כאחת איני והתניא אומר ר' יוסי אין הנדון דומה לראיה כו' אבל היאך נשרוף אפי' תלויה עם הטמאה שמא יבוא אליהו ויטהרנו פי' התלויה ומשני משנתנו כר' שמעון דמתני' ששורפין התלויה והטמאה יחדו דברי [ר'] יהושע ובריית' דקתני אבל היאך נשרוף אפילו תלויה וטמאה כאחת שמא יבא אליהו ויטהרנו ר' יוסי אליבא דר' יהושע ומקשי' והא ר' יוסי היא דקתני במתני' כי ר' יהושע אומר התלויה והטמאה שתיהן כאחת ואיך מוקמת לה לברייתא כר' יוסי דתניא אבל היאך נשרוף אפי' תלויה וטמאה ושנינן הכי קאמר ליה ר' יוסי לר' מאיר לדידי אפי' תלויה עם הטמאה אין שורפין אלא אפי' לר' שמעון אליבא דר' יהושע דמיקל לא מיקל אלא בתלויה וטמאה אבל טהורה וטמאה לא שרפינן: **ר'** יוסי בר' חנינא רמי תרומה אפסח ומשני איך אתה שונה שר' יהושע אומר שתים כא' שנמצא מטמא התלויה בידים והלא בחבית של תרומה שנולד בה ספק טומאה לא התיר לטמאותה בידים אלא ע"י גרמא ומשני כרב חסדא כי זה ששנינו במשנה ר' יוסי אפי' לר' שמעון שמיקל אליבא דר' יהושע חשיב לר' מאיר. ומשנה דתרומה אליבא דר' יהושע שנאה ר' יוסי אליבא דידיה דמחמיר: **ר'** אלעזר רמי תרומה אתרומה ומשני איני דלא התיר ר' יהושע בתלויה לטמא בידים והא בחבית של תרומה שנשברה בגת העליונה תחתונה יש בה חולין טמאה אמר ר' יהושע אף יטמאנה ביד. ומשני שאני התם דאיכא הפסד כלומר כיון שהגת התחתונה בתוכה חולין טמאים אם הוריד התרומה עליהם יפסידם. ואקשינן והא מתני' דאיכא הפסד עצים שאתה מצריכו לעשות שתי מדורות ולשרוף הטהורות באחת והטמאות [באחת] ולא חייש אלא אמר זו לעצמה וזו לעצמה ושנינן להפסד מרובה כגון הפסד של חולין חששו אבל הפסד מועט שהוא של עצים לא חששו ושמעינן האי סברא מהא דתניא חבית של שמן של תרומה שנשברה בגת העליונה והתחתונה טמאה ולא התיר ר' יהושע לטמאה ביד כדרך שהתיר ביין אלא אמר תרד ותטמא ואל יטמא ביד לאו מכלל דכיון שאינו הפסד מרובה בשמן דהא ראוי להדליקו לפיכך לא חששו ואמרינן למה בשמן אינו הפסד מרובה משום דראוי להדליקו בנר ובין שמן העומד לאכילה לשמן העומד להדלקה הפסדו מועט גם היין הטמא נמי ראוי לזלף בו כשמן ולא עוד אלא שהיין הטוב הוא הנמכר לזילוף ואין בו הפסד דהא אמרי' שותין מלוג בסלע אבל לזילוף אין מזלפין אלא מן המובחר הנמכר לוג בשני סלעים. ודחי' זה היין חדש הוא שאינו ראוי לזילוף כשמן ואמרי' יניחנו עד שתישן ודחינן חיישינן דלמא אינשי ושתי ליה אי הכי שמן נמי ניחוש דלמא אכיל ליה ודחי' שמן רמי ליה בכלי מאוס אבל יין דבעי ליה לזילוף וריחו הוא דבעיא אי רמי ליה גמר ריחו חיים ולא שדי ליה ואתי ביה לידי תקלה ותקלה תנאי היא דתניא חבית של יין של תרומה שנטמא ב"ש אומר תשפך הכל וחייש לתקלה וב"ה אומר תעשה זילוף ולא חייש לתקלה והלכה כב"ה ואע"ג דאמר ר' ישמעאל בר' יוסי אני אכריע וקיימא לן כל מקום ששנים חלוקים ואחד מכריע הלכה כדברי המכריע ר' ישמעאל בר' יוסי תלמיד הוא ולא חשיב ר' ישמעאל בר' יוסי לאכרועי דהא ר' יוסי אביו של ר' ישמעאל שאמר שמועה זו משמו תלמיד שלישי לגבי ב"ה וב"ש הוא לכשתחשוב מרבן יוחנן בן זכאי שהוא תלמיד להלל עצמו עד ר' יוסי אתה מוצא אותם שלשה ר' יהושע ור' עקיבא ור' יוסי ולא עדיף ר' ישמעאל לאכרועי

הגהות הב"ח

(א) רש"י ד"ה תשפך חבל. נ"ב ובב"ק דף קטו גרס הבל וכן נ"ל נכון: (ב) רש"י ד"ה ואיכא דאמרי וכו' חבל וכו' הס"ד ואח"כ מ"ה אמרו לו לא בני דורו וכו' וב"ה קמאי דהא ר' ישמעאל בר' יוסי כמה שנים אחר ב"ה וב"ש היה אלא אמרו לו בני דורו כצ"ל והד"א:

לעיל טו.
לעיל טו. [וש"נ]
שם [וש"נ]
[ורבי]
[ועי' מ"ש לעיל טו. על הגליון]
לעיל טו: וש"נ שבת קכד:
ב"ק קטו:
[שם: לקמן מג: חולין נג:]
[יומא סו.]
[ובב"ק אי' הכל וכו' וש"נ כולה כיוחד. ובערוך גרס הבל פי' לאלתר]
[נ"ל דזה הדבור הוא מיותר. מהרא"ש]

אין הַהֶכְרֵעַת שְׁלִישִׁית מַכְרַעַת. דַּעַת שְׁלִישִׁית הִיא זוֹ. שֶׁבֵּית שַׁמַּאי וּבֵית הִלֵּל לֹא הִזְכִּירוּ לְגַלּוֹת דַּעְתָּם דְּנֵיהֱוֵי חָיְישִׁינַן לְתַקָּלָה כְּלָל. דְּאִי הֲווּ אָמְרוּ הָכִי: ב"ש אוֹמְרִים בֵּין בַּבַּיִת בֵּין בַּשָּׂדֶה אָבָל תִּשָּׂפֵךְ(א), וּב"ה אוֹמְרִים בֵּין בַּבַּיִת בֵּין בַּשָּׂדֶה תֵּיעָשֶׂה זִילוּף, וְאַתָּה בָּא לְהַכְרִיעַ וְלוֹמַר: בַּבַּיִת – כְּב"ה, בַּשָּׂדֶה – כְּבֵית שַׁמַּאי, הָוְיָא הַכְרָעָה. אֲבָל הָשְׁתָּא, דְּלֹא הִזְכִּירוּ בַּיִת וְשָׂדֶה – טַעְמָא אַחֲרִינָא הוּא, וְלָאו מִשּׁוּם תַּקָּלָה. וְר' יִשְׁמָעֵאל חָיֵישׁ לְתַקָּלָה, וְהַיְינוּ תַּנָּאֵי: מַחֲלוֹקֶת. ר' אֱלִיעֶזֶר וְר' יְהוֹשֻׁעַ, שֶׁנָּפְלָה לְפָחוֹת מִמֵּאָה חוּלִּין טְמֵאִים. שֶׁיֵּשׁ בַּגַּת הַתַּחְתּוֹנָה פָּחוֹת מִמֵּאָה חוּלִּין טְמֵאִים, דְּאֵין תְּרוּמָה בְּטֵילָה בָּהֶן וּפָסְדֵי לְגַמְרֵי, דִּתְרוּמָה צָרִיךְ אֶחָד וּמֵאָה לְבַטְּלָהּ. אֲבָל הָיוּ בַּתַּחְתּוֹנָה מֵאָה חוּלִּין, מֵאָה חָבִיּוֹת כְּמוֹ זוֹ שֶׁל תְּרוּמָה – דִּבְרֵי הַכֹּל לֹא יְטַמְּאֶנָּה בַּיָּד, הוֹאִיל וְלָא פָּסְדֵי חוּלִּין, דִּתְרוּמָה עוֹלָה בָּהֶן, וַחֲזוּ בִּימֵי טוּמְאָה כִּדְמֵעִיקָּרָא לְזָר: מוֹדֶה ר' אֱלִיעֶזֶר כו'. קס"ד הַאי מַתְנִיתָא קָאֵי, אַ"אִם לָאו", דְּהָא פְּלוּגְתַּיְיהוּ בְּאִם לָאו הוּא, וּלְהָכִי פָּרֵיךְ: מוֹדֶה ר' יְהוֹשֻׁעַ דְּאָמַר לְעֵיל יְטַמְּאֶנָּה בַּיָּד לְר' אֱלִיעֶזֶר, דְּאָמַר לֹא יְטַמְּאֶנָּה בַּיָּד, מִיבָּעֵי לֵיהּ לְמִיתְנֵי: בִּכְלִי שֶׁתּוֹכוֹ טָהוֹר וְגַבּוֹ טָמֵא. וְהַאי "מוֹדֶה" לָאו אַסֵּיפָא קָאֵי, אֶלָּא אַרֵישָׁא, דְּקָתָנֵי: אִם יָכוֹל לְהַצִּיל רְבִיעִית בְּטָהֳרָה – יַצִּיל, וַאֲפִי' כְּלִי זֶה שֶׁהוּא בָּא לְהַצִּיל רְבִיעִית זוֹ בְּתוֹכוֹ, תּוֹכוֹ טָהוֹר וְגַבּוֹ טָמֵא. וְאַשְׁמְעִינַן לֵיהּ לְר' אֱלִיעֶזֶר דְּאָמַר אַל יְטַמְּאֶנָּה בַּיָּד – מוֹדֶה הוּא דְּמוּתָּר לְהַצִּיל בָּזֶה, וְלָא חָיְישִׁינַן דִּילְמָא נָגַע גַּבּוֹ בַּתְּרוּמָה וּמְטַמֵּא לָהּ בַּיָּדַיִם. וּבִכְלִי שֶׁנִּטְמָא בְּמַשְׁקִין דְּטוּמְאָתָן דְּרַבָּנַן הִיא דְּמַשְׁכַּחַתְּ לָהּ, כִּדְתַנְיָא: כְּלִי שֶׁנִּטְמְאוּ אֲחוֹרָיו בְּמַשְׁקִין – אֲחוֹרָיו טְמֵאִין; תּוֹכוֹ אוֹ אוֹגְנוֹ אוֹ אָזְנוֹ אוֹ יָדָיו – טְהוֹרִין:

שבת לט. נזיר נג. חולין קלז. [ב"ק קטז.]

לעיל יג.

תמורה לד. [לעיל יב: לקמן כז:]

[בכל אלפס ובהרא"ש ליתא מלת אף ועיין מג"א ריש סימן תמה:]

לעיל ד: יח:

[לעיל יג.]

הדרן עלך אור לארבעה עשר

*אֵין הַהֶכְרֵעַת שְׁלִישִׁית מַכְרַעַת. אָמַר ר' יוֹסֵי בַּר חֲנִינָא: ^א^מַחֲלוֹקֶת – שֶׁנָּפְלָה לְפָחוֹת מִמֵּאָה סְאָה חוּלִּין טְמֵאִין, אֲבָל נָפְלָה לְמֵאָה חוּלִּין טְמֵאִין – דִּבְרֵי הַכֹּל תֵּרֵד וְתִטַּמֵּא וְאַל יְטַמְּאֶנָּה בַּיָּד. תַּנְיָא נַמִּי הָכִי: חָבִית שֶׁנִּשְׁבְּרָה בַּגַּת הָעֶלְיוֹנָה וְתַחְתֶּיהָ מֵאָה חוּלִּין טְמֵאִין – מוֹדֶה רַבִּי אֱלִיעֶזֶר לְרַבִּי יְהוֹשֻׁעַ, שֶׁאִם יָכוֹל לְהַצִּיל מִמֶּנָּה רְבִיעִית בְּטָהֳרָה – יַצִּיל, וְאִם לָאו – תֵּרֵד וְתִטַּמֵּא וְאַל יְטַמְּאֶנָּה בַּיָּד. הַאי מוֹדֶה רַבִּי אֱלִיעֶזֶר לְרַבִּי יְהוֹשֻׁעַ? מוֹדֶה רַבִּי יְהוֹשֻׁעַ לְר' אֱלִיעֶזֶר מִיבָּעֵי לֵיהּ! אָמַר רָבָא: אֵיפוֹךְ. רַב הוּנָא בְּרֵיהּ דְּרַב יְהוֹשֻׁעַ אָמַר: לְעוֹלָם לֹא תֵּיפוֹךְ, הָכָא בְּמַאי עָסְקִינַן – בִּכְלִי שֶׁתּוֹכוֹ טָהוֹר וְגַבּוֹ טָמֵא. מַהוּ דְּתֵימָא: נִיגְזוֹר דִּילְמָא נָגַע גַּבּוֹ בַּתְּרוּמָה, קמ"ל.§

(דף יג.) [יג.]

הדרן עלך אור לארבעה עשר

אין הכרעת שלישית מכרעת. פ"ה: הואיל ולא הזכירו בית שמאי ובית הלל בית ושדה, א"כ טעמא אחרינא הוא ולא משום תקלה. ולר"י נראה אע"ג דטעמא דבית שמאי משום תקלה לא חשיב הכרעה – לפי שלא גילו הראשונים דעתן לחלק בין בית לשדה, שלא הזכירו בדבריהם אחד בית ואחד שדה. וכן פ"ה לעיל *גבי ר"ג לאו מכריע הוא. וההיא דקולי מטלניות בין מן המוכן ובין שלא מן המוכן – טמא, דברי ר"א. ר' יהושע אומר: בין מן המוכן ובין שלא מן המוכן טהור, ר"ע אומר: מן המוכן – טמא, שלא מן המוכן – טהור, ואשיב ליה בפ' "כירה" (שבת לט: ושם) הכרעה – שהרי גילו ר' אליעזר ור' יהושע דשייך לחלק בין מן המוכן ובין שלא מן המוכן. וההיא דפ' "כילד מברכין" (ברכות מג:) דקאמר: ב"ש מברכים על השמן, וקאמר ר"ג: אני אכריע, שמן – זכינו לריחו וזכינו לסיכתו, הדס – לריחו זכינו, לסיכתו לא זכינו. וקאמר רבי יוחנן: הלכה כדברי המכריע. לאו משום דמכריע גמור הוא, אלא מפרש ונותן טעם לדבריו. ותדע, דאי מכריע הוא – למה הוצרך לפסוק הלכה כמותו? הא כבר א"ר יוחנן בפרק "כירה": הלכה כדברי המכריע. וק"ק לפי' זה, דהכא מאי איריא הכרעה שלישית שאין הכרעה? תיפוק ליה דהכרעת תלמיד לאו הכרעה היא, כדאמר בפ' "כירה" (שבת לט:) ארבי עקיבא! ור"ת פי': הכרעת שלישית – דור שלישי, דהיינו הכרעת תלמיד כדאמר בפ' "כירה"*:

[שייך לע"א, ד"ה וגמ' דמוכח]

הדרן עלך אור לארבעה עשר

הגהות הב"ח

(א) רש"י ד"ה אין הכרעה וכו' בין בשדה תשפך תכל וב"ה:

גליון הש"ס

בתוס' ליתא. אף לפי המסקנא. עי' נזיר דף כ' ע"ב תד"ה ליתא:

קלה א מיי' פי"ב מהל' תרומות הלכה כ:

רבינו חננאל

לאכרועי על ב"ה והו שאמר אין הכרעת שלישי מכרעת ושמועה זו בהגזל זומא ופרקי' בפ' ראשית הגז תנא ר' ישמעאל בר' יוסי משום אביו ארבע שנאמר וארבע צאן תחת השה תניא אמר רבי אלמלא דבריהם דברי תורה ודברי ברבי קבלה אנו דברי ברבי שומעין וכל שכן שדבריהם דברי קבלה ודברי ברבי דברי תורה והאמר מר אין הכרעת שלישית מכרע' אמר ר' יוחנן מפי שמועה אמרוה מפי חגי זכריה ומלאכי: ור' האי ז"ל היה אומר בקבלה כי אינה הכרעה אלא בזמן ששנים חלוקים ואחד מכריע כאחד מהן שנמצאו שנים ואחד מכריע והלכה כרבים אבל בזמן שאומר חצי דברי זה וחצי דברי זה אין זה מכריע טעם שלישי הוא ולפיכך כשאמר ר' ישמעאל בבית תעשה זילוף כב"ה בשדה תשתפך הכל כב"ש אמרו לו הכרעה שלישית היא זו ואין הכרעה שלישי' מכרע': **ועוד** אמר ר' יוסי בר חנינא מחלוקת שנפלה לפחות ממאה חולין דקא פסדי חולין לגמרי אבל נפלה למאה חולין דלא פסדי להו לחולין דהא תרומה לדברי הכל עולה לאחד ומאה דברי הכל הרד ותטמא ואל יטמאנה ביד ותניא הכי דתניא חבית שנשברה בגת העליונה ותחתיה מאה חולין טמאין מודה ר' אליעזר לר' יהושע שאם יכול להציל רביעית בטהרה יציל ואם לאו תרד ותטמא ואל יטמא בידים ומקשינן והא ר' יהושע הוא דתני אף יטמא ביד והוא היה צריך עכשיו להודות לר' אליעזר שלא יטמא ביד והיכי קתני דר' אליעזר הוא שמודה לר' יהושע ואמר רב פפא אפיך ואימר מודה ר' יהושע לר' אליעזר. רב הונא בריה דרב יהושע אמר לעולם לא תפיך והכא בבא להציל רביעית בטהרה בכלי שגבו טמא ותוכו טהור מהו דתימא גזר ר' אליעזר להציל בכלי שגבו טמא כי ההיא דתנן כלי שנטמא אחוריו במשקה תוכו ואוגנו ואזנו וידיו טהורין

מהו דתימא גזר ר' אליעזר דלמא אתי למגנע בהו בתרומה ויטמא קמ"ל מודה ר' אליעזר שמציל רביעית בטהרה בכלי שתוכו טהור וגבו טמא ולא חייש ר' אליעזר דלמא נגע גבו שהוא טמא ונמצא כאלו מטמא התרומה בידים: הדרן עלך אור לארבעה עשר:

Introduction to **Pesaḥim**

And this day shall be to you for a memorial, and you shall keep it as a feast to the Lord; throughout your generations you shall keep it as a feast by an ordinance forever. Seven days shall you eat matzot, yet on the first day you shall remove leaven from your houses; for whoever eats leavened bread from the first day until the seventh day, that soul shall be cut off from Israel. And on the first day there shall be a sacred convocation, and on the seventh day there shall be a sacred convocation to you; no kind of labor shall be done on them, save that which every man must eat, that only may be done for you.

(Exodus 12:14–16)

Matzot shall be eaten seven days; and no leavened bread shall be seen with you, neither shall there be leaven seen with you, in all your borders.

(Exodus 13:7)

Your lamb shall be without blemish, a male of the first year; you shall take it from the sheep, or from the goats. And you shall keep it until the fourteenth day of the same month, and the whole assembly of the congregation of Israel shall slaughter it in the afternoon... And they shall eat the meat on that night, roast with fire, and matzot; with bitter herbs they shall eat it. Eat it not raw, nor boiled in water; but roast it with fire, its head with its legs and with its inner parts.

(Exodus 12:5–6, 8–9)

Observe the month of aviv, and keep the Passover to the Lord your God; for in the month of aviv the Lord your God brought you out of Egypt by night. You shall therefore sacrifice the Paschal offering to the Lord your God, of the flock and the herd, in the place that the Lord shall choose to rest His name there. You shall eat no leavened bread with it; seven days shall you eat matzot with it, the bread of affliction; for you came out of the land of Egypt in haste, that you may remember the day when you came out of the land of Egypt all the days of your life.

(Deuteronomy 16:1–3)

Speak to the people of Israel, saying: If any man of you or of your posterity shall be unclean due to a dead body, or is on a journey far away, he shall still keep the Passover to the Lord. The fourteenth day of the second month at evening they shall keep it, and eat it with matzot and bitter herbs. They shall leave none of it to the morning, nor break any bone of it; according to all the ordinances of the Passover they shall keep it. But the man who is clean, and is not on a journey, and refrains from keeping the Passover, that same soul shall be cut off from among his people; because he brought not the offering of the Lord in its appointed season, that man shall bear his sin.

(Numbers 9:10–13)

The Torah actually describes two distinct Festivals collectively referred to as Passover, although they are often thought of as a single holiday. First is the festival of *Pesaḥ*, referring specifically to the Festival surrounding the Paschal lamb, which is offered on the afternoon of the fourteenth day of Nisan and consumed later that night. This parallels the events immediately preceding the exodus from Egypt. Distinct from this is the festival of *Matzot*, the weeklong Festival beginning on the fifteenth of Nisan and characterized by the prohibitions against consuming or possessing leaven throughout the week, and the obligation to eat *matza*

on the first night. This commemorates the actual exodus. There is a confluence of these two Festivals on the evening of the fifteenth, when the Paschal lamb is eaten and the festival of Passover begins.

Tractate *Pesaḥim,* which deals with both Festivals, is classically divided into two sections. The first, tractate *Pesaḥ Rishon,* discusses the laws of the festival of *Matzot,* including the prohibition of leaven, its elimination from one's possession, and the mitzva to consume *matza.* The second, tractate *Pesaḥ Sheni,* deals with the festival of *Pesaḥ* and the laws of the Paschal lamb. Some suggest that it is for this reason that the tractate as a whole is entitled *Pesaḥim,* the plural of *Pesaḥ,* since it includes within it these two tractates of *Pesaḥ.*

The tractate also deals with two *Pesaḥim* in a different sense. Ideally, the Paschal lamb is to be offered on the fourteenth of Nisan and consumed later that night. However, those who are unable to do so have a second opportunity a month later, on the fourteenth of Iyyar and later that night. The first opportunity is called *Pesaḥ Rishon,* the first Passover, and the second is called *Pesaḥ Sheni,* the second Passover.

As stated, the festival of *Matzot* is characterized by the prohibition against eating or possessing leaven. Remarkably, the reason for this prohibition is neither explained by the Torah nor discussed in the Gemara. It is instructive, however, that a similar prohibition of leaven also applies to the sacrificial rite; namely, that no leaven may be offered on the altar. Instead, all grain-based offerings are unleavened. This may indicate that the exclusive consumption of unleavened produce achieves elements of purity and sanctity.

The Torah states the prohibitions concerning leaven only in general terms but never defines precisely what is intended: Which types of food can become leavened, what is the precise definition of being leavened, and does the prohibition apply to items that will not be eaten? Similarly, the prohibition against possessing leaven necessitates that it be removed from one's home. However, the many practical implications of this are not explained by the Torah. When and how should the leaven be removed from one's possession? Obviously, throughout the year leaven is constantly found in the home. Which areas of the home need to be checked? In what manner and to what extent? The prohibition against leaven includes both eating it and deriving benefit from it. What is included in this prohibition? This question itself raises more general issues regarding other prohibited foods and items from which one is not allowed to gain benefit. All these topics are discussed in the first section of the tractate, *Pesaḥ Rishon.*

The second section of the tractate, *Pesaḥ Sheni,* provides a detailed discussion of all aspects of the rite of the Paschal lamb and the Temple service surrounding it. This section closely resembles tractates within the order of *Kodashim,* which deals with the sacrificial rite. The style of the Gemara's analysis of the sacrificial rite differs significantly from that employed by the Gemara in other areas. Heavy emphasis is placed on hermeneutics, and references to *halakhot* given to Moses at Sinai are more prominent. Principles derived in one area of the Temple service are not always immediately applied to another, as each aspect of the service maintains an independent identity.

Owing to the great sanctity of the offerings, there is a plethora of rules that apply to every stage of their rites. Significantly, and unlike most other mitzvot, emphasis is placed not only on the correct physical performance of the rite but also on the intentions of those involved. Improper intent can even, at times, entirely disqualify an offering.

The Paschal lamb is, in one regard, just one of the many different offerings sacrificed in the Temple. As such, all the *halakhot* that apply to regular offerings apply to a Paschal lamb. For example, the sacrifice of all offerings comprises four sacrificial rites, all indispensable: The animal is slaughtered, its blood is collected in a holy vessel, it is carried to the altar, and then the blood is sprinkled upon the altar. Each of these rites must be performed correctly, and failure to do so can disqualify the offering. In addition, the many types of offerings are grouped into different subcategories, each with its own *halakhot*. The Paschal lamb is included within various subcategories, which provide a second level of *halakhot* that must be followed.

However, there are many *halakhot* that are unique to the Paschal lamb. For most offerings, the consumption of its meat, whether by the priests or by those bringing the offering, is of minor importance. Even if an offering might never be consumed, it may still be permissible to bring it. Not so for the Paschal lamb. The consumption of its meat by those bringing it is one of its central purposes, and a Paschal lamb that will not be eaten may not be brought at all. There are therefore numerous laws pertaining to its preparation and consumption. This includes the way it is roasted, the need for those who wish to partake of it to be registered into a group beforehand, and the manner in which it is eaten.

The Paschal lambs that were offered by the children of Israel in Egypt provide a paradigm for the Paschal lambs that are to be offered each year throughout the generations. Accordingly, many of the laws of the Paschal lamb parallel those that were given to the children of Israel in Egypt. In this way the Paschal lamb is able to serve as a remembrance of the exodus from Egypt throughout the generations.

The tractate is structured chronologically, beginning with the required preparations before the Festival begins, including the elimination of leaven from one's possession. It then proceeds to discuss the offering of the Paschal lamb on the fourteenth of Nisan, and concludes with the details of the Seder night on the fifteenth. In the first few chapters of the tractate, incidental to the discussion of the elimination of leaven from one's possession, it provides a more general discussion of the nature of the prohibitions pertaining to leavened bread.

Tractate *Pesaḥ Rishon*, which forms the first section of the tractate, is comprised of the first four chapters:

Chapter One deals primarily with the search for leaven and its elimination.

Chapter Two discusses the prohibitions against eating and deriving benefit from leaven, when they begin, and their nature. The chapter proceeds to discuss some of the laws pertaining to the mitzvot of *matzot* and bitter herbs.

Chapter Three further delineates the prohibition against leaven, including a precise discussion of the point at which a dough is considered to be leavened.

Chapter Four clarifies the rabbinic prohibition of performing labor on Passover eve, created in order to facilitate the necessary preparations for the Festival.

Chapter Five, the last chapter in this volume, is the first of the chapters that comprise Tractate *Pesaḥ Sheni*. The time and the manner in which the Paschal lamb is offered are discussed in Chapter Five.

Introduction to **Perek I**

Seven days shall you eat matzot, yet on the first day you shall remove leaven from your houses; for whoever eats leavened bread from the first day until the seventh day, that soul shall be cut off from Israel.

(Exodus 12:15)

Seven days shall there be no leaven found in your houses; for whoever eats that which is leavened, that soul shall be cut off from the congregation of Israel, whether he is a stranger, or born in the land.

(Exodus 12:19)

Matzot shall be eaten seven days; and no leavened bread shall be seen with you, neither shall there be leaven seen with you, in all your borders.

(Exodus 13:7)

The Torah prohibits the possession of any leaven or leavened bread throughout the week of Passover, mandating its removal beforehand. However, the correct way to practically fulfill these obligations is left undefined. At what point before the Festival is a person obligated to remove leaven from his or her possession? How should this be done?

Furthermore, what is the legal definition of leaven being in one's possession? The Torah formulates the prohibition by stating that leaven or leavened bread should not be found in one's house or quarters. This raises the question of leaven that is physically found in one's property but is owned by a gentile: Does such leaven have to be removed? Similarly, what should be done with the leaven in order for it to be considered removed from one's possession? Is it necessary to physically remove or destroy it, or is it sufficient to renounce ownership or nullify it? Many of these questions are addressed in the first chapter of tractate *Pesaḥim*.

Although the Torah requires only that the leaven be removed from one's possession, the Sages enacted that a search be conducted and that all leaven be identified, in order to ensure its removal before the onset of the Festival. What method should be used? When should the search ideally be conducted, and is it valid if conducted at other times? Who is obligated to perform the search, especially in cases where more than one person is responsible for a property? A full discussion of these issues provides a major focus of this chapter.

מתני׳ אוֹר לְאַרְבָּעָה עָשָׂר בּוֹדְקִין אֶת הֶחָמֵץ לְאוֹר הַנֵּר. כׇּל מָקוֹם שֶׁאֵין מַכְנִיסִין בּוֹ חָמֵץ – אֵין צָרִיךְ בְּדִיקָה. וּבַמָּה אָמְרוּ שְׁתֵּי שׁוּרוֹת בַּמַּרְתֵּף – מָקוֹם שֶׁמַּכְנִיסִין בּוֹ חָמֵץ, בֵּית שַׁמַּאי אוֹמְרִים: שְׁתֵּי שׁוּרוֹת עַל פְּנֵי כׇּל הַמַּרְתֵּף, וּבֵית הִלֵּל אוֹמְרִים: שְׁתֵּי שׁוּרוֹת הַחִיצוֹנוֹת, שֶׁהֵן הָעֶלְיוֹנוֹת.

MISHNA **On the evening [*or*] of the fourteenth**[N] **of** the month of Nisan, **one searches for leavened bread**[H] in his home **by candlelight. Any place into which one does not** typically **take leavened bread does not require a search,** as it is unlikely that there is any leavened bread there. **And with regard to what** the Sages of previous generations meant when they **said** that one must search **two rows** of wine barrels **in a cellar,** i.e., **a place into which one** typically **takes** some **leavened bread,** the early *tanna'im* are in dispute. **Beit Shammai say** that this is referring to searching the first **two rows across the entire cellar, and Beit Hillel say:** There is no need to search that extensively, as it is sufficient to search **the two external rows, which are the upper ones.** This dispute will be explained and illustrated in the Gemara.

גמ׳ מַאי אוֹר? רַב הוּנָא אָמַר: נַגְהֵי, וְרַב יְהוּדָה אָמַר: לֵילֵי. קָא סָלְקָא דַּעְתָּךְ דְּמַאן דְּאָמַר נַגְהֵי – נַגְהֵי מַמָּשׁ, וּמַאן דְּאָמַר לֵילֵי – לֵילֵי מַמָּשׁ.

GEMARA The Gemara asks: **What is** the meaning of the term *or*, translated as: The evening of? The Gemara provides two answers. **Rav Huna said:** It means **light, and Rav Yehuda said:** In this context, it means **evening.** At first glance, **it could enter your mind** to suggest that **the one who said light** means that one searches for leaven by the **actual light** of day, on the morning of the fourteenth of Nisan, **and the one who said evening** is referring to the **actual evening** of the fourteenth.

מֵיתִיבִי: ״הַבֹּקֶר אוֹר וְהָאֲנָשִׁים שֻׁלְּחוּ״, אַלְמָא: אוֹר יְמָמָא הוּא! מִי כְּתִיב ״הָאוֹר בֹּקֶר״? ״הַבֹּקֶר אוֹר״ כְּתִיב, כְּמַאן דְּאָמַר: צַפְרָא נְהַר. וְכִדְרַב יְהוּדָה אָמַר רַב, דְּאָמַר רַב יְהוּדָה אָמַר רַב: לְעוֹלָם יִכָּנֵס אָדָם בְּכִי טוֹב וְיֵצֵא בְּכִי טוֹב.

To clarify the meaning of the word *or*, the Gemara analyzes biblical verses and rabbinic statements. The Gemara **raises an objection** from a verse: **"As soon as the morning was *or*, the men were sent away,** they and their donkeys" (Genesis 44:3). **Apparently, *or* is day.** The Gemara rejects this contention. **Is it written: The light was morning? "The morning was light" is written.** In this context, *or* is a verb not a noun, **as the one who said:** The **morning lightened. And** this is **in accordance with** that which **Rav Yehuda said** that **Rav said, as Rav Yehuda said** that **Rav said: A person** should **always enter** an unfamiliar city **with "it is good"** (Genesis 1:4),[N] i.e., before sunset, while it is light, as the Torah uses the expression "it is good" with regard to light upon its creation. This goodness is manifest in the sense of security one feels when it is light. **And** likewise, when one leaves a city **he** should **leave with "it is good,"** meaning after sunrise the next morning.

מֵיתִיבִי: ״וּכְאוֹר בֹּקֶר יִזְרַח שָׁמֶשׁ״ אַלְמָא אוֹר יְמָמָא הוּא! מִי כְּתִיב ״אוֹר בֹּקֶר״? ״וּכְאוֹר בֹּקֶר״ כְּתִיב. וְהָכִי קָאָמַר: וּכְאוֹר בֹּקֶר בָּעוֹלָם הַזֶּה – כְּעֵין זְרִיחַת שֶׁמֶשׁ לַצַּדִּיקִים לָעוֹלָם הַבָּא.

The Gemara **raises an objection** from another verse: **"And as the light [*or*] of the morning, when the sun rises,** a morning without clouds; when through clear shining after rain the tender grass springs out of the earth" (II Samuel 23:4). **Apparently, *or* is day.** The Gemara rejects this proof as well: **Is it written** that **the light was morning? "As the light of the morning" is written, and this is** what the verse **is saying:** And as brightly as **the morning light of this world** shines at its peak, **so will be the rising of the sun for the righteous**[N] **in the World-to-Come,** as in those days the light of the sun will be seven times stronger than at present (see Isaiah 30:26).

מֵיתִיבִי: ״וַיִּקְרָא אֱלֹהִים לָאוֹר יוֹם״ אַלְמָא אוֹר יְמָמָא הוּא! הָכִי קָאָמַר: לַמֵּאִיר וּבָא קְרָאוֹ יוֹם. אֶלָּא מֵעַתָּה ״וְלַחֹשֶׁךְ קָרָא לָיְלָה״ – לַמַּחְשִׁיךְ וּבָא קָרָא לַיְלָה?! וְהָא קַיְימָא לַן דְּעַד צֵאת הַכּוֹכָבִים יְמָמָא הוּא!

The Gemara **raises an objection: "And God called the *or* Day,** and the darkness He called Night" (Genesis 1:5). **Apparently, *or* is day.** The Gemara rejects this proof as well.[N] **This is** what the verse **is saying:** God **called the advancing light Day.** As stated previously, the word *or* can also be a verb; in this context, God called the beginning of that which eventually brightens, Day. The Gemara challenges this explanation: **However, if** that **is so,** the continuation of the verse, **"and the darkness He called Night,"** should be understood to mean: **He called the advancing darkness Night,** even before it is actually dark. However, this cannot be the correct interpretation of the verse, **as we maintain it is day until the emergence of the stars.** Since the stars emerge only after the sky begins to darken, the advancing evening cannot be defined as part of the night.

NOTES

On the evening [*or*] of the fourteenth – אוֹר לְאַרְבָּעָה עָשָׂר: As the Gemara will explain, the word *or*, which literally means light, is in this context a euphemism for darkness or night. Rabbi Yehuda HaNasi did not want to start the tractate with a word with negative connotations (Rambam's Commentary on the Mishna).

A person should always enter with "it is good" – לְעוֹלָם יִכָּנֵס אָדָם בְּכִי טוֹב: Some commentaries infer from the fact that Rav first spoke about a person who enters a place and only afterward mentioned one who leaves, that he is referring to a traveler who stops there en route to his final destination. Such a traveler needs to take extra care to enter and leave this unfamiliar place safely (see *Me'iri*). *Tosafot* claim that one cannot draw any conclusions from the order in which the cases are cited, and that the Gemara is referring to any manner of travel. This issue may depend on the rationale for leaving and entering by daylight, a matter of dispute between the later authorities. Some say one must enter when it is light due to fear of thieves and wild animals, and others claim that this is due to fear of demons. Yet others suggest the concern is that as the cover of darkness is conducive to illicit conduct, people will suspect the traveler of performing immoral acts, and people will spread rumors of this kind about him.

The rising of the sun for the righteous – זְרִיחַת שֶׁמֶשׁ לַצַּדִּיקִים: Some commentaries explain that this is referring to the fact that in the morning the sunlight becomes progressively brighter, but once it reaches its peak the light fades throughout the rest of the day. In other words, the verse is interpreted as saying that the sun for the righteous in the future will always be like sunrise in this world, with the light growing continuously stronger (*Tosefot Rid*).

The order of the proofs – סֵדֶר הַהוֹכָחוֹת: The internal order of this discussion is difficult. Why doesn't the Gemara cite first the verse from the beginning of the Torah, "And God called *or* Day," especially as this verse provides a stronger proof than the verses cited earlier in the Gemara. Apparently, the Gemara first mentions the verse with regard to Joseph's brothers because it will later derive *halakhot* of searching for leaven from that verse. The next verse is cited due to its similarity to the first one, after which the Gemara proceeds to cite the verses in the order in which they appear in the Bible (*Penei Yehoshua*).

HALAKHA

The search for leavened bread – בְּדִיקַת חָמֵץ: One searches for leaven by candlelight at the beginning of the night of the fourteenth of the month of Nisan, just as the stars emerge, when a small amount of daylight remains (see Vilna Gaon). One must search in all holes, crevices, and places where he ordinarily takes leavened bread (*Shulḥan Arukh, Oraḥ Ḥayyim* 431:1).

NOTES

Commanded it to perform the mitzva of the day – וּפַקְדֵּיהּ אַמִּצְוָתָא דִּימָמָא: Some commentaries explain this literally: He commanded the day with the specific mitzvot that apply only by day, e.g., ritual fringes and phylacteries, and He commanded the night with those that apply only at night, e.g., the counting of the *omer*. God gave both the day and the night their own unique mitzvot (*Tosefot Rabbeinu Peretz*).

One who vows that he will derive no benefit from light – הַנּוֹדֵר מִן הָאוֹר: The principles and *halakhot* of vows are explicated in great detail in tractate *Nedarim*. As the Gemara there explains, one can render almost any matter prohibited to himself by means of a vow. Although the interpretation of the vow often takes ordinary usage into account (see *Tosafot*), if there is no evidence in common parlance that a word in a vow has a different meaning, the *halakha* generally follows the meaning of the word in the Torah.

BACKGROUND

Stars that do not radiate light – כּוֹכָבִים שֶׁאֵינָם מְאִירִים: According to some commentaries, this expression is referring to those heavenly bodies that do not have their own light but merely reflect the light of the sun, e.g., the planets and the moon (see *HaBoneh*). However, the formulation of the Gemara does not support this interpretation. Actually, certain stars do not emit any light at all, and their existence can be ascertained only through other means, e.g., radio waves. The Gemara is likely referring to dark bodies of that kind found in the sky.

אֶלָּא הָכִי קָאָמַר: קַרְיֵיהּ רַחֲמָנָא לִנְהוֹרָא; וּפַקְדֵּיהּ אַמִּצְוָתָא דִּימָמָא, וְקַרְיֵיהּ רַחֲמָנָא לַחֲשׁוֹכָא וּפַקְדֵּיהּ אַמִּצְוָתָא דְּלֵילְיָא.

The Gemara rejects the previous explanation. **Rather, this is what** the verse **is saying: God called the light** to come **and commanded it** to perform **the mitzva of the day,**[N] **and God called the night and commanded it** to perform **the mitzva of the night.** Called, in this context, does not connote the giving of a name. It means that He instructed the day and night to carry out their characteristic functions.

מֵיתִיבִי: ״הַלְלוּהוּ כָּל כּוֹכְבֵי אוֹר״ אַלְמָא אוֹר אוּרְתָּא הוּא! הָכִי קָאָמַר: הַלְלוּהוּ כָּל כּוֹכָבִים הַמְּאִירִים. אֶלָּא מֵעַתָּה, כּוֹכָבִים הַמְּאִירִים הוּא דְּבָעוּ שַׁבּוּחֵי, שֶׁאֵינָן מְאִירִין – לָא בָּעוּ שַׁבּוּחֵי?! וְהָא כְּתִיב: ״הַלְלוּהוּ כָּל צְבָאָיו״!

The Gemara **raises an objection:** "Praise Him, sun and moon; **praise Him, all the stars of** *or*" (Psalms 148:3). **Apparently,** *or* **is** the **evening,** as the stars of light appear at night. The Gemara rejects this contention. **This is** what **the verse is saying: Praise Him, all the stars that radiate,** as in this context *or* is not a noun but rather a verb that describes the activity of the stars. The Gemara challenges this explanation: **However, if** that **is so,** does the verse mean that **it is** the **stars that radiate that are required to praise** God, whereas those **that do not radiate** light[B] **are not required to praise** Him? **But isn't it written** in the previous verse: **"Praise Him, all His legions,"** indicating that all stars should praise God?

אֶלָּא הָא קָא מַשְׁמַע לָן: דְּאוֹר דְּכוֹכָבִים נַמִי אוֹר הוּא. לְמַאי נָפְקָא מִינָּהּ – לְנוֹדֵר מִן הָאוֹר, (דִּתְנַן): הַנּוֹדֵר מִן הָאוֹר – אָסוּר בְּאוֹרָן שֶׁל כּוֹכָבִים.

Rather, this phrase, the stars of light, comes to **teach us that the light of stars is also** considered **light.** The Gemara asks: **What** is the **practical difference** that emerges from the fact that the light of the stars is classified as light? The Gemara answers: It is significant with regard **to one who vows** that he will derive no benefit **from light.** It is necessary to define precisely what is included in the term light. **As we learned** in a mishna: For **one who vows** that he will derive no benefit **from light,**[N] **it is prohibited** to benefit even from **the light of** the **stars.**

מֵיתִיבִי: ״לָאוֹר יָקוּם רוֹצֵחַ יִקְטָל עָנִי וְאֶבְיוֹן וּבַלַּיְלָה יְהִי כַגַּנָּב״.

The Gemara **raises an objection: "A murderer rises with the** *or* **to kill the poor and needy; and in the night he is as a thief"** (Job 24:14).

Perek **I**
Daf **2** Amud **b**

NOTES

A thief who comes as a burglar – גַּנָּב הַבָּא בַּמַּחְתֶּרֶת: This case is explicitly stated in the Torah: "If a thief is found breaking in and is killed, there shall be no guilt for killing him. If the sun has risen upon him, there shall be guilt for him; he shall make restitution. If he has nothing, he shall be sold for his theft" (Exodus 22:1–2). The phrase "If the sun has risen upon him," is explained as an allegory, similar to the Gemara's interpretation of the verse in Job (24:14): If it is as clear as day that the thief is interested only in stealing and will not kill the homeowner if he defends his property, he is merely a thief, and it is prohibited to kill him. See Rashi and *Tosafot,* who discuss this derivation and interpretation in detail. The *Maharsha* explains that, according to *Tosafot*, the entire verse is referring to a burglar found breaking in, whereas Rashi claims that part of the verse is referring to ordinary thieves, who avoid confrontation.

הָא מִדְּקָאָמַר ״וּבַלַּיְלָה יְהִי כַגַּנָּב״ – אַלְמָא אוֹר יְמָמָא הוּא! הָתָם הָכִי קָאָמַר: אִי פְּשִׁיטָא לָךְ מִילְּתָא כִּנְהוֹרָא, דְּאַנְּפָשׁוֹת קָאָתֵי – רוֹצֵחַ הוּא וְנִיתָּן לְהַצִּילוֹ בְּנַפְשׁוֹ, וְאִי מְסַפְּקָא לָךְ מִילְּתָא כְּלֵילְיָא – יְהִי בְּעֵינֶיךָ כַּגַּנָּב, וְלֹא נִיתָּן לְהַצִּילוֹ בְּנַפְשׁוֹ.

From the fact **that** the end of the verse **states: "And in the night he is as a thief," apparently** the word *or* at the beginning of the verse **is** a reference to **day,** as the verse contrasts between night and *or*. The Gemara rejects this contention. **There, this is** what the verse **is saying:** If the **matter is as clear to you as light, that** the thief has **come** into the house prepared to take **a life,** he **is a murderer;** and the owner of the house **may save himself** by taking the **life** of the intruder. In that case, one may protect himself from a thief who breaks into his house, even by killing the intruder if necessary. **And if the matter is as unclear to you as the night, he should be** nothing more **than a thief in your eyes** and not a murderer; and therefore **one may not save himself** by taking the **life** of the thief. This verse is not referring to actual day and night; rather, it uses these terms as metaphors for certainty and uncertainty.[N]

מֵיתִיבִי: ״יֶחְשְׁכוּ כּוֹכְבֵי נִשְׁפּוֹ יְקַו לְאוֹר וָאַיִן וְאַל יִרְאֶה בְּעַפְעַפֵּי שָׁחַר״ מִדְּקָאָמַר ״יְקַו לְאוֹר וָאַיִן״ – אַלְמָא אוֹר יְמָמָא הוּא! הָתָם מֵילַט הוּא דְּקָא לָיֵיט לֵיהּ אִיּוֹב לְמַזְּלֵיהּ, אֲמַר: יְהֵא רַעֲוָא דְּלִיצַפֵּיהּ הַךְ גַּבְרָא לִנְהוֹרָא וְלָא לִישְׁכְּחֵיהּ.

The Gemara **raises an objection** to the opinion that *or* means evening: **"Let the stars of the twilight be dark; let it look for** *or* **but have none; neither let it see the eyelids of the morning"** (Job 3:9). **From** the fact **that** the verse **states: "Let it look for** *or* **but have none," apparently** *or* **is day.** The Gemara rejects this contention. Actually, it is possible that *or*, in this context, means light in general, not specifically day. **There, Job is cursing his fortune. He said: Let it be** His **will that this man,** referring to himself, **will seek light and not find it.**

מֵיתִיבִי: "וָאוֹמַר אַךְ חֹשֶׁךְ יְשׁוּפֵנִי וְלַיְלָה אוֹר בַּעֲדֵנִי" אַלְמָא אוֹר יְמָמָא הוּא! הָתָם הָכִי קָאָמַר דָּוִד: אֲנִי אָמַרְתִּי אַךְ חֹשֶׁךְ יְשׁוּפֵנִי לָעוֹלָם הַבָּא שֶׁהוּא דּוֹמֶה לְיוֹם, עַכְשָׁיו – הָעוֹלָם הַזֶּה שֶׁהוּא דּוֹמֶה לְלַיְלָה אוֹר בַּעֲדֵנִי.

The Gemara **raises an objection: "And I say, yet the darkness shall envelop me, and the *or* about me shall be night"** (Psalms 139:11). **Apparently,** *or* **is day.** The Gemara rejects this proof. **This is** what **David is saying there: I said** after I sinned that **darkness shall envelop me in the World-to-Come, which is like day. Now** that I know that I have been forgiven, even **this world, which is like darkness, is light for me.** That being the case, it cannot be derived from here that the word *or* describes the day.

מֵיתִיבִי, רַבִּי יְהוּדָה אוֹמֵר: בּוֹדְקִין אוֹר (לְאַרְבָּעָה) עָשָׂר, וּבְאַרְבָּעָה עָשָׂר שַׁחֲרִית, וּבִשְׁעַת הַבִּיעוּר. מִדְּקָאָמַר רַבִּי יְהוּדָה: "בּוֹדְקִין אוֹר אַרְבָּעָה עָשָׂר וּבְאַרְבָּעָה עָשָׂר שַׁחֲרִית" אַלְמָא אוֹר אוּרְתָּא הוּא! שְׁמַע מִינַּהּ.

The Gemara **raises an objection** from a mishna. **Rabbi Yehuda says: One searches on** *or* **of the fourteenth** of Nisan, **on the fourteenth** in the **morning, and at the time of** the **removal** of leavened bread. The Gemara infers from Rabbi Yehuda's teaching: **From** the fact **that Rabbi Yehuda says** that **one searches on** *or* **of the fourteenth and on the fourteenth** in the **morning, apparently** *or* **is the evening.** In the order of Rabbi Yehuda's list, *or* of the fourteenth precedes the morning of the fourteenth. Therefore, *or* must be referring to the evening. The Gemara concludes: Indeed, **learn from it** that this is the case.

מֵיתִיבִי: מֵאֵימָתַי אַרְבָּעָה עָשָׂר אָסוּר בַּעֲשִׂיַּית מְלָאכָה? רַבִּי אֱלִיעֶזֶר בֶּן יַעֲקֹב אוֹמֵר: מִשְּׁעַת הָאוֹר. רַבִּי יְהוּדָה אוֹמֵר: מִשְּׁעַת הָנֵץ הַחַמָּה.

The Gemara **raises an objection** from a different source:[N] **From when on the fourteenth** of Nisan **is it prohibited to perform labor,** for those who are accustomed not to work of Passover eve? **Rabbi Eliezer ben Ya'akov says: From the time of** *or.* **Rabbi Yehuda says: From sunrise.**

אָמַר לֵיהּ רַבִּי אֱלִיעֶזֶר בֶּן יַעֲקֹב לְרַבִּי יְהוּדָה: וְכִי הֵיכָן מָצִינוּ יוֹם שֶׁמִּקְצָתוֹ אָסוּר בַּעֲשִׂיַּית מְלָאכָה וּמִקְצָתוֹ מוּתָּר בַּעֲשִׂיַּית מְלָאכָה? אָמַר לֵיהּ: הוּא עַצְמוֹ יוֹכִיחַ, שֶׁמִּקְצָתוֹ מוּתָּר בַּאֲכִילַת חָמֵץ וּמִקְצָתוֹ אָסוּר בַּאֲכִילַת חָמֵץ.

Rabbi Eliezer ben Ya'akov said to Rabbi Yehuda: And where have we found precedent for **a day,** in **part of which the performance of labor is prohibited, and** in another **part of which the performance of labor** is **permitted?**[N] If, as you claim, the prohibition against performing labor takes effect only from sunrise, whereas the fourteenth of Nisan begins with the emergence of stars the previous evening, it is permitted to perform labor during the first part of the fourteenth, while during the second part of the same day labor is prohibited. **He said to him:** The fourteenth day **itself** can **prove** to be a precedent, **as in part of it,** from the beginning until the sixth hour of the day, **the eating of leavened bread** is **permitted, and** during another **part of it the eating of leavened bread** is **prohibited.**

מִדְּקָאָמַר רַבִּי יְהוּדָה מִשְּׁעַת הָנֵץ הַחַמָּה, אַלְמָא: אוֹר דְּקָאָמַר רַבִּי אֱלִיעֶזֶר בֶּן יַעֲקֹב – אוּרְתָּא הוּא! לָא, מַאי אוֹר – עַמּוּד הַשַּׁחַר.

With regard to the matter under discussion, the Gemara infers: **From** the fact **that Rabbi Yehuda says** that it is prohibited to perform labor **from sunrise, apparently** the word *or* **that Rabbi Eliezer ben Ya'akov is saying,** is referring to the **evening.** This is an additional proof that *or* means night. The Gemara rejects this contention: **No,** this is not a proof. **What is** meant by *or?* It means **dawn.** The dispute of the *tanna'im* is not whether the prohibition of labor begins at night or in the morning. Rather, they disagree as to whether labor is prohibited from dawn or only from sunrise.

אִי הָכִי, דְּקָאָמַר לֵיהּ: הֵיכָן מָצִינוּ יוֹם שֶׁמִּקְצָתוֹ מוּתָּר בַּעֲשִׂיַּית מְלָאכָה וּמִקְצָתוֹ אָסוּר בַּעֲשִׂיַּית מְלָאכָה, נֵימָא אִיהוּ לְנַפְשֵׁיהּ, הָא אִיכָּא לַיְלָה דְּקָא שָׁרֵי רַבִּי אֱלִיעֶזֶר בֶּן יַעֲקֹב!

The Gemara challenges this assumption: **If so,** consider that **which** Rabbi Eliezer ben Ya'akov **said to** Rabbi Yehuda: **Where have we found** precedent for **a day,** in **part of which the performance of labor is prohibited, and** in another **part of which the performance of labor is permitted? Let him say to himself: Isn't there** the **night,** during **which** even **Rabbi Eliezer ben Ya'akov** himself **permits** performance of labor at night? He certainly would not raise a difficulty against the opinion of Rabbi Yehuda, which is equally difficult according to his own opinion.

הָכִי קָאָמַר: בִּשְׁלָמָא לְדִידִי – אַשְׁכְּחָנָא דְּקָא פָּלְגִי רַבָּנַן בֵּין יְמָמָא לְלֵילְיָא, (דִּתְנַן) גַּבֵּי תַּעֲנִית צִבּוּר: עַד מָתַי אוֹכֵל וְשׁוֹתֶה – עַד שֶׁיַּעֲלֶה עַמּוּד הַשַּׁחַר. דִּבְרֵי רַבִּי אֱלִיעֶזֶר בֶּן יַעֲקֹב. רַבִּי שִׁמְעוֹן אוֹמֵר: עַד קְרוֹת הַגֶּבֶר. אֶלָּא לְדִידָךְ, הֵיכָא אַשְׁכְּחָנָא יְמָמָא גּוּפֵיהּ דְּפַלְגִי בֵּיהּ רַבָּנַן?

The Gemara rejects this contention. **This is** what Rabbi Eliezer ben Ya'akov **is saying: Granted,** according **to my** opinion, **I find** situations in **which the Sages distinguished between** the **day and** the preceding **night, as we learned** in a mishna **with regard to** a lenient **communal fast: Until when** may **one eat and drink** before the fast? It is permitted to eat and drink **until dawn;**[H] this is **the statement of Rabbi Eliezer ben Ya'akov. Rabbi Shimon says:** One may eat **until the call of the rooster,** which precedes dawn. In that case, the Sages distinguished between day and night. **However, according to your** opinion, **where do** we **find** a *halakha* with regard to which **the Sages** divided **the day itself?**

NOTES

The numerous difficulties – רִיבּוּי הַקּוּשְׁיוֹת: The early commentaries question the need for so many proofs after it has already been demonstrated that the phrase *or leyom* means the preceding night. One answer is that not all these proofs were initially stated in the same study hall. Rather, various proofs were developed in different study halls, before they were all collected when the Gemara was edited (Rashba). Others contend that a single source merely provides support for one opinion but cannot serve as the basis for rejecting alternative interpretations of the word *or* (*Gur Arye*).

A day…in part of which the performance of labor is permitted – יוֹם שֶׁמִּקְצָתוֹ מוּתָּר: It can be argued that Rabbi Eliezer ben Ya'akov should have mentioned the prohibition against performing labor during the afternoon, a universally accepted custom that applies to only part of the day; whereas the prohibition of labor in the morning varies according to local custom. However, he knew that the prohibition of labor in the afternoon is linked to the Torah prohibition against eating leaven in the afternoon and the offering of the Paschal lamb, and he sought to include only rabbinic prohibitions in his objection (*Tziyyun LeNefesh Ḥayya*).

HALAKHA

The time when eating is permitted before a fast – זְמַן אֲכִילָה לִפְנֵי הַתַּעֲנִית: On lenient fast days, one may eat at any point during the night, until dawn. This is the opinion of Rabbi Yehuda HaNasi, and the *halakha* is always ruled in accordance with his opinion in disputes with a single Sage. The Gemara in *Ta'anit* restricts this leniency to one who does not sleep at night or who stipulates before going to sleep that he will eat during the night (*Shulḥan Arukh, Oraḥ Ḥayyim* 564:1).

NOTES

Kindle torches – מַשִּׂיאִין מַשּׂוּאוֹת: When the Temple stood, the new month was announced on the basis of the testimony of witnesses. Men who had seen the new moon appeared before a central court in Jerusalem to testify that they had seen it. The mishna in tractate *Rosh HaShana* (2:2–3) describes the process of lighting torches to announce that the court had established the new month. Preparations for kindling the torches were made on five mountains, of which the closest to the Temple was the Mount of Olives in Jerusalem, so that word of the declaration of the new month could be spread as quickly as possible. According to the Mishna, this practice was replaced when the Samaritans, whose determination of the date of *Shavuot* differed from that of the Sages, lit torches to establish the new month according to their reckoning. From that time onward, the court sent out messengers to spread word of the new month.

Lighting torches on a mountaintop

אָמַר לֵיהּ: הוּא עַצְמוֹ יוֹכִיחַ, שֶׁמִּקְצָתוֹ מוּתָּר בַּאֲכִילַת חָמֵץ וּמִקְצָתוֹ אָסוּר בַּאֲכִילַת חָמֵץ. שַׁפִּיר קָאָמַר לֵיהּ רַבִּי יְהוּדָה לְרַבִּי אֱלִיעֶזֶר! הָכִי קָאָמַר לֵיהּ רַבִּי אֱלִיעֶזֶר: אָמִינָא לָךְ אֲנָא מְלָאכָה דְּרַבָּנַן, וְאַתְּ אָמְרַתְּ לִי חָמֵץ דְּאוֹרַיְיתָא, דְּעַד הָכָא – אָסַר רַחֲמָנָא וְעַד הָכָא – שָׁרָא רַחֲמָנָא.

Rabbi Yehuda **said to** Rabbi Eliezer ben Ya'akov: The day of the fourteenth **itself can prove** my opinion, as during **part of it, the eating of leavened bread is permitted, and** during **part of it the eating of leavened bread is prohibited.** The Gemara comments: **Rabbi Yehuda has spoken well to Rabbi Eliezer;** how can Rabbi Eliezer ben Ya'akov counter this contention? The Gemara answers that **this is** what **Rabbi Eliezer is saying to him** in response: **I said to you** the prohibition of **labor, which is by rabbinic law, and you said to me** the prohibition of **leavened bread, which is by Torah law.** With regard to a Torah prohibition, it is possible **that until this** point, **God prohibited** doing so, **and until that** point, **God permitted** doing so, as the *halakha* is determined by a Torah decree. On the other hand, rabbinic prohibitions are enacted within clearly defined categories; in this case, an entire day.

וְאִידָךְ – שָׁעוֹת דְּרַבָּנַן.

The Gemara asks: And what is the response of **the other** Sage, Rabbi Yehuda, to this contention? The Gemara answers: Rabbi Yehuda notes that the **hours** when the prohibition of leaven is in effect on the morning of the fourteenth are determined **by rabbinic law.** Despite the fact it is prohibited by Torah law to eat leaven from midday, the distinction within the morning hours between the time when one may consume leaven and the time when one may derive benefit from leaven but not consume it is determined by the Sages. Apparently, the Sages institute ordinances that apply to part of a day.

וְאִידָךְ – הַרְחָקָה הוּא דַּעֲבוּד רַבָּנַן לִדְאוֹרַיְיתָא.

The Gemara asks: **And** how can **the other** Sage, Rabbi Eliezer ben Ya'akov, respond to this claim? The Gemara answers: Rabbi Eliezer ben Ya'akov would say that in this case **the Sages established a preventive measure for a Torah law,** and decrees of this type are at times in effect for only part of the day. By contrast, when the Sages instituted independent ordinances, they invariably did so for entire day. In any case, this source does not conclusively prove that *or* means evening.

מֵיתִיבִי: אֵין מַשִּׂיאִין מַשּׂוּאוֹת אֶלָּא עַל הַחֹדֶשׁ שֶׁנִּרְאָה בִּזְמַנּוֹ לְקַדְּשׁוֹ, וְאֵימָתַי מַשִּׂיאִין מַשּׂוּאוֹת – לְאוֹר עִבּוּרוֹ. אַלְמָא: אוֹר אוּרְתָּא הוּא! שְׁמַע מִינָּהּ.

The Gemara **raises an objection:** The court messengers **kindle torches**[N] on the mountaintops as a signal that the court has sanctified and established a new month **only for a month that appeared at its** proper **time,** on the thirtieth day of the previous month, **to sanctify it** on that day. **And when do** the messengers **kindle** these **torches?** They light them on *or* **of its additional** day, at the end of the thirtieth day from the beginning of the previous month, leading into the evening of the thirty-first day. The thirtieth day is called the additional day because it is sometimes appended to the previous month, which would otherwise consist of twenty-nine days. **Apparently,** *or* **is the evening,** as the court messengers would certainly not light the bonfires by day. The Gemara concludes: Indeed, **learn from it** that this is the case.

מֵיתִיבִי: הָיָה עוֹמֵד כׇּל הַלַּיְלָה וּמַקְרִיב עַל הַמִּזְבֵּחַ, לְאוֹרָה טָעוּן קִידּוּשׁ יָדַיִם וְרַגְלַיִם, דִּבְרֵי רַבִּי! אוֹרָה שָׁאנֵי.

The Gemara **raises an objection:** If a priest **was standing all night and sacrificing** the limbs of offerings **on the altar, in the** *ora* he is **required** to **sanctify his hands and feet**[H] again, by washing them in water from the basin; this is **the statement of Rabbi** Yehuda HaNasi. Since a new day has begun, the priest must wash his hands and feet from the basin, a prerequisite for each day's service. With regard to the issue under discussion, apparently *or* means day. The Gemara rejects this contention: This is not a conclusive proof, as *ora* **is different,** and indeed it is referring to the day. However, the word *or* may yet refer to the evening.

מֵיתִיבִי מָר זוּטְרָא:

Mar Zutra raises an objection

HALAKHA

In the ***ora*** **he is required to sanctify his hands and feet – לְאוֹרָה טָעוּן קִידּוּשׁ יָדַיִם וְרַגְלַיִם:** A priest who engaged in the burning of sacrificial limbs all night must wash his hands and feet again when it becomes light, as is required of all priests before they begin their work in the Temple service (Rambam *Sefer Avoda, Hilkhot Biat HaMikdash* 5:8).

הַמַּפֶּלֶת אוֹר לִשְׁמוֹנִים וְאֶחָד, בֵּית שַׁמַּאי פּוֹטְרִין מִקׇּרְבָּן, וּבֵית הִלֵּל מְחַיְּיבִים.

from a mishna that deals with to the offering of **a woman who miscarries on** ***or*** **of the eighty-first**[H] day after her previous childbirth: The Torah obligates a woman to bring an offering after childbirth, including a miscarriage.[N] However, one offering suffices for any births or miscarriages that occur within eighty days of the original birth, as the halakhic ramifications of that birth last eighty days (see Leviticus 12:1–6). The mishna cited addresses the borderline case of a woman who miscarries on the night of the eighty-first day following the birth. **Beit Shammai exempt** her **from** bringing another **offering,** as the offering she brought for the previous childbirth exempts her from bringing another for the miscarriage. **And Beit Hillel obligate** her to bring a second offering.

אָמְרוּ (לָהֶן) בֵּית הִלֵּל לְבֵית שַׁמַּאי: מַאי שְׁנָא אוֹר שְׁמוֹנִים וְאֶחָד מִיּוֹם שְׁמוֹנִים וְאֶחָד? אִם שָׁוֶה לוֹ לְטוּמְאָה – לֹא יִשְׁוֶה לוֹ לְקׇרְבָּן? מִדְּקָאָמַר בֵּית הִלֵּל לְבֵית שַׁמַּאי: מַאי שְׁנָא אוֹר שְׁמוֹנִים וְאֶחָד מִיּוֹם שְׁמוֹנִים וְאֶחָד, שְׁמַע מִינַּהּ אוֹר אוּרְתָּא הוּא! שְׁמַע מִינַּהּ.

Beit Hillel said to Beit Shammai: What is different between ***or*** **of the eighty-first and the day of the eighty-first? If they are equal** with regard **to the** *halakhot* **of ritual impurity,** i.e., the blood of this woman is no longer ritually pure and all of the standard strictures of ritual impurity apply to her, **will** the two time periods **not be equal** with regard **to the offering** as well? In terms of the meaning of *or*, **from the fact that Beit Hillel said to Beit Shammai: What is different** between ***or*** **of the eighty-first and the day of the eighty-first, learn from it that** ***or*** **is night.** Indeed, **learn from it** that *or* means night.

מֵיתִיבִי: יָכוֹל יְהֵא נֶאֱכָל אוֹר לִשְׁלִישִׁי; וְדִין הוּא: זְבָחִים נֶאֱכָלִים לְיוֹם אֶחָד, וּשְׁלָמִים נֶאֱכָלִים לִשְׁנֵי יָמִים. מָה לְהַלָּן לַיְלָה אַחַר הַיּוֹם – אַף כָּאן לַיְלָה אַחַר הַיּוֹם.

The Gemara **raises an objection** with regard to the meaning of the word *or* from a *baraita*: One **might** have thought that a peace-offering, which may be eaten for two days, **may** also **be eaten** on ***or*** **of the third** day. **And** it is **a logical derivation** that leads to that conclusion. How so? Other **offerings,** e.g., sin-offerings, **are eaten for one day, and peace-offerings are eaten for two days. Just as there,** with regard to other offerings, the **night follows the** previous **day,** i.e., the offering may be eaten during the day and the subsequent night, **so too here,** with regard to peace-offerings, say that the **night follows the day,** and rule that they may be eaten on the night after the second day.

תַּלְמוּד לוֹמַר: ״בְּיוֹם זִבְחֲכֶם יֵאָכֵל וּמִמׇּחֳרָת וְהַנּוֹתָר עַד יוֹם״ – בְּעוֹד יוֹם הוּא נֶאֱכָל, וְאֵינוֹ נֶאֱכָל לְאוֹר שְׁלִישִׁי.

Therefore, **the verse states:** "And when you sacrifice a peace-offering to God, you shall sacrifice it of your own will. **It shall be eaten the same day you sacrifice it, and on the next day; and if any remains until the** third **day,** it shall be burnt with fire" (Leviticus 19:5–6). This verse means that **it** may **be eaten while it is still day,** i.e., during the second day, **and it** may **not be eaten on** ***or*** **of the third** day.[H]

יָכוֹל יִשָּׂרֵף מִיָּד, וְדִין הוּא: זְבָחִים נֶאֱכָלִין לְיוֹם וְלַיְלָה אֶחָד, וּשְׁלָמִים נֶאֱכָלִין לִשְׁנֵי יָמִים וְלַיְלָה אֶחָד, מָה לְהַלָּן – תֵּיכֶף לַאֲכִילָה שְׂרֵיפָה, אַף כָּאן – תֵּיכֶף לַאֲכִילָה שְׂרֵיפָה.

The *baraita* continues: If a peace-offering may not be eaten beyond the second day, one **might** have thought that it should **be burned immediately** after the conclusion of the second day, **and this** too is the conclusion of **a logical derivation:** Other **offerings are eaten for one day and night, and peace-offerings are eaten for two days and one night. Just as there,** the offerings are **burned immediately** after their permitted time **for eating** concludes, on the morning of the second day, **so too here,** with regard to peace-offerings, one could say that they must be **burned immediately after** their permitted time for **eating** concludes, at night after the second day.

תַּלְמוּד לוֹמַר: ״וְהַנּוֹתָר מִבְּשַׂר הַזָּבַח בַּיּוֹם הַשְּׁלִישִׁי בָּאֵשׁ יִשָּׂרֵף״ – בַּיּוֹם אַתָּה (שׂוֹרֵף), וְאִי אַתָּה שׂוֹרְפוֹ בַּלַּיְלָה. מִדְּקָאָמַר: ״יְהֵא נֶאֱכָל אוֹר לִשְׁלִישִׁי״, אַלְמָא: אוֹר אוּרְתָּא הוּא! שְׁמַע מִינַּהּ.

Therefore, **the verse states: "And if any remains of the flesh of the sacrifice on the third day, it shall be burnt with fire"** (Leviticus 7:17), meaning: **You** must **burn it during the day, and you do not burn it at night.**[H] With regard to the meaning of *or*, **from** the fact **that** the *baraita* **states:** One might have thought that **it** may **be eaten on** ***or*** **of the third day, apparently** ***or*** **is evening.** The Gemara concludes: Indeed, **learn from it** that *or* is evening.

HALAKHA

A woman who miscarries on ***or*** **of the eighty-first – הַמַּפֶּלֶת אוֹר לִשְׁמוֹנִים וְאֶחָד:** A woman who gives birth, becomes pregnant again, and miscarries on the night of the eighty-first day after her previous birth must bring a separate offering (Rambam *Sefer Korbanot, Hilkhot Meḥusrei Kappara* 1:8).

The time for eating an offering – זְמַן אֲכִילַת קׇרְבָּן: An offering that may be eaten for two days and one night, e.g., a peace-offering, may not be eaten on the evening of the third day, as explained in the *baraita* (Rambam *Sefer Avoda, Hilkhot Ma'aseh HaKorbanot* 10:6).

Burning of the leftover sacrificial meat – שְׂרֵיפַת הַנּוֹתָר: One must burn any leftover meat of a peace-offering on the morning of the third day. As explained in the *baraita*, it is not burned immediately after the conclusion of the period for its consumption, the night after of the second day (Rambam *Sefer Avoda, Hilkhot Pesulei HaMukdashin* 19:4).

NOTES

Childbirth and the offering – לֵידָה וְקׇרְבָּן: The *halakhot* of a woman after childbirth, i.e., her ritual impurity and the offering she must bring, are detailed in the Torah (Leviticus 12:1–6) and explained in several places in the Talmud, primarily in tractates *Nidda* and *Kinnim*. The basic *halakha* is that a woman after childbirth is ritually impure for one week after giving birth to a boy and for two weeks after giving birth to a girl. For the next thirty-three days after the birth of a boy, or sixty-six days after the birth of a girl, she remains ritually pure even if she experiences uterine bleeding. This blood is called the blood of purity. These eighty days, i.e., fourteen of impurity plus sixty-six of purity following the birth of a girl, are defined as the time period following the birth. A woman who miscarries during this period is not obligated to bring an additional offering, as the miscarriage is considered adjacent to the previous birth.

HALAKHA

Yom Kippur prayers – **תְּפִילּוֹת יוֹם הַכִּפּוּרִים**: In all five *Amida* prayers of Yom Kippur, the evening, morning, additional, afternoon, and additional closing prayers, one recites seven blessings and the confessional prayer (*Tur, Oraḥ Ḥayyim* 619).

The evening prayer after Yom Kippur – **עַרְבִית בְּמוֹצָאֵי יוֹם כִּפּוּר**: At the conclusion of Yom Kippur, one recites the standard evening *Amida* prayer and includes *havdala* in the fourth blessing: Who graciously grants knowledge. This ruling is in accordance with the opinion of Rabbi Ḥanina ben Gamliel (*Shulḥan Arukh, Oraḥ Ḥayyim* 624:1).

NOTES

The *tanna* of our mishna – **וְתַנָּא דִּידַן**: This question is specifically directed to the *tanna* of our mishna, as in the other *mishnayot* and *baraitot* the word *or* clearly is referring to the evening. However, in this mishna there is room for misunderstanding, as evident from the earlier discussion of the Gemara. Consequently, the *tanna* should have used an unambiguous phrase (Rabbeinu Gershom).

He employed a euphemism – **לִישָּׁנָא מְעַלְּיָא הוּא נָקֵט**: Based on several other sources, the Ra'avad rejects the plain meaning of this answer. He concludes that the expression *or leyom* serves to underscore that the activity in question should be performed adjacent to the light of the previous day, when it is not yet night.

The animals that are not pure – **הַבְּהֵמָה אֲשֶׁר אֵינֶנָּה טְהֹרָה**: The early commentaries ask: Given that the Torah speaks of non-kosher animals many times, why is the phrase avoided only in this particular verse? Some explain that here the Torah uses this occasion to teach that one should avoid speaking in a coarse manner, as this is the first instance where non-kosher animals are mentioned. In most cases, however, the Torah uses the word impure because it is more concise (Rav Yehuda ben Rav Binyamin HaRofeh). Others contend that before the Torah was given, when there was no legal distinction between animals, the term non-kosher animal was considered derogatory. However, after the Torah was given, it was no longer a derogatory term, as it is merely a halakhic designation concerning the status of the animal (Rabbeinu Yona in *Sha'arei Teshuva*). Alternatively, when the Torah deals with a prohibition it uses the derogatory term to emphasize the negative features of these animals (*Me'iri*; Maharam Ḥalawa). Yet others claim that when the Torah (Genesis 7:8) is referring to an animal that is not pure, it is not referring to the matter of kosher and non-kosher at all; rather, those animals which mated with animals of other species are described as impure. Consequently, in this context the word impure would be derogatory and is therefore avoided (Ran; *Me'iri*).

תָּא שְׁמַע: אוֹר שֶׁל יוֹם הַכִּפּוּרִים מִתְפַּלֵּל שֶׁבַע וּמִתְוַדֶּה, שַׁחֲרִית מִתְפַּלֵּל שֶׁבַע וּמִתְוַדֶּה, בְּמוּסָף מִתְפַּלֵּל שֶׁבַע וּמִתְוַדֶּה, בַּמִּנְחָה מִתְפַּלֵּל שֶׁבַע וּמִתְוַדֶּה, בָּעַרְבִית מִתְפַּלֵּל מֵעֵין שְׁמוֹנֶה עֶשְׂרֵה. רַבִּי חֲנִינָא בֶּן גַּמְלִיאֵל אוֹמֵר, מִשּׁוּם אֲבוֹתָיו: מִתְפַּלֵּל שְׁמוֹנֶה עֶשְׂרֵה שְׁלֵימוֹת, מִפְּנֵי שֶׁצָּרִיךְ לוֹמַר הַבְדָּלָה בְּחוֹנֵן הַדַּעַת. אַלְמָא: אוֹר אוּרְתָּא הוּא! שְׁמַע מִינַּהּ.

Come and **hear** another proof: On ***or* of Yom Kippur, one recites seven blessings** in the *Amida* prayer **and confesses** his sins;[H] **in the morning prayer, one recites seven** blessings **and confesses; in the additional prayer, one recites seven** blessings **and confesses; in the afternoon prayer, one recites seven** blessings **and confesses; in the evening** prayer,[H] **one recites an abridged** version of the standard *Amida* prayer of **eighteen** blessings, as the people are weary from fasting. **Rabbi Ḥanina ben Gamliel says in the name of his forefathers: One recites the eighteen complete** blessings, **due to** the fact that **he is required to recite *havdala* in** the fourth blessing of the *Amida*: Who graciously grants knowledge. It cannot be inserted in the abridged version. **Apparently, *or* is evening.** The Gemara concludes: Indeed, **learn from it** that *or* means evening.

תָּא שְׁמַע, דְּתָנֵי דְּבֵי שְׁמוּאֵל: לֵילֵי אַרְבָּעָה עָשָׂר בּוֹדְקִין אֶת הֶחָמֵץ לְאוֹר הַנֵּר, אַלְמָא: אוֹר אוּרְתָּא הוּא!

Come and **hear** another proof, **as it was taught** in **the school of Shmuel: On the evening of the fourteenth** of Nisan, **one searches for leavened bread by candlelight. Apparently, *or* is evening,** as this *baraita* replaces *or* with the word evening.

אֶלָּא: בֵּין רַב הוּנָא וּבֵין רַב יְהוּדָה, דְּכוּלֵּי עָלְמָא: אוֹר אוּרְתָּא הוּא. וְלָא פְּלִיגִי, מָר כִּי אַתְרֵיהּ וּמָר כִּי אַתְרֵיהּ. בְּאַתְרֵיהּ דְּרַב הוּנָא קָרוּ נַגְהֵי, וּבְאַתְרֵיהּ דְּרַב יְהוּדָה קָרוּ לֵילֵי.

It is clear from these proofs that the expression *or* in the mishna means the evening before the day. How, then, could the *amora'im* dispute whether it is referring to the morning or evening? **Rather,** the Gemara rejects its previous assumption with regard to the dispute, **as everyone, both Rav Huna and Rav Yehuda, agrees** that ***or* is evening, and they do not disagree** with regard to the *halakha*. However, this **Master** stated the *halakha* **in accordance with** the expression accepted in **his place,** and that **Master** stated the *halakha* **in accordance with** the expression accepted in **his place. In Rav Huna's place, they call** the evening **light, and in Rav Yehuda's place they call it night,** although both terms refer to the same period.

וְתַנָּא דִּידַן מַאי טַעְמָא לָא קָתָנֵי ״לֵילֵי״? לִישָּׁנָא מְעַלְּיָא הוּא דְּנָקֵט. וּכְדְרַבִּי יְהוֹשֻׁעַ בֶּן לֵוִי, דְּאָמַר רַבִּי יְהוֹשֻׁעַ בֶּן לֵוִי: לְעוֹלָם אַל יוֹצִיא אָדָם דָּבָר מְגוּנֶּה מִפִּיו, שֶׁהֲרֵי עִקֵּם הַכָּתוּב שְׁמוֹנֶה אוֹתִיּוֹת וְלֹא הוֹצִיא דָּבָר מְגוּנֶּה מִפִּיו, שֶׁנֶּאֱמַר: ״מִן הַבְּהֵמָה הַטְּהוֹרָה וּמִן הַבְּהֵמָה אֲשֶׁר אֵינֶנָּה טְהֹרָה״.

The Gemara asks: **And the *tanna*** of our mishna,[N] **what is the reason** that he **didn't** explicitly **teach: The night** of the fourteenth, as it was taught in the school of Shmuel? The Gemara answers: **He employed a euphemism.**[N] Since the *tanna* of our mishna did not want to mention darkness, he preferred the term *or* to refer to the night of the fourteenth. **And this** is **in accordance with** a statement of **Rabbi Yehoshua ben Levi. As Rabbi Yehoshua ben Levi said: A person should never express a crude matter, as the** formulation of **a verse** was **distorted** by the addition of **eight letters rather than** have it **express a crude matter, as it is stated: "From the pure animals and from the animals that are not pure [*asher einena tehora*]"**[N] (Genesis 7:8). To avoid using the Hebrew term for impure [*teme'a*], which is four letters: *Tet, mem, alef, heh*, the verse replaced the term with the euphemism meaning "that are not pure," which is spelled with twelve letters: *Alef, shin, reish; alef, yod, nun, nun, heh; tet, heh, reish, heh.*

רַב פָּפָּא אָמַר: תֵּשַׁע, שֶׁנֶּאֱמַר: ״כִּי יִהְיֶה בְךָ אִישׁ אֲשֶׁר לֹא יִהְיֶה טָהוֹר מִקְּרֵה לָיְלָה״. רָבִינָא אָמַר: עֶשֶׂר, וי״ו דְּטָהוֹר. רַב אַחָא בַּר יַעֲקֹב אָמַר: שֵׁשׁ עֶשְׂרֵה, שֶׁנֶּאֱמַר: ״כִּי אָמַר מִקְרֶה הוּא בִּלְתִּי טָהוֹר הוּא כִּי לֹא טָהוֹר״.

Rav Pappa said: A different verse added **nine** letters, **as it is stated: "If there be among you any man who is not ritually pure [*asher lo yihye tahor*] by reason of that which happened to him by night"** (Deuteronomy 23:11). To avoid using the three-letter Hebrew word for impure, *tameh*, spelled *tet, mem, alef*, the verse employs the twelve-letter phrase "who is not ritually pure," spelled: *Alef, shin, reish; lamed, alef; yod, heh, yod, heh; tet, heh, reish.* **Ravina said:** The verse actually adds **ten** letters because of the letter ***vav*** of the word ***tahor***, as the word is spelled in its plene form. **Rav Aḥa bar Ya'akov said:** Yet another verse adds **sixteen** letters, **as it is stated: "For he said, something has happened to him, he is not ritually pure; surely he is not ritually pure [*bilti tahor hu ki lo tahor*]"** (I Samuel 20:26). To avoid using the three-letter word *tameh*, the verse employs the nineteen-letter phrase "he is not ritually pure; surely he is not ritually pure," spelled: *Beit, lamed, tav, yod; tet, heh, vav, reish; heh, vav, alef; kaf, yod; lamed, alef; tet, heh, vav, reish.*

תַּנְיָא דְּבֵי רַבִּי יִשְׁמָעֵאל: לְעוֹלָם יְסַפֵּר אָדָם בְּלָשׁוֹן נְקִיָּה, שֶׁהֲרֵי בְּזָב קְרָאוֹ "מֶרְכָּב" וּבְאִשָּׁה קְרָאוֹ "מוֹשָׁב" וְאוֹמֵר: "וְתִבְחַר לְשׁוֹן עֲרוּמִים", וְאוֹמֵר: "וְדַעַת שְׂפָתַי בָּרוּר מִלֵּלוּ":

Likewise, a *baraita* was taught in **the school of Rabbi Yishmael: A person should always converse euphemistically,**[N] **as** one finds in the following verses. The first: "And whichever saddle that the *zav* rides upon shall be ritually impure" (Leviticus 15:9), which discusses the impurity imparted by **a *zav***[N] to an object on which he sits, **calls** this action **riding. And** the verse: "And anyone who touches anything on which she sat" (Leviticus 15:22), which discusses the parallel ritual impurity **of a woman,** a *zava*,[N] **calls** the action **sitting.** Since riding is slightly demeaning for a woman, as it involves an immodest splaying of the legs, the verse avoids the term riding and opts to convey the more modest image of sitting. **And it says** in another verse: **"And you choose the language of the crafty"** (Job 15:5), meaning that one should be clever when speaking and avoid inappropriate phrases. **And it says** in another verse: "My words shall utter the uprightness of my heart; **and that which my lips know they shall speak sincerely"** (Job 33:3).

מַאי "וְאוֹמֵר"? וְכִי תֵּימָא: הָנֵי מִילֵּי – בִּדְאוֹרַיְיתָא, אֲבָל בִּדְרַבָּנַן לָא – תָּא שְׁמַע: וְאוֹמֵר "וְתִבְחַר לְשׁוֹן עֲרוּמִים". וְכִי תֵּימָא: הָנֵי מִילֵּי – בִּדְרַבָּנַן, אֲבָל בְּמִילֵּי דְעָלְמָא – לָא, וְאוֹמֵר: "וְדַעַת שְׂפָתַי בָּרוּר מִלֵּלוּ".

The Gemara asks: **What is** the need for the proofs from the two additional verses introduced by the phrase: **And it says?** The *baraita* already proved its point from the verses with regard to *zav* and *zava*. The Gemara answers: The additional verses are necessary, **lest you say: This** requirement to use clean language **applies only in** the language written in **the Torah, but in rabbinic** formulations, **no,** there is no obligation to use clean language. To counter this argument, the *tanna* says, **come** and **hear: And it says: "And you choose the language of the crafty,"** which indicates that this principle extends beyond the language of the Torah. **And lest you say that this** requirement **applies only to rabbinic** language, **but** when it comes **to ordinary speech, no,** one need not speak euphemistically, the *baraita* adds: **And it says: "And that which my lips know they shall speak sincerely,"** i.e., one must speak euphemistically in every situation.

וּבְאִשָּׁה לָא כְּתִיב בָּהּ מֶרְכָּב?! וְהָכְתִיב: "וַתָּקָם רִבְקָה וְנַעֲרֹתֶיהָ וַתִּרְכַּבְנָה עַל הַגְּמַלִּים"! הָתָם מִשּׁוּם בִּיעֲתוּתָא דִּגְמַלִּים אוֹרְחָא הִיא. וְהָכְתִיב: "וַיִּקַּח מֹשֶׁה אֶת אִשְׁתּוֹ וְאֶת בָּנָיו וַיַּרְכִּיבֵם עַל הַחֲמֹר"! הָתָם

With regard to the above *baraita* taught in the school of Rabbi Yishmael, the Gemara asks: **And with regard to a woman, is** the term **riding not written** in the Torah? **But isn't it written: "And Rebecca and her damsels arose and they rode upon camels"** (Genesis 24:61)? The Gemara answers: **There, due to fear of camels, that is standard conduct.** Since a camel's back is high off the ground, a woman cannot sit on it sidesaddle; consequently, she may ride on it without being considered immodest. The Gemara cites another relevant verse. **But isn't it written: "And Moses took his wife and his children and rode them upon his donkey"** (Exodus 4:20)? The Gemara answers: **There,** despite the fact that his wife was also on the donkey, the verse employs the language of riding

NOTES

Euphemism and dignified language – לָשׁוֹן נְקִיָּה וּלְשׁוֹן כָּבוֹד: Some Sages distinguish between these two terms. One should go out of his way to speak euphemistically, so as to avoid using a crude phrase. Dignified language, however, is used not to avoid despicable language, but rather to avoid language that includes a slight trace of the derogatory or which bears a negative connotation, e.g., the direct mention of night. One need not avoid that type of speech at the expense of brevity (Rabbeinu Yehonatan).

***Zav* – זָב:** This refers to a man suffering from gonorrhea. The *halakhot* relating to the severe ritual impurity caused by this condition are detailed in the Torah (Leviticus 15:1–15) and in tractate *Zavim*. The *zav* becomes ritually impure as a result of the secretion of a white, pus-like discharge from his penis. A man who experiences a discharge of that kind on one occasion becomes ritually impure for one day, like a man who has discharged semen. If he experiences a second discharge on the same day or the following day, or a prolonged initial discharge, he contracts the more severe ritual impurity of a *zav*, which lasts seven days. If he experiences a third discharge within the next twenty-four hours, he is obligated to bring a pair of doves, one for a sin-offering and one for a burnt-offering, as part of his purification process.

Not only does the man himself become ritually impure, he imparts ritual impurity by coming into contact with vessels or people; by being moved by them; by moving them; by lying or sitting on them; or through the medium of a large stone that the *zav* is lying on, which is positioned over them. The fluids he secretes, i.e., his spittle, urine, and semen, impart ritual impurity, and any article on which he sits or lies becomes a primary source of ritual impurity and can itself impart ritual impurity to other articles.

***Zava* – זָבָה:** This is a woman who experiences a flow of menstrual-type blood on three consecutive days during the eleven days of the month, when the blood she secretes is not considered menstrual blood but the blood of *ziva*. The first secretion makes her ritually impure, but until the third secretion her status is that of a woman who is merely required to wait until one day has passed, and she is not subject to all the halakhic rulings of a *zava*. After experiencing bleeding on the third day, the woman is considered a *zava* and is obligated to bring an offering as part of her purification process. A *zava* imparts ritual impurity in the same way as does a *zav*. In addition, a man who engages in sexual relations with her becomes a primary source of ritual impurity and imparts ritual impurity to others.

Perek **I**
Daf **3** Amud **b**

מִשּׁוּם בָּנָיו אוֹרְחָא הוּא.

due to his children, as **it is standard practice** for children to ride.

וְהָכְתִיב: "וְהִיא רֹכֶבֶת עַל הַחֲמוֹר"! הָתָם מִשּׁוּם בִּיעֲתוּתָא דְּלֵילְיָא – אוֹרְחָא הוּא. וְאִיבָּעֵית אֵימָא: מִשּׁוּם בִּיעֲתוּתָא דְּלֵילְיָא – לֵיכָּא, מִשּׁוּם בִּיעֲתוּתָא דְּדָוִד – אִיכָּא. וְאִיבָּעֵית אֵימָא: בִּיעֲתוּתָא דְּדָוִד נַמִי לֵיכָּא, מִשּׁוּם בִּיעֲתוּתָא דְּהַר אִיכָּא.

The Gemara raises another difficulty. **But isn't it written** with regard to Abigail: "And it was so, **as she rode on her donkey** and came down by the covert of the mountain" (I Samuel 25:20). This verse employs the language of riding in reference to a woman on a donkey. The Gemara answers: **There, due to the fear of the night, it is standard practice** for a woman to ride and not merely sit on the donkey. **And if you wish, say** instead: **There is no** consideration **due to the fear of the night** that would explain why she was permitted to ride in the regular manner; rather, **there is** a consideration **due to fear of David. And if you wish, say** instead: **There is no** consideration **due to fear of David either;** however, **there is** a consideration **due to the fear of** the incline when riding down **the mountain.**

וּבְאוֹרַיְיתָא מִי לָא כְּתִיב טָמֵא? אֶלָּא: כָּל הֵיכָא דִּכְי הֲדָדֵי נִינְהוּ – מִשְׁתָּעֵי בְּלָשׁוֹן נְקִיָּה, כָּל הֵיכָא דִּנְפִישִׁין מִילֵּי – מִשְׁתָּעֵי בְּלָשׁוֹן קְצָרָה. כִּדְאָמַר רַב הוּנָא אָמַר רַב, וְאָמְרִי לָהּ אָמַר רַב הוּנָא אָמַר רַב מִשּׁוּם רַבִּי מֵאִיר: לְעוֹלָם יִשְׁנֶה אָדָם לְתַלְמִידוֹ דֶּרֶךְ קְצָרָה.

The Gemara asks: **But isn't** the word **impure written in the Torah?** Apparently, the Torah does not consistently employ euphemisms, and indeed the word impure appears regularly. **Rather, anywhere that** two phrases **are equal** in length, the verse **speaks** employing **a euphemism. Anywhere that the words** of the euphemism **are** more **numerous,** requiring a lengthier description, the Torah **speaks** employing **concise language, in accordance with** that **which Rav Huna said** that **Rav said, and some say it** was **Rav Huna** who **said** that **Rav said in the name of Rabbi Meir: A person should always teach his student in a concise manner.**[H]

וְכָל הֵיכָא דִּכְי הֲדָדֵי נִינְהוּ מִשְׁתָּעֵי בְּלָשׁוֹן כָּבוֹד? וְהָא רוֹכֶבֶת וְיוֹשֶׁבֶת דִּכְי הֲדָדֵי נִינְהוּ, וְקָאָמַר רוֹכֶבֶת! "רֹכֶבֶת" כְּתִיב.

The Gemara asks: **And anywhere that** the phrases **are equal** in length, does the verse always **speak** employing **dignified language? Aren't** the Hebrew words for **rides** [*rokhevet*], spelled: *Reish, vav, kaf, beit, tav*; **and sits** [*yoshevet*],[N] spelled: *Yod, vav, shin, beit, tav,* **of equal** length, and yet the verse **states: Rides** (1 Samuel 25:20). The Gemara answers: The Hebrew word for **rides is written** without a *vav* in the defective form, rendering it shorter than the term for sits. Brevity takes precedence over dignified language.

הָנְהוּ תְּרֵי תַּלְמִידֵי דַּהֲווּ יָתְבִי קַמֵּיהּ דְּרַב, חַד אֲמַר: שַׁוְּיתִינַן הַאי שְׁמַעְתָּא כְּדָבָר אַחֵר מְסַנְּקַן, וְחַד אֲמַר: שַׁוְּיתִינַן הַאי שְׁמַעְתָּא כְּגַדְיָא מְסַנְּקַן. וְלָא אִישְׁתָּעֵי רַב בַּהֲדֵי דְּהָאֵיךְ.

The Gemara relates an incident involving the use of appropriate language: There were **these two students who were sitting before Rav** and were weary from studying a complex issue. **One** of them **said: This** ***halakha*** we are studying **is rendering us** as tired **as a tired** [*mesankan*][N] **something else,** a euphemism for a pig. **And** the other **one said: This** ***halakha*** **is rendering us** as tired **as a tired kid. Rav** would **not speak with that** student who made reference to a pig, as one who speaks inappropriately is undoubtedly flawed in character.

הָנְהוּ תְּרֵי תַּלְמִידֵי דַּהֲווּ יָתְבִי קַמֵּיהּ דְּהִלֵּל וְחַד מִינַּיְיהוּ רַבָּן יוֹחָנָן בֶּן זַכַּאי, וְאָמְרִי לַהּ: קַמֵּיהּ דְּרַבִּי וְחַד מִינַּיְיהוּ רַבִּי יוֹחָנָן. חַד אֲמַר: מִפְּנֵי מָה בּוֹצְרִין בְּטָהֳרָה וְאֵין מוֹסְקִין בְּטָהֳרָה? וְחַד אֲמַר: מִפְּנֵי מָה בּוֹצְרִין בְּטָהֳרָה וּמוֹסְקִין בְּטוּמְאָה? אָמַר: מוּבְטָח אֲנִי בָּזֶה שֶׁמּוֹרֶה הוֹרָאָה בְּיִשְׂרָאֵל. וְלֹא הָיָה יָמִים מוּעָטִים עַד שֶׁהוֹרָה הוֹרָאָה בְּיִשְׂרָאֵל.

The Gemara additionally relates that there were **these two students**[N] **who were sitting before Hillel, and one of them** was **Rabban Yoḥanan ben Zakkai. And some say** they were sitting **before Rabbi** Yehuda HaNasi, **and one of them was** the *amora* **Rabbi Yoḥanan. One** of them **said: Due to what** reason need **one** be careful to **harvest grapes in** a state of **ritual purity,** by insisting on the use of pure vessels, **and one need not harvest olives**[N] **in** a state of **ritual purity? And** the other **one said** the same point, only he worded it differently: **Due to what** reason need **one harvest grapes in** a state of **ritual purity, but one** may **harvest olives in** a state of **ritual impurity?** Their teacher **said: I am certain that this** first student, who spoke in a clean manner, will **issue** halakhic **rulings in Israel.** The Gemara adds: **And** it was **not** even **a few days later that he issued** halakhic **rulings in Israel.**

הָנְהוּ תְּלָתָא כַּהֲנֵי, חַד אֲמַר לְהוּ: הִגִּיעַנִי כַּפּוֹל, וְחַד אֲמַר: הִגִּיעַנִי כַּזַּיִת, וְחַד אֲמַר: הִגִּיעַנִי כִּזְנַב הַלְּטָאָה. בָּדְקוּ אַחֲרָיו וּמָצְאוּ בּוֹ שֶׁמֶץ פְּסוּל.

The Gemara relates an incident involving the use of appropriate language. There were **these three priests** in the Temple, each of whom received a portion of the showbread divided among the priests. Since there were many priests, each one received only a small amount. **One said to them: I received a bean-sized** portion. **And one said: I received an olive-bulk. And one said: I received** a portion the size **of a lizard's tail.**[B] **They investigated the background** of the latter priest, who used the imagery of an impure creeping animal, **and they found a trace** [*shemetz*] **of disqualification**[N] **in his** background.

וְהָא (תַּנְיָא): אֵין בּוֹדְקִין מִן הַמִּזְבֵּחַ וּלְמַעְלָה!

The Gemara assumes that they found a problem in his lineage that disqualified him from the priesthood. The Gemara asks: **But wasn't it taught** in a *baraita* that **one does not investigate** a priest's lineage **beyond the altar?**[H] When the court investigated the lineage of a priest, they would investigate his ancestry only until they discovered a priest who sacrificed offerings on the altar. At that point, they would halt the investigation. A priest of questionable lineage would certainly not have been permitted to serve on the altar. However, in this incident the lineage of a priest who had brought offerings was indeed called into question.

HALAKHA

A person should always teach his student in a concise manner – לְעוֹלָם יִשְׁנֶה אָדָם לְתַלְמִידוֹ דֶּרֶךְ קְצָרָה: One should always attempt to teach his student in a concise manner (Rambam *Sefer HaMadda, Hilkhot Deot* 2:4).

One does not investigate beyond the altar – אֵין בּוֹדְקִין מִן הַמִּזְבֵּחַ: When the court investigates family lineage, as soon as they find an ancestor who served as a priest in the Temple service, they need not investigate further. It can be assumed that a priest whose lineage was compromised would not have been allowed to participate in the Temple service (Rambam *Sefer Kedusha, Hilkhot Issurei Bia* 20:2).

NOTES

Rides and sits – רוֹכֶבֶת וְיוֹשֶׁבֶת: See *Tosafot* and other commentaries, who discuss the correct interpretation of this passage. Some explain that the Gemara's question is not with regard to the language of the verses, but the facts of the incidents: Why did these women ride the animals instead of sitting on them in a more modest way?

Tired [*mesankan*] – מְסַנְּקַן: Several explanations were provided for this word. Some say it means tired (Rashi), while others claim it means to push or struggle, just as a goat that has fallen into mud pushes and struggles to free itself (*Teshuvot HaGe'onim*). According to this opinion, these students felt as though they were stuck in the mud, as they did not properly understand what they were learning. Yet others explain that it means filled, like a goat stuffed with eggs and spices. In other words, the Sages are saying that they feel full and satisfied after learning this *halakha* (*ge'onim*; *Arukh*).

Two students – שְׁנֵי תַּלְמִידִים: The student who used the word impure spoke in a more concise manner, which the Gemara stated is appropriate for a teacher to his students. Nevertheless, a student may speak at slightly greater length in a more refined manner, in deference to his teacher. Furthermore, the use of the term impure is actually imprecise in this context, as there is no obligation to collect olives while ritually impure; rather, one is simply not obligated to be in a state of ritual purity when collecting olives (*Mikhtam*).

Harvesting grapes and olives – בְּצִירָה וּמְסִיקָה: The Gemara in tractate *Shabbat* 17a explains the reason for this difference in *halakha*: Although some liquid will drip from olives when they are placed in a basket, this is not considered oil and does not render the olives susceptible to ritual impurity. In addition, this liquid is of no significance to the person collecting the olives. Therefore, even if it were oil, it would not render the olives susceptible to impurity. In contrast, the liquid that seeps from picked grapes is suitable to be wine, and the person picking the grapes is interested in preventing it from going to waste.

A trace [*shemetz*] of disqualification – שֶׁמֶץ פְּסוּל: Some commentaries explain that the term *shemetz* refers to disqualification from marriage, as in the verse (Exodus 32:25): "For a derision [*leshimtza*] among their enemies" (see *Tosafot*). The Sages suspected that this priest's lineage disqualified him from marrying a Jew of faultless lineage.

BACKGROUND

Lizard's tail – זְנַב הַלְּטָאָה: The use of this expression as a measurement is based on the fact that when a predator catches a lizard by the tail, the lizard leaves its tail behind and escapes. As the average length of a lizard's tail is 4 cm, its volume is minuscule.

לָא תֵּימָא "שֶׁמֶץ פְּסוּל" אֶלָּא אֵימָא "שַׁחַץ פְּסוּל". וְאִי בָּעֵית אֵימָא: שָׁאנֵי הָתָם – דְּאִיהוּ דְּאַרַע נַפְשֵׁיהּ.

The Gemara rejects this contention: **Do not say** that they found **a trace** [*shemetz*] **of disqualification,** referring to his lineage. **Rather, say** that they found **arrogance** [*shaḥatz*] **of disqualification,** and for that reason he was disqualified from the priesthood. **And if you wish, say** instead: **There it is different, as he cast aspersions upon himself.** Although it is generally assumed that any priest who participates in the Temple service is qualified to do so, this priest discredited his own lineage through his conduct.

הַהוּא אַרְמָאָה דַּהֲוָה סָלֵיק וְאָכֵיל פְּסָחִים בִּירוּשָׁלַיִם, אֲמַר, כְּתִיב: "כׇּל בֶּן נֵכָר לֹא יֹאכַל בּוֹ", "כׇּל עָרֵל לֹא יֹאכַל בּוֹ" וַאֲנָא הָא קָאָכֵילְנָא מִשּׁוּפְרֵי שׁוּפְרֵי.

With regard to the investigation of the priestly lineage, the Gemara relates: **A certain gentile would ascend** on the pilgrimage to Jerusalem, claiming he was Jewish, **and eat Paschal** lambs **in Jerusalem.** He would then return home and boast about how he had tricked the Jews. **He said: It is written:** "This is the statute of the Paschal lamb; **no foreigner may eat of it**" (Exodus 12:43), and another verse says: **"Any uncircumcised man shall not eat of it"** (Exodus 12:48). **And yet, I ate from the finest of the fine** portions of the Paschal lamb.

אֲמַר לֵיהּ רַבִּי יְהוּדָה בֶּן בְּתֵירָא: מִי קָא סָפוּ לָךְ מֵאַלְיָה? אֲמַר לֵיהּ: לָא. כִּי סָלְקַתְּ לְהָתָם אֵימָא לְהוּ: סְפוּ לִי מֵאַלְיָה. כִּי סְלִיק אֲמַר לְהוּ: מֵאַלְיָה סְפוּ לִי. אֲמַרוּ לֵיהּ: אַלְיָה לַגָּבוֹהַּ סָלְקָא.

Rabbi Yehuda ben Beteira said to him, in an attempt to thwart any repetition of this action: **Did they feed you from the fat tail** of the lamb? Do you really think they gave you the finest portion? The gentile was ignorant of the fact that the fat tail is sacrificed on the altar, not eaten. The gentile **said to him: No.** Rabbi Yehuda ben Beteira replied: If so, **when you ascend there** next time, **say to them: Feed me the fat tail.** The next year **when he ascended, he said to** the other members of the group he joined: **Feed me from the fat tail. They said to him: The fat tail is offered**[HB] **up to God.**

אֲמַרוּ לֵיהּ: מַאן אֲמַר לָךְ הָכִי? אֲמַר לְהוּ: רַבִּי יְהוּדָה בֶּן בְּתֵירָא. אֲמַרוּ: מַאי הַאי דְּקַמָּן? בְּדַקוּ בַּתְרֵיהּ וְאַשְׁכְּחוּהוּ דְּאַרְמָאָה הוּא, וְקַטְלוּהוּ. שְׁלַחוּ לֵיהּ לְרַבִּי יְהוּדָה בֶּן בְּתֵירָא: שְׁלָם לָךְ רַבִּי יְהוּדָה בֶּן בְּתֵירָא, דְּאַתְּ בִּנְצִיבִין וּמְצוּדָתָךְ פְּרוּסָה בִּירוּשָׁלַיִם!

They said to him: Who said that to you, to ask for that portion? **He said to them** testily: It was **Rabbi Yehuda ben Beteira. They said: What is this** incident that has come **before us?** Could Rabbi Yehuda ben Beteira have told him to eat the fat tail? This matter must be investigated further. **They investigated his background and found that he was a gentile, and** they **killed him.**[N] **They sent** a message **to Rabbi Yehuda ben Beteira: Peace unto you, Rabbi Yehuda ben Beteira, as you are in Netzivin and your net is spread in Jerusalem.**[B] Despite your distance from Jerusalem, you enabled us to apprehend a person who deceived us.

רַב כָּהֲנָא חֲלַשׁ, שַׁדְּרוּהָ רַבָּנַן לְרַבִּי יְהוֹשֻׁעַ בְּרֵיהּ דְּרַב אִידִי, אֲמַרוּ לֵיהּ: זִיל בְּדוֹק מַאי דִּינֵיהּ. אֲתָא אַשְׁכְּחֵיהּ דְּנָח נַפְשֵׁיהּ. קַרְעֵיהּ לִלְבוּשֵׁיהּ, וַאֲהַדְרֵיהּ לִקְרָעֵיהּ לַאֲחוֹרֵיהּ, וּבְכִי וַאֲתִי. אֲמַרוּ לֵיהּ: נָח נַפְשֵׁיהּ? אֲמַר לְהוּ: אֲנָא לָא קָאָמִינָא, "וּמוֹצִיא דִבָּה הוּא כְסִיל".

The Gemara relates another incident in praise of one who is careful to refrain from improper or negative language. **Rav Kahana fell ill, and the Sages sent Rabbi Yehoshua, son of Rav Idi,** as their emissary to him. **They said to him:** Go and **assess what is** Rav Kahana's **condition** at present. Rabbi Yehoshua, son **of** Rav Idi, **went and found that** Rav Kahana **had passed away. He rent his garment and turned** his garment around so **the tear** would be **behind him** and would not be immediately apparent, **and he was crying** as he **was coming. They said to him: Did** Rav Kahana **pass away? He said to them: I did not say** that, as the verse states: **"And he who utters slander**[N] **is a fool"** (Proverbs 10:18). This verse indicates that it is undesirable to be a bearer of bad tidings, and if one must inform others of the unfortunate news, he should do so in an indirect manner.

יוֹחָנָן חֲקוּקָאָה נְפַק לְקֻרְיָיתָא, כִּי אֲתָא אֲמַרוּ לֵיהּ: חִיטִּין נַעֲשׂוּ יָפוֹת? אֲמַר לָהֶם: שְׂעוֹרִים נַעֲשׂוּ יָפוֹת. אֲמַרוּ לֵיהּ: צֵא וּבַשֵּׂר לַסּוּסִים וְלַחֲמוֹרִים! דִּכְתִיב: "הַשְּׂעֹרִים וְהַתֶּבֶן לַסּוּסִים וְלָרֶכֶשׁ". מַאי הֲוֵי לֵיהּ לְמֵימַר? אֶשְׁתָּקַד נַעֲשׂוּ חִיטִּין יָפוֹת. אִי נַמִי: עֲדָשִׁים נַעֲשׂוּ יָפוֹת.

The Gemara continues to cite examples of clean language: **Yoḥanan from Ḥakuk went to the villages. When he came, they said to him:** Did the **wheat** crop **develop nicely?** Reluctant to say that the wheat crop did not develop nicely, **he said to them:** The **barley** crop **developed nicely,** leaving them to draw their own conclusion. **They said to him,** mockingly: **Go out and inform the horses and donkeys** about the barley, **as it is written: "Barley and hay for the horses and swift steeds"** (I Kings 5:8). The Gemara asks: **What could he have said** to better express the bad news euphemistically? The Gemara answers: He could have said: **Last year's wheat** crop **developed nicely. Alternatively,** he could have said that this year's crop of **lentils,** which is also food for people, **has developed nicely.**

HALAKHA

The fat tail is offered – אַלְיָה לַגָּבוֹהַּ: The fat tail of the Paschal lamb may not be eaten but is sacrificed on the altar (Rambam *Sefer Avoda, Hilkhot Ma'aseh HaKorbanot* 1:18).

BACKGROUND

The fat tail is offered – אַלְיָה לַגָּבוֹהַּ: Some fat tails are visible in this image of sheep in Sopot, a village near Belgrade, Serbia.

Fat-tailed sheep

Netzivin and Jerusalem – נְצִיבִין וִירוּשָׁלַיִם: In this map the great distance between Jerusalem and the city of Netzivin in Babylonia is clearly visible.

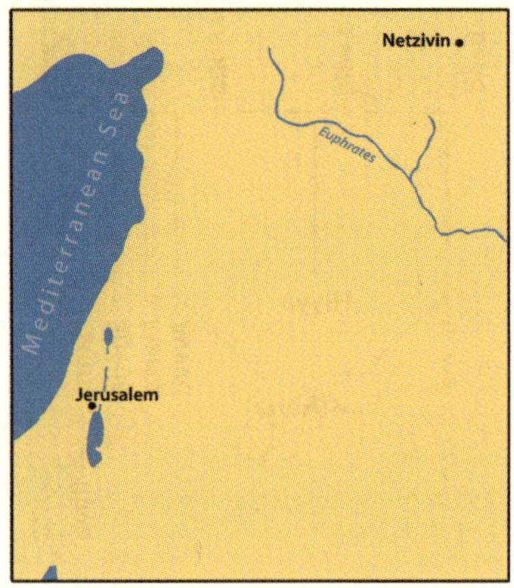

Netzivin and Jerusalem

NOTES

He was a gentile and they killed him – אַרְמָאָה הוּא וְקַטְלוּהוּ: This incident is puzzling. On what basis did they kill him? Although there is a prohibition against a gentile partaking of the Paschal lamb, the prohibition is for a Jew to give him the offering, not for the gentile to partake. This is not one of the seven Noahide mitzvot. Some commentaries explain that this man was killed as an extraordinary measure required by the particular circumstances, as God's name was desecrated through his actions (Rav A. Y. Kook, *Tuv Re'iya*).

He who utters slander – מוֹצִיא דִבָּה: Although they sent Rabbi Yehoshua, son of Rav Idi, specifically to determine whether or not Rav Kahana had passed away, the principle on which he operated is more general; the death of a righteous person is a calamity for the world, and one should attempt to avoid relating news of that sort explicitly. The same principle applies to the next incident in the Gemara, in which Yoḥanan of Ḥakuk preferred not to mention directly the inferior quality of the wheat crop (*Me'iri*).

רַב בַּר אֲחוּהּ דְּרַבִּי חִיָּיא וּבַר אַחְתֵּיהּ. כִּי סְלֵיק לְהָתָם אֲמַר לֵיהּ: אַיְּיבוּ קַיָּים? אֲמַר לֵיהּ: אִימָּא קַיֶּימֶת? אֲמַר לֵיהּ: אִימָּא קַיֶּימֶת? אֲמַר לֵיהּ: אַיְּיבוּ קַיָּים?

The Gemara relates: **Rav** was **the son of** Rabbi **Ḥiyya's half brother and the son of** Rabbi Ḥiyya's half **sister,** as Ayevu, Rav's father, married his own stepsister, Imma.[P] **When** Rav **ascended there,** to Eretz Yisrael, Rabbi Ḥiyya **said to** Rav: **Is your father, Ayevu, alive?**[N] **He said to him,** replying with a question: **Is your sister, Imma, alive? He said to him:** Indeed, **is Imma alive?**[H] **He said to him: Is Ayevu alive?** Upon hearing this, Rabbi Ḥiyya understood that both Ayevu and Imma had passed away, and Rav did not wish to say so explicitly.

אֲמַר לֵיהּ לְשַׁמְּעֵיהּ: חֲלוֹץ לִי מִנְעָלַי, וְהוֹלֵיךְ כֵּלַי אַחֲרַי לְבֵית הַמֶּרְחָץ. שְׁמַע מִינַּהּ תְּלָת, שְׁמַע מִינַּהּ: אָבֵל אָסוּר בִּנְעִילַת הַסַּנְדָּל, וּשְׁמַע מִינַּהּ: שְׁמוּעָה רְחוֹקָה אֵינָהּ נוֹהֶגֶת אֶלָּא יוֹם אֶחָד, וּשְׁמַע מִינַּהּ: מִקְצָת הַיּוֹם כְּכוּלּוֹ.

Rabbi Ḥiyya **said to his attendant: Remove my shoes and carry my garments after me to the bathhouse.** The Gemara comments: **Learn from** Rabbi Ḥiyya's instructions **three** *halakhot*. **Learn from it** that **wearing shoes is prohibited** for **a mourner,**[HN] which is why he instructed his servant to remove his shoes. **And learn from it** that for **distant tidings**[H] mourning **is practiced only one day.** One who receives tidings of the death of a relative more than thirty days after he died, does not mourn for seven days. The *halakhot* of mourning apply for only a single day. **And learn from it** that with regard to the *halakhot* of mourning, the legal status of **part of the day is like** that **of an entire** day.[HN] The Gemara derives this *halakha* from the fact that Rabbi Ḥiyya removed his shoes and immediately thereafter went to the bathhouse, an act that is prohibited for a mourner. He was permitted to do so because the restrictions of the mourning period were no longer in effect after briefly going without shoes.

הַהוּא דְּאָמַר: דּוּנוּ דִּינַי. אָמְרִי: שְׁמַע מִינַּהּ מִדָּן קָאָתֵי, דִּכְתִיב: ״דָּן יָדִין עַמּוֹ כְּאַחַד שִׁבְטֵי יִשְׂרָאֵל״.

With regard to the precision required in language, the Gemara relates: **A certain** man **would** regularly **say** whenever involved in conflict: **Adjudicate my case** [*dunu dini*].[N] The Sages **said: Learn from it** that **he descends from** the tribe of **Dan, as it is written: "Dan will judge** [*yadin*] **his people like one of the tribes of Israel"** (Genesis 49:16). He expressed himself that way due to his lineage.

PERSONALITIES

The family of Rabbi Ḥiyya and Rav – מִשְׁפַּחַת רַבִּי חִיָּיא וְרַב: The diagram presents the lineage of Rav's family over several generations. The patriarch of this family was Abba Karsela, whose son was Rabbi Aḥa from the city of Kafri. Rabbi Aḥa had a son named Rabbi Abba, who married and fathered four children: Ḥanna, Sheila, Marta, who according to some commentaries were all women, and Ayevu. Rabbi Abba subsequently married another woman, who had a daughter named Imma from a previous marriage. Rabbi Ḥiyya was Rabbi Abba's son from his second marriage. Rabbi Abba's son from his first marriage, Ayevu, later married his stepsister Imma, Rabbi Ḥiyya's sister from his mother's side. Despite their family ties, this marriage is halakhically permitted. They bore a son and named him Abba, also known as Rav. Incidentally, the other sons also had descendants who were prominent Torah scholars.

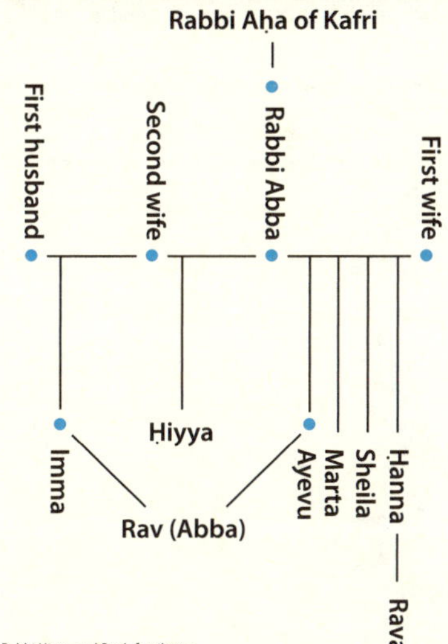

Rabbi Ḥiyya and Rav's family tree

HALAKHA

Is Imma alive – אִימָּא קַיֶּימֶת: Although it is not obligatory to inform a person that one of his family members, even one of his parents, has died, if he asks, one should inform him and should not lie. This *halakha* is based on Rav's statement here (*Beit Yosef* in the name of *Mordekhai*; *Shulḥan Arukh, Yoreh De'a* 402:12).

Wearing shoes is prohibited for a mourner – אָבֵל אָסוּר בִּנְעִילַת הַסַּנְדָּל: Wearing leather shoes is prohibited for a mourner. However, if he is walking in a place where there is danger posed by scorpions or disease (*Shakh*) it is permitted to wear shoes (*Shulḥan Arukh, Yoreh De'a* 382:1).

Distant tidings – שְׁמוּעָה רְחוֹקָה: If one hears about the death of a relative thirty days or more after he or she has died, the ordinary *halakhot* of mourning are not in effect. Instead, he mourns for one day, and it is enough if he performs a symbolic gesture of mourning, e.g., removing his shoes or turning over his bed, in accordance with Rabbi Ḥiyya's example (*Shulḥan Arukh, Yoreh De'a* 402:2–3).

The legal status of part of the day is like that of an entire day – מִקְצָת הַיּוֹם כְּכוּלּוֹ: This principle applies to many areas of *halakha*, especially the *halakhot* of mourning. If a mourner practiced the customs of mourning for a portion of the day it is considered as though he observed them for the entire day, in accordance with the actions of Rabbi Ḥiyya (*Shulḥan Arukh, Yoreh De'a* 402:1).

NOTES

Is Ayevu alive – אַיְּיבוּ קַיָּים: See the two explanations in Rashi. See also *Tosafot*, who cite Rabbeinu Ḥananel's alternative version and corresponding explanation of this story. One issue that differs in the variant readings of the incident is whether Rabbi Ḥiyya asked Rav about his own parents, i.e., Rav's grandparents, or about Rav's parents, i.e., Rabbi Ḥiyya's half brother and half sister. Part of the difficulty in deciphering this incident stems from the fact that *Abba*, which appears in some texts instead of Ayevu, and *Imma* could be either titles for parents or first names. According to Rabbeinu Ḥananel, Rav responded by referring to people who were still alive, i.e., his own parents, avoiding any mention of those who died, i.e., Rabbi Ḥiyya's parents, in order to avoid relating bad news explicitly (*Tosefot Rabbeinu Peretz*).

Wearing shoes is prohibited for a mourner – אָבֵל אָסוּר בִּנְעִילַת הַסַּנְדָּל: Although this *halakha* is well known, as the Gemara (*Mo'ed Katan* 15b) derives it from Ezekiel 24:17, it can be inferred from Rabbi Ḥiyya's actions that although one who receives distant tidings does not practice all the customs of mourning, it is appropriate to practice those which directly affect his body (Ritva).

Part of the day is like that of an entire day – מִקְצָת הַיּוֹם כְּכוּלּוֹ: Although the Gemara could have simply stated that in this situation one mourns only for a brief period, it cites the principle: The legal status of part of the day is like that of an entire day, because it is a significant principle in the *halakhot* of mourning (Ritva).

Adjudicate my case – דּוּנוּ דִּינַי: Some commentaries explain that this man would often say: Adjudicate my case, as an oath or an incantation before he set out to do anything. Elsewhere, the Sages say that this practice contains an element of the ways of the Amorites, i.e., superstitious gentile practices, and might even constitute idolatry (*Shabbat* 67a–b). Therefore, the Sages investigated his background and discovered that he would speak in this manner because he descended from the tribe of Dan (based on the *ge'onim*, cited in the *Me'iri*).

הַהוּא דַּהֲוָה קָא אָזֵיל וְאָמַר: אַכֵּיף יַמָּא אַסִּיסָנֵי בִּירָאתָא. בָּדְקוּ וְאַשְׁכְּחוּהוּ דְּמִזְּבוּלוּן קָאָתֵי, דִּכְתִיב: ״זְבוּלֻן לְחוֹף יַמִּים יִשְׁכֹּן״.

The Gemara relates a similar incident: **A certain** man **would** regularly **walk and say: The bushes on the seashore are cypresses**[BN] (*ge'onim*), i.e., items located by the sea are more beautiful than those found in other places. **They examined** his lineage **and found that he descends from** the tribe of **Zebulun, as it is written: "Zebulun shall dwell by the seashore"** (Genesis 49:13). That explains his love of all things close to the sea.

וְהָשְׁתָּא דְּקַיְימָא לָן דִּלְכוּלֵּי עָלְמָא אוֹר אוּרְתָּא הוּא. מִכְּדִי, בֵּין לְרַבִּי יְהוּדָה וּבֵין לְרַבִּי מֵאִיר חָמֵץ אֵינוֹ אָסוּר אֶלָּא מִשֵּׁשׁ שָׁעוֹת וּלְמַעְלָה, וְנִבְדּוֹק בְּשֵׁית!

The Gemara returns to the issue of the search for leaven. **And now that we maintain that everyone agrees** the word *or* in the mishna **is evening,** consider the following: **After all, both according to** the opinion of **Rabbi Yehuda and according to** that of **Rabbi Meir,** who disagree with regard to the deadline decreed by the Sages to remove all leaven, **it is prohibited** to derive benefit from **leavened bread** by Torah law **only from the sixth hour** of the day **and onward. And** if so, **let us search** for leaven at **six** hours of the day, and eliminate the leaven at that point.

וְכִי תֵּימָא: זְרִיזִין מַקְדִּימִין לְמִצְוֹת – נִבְדּוֹק מִצַּפְרָא! דִּכְתִיב: ״וּבַיּוֹם הַשְּׁמִינִי יִמּוֹל בְּשַׂר עָרְלָתוֹ״ וְתַנְיָא: כׇּל הַיּוֹם כּוּלּוֹ כָּשֵׁר לַמִּילָה, אֶלָּא שֶׁזְּרִיזִין מַקְדִּימִים לַמִּצְוֹת, שֶׁנֶּאֱמַר: ״וַיַּשְׁכֵּם אַבְרָהָם בַּבֹּקֶר״.

And lest you say that this *halakha* is in accordance with the principle that **the vigilant are early** in the performance **of mitzvot, let us search in the morning.** The principle: The vigilant are early in the performance of mitzvot, is derived, **as it is written: "And on the eighth day the flesh of his foreskin shall be circumcised"** (Leviticus 12:3). **And it was taught** in a *baraita*: **The entire day is suitable for** performance of the mitzva of **circumcision; however, the vigilant are early** in the performance **of mitzvot,** and circumcise in the morning.[H] **As it is stated** with regard to the binding of Isaac: **"And Abraham arose early in the morning"** (Genesis 22:3) after hearing God's command. This indicates that Abraham arose early in his eagerness to perform God's commandment.

אָמַר רַב נַחְמָן בַּר יִצְחָק: בְּשָׁעָה שֶׁבְּנֵי אָדָם מְצוּיִין בְּבָתֵּיהֶם, וְאוֹר הַנֵּר יָפֶה לִבְדִיקָה.

The Gemara cites an answer to its initial question of why the search for leaven is not conducted in the morning. **Rav Naḥman bar Yitzḥak said:** One searches for leaven **in the** evening as it is a **time when people are found in their homes,** and they have the opportunity to perform the search. **And** furthermore, **the light of the lamp is favorable for** conducting a **search** specifically at night. As the search is conducted with a lamp, it is preferable to search at night.[N]

אֲמַר אַבַּיֵי: הִילְכָּךְ, הַאי צוּרְבָא מֵרַבָּנַן לָא לִפְתַּח בְּעִידָּנֵיהּ בְּאוּרְתָּא דִּתְלֵיסַר דְּנָגְהֵי אַרְבֵּסַר, דִּלְמָא מָשְׁכָא לֵיהּ שְׁמַעְתֵּיהּ וְאָתֵי לְאִימְנוּעֵי מִמִּצְוָה.

Abaye said: Therefore,[N] in light of the above *halakha,* **a Torah scholar should not begin his** regularly scheduled **period** of Torah study[N] **in the evening** at the conclusion **of the thirteenth** of Nisan **that is the evening of the fourteenth,**[H] **as perhaps he will become engrossed in the *halakha*** he is studying **and will come to be prevented from** performing the **mitzva** of searching for leaven.

BACKGROUND

Cypresses – בִּירָאתָא: The species of cypress that is native to the Mediterranean region is the Mediterranean cypress, also known as *Cupressus sempervirens*. It is a medium-sized evergreen tree with a conic crown with level branches and variably loosely hanging branchlets. It is very long-lived, with some trees reported to be over a thousand years old.

Mediterranean cypresses in Israel

HALAKHA

Time of circumcision – זְמַן מִילָה: A father may perform circumcision anytime during the entire eighth day of his son's life. However, it is a mitzva to be diligent and perform it early in the day (*Shulḥan Arukh, Yoreh De'a* 262:1).

Torah study on the evening of the fourteenth – לִימּוּד בְּאוֹר לְאַרְבָּעָה עָשָׂר: One should not begin to study Torah on the evening of the fourteenth of Nisan before searching for leaven, even if he regularly studies at that time every day, in accordance with the opinion of Abaye. With regard to one who began studying before it grew dark, some authorities rule that he is not required to stop (*Beit Yosef,* based on Rabbeinu Yona), while others rule that he must interrupt his studies (Rema, based on the *Tur*). One who participates in a Torah lecture in the synagogue is permitted to do so even at that hour, as it will eventually end and he can then proceed to conduct the search (*Be'er Heitev*). Even in that case he should not engage in intensive study, lest he become preoccupied and forget to search for leaven (*Magen Avraham; Shulḥan Arukh, Oraḥ Ḥayyim* 431:2).

NOTES

The bushes on the seashore are cypresses – אַכֵּיף יַמָּא אַסִּיסָנֵי בִּירָאתָא: Some commentaries explain that he would say: On the seashore one finds only cypress trees. He would regularly issue statements to this effect, meaning that in all places one should expect to find only objects that are usually there (*ge'onim*).

The search for leaven on the evening of the fourteenth – בְּדִיקָה בְּאוֹר לְאַרְבָּעָה עָשָׂר: The two reasons mentioned in the Gemara are complementary. In other words, even if a person is at home during the day, or if his house is dark and he could theoretically search by candlelight during the day, he should nevertheless fulfill both criteria and conduct the search at the proper time (Rabbi Yonatan). In the Jerusalem Talmud another reason was provided. The verse states: "And you shall observe this day" (Exodus 12:17), indicating that the entire day of the fourteenth should be devoted to the elimination of leaven, including the night before.

Therefore – הִילְכָּךְ: In other words, although it was already stated in the mishna that one searches for leaven in the evening, this does not necessarily mean that that this obligation overrides the mitzva of Torah study. The Gemara therefore informs us that there is a unique obligation to search for leaven at this particular time (Rabbi Elazar Moshe Horowitz).

Begin his regularly scheduled period of Torah study – לִפְתַּח בְּעִידָּנֵיהּ: Some commentaries say that it is only prohibited to begin studying a new tractate, as due to the difficulty one will be preoccupied and fail to perform the search for leaven (Rabbi Yitzḥak ibn Giat).

בְּעוּ מִינֵּיהּ מֵרַב נַחְמָן בַּר יִצְחָק: הַמַּשְׂכִּיר בַּיִת לַחֲבֵירוֹ בְּאַרְבָּעָה עָשָׂר, עַל מִי לִבְדּוֹק? עַל הַמַּשְׂכִּיר לִבְדּוֹק – דַּחֲמִירָא דִּידֵיהּ הוּא, אוֹ דִּלְמָא עַל הַשּׂוֹכֵר לִבְדּוֹק – דְּאִיסּוּרָא בִּרְשׁוּתֵיהּ קָאֵי? תָּא שְׁמַע: הַמַּשְׂכִּיר בַּיִת לַחֲבֵירוֹ – עַל הַשּׂוֹכֵר לַעֲשׂוֹת לוֹ מְזוּזָה.

They raised a dilemma before Rav Naḥman bar Yitzḥak: With regard to **one who lets a house to another on the fourteenth** of Nisan, **upon whom** is it incumbent **to search** for leaven? Is it incumbent **upon the lessor to search** for leaven, **as the leavened bread is his; or is it perhaps** incumbent **upon the lessee to search, as the** source of the **prohibition is in his domain** since he will be living in the house during Passover?[N] He answered: **Come** and **hear** an answer from a *baraita*: With regard to **one who lets a house to another,** the obligation is **upon the lessee to affix a** ***mezuza***[N] **for it.** Apparently, the person renting the house is obligated to perform the mitzvot connected to the house.

הָתָם, הָא אָמַר רַב מְשַׁרְשִׁיָּא: מְזוּזָה חוֹבַת הַדָּר הִיא, הָכָא מַאי? אֲמַר לְהוּ רַב נַחְמָן בַּר יִצְחָק, תָּנֵינָא: הַמַּשְׂכִּיר בַּיִת לַחֲבֵירוֹ, אִם עַד שֶׁלֹּא מָסַר לוֹ מַפְתְּחוֹת חָל אַרְבָּעָה עָשָׂר – עַל הַמַּשְׂכִּיר לִבְדּוֹק, וְאִם מִשֶּׁמָּסַר לוֹ מַפְתְּחוֹת חָל אַרְבָּעָה עָשָׂר עַל הַשּׂוֹכֵר לִבְדּוֹק.

The Gemara rejects this proof: **There,** in the case of *mezuza*, **didn't Rav Mesharshiya say:** Affixing a ***mezuza*** **is the obligation of the resident?**[H] The fact is that the owner of an uninhabited house is not obligated to affix a *mezuza* to its doors. If so, the question remains, **what is the** *halakha* **here? Rav Naḥman bar Yitzḥak said to them** that **we** already **learned** the resolution to this dilemma in a *baraita*: **One who rents a house to another, if before he delivered the keys to** the renter **the fourteenth** of Nisan **began,** the obligation is **upon the lessor to search** for leaven. **And if** it was **after he delivered the keys to him** that **the fourteenth began,** the obligation is **upon the lessee to search** for leaven.[H]

בְּעוּ מִינֵּיהּ מֵרַב נַחְמָן בַּר יִצְחָק: הַמַּשְׂכִּיר בַּיִת לַחֲבֵירוֹ בְּאַרְבָּעָה עָשָׂר, חֶזְקָתוֹ בָּדוּק אוֹ אֵין חֶזְקָתוֹ בָּדוּק? לְמַאי נָפְקָא מִינָּהּ? לִישַׁיְילֵיהּ! דְּלֵיתֵיהּ לְהַאי דְּלְשַׁיְּילֵיהּ, לְאַטְרוֹחֵי לְהַאי מַאי?

They raised another **dilemma before Rav Naḥman bar Yitzḥak:** With regard to **one who lets a house to another on the fourteenth** of Nisan, is **its presumptive status** that it has been **searched or** is **it not its presumptive status that it has been searched?** The Gemara asks: **What is the practical difference** between these possibilities? **Let him ask** the owner of the house. The Gemara responds: The situation here is one **where** the owner is **not** here **to ask him.** The dilemma is whether or not **to impose upon** the renter to search for the leaven. **What is** the *halakha*?

אֲמַר לְהוּ רַב נַחְמָן בַּר יִצְחָק, תְּנֵיתוּהָ: הַכֹּל נֶאֱמָנִים עַל בִּיעוּר חָמֵץ, אֲפִילּוּ נָשִׁים אֲפִילּוּ עֲבָדִים אֲפִילּוּ קְטַנִּים. מַאי טַעְמָא מְהֵימְנֵי –

Rav Naḥman bar Yitzḥak said to them that **we** already **learned** the resolution to this dilemma based on a related *baraita*: **Everyone is believed** to provide testimony **about the elimination of leavened bread; even women, even slaves,** and **even minors.** Although these people are typically not relied upon to deliver testimony, they are believed when they provide testimony that they have eliminated leaven. The Gemara asks: **What is the reason** that **they are believed?**

Perek **I**
Daf **4** Amud **b**

לָאו מִשּׁוּם דְּחֶזְקָתוֹ בָּדוּק? דְּקָסָבַר: הַכֹּל חֲבֵרִים הֵם אֵצֶל בְּדִיקַת חָמֵץ. דְּתַנְיָא: חָבֵר שֶׁמֵּת וְהִנִּיחַ מְגוּרָה מְלֵאָה פֵּירוֹת, אֲפִילּוּ הֵן בְּנֵי יוֹמָן – הֲרֵי הֵן בְּחֶזְקַת מְתוּקָּנִים.

Isn't it due to the fact **that the presumptive status** of the house is that it **has been searched,** as this *tanna* **maintains: All are** considered ***ḥaverim***[N] **with regard to the search for leavened bread.** A *ḥaver* is one with the presumptive status of trustworthiness with regard to a given matter, e.g., ritual purity and impurity, tithes, etc. In this case, since everyone has *ḥaver* status with regard to searching for leaven, everyone is deemed trustworthy to have performed the requisite action. **As it was taught** in a *baraita*: With regard to a ***ḥaver*** **who died and left a storehouse filled with produce,**[H] **even** if the produce was there only **that day,**[N] the fruit has the **presumptive status** of produce that was ritually **prepared,** i.e., tithed, as there is no doubt that the *ḥaver* tithed his produce before he died. The same applies to the search for leaven: All are considered *ḥaverim* and are believed.

NOTES

Lessor and lessee – **מַשְׂכִּיר וְשׂוֹכֵר**: Some commentaries suggest that both the lessor and the lessee are exempt by Torah law, for different reasons. The lessor is exempt due to the fact that the property is not in his possession, while the lessee is exempt because the leaven does not belong to him. According to this opinion, the entire discussion is referring only to their obligations by rabbinic law (Rabbeinu Gershom).

Mezuza – **מְזוּזָה**: The obligation to affix a *mezuza* is incumbent upon one who lives in a house that he owns. The Sages extended this obligation to one who establishes residence in a house that belongs to someone else (*Tosefot Rabbeinu Peretz*).

HALAKHA

The obligation to affix a ***mezuza*** – **חוֹבַת מְזוּזָה**: A renter is required to affix a *mezuza* to the doorpost of the house he is renting, as it is the resident who is obligated to affix the *mezuza* (*Shulḥan Arukh, Yoreh De'a* 291:2).

The obligation to search for leaven – **חוֹבַת בְּדִיקַת חָמֵץ**: If the owner of a house who lets it to another delivered the keys to the lessee before the evening of the fourteenth of Nisan, the lessee is obligated to search for leaven. If the keys were delivered afterward, the lessor is obligated to perform the search (*Shulḥan Arukh, Oraḥ Ḥayyim* 437:1).

NOTES

Ḥaverim – **חֲבֵרִים**: The *ḥaverim* were members of a group or class of people that were meticulous in their observance of several mitzvot that most common people [*amei ha'aretz*] were not meticulous in observing. One who sought to enter a society of that kind had to formally accept its practices in the presence of three other members, who served as a kind of court for this purpose. The main emphasis of these groups was the strict observance of the *halakhot* of *teruma* and tithes and careful adherence to the *halakhot* of ritual purity, to the extent that they would eat even non-sacred food in a state of ritual purity. As a rule, a Torah scholar was typically a *ḥaver*, but a *ḥaver* was not necessarily a Torah scholar. Acceptance as a member of this group removed an individual from the category of a common, uneducated person, and his statements with regard to tithes and ritual purity were deemed reliable. In later generations, the term took on a more restricted meaning and was used to refer only to prominent scholars.

Even only that day – **אֲפִילּוּ...בְּנֵי יוֹמָן**: In the Jerusalem Talmud, this case is restricted to one involving a *ḥaver* who died with a clear mind and could therefore have tithed the produce himself or appointed an agent to do so on his behalf.

HALAKHA

A ***ḥaver*** **who died and left a storehouse filled with produce** – **חָבֵר שֶׁמֵּת וְהִנִּיחַ מְגוּרָה מְלֵאָה פֵּירוֹת**: If a *ḥaver* who is known to have been scrupulous about separating *terumot* and tithes died and left a storehouse full of produce, it has the presumptive status of having been tithed, even if it came into his possession on the day he died. The reason is that a *ḥaver* would not allow produce that had not been properly tithed to become available to others. This is the *halakha* provided that he died with all of his intellectual capabilities intact (Jerusalem Talmud). This ruling is in accordance with the *baraita* cited here (Rambam *Sefer Zera'im*, *Hilkhot Ma'aserot* 10:2).

וּמִמַּאי? דִּילְמָא שָׁאנֵי הָכָא מִשּׁוּם דְּקָאָמְרִי הָנֵי. אַטּוּ אֲמִירָה דְּהָנֵי מִידֵּי מְשָׁשָׁא אִית בֵּיהּ?

The Gemara challenges this claim: **And from where** can this be proven? It is possible that in general a house does not have presumptive status that it was searched, and **perhaps it is different here, due to** the fact that **these** people, e.g., a woman, slave, or minor, expressly **stated** that they conducted the search. Perhaps that is why the house is considered to have been searched. The Gemara rejects this contention: **Is that to say that there is any substance in the statement of these** people? Since the testimony of all these is disqualified, they lack credibility, and their statements are not reliable. Instead, the reason that there is no need to search the rented property for leaven must be because of the presumption that it has already been searched.

אֶלָּא מַאי – דְּחֶזְקָתוֹ בָּדוּק, הַאי "הַכֹּל נֶאֱמָנִים"? "כָּל הַבָּתִּים בְּחֶזְקַת בְּדוּקִין בְּאַרְבָּעָה עָשָׂר" מִיבְּעֵי לֵיהּ!

The Gemara retorts: **Rather, what is** the reason that one need not search the rented property for leaven? Is it due to the fact **that its presumptive status** is that it **has been searched?** If so, **this** statement should not read: **Everyone is believed,** as women, slaves, or minors themselves have no credibility. **It should have** been formulated:[N] With regard to **all houses on the fourteenth,** their **presumptive status is** that **they have** already **been searched,** as that is the actual rationale for the lenient ruling.

אֶלָּא מַאי – מִשּׁוּם אֲמִירָה דְּהָנֵי, הָא לָא אָמְרִי הָנֵי – לָא, תִּפְשׁוֹט מִינֵּיהּ דְּאֵין חֶזְקָתוֹ בָּדוּק!

The Gemara rejects this contention: **Rather, what** is the alternative? Is it that this *halakha* is **due to** the **statement of these** people, and by inference, **if these** people **do not say** that the house has been searched, then **no,** it cannot be assumed that it was searched? If so, **resolve** the original dilemma **from here,** as this is proof **that** the **presumptive status** of the house is **not** that it **has been searched,** unless someone explicitly states that this is the case.

לֹא, לְעוֹלָם אֵימָא לָךְ חֶזְקָתוֹ בָּדוּק, וְהָכָא בְּמַאי עָסְקִינַן – דְּמוּחְזַק לָן דְּלָא בְּדַק, וְקָאָמְרִי הָנֵי בְּדַקִינֵיהּ. מַהוּ דְּתֵימָא: לָא לְהֵימְנִינְהוּ רַבָּנַן, קָא מַשְׁמַע לָן: כֵּיוָן דִּבְדִיקַת חָמֵץ מִדְּרַבָּנַן הוּא, דְּמִדְּאוֹרַיְיתָא בְּבִיטּוּל בְּעָלְמָא סַגִּי לֵיהּ – הֵימְנוּהוּ רַבָּנַן בִּדְרַבָּנַן.

The Gemara rejects this conclusion: **No, actually** I can **say to you that** on the fourteenth **its presumptive status** is that it **has been searched,**[H] **and with what** case **are we dealing here?** This *halakha* is referring to a situation **where our presumption is** that the owner **did not search** the house, **and these** women, slaves, or minors **say: We searched it.**[N] **Lest you say that the Sages do not believe them,** as they are unfit to testify, the *baraita* therefore **teaches us** that **since the search for leavened bread is** an ordinance **by rabbinic law, as by Torah law mere nullification** of one's ownership before the prohibition of the leaven takes effect **is sufficient,**[N] **the Sages believe them with regard to** an ordinance instituted **by rabbinic law.**[HN]

אִיבַּעְיָא לְהוּ: הַמַּשְׂכִּיר בַּיִת לַחֲבֵירוֹ בְּחֶזְקַת בָּדוּק, וּמְצָאוֹ שֶׁאֵינוֹ בָּדוּק מַהוּ? מִי הָוֵי כְּמִקַּח טָעוּת, אוֹ לֹא?

A dilemma was raised before the Sages: With regard to **one who lets a house to another** for Passover, **with the presumptive status** that it **was searched, and** the lessee **discovered that it was not searched, what is** the *halakha*? **Is it considered a mistaken transaction,** and the renter can abrogate the deal, claiming that he agreed on the basis of his belief that the property had already been searched? **Or no,** it is not considered a mistaken transaction?

HALAKHA

Presumptive status with regard to the search for leaven – חֲזָקַת בְּדִיקַת חָמֵץ: With regard to one who rents a house on the fourteenth of Nisan, it can be assumed that the search for leaven has already been performed and the renter need only nullify in his heart any leaven that might remain in the house. This ruling is in accordance with the opinion of Rav Naḥman bar Yitzḥak. Although the Gemara rejected his proof, since the search for leaven is a rabbinic enactment one can rely on his opinion (*Beit Yosef*; *Shulḥan Arukh*, *Oraḥ Ḥayyim* 437:2).

Credibility with regard to the search for leaven – נֶאֱמָנוּת לִבְדִיקַת חָמֵץ: If a woman, slave, or minor claimed that he or she searched for leaven, even in a house whose presumptive status is not that it was searched, the person is believed. According to the Rambam, the minor referred to here is one capable of conducting the search, whereas the later commentaries maintain that it refers to a minor who has reached the age of training in mitzvot (*Shulḥan Arukh*, *Oraḥ Ḥayyim* 437:4).

NOTES

It should have been formulated – מִיבְּעֵי לֵיהּ: This explanation is significant because it is both a greater novelty and a more general principle than merely stating that in this case women, slaves, and minors are believed (Maharam Ḥalawa).

These say, we searched it – וְקָאָמְרִי הָנֵי בְּדַקִינֵיהּ: Some commentaries punctuate the phrase differently. It is not that the women, slaves, and minors say: We searched it, rather, that they, i.e., those fit to testify, say that women, slaves, and minors searched the house, so its presumptive status is that it has been searched (Rashash). A variant reading of the text states the opposite: These women, slaves, and minors say that he, an adult male, searched the house for leaven (Ra'avad).

By Torah law mere nullification is sufficient – דְּמִדְּאוֹרַיְיתָא בְּבִיטּוּל בְּעָלְמָא: There is a fundamental dispute here between Rashi and *Tosafot* with regard to the essence of the nullification of leaven. Is it a form of renunciation of ownership or is it an independent halakhic category? According to Rashi, as it is prohibited to derive benefit from leaven, it has no monetary value and therefore is not subject to ownership. Renouncing ownership over an item that is not subject to ownership is pointless and, therefore, with regard to leaven on Passover, ineffective. Despite the lack of formal ownership, the Torah places the leaven into one's property, as he has it in mind to eat it. By nullifying the leaven, he declares that he no longer has it in mind and renders the status of the leaven like the dust of the earth (Ramban).

The Sages believe them with regard to rabbinic law – הֵימְנוּהוּ רַבָּנַן בִּדְרַבָּנַן: Some commentaries explain that although women and minors are generally believed concerning mitzvot in which they are obligated (see *Tosafot*), this case is different, as the mitzva to search for leaven is incumbent on the owner of the house. Consequently, they have credibility only because the search is a rabbinic obligation (*Tosefot Rid*). Others cite the explanation in the Jerusalem Talmud that the testimony of a woman, in contrast to that of a minor or a slave, is accepted like that of a single witness with regard to matters other than formal testimony before the court (*Mikhtam*). Yet others explain that the testimony of women is generally not accepted, even with regard to rabbinic matters (Rosh).

תָּא שְׁמַע, דְּאָמַר אַבַּיֵי: לָא מִיבַּעְיָא בְּאַתְרָא דְּלָא יָהֲבִי אַגְרָא וּבָדְקוּ – דְּנִיחָא לֵיהּ לְאִינִישׁ לְקִיּוּמֵי מִצְוָה בְּגוּפֵיהּ, אֶלָּא אֲפִילּוּ בְּאַתְרָא דְּיָהֲבִי אַגְרָא וּבָדְקוּ – דְּנִיחָא לֵיהּ לְאִינִישׁ לְקַיּוּמֵי מִצְוָה בְּמָמוֹנֵיהּ.

The Gemara suggests: **Come and hear** a resolution to this dilemma, **as Abaye said: Needless to say,** that **in a place where** people typically **do not pay a wage** and hire others to conduct the search for leaven **and** everyone **searches** himself, **a person prefers to fulfill** the **mitzva himself. However, even in a place where** people **pay a wage and** have others **search** for leaven, it is not a mistaken transaction due to the fact **that a person prefers to perform** the **mitzva with his** own **money.**[N] Consequently, it is not considered a mistaken transaction, as a person does not object to having to perform a mitzva.[H]

תְּנַן הָתָם, רַבִּי מֵאִיר אוֹמֵר: אוֹכְלִין כָּל חָמֵשׁ וְשׂוֹרְפִין בִּתְחִלַּת שֵׁשׁ. רַבִּי יְהוּדָה אוֹמֵר: אוֹכְלִין כָּל אַרְבַּע, וְתוֹלִין כָּל חָמֵשׁ, וְשׂוֹרְפִין בִּתְחִלַּת שֵׁשׁ. דְּכוּלֵּי עָלְמָא מִיהָא חָמֵץ מִשֵּׁשׁ שָׁעוֹת וּלְמַעְלָה אָסוּר, מְנָלַן?

We learned in a mishna **there,** that **Rabbi Meir says: One** may **eat** leaven on the fourteenth day during **the entire** first **five** hours of the day, **and** he **burns** the leaven **at the beginning of the sixth** hour. **Rabbi Yehuda says: One** may **eat** leaven for **the entire** first **four** hours of the day, **and one leaves it in abeyance during the fifth** hour, at which point eating leaven is prohibited but it need not be burned yet, **and one burns** the leaven **at the beginning of the sixth** hour. **Everyone agrees, in any case,** that **leavened bread is prohibited** by Torah law **from the sixth hour and onward.**[N] **From where do we** derive this?

אֲמַר אַבַּיֵי: תְּרֵי קְרָאֵי כְּתִיבִי, כְּתִיב: "שִׁבְעַת יָמִים שְׂאוֹר לֹא יִמָּצֵא בְּבָתֵּיכֶם", וּכְתִיב: "אַךְ בַּיּוֹם הָרִאשׁוֹן תַּשְׁבִּיתוּ שְּׂאוֹר מִבָּתֵּיכֶם". הָא כֵּיצַד? לְרַבּוֹת אַרְבָּעָה עָשָׂר לַבִּיעוּר.

Abaye said: Two verses are written, and the *halakha* is derived by comparing them. **It is written** in one verse: **"Seven days, leaven shall not be found in your houses"** (Exodus 12:19), indicating that throughout these seven days it is prohibited to maintain leaven in one's house. **And it is written** in another verse: **"Yet on the first day you shall remove leaven from your houses"** (Exodus 12:15), indicating that one must remove the leaven on the first day, after the Festival has begun. **How can this** apparent contradiction be resolved? The Gemara responds: The latter verse comes **to include the fourteenth** day of Nisan with regard **to the elimination** of leaven. The phrase: On the first day, does not refer to the fifteenth of Nisan or to the beginning of the festival of Passover. It is referring to the fourteenth, the day on which the Paschal lamb is slaughtered.

וְאֵימָא: לְרַבּוֹת לֵילֵי חֲמִשָּׁה עָשָׂר לַבִּיעוּר, דְּסָלְקָא דַּעְתָּךְ אָמִינָא: יָמִים כְּתִיב, יָמִים – אִין, לֵילוֹת – לָא, קָא מַשְׁמַע לָן: אֲפִילּוּ לֵילוֹת. הַהוּא לָא אִיצְטְרִיכָא לֵיהּ,

The Gemara asks: **And say** perhaps, that the verse comes **to include the night of the fifteenth,** the first night of Passover, with regard **to the elimination** of leaven. **As,** were it not for this verse, **it could enter your mind to say:** Seven **days is written,** which indicates by inference: During the **days, yes,** one is obligated to remove leaven, but during the **nights, no,** there is no requirement to do so. Therefore, the verse **teaches us:** On the first day, one may not be in possession of leaven **even** during the **nights.** The Gemara rejects this suggestion: **That** *halakha* was **not necessary to** be derived by the Sages, as it can be learned from another source.

NOTES

A person prefers to perform the mitzva with his money – נִיחָא לֵיהּ לְאִינִישׁ לְקִיּוּמֵי מִצְוָה בְּמָמוֹנֵיהּ: Even if one explicitly says he does not wish to perform a mitzva with his money, his intention is rendered irrelevant by the consensus, as most people wish to perform mitzvot themselves (Rabbi Yonatan). Even though earlier a theory was suggested that the Sages did not impose upon a person to spend his money, here it is a small sum. In addition, in this case, perhaps he does not consider it an imposition (Maharam Ḥalawa).

Some explain that this applies only in a case where one rented the house without stipulation. However, if there was a specific stipulation in the rental agreement that the house was searched, and it was not searched, the rental agreement is void (Maharam Ḥalawa). Others explain that even in that case the agreement is not void. The fact that the renter must pay for the search is only because the landlord is away. When the landlord returns, he will reimburse the lessee. According to this explanation, the phrase: A person prefers to perform a mitzva with his money, refers to performing a mitzva in a residence that he purchased with his money (Korban Netanel). Others say that the lessee cannot demand reimbursement from the landlord because the landlord did not benefit at all from the search that was conducted.

From the sixth hour and onward – מִשֵּׁשׁ שָׁעוֹת וּלְמַעְלָה: Some commentaries explain that this is referring to the mitzva to remove leaven from his property (Rabbi Zeraḥya HaLevi; *Tosefot Rabbeinu Peretz*). Others claim that it is referring to the prohibition against eating leaven, and that this is the *halakha* even according to Rabbi Shimon (Maharam Ḥalawa).

HALAKHA

A mistaken transaction with regard to the search for leaven – מִקַּח טָעוּת בִּבְדִיקָה: With regard to one who rents out a house, the presumptive status of which is that it was searched, and it turns out that the house had not been searched, this is not considered a mistaken transaction and the lessee must conduct the search for leaven. This ruling applies even in a place where people pay others to conduct the search on their behalf. Some authorities say that the lessor is required to reimburse the lessee for the cost of searching the house (*Maggid Mishne*; *Shulḥan Arukh, Oraḥ Ḥayyim* 437:3).

דְּהָא אִיתְקַשׁ הַשְׁבָּתַת שְׂאוֹר לַאֲכִילַת חָמֵץ, וַאֲכִילַת חָמֵץ לַאֲכִילַת מַצָּה.

The time for **the removal of leaven is juxtaposed to** the time when **the eating of leavened bread** is prohibited. When the prohibition against eating leaven goes into effect, the obligation to remove leaven is in effect as well. **And** furthermore, the time of the prohibition against **the eating of leavened bread** is juxtaposed **to the** time for **the eating of** ***matza***, as its prohibition takes effect from the time that the mitzva to eat *matza* takes effect.

הַשְׁבָּתַת שְׂאוֹר לַאֲכִילַת חָמֵץ – דִּכְתִיב: "שִׁבְעַת יָמִים שְׂאֹר לֹא יִמָּצֵא בְּבָתֵּיכֶם כִּי כָּל אֹכֵל מַחְמֶצֶת וְנִכְרְתָה".

The Gemara elaborates: **The removal of leaven** is juxtaposed **to the eating of leavened bread,** as they appear in the same verse, **as it is written: "Seven days leaven shall not be found in your houses, as anyone who eats that which is leavened,** that soul **shall be cut off** from the congregation of Israel" (Exodus 12:19).

וַאֲכִילַת חָמֵץ לַאֲכִילַת מַצָּה – דִּכְתִיב: ״כָּל מַחְמֶצֶת לֹא תֹאכֵלוּ בְּכֹל מוֹשְׁבֹתֵיכֶם תֹּאכְלוּ מַצּוֹת (וגו׳)״, וּכְתִיב בֵּיהּ בְּמַצָּה: ״בָּעֶרֶב תֹּאכְלוּ מַצּוֹת״.

And the prohibition against **the eating of leavened bread** is juxtaposed **to the eating of *matza***, as both appear in the same verse, **as it is written: "You shall not eat anything that is leavened; in all of your dwellings you shall eat *matzot*, etc."** (Exodus 12:20), **and it is written with regard to *matza***: "On the first day, on the fourteenth day **in the evening you shall eat *matzot*"** (Exodus 12:18). Since the *halakha* that leaven is prohibited on the first night of Passover is derived from this source, there is no need for an additional derivation.

וְאֵימָא לְרַבּוֹת לֵיל אַרְבָּעָה עָשָׂר לְבִיעוּר! ׳בַּיּוֹם׳ כְּתִיב.

The Gemara asks: **And say** that the verse: "Yet on the first day you shall remove leaven from your houses" comes **to include the night of the fourteenth** in the obligation **to remove** leaven, which would mean that one must remove all leaven from his house on the night of the fourteenth. The Gemara rejects this suggestion: That is not possible, as **"on the day" is written.**

וְאֵימָא מִצַּפְרָא! ״אַךְ״ חִלֵּק.

The Gemara continues to ask: **And say** that leaven must be removed immediately **from the morning** of the fourteenth. The Gemara answers: That is also incorrect, as the verse says, "Yet on the first day"; and the word **yet divides.**[N] The connotation of the word yet is one of restriction. In this context, it teaches that leaven is prohibited not for the entire day, but only for part of it. One is obligated to remove leaven only for the second half of the fourteenth of Nisan, not for the first half of the day.

דְּבֵי רַבִּי יִשְׁמָעֵאל תָּנָא: מָצִינוּ אַרְבָּעָה עָשָׂר שֶׁנִּקְרָא רִאשׁוֹן, שֶׁנֶּאֱמַר: ״בָּרִאשֹׁן בְּאַרְבָּעָה עָשָׂר יוֹם לַחֹדֶשׁ״. רַב נַחְמָן בַּר יִצְחָק אָמַר: רִאשׁוֹן – דְּמֵעִיקָּרָא מַשְׁמַע, דְּאָמַר קְרָא: ״הֲרִאישׁוֹן אָדָם תִּוָּלֵד״.

The school of Rabbi Yishmael taught: We found that the **fourteenth** day **is called: First, as it is stated: "On *harishon*, on the fourteenth day of the month"** (Exodus 12:18). **Rav Naḥman bar Yitzḥak said:** It is evident from the verse itself that it is referring to the removal of leaven on the fourteenth, **as *rishon* means previous.**[N] In this context, first means the day that precedes the others, i.e., the day before the Festival begins, **as the verse stated: "Are you first [*rishon*] man born?** Or were you brought forth before the hills?" (Job 15:7). Based on the parallelism between the two parts of the verse, the word *rishon* here means before; the one preceding all others.

אֶלָּא מֵעַתָּה, ״וּלְקַחְתֶּם לָכֶם בַּיּוֹם הָרִאשׁוֹן״ הָכִי נַמִי רִאשׁוֹן דְּמֵעִיקָּרָא מַשְׁמַע?!

The Gemara asks: **But** if that is **so**, consider a verse written with regard to *Sukkot*: **"And you shall take for yourselves on the first [*harishon*] day** the fruit of a beautiful tree, branches of palm trees, and boughs of thick trees, and willows of the brook" (Leviticus 23:40). **So too,** in this case, does ***harishon* mean** the day **previous** to the Festival? Clearly, one is not obligated to take the four species on the fourteenth of Tishrei, the eve of *Sukkot*.

שָׁאנֵי הָתָם, דִּכְתִיב: ״וּשְׂמַחְתֶּם לִפְנֵי ה׳ אֱלֹהֵיכֶם שִׁבְעַת יָמִים״, מַה שְּׁבִיעִי – שְׁבִיעִי לֶחָג, אַף רִאשׁוֹן – רִאשׁוֹן לֶחָג.

The Gemara rejects this contention. **There it is different, as it is written** immediately thereafter: **"And you shall rejoice before the Lord your God seven days"** (Leviticus 23:40). **Just as the seventh** of these seven days is **the seventh day of the Festival, so too,** the **first** of these days is the **first** day **of the Festival** itself, not the day before *Sukkot*. However, where it is not explicitly stated, *rishon* means the day before the Festival.

הָכָא נַמִי כְּתִיב: ״אַךְ בַּיּוֹם הָרִאשׁוֹן תַּשְׁבִּיתוּ״ ״שִׁבְעַת יָמִים מַצּוֹת תֹּאכֵלוּ״! אִם כֵּן נִכְתּוֹב קְרָא ״רִאשׁוֹן״, ״הָרִאשׁוֹן״ לָמָּה לִי? שְׁמַע מִינַּהּ לְכִדְאֲמַרַן.

The Gemara raises a difficulty. **Here too, it is written** with regard to Passover: **"Yet on the first [*harishon*] day you shall remove** leaven from your houses"; **"for seven days you shall eat *matza*"** (Exodus 12:15). Just as seventh here is referring to the seventh day of the Festival, so too, *rishon* must refer to the first day of the Festival. The Gemara answers: **If so, let** the verse **write *rishon*;** why do I need the addition of the definite article, ***harishon*? Learn from it, as we said:** *Harishon* means the day before the Festival.

אִי הָכִי, הָתָם נַמִי ״הָרִאשׁוֹן״ לָמָּה לִי? וְתוּ, הָתָם דִּכְתִיב: ״בַּיּוֹם הָרִאשׁוֹן שַׁבָּתוֹן וּבַיּוֹם הַשְּׁמִינִי שַׁבָּתוֹן״ אֵימַר ״רִאשׁוֹן״ דְּמֵעִיקָּרָא מַשְׁמַע! שָׁאנֵי הָתָם, דְּאָמַר קְרָא: ״וּבַיּוֹם הַשְּׁמִינִי שַׁבָּתוֹן״ מַה שְּׁמִינִי – שְׁמִינִי דְּחַג, אַף רִאשׁוֹן – רִאשׁוֹן דְּחַג.

The Gemara raises an objection: **If so, there too,** with regard to *Sukkot*, **why do I** need the verse to say ***harishon*? And furthermore, there it is written: "On the first [*harishon*] day a solemn rest and on the eighth day a solemn rest"** (Leviticus 23:39). Here too, **say** that **first means previous,** the day preceding the Festival. The Gemara rejects this suggestion: **It is different there, as the verse said: "And on the eighth day a solemn rest,"** from which it can be inferred that **just** as the **eighth** means the **eighth** day **of the Festival,** so **too, *rishon*** is referring to the **first** day **of the Festival.**

NOTES

Yet divides – אַךְ חִלֵּק: The word yet [*akh*] connotes limitation or exclusion, but see the Jerusalem Talmud at the beginning of tractate *Pesaḥim*. However, another difficulty remains: What leads to the conclusion that the word yet limits consumption of leaven specifically until midday rather than any other time? See Rashi, who answers this question by means of a calculation of the letters of the Hebrew alphabet using the method *alef-ḥet-samekh*, *beit-tet-ayin*, etc., where one substitutes the Hebrew letter with the letter that appears seven letters later in the Hebrew alphabet. The word *akh*, spelled *alef*, *kaf*, becomes *ḥet*, *tzadi*, meaning half. Others explain that *akh* indicates that in this case one does not count the hours of the day from the evening, as is the case in most *halakhot*. Rather, one calculates the day as astronomers do, beginning at midday (*Me'iri*, in the name of his teachers).

As *rishon* means previous – רִאשׁוֹן דְּמֵעִיקָּרָא מַשְׁמַע: In his commentary on the Torah, Rashi combines the explanations of Rav Naḥman bar Yitzḥak and Rava, asserting that the two opinions are interdependent. Without Rava's opinion, Rav Naḥman bar Yitzḥak would be unable to derive from the term *harishon* any *halakha* beyond its plain meaning (Maharsha; see also *Tosefot Rabbeinu Peretz*).

״הָרִאשׁוֹן״ לָמָּה לִי? לְמַעוֹטֵי חוּלּוֹ שֶׁל מוֹעֵד. חוּלּוֹ שֶׁל מוֹעֵד מֵרִאשׁוֹן וּשְׁמִינִי נָפְקָא!

The Gemara repeats its earlier question: **Why do I need the verse** to say ***harishon*?** The Gemara answers: The definite article comes **to exclude the intermediate days** of the Festival. It is not prohibited to perform labor on these days, as the full-fledged sanctity of the Festival does not apply to them. The Gemara says: The status of **the intermediate days is derived from** the words **first and eighth.** The fact that the verse mentions only the first and the eighth days as Festivals clearly indicates that the days between them are not Festivals.

אִיצְטְרִיךְ, סָלְקָא דַּעְתָּךְ אָמִינָא: הוֹאִיל דִּכְתַב רַחֲמָנָא: ״וּבַיּוֹם הַשְּׁמִינִי״, וָי״ו מוֹסִיף עַל עִנְיָן רִאשׁוֹן, דַּאֲפִילּוּ בְּחוּלּוֹ שֶׁל מוֹעֵד, קָא מַשְׁמַע לָן.

The Gemara answers: Nevertheless, a special verse was **necessary** to exclude the intermediate Festival days, as otherwise **it could enter your mind to say that since the Merciful One writes: "And on the eighth day,"** the principle: The letter ***vav* adds to the previous matter,**[N] applies. When a phrase begins with the conjunction *vav*, meaning and, it is a continuation of the previous matter rather than a new topic. Based on this principle, I might have said **that** one must treat **even the intermediate days** as full-fledged Festival days. Therefore, the definite article **teaches us** not that this is not so.

וְלָא לִכְתּוֹב רַחֲמָנָא לָא וָי״ו וְלָא הֵ״א?! וְתוּ: הָתָם דִּכְתִיב ״בַּיּוֹם הָרִאשׁוֹן מִקְרָא קֹדֶשׁ יִהְיֶה לָכֶם״ רִאשׁוֹן דְּמֵעִיקָּרָא מַשְׁמַע!

The Gemara asks: **And let the Merciful One write** in the Torah **neither** the conjunction ***vav*** **nor** the definite article ***heh*.** Since they neutralize each other, as explained above, the same result could have been achieved by omitting both. **And furthermore, there,** in its description of Passover, **it is written: "On the first [*harishon*] day you shall have a sacred convocation;** you shall do no servile work" (Leviticus 23:7). Does **first mean previous,** the day preceding the Festival, in this case too? Labor is permitted on the eve of the Festival.

אֶלָּא: הָנֵי שְׁלֹשָׁה רִאשׁוֹן מִיבָּעֵי לֵיהּ לְכִדְתָנֵי דְּבֵי רַבִּי יִשְׁמָעֵאל. דְּתָנָא דְּבֵי רַבִּי יִשְׁמָעֵאל: בִּשְׂכַר שְׁלֹשָׁה ״רִאשׁוֹן״ זָכוּ לִשְׁלֹשָׁה ״רִאשׁוֹן״ – לְהַכְרִית זַרְעוֹ שֶׁל עֵשָׂו, לְבִנְיַן בֵּית הַמִּקְדָּשׁ, וְלִשְׁמוֹ שֶׁל מָשִׁיחַ.

Rather, the Gemara explains that **those three** times the word *rishon* is mentioned[N] with regard to the Festivals are **necessary for that which the school of Rabbi Yishmael taught. As the school of Rabbi Yishmael taught: In reward for the three** times the word *rishon* is stated with regard to the Festivals observed by the Jewish people, **they were entitled to three** matters also referred to as *rishon*: **To eradicate the descendants of Esau, to the construction of the Temple, and to the name of Messiah.**

לְהַכְרִית זַרְעוֹ שֶׁל עֵשָׂו – דִּכְתִיב: ״וַיֵּצֵא הָרִאשׁוֹן אַדְמוֹנִי כֻּלּוֹ כְּאַדֶּרֶת שֵׂעָר״. וּלְבִנְיַן בֵּית הַמִּקְדָּשׁ – דִּכְתִיב: ״כִּסֵּא כָבוֹד מָרוֹם מֵרִאשׁוֹן מְקוֹם מִקְדָּשֵׁנוּ״. וְלִשְׁמוֹ שֶׁל מָשִׁיחַ – דִּכְתִיב: ״רִאשׁוֹן לְצִיּוֹן הִנֵּה הִנָּם״.

The *tanna* provides the sources for his statement. **To eradicate the descendants of Esau, as it is written: "And the first [*harishon*] came forth red, all over like a hairy mantle;** and they called his name Esau" (Genesis 25:25). **And to the construction of the Temple, as it is written: "The Throne of Glory, on High from the beginning [*merishon*], the place of our Temple"** (Jeremiah 17:12). **And** the Jewish people were also entitled **to the name of Messiah, as it is written: "A harbinger [*rishon*] to Zion** I will give: **Behold, behold them;** and to Jerusalem a messenger of good tidings" (Isaiah 41:27). However, *harishon* stated with regard to Passover is referring to the day before the Festival.

רָבָא אָמַר, מֵהָכָא: ״לֹא תִשְׁחַט עַל חָמֵץ דַּם זִבְחִי״ – לֹא תִשְׁחַט הַפֶּסַח וַעֲדַיִן חָמֵץ קַיָּים.

Rava said: The *halakha* that leaven is prohibited from midday on the fourteenth of Nisan is derived **from here: "You shall not slaughter the blood of My offering over leavened bread;** neither shall the offering of the feast of the Passover be left to the morning" (Exodus 34:25). This verse means that **you shall not slaughter the Paschal lamb while** your **leavened bread is still intact.**[H] In other words, all leaven must be removed before the time the Paschal lamb may be slaughtered.

וְאֵימָא: כָּל חַד וְחַד כִּי שָׁחֵיט! זְמַן שְׁחִיטָה אָמַר רַחֲמָנָא.

The Gemara raises a difficulty: **And say** that the verse means that **each and every person** must ensure that he has no leaven in his possession **when he slaughters** his own Paschal lamb, and there is no fixed time for this prohibition. The Gemara answers: **The Merciful One states the time of** the **slaughter** of the Paschal lamb, which begins at the end of the sixth hour. In other words, this verse is referring to a particular point in time, rather than the individual act of slaughtering the Paschal lamb.

NOTES

Vav adds to the previous matter – וָי״ו מוֹסִיף עַל עִנְיָן רִאשׁוֹן: There is a principle in halakhic midrash that when the Torah begins a new topic with the letter *vav* as a prefix it is expanding upon the previous matter. In other words, the new issue is linked to the earlier one, and its contents constitute a continuation. When there is no *vav* prefix, it can be assumed there is no definite connection between one topic and the next.

Three times the word *rishon* is mentioned – שְׁלֹשָׁה רִאשׁוֹן: When the word *rishon* is stated with regard to Passover, it is referring to the future redemption, when the offspring of Amalek will be removed. When it appears in the context of the mitzva of *sukka*, *rishon* evokes the clouds of divine glory and alludes to the Temple. *Rishon* mentioned in the context of *lulav* alludes to the celebration that will accompany the coming of the Messiah (Maharsha; Rabbi Yoshiya Pinto).

HALAKHA

The Paschal lamb and leavened bread – קָרְבַּן פֶּסַח וְחָמֵץ: By Torah law, it is prohibited to eat leaven on the day before Passover from the beginning of the seventh hour, i.e., from noon. The authorities disagree as to whether one who eats leaven between noon and the start of the Festival is flogged for violating the prohibition: "You shall not slaughter the blood of My offering over leavened bread" (Exodus 34:25). Some commentaries claim that the dispute between Abaye and Rava revolves around this point. According to Abaye, although it is prohibited to eat leaven on the fourteenth of Nisan after midday, one who does so is not flogged. Rava maintains that he is flogged. The Rif cites Abaye's interpretation, indicating that the Rif maintains that one who eats leaven at this time is flogged (*Shiltei HaGibborim*). The *Ba'al HaMaor* and *Sefer Ha'Ittur* agree. In contrast, according to the Rambam, the Rosh, and the *Tur*, one is flogged for eating leaven at that time (Rambam *Sefer Zemanim*, *Hilkhot Ḥametz UMatza* 1:8).

תַּנְיָא נַמִי הָכִי: ״אַךְ בַּיּוֹם הָרִאשׁוֹן תַּשְׁבִּיתוּ שְּׂאֹר מִבָּתֵּיכֶם״ – מֵעֶרֶב יוֹם טוֹב, אוֹ אֵינוֹ אֶלָּא בְּיוֹם טוֹב עַצְמוֹ – תַּלְמוּד לוֹמַר: ״לֹא תִשְׁחַט עַל חָמֵץ דַּם זִבְחִי״ – לֹא תִשְׁחַט אֶת הַפֶּסַח וַעֲדַיִין חָמֵץ קַיָּים, דִּבְרֵי רַבִּי יִשְׁמָעֵאל.

The Gemara adds that some of the aforementioned opinions **were also taught** in a *baraita*: **"Yet on the first day you shall remove leaven from your houses"** (Exodus 12:15). This prohibition is in effect **from the eve of the Festival. Or perhaps** that is **not** the case, but **it** applies **only to the Festival itself. The verse states: "You shall not slaughter the blood of My offering over leavened bread"** (Exodus 34:25), meaning that **you shall not slaughter the Paschal lamb while** your **leavened bread is still intact.** This is **the statement of Rabbi Yishmael.**

רַבִּי עֲקִיבָא אוֹמֵר: אֵינוֹ צָרִיךְ, הֲרֵי הוּא אוֹמֵר: ״אַךְ בַּיּוֹם הָרִאשׁוֹן תַּשְׁבִּיתוּ שְּׂאֹר מִבָּתֵּיכֶם״, וּכְתִיב: ״כָּל מְלָאכָה לֹא (תַעֲשׂוּ)״, וּמָצִינוּ לְהַבְעָרָה שֶׁהִיא אַב מְלָאכָה.

Rabbi Akiva[N] **says: There is no need** for this proof, **as it says: "Yet on the first day you shall remove leaven from your houses," and it is written:** "And on the first day there shall be to you a sacred convocation, and on the seventh day a sacred convocation; **you shall perform no manner of work** on them" (Exodus 12:17). **And we found that kindling** a fire **is a primary category of** prohibited **labor.** Since the fire in which the leaven is burned is not for the preparation of food, kindling it is not performed for the purpose of the Festival. Therefore, it is prohibited to burn the leaven on the Festival itself. Consequently, one must burn the leaven on the day before the Festival.

רַבִּי יוֹסֵי אוֹמֵר: אֵינוֹ צָרִיךְ, הֲרֵי הוּא אוֹמֵר: ״אַךְ בַּיּוֹם הָרִאשׁוֹן תַּשְׁבִּיתוּ שְּׂאֹר מִבָּתֵּיכֶם״ – מֵעֶרֶב יוֹם טוֹב, אוֹ אֵינוֹ אֶלָּא בְּיוֹם טוֹב – תַּלְמוּד לוֹמַר: ״אַךְ״ – חִלֵּק. וְאִי בְּיוֹם טוֹב עַצְמוֹ – מִי שָׁרֵי? הָא אִיתְקַשׁ הַשְׁבָּתַת שְׂאוֹר לַאֲכִילַת חָמֵץ, וַאֲכִילַת חָמֵץ לַאֲכִילַת מַצָּה! אָמַר רָבָא:

Rabbi Yosei says: There is no need for that proof either, **as it says: "Yet on the first day you shall remove leaven from your houses."** This prohibition applies **from the eve of the Festival. Or perhaps** that is **not** the case, but **it** applies only **to the Festival itself. The verse states: Yet,** which comes **to divide** the day into two parts; the first half, when leaven is permitted, and the second half, when it is prohibited. **And if** this verse is referring **to** the first day of **the Festival itself,** is leaven **permitted** on the actual Festival? As explained above, **the removal of leaven is juxtaposed to the eating of leavened bread, and the eating of leavened bread** is juxtaposed **to the eating of *matza*. Rava said:**

Perek **I**
Daf **5** Amud **b**

שְׁמַע מִינָּהּ מִדְּרַבִּי עֲקִיבָא תְּלָת; שְׁמַע מִינָּהּ: אֵין בִּיעוּר חָמֵץ אֶלָּא שְׂרֵיפָה, וּשְׁמַע מִינָּהּ: הַבְעָרָה לְחַלֵּק יָצָאת, וּשְׁמַע מִינָּהּ: לָא אָמְרִינַן הוֹאִיל וְהוּתְּרָה הַבְעָרָה לְצוֹרֶךְ הוּתְּרָה נַמִי שֶׁלֹּא לְצוֹרֶךְ.

Learn from the statement **of Rabbi Akiva three** *halakhot*. **Learn from it** that **the removal of leavened bread** can be performed **only by** means of **burning.** Rabbi Akiva bases his opinion on the fact that it is prohibited to kindle a fire on the Festival.

And second, **learn from it** that the prohibition against **kindling** a fire on Shabbat **was** specifically singled **out** in the Torah **to divide**[N] the various primary categories of labor and to establish liability for performance of each of them. The dissenting opinion is that kindling is singled out to teach that there is no capital punishment for performing that primary category of labor.

And third, **learn from it** that **we do not say: Since** it is **permitted** to **kindle** a fire **for the purpose** of preparing food, it is **also permitted** to light a fire **not for the purpose** of preparing food, e.g., to burn leaven.

תָּנוּ רַבָּנַן: ״שִׁבְעַת יָמִים שְׂאֹר לֹא יִמָּצֵא בְּבָתֵּיכֶם״ מַה תַּלְמוּד לוֹמַר? וַהֲלֹא כְּבָר נֶאֱמַר: ״לֹא יֵרָאֶה לְךָ שְׂאֹר [וְלֹא יֵרָאֶה לְךָ חָמֵץ] בְּכָל גְּבֻלֶךָ״.

The Sages taught in a *baraita*: **"Seven days leaven shall not be found in your houses"** (Exodus 12:19). To **what** purpose does **the verse state** this prohibition? **Wasn't it already stated:** "**And no leaven shall be seen with you, neither shall there be leavened bread seen with you, in all your borders**" (Exodus 13:7)?

לְפִי שֶׁנֶּאֱמַר: ״לֹא יֵרָאֶה לְךָ שְׂאֹר״ – שֶׁלְּךָ אִי אַתָּה רוֹאֶה, אֲבָל אַתָּה רוֹאֶה שֶׁל אֲחֵרִים וְשֶׁל גָּבוֹהַּ. יָכוֹל יַטְמִין וִיקַבֵּל פִּקְדוֹנוֹת מִן הַגּוֹי – תַּלְמוּד לוֹמַר: ״לֹא יִמָּצֵא״.

The *baraita* answers: **Because it is stated: "And no leaven shall be seen with you,"** which teaches that **your** own leaven **you** may **not see, but you may see** leaven that belongs **to others,** i.e., gentiles, **and** leaven consecrated **to God.** In light of this *halakha*, **I might have** thought that one may **conceal** leaven in one's home or **accept deposits** of leaven **from a gentile.** Therefore, **the verse states: "Shall not be found,"** meaning that one may not retain any type of leaven in one's house at all.

NOTES

The opinion of Rabbi Akiva – שִׁיטַת רַבִּי עֲקִיבָא: Had the Torah mandated to burn leaven on the fifteenth of Nisan, what would be the problem? The positive mitzva to burn leaven should override the negative mitzva against kindling fire. Apparently, Rabbi Akiva's opinion is based on the uncertainty whether the verse is referring to the fifteenth or the fourteenth of Nisan. This proof tilts the scale in favor of the opinion that the verse is referring to the fourteenth (Responsa of Rabbi Yitzḥak Meir of Gur).

NOTES

Singled out to divide – לְחַלֵּק יָצָאת: The *tanna'im* dispute the implication of the fact that the verse "You shall not kindle a fire in any of your dwellings on the day of Shabbat" (Exodus 35:3) specifically singles out the act of kindling a fire as opposed to the rest of thirty-nine prohibited categories of labor on Shabbat, which were derived through juxtaposition with the construction of the Tabernacle. Some *tanna'im* explain that this type of labor is singled out to teach the principle of division, i.e., that one is liable to be punished with *karet* for violation of any one of the primary categories of labor on Shabbat and is liable to bring multiple sin-offerings for each primary category of labor violated unwittingly. Others contend that kindling was singled out to teach that this prohibition is less severe than the other categories of labor. Whereas the punishment for violation of any of the other categories of labor is *karet*, the status of the prohibition against kindling a fire on Shabbat is not a capital crime and is punished with lashes.

As for the proof from Rabbi Akiva's opinion, Rashi explains that it is derived from the fact that he is referring to kindling as a primary category of labor. *Tosafot* cite this interpretation as well. Rabbeinu Ḥananel explains that the fact that the mitzva to burn leaven does not override the prohibition against kindling a fire proves that it is punishable by *karet*. If kindling a fire on Shabbat were an ordinary prohibition, the commandment to burn leaven would override it (see Rabbi A. Y. Kook in *Tuv Re'iya*).

BACKGROUND

Pits, ditches, and caves – בּוֹר שִׁיחַ וּמְעָרָה: These three structures, referenced in the Gemara, are distinguished as follows: A pit is narrow and round; a ditch is long and narrow; and a cave is similar to a pit, except that it is covered.

Ancient pit in the Yatir forest

Ditches

Cave

אֵין לִי אֶלָּא בְּגוֹי שֶׁלֹּא כִּיבַּשְׁתּוֹ, וְאֵין שָׁרוּי עִמְּךָ בֶּחָצֵר. גּוֹי שֶׁכִּיבַּשְׁתּוֹ וְשָׁרוּי עִמְּךָ בֶּחָצֵר מִנַּיִן – תַּלְמוּד לוֹמַר: "לֹא יִמָּצֵא בְּבָתֵּיכֶם".

The *tanna* continues: Had only this verse been stated, I would **have** derived **nothing other** than this *halakha* **with regard to a gentile whom you did not overcome and who does not dwell with you in the courtyard.** With regard to **a gentile whom you overcame**[N] **and who dwells with you in the courtyard, from where** do we know that he is also included in this prohibition? **The verse states: "It shall not be found in your houses"** at all, i.e., anywhere in one's possession.

אֵין לִי אֶלָּא שֶׁבְּבָתֵּיכֶם, בַּבּוֹרוֹת בַּשִּׁיחִין וּבַמְּעָרוֹת מִנַּיִן – תַּלְמוּד לוֹמַר: "בְּכָל גְּבֻלֶךָ".

The *baraita* further states that from the verse: "It shall not be found in your houses," **I have** derived **nothing other** than the fact that this prohibition applies to leaven **that** is actually **in your houses. From where** is it derived that this *halakha* applies even to leaven **in pits, ditches, and caves?**[B] **The verse states: In all your borders,** i.e., anywhere that belongs to you.

וַעֲדַיִין אֲנִי אוֹמֵר: בַּבָּתִּים – עוֹבֵר מִשּׁוּם בַּל יֵרָאֶה וּבַל יִמָּצֵא וּבַל יַטְמִין וּבַל יְקַבֵּל פִּקְדּוֹנוֹת מִן הַגּוֹי. בַּגְּבוּלִין – שֶׁלְּךָ אִי אַתָּה רוֹאֶה, אֲבָל אַתָּה רוֹאֶה שֶׁל אֲחֵרִים וְשֶׁל גָּבוֹהַּ. מִנַּיִן לִיתֵּן אֶת הָאָמוּר שֶׁל זֶה בָּזֶה וְשֶׁל זֶה בָּזֶה –

And still I can say: If there is leaven **in your houses, one violates** the prohibition that leaven **shall not be seen and** the prohibition that **it shall not be found, as well as** the prohibitions **of you shall not conceal and you shall not receive deposits from a gentile.** Meanwhile, **in your borders,** outside your home, **your** own leaven **you may not see, but you may see** leaven that belongs **to others,** i.e., gentiles, **and** leaven consecrated **to God. From where** is it derived that it is proper **to apply** the prohibition **that was said about this** place **to that** place, **and** the prohibition **that was said about that** place **to this** place?

תַּלְמוּד לוֹמַר: שְׂאוֹר שְׂאוֹר לִגְזֵירָה שָׁוָה. נֶאֱמַר שְׂאוֹר בַּבָּתִּים: "שְׂאֹר לֹא יִמָּצֵא בְּבָתֵּיכֶם", וְנֶאֱמַר שְׂאֹר בַּגְּבוּלִין: "לֹא יֵרָאֶה לְךָ שְׂאֹר", מַה שְּׂאוֹר הָאָמוּר בַּבָּתִּים – עוֹבֵר מִשּׁוּם בַּל יֵרָאֶה וּבַל יִמָּצֵא וּבַל יַטְמִין וּבַל יְקַבֵּל פִּקְדּוֹנוֹת מִן הַגּוֹיִם, אַף שְׂאוֹר הָאָמוּר בַּגְּבוּלִין – עוֹבֵר מִשּׁוּם בַּל יֵרָאֶה וּבַל יִמָּצֵא וּבַל יַטְמִין וּבַל יְקַבֵּל פִּקְדּוֹנוֹת מִן הַגּוֹיִם.

The *tanna* answers that **the verse states** the term **leaven** with regard to houses and the term **leaven** with regard to borders **as a verbal analogy.**[N] **It states leaven with regard to houses:** "Seven days **leaven shall not be found in your houses,"** and it **states leaven with regard to borders: "Neither shall there be leaven seen with you."**[N] **Just as** for the **leaven stated with regard to houses one transgresses** the prohibition that leaven **shall not be seen and** the prohibition that **it shall not be found, and** the prohibitions **of one shall not conceal and one shall not receive deposits from a gentile,** so **too,** for the **leaven stated with regard to borders, one transgresses** the prohibition that leaven **shall not be seen and** the prohibition that **it shall not be found, and** the prohibitions **of one shall not conceal and one shall not receive deposits from a gentile.**

וּמַה שְּׂאוֹר הָאָמוּר בַּגְּבוּלִין – שֶׁלְּךָ אִי אַתָּה רוֹאֶה אֲבָל אַתָּה רוֹאֶה שֶׁל אֲחֵרִים וְשֶׁל גָּבוֹהַּ, אַף שְׂאוֹר הָאָמוּר בַּבָּתִּים – שֶׁלְּךָ אִי אַתָּה רוֹאֶה אֲבָל אַתָּה רוֹאֶה שֶׁל אֲחֵרִים וְשֶׁל גָּבוֹהַּ.

The converse is also true: **Just as** concerning the **leaven stated with regard to borders, your** own leaven **you may not see, but you may see** leaven that belongs **to others,** i.e., gentiles, **and** leaven consecrated **to God,** so **too,** concerning the **leaven stated with regard to houses: Your** own leaven **you may not see, but you may see** leaven that belongs **to others and** leaven consecrated **to God.**[N]

אָמַר מָר: אֵין לִי אֶלָּא בְּגוֹי שֶׁלֹּא כִּיבַּשְׁתּוֹ וְאֵין שָׁרוּי עִמְּךָ בֶּחָצֵר, גּוֹי שֶׁכִּיבַּשְׁתּוֹ וְשָׁרוּי עִמְּךָ בֶּחָצֵר מִנַּיִן – תַּלְמוּד לוֹמַר: "לֹא יִמָּצֵא".

The Gemara addresses several difficult aspects of this *baraita.* **The Master said: I** would **have** derived **nothing other** than this *halakha* **with regard to a gentile whom you did not overcome and who does not dwell with you in the courtyard.** With regard to **a gentile whom you overcame and who dwells with you in the courtyard, from where** is it derived that he is also included in this prohibition? **The verse states: "It shall not be found** in your houses."

NOTES

Whom you overcame – שֶׁכִּיבַּשְׁתּוֹ: Some commentaries explain that this is referring to a gentile who is enslaved by a Jew, whereas the gentile who dwells with you in the courtyard is merely an employee (Rabbeinu Yehonatan).

Verbal analogy – גְּזֵירָה שָׁוָה: This is a fundamental talmudic principle of biblical interpretation, appearing in all standard lists of exegetical principles. If the same word or phrase appears in two places in the Torah, and a certain *halakha* is explicitly stated in one of these places, one may infer, on the basis of a verbal analogy, that the same *halakha* must apply in the other case as well. Consequently, the inferences drawn on the basis of verbal analogy rely on verbal identity rather than on conceptual similarity. For example, the Torah states concerning those convicted of certain types of sorcery: "Shall surely be put to death; they shall stone them with stones; their blood shall be upon them" (Leviticus 20:27). Since this verse uses the expression: "Their blood shall be upon them" when speaking of death by stoning, the Talmud infers by verbal analogy that in all cases where this expression is used, capital punishment is to be inflicted by stoning. Generally, inferences are drawn through verbal analogy only if the same word or phrase appears in both of the verses being compared, although a verbal analogy is occasionally drawn even if the words being compared are not identical, provided that their meanings are similar.

Leaven in houses and in borders – שְׂאוֹר בַּבָּתִּים וּבַגְּבוּלִין: This is a free verbal analogy, i.e., based on terms superfluous in their own context and therefore irrefutable, as according to Beit Hillel, one derives the status of removal of leaven from the status of eating it. According to Beit Shammai it is also superfluous. Since the verse says twice: It shall not be seen, it is therefore a free verbal analogy (*Tosafot* of Rabbi Shimshon of Saens).

Verbal analogy, houses, and borders – גְּזֵירָה שָׁוָה בָּתִּים וּגְבוּלִין: Some commentaries explain that this verbal analogy equates the status of houses and borders entirely, with regard to the *halakhot* of leaven (Rabbi Aharon HaLevi, in the name of his teacher). Others claim that this verbal analogy comes only to rule leniently in houses with regard to deposits for which one did not accept responsibility and to rule stringently in borders with regard to deposits for which he accepted responsibility (Ritva).

כְּלַפֵּי לַיָּיא?! אָמַר אַבַּיֵי: אֵיפוֹךְ.

The Gemara questions the logic of this proof. **On the contrary;**[N] the prohibition regarding the leaven of a gentile who is subservient to and lives with a Jew is more obvious than the prohibition regarding the leaven of a gentile who is neither. The *tanna* should have started with the leaven belonging to a gentile who is subservient to a Jew. **Abaye said: Reverse** the order of the statement: I might have thought that only leaven owned by a gentile whom you overcame and who dwells with you in the courtyard is prohibited; but leaven owned by a gentile whom you did not overcome and who does not dwell with you in the courtyard is permitted.

רָבָא אָמַר: לְעוֹלָם לֹא תֵּיפוֹךְ, וְאַרֵישָׁא קָאֵי. שֶׁלְּךָ אִי אַתָּה רוֹאֶה – אֲבָל אַתָּה רוֹאֶה שֶׁל אֲחֵרִים וְשֶׁל גָּבוֹהַּ, אֵין לִי אֶלָּא בְּגוֹי שֶׁלֹּא כִּיבַּשְׁתּוֹ וְאֵין שָׁרוּי עִמְּךָ בֶּחָצֵר, גּוֹי שֶׁכִּיבַּשְׁתּוֹ וְשָׁרוּי עִמְּךָ בֶּחָצֵר מִנַּיִן – תַּלְמוּד לוֹמַר: "לֹא יִמָּצֵא".

Rava said: Actually, do not reverse the order, as this statement is not in fact a continuation of the previous one **and** instead **it applies to the first clause** of the *baraita*, which deals with the time when leaven is permitted. The entire statement should read as follows: **Your** own leaven **you** may **not see, but you** may **see** leaven that belongs **to others,** i.e., gentiles, **and** leaven consecrated **to God,** as one is not commanded to remove leaven that belongs to a gentile. **I have** derived **nothing other** than this *halakha* **with regard to a gentile whom you did not overcome and who does not dwell with you in the courtyard,** as the leaven belonging to that gentile is in no way tied to the Jew. With regard to **a gentile whom you overcame and who dwells with you in the courtyard, from where** is it derived that he is also included in this leniency? **The verse states: "It shall not be found."**

וְהַאי תַּנָּא מֵיהֲדַר אַהֶיתֵּירָא וְנָסֵיב לַהּ קְרָא לְאִיסּוּרָא?! מִשּׁוּם שֶׁנֶּאֱמַר "לְךָ" "לְךָ" תְּרֵי זִימְנֵי.

The Gemara raises a difficulty: **This *tanna* seeks permission** for seeing the leaven of a gentile, and yet **he cites a verse to** establish a **prohibition.** The Gemara answers that the *tanna* did not cite proof from the phrase: It shall not be found. **Due to** the fact **that it is stated:** "No leaven shall be seen **with you** in all your borders" (Exodus 12:7) and "No leaven shall be seen **with you**[N] in all your borders" (Deuteronomy 16:4) **twice,** one of them is superfluous and may be appended to: It shall not be found, creating the prohibition: It shall not be found with you. Only leaven belonging to a Jew is prohibited.[H]

אָמַר מָר: יָכוֹל יַטְמִין וִיקַבֵּל פִּקְדוֹנוֹת מִן הַגּוֹיִם – תַּלְמוּד לוֹמַר: "לֹא יִמָּצֵא". הָא אָמַרְתְּ רֵישָׁא: שֶׁלְּךָ – אִי אַתָּה רוֹאֶה, אֲבָל אַתָּה רוֹאֶה שֶׁל אֲחֵרִים וְשֶׁל גָּבוֹהַּ!

The Gemara continues its analysis of the *baraita*. **The Master said:** I **might** have thought that one may **conceal** leaven in one's home or **accept deposits** of leaven **from the gentiles.** Therefore, **the verse states: It shall not be found.** The Gemara asks: **But didn't you say in the first clause** of the *baraita*: **Your** own leaven **you may not see, but you may see** leaven that belongs **to others and** leaven consecrated **to God,** indicating that it is permitted to have leaven in one's house if it belongs to a gentile?

לָא קַשְׁיָא; הָא – דְּקַבֵּיל עֲלֵיהּ אַחֲרָיוּת, הָא – דְּלָא קַבֵּיל עֲלֵיהּ אַחֲרָיוּת.

The Gemara answers: This is **not difficult;** in **this** case it is prohibited, **as he accepted upon himself responsibility** to pay for the leaven if it is destroyed. Therefore, it is considered as though the leaven belonged to him. In **that** case it is permitted, **as he did not accept upon himself responsibility,** and therefore the leaven remains the full-fledged property of the gentile.

כִּי הָא דַּאֲמַר לְהוּ רָבָא לִבְנֵי מְחוֹזָא: בַּעִירוּ חֲמִירָא דִּבְנֵי חֵילָא מִבָּתַּיְיכוּ, כֵּיוָן דְּאִילּוּ מִיגְּנַב וְאִילּוּ מִיתְּבִיד – בִּרְשׁוּתַיְיכוּ קָאֵי וּבָעֵיתוּ לְשַׁלּוּמֵי – כְּדִילְכוֹן דָּמֵי, וְאָסוּר.

That ruling **is like that which Rava said to the residents of Meḥoza:**[B] **Remove the leavened bread that belongs to the members of the** gentile **army from your houses.** Gentile soldiers would bring flour with them and force the people in the city to prepare bread on their behalf. Rava explained the rationale for his ruling: **Since if** the flour **were stolen or if it were lost, it stands in your possession and you** would be **required to pay** for it, its legal status **is as** if it were **yours, and it is prohibited** to keep it during Passover.

הָנִיחָא לְמַאן דְּאָמַר: דָּבָר הַגּוֹרֵם לְמָמוֹן – כְּמָמוֹן דָּמֵי. אֶלָּא לְמַאן דְּאָמַר: לָאו כְּמָמוֹן דָּמֵי, מַאי אִיכָּא לְמֵימַר?

The Gemara raises a difficulty: **This** explanation works out **well according to the one who said:** The legal status of **an object that effects monetary** loss[N] **is like** that of **money.** If an item is inherently or currently worthless, but if it is lost or stolen one would be obligated to pay to replace it, its legal status is like that of money. Therefore, the Jews' responsibility for the leaven renders its legal status as if it belonged to them. **However, according to the one who said:** The legal status of an object that effects monetary loss **is not like** that of **money, what can be said?**

NOTES

On the contrary [*kelapei laya*] – כְּלַפֵּי לַיָּיא: This phrase expresses a sense of astonishment: What are you saying? Actually the opposite makes sense. Some commentaries explain that this expression should be understood as: Toward the tail [*kelapei alya*], i.e., the statement is focusing on the tail instead of the head (Rabbeinu Ḥananel; *Arukh*; and others).

With you, with you – לְךָ לְךָ: Rashi and Rav Yehuda ben Rav Binyamin HaRofeh explain that this derivation is based on the exegetical principle: *Im eino inyan*. The Torah does not have any unnecessary words. If a word written in one context is superfluous or meaningless, it apparently comes to teach a *halakha* in another context. Others explain that this is a case of an exclusionary term followed by an exclusionary term, which is understood to be inclusionary. Based on that, all leaven should be prohibited. However, a comprehensive prohibition could have been derived from the verse: It shall not be found. And from the repetition of the exclusionary term: With you, alone it could be derived that leaven that belongs to another and leaven consecrated to God are not prohibited. From the combination of the two it is derived that the prohibition: It shall not be found, is referring to a deposit for which one takes responsibility and by inference, any deposit for which one does not take responsibility is permitted (*Sefer Ha'Ittur*; Maharam Ḥalawa).

Yet others explain that the entire discussion in the Gemara is with regard to the order of the *halakhot* in the *baraita*. First, the *baraita* should have taught that leaven belonging to a gentile is permitted and only then teach the prohibition against possessing leaven for which one took responsibility, even if it belongs to a gentile who was not overcome. The Gemara answered that the *baraita* indeed teaches that from the duplication of: With you, with you, the *halakha* is the same with regard to both a gentile who was overcome and a gentile who was not overcome (Ra'avad).

An object that effects monetary loss – דָּבָר הַגּוֹרֵם לְמָמוֹן: The concept of an object that effects monetary loss includes any item that at present, or in and of itself, has no value, but replacing it will cost money, e.g., if one destroys another's promissory note. Although the document itself is of negligible value, its destruction causes the creditor to lose money.

HALAKHA

Leaven belonging to him and belonging to others – חָמֵץ שֶׁלּוֹ וְשֶׁל אֲחֵרִים: One violates the prohibition against having leaven seen or found in his possession for any leaven that belongs to him, even if it is not in his home or it is in the house of a gentile. However, one is not liable for leaven that belongs to a gentile or which has been consecrated, even if it is in his house. This is the case even if the Jew overcame the gentile or if he is a resident alien, in accordance with Rava (Rambam *Sefer Zemanim*, *Hilkhot Ḥametz UMatza* 4:1–2).

BACKGROUND

Meḥoza – מְחוֹזָא: Meḥoza was a city on the Tigris River located near the Malka River. It was a large commercial city, most of whose inhabitants were Jews. Unlike the case in most other Jewish communities, the Jews in Meḥoza generally earned their living from commerce. Many Jews in Meḥoza were converts or immigrants from several other countries. After Neharde'a was destroyed in 259 CE, many of the scholars from its yeshiva relocated to Meḥoza, which became the Torah center of leading scholars such as Rav Naḥman; Rav Sheshet; Rava, who later became head of the yeshiva in Meḥoza; Ameimar; and Rav Kahana, who was Rav Ashi's teacher. After Abaye's death in approximately 338 CE, the yeshiva in Pumbedita, then headed by Rava, also moved to Meḥoza for a period of time.

HALAKHA

A gentile who deposited leaven with a Jew – גּוֹי שֶׁהִפְקִיד חָמֵץ אֵצֶל יִשְׂרָאֵל: If a gentile deposited his leaven with a Jew and the Jew takes responsibility for the deposit if it is stolen or lost, the Jew has the status of a paid bailee and is required to remove the leaven as though it belonged to him, even if it is not in his house, in accordance with the ruling of the *baraita*. Some authorities rule that the Jew must remove this leaven even if he deposited it with another gentile (Rema, based on the *Hagahot Alfasi*). If the second gentile accepted responsibility, some rule that he need not remove the leaven (*Magen Avraham*), while others require him to do so (*Ḥavot Ya'ir*). Yet others note that even if the Jew is merely an unpaid bailee, he is nevertheless obligated to remove the leaven (Rosh). In a case where he did not take responsibility for the deposit but the gentile will force him to pay if it is destroyed, he is obligated to remove it, in accordance with Rava's instruction to the people of Meḥoza. However, other authorities disagree (Ra'avad), and explain that the reason why they were obligated to destroy the leaven in Meḥoza was due to the laws of the monarchy (Vilna Gaon; *Shulḥan Arukh, Oraḥ Ḥayyim* 440:1).

שָׁאנֵי הָכָא, דְּאָמַר ״לֹא יִמָּצֵא״.

The Gemara answers: It is **different here, as** the verse **said: "It shall not be found,"** indicating that leaven may not be found in any place, even if there is only a token connection between the leaven and the Jew in whose property it is situated, and even if he is not required to pay for it if it is lost or stolen.[H]

אִיכָּא דְּאָמְרִי: הָנִיחָא לְמַאן דְּאָמַר דָּבָר הַגּוֹרֵם לְמָמוֹן לָאו כְּמָמוֹן דָּמֵי –

Some state a contrary version of the above discussion. **This** explanation works out **well according to the one who said:** The legal status of **an object that effects monetary** loss **is not like** that of **money.**

Perek **I**
Daf **6** Amud **a**

LANGUAGE

Royal tax [*arnona*] – אַרְנוֹנָא: From the Latin annona, meaning taxes paid with property, e.g., animals and food, not money. These payments were sometimes provisional and irregular, and in this regard they were similar to the temporary seizure of property by the authorities or members of an army. Occasionally, it was possible to purchase exemption from this tax with a sum of money less than the value of the object.

HALAKHA

An animal born into a herd from which the royal tax is collected – בְּהֶמַת אַרְנוֹנָא: If the authorities take animals from a flock of cattle as a tax, the Jewish owner is exempt from separating the firstborn animals of that flock, as their legal status is that of an animal partially owned by a gentile, in accordance with the opinion of Rava. Even if the Jew can pay the gentile tax collector money in lieu of the cattle, the gentile is nonetheless considered the partial owner (Rema, based on Rif and Rosh; *Shulḥan Arukh, Yoreh De'a* 440:5).

הַיְינוּ דְּאִיצְטְרִיךְ ״לֹא יִמָּצֵא״. אֶלָּא, לְמַאן דְּאָמַר כְּמָמוֹן דָּמֵי – ״לֹא יִמָּצֵא״ לָמָּה לִי? אִיצְטְרִיךְ, סָלְקָא דַּעְתָּךְ אָמִינָא: הוֹאִיל וְכִי אִיתֵיהּ – הָדַר בְּעֵינֵיהּ, לָאו בִּרְשׁוּתֵיהּ קָאֵי – קָמַשְׁמַע לַן.

That is the reason **that** it is **necessary** for the Torah to write: **It shall not be found,** to indicate that there is a *halakha* unique to leaven. In this case, it is considered as though it were in his possession. **However, according to the one who said:** The legal status of an object that effects monetary loss **is like** that of **money, why do I** need the phrase: **It shall not be found?** Obviously, the leaven is prohibited, as it is considered his property. The Gemara answers: It is nonetheless **necessary,** as **it could enter your mind to say: Since when** the leaven **is intact it returns** to the gentile **in its pure,** unadulterated form, it retroactively did **not stand in** the Jew's **possession** and the Jew did not violate the prohibition against having leaven found on his property. Therefore, the verse **teaches us** that it is considered as though the leaven belonged to the Jew.

בְּעוֹ מִינֵּיהּ מֵרָבָא: בֶּהֱמַת אַרְנוֹנָא חַיֶּיבֶת בַּבְּכוֹרָה אוֹ אֵין חַיֶּיבֶת בַּבְּכוֹרָה? כָּל הֵיכָא דְּמָצֵי מְסַלֵּק לֵיהּ בְּזוּזֵי – לָא קָא מִיבַּעְיָא לַן דְּחַיָּיב,

They raised a dilemma before Rava: Is the owner of **an animal** born into a herd from which **the royal tax** [***arnona***][L] is collected[HN] **obligated in** the mitzva to give **the firstborn** animal[N] to a priest, as the animal still belongs to a Jew? **Or** perhaps he is **not obligated** to give **the firstborn** animal to the priest, as the obligation does not take effect on an animal partly owned by a gentile. The Gemara elaborates on the parameters of raising the dilemma: In **any** case **where** the Jew **could dismiss** the gentile tax collector **with money** in lieu of the animals, **we do not raise the dilemma, as** he is clearly **obligated** in the mitzva of the firstborn. The authorities own no part of the animal; the Jew merely owes them a monetary debt. Therefore, the animal is the property of the Jew exclusively.

NOTES

An animal born into a herd from which the royal tax [*arnona*] is collected – בְּהֶמַת אַרְנוֹנָא: Some commentaries say that this is referring to an animal jointly owned by a Jew and a gentile (Rabbeinu Ḥananel; *Arukh*). Others add that the use of the term *arnona* to refer to partnership is derived from the verse: "For Arnon is the border of Moav" (Numbers 21:13), as a border is an area of joint authority (Rabbeinu Yehonatan).

The male firstborn of a kosher animal – בְּכוֹר בְּהֵמָה טְהוֹרָה: The male firstborn of cattle, sheep, or goats belonging to a Jew is sacred from birth and must be given to a priest to be sacrificed on the altar in the Temple, with its flesh eaten by the priests and their families (Numbers 18:17–18). If a firstborn animal acquired a physical blemish which disqualified it from being sacrificed as an offering, it could be slaughtered and eaten like any other non-sacred kosher animal. Nevertheless, it still had to be given to a priest.

It is prohibited to intentionally inflict a disqualifying blemish on a firstborn animal, and it may not be used for any mundane purpose even if it is blemished. It is prohibited to work the animal, and its fleece may not be used. Since the destruction of the Second Temple, a firstborn continues to be considered sacred. However, since it cannot be sacrificed in the Temple, and as it may be slaughtered only if it has a marked disqualifying blemish, various halakhic devices are employed to restrict the classification of animals as firstborn and to permit their slaughter as non-sacred animals after they acquire disqualifying blemishes.

כי קא מיבעיא לן – היכא דלא מצי מסלק ליה בזוזי, מאי? אמר להו: פטורה. והתניא: חייבת! התם – דמצי מסלק ליה.

The situation **when we do raise the dilemma** is specifically **where the** Jew **cannot dismiss** the gentile tax collector **with money. What is the** *halakha* is this case? **He said to them:** The owner is **exempt** from the mitzva of the firstborn. The Sages raised a difficulty: **But wasn't it taught** in a *baraita* that he is **obligated** in the mitzva of the firstborn? He replied: **There** it is speaking of a case **where** the Jew **could dismiss** the gentile tax collector with money.

איכא דאמרי, אמר רבא: בהמת ארנונא פטורה מן הבכורה, ואף על גב דמצי מסלק ליה. עיסת ארנונא – חייבת בחלה, ואף על גב דלא מצי מסלק ליה.

Some say that Rava said: The owner of **an animal** born into a herd from which **the royal tax** is collected **is exempt from** the mitzva of **a firstborn, even though** the Jew **could dismiss** the gentile tax collector with money. However, the owner of **dough**[N] from which **the royal tax** is collected **is obligated in** ***halla*****,**[H] despite the fact that the owner of dough partially owned by a gentile is generally not obligated. This is the *halakha* **even though** the Jew **cannot dismiss** the gentile tax collector by paying him the value of the dough.

מאי טעמא – בהמה אית לה קלא, עיסה לית לה קלא.

The Gemara explains: **What is the reason** for the difference between the *halakha* of a firstborn animal and the *halakha* of *ḥalla*? **An animal** generates **publicity;** as everyone knows that this Jew's animal was confiscated by the authorities, no one will suspect him of intentionally refraining from fulfilling the mitzva. In contrast, **dough** does **not** generate **publicity.**[N] Since not everyone knows that the dough is partially owned by a gentile, those who see a Jew failing to separate *ḥalla* will suspect him of neglecting the mitzva.

תנו רבנן: גוי שנכנס לחצירו של ישראל ובציקו בידו – אין זקוק לבער. הפקידו אצלו – זקוק לבער. יחד לו בית – אין זקוק לבער, שנאמר: "לא ימצא".

The Sages taught in a *baraita*: With regard to **a gentile who enters the courtyard of a Jew with his dough in his hand,** the Jew **need not remove** the leaven by evicting the gentile from his property. However, if the gentile **deposited** the leaven **with him,** and the Jew accepted responsibility, **he must remove** it. If **he designated** a room in his **house for** the gentile[N] to place his leavened food, **he need not remove** it, **as it is stated: "It shall not be found"** (Exodus 12:19).[H]

מאי קאמר? אמר רב פפא: ארישא קאי, והכי קאמר: הפקידו אצלו – זקוק לבער, שנאמר: "לא ימצא".

The Gemara asks: **What is the** *tanna* of the *baraita* **saying?** How does the verse: It shall not be found, prove this *halakha*? **Rav Pappa said:** The verse cited **is referring to the first clause** of the *baraita*, **and this is** what the *tanna* **is saying:** If the gentile **deposited** the leavened dough **with** the Jew, **he,** i.e., the Jew, **must remove** the dough from his property, **as it is stated: It shall not be found.**

רב אשי אמר: לעולם אסיפא קאי, והכי קאמר: יחד לו בית – אין זקוק לבער, שנאמר: "לא ימצא בבתיכם" – והא לאו דידיה הוא, דגוי כי קא מעייל – לביתא דנפשיה קא מעייל.

Rav Ashi said: Actually the verse cited **is referring to the last clause** of the *baraita*, **and this is** what the *tanna* **is saying:** If **he designated** a room in his **house for** the gentile to place the leavened dough, **he need not remove it, as it is stated: It shall not be found in your houses, and that** house **is not his; since when the gentile brings** the dough **into** the house, **he brings** it **into his own house,** as the space was designated for his use.

למימרא דשכירות קניא? והתנן: אף במקום שאמרו להשכיר – לא לבית דירה אמרו, מפני שמכניסין לתוכו עבודת גלולים. ואי סלקא דעתך דשכירות קניא, כי קא מעייל – לביתיה דנפשיה קא מעייל!

The Gemara asks: **Is that to say that rental** denotes that the renter **acquires** the rented space as he would a full-fledged acquisition with regard to responsibility for that space? **But didn't we learn** in a mishna: **Even in a place** with regard to **which they said** it is permitted for a Jew **to rent**[N] houses to gentiles, e.g., in Syria, **they did not say** that one may rent it for use as **a residence, because** the gentiles will **bring idolatry into it.**[H] **And if it enters your mind** to say **that rental** denotes that the renter **acquires** the rented space as he would a full-fledged acquisition, **when** the gentile **brings** the idols into the house **he brings them into his own house.** Why, then, is it prohibited for the owner to rent it to a gentile?

NOTES

Cattle and dough – בהמה ועיסה: It is unclear why Rava raised the issue of dough collected as royal tax when he was asked about cattle. In any case, it is clear from several other sources that this same dilemma applies to *ḥalla* as well (Rabbi Yom Tov Algazi).

An animal generates publicity; dough does not generate publicity – בהמה אית לה קלא, עיסה לית לה קלא: With regard to the difference between these two *halakhot*, some commentaries explain that the birth of an animal generates publicity and therefore, undoubtedly, the king's tax collector will come and claim his share. That is not the case with regard to dough, whose owner will likely successfully evade paying the tax (Ritva). Others cite a version of the Gemara that states the opposite: The owner of an animal subject to the royal tax is obligated in the *halakhot* of a firstborn animal, as everyone is aware that the animal gave birth but are not aware that it is subject to the tax. Consequently, they will suspect him of failure to fulfill the mitzva of giving the firstborn animal to a priest. However, not everyone is aware that he failed to separate *ḥalla* (*Tosafot* of Rabbi Shimshon of Saens). The Rashba in his responsa and the Ran explain that actually one is exempt from separating *ḥalla* from the dough because it is co-owned by a gentile. Nevertheless, to avoid suspicion, the Sages obligated him to separate *ḥalla*.

He designated a room in his house for the gentile – יחד לו בית: See Rashi and *Tosafot*, who disagree over the significance of this issue. The Ramban explains that according to Rashi, the assumption is that generally one who deposits an object with no stipulation expects the bailee to take responsibility for it. However, if he designates a particular room for the deposit, that indicates that the bailee did not accept responsibility for the article in question. See also the Baḥ.

In a place with regard to which they permit him to rent – מקום שהתירו להשכיר: This statement is referring to the *halakha* that there are places, e.g., Eretz Yisrael, where a Jew is not permitted to rent a house to a gentile under any circumstances. In other places, such as Syria, it is permitted for a Jew to rent property to a gentile, subject to certain restrictions. For example, it may not be used as a residence or to inaugurate a gentile neighborhood. Elsewhere in the Diaspora one may even sell a house to a gentile, and there is certainly no prohibition to rent to him. Some commentaries state that this prohibition is derived from the verse: "And you shall not bring an abomination into your house" (Deuteronomy 7:26).

HALAKHA

Dough taken as a royal tax and the obligation to separate *ḥalla* – עיסת ארנונא בחלה: With regard to dough that is jointly owned by a Jew and a gentile, if the portion of the Jew is large enough to obligate him to separate *ḥalla* from it, he is required to do so. If the dough will be taken as a royal tax, one is required to separate *ḥalla*, even if the portion belonging to the Jew is smaller than that measure. This stringent ruling applies even if the Jew cannot pay the gentile collector in lieu of the dough (*Shakh*, based on the *Baḥ*; *Beit Yosef*; *Shulḥan Arukh*, *Yoreh De'a* 440:3).

The leaven of a gentile – חמץ של גוי: If a gentile entered a Jew's courtyard with leaven in his hand, the Jew is not obligated to remove it. If the Jew designated a space for the gentile to leave his leaven, but the Jew did not take responsibility for it, the Jew is likewise not obligated to remove it. The *halakha* is in accordance with the opinions of Rashi, the Rif, and the Rambam, who maintain that the designation of a place exempts the Jew from the obligation to remove the leaven only if he did not accept responsibility for it. The dissenting opinion is that of Rabbeinu Tam, who rules that designating a place exempts the Jew from the obligation to remove the leaven even if the Jew takes responsibility for it (*Beit Yosef*; *Shulḥan Arukh*, *Oraḥ Ḥayyim* 440:3).

Renting to a gentile – השכרה לגוי: Even in those places where a Jew is permitted to rent property to a gentile, he may do so only if the gentile will use it as storage space or a stable, not for use as a residence. Outside Eretz Yisrael, the *halakha* is lenient with regard to this issue, provided that the Jew himself does not live there. Another reason for this leniency is that in modern times gentiles do not typically worship idols (*Shulḥan Arukh*, *Yoreh De'a* 151:10).

שָׁאנֵי הָכָא, דְּאַפְּקֵיהּ רַחֲמָנָא בִּלְשׁוֹן ״לֹא יִמָּצֵא״ – מִי שֶׁמָּצוּי בְּיָדְךָ, יָצָא זֶה שֶׁאֵינוֹ מָצוּי בְּיָדְךָ.

The Gemara answers: It is **different here** with regard to leaven, **as the Merciful One expresses it** using **the language: It shall not be found,** meaning, **that which is found in your possession** is prohibited, **excluding this** leaven, **which is not found in your possession.** However, with regard to other prohibitions, one who rents a place to others remains somewhat responsible for his property, despite the fact that he does not live there.

אָמַר רַב יְהוּדָה אָמַר רַב: הַמּוֹצֵא חָמֵץ בְּבֵיתוֹ בְּיוֹם טוֹב – כּוֹפֶה עָלָיו אֶת הַכְּלִי. אָמַר רָבָא: אִם שֶׁל הֶקְדֵּשׁ הוּא – אֵינוֹ צָרִיךְ. מַאי טַעְמָא – מִיבְדַּל בְּדִילִי מִינֵּיהּ.

Rav Yehuda said that **Rav said: One who finds leavened bread in his house**[H] **on the Festival,** i.e., the first day of Passover, **covers it with a vessel**[N] and burns it at the conclusion of the Festival day. **Rava said:** If that leaven **is consecrated, he need not** cover it. **What is the reason** for this difference? The reason is that people **distance** themselves **from** consecrated food in any case, due to the severity of the prohibition against misuse of consecrated property. Therefore, there is no concern that he will eat it.

וְאָמַר רַב יְהוּדָה אָמַר רַב: חֲמֵצוֹ שֶׁל גּוֹי – עוֹשֶׂה לוֹ מְחִיצָה עֲשָׂרָה טְפָחִים מִשּׁוּם הֶיכֵּר, וְאִם שֶׁל הֶקְדֵּשׁ הוּא – אֵינוֹ צָרִיךְ. מַאי טַעְמָא – מִיבְדַּל בְּדִילִי אֱינָשֵׁי מִינֵּיהּ.

And Rav Yehuda said that **Rav said:** If **leavened bread belonging to a gentile**[H] is in a Jew's house, he, i.e., the Jew, should **erect a barrier ten handbreadths** high around **it** on the fourteenth of Nisan, **as a conspicuous marker,** so that he will not mistakenly eat it. **And if** the leaven **is consecrated, he need not** do so. **What is the reason** for this *halakha*? Since **people distance** themselves **from** consecrated food, they will not mistakenly eat it.

וְאָמַר רַב יְהוּדָה אָמַר רַב: הַמְפָרֵשׁ וְהַיּוֹצֵא בְּשַׁיָּירָא, קוֹדֶם שְׁלֹשִׁים יוֹם – אֵין זָקוּק לְבַעֵר, תּוֹךְ שְׁלֹשִׁים יוֹם – זָקוּק לְבַעֵר. אָמַר אַבַּיֵי: הָא דְּאָמְרַתְּ תּוֹךְ שְׁלֹשִׁים יוֹם זָקוּק לְבַעֵר – לָא אֲמַרַן אֶלָּא שֶׁדַּעְתּוֹ לַחֲזוֹר, אֲבָל אֵין דַּעְתּוֹ לַחֲזוֹר – אֵין זָקוּק לְבַעֵר.

And Rav Yehuda said that **Rav said:** With regard to **one who sets sail, or one who departs in a caravan** traveling to a distant place; if he did so **before** it was **thirty days** prior to Passover,[H] he **need not remove** the leaven from his possession. If he departs **within thirty days** of the Festival, **he must remove** the leaven. **Abaye said: That** which **you said,** that **within thirty days one must remove** the leaven, **we only said** this in a case **where his intention is to return** home adjacent to Passover (Ran). **However,** in a case **where it is not his intention to return** before Passover, **he need not remove** the leaven.

אָמַר לֵיהּ רָבָא: וְאִי דַּעְתּוֹ לַחֲזוֹר, אֲפִילּוּ מֵרֹאשׁ הַשָּׁנָה נַמִי?! אֶלָּא אָמַר רָבָא: הָא דְּאָמְרַתְּ קוֹדֶם שְׁלֹשִׁים יוֹם אֵין זָקוּק לְבַעֵר – לָא אֲמַרַן אֶלָּא שֶׁאֵין דַּעְתּוֹ לַחֲזוֹר, אֲבָל דַּעְתּוֹ לַחֲזוֹר – אֲפִילּוּ מֵרֹאשׁ הַשָּׁנָה זָקוּק לְבַעֵר.

Rava said to him: But **if he intends to return** home shortly before the Festival, **even** if he was gone **from Rosh HaShana,** shouldn't he remove the leaven, as failure to do so will lead to his arriving home and discovering leaven in his house just before the Festival? **Rather, Rava said:** According to **that** which **you said,** i.e., that if he leaves **before** it was **thirty days** prior to Passover **he need not remove** the leaven, **we said** this *halakha* **only if he does not intend to return** before Passover. **However,** if **he intends to return, even** if he was gone **from Rosh HaShana, he must remove** the leaven.

וְאָזְדָא רָבָא לְטַעְמֵיהּ, דְּאָמַר רָבָא: הָעוֹשֶׂה בֵּיתוֹ אוֹצָר, קוֹדֶם שְׁלֹשִׁים יוֹם – אֵין זָקוּק לְבַעֵר, תּוֹךְ שְׁלֹשִׁים יוֹם – זָקוּק לְבַעֵר.

And Rava followed his line of **reasoning** stated elsewhere, as Rava maintains that one must remove all leaven from his possession within thirty days of Passover, even if he will not be there on the Festival itself. **As Rava said:** With regard to **one who turns his house into a storehouse,**[H] and there is leaven beneath the stored grain, if he does so **before** it was **thirty days** prior to Passover, **he need not remove** the leaven. Since the leaven is concealed, it is considered removed after the fact. If it is **within thirty days, he must remove** the leaven, as it is not considered removed *ab initio*.

NOTES

Covers it with a vessel – כּוֹפֶה עָלָיו אֶת הַכְּלִי: Most authorities contend that this *halakha* applies only to one who nullified his leaven. Since the leaven does not belong to him he has no obligation to remove it. Consequently, he violates no prohibition by maintaining the food in his possession, and therefore he is not permitted to move and burn it on the Festival. However, if he finds leaven that he did not render null and void, he must burn it (Rashi; *Tosafot*; Rabbeinu Yehonatan; *Tosefot Rabbeinu Peretz*). The Rambam maintains that even if he did not render the leaven null and void he may not move it, as the Sages enforced their decrees even in these situations (see *Me'iri*). Yet others rule that he may crumble the leaven and throw it to the wind to destroy it, although he may not burn it (Maharam Ḥalawa). Some authorities say he is permitted to cover it only when there is no viable alternative (*Baḥ*; see *Tur*), while others maintain that he may do so even *ab initio* (*Beit Yosef*).

HALAKHA

One who finds leavened bread in his house – הַמּוֹצֵא חָמֵץ בְּבֵיתוֹ: One who finds leaven in his house on the intermediate days of the festival of Passover must destroy it immediately. If this occurred on the Festival day itself, he covers the leaven until nightfall, in accordance with the opinion of Rav. Some commentaries say that if one finds leaven that he had not nullified, it is permitted for him to carry it outside his house and even burn it on the Festival (*Mishna Berura*; *Shulḥan Arukh, Oraḥ Ḥayyim* 446:1).

Leavened bread belonging to a gentile – חֲמֵצוֹ שֶׁל גּוֹי: If leaven belonging to a gentile is in a Jew's house, the Jew should erect a barrier ten handbreadths high before the Festival, so that he will not come to eat it unwittingly, in accordance with the opinion of Rav (*Shulḥan Arukh, Oraḥ Ḥayyim* 440:2).

One who travels before Passover – הַיּוֹצֵא לַדֶּרֶךְ קוֹדֶם פֶּסַח: With regard to one who is planning to set out on a long journey before Passover and no one will be there to search his house for leaven, if he intends to return just before the Festival, then before he sets out he is obligated to search for leaven without reciting a blessing (*Kol Bo*). If he left within thirty days of the Festival he is obligated to search and recite a blessing before he sets out on his journey. This ruling is in accordance with the opinion of Rava, based on the Ran's understanding of the expression: His intention is to return. Some commentaries hold that one is obligated to search for leaven only if he plans to return during Passover, in which case he must search his house and remove the leaven, even if he leaves on Rosh HaShana (Rashi). Most authorities ruled in accordance with the former stringent opinion; however, in exigent circumstances, one may rely on the latter lenient opinion (*Mishna Berura*; *Shulḥan Arukh, Oraḥ Ḥayyim* 436:1–2).

One who turns his house into a storehouse – הָעוֹשֶׂה בֵּיתוֹ אוֹצָר: If one turns a house into a storehouse within thirty days of Passover he is obligated to search for and remove all leaven. If he does so more than thirty days before the Festival and he intends the change to be permanent, he is not obligated to remove the leaven. However, if he plans to clear the building at a later date, he is obligated to remove the leaven, in accordance with the opinion of Rava. It is proper to be stringent in this regard (*Beit Yosef*; *Shulḥan Arukh, Oraḥ Ḥayyim* 436:1).

וְקוֹדֶם שְׁלֹשִׁים נַמִּי לָא אֲמַרַן אֶלָּא שֶׁאֵין דַּעְתּוֹ לְפַנּוֹתוֹ, אֲבָל דַּעְתּוֹ לְפַנּוֹתוֹ – אֲפִילּוּ קוֹדֶם שְׁלֹשִׁים יוֹם נַמִּי זָקוּק לְבַעֵר.

And even if this occurred **before** it was **thirty days** prior to Passover, **we only said** that he is not obligated to remove the leaven if **it is not his intention to clear away** the stored grain before Passover. **However,** if **his intention is to clear away** the grain before Passover, **he must remove** the leaven **even before** it was **thirty days** prior to Passover, as perhaps he will not have time to remove the leaven before the Festival.

הָנֵי שְׁלֹשִׁים יוֹם מַאי עֲבִידְתַּיְיהוּ? כִּדְתַנְיָא: שׁוֹאֲלִין וְדוֹרְשִׁין בְּהִלְכוֹת הַפֶּסַח קוֹדֶם הַפֶּסַח שְׁלֹשִׁים יוֹם, רַבָּן שִׁמְעוֹן בֶּן גַּמְלִיאֵל אוֹמֵר: שְׁתֵּי שַׁבָּתוֹת. מַאי טַעְמָא דְּתַנָּא קַמָּא

The Gemara asks: **What is the purpose of this** period of **thirty days** that renders it significant? The Gemara answers: **As it was taught in a** ***baraita*****: One asks about and teaches the** ***halakhot*** **of Passover**[NH] **thirty days before Passover. Rabban Shimon ben Gamliel says:** One begins studying those *halakhot* **two weeks** before the Festival. The Gemara asks: **What is the reason for the** opinion of the **first** ***tanna*****,** that one begins studying the *halakhot* of Passover thirty days before the Festival?

NOTES

One asks about and teaches the *halakhot* of Passover – שׁוֹאֲלִין וְדוֹרְשִׁין בְּהִלְכוֹת הַפֶּסַח: This *halakha* was stated initially with regard to preparations for sacrificing the Paschal lamb, as the verse cited refers to the offering. The Sages later adapted the verse and applied it to observing the Festival in modern times (*Tosafot*).

HALAKHA

One asks about and teaches the *halakhot* of Passover – שׁוֹאֲלִין וְדוֹרְשִׁין בְּהִלְכוֹת הַפֶּסַח: It is customary to begin studying the *halakhot* of Passover thirty days before the Festival, in accordance with the opinion of the first *tanna*. Some commentaries say it is not necessary to do the same for other Festivals, as fewer *halakhot* apply to them. This *halakha* of studying the *halakhot* prior to the Festival is the basis of the custom for the rabbi to deliver a lecture about the *halakhot* of Passover on *Shabbat HaGadol*, the Shabbat preceding Passover (*Mishna Berura*; *Shulḥan Arukh*, *Oraḥ Ḥayyim* 429:1).

Perek **I**
Daf **6** Amud **b**

שֶׁהֲרֵי מֹשֶׁה עוֹמֵד בְּפֶסַח רִאשׁוֹן וּמַזְהִיר עַל הַפֶּסַח שֵׁנִי, שֶׁנֶּאֱמַר: "וְיַעֲשׂוּ בְנֵי יִשְׂרָאֵל אֶת הַפָּסַח בְּמוֹעֲדוֹ", וּכְתִיב: "וַיְהִי אֲנָשִׁים אֲשֶׁר הָיוּ טְמֵאִים לְנֶפֶשׁ אָדָם".

The Gemara explains that this *halakha* is derived from the fact **that Moses was standing at** the time of the **first** ***Pesaḥ*****,** on the fourteenth of Nisan, **and warning** the people **about** the *halakhot* **of the second** ***Pesaḥ*****,** which occurred a month later, on the fourteenth of Iyar. **As it is stated** that God said to Moses: **"Let the children of Israel perform the** ***Pesaḥ*** **at its appointed time"** (Numbers 9:2). A subsequent verse says: "And Moses told the children of Israel to perform the *Pesaḥ*, and they performed the *Pesaḥ* in the first month on the fourteenth of the month in the evening, in the desert of Sinai" (Numbers 9:4–5). **And it is written** in the next verse: **"And there were people who were impure due to a dead body** and could not perform the Passover on that day, and they came before Moses and before Aaron on that day" (Numbers 9:6), at which point Moses explained the *halakhot* of the second *Pesaḥ* to them. This proves that one begins studying the *halakhot* of the Festival thirty days beforehand.

וְרַבָּן שִׁמְעוֹן בֶּן גַּמְלִיאֵל אָמַר לָךְ: אַיְּידֵי דְּאַיְּירֵי בְּמִילֵּי דְפִסְחָא, מַסֵּיק לְהוּ לְכָל מִילֵּי דְּפִסְחָא.

And Rabban Shimon ben Gamliel could have **said to you** in rejecting that proof: **Since** Moses **was speaking with regard to the laws of Passover, he completed** teaching **all the matters of Passover,** including those of the second *Pesaḥ*. Consequently, one cannot derive a principle from this case.

מַאי טַעְמָא דְּרַבָּן שִׁמְעוֹן בֶּן גַּמְלִיאֵל? שֶׁהֲרֵי מֹשֶׁה עוֹמֵד בְּרֹאשׁ הַחֹדֶשׁ וּמַזְהִיר עַל הַפֶּסַח, שֶׁנֶּאֱמַר: "הַחֹדֶשׁ הַזֶּה לָכֶם רֹאשׁ חֳדָשִׁים", וּכְתִיב: "דַּבְּרוּ אֶל כָּל עֲדַת יִשְׂרָאֵל לֵאמֹר בֶּעָשׂוֹר לַחֹדֶשׁ הַזֶּה וְיִקְחוּ לָהֶם אִישׁ שֶׂה לְבֵית אָבוֹת וגו'".

The Gemara asks: **What is the reason for Rabban Shimon ben Gamliel's** ruling? He explains **that Moses was standing on the first day** of Nisan **and warning about** the performance of **the** first ***Pesaḥ*****, as it is stated: "This month shall be for you the beginning of the months,** the first of the months of the year" (Exodus 12:2). **And it is written** in the next verse: **"Speak to the entire congregation of Israel, saying: On the tenth day of this month they shall take for them every man a lamb, according to their fathers' houses,** a lamb for each household" (Exodus 12:3). The Torah proceeds to detail the *halakhot* of the Paschal lamb sacrificed on the fourteenth day of that month.

מִמַּאי דִּבְרֵישׁ יַרְחָא קָאֵי? דִּילְמָא בְּאַרְבָּעָה בְּיַרְחָא אוֹ בַּחֲמִשָּׁה בְּיַרְחָא קָאֵי!

The Gemara asks: Although this source does indicate that one should study the *halakhot* of Passover prior to the Festival, **from where** is it derived **that he was standing** and saying these matters **on the** day **of the New Moon? Perhaps he was standing on the fourth of the month or on the fifth of the month** of Nisan?

אלא אמר רבה בר שימי משמיה דרבינא, מהכא: ״וידבר ה׳ אל משה במדבר סיני בשנה השנית בחדש הראשון״, וכתיב: ״ויעשו בני ישראל את הפסח במועדו״. הכא נמי, ממאי דבריש ירחא קאי? דילמא בארבעה בירחא או בחמשה בירחא קאי!

Rather, Rabba bar Shimi said in the name of Ravina: The *halakha* is derived **from here: "And God spoke to Moses in the wilderness of Sinai, in the first month of the second year** after they came out of the land of Egypt" (Numbers 9:1), **and it is written: "And let the children of Israel perform the *Pesaḥ* at its appointed time"** (Numbers 9:2). Evidently, Moses taught the *halakhot* of Passover two weeks prior to the Festival. The Gemara asks: **Here too, from where is it** derived **that he was standing on the day of the New Moon? Perhaps he was standing on the fourth of the month or on the fifth of the month?**

אמר רב נחמן בר יצחק: אתיא ״מדבר״ מ״מדבר״. כתיב הכא ״במדבר סיני״ וכתיב התם ״וידבר ה׳ אל משה במדבר סיני באהל מועד באחד לחדש השני״. מה להלן בראש חדש – אף כאן בראש חדש.

Rav Naḥman bar Yitzḥak said: The *halakha* is **derived** by means of a verbal analogy between the term **wilderness** written here **and** the term **wilderness** written previously. **It is written here: "In the wilderness of Sinai," and it is written there: "And God spoke to Moses in the wilderness of Sinai in the Tent of Meeting on the first of the second month"** (Numbers 1:1). **Just as there** it occurred **on** the day of **the New Moon,** on the first of the month, so **too here,** with regard to Passover, **it was on** the day of **the New Moon.**

וניכתוב ברישא דחדש ראשון, והדר ניכתוב דחדש שני! אמר רב מנשיא בר תחליפא משמיה דרב: זאת אומרת אין מוקדם ומאוחר בתורה.

The Gemara asks: If so, **let** the Torah **write first** that which occurred **in the first month and then let it write** that which occurred **in the second month,** as the portion of the Paschal lamb preceded the beginning of the book of Numbers chronologically. **Rav Menashiya bar Taḥlifa said in the name of Rav: That is to say** that **there is no earlier and later,** i.e., there is no absolute chronological order, **in the Torah,**[N] as events that occurred later in time can appear earlier in the Torah.

אמר רב פפא: לא אמרן אלא בתרי ענייני, אבל בחד עניינא, מאי דמוקדם – מוקדם, ומאי דמאוחר – מאוחר. דאי לא תימא הכי – ״כלל ופרט אין בכלל אלא מה שבפרט״ דילמא פרט וכלל הוא.

Rav Pappa said: This principle **applies only** when the Torah deals **with two** separate **matters, but within one matter,** that **which is** written **earlier** occurred **earlier, and that which** is written **later** occurred **later;** as, **if you do not say so** but you claim that there is no definite order within each matter, then the hermeneutic principle: When **a generalization** is followed by **a detail**[N] **the generalization** refers **only** to **that which** is specified in **the detail,** is problematic. This principle is valid only if there is a definite order to the verses and words in each matter. If there is no definite order, **perhaps** it is actually **a detail** followed by **a generalization,** which is interpreted by means of an alternate hermeneutic principle with different results.

ותו, ״פרט וכלל – נעשה כלל מוסף על הפרט״ דילמא כלל ופרט הוא.

And furthermore, this is equally difficult with regard to the hermeneutic principle: "When **a detail** is followed by **a generalization, the generalization becomes an addition to the detail,** adding cases dissimilar to the detail. Here too, **perhaps it is a generalization** followed by **a detail,** as there is no defined order. Apparently, there must be a fixed order within a given matter.

אי הכי, אפילו בתרי ענייני נמי! הניחא למאן דאמר: ״כלל ופרט המרוחקין זה מזה – אין דנין אותו בכלל ופרט״ – שפיר. אלא למאן דאמר ״דנין״, מאי איכא למימר?

The Gemara asks: **If so,** based on the above reasoning one cannot apply these principles **even** with regard **to two matters. This** statement works out **well according to** the opinion of **the one who said:** With regard to **a generalization and a detail that** appear in the Torah **removed from one another, one cannot derive** a *halakha* from it with the principle of **a generalization and a detail. However, according to the one who said: One derives** from a generalization and a detail that are removed from one another by means of said principle, **what is there to say?**

אפילו למאן דאמר דנין, הני מילי – בחד עניינא, אבל בתרי ענייני – אין דנין.

The Gemara answers: **Even according to the one who said that one derives** a *halakha* from a generalization and a detail that are removed from one another, **this applies only** with regard **to one matter,** i.e., verses dealing with the same issue, even if they do not appear together. **However,** if they address **two** different **matters, one cannot derive** a *halakha* from a generalization and a detail, as the Torah is not written in absolute chronological order.

אמר רב יהודה אמר רב: הבודק צריך שיבטל. מאי טעמא? אי נימא משום פירורין הא לא חשיבי,

Rav Yehuda said that **Rav said: One who searches** for leaven **must render** all his leaven **null and void,** cognitively and verbally.[NH] The Gemara asks: **What is the reason** for this?[N] **If you say it is due to crumbs** that he failed to detect in his search, **they are** inherently **insignificant,** and null and void by definition.

NOTES

There is no earlier and later in the Torah – אין מוקדם ומאוחר בתורה: See *Tosafot*. Within a given matter, any verse written earlier was stated first, and therefore one can interpret the verses based on that chronology. However, the incidents that appear first in the Torah did not necessarily occur earlier (Rabbeinu Gershom in his novellae). One explanation attributed to Rabbeinu Yeḥiel is that there is no chronological order in the Torah because had it been ordered chronologically, people would have the ability to utilize the verse and letter sequences in the Torah to create objects at will. To prevent this, God ordered the Torah portions differently (*Tosefot Rabbeinu Peretz*).

A generalization is followed by a detail – כלל ופרט: These two methods of interpretation, a generalization and a detail and a detail and a generalization, are polar opposites. The first method restricts the generalization, while the second method expands upon the detail. Consequently, any change in the order of the verses will significantly alter its meaning.

The concept of nullification – ענין הביטול: In certain versions of the Gemara it is stated that one should render the leaven null and void in his heart. Some commentaries assert that there is no need to say anything, as the nullification is merely an internal decision to renounce property (Ramban; Rabbeinu Gershom). Others maintain that although one need not verbalize the nullification, it is preferable to do so (Ritva). Yet others explain that the expression: In his heart, indicates that one must understand and identify with his declaration, and not merely recite it.

The reason for the nullification – טעם הביטול: The search for leaven is effective by Torah law and even if some leaven remains, one does not violate the prohibition against owning it after completing the search (Rabbeinu Gershom). Apparently, the Sages instituted the nullification of leaven even in places where there is no leaven, and that is why the Gemara asks why the nullification is necessary (Rabbeinu Mano'aḥ). Some say that the essence of nullification is not in relinquishment of one's ownership, but is a statement designed to render the leaven abhorrent in his eyes (Talmid HaRamban; *Mikhtam*).

HALAKHA

Nullification after the search for leaven – ביטול לאחר בדיקה: After searching for leaven on the evening of the fourteenth of Nisan one is obligated to render his leaven null and void. He recites the formula: Any leaven or leaven that there is in my property, etc., in a language that he understands, in accordance with the statement of Rav Yehuda in the name of Rav. The formula of this nullification, found in prayer books, is a tradition from the time of the *ge'onim* (Rabbeinu Gershom), who translated a formula that appears in the Jerusalem Talmud in Hebrew (*Beit Yosef*). One should render his leaven null and void again during the day, after removing any remaining leaven. One should not render it null and void before removing the leaven, to enable fulfillment of the mitzva with leaven that he owns (Rema, based on Rav Ya'akov Weil). The reason for the second nullification is that sometimes one purchases leaven or some leaven remains that he failed to render null and void and he may neglect to remove it. However, one may not rely on the nullification recited during the day alone (*Tur*, citing Rosh; *Shulḥan Arukh*, *Oraḥ Ḥayyim* 474:2).

וכי תימא: כיון דמינטר להו אגב ביתיה חשיבי – והתניא: סופי תאנים ומשמר שדהו מפני ענבים, סופי ענבים ומשמר שדהו מפני מקשאות ומפני מדלעות,

And lest you say: Since they are protected on account of their very presence in **his house,** whose protection is important to him, they **are significant** and are not null and void, **wasn't it taught** in the *Tosefta* that this is not the case? When the end of the fig season arrives, and those **remaining figs** on the trees are few and of inferior quality, there is room to assume that the owner has renounced his ownership over them. However, he continues to **guard his field due to the grapes,** which are harvested at that time. Similarly, when the end of the grape season arrives, those few **remaining grapes**[H] are of inferior quality and the owner **guards his field due to the cucumbers and due to the gourds,** which have not yet been harvested.

בזמן שבעל הבית מקפיד עליהן – אסורין משום גזל וחייבין במעשר, בזמן שאין בעל הבית מקפיד עליהן – מותרין משום גזל ופטורין משום מעשר!

When the owner is particular about the figs and the grapes respectively, **it is prohibited** to take them, **due to** the prohibition against **robbery, and** one with permission to eat them is **obligated due to** the mitzva to separate the **tithe** from them, as they are considered like any other fruit. **When the owner is not particular about them,** it is **permitted** to eat them **due to** the fact that the prohibition against **robbery** does not apply, **and** one who eats them is **exempt due to** the fact that the obligation to separate the **tithe** does not apply, as they are ownerless property. This indicates that if one is not particular about an object, even if it is located in property that he is guarding for another purpose, that object is not thereby rendered significant. The same reasoning applies to breadcrumbs that remain in one's house.

אמר רבא: גזירה שמא ימצא גלוסקא יפה ודעתיה עילויה. וכי משכחת ליה לבטליה! דילמא משכחת ליה לבתר איסורא, ולאו ברשותיה קיימא, ולא מצי מבטיל.

Rava said: The reason for the requirement to render leaven null and void is based on **a decree lest he find a fine cake** [*geluska*][LN] among the leaven that he did not destroy **and his thoughts are upon it.** Due to its significance, he will hesitate before removing it and will be in violation of the prohibition against owning leaven. The Gemara asks: **And let him nullify it when he finds it.**

דאמר רבי אלעזר: שני דברים אינן ברשותו של אדם ועשאן הכתוב כאילו ברשותו, ואלו הן: בור ברשות הרבים, וחמץ משש שעות ולמעלה.

The Gemara rejects this suggestion. **Perhaps he will find it** only **after it is** already **forbidden, and** at that time **it is no** longer **in his possession and he is** therefore **unable to nullify** leaven when it is already Passover,[H] **as Rabbi Elazar said: Two items are not in a person's possession** in terms of legal ownership, **and** yet **the Torah rendered** him responsible for **them as though** they were **in his property. And these are they: An** open **pit in the public domain,** for which the one who excavated it is liable to pay any damages it causes even though it does not belong to him; **and leaven** in one's house **from the sixth hour** on the fourteenth of Nisan **and onward.**[N] As this leaven has no monetary value, since it is prohibited to eat or to derive benefit from it, it is not his property, and nevertheless he violates a prohibition if it remains in his domain.

וניבטליה בארבע, וניבטליה בחמש! כיון דלאו זמן איסורא הוא, ולאו זמן ביעורא הוא – דילמא פשע ולא מבטל ליה.

The Gemara returns to the issue of the nullification of leaven. If so, **let him render** the leaven **null and void during the fourth hour or let him render it null and void during the fifth hour** of the fourteenth of Nisan. Why is he required to do so when he searches for leaven on the evening of the fourteenth? The Gemara answers: **Since** the fourth hour **is neither the time** of the **prohibition** of the leaven **nor the time** of its **removal,** it is a nondescript point in time. There is concern that **perhaps he will be negligent and will not render it null and void,** and the leaven will remain in his possession.

HALAKHA

Remaining figs and grapes – סופי תאנים וענבים: At the end of the fig season, when most of the figs have already been picked, the owner may still be guarding his field to prevent the poor from collecting the remaining figs. If the owner is particular about the remaining figs then it is prohibited to take them. Therefore, if one eats these figs with permission from the owner, he is obligated to tithe them first. If the owner is not particular about them, they are considered ownerless and anyone may take them. In that situation one is exempt from tithing them, in accordance with the *Tosefta* here (*Rambam Sefer Zera'im, Hilkhot Ma'aser* 1:12).

Nullification after the time of prohibition – ביטול לאחר זמן איסור: After leaven has become prohibited it is no longer considered the property of its owner, and therefore it can no longer be nullified (*Shulḥan Arukh, Oraḥ Ḥayyim* 434:2).

LANGUAGE

Cake [*geluska*] – גלוסקא: From the Greek κόλλιξ, *kollix*, meaning cake or round loaf of bread.

NOTES

Fine cake – גלוסקא יפה: The concern that his thoughts are upon it can be explained in several different ways. Some say that during the search for leaven he will have in mind to eat it after completing the search since it is not merely crumbs, and ultimately he will fail to remove it either due to laziness or forgetfulness (Rif; Rambam; *Tosefot Rid*). According to Rashi, apparently this concern applies even if he did not see the cake, e.g., if it was placed in a hole or it was taken by mice (Rabbeinu Yehonatan), and he found it after the prohibition had taken effect. Since it is a fine cake, there is concern that he will consider keeping it, and in doing so he will violate the prohibition: "It shall not be found" (*Me'iri*).

A pit and leaven – בור וחמץ: Since one regards them as his own and he is interested in their continued existence, they are considered as though they were his (Rav Yehuda ben Rav Binyamin HaRofeh). Apparently, in general, the Sages consider one responsible for objects from which it is prohibited for him to derive benefit, although they do not technically belong to him (Rabbi Aharon HaLevi).

וְנִיבַטְּלֵיהּ בְּשִׁית! כֵּיוָן דְּאִיסּוּרָא דְּרַבָּנַן עִילָּוֵיהּ – כִּדְאוֹרָיְיתָא דָּמְיָא, וְלָאו בִּרְשׁוּתֵיהּ קַיְימָא, וְלָא מָצֵי מְבַטֵּיל.

The Gemara asks: **But let him render** the leaven **null and void during the sixth** hour, when he burns it. The Gemara answers: **Since** there is **a rabbinic prohibition** that takes effect **on** the leaven, as it is prohibited to derive benefit from it after the fifth hour, its legal status **is like** that of leaven prohibited **by Torah law, and** therefore **it is not in his possession and he is unable to nullify** it.

דְּאָמַר רַב גִּידֵּל אָמַר רַבִּי חִיָּיא בַּר יוֹסֵף אָמַר רַב: הַמְקַדֵּשׁ מִשֵּׁשׁ שָׁעוֹת וּלְמַעְלָה, אֲפִילּוּ בְּחִיטֵּי קוּרְדְּנַיָּתָא – אֵין חוֹשְׁשִׁין לְקִידּוּשִׁין.

The Gemara continues: There is proof that the Sages were stringent with regard to leaven prohibited by rabbinic law, **as Rav Giddel said** that **Rabbi Ḥiyya bar Yosef said** that **Rav said:** With regard to **a man who betroths** a woman on the fourteenth of Nisan **from** the beginning of **the sixth hour and onward,**[N] **even** if he does so **with wheat from the mountains** [***kurdanaita***],[NL] which is particularly hard and there is no certainty that it will ferment even if water falls on it, nevertheless, as it is possible that the wheat leavened, its legal status is that of leaven. Consequently, it is prohibited to derive benefit from this wheat, which is legally worthless. Therefore, if a man gives the wheat to a woman for the purpose of betrothal, **one** need **not be concerned that** it is **a betrothal.**[H] The reason is that a betrothal is effective only if the man gives the woman an object worth at least a *peruta*. In this case the Sages disqualify the betrothal and allow the woman to marry another man, despite the fact that by Torah law she is betrothed to the first man, as the leaven with which he betrothed her is prohibited only by rabbinic law.

וּלְבָתַר אִיסּוּרָא לָא מָצֵי מְבַטֵּיל לֵיהּ? וְהָא תַּנְיָא: הָיָה יוֹשֵׁב בְּבֵית הַמִּדְרָשׁ וְנִזְכַּר שֶׁיֵּשׁ חָמֵץ בְּתוֹךְ בֵּיתוֹ – מְבַטְּלוֹ בְּלִבּוֹ, אֶחָד שַׁבָּת וְאֶחָד יוֹם טוֹב. בִּשְׁלָמָא שַׁבָּת – מַשְׁכַּחַתְּ לָהּ, כְּגוֹן שֶׁחָל אַרְבָּעָה עָשָׂר לִהְיוֹת בַּשַּׁבָּת. אֶלָּא יוֹם טוֹב – בָּתַר אִיסּוּרָא הוּא!

The Gemara raises a difficulty: **And** is it indeed the case that **after the** leaven has become **prohibited** one is **unable to render it null and void? But wasn't it taught** in a *baraita*: If one **was sitting in the study hall and he remembered that there is leavened bread in his house,** he should **render it null and void in his heart, both on Shabbat and on the Festival?** The Gemara analyzes this statement: **Granted,** on **Shabbat you** can **find** this case, as one can nullify the leaven before it becomes prohibited, in a case **where the fourteenth** of Nisan **occurs on Shabbat** and he remembers to nullify the leaven before the prohibition takes effect. **However,** if he remembered on the **Festival** itself, **it is after the prohibition** has taken effect, as the Festival has already begun, and yet the *baraita* says that one may render the leaven null and void.

אָמַר רַב אַחָא בַּר יַעֲקֹב: הָכָא בְּתַלְמִיד יוֹשֵׁב לִפְנֵי רַבּוֹ עָסְקִינַן, וְנִזְכַּר שֶׁיֵּשׁ עִיסָּה מְגוּלְגֶּלֶת בְּתוֹךְ בֵּיתוֹ, וּמִתְיָירֵא שֶׁמָּא תַּחֲמִיץ קָדֵים וּמְבַטֵּיל לֵיהּ מִיקַּמֵּי דְּתַחְמִיץ.

Rav Aḥa bar Ya'akov said: Here we are dealing with a student sitting before his teacher, and he remembers that there is kneaded dough in his house,[N] **and he is afraid lest it leaven** before he can return home to warn the members of his household. Since the dough has not yet leavened and is not yet prohibited, he can take **earlier** action **and render it null and void before it becomes leavened.**[H]

דַּיְקָא נַמִי, דְּקָתָנֵי: הָיָה יוֹשֵׁב בְּתוֹךְ בֵּית הַמִּדְרָשׁ, שְׁמַע מִינָּהּ.

The Gemara comments: The language of the *baraita* **is also precise** in accordance with this explanation, **as** the *baraita* **teaches:** If one **was sitting in the study hall.** This indicates that the dough has not yet risen, and the problem is that he cannot arrive home in time to prevent it from rising. However, if it had already become leavened, rendering it null and void will not remedy the situation even if he were home. The Gemara concludes: Indeed, **learn from this** proof that Rav Aḥa bar Ya'akov's interpretation is correct.

NOTES

From the beginning of the sixth hour and onward – מִשֵּׁשׁ שָׁעוֹת וּלְמַעְלָה: According to Rashi and others, the Gemara is referring to the sixth hour itself, at which point leaven is prohibited by rabbinic law. According to Rabbeinu Tam and others, the Gemara is speaking about the end of the sixth hour, when leaven is prohibited by Torah law, and the rabbinic decree mentioned by the Gemara is referring to the uncertain status of the mountain wheat. Some commentaries maintain that according to Rashi, another principle applies here: Anyone who betroths a woman does so contingent on the Sages' consent, and they annulled this type of betrothal (See *Kesef Mishne*, *Sefer Milḥamot Hashem* of the Ramban, and the Responsa of Rabbi Akiva Eiger).

Wheat from the mountains – חִיטֵּי קוּרְדְּנַיָּתָא: The commentaries explain that this wheat, which grows in the mountains, is particularly hard and is therefore less likely to ferment. Some maintain that this wheat does not fully ripen by itself, and farmers would dig small pits around the wheat and fill them with water to facilitate ripening. As the water causes the wheat to become slightly fermented while still attached to the ground, the wheat assumes the legal status of hardened leaven (Maharam Ḥalawa).

Kneaded dough in his house – עִיסָּה מְגוּלְגֶּלֶת בְּתוֹךְ בֵּיתוֹ: It is evident from the answer given here that this occurred during the twilight period before Shabbat began (Ritva). Alternatively, Rashi explains that this case involves full-fledged leaven, and the reference is to Passover eve.

LANGUAGE

Mountains [*kurdanaita*] – קוּרְדְּנַיָּתָא: According to most commentaries, the Gemara is referring to extremely hard wheat kernels, named for their place of origin, the mountains of Kurdistan. Indeed, Onkelos renders the mountains of Ararat (Genesis 8:4) as *turei Kardu*, the Kurdish mountains. The species of wheat that grows in this mountainous region is much harder than the grain that grows in the plains. Others claim that *kurdanaita* does not refer to its place of origin, but describes the grain itself, which is as hard as a rocky mountainside.

Kurdish wheat farmers collecting wheat grown in the mountains

HALAKHA

One who betroths with wheat – מְקַדֵּשׁ בַּחִיטִּין: With regard to a man who betroths a woman on the eve of Passover after the sixth hour with wheat that has been exposed to water, there is no concern that this betrothal might be effective, even if the wheat is of a particularly hard species (*Shulḥan Arukh, Even HaEzer* 28:21).

The nullification of leavened dough – בִּיטּוּל עִיסַּת חָמֵץ: If one has dough in his house on Passover that has not yet begun to rise, and for whatever reason he cannot return home before it rises, he can render the dough null and void from afar before it becomes leavened (*Shulḥan Arukh, Oraḥ Ḥayyim* 444:8).

אָמַר רַבָּה בַּר רַב הוּנָא אָמַר רַב: הַפַּת שֶׁעִיפְּשָׁה, כֵּיוָן שֶׁרָבְתָה מַצָּה – מוּתֶּרֶת. הֵיכִי דָּמֵי? אִילֵימָא דְּיָדַע בָּהּ דְּחָמֵץ הִיא – כִּי רָבְתָה מַצָּה מַאי הָוֵי?

Rabba bar Rav Huna said that **Rav said:** With regard to a vessel that contains several loaves in which there was **bread that became moldy,**[B] and it is not evident whether it is leaven or *matza*, **once there was more** *matza* than leaven in the vessel, it is **permitted.** The Gemara first analyzes the case itself: **What are the circumstances? If you say that he knows that** this loaf **is leavened bread,** even if **there were more** *matza*, **what of** it? What difference does it make that most of the food is *matza*, if it is clear that this loaf is leaven?

אֶלָּא, דְּלָא יָדְעִינַן בָּהּ אִי חָמֵץ הוּא אִי מַצָּה הוּא – מַאי אִירְיָא כִּי רָבְתָה מַצָּה? אֲפִילּוּ כִּי לֹא רָבְתָה מַצָּה נָמֵי, נֵיזִיל בָּתַר בַּתְרָא!

Rather, Rav must be speaking of a case **where we do not know whether it is leavened bread** or **whether it is** *matza*. However, in that case, **why** discuss **specifically** a situation **where there was more** *matza* in the vessel? **Even** in a case **where there was not more** *matza* in the vessel **as well,** the questionable loaf is likely to be *matza*, as **let us follow the last** item placed in the vessel, which even on the first day of Passover would be *matza*.

מִי לָא תְּנַן: מָעוֹת שֶׁנִּמְצְאוּ לִפְנֵי סוֹחֲרֵי בְהֵמָה – לְעוֹלָם מַעֲשֵׂר, בְּהַר הַבַּיִת – חוּלִּין,

Didn't we learn in a mishna: With regard to **coins that were found before animal merchants** in Jerusalem, **they are always** assumed to be money of the second **tithe,**[N] as most of the animals purchased in Jerusalem were bought with that money. This *halakha* applies both during a Festival and throughout the year, as people would purchase animals for meat with their second-tithe money, and it can therefore be assumed that these coins have the status of second tithe. However, if the money was found **on the Temple Mount** it is **non-sacred** money,[N] even during a Festival. It can be assumed that one who enters the Temple Mount has already purchased all the animals that he required beforehand. Any coins in his possession are non-sacred money, not tithes.

בִּירוּשָׁלַיִם, בִּשְׁעַת הָרֶגֶל – מַעֲשֵׂר, בִּשְׁאָר יְמוֹת הַשָּׁנָה – חוּלִּין.

If the money was found elsewhere **in Jerusalem during the Festival,** when many people came to Jerusalem with their second-tithe money, the coins are presumed to be second-**tithe** money. However, if the coins were found **during the rest of the year, it is non-sacred** money.[H]

וְאָמַר רַב שְׁמַעְיָה בַּר זֵירָא: מַאי טַעְמָא – הוֹאִיל וְשׁוּקֵי יְרוּשָׁלַיִם עֲשׂוּיִין לְהִתְכַּבֵּד בְּכׇל יוֹם. אַלְמָא אָמְרִינַן: קַמָּאֵי קַמָּאֵי אָזְלִי לֵיהּ, וְהָנֵי אַחֲרִינֵי נִינְהוּ. הָכָא נָמֵי – נֵימָא: קַמָּא קַמָּא אָזֵיל, וְהַאי דְּהָאִידָּנָא הוּא!

The Gemara explains the proof. **And Rav Shemaya bar Zeira said: What is the reason** that during the rest of the year the coins are considered non-sacred money, even on the day after the Festival? **Since the markets of Jerusalem tend to be cleaned every day,** any money left there would already have been found by the street cleaners. Consequently, any coins found there were left there recently. **Apparently,** we **say** that **the first ones are gone and these** objects **are later ones. Here too,** with regard to moldy bread, **let us say: The first ones** have been eaten and **are gone, and this food is from now** and is undoubtedly *matza*.

שָׁאנֵי הָכָא, דְּעִיפּוּשָׁה מוֹכִיחַ עִילָּוֵיהּ. אִי עִיפּוּשָׁהּ מוֹכִיחַ עִילָּוֵיהּ – כִּי רָבְתָה מַצָּה מַאי הָוֵי? אָמַר רַבָּה: לָא תֵּימָא שֶׁרָבְתָה מַצָּה, אֶלָּא אֵימָא: שֶׁרָבוּ יְמֵי מַצָּה עִילָּוֵיהּ.

The Gemara rejects this proof: It is **different here, as the mold proves about** the loaf that it is leaven, as food does not become moldy unless it has been sitting for a long time. The Gemara retorts: **If its mold proves about** the loaf that it is leaven, **if there was more** *matza* in the vessel, **what of** it? Even in that case, the very fact that it is moldy proves that it is leaven. **Rabba said: Do not say there was more** *matza* than leaven in the vessel; **rather, say that several days of eating** *matza* **have passed over** the vessel. In other words, several days of the Festival, during which *matza* is consumed, have passed. Therefore, it is more likely that the moldy loaf is *matza*.

אִי הָכִי פְּשִׁיטָא! לָא צְרִיכָא, דְּעִיפּוּשָׁה מְרוּבָּה. מַהוּ דְּתֵימָא: כֵּיוָן דְּעִיפּוּשָׁה מְרוּבָּה – אִיגַּלְיָא מִילְּתָא דְּוַדַּאי חָמֵץ מֵעַלְיָא הוּא, קָא מַשְׁמַע לַן:

The Gemara asks: **If so,** it is **obvious** that the moldy loaf is *matza*, not leaven. The Gemara answers: **No, it is necessary** to teach this *halakha* with regard to a situation where **its mold is extensive. Lest you say: Since its mold is extensive the matter is revealed that it is certainly leavened bread,** therefore Rav **teaches us** that one cannot be entirely sure that this is the case.

כֵּיוָן שֶׁרָבוּ יְמֵי מַצָּה עִילָּוֵיהּ, אָמְרִינַן: כׇּל יוֹמָא וְיוֹמָא נַהֲמָא חֲמִימָא אָפֵה, וּשְׁדָא עִילָּוֵיהּ וְעַפְשָׁא טְפֵי.

The Gemara explains the reason for the uncertainty. **Since several days of eating** *matza* **have passed over** the vessel, **we say: Each and every day he baked warm loaves, which he placed upon** the previous days' *matza*, causing **it to grow moldier.** Therefore, it is possible that even though only a brief time has passed, the *matza* has grown very moldy, due to the moisture and heat inside the vessel.[H]

BACKGROUND

Bread that became moldy – הַפַּת שֶׁעִיפְּשָׁה: When *matza* is baked without puncturing the dough with holes, it resembles leavened flatbread. It can become moldy and therefore be confused with leavened bread.

Flatbread

NOTES

Second tithe – מַעֲשֵׂר שֵׁנִי: The second tithe was a tenth of the produce that remained after *teruma* had been given to the priests and the first tithe had been given to the Levites. The second tithe was separated during the first, second, fourth, and fifth years of the Sabbatical cycle. After the second tithe was set aside, it was brought to Jerusalem to be consumed there by its owner. If the journey to Jerusalem was too long, so that it would be difficult to carry all the second tithe there, or if the produce became ritually impure, it could be redeemed for an equivalent sum of money. If the owner redeemed his own produce he had to add one-fifth of its value. This redemption money was brought to Jerusalem, where it could be spent only to purchase food.

On the Temple Mount it is non-sacred money – בְּהַר הַבַּיִת חוּלִּין: Some commentaries explain that one would not ordinarily enter the Temple Mount with coins. Consequently, any coins found there were probably spent by the Temple treasury to purchase sacred items for the Temple and the money was redeemed in the process, rendering them non-sacred coins (Ra'avad; *Me'iri*).

HALAKHA

Coins that were found in Jerusalem – מָעוֹת שֶׁנִּמְצְאוּ בִּירוּשָׁלַיִם: With regard to coins found in Jerusalem when the Temple was standing, if they were discovered near animal merchants they are assumed to be second-tithe coins. If they were found on the Temple Mount they are non-sacred coins. If they were discovered in other places in Jerusalem, during a Festival they are presumed to be second-tithe coins and during the rest of the year they are presumed to be non-sacred coins (Rambam *Sefer Zera'im*, *Hilkhot Ma'aser Sheni* 6:9–10).

Bread that was found during Passover – פַּת שֶׁנִּמְצָאָה בְּפֶסַח: If one finds a loaf on Passover and does not know whether it is leaven or *matza*, he is even permitted to eat it. If it is moldy, if enough days of Passover have passed that it is possible that it turned moldy during Passover, it is permitted. However, if this is not possible, it is assumed to be leaven and thus prohibited, in accordance with the conclusion of the Gemara and the opinion of Rabba bar Rav Huna (*Shulḥan Arukh*, *Oraḥ Ḥayyim* 446:4).

NOTES

One recites a blessing over the search – מְבָרֵךְ עַל הַבְּדִיקָה: The novelty in this statement is that one recites a blessing despite the fact that the essential part of the mitzva is the removal of leaven, as the search for leaven is merely a stage in the preparation for its removal. Additionally, it can be suggested that the main mitzva is not even to remove leaven; rather, one is commanded to ensure that no leaven remains in his house. Therefore, the Gemara informs us that the search for leaven is considered the beginning of the process of its removal, and for this reason one recites a blessing before beginning the search (Rosh). The meaning of the term removal [*biur*] includes both the search and the removal of leaven (Ritva). Alternatively, the formula of this blessing serves to emphasize that the purpose of the search is to facilitate removal of the leaven (Rabbeinu Gershom). Yet others explain that the obligation to remove leaven is by rabbinic law, whereas the obligation to search for leaven is by Torah law (Maharam Ḥalawa).

וּמִי אָזְלִינַן בָּתַר בַּתְרָא? וְהָא תַּנְיָא, רַבִּי יוֹסֵי בַּר יְהוּדָה אוֹמֵר: תֵּיבָה שֶׁנִּשְׁתַּמְּשׁוּ בָּהּ מְעוֹת חוּלִּין וּמְעוֹת מַעֲשֵׂר, אִם רוֹב חוּלִּין – חוּלִּין, אִם רוֹב מַעֲשֵׂר – מַעֲשֵׂר. וְאַמַּאי? לֵיזִיל בָּתַר בַּתְרָא!

In regard to the aforementioned principle, the Gemara asks: **And do we,** in general, **follow the last** item in determining the identity of the item in question? **But wasn't it taught** in a *baraita* that **Rabbi Yosei bar Yehuda says:** With regard to **a box** that people **used for** both **non-sacred coins and** second-**tithe coins, if the majority** of its use was for **non-sacred** money, the coins are considered **non-sacred. If the majority** of its use was for second-**tithe** coins, the coins are considered second-**tithe** money. The Gemara asks: **But why** is this so? **Let us follow** the **last** item placed in the box.

אָמַר רַב נַחְמָן בַּר יִצְחָק: הָכָא בְּמַאי עָסְקִינַן – כְּגוֹן שֶׁנִּשְׁתַּמְּשׁוּ בָּהּ מְעוֹת חוּלִּין וּמְעוֹת מַעֲשֵׂר, וְאֵין יוֹדֵעַ אֵיזֶה מֵהֶן בַּסּוֹף. רַב זְבִיד אָמַר: כְּגוֹן שֶׁנִּשְׁתַּמְּשׁוּ בָּהּ צִיבּוּרִין צִיבּוּרִין. רַב פַּפָּא אָמַר: כְּגוֹן דְּאִישְׁתַּכַּח בְּגוּמָא.

Rav Naḥman bar Yitzḥak said: With what are we dealing here? We are dealing with a case **where** people **used** the box **for** both **non-sacred coins and second-tithe coins, and he does not know which** of the two kinds of money was placed there **last.**

Rav Zevid said: The *baraita* is referring to a case **where he used** one part of the box for **piles** of non-sacred coins and another part of the box for **piles** of second-tithe coins. In this case, there was no definitive most recent use of the box, as a coin may have moved from one side of the box to the other.

Rav Pappa said: We are dealing with a case **where** the coin **was found in a hole** in the box. The concern is that this coin might not be of the type last placed into the box. Instead, it is possible that this coin remained from a previous use and was not removed because it was obscured in the hole.

אָמַר רַב יְהוּדָה: הַבּוֹדֵק צָרִיךְ שֶׁיְּבָרֵךְ. מַאי מְבָרֵךְ? רַב פַּפִּי אָמַר מִשְּׁמֵיהּ דְּרָבָא: (אוֹמֵר) "לְבַעֵר חָמֵץ". רַב פַּפָּא אָמַר מִשְּׁמֵיהּ דְּרָבָא: "עַל בִּיעוּר חָמֵץ". בִּ"לְבַעֵר" – כּוּלֵּי עָלְמָא לָא פְּלִיגִי דְּוַדַּאי לְהַבָּא מַשְׁמַע,

Rav Yehuda said: One who searches for leaven **must recite a blessing.**[N] The Gemara asks: **What blessing does he recite,** i.e., what is the correct formula of the blessing? **Rav Pappi said in the name of Rava** that one **recites:** Who has made us holy through His mitzvot and has commanded us **to remove leavened bread. Rav Pappa said in the name of Rava:** One should recite: **Concerning the removal of leavened bread.** The Gemara comments: **With regard to** the formula: **To remove, everyone agrees that** it **certainly refers to the future.** This formulation undoubtedly indicates that the person reciting the blessing is about to begin fulfilling the mitzva of removing leaven, and it is therefore an appropriate blessing.

Perek **I**
Daf **7** Amud **b**

NOTES

The phrase to perform versus the phrase concerning the mitzva – לַעֲשׂוֹת וְעַל מִצְוַת: Several of the early commentaries seek a guiding principle for when the formula of the blessing recited before performing a mitzva concludes with the infinitive: To perform, and when the formula of the blessing concludes with: Concerning the mitzva. According to Rabbeinu Tam, one recites the formula: Concerning, before a mitzva that he performs immediately, whereas if the performance of the mitzva is not immediate he recites the blessing in the infinitive form. According to Rav Yitzḥak ben Asher (*Tosafot*) and the Ramban, the formula is: Concerning, for any mitzva that can be performed by means of an agent, and for a mitzva that cannot be performed by means of an agent, the infinitive is used. The Ritva accepts several of these opinions, and adds that for any mitzva whose blessing is recited after its performance, or for a mitzva that one is not absolutely obligated to perform, e.g., ritual slaughter, one recites the formula: Concerning. The *Me'iri* also adopts some of these opinions and contends that when one performs only part of a mitzva he recites: Concerning. Yet other early commentaries claim that there is no guiding principle with regard to this issue (Rabbeinu Yitzḥak in *Tosafot*).

כִּי פְּלִיגִי – בְּ"עַל בִּיעוּר". מָר סָבַר: מֵעִיקָּרָא מַשְׁמַע, וּמָר סָבַר: לְהַבָּא מַשְׁמַע.

Where they disagree is with regard to the formula: **Concerning the elimination** of leaven. One Sage, Rav Pappi, **maintains** that **it is referring to** an act that was performed **previously.** Since this formula is referring to the removal of leaven as a task already completed, it would be more appropriate for a blessing recited after performance of that mitzva was completed. **And the other Sage,** Rav Pappa, **maintains** that this expression **refers to the future.**[N]

מֵיתִיבִי: "בָּרוּךְ אֲשֶׁר קִדְּשָׁנוּ בְּמִצְוֹתָיו וְצִוָּנוּ עַל הַמִּילָה"!

The Gemara **raises an objection** to Rav Pappi's opinion from the formula of the blessing recited just prior to circumcision: **Blessed** are You…**Who has made us holy through His mitzvot and has commanded us concerning circumcision.** Apparently this expression indeed is referring to a future act.

הָתָם הֵיכִי נֵימָא? נֵימָא "לָמוּל" – לָא סַגִּיא דְּלָאו אִיהוּ מָהֵיל? אֲבִי הַבֵּן מַאי אִיכָּא לְמֵימַר? אִין הָכִי נַמִי.

The Gemara rejects this contention: That is no proof, as **what** alternative formula **can we recite there? If we say:** He, Who has made us holy through His mitzvot and commanded us **to circumcise, is there no alternative to he** himself, i.e., the boy's father, **circumcising** his son? The father is commanded to circumcise his son, and he may appoint one who is not commanded to circumcise his son to act in his stead. Therefore, the more general formula of the blessing is recited: About the circumcision. The Gemara raises a difficulty: In a case where **the child's father** himself circumcises his son, **what can be said?** The Gemara responds: **Yes, it is indeed so.** If the father himself performs the circumcision he in fact recites the blessing: And has commanded us to circumcise.

מֵיתִיבִי: ״בָּרוּךְ אֲשֶׁר קִדְּשָׁנוּ בְּמִצְוֹתָיו וְצִוָּנוּ עַל הַשְּׁחִיטָה״. הָתָם נַמִּי, הֵיכִי נֵימָא? נֵימָא ״לִשְׁחוֹט״ – לָא סַגְיָא דְּלָאו אִיהוּ שָׁחַט?

The Gemara **raises an objection** to Rav Pappi's opinion. The blessing recited over ritual slaughter is: **Blessed…Who has made us holy through His mitzvot and has commanded us concerning slaughtering.** This blessing likewise indicates that this formula is appropriate prior to an action. The Gemara again rejects this claim: **There too, what** alternative formula **can we recite? If we say:** Who has commanded us **to slaughter, is there no alternative to his slaughtering** the animal? There is no mitzva to slaughter an animal. It is merely the necessary preparation before one may eat meat. Therefore, the more general formula of the blessing is recited: Concerning slaughtering.

פֶּסַח וְקָדָשִׁים מַאי אִיכָּא לְמֵימַר? אִין הָכִי נַמִּי.

The Gemara raises a difficulty: If so, with regard to the slaughter of the **Paschal lamb and** other **consecrated** animals, **what can be said?** One is indeed commanded to slaughter these animals. The Gemara answers: **Yes, it is indeed so.** When slaughtering the Paschal lamb or any other offering, one recites: Who has commanded us to slaughter.

מֵיתִיבִי: הָעוֹשֶׂה לוּלָב לְעַצְמוֹ מְבָרֵךְ ״שֶׁהֶחֱיָינוּ וְקִיְּמָנוּ וְהִגִּיעָנוּ לַזְּמַן הַזֶּה״. נְטָלוֹ לָצֵאת בּוֹ אוֹמֵר ״אֲשֶׁר קִדְּשָׁנוּ בְּמִצְוֹתָיו וְצִוָּנוּ עַל נְטִילַת לוּלָב״. שָׁאנֵי הָתָם, דִּבְעִידָּנָא דְּאַגְבְּהֵהּ נְפַק בֵּיהּ.

The Gemara **raises an objection** to Rav Pappi's opinion from the *Tosefta*: **One who prepares a** ***lulav*** **for himself recites the blessing: Who has given us life, sustained us, and brought us to this time.** When **he takes it to fulfill with it** the obligation to take the *lulav*, **he says: Who has made us holy through His mitzvot and has commanded us concerning the taking of the** ***lulav***. Although he has yet to perform the mitzva, he does not recite the formula: To take. The Gemara answers: **It is different there, as at the time when he lifts** the *lulav* before he recites the blessing, he already **fulfilled** his obligation by Torah law. Consequently, the formula: Concerning the taking, is indeed more appropriate for an action that he has already performed.

אִי הָכִי, ״לָצֵאת בּוֹ״?! ״יָצָא בּוֹ״ מִיבָּעֵי לֵיהּ! אִין הָכִי נַמִּי, וּמִשּׁוּם דְּקָא בָּעֵי לְמִיתְנָא סֵיפָא ״לֵישֵׁב בַּסּוּכָּה״ תְּנָא רֵישָׁא נַמִּי ״לָצֵאת בּוֹ״.

The Gemara raises an objection: **If so,** the statement that he takes it **to fulfill** his obligation **with it** is imprecise, as the *tanna* **should have** said that he took the *lulav* **with which** he already **fulfilled** his obligation. The Gemara answers: **Yes, it is indeed so;** the *tanna* should have formulated the *halakha* in that manner. **But due to** the fact **that he wants to teach the latter clause** of the *baraita*: One who comes **to sit in the** ***sukka***, **he likewise taught** in **the first clause: To fulfill** his obligation **with it.** This phrase maintains the consistency of the language of the *Tosefta*, even though it is imprecise with regard to the *halakha* of *lulav*.

דְּקָתָנֵי סֵיפָא: הָעוֹשֶׂה סוּכָּה לְעַצְמוֹ אוֹמֵר: בָּרוּךְ אַתָּה ה׳ שֶׁהֶחֱיָינוּ וְקִיְּמָנוּ וְהִגִּיעָנוּ לַזְּמַן הַזֶּה. נִכְנַס לֵישֵׁב בָּהּ אוֹמֵר: בָּרוּךְ אֲשֶׁר קִדְּשָׁנוּ בְּמִצְוֹתָיו וְצִוָּנוּ לֵישֵׁב בַּסּוּכָּה. וְהִלְכְתָא: ״עַל בִּיעוּר חָמֵץ״.

As it teaches in the latter clause of this *baraita*: **One who erects a** ***sukka*** **for himself recites: Blessed are You, God, Who has given us life, sustained us, and brought us to this time. When he enters to sit in the** *sukka* **he says: Blessed…Who has made us holy through His mitzvot and has commanded us to sit in the** ***sukka***. In summary, no conclusive proof has been found for either side of this debate. The Gemara concludes: **And the** ***halakha*** **is** that one should recite: **Concerning the removal of leaven,** as that expression is referring to the future as well.[H]

דְּכוּלֵּי עָלְמָא מִיהָא, מֵעִיקָּרָא בָּעֵינַן לְבָרוֹכֵי, מְנָלַן? דְּאָמַר רַב יְהוּדָה אָמַר שְׁמוּאֵל: כׇּל הַמִּצְוֹת מְבָרֵךְ עֲלֵיהֶן עוֹבֵר לַעֲשִׂיָּיתָן.

The Gemara poses a question: **In any event,** it is clear from the previous discussion that **everyone agrees** that **one is required to recite a blessing prior to** performing a mitzva. **From where do we** derive this principle? It is **as Rav Yehuda said** that **Shmuel said:** With regard to **all the mitzvot, one recites a blessing over them prior to** [*over*] **their performance.**[HN]

מַאי מַשְׁמַע דְּהַאי עוֹבֵר לִישָּׁנָא דְּאַקְדּוּמֵי הוּא? אָמַר רַב נַחְמָן בַּר יִצְחָק, דְּאָמַר קְרָא: ״וַיָּרׇץ אֲחִימַעַץ דֶּרֶךְ הַכִּכָּר וַיַּעֲבֹר אֶת הַכּוּשִׁי״. אַבָּיֵי אָמַר, מֵהָכָא: ״וְהוּא עָבַר לִפְנֵיהֶם״. וְאִיבָּעֵית אֵימָא, מֵהָכָא: ״וַיַּעֲבֹר מַלְכָּם לִפְנֵיהֶם וַה׳ בְּרֹאשָׁם״.

The Gemara asks: **From where may it be inferred that** the word ***over*** **is the language of priority? Rav Naḥman bar Yitzḥak said that the verse said: "And Ahimaaz ran by the way of the plain, and overran [*vaya'avor*] the Cushite"** (II Samuel 18:23), i.e., Ahimaaz overtook the Cushite. **Abaye said:** It is derived **from here: "And he passed [*avar*] before them"** (Genesis 33:3). **And if you wish, say** instead that the proof is **from here: "And their king passed [*vaya'avor*] before them and God at their head"** (Micah 2:13).

HALAKHA

The blessing over the removal of leaven – בִּרְכַּת בִּיעוּר חָמֵץ: Before searching for leaven, one recites the blessing: Concerning the removal of leaven (*Shulḥan Arukh*, *Oraḥ Ḥayyim* 432:1).

Prior to their performance – עוֹבֵר לַעֲשִׂיָּיתָן: One should recite the blessing prior to performing a mitzva, as close as possible to its performance. This ruling is in accordance with Shmuel's statement, which is universally accepted (*Shulḥan Arukh*, *Oraḥ Ḥayyim* 25:8, 158:11).

NOTES

Prior to [*over*] their performance – עוֹבֵר לַעֲשִׂיָּיתָן: The *ge'onim* explain that although there is another word that means before, *kodem*, this term can refer to a time long before performance of the mitzva. The word *over* means immediately beforehand and therefore it is preferable (*Me'iri*).

HALAKHA

Except for immersion – חוּץ מִן הַטְּבִילָה: One obligated to immerse himself recites the blessing after immersing. This ruling is in accordance with Rav Ḥisda's statement and the conclusion of the Gemara (*Shulḥan Arukh, Yoreh De'a* 268:2).

בֵּי רַב אָמְרִי: חוּץ מִן הַטְּבִילָה וְשׁוֹפָר. בִּשְׁלָמָא טְבִילָה – דְּאַכַּתִּי גַּבְרָא לָא חֲזֵי, אֶלָּא שׁוֹפָר מַאי טַעְמָא? וְכִי תֵּימָא: מִשּׁוּם דִּילְמָא מִיקַּלְקְלָא תְּקִיעָה. אִי הָכִי אֲפִילּוּ שְׁחִיטָה וּמִילָה נָמֵי!

In the school of Rav they say: One recites a blessing prior to performing all mitzvot, **except for** the ritual **immersion** after a nocturnal emission **and** the blowing of the ***shofar*.** The Gemara elaborates: **Granted** one does not recite a blessing prior to **immersion, as** this **man** who has not yet immersed **is still unfit** to recite a blessing because he is ritually impure. **However,** with regard to **a *shofar*, what is the reason** that one does not recite a blessing before sounding the *shofar*? **And lest you say** the reason is **due to** a concern **lest the sounding** of the *shofar* emerge **flawed,** and the blessing will be in vain, **if so,** one should not recite a blessing **even** prior to ritual **slaughter and circumcision,** as in those cases too one might fail to perform the action in the requisite manner.

אֶלָּא אָמַר רַב חִסְדָּא: "חוּץ מִן הַטְּבִילָה" בִּלְבַד אִיתְּמַר. תַּנְיָא נָמֵי הָכִי: טָבַל וְעָלָה, בַּעֲלִיָּיתוֹ אוֹמֵר: בָּרוּךְ אֲשֶׁר קִדְּשָׁנוּ בְּמִצְוֹתָיו וְצִוָּנוּ עַל הַטְּבִילָה.

Rather, Rav Ḥisda said: Except for prior to **immersion**[H] **alone was stated,** due to the aforementioned reason. The Gemara adds: **That was also taught** in a *baraita*: With regard to one who **immersed** for ritual purification after a nocturnal emission **and emerged, as he emerges he recites: Blessed… Who has made us holy through His mitzvot and commanded us concerning immersion.**[N]

"לְאוֹר הַנֵּר וכו'". מְנָא הָנֵי מִילֵּי? אָמַר רַב חִסְדָּא: לָמַדְנוּ מְצִיאָה מִמְּצִיאָה, וּמְצִיאָה מֵחִיפּוּשׂ, וְחִיפּוּשׂ מֵחִיפּוּשׂ, וְחִיפּוּשׂ מִנֵּרוֹת, וְנֵרוֹת מִנֵּר.

The mishna states that one searches for leaven **by the light of the lamp, etc.** The Gemara asks: **From where are these matters,** i.e., that the search should be conducted by the light of the lamp, derived? **Rav Ḥisda said: We derive** it by the hermeneutic principles of verbal analogy and juxtaposition: The term **finding** in one context is derived **from finding** in another context, **and finding** is derived **from** the word **searching, and** this **searching** is derived **from searching** elsewhere, **and searching** there is derived **from** the word **lamps, and lamps** is derived **from lamp.**

מְצִיאָה מִמְּצִיאָה – כְּתִיב הָכָא: "שִׁבְעַת יָמִים שְׂאוֹר לֹא יִמָּצֵא בְּבָתֵּיכֶם", וּכְתִיב הָתָם: "וַיְחַפֵּשׂ בַּגָּדוֹל הֵחֵל וּבַקָּטֹן כִּלָּה וַיִּמָּצֵא". וּמְצִיאָה מֵחִיפּוּשׂ דִּידֵיהּ,

The Gemara cites the relevant verses included in the above derivation. **Finding** in one context is derived **from finding** in another context by verbal analogy, as **it is written here: "Seven days leaven shall not be found in your houses"** (Exodus 12:19), **and it is written there: "And he searched, starting with the eldest, and ending with the youngest; and** the goblet **was found** in Benjamin's sack" (Genesis 44:12). **And** the word **finding** in this verse is connected **to searching in that same** verse by juxtaposition, as the verse says: "And he searched… and was found."

וְחִיפּוּשׂ מִנֵּרוֹת – דִּכְתִיב: "בָּעֵת הַהִיא אֲחַפֵּשׂ אֶת יְרוּשָׁלַיִם בַּנֵּרוֹת", וְנֵרוֹת מִנֵּר, דִּכְתִיב: "נֵר (אֱלֹהִים) [ה'] נִשְׁמַת אָדָם חֹפֵשׂ כָּל חַדְרֵי בָטֶן".

And searching is derived **from lamps** by means of juxtaposition, **as it is written:** "And it shall come to pass that **at that time I will search Jerusalem with lamps"** (Zephaniah 1:12). **And** finally, the word **lamps** is derived **from lamp**[N] by means of juxtaposition, **as it is written: "The spirit of man is the lamp of God, searching all the inward parts"** (Proverbs 20:27). Together these verses indicate that the search for leaven must be conducted by the light of the lamp.

תָּנָא דְּבֵי רַבִּי יִשְׁמָעֵאל: לֵילֵי אַרְבָּעָה עָשָׂר בּוֹדְקִים אֶת הֶחָמֵץ לְאוֹר הַנֵּר, אַף עַל פִּי שֶׁאֵין רְאָיָה לַדָּבָר – זֵכֶר לַדָּבָר, שֶׁנֶּאֱמַר: "שִׁבְעַת יָמִים שְׂאוֹר לֹא יִמָּצֵא", וְאוֹמֵר: "וַיְחַפֵּשׂ בַּגָּדוֹל הֵחֵל וּבַקָּטֹן כִּלָּה", וְאוֹמֵר: "בָּעֵת הַהִיא אֲחַפֵּשׂ אֶת יְרוּשָׁלַיִם בַּנֵּרוֹת", וְאוֹמֵר: "נֵר (אֱלֹהִים) [ה'] נִשְׁמַת אָדָם חֹפֵשׂ".

Similarly, **the school of Rabbi Yishmael taught:** On **the night of the fourteenth one searches for leavened bread by the light of the lamp. Although there is no** absolute **proof for this matter, there is an allusion to this matter,**[N] **as it is stated: "Seven days leaven shall not be found** in your houses," **and it says: "And he searched, starting with the eldest, and ending with the youngest;** and the goblet was found." **And it says: "At that time I will search Jerusalem with lamps," and it says: "The spirit of man is the lamp of God, searching** all the inward parts."

NOTES

Concerning immersion – עַל הַטְּבִילָה: According to Rashi, this is the blessing for all types of ritual immersion. However, the *ge'onim*, cited in *Tosafot*, maintain that this ruling refers specifically to the immersion of a convert. The Ra'avad on the Rambam (*Sefer Nashim, Hilkhot Ishut* 3:23) adds that if a mitzva, or part of it, is dependent on others, the blessing is recited after the performance of the mitzva.

Lamps is derived from lamp – נֵרוֹת מִנֵּר: As the words lamps and lamp do not appear together in the verse cited, this derivation is problematic. *Tosafot* explain that the search of Jerusalem with lamps is derived from the search of one's spirit with a lamp.

There is no proof…there is an allusion – אֵין רְאָיָה...זֵכֶר לַדָּבָר: According to Rashi, these verses do not provide an absolute proof, because the verbal analogy is derived from the Prophets rather than from the Torah. Other commentaries explain that it is only an allusion because the verse: Searching all the inward parts, does not refer to a lamp but to a metaphorical search conducted by God (*Tosefot Ḥakhmei Angliya*). Yet others maintain that these verses do not provide incontrovertible proof as they are not dealing with the search for leaven at all.

מַאי "וְאוֹמֵר"?

With regard to this teaching, the Gemara asks a question: **What is** the reason for the last citation introduced by the final **And** the verse **says?** Why doesn't the previous verse, "At that time I will search Jerusalem with lamps," provide sufficient proof that the search must be conducted by the light of the lamp?

וְכִי תֵּימָא: הַאי "בָּעֵת הַהִיא" קוּלָּא הוּא, דְּקָאָמַר רַחֲמָנָא: לָא בָּדֵיקְנָא לָהּ בִּירוּשָׁלַיִם בִּנְהוֹרָא דַּאֲבוּקָה, דְּנָפֵישׁ נְהוֹרָא טוּבָא, אֶלָּא בִּנְהוֹרָא דִּשְׁרָגָא, דְּזוּטַר נְהוֹרָא טְפֵי, דְּעָוֹן רַבָּה מִשְׁתַּכַּח וְעָוֹן זוּטַר לָא מִשְׁתַּכַּח – תָּא שְׁמַע: "נֵר ה׳ נִשְׁמַת אָדָם".

And the Gemara answers: The last verse is necessary, **lest you say** that **this** verse: **"At that time,** etc." **is a leniency, as God is saying: I will not search Jerusalem by the light of a torch, whose light is great,** and through which I will expose every sin. **Rather,** I will search **by the light of** a small **lamp, whose light is smaller,** which will ensure **that great sins will be discovered and small sins will not be discovered.** To counter this argument, the *tanna* states: **Come and hear, "The spirit of man is the lamp of God,** searching all the inward parts." This verse indicates that everything will be found by the light of the lamp, which is the most effective manner of searching.

תָּנוּ רַבָּנַן: אֵין בּוֹדְקִין לֹא לְאוֹר הַחַמָּה, וְלֹא לְאוֹר הַלְּבָנָה, וְלֹא לְאוֹר הָאֲבוּקָה, אֶלָּא לְאוֹר הַנֵּר,

The Sages taught: One does not search for leaven, **neither by the light of the sun,**[NH] **nor by the light of the moon, nor by the light of a torch.**[H] **Rather,** the search should be conducted **by the light of a lamp,**

Perek **I**
Daf **8** Amud **a**

מִפְּנֵי שֶׁאוֹר הַנֵּר יָפֶה לִבְדִיקָה. וְאַף עַל פִּי שֶׁאֵין רְאָיָה לַדָּבָר – זֵכֶר לַדָּבָר, שֶׁנֶּאֱמַר: "שִׁבְעַת יָמִים שְׂאֹר לֹא יִמָּצֵא בְּבָתֵּיכֶם", וְאוֹמֵר: "וַיְחַפֵּשׂ בַּגָּדוֹל הֵחֵל", וְאוֹמֵר: "בָּעֵת הַהִיא אֲחַפֵּשׂ אֶת יְרוּשָׁלַיִם בַּנֵּרוֹת", וְאוֹמֵר: "נֵר ה׳ נִשְׁמַת אָדָם חֹפֵשׂ כׇּל חַדְרֵי בָטֶן".

because the light of a lamp is effective for searching. And even though there is no proof for this **matter, there is an allusion to** this **matter, as it is stated: "Seven days leaven shall not be found in your houses"** (Exodus 12:19), **and it says: "And he searched, starting with the eldest,** and ending with the youngest; and the goblet was found in Benjamin's sack…" (Genesis 44:12). **And it says: "At that time I will search Jerusalem with lamps"** (Zephaniah 1:12), **and it says: "The spirit of man is the lamp of God, searching all the inward parts"** (Proverbs 20:27).

הַאי אוֹר הַחַמָּה הֵיכִי דָּמֵי? אִי נֵימָא בְּחָצֵר – הָאָמַר רָבָא: חָצֵר אֵינָהּ צְרִיכָה בְּדִיקָה, מִפְּנֵי שֶׁהָעוֹרְבִין מְצוּיִין שָׁם. אֶלָּא בְּאַכְסַדְרָה – הָאָמַר רָבָא: אַכְסַדְרָה לְאוֹרָהּ נִבְדֶּקֶת!

The Gemara asks a question: **This light of the sun,** by which one may not conduct the search for leaven, **what are the circumstances** of this case? **If we say** it is referring to conducting a search **in the courtyard,**[H] **didn't Rava say** that **a courtyard does not require searching, due to the ravens** and other birds **that are found there,** and will certainly eat any leaven there? **Rather,** perhaps this ruling is referring **to a portico,** which is not frequented by ravens. However, this cannot be the correct interpretation either, as **didn't Rava say** with regard to that case that **a portico may be searched by its own light,** i.e., one need not use a lamp at all when searching a portico, but one may search it by sunlight?[H]

לָא צְרִיכָא, לַאֲרוּבָּה דְּבַחֶדֶר. וּדְהֵיכָא? אִי לְבַהֲדֵי אֲרוּבָּה – הַיְינוּ אַכְסַדְרָה, אֶלָּא לְצִדָּדִין.

The Gemara answers: **No,** this statement with regard to sunlight **is necessary with regard to the skylight that is in a room.** The Gemara asks: **And** with regard to the area to **which** the *tanna* is referring, **where** in the room is it located? **If** he is referring to the place **opposite the skylight,** the legal status of **that** area is like that of a **portico,** as its abundant sunlight is adequate to search for leaven. **Rather,** the *tanna* is referring **to the sides** of the room. In those areas, one cannot rely on the sunlight from the skylight. He must search by the light of the lamp.

NOTES

Neither by the light of the sun – לֹא לְאוֹר הַחַמָּה: In the Jerusalem Talmud it is stated that this is referring to one who neglected to search for leaven on the evening of the fourteenth of Nisan and had no choice but to conduct his search on the morning of the fourteenth.

HALAKHA

Searching for leaven by the light of the sun – בְּדִיקָה לְאוֹר הַחַמָּה: Even if one conducts the search for leaven during the day, he may not search for leaven by the light of the sun. The lone exception to this principle is an area adjacent to a window. The same *halakha* applies to the light of the moon, in accordance with the *baraita* (*Shulḥan Arukh, Oraḥ Ḥayyim* 433:1).

Searching for leaven with a torch – בְּדִיקָה בַּאֲבוּקָה: One may not conduct the search for leaven with a torch. The legal status of two candles braided together is like that of a torch in terms of this *halakha* (Rema, citing Maharil). Instead, the search should be performed with a single lamp (*Shulḥan Arukh, Oraḥ Ḥayyim* 433:2).

HALAKHA

Searching a courtyard – בְּדִיקַת חָצֵר: It is not necessary to search the middle of a courtyard for leaven, as it can be assumed that any leaven left there would have been eaten by birds, in accordance with the opinion of Rava (*Shulḥan Arukh, Oraḥ Ḥayyim* 433:6).

Searching a portico – בְּדִיקַת אַכְסַדְרָה: One who searches for leaven during the day in a portico with a great deal of light or in an area near a window does so without a lamp (*Shulḥan Arukh, Oraḥ Ḥayyim* 433:1).

וַאֲבוּקָה לָא? וְהָאָמַר רָבָא: מַאי דִּכְתִיב "וְנֹגַהּ כָּאוֹר תִּהְיֶה קַרְנַיִם מִיָּדוֹ לוֹ וְשָׁם חֶבְיוֹן עֻזֹּה" לָמָּה צַדִּיקִים דּוֹמִין בִּפְנֵי שְׁכִינָה – כְּנֵר בִּפְנֵי הָאֲבוּקָה. וְאָמַר רָבָא: אֲבוּקָה לְהַבְדָּלָה – מִצְוָה מִן הַמּוּבְחָר!

The Gemara asks: **And** is the light of **a torch**[N] **not** bright enough for searching? **But didn't Rava say: What is** the meaning of that **which is written, "And a brightness appears as the light; He has rays at His side; and there is the hiding of His power"** (Habakkuk 3:4), which indicates that God will provide rays of glory for the righteous in the future? The Sages explained this verse by means a parable: **To what are the righteous comparable before the Divine Presence?** They are comparable **to a lamp in the face of a torch.** This statement indicates that the light of a torch is significantly greater than that of a lamp, and consequently, a torch should be more effective in the search for leaven. **And** likewise **Rava said:** One who uses **a torch for** the blessing over fire in ***havdala*** has performed **the mitzva** in **the optimal manner.** Apparently, the light of a torch is greater than that of a lamp.

אָמַר רַב נַחְמָן בַּר יִצְחָק: זֶה יָכוֹל לְהַכְנִיסוֹ לַחוֹרִין וְלַסְּדָקִין, וְזֶה – אֵינוֹ יָכוֹל לְהַכְנִיסוֹ לַחוֹרִין וְלַסְּדָקִין. רַב זְבִיד אָמַר: זֶה – אוֹרוֹ לְפָנָיו, וְזֶה – אוֹרוֹ לְאַחֲרָיו. רַב פַּפָּא אָמַר: הַאי – בָּעֵית, וְהַאי – לָא בָּעֵית. רָבִינָא אָמַר: הַאי – מָשַׁךְ נְהוֹרָא, וְהַאי – מִיקְטַף אִיקְטוּפֵי.

Rav Naḥman bar Yitzḥak said: The *baraita* does not prohibit the use of a torch due to its failure to provide sufficient light. Rather, it is due to the fact that one **can put this** lamp **into holes and crevices,** as it is a small flame, **and** one **cannot put that** torch **into holes and crevices,** as it is a large flame.

Rav Zevid said: This lamp projects **its light before it,** facilitating the search, **and that** torch projects **its light behind it,** on the person conducting the search.

Rav Pappa said: The reason is that when using **this** torch one **fears** starting a fire, **and** when using **that** lamp he does **not fear** starting a fire.

Ravina said: This lamp consistently **draws light, and** the light of **that** torch **fluctuates.** Although overall the torch provides greater light than a lamp, it is less effective for use in a search.

"כָּל מָקוֹם שֶׁאֵין מַכְנִיסִין כו'". "כָּל מָקוֹם" לְאַתּוֹיֵי מַאי? לְאַתּוֹיֵי הָא דְּתָנוּ רַבָּנַן: חוֹרֵי בַּיִת הָעֶלְיוֹנִים וְהַתַּחְתּוֹנִים, וְגַג הַיָּצִיעַ, וְגַג הַמִּגְדָּל, וְרֶפֶת בָּקָר, וְלוּלִין, וּמַתְבֵּן, וְאוֹצְרוֹת יַיִן, וְאוֹצְרוֹת שֶׁמֶן – אֵין צְרִיכִין בְּדִיקָה. רַבָּן שִׁמְעוֹן בֶּן גַּמְלִיאֵל אוֹמֵר: מִטָּה הַחוֹלֶקֶת בְּתוֹךְ הַבַּיִת וּמַפְסֶקֶת – צְרִיכָה בְּדִיקָה.

We learned in the mishna: **Any place into which one does not** typically **take** leaven does not require searching. The Gemara asks: **What** does the inclusive phrase: **Any place,** come **to include?** The Gemara answers that it comes **to include that which the Sages taught** in a *baraita*: **The upper and lower holes** in the wall of a house that are difficult to use, as well as **a veranda roof,**[NB] **a closet roof,**[H] **a cowshed,** chicken **coops,**[H] **a storehouse for straw, a wine cellar, and a storeroom for oil;** all these **do not require** that a **search** be conducted. **Rabban Shimon ben Gamliel says: A bed that divides** the area **inside a house and** space **separates**[NB] the bottom of the bed from the floor **requires a search,** as there might be leaven beneath it.

וּרְמִינְהוּ: חוֹר שֶׁבֵּין אָדָם לַחֲבֵירוֹ – זֶה בּוֹדֵק עַד מָקוֹם שֶׁיָּדוֹ מַגַּעַת, וְזֶה בּוֹדֵק עַד מָקוֹם שֶׁיָּדוֹ מַגַּעַת, וְהַשְּׁאָר מְבַטְּלוֹ בְּלִבּוֹ. רַבָּן שִׁמְעוֹן בֶּן גַּמְלִיאֵל אוֹמֵר: מִטָּה הַחוֹלֶקֶת בְּתוֹךְ הַבַּיִת, וְעֵצִים וַאֲבָנִים סְדוּרִים תַּחְתֶּיהָ, וּמַפְסֶקֶת – אֵינָהּ צְרִיכָה בְּדִיקָה.

The Gemara raises a contradiction between this *baraita* and another: With regard to **a hole** in a wall[H] **that is between** a house belonging to one **person** and a house belonging **to another, this** neighbor **searches to the point that his hand reaches, and that** neighbor **searches to the point that his hand reaches. And** as for leaven found in **the rest** of the hole, each one **renders it null and void in his heart. Rabban Shimon ben Gamliel says: A bed that divides** the area **inside a house, with wood and stones placed under it, and** space **separates** the bottom of the bed from the wood and stones beneath it, **does not require searching.**

קַשְׁיָא מִטָּה אַמִּטָּה, קַשְׁיָא חוֹרִין אַחוֹרִין!

This is **difficult** due to a contradiction between the ruling with regard to **a bed** in the first *baraita*, where Rabban Shimon ben Gamliel says that it requires a search, and the ruling with regard to **a bed** in the second *baraita*, where he rules that no search is required. Furthermore, it is similarly **difficult** due to a contradiction between the ruling with regard to **holes** in the first *baraita*, that a search is not required, and the ruling with regard to **holes** in the second *baraita*, that a search is required.

חוֹרִין אַחוֹרִין לָא קַשְׁיָא; הָא – בְּעִילָּאֵי וּבְתַתָּאֵי, וְהָא – בְּמִיצְעֵי. מִטָּה אַמִּטָּה לָא קַשְׁיָא; הָא – דְּמִידַּלְיָא, הָא – דְּמִיתַּתַּאי.

The Gemara answers: The apparent contradiction between the first ruling with regard to **holes** and the second ruling with regard to **holes** is **not difficult. This** *baraita*, which rules that one need not search them, is referring **to upper and lower** holes, which are difficult to use. **And that** *baraita*, which rules that one is required to search them, is referring **to intermediate** holes,[H] whose use is convenient. The apparent contradiction between the first ruling with regard to **a bed** and the second ruling with regard to **a bed is** similarly **not difficult. This** *baraita*, which rules that one is required to search them, is referring **to a** bed that is **raised** off the floor, and **that** ruling, that one need not search them, is referring **to** a bed that is **low** and the space beneath it cannot be used, and presumably, there is no leaven there.

NOTES

Torch – אֲבוּקָה: Some commentaries say that in contrast to a lamp, which has a single wick, a torch is comprised of several wicks entwined. Others explain that the difference is that a lamp burns oil while a torch is made of wax (Rabbi Yehonatan of Narvonne).

Veranda roof – גַּג הַיָּצִיעַ: A different version of the Gemara states: Roof and veranda. The advantage of this latter reading is that the standard reading indicates that other roofs must be searched for leaven, which is not the case (Ritva).

A bed that…separates – מִטָּה...הַמַּפְסֶקֶת: This interpretation, that there might be leaven under the bed, is in accordance with the opinion of Rashi. Others explain that the issue here is whether searching the bed itself is comparable to searching upper and lower holes in the house (Rabbi Yitzḥak ibn Giat).

BACKGROUND

Veranda roof – גַּג הַיָּצִיעַ: A small room or part of a room that protrudes from a house with an inclined roof.

A bed that…separates – מִטָּה...הַמַּפְסֶקֶת: A bed with wood and stones beneath it that divides a room into two parts.

HALAKHA

A veranda roof and a closet roof – גַּג הַיָּצִיעַ וְהַמִּגְדָּל: One is not required to search the tops of closets or the roofs of verandas that are inclined and cannot be used for storage, as it can be assumed these places do not contain any leaven (*Shulḥan Arukh, Oraḥ Ḥayyim* 433:5).

Searching a cowshed and chicken coops – בְּדִיקַת רֶפֶת וְלוּלִין: There is no need to search for leaven in a cowshed or chicken coop, as any leaven there would have been eaten by the animals or chickens, as stated in the *baraita* (*Shulḥan Arukh, Oraḥ Ḥayyim* 433:7).

Searching holes in the wall – בְּדִיקַת חוֹרִים: With regard to a hole in a wall that separates two neighbors, each one searches for leaven as far as he can reach. It is sufficient for each neighbor to render null and void any leaven in the unreachable space in the hole (*Shulḥan Arukh, Oraḥ Ḥayyim* 433:7).

Searching holes in the house – בְּדִיקַת חוֹרֵי הַבַּיִת: In the case of holes in the wall and protrusions that are either higher than a person's reach or less than three handbreadths off the ground (based on the Jerusalem Talmud; Vilna Gaon), one is not required to search for leaven (*Shulḥan Arukh, Oraḥ Ḥayyim* 433:4).

וְאוֹצְרוֹת יַיִן אֵין צָרִיךְ בְּדִיקָה?! וְהָתַנְיָא: אוֹצְרוֹת יַיִן – צָרִיךְ בְּדִיקָה, אוֹצְרוֹת שֶׁמֶן – אֵין צָרִיךְ בְּדִיקָה! הָכָא בְּמַאי עָסְקִינַן – בְּמִסְתַּפֵּק. אִי הָכִי שֶׁמֶן נַמִּי!

With regard to this *baraita*, the Gemara asks: **And do wine storages not require searching? But wasn't it taught** in a *baraita*: **Wine storages require searching; oil storages do not require searching.** The Gemara answers: **With what are we dealing here?** It is a case **where one supplies** wine from the storage during the meal. The Gemara raises a difficulty: **If so,** then in the case of **oil** storages, if one supplies oil from the storage during the meal, he should be obligated to search there **as well.**

שֶׁמֶן – יֵשׁ קֶבַע לַאֲכִילָה, יַיִן – אֵין קֶבַע לִשְׁתִיָּה.

The Gemara answers: With regard to **oil, there is a fixed** quantity used **for eating** a meal. A person knows how much oil he will require before the meal begins, and he will therefore supply himself with any oil that he will need before the meal, and no leaven will enter the storage. However, with regard to **wine, there is no fixed** quantity used **for drinking,** as one does not know how much wine he will drink during the meal. Consequently, it is possible that he will descend to his wine cellar with bread in his hand to replenish his supply of wine.

תָּנֵי רַבִּי חִיָּיא: עָשׂוּ אוֹצְרוֹת שֵׁכָר בְּבָבֶל כְּאוֹצְרוֹת יַיִן בְּאֶרֶץ יִשְׂרָאֵל בְּמִסְתַּפֵּק.

Rabbi Ḥiyya teaches: The Sages **rendered** the legal status of the **beer storages in Babylonia**[N] **like** that of **wine storages in Eretz Yisrael,** with regard **to one who supplies** wine from the storage during the meal. Any storage from which one replenishes his supply during the meal requires searching for leaven.

אָמַר רַב חִסְדָּא: בֵּי דָּגִים אֵין צָרִיךְ בְּדִיקָה. וְהָתַנְיָא: צְרִיכִין בְּדִיקָה! לָא קַשְׁיָא; הָא – בְּרַבְרְבֵי, הָא – בְּזוּטְרֵי.

Rav Ḥisda said: A fish storage does not require searching. The Gemara raises a difficulty: **But wasn't it taught** in a *baraita* that a fish storage **requires searching?** The Gemara answers: This is **not difficult; this** lenient ruling is referring **to large** fish, and **that** stringent ruling deals **with small** fish.[N] Since one does not know exactly how many small fish he will require for the meal, he might need to replenish his supply during his meal.

אָמַר רַבָּה בַּר רַב הוּנָא: בֵּי מִילְחֵי וּבֵי קִירֵי צָרִיךְ בְּדִיקָה. אָמַר רַב פַּפָּא: בֵּי צִיבֵי וּבֵי תַּמְרֵי צָרִיךְ בְּדִיקָה.

Rabba bar Rav Huna said: A salt storage and a storage for candles require searching for leaven, as one might have entered those storages during a meal. **Rav Pappa** likewise **said: A wood storage and a storage for dates require searching** for the same reason.

תָּנָא: אֵין מְחַיְּיבִין אוֹתוֹ לְהַכְנִיס יָדוֹ לַחוֹרִין וְלַסְּדָקִין לִבְדּוֹק – מִפְּנֵי הַסַּכָּנָה. מַאי סַכָּנָה? אִי נֵימָא מִפְּנֵי סַכָּנַת עַקְרָב – כִּי מִשְׁתַּמֵּשׁ הֵיכִי אִישְׁתַּמֵּשׁ? לָא צְרִיכָא – דְּנָפַל.

It was taught in the *Tosefta*: The Sages **do not require one to place his hand into holes and crevices to search** for leaven, **due to the danger** involved. The Gemara asks: Due to **what danger? If we say** it is **due to the danger of a scorpion**[B] that might be in this hole, **when he made use of** the hole in the first place, **how did he make use** of it if there were scorpions there? If the hole is never used, there is no need to search it in any case. The Gemara answers: **No, it is necessary** to search this hole in a case **where** leaven **fell** into it unintentionally.

אִי נָפַל – לָמָּה לִי בְּדִיקָה? וְהָתְנַן: חָמֵץ שֶׁנָּפְלָה עָלָיו מַפּוֹלֶת – הֲרֵי הוּא כִּמְבוֹעָר! הָתָם – שֶׁאֵין הַכֶּלֶב יָכוֹל לְחַפֵּשׂ אַחֲרָיו, הָכָא – כְּשֶׁהַכֶּלֶב יָכוֹל לְחַפֵּשׂ אַחֲרָיו.

The Gemara asks: **If** the *tanna* is referring to a case where leaven **fell** into the hole, again, **why do I** need to conduct a **search? But didn't we learn** in a mishna with regard to **leaven upon which a rockslide fell,**[H] **it is considered removed** from the owner's possession? Here too, any leaven that fell into the hole should be considered removed. The Gemara answers: **There,** where the *tanna* said it is as though it were removed, he is referring to a case **where** the rockslide buries the leaven so that even **a dog cannot search for it. Here,** it is referring a hole that is not so deep, and therefore **a dog can search for it** and extract the leaven from the hole.

וְהָא אָמַר רַבִּי אֶלְעָזָר: שְׁלוּחֵי מִצְוָה אֵינָן נִיזּוֹקִין! אָמַר רַב אַשִׁי: שֶׁמָּא תֹּאבַד לוֹ מַחַט, וְאָתֵי לְעַיּוֹנֵי בַּתְרַהּ.

The Gemara questions the *halakha* in the *Tosefta* from a different angle. Why is there any concern about danger in this case? **But didn't Rabbi Elazar say: Those on the path to perform a mitzva are not** susceptible **to harm** throughout the process of performing the mitzva? **Rav Ashi said:** Here we are concerned **lest he will** also **have lost a needle** in the same place, **and he will look for it** while he is searching for the leaven. Since he is not merely searching for leaven, the merit of the mitzva will not protect him.

וּכְהַאי גַּוְונָא לָאו מִצְוָה הוּא?! וְהָתַנְיָא: הָאוֹמֵר ״סֶלַע זוֹ לִצְדָקָה בִּשְׁבִיל שֶׁיִּחְיֶה בְּנִי״ אוֹ ״שֶׁאֶהְיֶה בֶּן הָעוֹלָם הַבָּא״

The Gemara asks: **And in a case like that,** where there is personal interest intermingled with the performance of a mitzva, is **it not** nevertheless considered **a mitzva? But wasn't it taught** in a *baraita* that **one who says:** I am contributing **this** *sela* **to charity so that my son will live, or** if he says: I am performing the mitzva so that **I will be one** destined for **the World-to-Come,**

NOTES

Beer storages in Babylonia – אוצרות שכר בבבל: Since beer was unpopular in Eretz Yisrael it was consumed in limited amounts, and it was unlikely that one would need to enter a beer cellar in the middle of a meal (Rabbeinu Mano'aḥ).

Large and small fish – רברבי וזוטרי: Some commentaries claim that the reason one would need to replenish his supply of small fish during a meal is that it is difficult to assess how many he will require, whereas it is easier to assess the size of big fish (Rav Ya'akov Emden). Others explain that big fish are more expensive, and one would therefore wish to bring as few as possible to the table, while bringing cheaper small fish is not a problem (*Ḥokhmat Mano'aḥ*).

BACKGROUND

Scorpion – עקרב: Scorpions are found widely distributed over all continents, with the exception of Antarctica, in a variety of terrestrial habitats except the high-latitude tundra. Scorpions number over 1,700 described species, with thirteen extant families recognized to date. Scorpion venom has a fearsome reputation, but only about twenty-five species are known to have venom capable of killing a human being. One of the species found in the Middle East is *Buthus occitanus*, the common yellow scorpion. This scorpion is venomous but its toxicity varies markedly across its range.

Common yellow scorpion

HALAKHA

Leaven upon which a rockslide fell – חמץ שנפלה עליו מפולת: If the rockslide fell on leaven and formed a pile more than six handbreadths high, so that a dog cannot get to it, one need not conduct a search. It is sufficient for him to nullify it in his heart (*Shulḥan Arukh, Oraḥ Ḥayyim* 433:8).

NOTES

This is a full-fledged righteous person – **הֲרֵי זֶה צַדִּיק גָּמוּר**: See Rashi and *Tosafot*, who discuss the extent of his righteousness in this context. In any event, all agree that this is not the optimal manner in which to give charity (*Ḥiddushei HaRan*). Some commentaries say that this statement applies only to the mitzva of charity and other interpersonal mitzvot. The reason is that since another person benefits from the charity, the ulterior motive of the one performing the mitzva does not undermine the mitzva (Rabbi Yom Tov of Trani).

HALAKHA

A hole in a wall between a Jew and a gentile – **חוֹר שֶׁבֵּין יְהוּדִי לַאֲרַמַּאי**: One need not search a hole in a wall between the house of a Jew and a gentile, as the gentile might suspect the Jew of casting a spell on him. This might in turn endanger the Jew. The *halakha* is in accordance with Pelimu, as the Gemara's discussion centers upon his ruling (*Shulḥan Arukh*, *Oraḥ Ḥayyim* 433:7).

LANGUAGE

Fields [*baga*] – **בָּאגָא**: From the Persian bāy, meaning a garden. In Aramaic the word connotes an open, rural space, or a field.

הֲרֵי זֶה צַדִּיק גָּמוּר! דִּילְמָא בָּתַר דִּבְדַק אָתֵי לְעַיּוֹנֵי בַּתְרָהּ.

this person is a full-fledged righteous person[N] as far as that mitzva is concerned? These ulterior motives, e.g., seeking a reward, do not detract from the value of the mitzva. The Gemara answers: There is still concern **lest he look for** the needle **after he searched** for leaven and completed the search. There is danger that since he already completed the mitzva, its merit will not protect him when he is searching for the needle.

רַב נַחְמָן בַּר יִצְחָק אָמַר: מִשּׁוּם סַכָּנַת הַגּוֹיִם, וּפְלִימוֹ הִיא. דְּתַנְיָא: חוֹר שֶׁבֵּין יְהוּדִי לַאֲרַמַּאי – בּוֹדֵק עַד מָקוֹם שֶׁיָּדוֹ מַגַּעַת, וְהַשְּׁאָר מְבַטְּלוֹ בְּלִבּוֹ. פְּלִימוֹ אָמַר: כׇּל עַצְמוֹ אֵינוֹ בּוֹדֵק מִפְּנֵי הַסַּכָּנָה.

Rav Naḥman bar Yitzḥak said: The danger referred to by the *Tosefta* is the **danger** posed **by gentiles. And this** ruling **is** in accordance with the opinion of the *tanna* **Pelimu. As it was taught** in a *baraita*: With regard to **a hole** in a wall located **between the** residences of **a Jew and a gentile,**[H] **one searches** in the hole **as far as his hand reaches, and the rest he renders null and void in his heart. Pelimu said:** One **does not search the entire** hole at all, **due to the danger** involved.

מַאי סַכָּנָה? אִי נֵימָא סַכָּנַת כְּשָׁפִים – כִּי אִישְׁתַּמֵּישׁ הֵיכִי אִישְׁתַּמֵּישׁ? הָתָם כִּי אִישְׁתַּמֵּישׁ – יְמָמָא וּנְהוֹרָא, וְלָא מַסִּיק אַדַּעְתֵּיהּ. הָכָא – לֵילְיָא, וּשְׁרָגָא הוּא, וּמַסִּיק אַדַּעְתֵּיהּ.

The Gemara asks: Due to **what danger? If we say** it is due to **the danger of sorcery,** i.e., the gentile will suspect the Jew of casting spells on him and will come to hate him and threaten him, if so, **when he made use of** the hole in the first place, **how did he make use** of it without arousing the enmity of his gentile neighbor? If the hole is never used there is no need to search it in any case. The Gemara answers: **There, when he made use of** the hole, it was during the **day and** there was **light, and** the gentile would **not raise** the suspicion that the Jew was casting spells **in his mind. Here,** it is during the **night and** the search **is** performed with **a lamp, and** the gentile would **raise** the suspicion that the Jew was casting spells **in his mind.**

וְהָאָמַר רַבִּי אֶלְעָזָר: שְׁלוּחֵי מִצְוָה אֵינָן נִיזּוֹקִין! הֵיכָא דִּשְׁכִיחַ הֶיזֵּיקָא שָׁאנֵי, שֶׁנֶּאֱמַר: ״וַיֹּאמֶר שְׁמוּאֵל אֵיךְ אֵלֵךְ וְשָׁמַע שָׁאוּל וַהֲרָגָנִי וַיֹּאמֶר ה׳ עֶגְלַת בָּקָר תִּקַּח בְּיָדֶךָ וגו׳״.

The Gemara raises a difficulty: **But didn't Rabbi Elazar say** that **those on the path to perform a mitzva are not** susceptible to **harm** throughout the process of performing the mitzva? The Gemara responds: In a place **where danger is commonplace it is different,** as one should not rely on a miracle, **as it is stated** with regard to God's command to Samuel to anoint David as king in place of Saul: **"And Samuel said: How will I go, and Saul will hear and kill me; and God said: Take in your hand a calf** and say: I have come to offer a sacrifice to God" (I Samuel 16:2). Even when God Himself issued the command, there is concern with regard to commonplace dangers.

בְּעוֹ מִינֵּיהּ מֵרַב: הָנֵי בְּנֵי בֵּי רַב דְּדָיְירִי בְּבָאגָא, מַהוּ לְמֵיתֵי קַדְמָא וַחֲשׁוֹכָא לְבֵי רַב? אֲמַר לְהוּ: נֵיתוּ, עָלַי וְעַל צַוָּארִי. נֵיזִיל מַאי? אֲמַר לְהוּ: לָא יָדַעְנָא.

They raised a dilemma before Rav: With regard to **those members of the school of Rav who live in the fields** [*baga*][LB] far away from the city, **what is** the *halakha* as to whether they may **come early** before dawn **and** in the evening after **dark to Rav's school,** or should they be concerned about robbers? **He said to them: Let them come,** and responsibility for their safety is **upon me and my neck.** They asked him: **What is** your opinion about **returning** home? **He said to them: I do not know** if it is possible to rely on the protection of the mitzva when returning home.

אִיתְּמַר, אָמַר רַבִּי אֶלְעָזָר: שְׁלוּחֵי מִצְוָה אֵינָן נִיזּוֹקִין לֹא בַּהֲלִיכָתָן וְלֹא בַּחֲזִירָתָן. כְּמַאן

On a related note, **it was stated** that **Rabbi Elazar said: Those on the path to perform a mitzva are not** susceptible to **harm; neither when they go nor when they return.** The Gemara asks: **In accordance with whose** opinion did he say this?

BACKGROUND

Who live in the fields – **דְּדָיְירִי בְּבָאגָא**: In several places in Babylonia people lived in cities with high population density that were sometimes also surrounded by walls. During the day, these residents would leave the city to work in the fields. The empty space between one city and another was a kind of no-man's land, and it was common for groups of thieves, bandits, and sometimes even dangerous animals to prey on people walking in those areas. For this reason walking in this open area at night was considered dangerous even near the city.

– כִּי הַאי תַּנָּא, דְּתַנְיָא, אִיסִי בֶּן יְהוּדָה אוֹמֵר: כְּלַפֵּי שֶׁאָמְרָה תּוֹרָה "וְלֹא יַחְמֹד אִישׁ אֶת אַרְצְךָ" – מְלַמֵּד שֶׁתְּהֵא פָּרָתְךָ רוֹעָה בָּאֲפָר וְאֵין חַיָּה מַזִּיקָתָהּ, תַּרְנְגוֹלְתְּךָ מְנַקֶּרֶת בָּאַשְׁפָּה וְאֵין חוּלְדָּה מַזִּיקָתָהּ.

The Gemara answers: It is **in accordance with** the opinion **of this** ***tanna*****, as it was taught** in a *baraita* that **Isi ben Yehuda says: With regard to** that which **the Torah said: "And no man shall covet your land,** when you go up to appear before God your Lord three times in the year" (Exodus 34:24), this **teaches that your cow shall graze**[N] **in the meadow and no beast will harm it,** and **your rooster shall peck in the garbage** dump **and no marten [*ḥulda*]**[B] **shall harm it.** In other words, your property will be protected while everyone ascends to Jerusalem for the Festival, despite the fact that the farm will not be defended.

וַהֲלֹא דְּבָרִים קַל וָחוֹמֶר, וּמָה אֵלּוּ שֶׁדַּרְכָּן לִיזּוֹק – אֵינָן נִיזּוֹקִין, בְּנֵי אָדָם שֶׁאֵין דַּרְכָּן לִיזּוֹק – עַל אַחַת כַּמָּה וְכַמָּה. אֵין לִי אֶלָּא בַּהֲלִיכָה, בַּחֲזָרָה מִנַּיִן? תַּלְמוּד לוֹמַר: "וּפָנִיתָ בַבֹּקֶר וְהָלַכְתָּ לְאֹהָלֶיךָ" מְלַמֵּד שֶׁתֵּלֵךְ וְתִמְצָא אָהָלְךָ בְּשָׁלוֹם.

And are these matters not inferred ***a fortiori*****? And if those** animals **that typically are harmed** by other animals **are not harmed,** due to the protection provided by the mitzva, **people who typically are not harmed,** as they are capable of protecting themselves, **all the more so,** will not be harmed due to the protection provided by the mitzva of ascending to Jerusalem for the Festival. **I have only** derived that one is protected **when going** to Jerusalem; **from where** is it derived that one is protected even **when returning** from the Temple? **The verse states:** "You shall roast and eat the Paschal lamb in the place which God your Lord shall choose; **and you shall turn in the morning and go to your tents"** (Deuteronomy 16:7). This **teaches that you shall go and** upon your return **find your tent in peace,** unharmed.

וְכִי מֵאַחַר דַּאֲפִילּוּ בַּחֲזִירָה, בַּהֲלִיכָה לָמָּה לִי? לְכִדְרַבִּי אַמִי, דְּאָמַר רַבִּי אַמִי: כָּל אָדָם שֶׁיֵּשׁ לוֹ קַרְקַע – עוֹלֶה לָרֶגֶל, וְשֶׁאֵין לוֹ קַרְקַע – אֵין עוֹלֶה לָרֶגֶל.

The Gemara asks: **And once** we derived **that** the merit of a mitzva protects a person **even when returning, why do I** need a source to teach that he is protected **when he goes?** This teaching could also be derived by means of an *a fortiori* inference. The Gemara answers: Actually, the first verse is interpreted **in accordance with** the opinion of **Rabbi Ami, as Rabbi Ami said: Any person who has land** in his possession is obligated to **ascend** to the Temple **for the** three pilgrim **Festivals. And** one **who does not have land** in his possession **is not** obligated to **ascend for the Festivals,** as the verse states: Your land, in the context of the obligation to ascend to Jerusalem for the three Pilgrim Festivals.

אָמַר רַבִּי אָבִין בַּר רַב אַדָּא אָמַר רַבִּי יִצְחָק: מִפְּנֵי מָה אֵין פֵּירוֹת גִּינּוֹסָר בִּירוּשָׁלַיִם – כְּדֵי שֶׁלֹּא יְהוּ עוֹלֵי רְגָלִים אוֹמְרִים: אִלְמָלֵא לֹא עָלִינוּ אֶלָּא לֶאֱכוֹל פֵּירוֹת גִּינּוֹסָר בִּירוּשָׁלַיִם – דַּיֵּינוּ, נִמְצֵאת עֲלִיָּיה שֶׁלֹּא לִשְׁמָהּ.

Apropos the ascent to Jerusalem for a Festival and the performance of a mitzva with ulterior motives, the Gemara cites that which **Rabbi Avin bar Rav Adda said** that **Rabbi Yitzḥak said: Due to what** reason **are there no fruits of Ginnosar,**[B] which were of the highest quality, growing **in Jerusalem?** Why is Jerusalem not graced with this produce? The reason is **so that** the **pilgrims would not say: If we had ascended only to eat the fruit of Ginnosar, it would have been sufficient for us.** The **ascent** to Jerusalem would **then be** performed **not for its own sake.**

NOTES

That your cow shall graze – שֶׁתְּהֵא פָּרָתְךָ רוֹעָה: Some commentaries explain that the protection of the animals is derived from a homiletic interpretation of the verse: No man shall covet your land. Your land is a reference to one's cow, as is stated elsewhere in the Gemara that one of the Sages called his cow: My field. The phrasing of the verse in Hebrew can also be interpreted as: No one will covet your man, a reference to one's rooster, which is called man [*gever*] (*Tosefot Rabbeinu Peretz*; *Tosefot Ḥakhmei Angliya*).

BACKGROUND

Marten [*ḥulda*] – חוּלְדָּה: The *ḥulda* of the Talmud, which is probably the same as the *ḥoled* of Leviticus 19:29, is described here as a predator of fowl; in tractate *Ta'anit* 8a it is referenced as killing a human baby. Yisrael Aharoni, an influential early-twentieth-century Israeli zoologist, proposed that it is the brown rat. This is indeed predatory, and thus *ḥulda* became the name for the rat in modern Hebrew. However, we now know that brown rats only reached the Middle East from Norway very recently; in the talmudic era, the only rat present was the black rat, a much smaller rodent, which is not predatory. A more viable approach is that of the medieval European rabbinic tradition, which identifies the *ḥulda* as a member of the weasel family. The weasel itself does not live in the Middle East, although it did live there in the early biblical era and possibly survived through to talmudic times. However, it is exclusively carnivorous, and would not drag leavened bread, as is mentioned in this chapter. The marten, which belongs to the same family, is found in Israel and it may be the *ḥulda*.

Marten

BACKGROUND

Ginnosar – גִּינּוֹסָר: Ginnosar is the name of a beautiful valley that stretches along the western shore of the Sea of Galilee, north of Tiberias. Josephus describes the area as follows: Its nature is wonderful as well as its beauty; its soil is so fruitful that all sorts of trees can grow upon it, and the inhabitants accordingly plant all sorts of trees there; the temper of the air is so well mixed that it agrees very well with those several sorts, particularly walnuts, which require the coldest air, and which flourish there in vast plenty; there are palm trees also, which grow best in hot air; fig trees also and olives grow near them, which yet require an air that is more temperate. It supplies men with the principal fruits, with grapes and figs continually during ten months of the year, and the rest of the fruits as they become ripe together through the whole year; for besides the good temperature of the air, it is also watered from a most fertile fountain (*Wars of the Jews*, Book 3, 10:8).

In modern-day Israel, Kibbutz Ginnosar is situated in the valley of Ginnosar. In contrast to ancient times, when residents of the valley would earn their main income from agriculture, the kibbutz's economy is based primarily on tourism.

View of Kibbutz Ginnosar from the Sea of Galilee

View of Kibbutz Ginnosar from Mount Arbel

כַּיּוֹצֵא בּוֹ אָמַר רַבִּי דּוֹסְתַּאי בְּרַבִּי יַנַּאי: מִפְּנֵי מָה אֵין חַמֵּי טְבֶרְיָא בִּירוּשָׁלַיִם – כְּדֵי שֶׁלֹּא יְהוּ עוֹלֵי רְגָלִים אוֹמְרִים: אִלְמָלֵא לֹא עָלִינוּ אֶלָּא לִרְחוֹץ בְּחַמֵּי טְבֶרְיָא – דַּיֵּינוּ, וְנִמְצֵאת עֲלִיָּיה שֶׁלֹּא לִשְׁמָהּ.

On a similar note, **Rabbi Dostai, son of Rabbi Yannai, said: Due to what** reason **are the hot springs of Tiberias not** located **in Jerusalem?** It is **so that the pilgrims would not say: If we had only ascended to bathe in the hot springs of Tiberias,**[N] **it would have been sufficient for us.** The **ascent** to Jerusalem would **then** be performed **not for its own sake.**

״וּבַמֶּה אָמְרוּ שְׁתֵּי שׁוּרוֹת וכו׳״. מַרְתֵּף מַאן דְּכַר שְׁמֵיהּ?!

We learned in the mishna: **And with regard to what** did the Sages of previous generations **say** that one must search **two rows** of wine barrels in a cellar, **etc.** The Gemara asks: **A cellar, who mentioned** anything about that? What led the *tanna* to begin a discussion of a wine cellar?

הָכִי קָאָמַר: כׇּל מָקוֹם שֶׁאֵין מַכְנִיסִין בּוֹ חָמֵץ – אֵין צָרִיךְ בְּדִיקָה, וְאוֹצְרוֹת יַיִן וְאוֹצְרוֹת שֶׁמֶן נַמִּי אֵין צָרִיךְ בְּדִיקָה. וּבַמֶּה אָמְרוּ שְׁתֵּי שׁוּרוֹת בַּמַּרְתֵּף – מְקוֹם שֶׁמַּכְנִיסִין בּוֹ חָמֵץ, וּבְמִסְתַּפֵּק.

The Gemara answers that **this is** what the *tanna* **is saying: Any place into which one does not take leaven**[H] **does not require searching, and wine storages and oil storages also do not require searching. And with regard to what** did the Sages **say** that one must search **two rows in a cellar?** This statement is referring to **a place into which one brings leavened bread, and where one supplies** wine from the storage during the meal.

״בֵּית שַׁמַּאי אוֹמְרִים שְׁתֵּי שׁוּרוֹת וכו׳״. אָמַר רַב יְהוּדָה: שְׁתֵּי שׁוּרוֹת שֶׁאָמְרוּ – מִן הָאָרֶץ וְעַד שְׁמֵי קוֹרָה. וְרַבִּי יוֹחָנָן אָמַר: שׁוּרָה אַחַת כְּמִין גַּאם.

We learned in the mishna that **Beit Shammai say** that one must search the first **two rows**[N] across the entire cellar. **Rav Yehuda said:** The **two rows that they stated** are two full rows in the front, **from the ground up to the ceiling.**[B] **And Rabbi Yoḥanan said:** These two rows are **one row** at a right angle, **like the shape of** the letter ***gamma*** **[gam],**[LB] i.e., the entire length and height of the front row and the entire top row of the barrels along the length and width of the cellar.

תַּנְיָא כְּוָותֵיהּ דְּרַב יְהוּדָה, תַּנְיָא כְּוָותֵיהּ דְּרַבִּי יוֹחָנָן. תַּנְיָא כְּוָותֵיהּ דְּרַב יְהוּדָה, בֵּית שַׁמַּאי אוֹמְרִים: שְׁתֵּי שׁוּרוֹת עַל פְּנֵי כׇּל הַמַּרְתֵּף. וּשְׁתֵּי שׁוּרוֹת שֶׁאָמְרוּ – מִן הָאָרֶץ וְעַד שְׁמֵי קוֹרָה. תַּנְיָא כְּוָותֵיהּ דְּרַבִּי יוֹחָנָן: שְׁתֵּי שׁוּרוֹת עַל פְּנֵי כׇּל הַמַּרְתֵּף, חִיצוֹנָה רוֹאָה אֶת הַפֶּתַח, וְעֶלְיוֹנָה רוֹאָה אֶת הַקּוֹרָה. שֶׁלִּפְנִים הֵימֶנָּה וְשֶׁלְּמַטָּה הֵימֶנָּה – אֵין צָרִיךְ בְּדִיקָה.

The Gemara comments: One *baraita* **was taught in accordance with** the opinion **of Rav Yehuda,** and one *baraita* **was taught in accordance with** the opinion of **Rabbi Yoḥanan.** One *baraita* **was taught in accordance with** the opinion of **Rav Yehuda: Beit Shammai say** that one must search **two rows across the entire front of the cellar, and the two rows that were stated** are **from the ground up to the ceiling.** One *baraita* **was taught in accordance with** the opinion of **Rabbi Yoḥanan:** One must search **two rows across the entire cellar,** i.e., the **outer** row **that faces the door, and** the **upper row** that **faces the ceiling.** The rows **inward** from the outermost one **and** the rows **lower than** the uppermost one **do not require searching.**

NOTES

The fruit of Ginnosar and the hot springs of Tiberias – **פֵּרוֹת גִּינּוֹסָר וְחַמֵּי טְבֶרְיָא**: Some commentaries connect this discussion to the tradition that many types of vegetation from a variety of places were grown in Jerusalem. This statement indicates that the same conditions existed in Jerusalem as in Ginnosar and Tiberias. Therefore, the Gemara explains, the only reason these entities don't exist in Jerusalem is so that people would not travel on the pilgrimage for ulterior motives (*Tosefot Rabbeinu Peretz*).

Two rows – **שְׁתֵּי שׁוּרוֹת**: In the Jerusalem Talmud an opinion is cited that it is not sufficient to search the top row in the right-angle shape of the letter *gamma*, but one must search the row beneath that one as well, also in the shape of a *gamma*.

HALAKHA

Any place into which one does not take leaven – **מָקוֹם שֶׁאֵין מַכְנִיסִין בּוֹ חָמֵץ**: The principle with regard to the search for leaven is that no search is required in any place where it is unlikely that leaven was introduced (*Shulḥan Arukh, Oraḥ Ḥayyim* 433:3).

LANGUAGE

Gamma [*gam*] – **גַּאם**: From the Greek Γάμμα (Γ), *gamma*, the third letter of the Greek alphabet. The Sages use the term *gamma* to refer to a right angle.

BACKGROUND

The opinion of Beit Shammai according to the interpretation of Rav Yehuda – שִׁיטַת בֵּית שַׁמַּאי לְפִי פֵּירוּשׁ רַב יְהוּדָה:

Rows that require searching according to Rav Yehuda

The opinion of Beit Shammai according to the interpretation of Rabbi Yoḥanan – שִׁיטַת בֵּית שַׁמַּאי לְפִי פֵּירוּשׁ רַבִּי יוֹחָנָן:

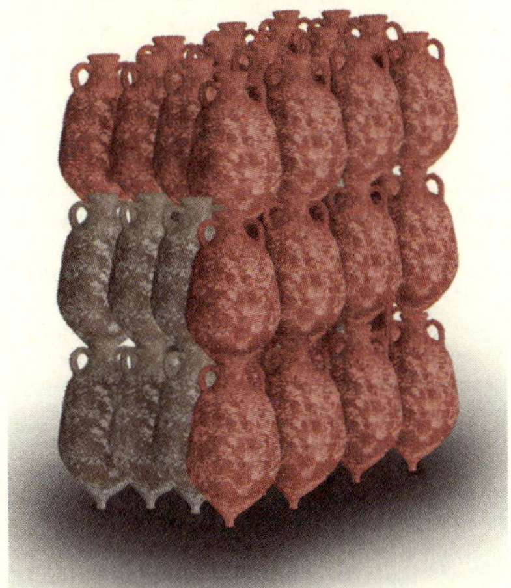

Rows that require searching according to Rabbi Yoḥanan

בֵּית הִלֵּל אוֹמְרִים: "שְׁתֵּי שׁוּרוֹת הַחִיצוֹנוֹת שֶׁהֵן הָעֶלְיוֹנוֹת". אָמַר רַב: עֶלְיוֹנָה וְשֶׁלְּמַטָּה הֵימֶנָּה. וּשְׁמוּאֵל אָמַר: עֶלְיוֹנָה וְשֶׁלְּפָנִים הֵימֶנָּה. מַאי טַעְמָא דְּרַב – דָּיֵיק "חִיצוֹנוֹת". וְהָא "עֶלְיוֹנוֹת" קָתָנֵי! לְמַעוֹטֵי תַּתָּאֵי דְּתַתָּיָיתָא.

We further learned in the mishna that **Beit Hillel say:** It is sufficient to search **the two external rows, which are the upper ones.**[N] There is an amoraic dispute with regard to this statement. **Rav said** it is referring to the **uppermost** row of barrels **and the** row **that is beneath it.**[B] **And Shmuel said** it means **the uppermost** front row **and the** next one **that is inward** into the cellar.[B] **What is the reason** for the opinion **of Rav? He infers** from the term: **Outer** rows, that Beit Hillel mean that both rows face outward. The Gemara raises a difficulty: **But doesn't** the mishna also **teach: Upper** rows, indicating that both rows are adjacent to the ceiling? The Gemara answers: This term comes **to exclude the lowest of the lower** rows. One must search only the top two rows.

וּשְׁמוּאֵל אָמַר: עֶלְיוֹנָה וְשֶׁלְּפָנִים הֵימֶנָּה, מַאי טַעְמָא – דָּיֵיק "עֶלְיוֹנוֹת". וְהָא "חִיצוֹנָה" קָתָנֵי! לְמַעוֹטֵי גַּוָּיָיאתָא דְּגַוָּיָיאתָא. רַבִּי חִיָּיא תָּנֵי כְּוָותֵיהּ דְּרַב, וְכוּלְּהוּ תַּנָּאֵי תָּנוּ כְּוָותֵיהּ דִּשְׁמוּאֵל. וְהִלְכְתָא כְּוָותֵיהּ דִּשְׁמוּאֵל.

And Shmuel said the mishna is referring to **the uppermost** front row **and the** next one **that is inward** into the cellar. **What is the reason** for the opinion of **Shmuel? He infers** from the term: **Upper** rows, that one must search the first two rows on the top level of barrels. The Gemara raises a difficulty: **But doesn't** the mishna also **teach: Outer** row? The Gemara answers that this word comes **to exclude the innermost of the inner** rows. One must search only the two outermost rows. The Gemara comments: **Rabbi Ḥiyya teaches** a *baraita* **in accordance with** the opinion of **Rav, and all** the other ***tanna'im***, who recite the *mishnayot* and *baraitot* by heart, **teach in accordance with** the opinion **of Shmuel.** The Gemara concludes: **And the *halakha* is in accordance with** the opinion of **Shmuel.**[H]

NOTES

External and upper rows – חִיצוֹנוֹת וְעֶלְיוֹנוֹת: This dispute is puzzling, as the inferences from the terms outer and upper are presumably equally valid and the *amora'im* should both learn the *halakha* from both. Some commentaries explain that Rav maintains it is more plausible to infer a conclusion from the earlier phrase, outer row, whereas Shmuel claims that the term outer merely modifies the more central term, upper rows (*Tosafot* of Rabbi Shimshon of Saens; *Tosefot Rabbeinu Peretz*).

BACKGROUND

The opinion of Beit Hillel according to the interpretation of Rav – שִׁיטַת בֵּית הִלֵּל לְפִי פֵּירוּשׁ רַב:

Rows that require searching according to Rav

The opinion of Beit Hillel according to the interpretation of Shmuel – שִׁיטַת בֵּית הִלֵּל לְפִי פֵּירוּשׁ שְׁמוּאֵל:

Rows that require searching according to Shmuel

HALAKHA

Searching barrels that are in the cellar – בְּדִיקַת חָבִיּוֹת שֶׁבַּמַּרְתֵּף: In a cellar with barrels of wine stacked in rows, one is obligated to search the upper row and the row beneath it. This ruling is in accordance with Rav's explanation of Beit Hillel's opinion, as the *halakha* is in accordance with Rav in his disagreements with Shmuel. This is based on the rulings of the Rambam, the Rosh, and Rabbeinu Yona, whose versions of the Gemara apparently do not include the statement: And the *halakha* is in accordance with the opinion of Shmuel, which is probably a later addition that was not part of the original text of the Gemara (*Shulḥan Arukh, Oraḥ Ḥayyim* 433:9).

מתני׳ אֵין חוֹשְׁשִׁין שֶׁמָּא גֵּירְרָה חוּלְדָּה מִבַּיִת לְבַיִת וּמִמָּקוֹם לְמָקוֹם, דְּאִם כֵּן מֵחָצֵר לְחָצֵר וּמֵעִיר לְעִיר – אֵין לַדָּבָר סוֹף.

MISHNA After conducting the search, **one need not be concerned that perhaps a marten dragged**[HN] leaven **from house to house, or from place to place,** placing leaven in a house that was already searched. **As if so,** one need also be concerned that perhaps leaven might have been dragged **from courtyard to courtyard and from city to city.** In that case, **there is no end to the matter,** and it would be impossible to rely on any search for leaven.

גמ׳ טַעְמָא – דְּלָא חֲזֵינָא דְּשָׁקֵיל, הָא חֲזֵינָא דְּשָׁקֵיל – חָיְישִׁינַן, וּבָעֵי בְּדִיקָה.

GEMARA The Gemara infers from the mishna: **The reason** that one need not search again **is that we did not see** the marten **drag** the leaven from the house; **however, if we saw** the marten **drag** leaven from the house, **we** are indeed **concerned** that it dragged the leaven into the second house, and it therefore **requires searching** for leaven.

וְאַמַּאי? נֵימָא אֲכַלְתֵּיהּ! מִי לָא תְּנַן: מְדוֹרוֹת הַגּוֹיִם טְמֵאִים. וְכַמָּה יִשְׁהֶה בַּמָּדוֹר וִיהֵא הַמָּדוֹר צָרִיךְ בְּדִיקָה – אַרְבָּעִים יוֹם,

The Gemara raises a difficulty: **But why** is this so? **Let us say** that the marten **ate** the bread it took. **Didn't we learn** in a mishna: **The residences of gentiles**[HN] **are ritually impure,** as their wives may have miscarried, and due to the fact that gentiles would bury their stillborn babies in their houses, all their residences are deemed ritually impure due to the possibility of impurity imparted by a corpse. **And how long** must a gentile have **stayed in a residence** for **the residence to require searching?** He must have lived there for **forty days.** The reason is that until forty days after conception the miscarried fetus is not classified as a stillborn, as it is not sufficiently developed before that stage.

וְאַף עַל פִּי שֶׁאֵין לוֹ אִשָּׁה. וְכָל מָקוֹם שֶׁחוּלְדָּה וַחֲזִיר יְכוֹלִין לַהֲלוֹךְ – אֵין צָרִיךְ בְּדִיקָה!

This mishna continues: **And** this decree applies **even though** the gentile resident **has no wife.** In issuing the decree, the Sages did not distinguish between a married couple and a single man, so that people would not err in its application (*Me'iri*). **And any place where a marten or a pig can enter** unimpeded **need not be searched,** as presumably if a stillborn was buried there, one of these animals would have taken it. As this mishna indicates that there is a presumption that martens eat whatever they find, the Gemara suggests that the same should apply to leaven. Therefore, even if one actually saw the marten take the bread, he can assume that the animal ate it, obviating the need for an additional search.

אָמַר רַבִּי זֵירָא: לָא קַשְׁיָא; הָא – בְּבָשָׂר, וְהָא – בְּלֶחֶם. בְּבָשָׂר – לָא מְשַׁיְּירָא, בְּלֶחֶם – מְשַׁיְּירָא.

Rabbi Zeira said: This is **not difficult,** as in **this** case, where no search is required, it is referring **to flesh,** whereas in **that** case, where one is required to search again, it is referring **to bread.** Rabbi Zeira elaborates: **With regard to flesh,** a marten **does not leave** remnants behind, and therefore the stillborn would have been entirely consumed. **With regard to bread,** however, the marten **leaves** remnants behind, requiring an additional search.

HALAKHA

Concern with regard to a marten – חֲשַׁשׁ לְחוּלְדָּה: After searching for leaven one should place all remaining leaven in a concealed location so that a marten cannot take it, which would lead to halakhic complications. However, if there is no clear evidence to the contrary, one need not be concerned that a marten in fact dragged the leaven from one place to another (*Shulḥan Arukh, Oraḥ Ḥayyim* 434:1).

The residences of gentiles – מְדוֹרוֹת הַגּוֹיִם: Any house where a gentile has lived for forty days has the presumptive status of ritual impurity. A Jew who enters that house is impure by rabbinic law, due to the concern that the gentile may have buried a stillborn baby there. This *halakha* applies even if the man who lives there is unmarried. If there are pigs, martens, or similar animals in the area one need not be concerned that the house is ritually impure, as the animals would certainly have consumed the body (Rambam *Sefer Tahara, Hilkhot Tumat Met* 11:7–8).

NOTES

One need not be concerned that perhaps a marten dragged, etc. – אֵין חוֹשְׁשִׁין שֶׁמָּא גֵּירְרָה חוּלְדָּה וכו׳: According to the Rambam, this mishna follows from the previous one. The previous mishna stated that one is obligated to search for leaven only in places where it is normally brought, but is not required to search places where leaven is never taken. This mishna adds that there is no concern that perhaps a marten brought leaven into a place where it is not normally eaten (Rambam *Sefer Zemanim, Hilkhot Ḥametz UMatza* 2:6–7; see *Leḥem Mishne* 2:7).

The residences of gentiles – מְדוֹרוֹת הַגּוֹיִם: See Rashi, who addresses the nature of ritual impurity involved. The Rashash claims that everyone agrees that in a tent over a corpse, even the corpse of a gentile, ritual impurity is imparted to everything in the tent as though it had come into contact with the corpse.

אָמַר רָבָא: הַאי מַאי? בִּשְׁלָמָא הָתָם – אֵימוּר הֲוָה אֵימוּר לָא הֲוָה, וְאִם תִּמְצָא לוֹמַר הֲוָה – אֵימוּר אֲכַלְתֵּיהּ. אֲבָל הָכָא – דְּוַדַּאי דַּחֲזֵינָא דִּשְׁקַל – מִי יֵימַר דַּאֲכַלְתֵּיהּ? הָוֵי סָפֵק וּוַדַּאי, וְאֵין סָפֵק מוֹצִיא מִידֵי וַדַּאי.

Rava said: What is this comparison? These cases are not comparable. **Granted, there,** with regard to the stillborn, one could **say** that it **was** in the house **and** one could **say** that it **was not** in the house. **And even if you say it was there, say that** the marten **ate it.** The very presence of the stillborn in the house is based on an assumption, and even if it was there, it was probably consumed. **However here, where one definitely saw** the marten **take** the bread, **who will say that** the marten **ate it? It is** a conflict between **an uncertainty** whether or not the marten ate the bread, **and a certainty**[N] that the bread was there. The principle is that **an uncertainty does not override a certainty.**

וְאֵין סָפֵק מוֹצִיא מִידֵי וַדַּאי?! וְהָא תַּנְיָא: חָבֵר שֶׁמֵּת וְהִנִּיחַ מְגוּרָה מְלֵיאָה פֵּירוֹת, וַאֲפִילּוּ הֵן בְּנֵי יוֹמָן – הֲרֵי הֵן בְּחֶזְקַת מְתוּקָּנִין. וְהָא הָכָא, דְּוַדַּאי טְבִילֵי הָנֵי פֵּירֵי, וְסָפֵק מְעוּשָּׂרִין וְסָפֵק לֹא מְעוּשָּׂרִין – וְקָאָתֵי סָפֵק וּמוֹצִיא מִידֵי וַדַּאי!

The Gemara raises a difficulty against this principle: **And is it so that an uncertainty does not override a certainty? But wasn't it taught** in a *baraita*: With regard to **a *ḥaver* who died and left a storehouse filled with produce, even** if the produce was there only **that day,** the fruit has the **presumptive status** of produce that was ritually **prepared,** i.e., properly tithed. The assumption is that the owner tithed it himself or commanded others to do so. **However, here, this produce** was **certainly untithed** at the outset, **and** there is **uncertainty** whether **they** are **tithed or whether they are not tithed.** Despite this conflict, **the uncertainty** whether they were tithed **comes and overrides the certainty** that they were untithed produce.

הָתָם וַדַּאי וּוַדַּאי הוּא, דְּוַדַּאי מְעַשְּׂרִי, כִּדְרַבִּי חֲנִינָא חוֹזָאָה. דְּאָמַר רַבִּי חֲנִינָא חוֹזָאָה: חֲזָקָה עַל חָבֵר שֶׁאֵין מוֹצִיא מִתַּחַת יָדוֹ דָּבָר שֶׁאֵינוֹ מְתוּקָּן.

The Gemara rejects this contention: **There,** the conflict **is** between **certainty and certainty, as** the produce is **certainly tithed, in accordance with** the statement of **Rabbi Ḥanina Ḥoza'a. As Rabbi Ḥanina Ḥoza'a said:** There is **a presumption with regard to a *ḥaver* that he does not** allow produce **that is not** ritually **prepared,** to **leave his possession.** It is therefore certain that the produce is tithed.

וְאִי בָּעֵית אֵימָא: סָפֵק וְסָפֵק הוּא, דִּילְמָא מֵעִיקָּרָא אֵימוּר דְּלָא טְבִילִי, כְּרַבִּי אוֹשַׁעְיָא.

And if you wish, say instead that in that case the conflict **is** between **uncertainty and uncertainty,** as **perhaps** one could **say** that the produce was **never initially untithed.** It is possible that there was never an obligation to tithe this produce, **in accordance with** the opinion of **Rabbi Oshaya.**

דְּאָמַר רַבִּי אוֹשַׁעְיָא: מַעֲרִים אָדָם עַל תְּבוּאָתוֹ וּמַכְנִיסָהּ בַּמּוֹץ שֶׁלָּהּ, כְּדֵי שֶׁתְּהֵא בְּהֶמְתּוֹ אוֹכֶלֶת וּפְטוּרָה מִן הַמַּעֲשֵׂר

As Rabbi Oshaya said: A person may employ artifice[H] to circumvent obligations incumbent upon him in dealing **with his grain,**[N] **and bring it into** the courtyard **in its chaff so that his animal may eat**[N] from it. **And** this grain **is exempt** from **tithes.** Although the obligation to tithe produce that has been fully processed applies even to animal fodder, it is permitted to feed one's animal untithed produce that has not been fully processed. In light of this *halakha* it is possible that the fruit of the *ḥaver* in the storehouse may not have been subject to the obligation to be tithed. Consequently, the aforementioned case involving produce is a conflict between two uncertain factors, as it is uncertain whether or not the owner was obligated to tithe the produce in the first place, and even if he was required to do so, it is uncertain whether or not the *ḥaver* tithed it.

וְאֵין סָפֵק מוֹצִיא מִידֵי וַדַּאי?! וְהָתַנְיָא, אָמַר רַבִּי יְהוּדָה: מַעֲשֶׂה בְּשִׁפְחָתוֹ שֶׁל מֵצִיק אֶחָד בְּרִימּוֹן, שֶׁהֵטִילָה נֵפֶל לַבּוֹר

The Gemara raises a further difficulty against Rava: **And is it so that an uncertainty does not override a certainty? But wasn't it taught** in a *baraita* that **Rabbi Yehuda said:** There was **an incident involving the maidservant of a certain violent person**[N] **in** the city of **Rimon,**[B] **who threw a stillborn** baby **into a pit,**

HALAKHA

Artifice in tithing – הַעֲרָמָה בְּמַעֲשֵׂר: One who brings grain into his courtyard before removing the chaff, in order to feed it to his animals, may eat it himself in his courtyard. The reason for this leniency is that the obligation to tithe is not yet in effect with regard to this produce (*Shulḥan Arukh, Yoreh De'a* 331:4).

BACKGROUND

Rimon – רִימּוֹן: Rimon was the name of a village in the Lower Galilee, several kilometers from Tzippori.

NOTES

Uncertainty and certainty – סָפֵק וּוַדַּאי: This discussion with regard to the relative significance of doubt and certainty in confrontations between them cannot be applied to all cases of uncertainty in *halakha*, as in some cases of uncertainty the probability of both possibilities is equal and their relative likelihoods cannot be determined. However, with regard to the uncertainties discussed here, the positive result is more common, and it stands to reason that indeed that was the way it happened even though there is no conclusive proof (see *Tosafot* and Maharam Ḥalawa).

A person may employ artifice with his grain – מַעֲרִים אָדָם עַל תְּבוּאָתוֹ: The early commentaries ask why the Gemara suggests that a *ḥaver*, who is scrupulous in the performance of mitzvot, might employ artifice to exempt his produce from tithes. Some explain that the *ḥaver* does so only as a temporary measure until he finishes processing the grain, as he plans to tithe all the produce afterward (Maharam Ḥalawa). Others maintain that he intends to tithe the produce himself, but he employs this artifice to prevent a situation where members of his household could forget to tithe the produce and unwittingly eat it untithed (*Tosefot Rid*).

So that his animal may eat – שֶׁתְּהֵא בְּהֶמְתּוֹ אוֹכֶלֶת: Some commentaries explain that the owner of the animal may actually eat this produce himself. He can say that he is taking the produce into his house as fodder for his animals, and subsequently eat it untithed once it was exempt when he brought it into his courtyard (Rashba, citing Ra'avad).

Violent person [*metzik*] – מֵצִיק: Some commentaries read *masik*, a producer of olive oil (*Tosefot HaRashba*).

וּבָא כֹּהֵן וְהֵצִיץ בּוֹ לֵידַע אִם זָכָר הוּא אִם נְקֵבָה הִיא. וּבָא מַעֲשֶׂה לִפְנֵי חֲכָמִים וְטִיהֲרוּהוּ, מִפְּנֵי שֶׁחוּלְדָּה וּבַרְדְּלָס מְצוּיִין שָׁם.

and a priest came and glanced[N] at the baby **to ascertain whether it is male** or **whether it is female,** as a woman who has just given birth, even to a stillborn, is ritually impure for different lengths of time, depending on whether she gave birth to a male or a female (see Leviticus 12). **And the incident came before the Sages,** to rule whether or not the priest contracted ritual impurity when standing over the corpse, **and they deemed him ritually pure.** The basis for this ruling was **due to** the fact that as **a marten and a polecat** [*bardelas*][LB] **are found there,** it is likely that the baby was dragged away before the priest arrived at the pit.[H]

וְהָא הָכָא, דְּוַדַּאי הֵטִילָה, וְסָפֵק גְּרָרוּהוּ וְסָפֵק לֹא גְּרָרוּהוּ הַהִיא שַׁעְתָּא, וְקָאָתֵי סָפֵק וּמוֹצִיא מִידֵי וַדַּאי! לָא תֵּימָא "שֶׁהֵטִילָה נֵפֶל לַבּוֹר" אֶלָּא אֵימָא "שֶׁהִפִּילָה כְּמִין נֵפֶל לַבּוֹר" וְהָוֵי סָפֵק וְסָפֵק.

And yet **here, where it is certain that she threw** the stillborn baby into the pit, **and it is uncertain** whether a marten or polecat **dragged** it away **and it is uncertain** whether **it did not drag it** away **at that time,** the Sages nevertheless ruled that **an uncertainty comes and overrides a certainty.** The Gemara rejects this contention: **Do not say** in the *baraita* **that she** certainly **threw a stillborn into a pit; rather, say that she threw** an object **similar to a stillborn into a pit.** Perhaps it was not a stillborn baby; it might have simply been congealed blood, which does not transmit impurity. **And** therefore **this is** a conflict between **uncertainty and uncertainty.** It is unclear whether there was anything in the pit that could have rendered the priest ritually impure, and even if there was, it might have already been dragged away.

וְהָא "לֵידַע אִם זָכָר הוּא אִם נְקֵבָה הִיא" קָתָנֵי! הָכִי קָאָמַר: לֵידַע אִם רוּחַ הִפִּילָה אִם נֵפֶל הִפִּילָה, וְאִם תִּמְצָא לוֹמַר נֵפֶל הִפִּילָה – לֵידַע אִם זָכָר הוּא וְאִם נְקֵבָה הִיא.

The Gemara retorts: **But isn't it taught** in the *baraita*: **To ascertain whether it is male** or **whether it is female,** indicating that the only uncertainty was with regard to gender; it was certainly a stillborn baby. The Gemara rejects this proof, as **this is** what the *baraita* **is saying:** The priest sought **to ascertain whether she miscarried** mere **wind,** i.e., an amorphous mass, or **if she miscarried a stillborn** baby. **And if you say** that **she miscarried a stillborn,** he sought **to ascertain whether it is male** or **whether it is female.**

וְאִיבָּעֵית אֵימָא: הָתָם וַדַּאי וְוַדַּאי הוּא, כֵּיוָן דְּחוּלְדָּה וּבַרְדְּלָס מְצוּיִין שָׁם – וַדַּאי גְּרָרוּהוּ בְּהַהִיא שַׁעְתָּא. נְהִי דְּשִׁיּוּרֵי מְשַׁיְּירָא – מִיגְרַר מִיהַת וַדַּאי גְּרָרוּם בְּהַהִיא שַׁעְתָּא. (לִישָּׁנָא אַחֲרִינָא: נְהִי דְּוַדַּאי אֲכָלוּם – לָא אָמְרִינַן, וַדַּאי גְּרָרוּהוּ לְחוֹרַיְיהוּ – אָמְרִינַן).

And if you wish, say instead: **There it is** not a conflict between certainty and uncertainty; rather it is between **certainty and certainty. Since a marten and a polecat are found there, they certainly dragged** it away **at that time,** without delay. **Although** martens **leave** part of their food, **in any case they certainly dragged** the baby to their holes **at that time. Another version** of this answer: **Although we do not say that they certainly ate** the stillborn, **we do say that they certainly dragged it to their holes.** Consequently, the ruling in this case does not contradict the general principle that an uncertainty does not override a certainty.

NOTES

And a priest came and glanced – וּבָא כֹּהֵן וְהֵצִיץ: The commentaries disagree as to why the priest looked in the pit, exposing himself to the possibility that he would be rendered ritually impure by doing so. Many suggest that this priest was an *am ha'aretz* who was unaware that it is prohibited for a priest to become ritually impure. Others suggest that he was a child sent by the woman to examine the pit. Yet others claim that he sought to provide a halakhic answer to a question he was asked with regard to the days of her ritual purity and impurity. It is also possible that the woman lived in his house, and he sought to ascertain whether she was ritually pure or impure so as to keep the food in a state of ritual purity. Alternatively, he sought to ascertain whether the time when she will be obligated to bring an offering would coincide with his priestly watch in the Temple. Finally, there is the possibility that he was related to her and it was permitted for him to become ritually impure to deal with the child (Rashi).

LANGUAGE

Polecat [*bardelas*] – בַּרְדְּלָס: From the Greek πάρδαλις, *pardalis*, meaning leopard. It is also used in reference to other spotted animals.

HALAKHA

A stillborn in a pit – נֵפֶל בַּבּוֹר: If one leans over a pit in which there may be a stillborn baby, and there are martens or similar animals in the area, the assumption is that an animal took the stillborn and ate it, and the person leaning over the pit is ritually pure (Rambam *Sefer Tahara, Hilkhot Tumat Met* 9:11).

BACKGROUND

Polecat [*bardelas*] – בַּרְדְּלָס: The *bardelas* mentioned here is not the same as the *bardelas* in the mishna in tractate *Bava Kama* 1:4. The mishna there is using a variation of the Greek term *pardalis*, and is referring to the cheetah, though it is explained in the Babylonian Talmud that this is the striped hyena. The *bardelas* described here, accompanying the *ḥulda* as a creature that raids grain from human dwellings, is clearly not referring to the cheetah or hyena. However, various manuscripts of the Talmud and Midrash have the word *mandaris*, or a variation thereof, instead of *bardelas*. It therefore appears that the word *bardelas* here is in fact a textual corruption, and that the original term was *mandaris*. The *mandaris* likely refers to the polecat.

Polecat

Cheetah

וּמִי אָמְרִינַן: אֵין חוֹשְׁשִׁין שֶׁמָּא גָּרְרָה חוּלְדָּה? וְהָא קָתָנֵי סֵיפָא: מַה שֶּׁמְּשַׁיֵּיר יַנִּיחֶנּוּ בְּצִנְעָה, שֶׁלֹּא יְהֵא צָרִיךְ בְּדִיקָה אַחֲרָיו!

The Gemara proceeds to analyze a more fundamental aspect of the mishna: **And do we say that** one need **not be concerned** that **perhaps a marten dragged** the leaven? **But isn't it taught in the last clause,** in the next mishna: With regard to the leaven **that** one **leaves** after the search, he should **place it in a concealed** location, so **that it will not require searching after it.** Apparently, there is concern lest a marten take some of the remaining leaven.

אָמַר אַבַּיֵי: לָא קַשְׁיָא, הָא – בְּאַרְבָּעָה עָשָׂר, הָא – בִּשְׁלֹשָׁה עָשָׂר. בִּשְׁלֹשָׁה עָשָׂר דִּשְׁכִיחַ רִיפְתָּא בְּכוּלְּהוּ בָּתֵּי – לָא מַצְנְעָא, בְּאַרְבָּעָה עָשָׂר דְּלָא שְׁכִיחָא רִיפְתָּא בְּכוּלְּהוּ בָּתֵּי – מַצְנְעָא,

Abaye said: This is **not difficult; this** ruling is referring **to the fourteenth** of Nisan, whereas **that** ruling is referring **to the thirteenth.** The Gemara elaborates: **On the thirteenth** of Nisan, **when bread is** still **found in every house,** the marten **does not conceal** the leaven, and therefore there is no concern that perhaps the marten dragged the leaven elsewhere and concealed it. However, **on the fourteenth** of Nisan, **when bread is not found in any** of the **houses,** the marten **hides** the leaven.

אָמַר רָבָא: וְכִי חוּלְדָּה נְבִיאָה הִיא? דְּיָדְעָא דְּהָאִידָּנָא אַרְבֵּיסַר וְלָא אָפֵי עַד לְאוּרְתָּא, וּמְשַׁיְּירָא וּמַטְמְרָא?! אֶלָּא אָמַר רָבָא: מַה שֶּׁמְּשַׁיֵּיר – יַנִּיחֶנּוּ בְּצִנְעָה, שֶׁמָּא תִּטּוֹל חוּלְדָּה בְּפָנֵינוּ, וִיהֵא צָרִיךְ בְּדִיקָה אַחֲרָיו.

Rava said in surprise: **And is the marten a prophetess**[N] **that knows** that now is **the fourteenth** of Nisan **and** no one will **bake until the evening, and it leaves** over bread **and conceals** it in its hole? **Rather,** Rava rejected Abaye's answer and **said:** With regard to the leaven **that** one **leaves** after the search, he should **place it in a concealed** location, **lest a marten take it before us and it will require searching after it.** Only if one actually sees the marten take the leaven, is he required to search after it.

תַּנְיָא כְּוָותֵיהּ דְּרָבָא: הָרוֹצֶה לֶאֱכוֹל חָמֵץ אַחַר בְּדִיקָה כֵּיצַד יַעֲשֶׂה? מַה שֶּׁמְּשַׁיֵּיר – יַנִּיחֶנּוּ בְּצִנְעָה, שֶׁלֹּא תָּבוֹא חוּלְדָּה וְתִיטּוֹל בְּפָנֵינוּ, וִיהֵא צָרִיךְ בְּדִיקָה אַחֲרָיו.

It was taught in a *baraita* **in accordance with** the opinion **of Rava: One who wishes to eat leavened bread after** his **search, what should he do?** With regard to the leaven **that** one **leaves** after the search, he should **place it in a concealed** location, **so that a marten will not come and takes it before us, and he will need to search** the house **after it.**

רַב מָרִי אָמַר: גְּזֵירָה שֶׁמָּא יַנִּיחַ עֶשֶׂר וְיִמְצָא תֵּשַׁע.

Rav Mari said that there is a different resolution of the apparent contradiction between the *baraitot*: One conceals the leaven that he found, due to **a decree lest he place ten** pieces of bread **and find** only **nine.** Since the tenth piece is missing, he will be obligated to conduct an additional search.

תֵּשַׁע צִיבּוּרִין שֶׁל מַצָּה וְאֶחָד שֶׁל חָמֵץ, וַאֲתָא עַכְבָּר וּשְׁקַל וְלָא יָדְעִינַן אִי מַצָּה שְׁקַל אִי חָמֵץ שְׁקַל – הַיְינוּ תֵּשַׁע חֲנוּיוֹת. פֵּירַשׁ וַאֲתָא עַכְבָּר וּשְׁקַל – הַיְינוּ סֵיפָא.

Apropos the issue of leaven taken by a rodent, the Gemara analyzes a series of similar cases. In a case where there were **nine piles of** *matza*[NH] **and one pile of leavened bread, and** one saw **a mouse come and take** a morsel from a pile, **and we do not know if it took** *matza* **or if it took leavened bread, this is** akin to the case of **nine stores**[NH] in the mishna cited below. If a portion became **separated** from one of the piles and we did not know if it was *matza* or leaven, **and** one saw **a mouse come and take it, that is** akin to the case mentioned in **the latter clause** of that mishna.

דִּתְנַן: תֵּשַׁע חֲנוּיוֹת, כּוּלָּן מוֹכְרִין בְּשַׂר שְׁחוּטָה וְאַחַת מוֹכֶרֶת בְּשַׂר נְבֵלָה, וְלָקַח מֵאַחַת מֵהֶן וְאֵינוֹ יוֹדֵעַ מֵאֵיזֶה מֵהֶן לָקַח – סְפֵיקוֹ אָסוּר.

The Gemara elaborates. **As we learned** in a *baraita*: With regard to **nine stores** in a city, **all of which sell** kosher **meat** from **a slaughtered** animal, **and one** other store that **sells meat** from unslaughtered **animal carcasses, and** a person **took** meat **from one of them and he does not know from which one he took** the meat, in this case of **uncertainty,** the meat **is prohibited.** This ruling is based on the principle: The legal status of an item fixed in its place is that of an uncertainty that is equally balanced. In this case, when it comes to determining whether or not this meat comes from a kosher store, the two types of stores are regarded as though they were equal in number.

NOTES

Is the marten a prophetess – וְכִי חוּלְדָּה נְבִיאָה הִיא: Rava's statement is a play on words, as *ḥulda*, marten, was indeed the name of a prophetess, Ḥulda (II Kings 22:14; II Chronicles 34:22). In response to Rava's objection, Abaye could say that a marten would sense that there is less leaven in the house and conceal what it finds. Indeed, in the Jerusalem Talmud it is presumed that martens and mice can distinguish between situations of greater or lesser availability of leaven (Rav Ya'akov Emden).

Nine piles of *matza*, etc. – תֵּשַׁע צִיבּוּרִין שֶׁל מַצָּה וכו׳: This discussion is mostly theoretical, given the unlikely chain of events required for their practical application. The Ran explains that this is why the Rif does not cite these cases. However, the issues discussed here are significant because they clarify several fundamental principles that apply in other cases.

This is akin to the case of nine stores – הַיְינוּ תֵּשַׁע חֲנוּיוֹת: These two cases are not identical; indeed, if they were identical there would be no need to discuss the case of *matza* at all, as the *halakha* would be obvious. The novel element in the Gemara is the fact that although the cases are not identical, they are comparable (*Penei Yehoshua*).

HALAKHA

Nine piles of *matza* – תִּשְׁעָה צִיבּוּרֵי מַצָּה: With regard to nine piles of *matza* and one pile of leaven, if a mouse came and took a morsel from one unidentified pile and went into a house in which the search for leaven was already conducted, one must conduct an additional search. If the mouse took only a small crumb it can be assumed that the mouse ate the crumb, and there is no need to conduct an additional search (*Tur*, based on *Tosafot*). If the mouse took a morsel that was separated from one of the piles, there is no need to conduct an additional search, as it was presumably taken from the majority (*Shulḥan Arukh, Oraḥ Ḥayyim* 439:1).

Nine stores – תֵּשַׁע חֲנוּיוֹת: If nine stores in a city sell kosher meat and one store sells non-kosher meat, and a person bought meat from one of them but does not remember which one, the legal status of the meat is non-kosher. If the meat was found outside the stores, it is permitted, as stated in the *baraita* (*Shulḥan Arukh, Yoreh De'a* 110:3).

וּבְנִמְצָא הַלֵּךְ אַחַר הָרוֹב.

This *baraita* continues: **And in** the case of meat **found** outside, **follow the majority.** If most stores in the city sell kosher meat one can assume that the meat he found is kosher, based on the principle: Any item separated, i.e., not fixed in its place, is presumed to have been separated from the majority. By the same token, if most stores in that city sell non-kosher meat, the meat found is presumed to be non-kosher.[N] These two principles can be applied to the cases involving piles of *matza* and leaven: If the morsel was separated from the piles when taken by the mouse, follow the majority. However, if the mouse took the morsel from one of the piles, the legal status of the morsel is that of an equally balanced uncertainty concerning whether it was taken from a pile of *matza* or a pile of leaven, and the owner is required to conduct an additional search.

שְׁנֵי צִיבּוּרִין, אֶחָד שֶׁל מַצָּה וְאֶחָד שֶׁל חָמֵץ וְלִפְנֵיהֶם שְׁנֵי בָּתִּים, אֶחָד בָּדוּק וְאֶחָד שֶׁאֵינוֹ בָּדוּק, וַאֲתוּ שְׁנֵי עַכְבָּרִים אֶחָד שָׁקַל מַצָּה וְאֶחָד שָׁקַל חָמֵץ, וְלָא יָדְעִינַן הֵי לְהַאי עַיֵּיל וְהֵי לְהַאי עַיֵּיל – הַיְינוּ שְׁתֵּי קוּפּוֹת.

The Gemara discusses another case: There are **two piles,[H] one of *matza* and one of leavened bread, and before them** there are **two houses, one** which was **searched and one** which was **not searched, and two mice came,** and in our presence **one took *matza* and one took leavened bread.** Each mouse went into a different house, **and we do not know which** mouse **entered this** house **and which** mouse **entered that** house. It is unclear whether or not the mouse that took the leaven entered the house that was searched. **This** situation **is** akin to the case of **two baskets.**

דְּתְנַן: שְׁתֵּי קוּפּוֹת, אַחַת שֶׁל חוּלִּין וְאַחַת שֶׁל תְּרוּמָה וְלִפְנֵיהֶם שְׁנֵי סְאִין, אֶחָד שֶׁל חוּלִּין וְאֶחָד שֶׁל תְּרוּמָה וְנָפְלוּ אֵלּוּ לְתוֹךְ אֵלּוּ – מוּתָּרִין, שֶׁאֲנִי אוֹמֵר: חוּלִּין לְתוֹךְ חוּלִּין נָפְלוּ, וּתְרוּמָה לְתוֹךְ תְּרוּמָה נָפְלָה.

As we learned in the *Tosefta*: There are **two baskets,[H] one** filled with **non-sacred** produce **and the other one** filled with ***teruma*, and before them** are **two** vessels each containing a ***se'a*** of produce, **one** filled with **non-sacred** produce **and** the other **one** filled with ***teruma*. And these,** the contents of each of the baskets, **fell into those,** each of the *se'a* vessels. It is possible that the *teruma* fell into the non-sacred produce, and it is prohibited for non-priests to eat a mixture of *teruma* and non-sacred produce. Nevertheless, the contents of the *se'a* vessel containing the non-sacred produce **is permitted, as I say[N]** that **the non-sacred produce fell into the non-sacred produce and the *teruma* fell into the *teruma*.** Likewise, with regard to leaven, presumably the mouse took the leaven into the house that had not been searched, and there is no need to conduct an additional search of the house that was already searched.

אֵימוּר דְּאָמְרִינַן: ״שֶׁאֲנִי אוֹמֵר״

The Gemara rejects this comparison: **Say that we state** and apply the principle: **As I say,** and assume that everything occurred in a way that preserves the produce in its permitted state

Perek **I**
Daf **10** Amud **a**

בִּתְרוּמָה דְּרַבָּנַן, בְּחָמֵץ דְּאוֹרַיְיתָא מִי אָמְרִינַן? אַטּוּ בְּדִיקַת חָמֵץ דְּאוֹרַיְיתָא?! דְּרַבָּנַן הִיא! דְּמִדְּאוֹרַיְיתָא בְּבִיטּוּל בְּעָלְמָא סַגִּי לֵיהּ.

only with regard **to *teruma*** that in modern times is sacred **by rabbinic law,** as the Torah obligation to separate *teruma* was abrogated after the destruction of the First Temple. However, with regard **to leavened bread,** which is prohibited **by Torah law, do we say** that this principle applies? The Gemara responds: **Is that to say** that **the search for leavened bread** is required **by Torah law? It is a rabbinic** ordinance, **as by Torah law, mere nullification is sufficient.** Since the issue at hand is not the Torah prohibition of leaven but the rabbinic ordinance to search one's house, this *halakha* is comparable to the case of baskets of *teruma* and non-sacred produce.

NOTES

Uncertainty with regard to taking and uncertainty with regard to finding – סְפֵק לְקִיחָה וּסְפֵק מְצִיאָה: The difference between the two cases, in which one either bought meat from one of the ten stores or found meat outside the ten stores, is based on the principle: Any uncertainty with regard to an item fixed in its place is that of an equally balanced uncertainty. This principle establishes that the majority does not determine halakhic status if the uncertainty is with regard to a case that does not involve a mixture. The reason for this is that reliance on a majority is established by means of statistical certainty based on a fair sample. With regard to an object fixed in place this statistical certainty is no longer pertinent, and therefore the uncertainty remains. However, once an item is no longer fixed in place, it can be attributed to the majority.

As I say – שֶׁאֲנִי אוֹמֵר: The assumption that each type of produce fell into the pile containing the same type is based on the principle that the ruling is lenient in cases of uncertainty with regard to *halakhot* decreed by rabbinic law. Since the produce is not definitely prohibited, even though there is an equally balanced uncertainty whether or not that is the case, the ruling is that it is permitted, even though there is no clear proof of what actually occurred.

HALAKHA

Two piles – שְׁנֵי צִיבּוּרִים: With regard to two piles, one of leaven and the other of *matza*, positioned before two houses, in one of which a search for leaven was conducted and in the other of which no search was conducted, and two mice each took a morsel from one of these piles into one of the houses, and we do not know into which house each mouse took the morsel, nor from which pile, if the owner renders his leaven null and void he is not required to conduct an additional search (Rambam *Sefer Zemanim, Hilkhot Ḥametz UMatza* 2:11; *Shulḥan Arukh, Oraḥ Ḥayyim* 439:2).

Two baskets – שְׁתֵּי קוּפּוֹת: In the case of two baskets, one filled with non-sacred produce and the other containing *teruma*, before which there are two vessels, one filled with non-sacred produce and the other with *teruma*, if the contents of each basket fall each one into a separate vessel but it is not known which produce fell into which vessel, all the produce may be eaten. The presumption is that the *teruma* fell into the *teruma* and the non-sacred produce fell into the non-sacred produce, in accordance with the *Tosefta* cited here (*Shulḥan Arukh, Yoreh De'a* 111:1).

צִבּוּר אֶחָד שֶׁל חָמֵץ, וּלְפָנָיו שְׁנֵי בָּתִּים בְּדוּקִין, וַאֲתָא עַכְבָּר וְשָׁקַל, וְלָא יָדְעִינַן אִי לְהַאי עָל אִי לְהַאי עָל – הַיְינוּ שְׁנֵי שְׁבִילִין. דִּתְנַן: שְׁנֵי שְׁבִילִין, אֶחָד טָמֵא וְאֶחָד טָהוֹר, וְהָלַךְ בְּאֶחָד מֵהֶן וְעָשָׂה טְהָרוֹת, וּבָא חֲבֵירוֹ וְהָלַךְ בַּשֵּׁנִי וְעָשָׂה טְהָרוֹת.

The Gemara presents another situation: In a case where there is **one pile of leavened bread and before it** there are **two houses**[H] that were **searched, and a mouse came and took** a morsel from the pile, **and we do not know if it entered this** house **or if it entered that** house, **this is** akin to the case of **two paths, as we learned** in a mishna: There were **two paths,**[H] **one** of which was **ritually impure** due to a corpse buried there, **and one** of which was **ritually pure. And** someone **walked on one of them,** but he does not remember which, **and** afterward **he engaged in** handling items of **ritual purity,** e.g., *teruma* or consecrated items; **and another** person **came and walked on the second** path, and he too does not remember which path it was, **and he** also **engaged in** handling items of **ritual purity.**

רַבִּי יְהוּדָה אוֹמֵר: אִם נִשְׁאֲלוּ זֶה בִּפְנֵי עַצְמוֹ וְזֶה בִּפְנֵי עַצְמוֹ – טְהוֹרִין, שְׁנֵיהֶן בְּבַת אַחַת – טְמֵאִין. רַבִּי יוֹסֵי אוֹמֵר: בֵּין כָּךְ וּבֵין כָּךְ טְמֵאִין.

Rabbi Yehuda says: If this one **asked** a Sage **by himself, and that** one **asked** a Sage **by himself, they are** both **pure.**[N] When considered separately, each person retains his presumptive status of ritual purity. However, if they **both** came to ask **at the same time, they are** both **ritually impure.** Since one of the two certainly passed on the impure path, even though it is uncertain which, both are deemed impure due to that uncertainty. **Rabbi Yosei says: One way or another they are** both **ritually impure.**

אָמַר רָבָא וְאִיתֵּימָא רַבִּי יוֹחָנָן: בְּבַת אַחַת – דִּבְרֵי הַכֹּל טְמֵאִין, בָּזֶה אַחַר זֶה – דִּבְרֵי הַכֹּל טְהוֹרִין. לֹא נֶחְלְקוּ אֶלָּא בְּבָא לְהִשָּׁאֵל עָלָיו וְעַל חֲבֵירוֹ. רַבִּי יוֹסֵי מְדַמֵּי לֵיהּ לְבַת אַחַת, וְרַבִּי יְהוּדָה מְדַמֵּי לֵיהּ לְזֶה אַחַר זֶה.

Rava said, and some say it was **Rabbi Yoḥanan** who said: If they came **at the same time, everyone agrees** that **they are ritually impure,** as even Rabbi Yehuda concedes that this is the *halakha*. If they came independently, **one after the other, everyone agrees** that **they are ritually pure. They disagree only with** regard **to** a case where one **comes to ask about himself and about the other.**[N] **Rabbi Yosei likens this** case **to** one where they come to ask **at the same time, and Rabbi Yehuda likens it to** a case where they come **one after the other.**

סָפֵק עַל סָפֵק לֹא עַל – הַיְינוּ בִּקְעָה, וּבִפְלוּגְתָּא דְּרַבִּי אֱלִיעֶזֶר וְרַבָּנַן.

The Gemara addresses another case: If one saw a mouse take leaven and there is **uncertainty** whether the mouse **entered** a house that was already searched and **uncertainty** whether the mouse **did not enter** that house, **that is** akin to the *halakha* of ritual impurity **in a valley,**[N] **and** is subject **to the dispute between Rabbi Eliezer and the Rabbis.**

דִּתְנַן: הַנִּכְנָס לְבִקְעָה בִּימוֹת הַגְּשָׁמִים וְטוּמְאָה בְּשָׂדֶה פְּלוֹנִית, וְאָמַר אֶחָד: הָלַכְתִּי בַּמָּקוֹם הַלָּז, וְאֵינִי יוֹדֵעַ אִם נִכְנַסְתִּי בְּאוֹתָהּ שָׂדֶה וְאִם לֹא נִכְנַסְתִּי. רַבִּי אֱלִיעֶזֶר מְטַהֵר, וַחֲכָמִים מְטַמְּאִין.

As we learned in a mishna with regard to **one who enters a valley during the rainy season,**[H] when seeds are sprouting, people do not have permission to wander in the field of another, as they might harm the plants. For the purpose of this *halakha* a valley in the rainy season is considered a private domain, and there is a general principle that in the case of uncertainty concerning whether or not one contracted ritual impurity in a private domain he is ritually impure. **And if** there was **ritual impurity in a certain field, and one** person **said: I walked in that place,** in the valley, **and I do not know whether I entered that field or whether I did not enter, Rabbi Eliezer deems him pure, and the Rabbis deem him impure.**

שֶׁהָיָה רַבִּי אֱלִיעֶזֶר אוֹמֵר: סָפֵק בִּיאָה – טָהוֹר, סָפֵק מַגַּע טוּמְאָה – טָמֵא.

Rabbi Eliezer deems him pure, **as Rabbi Eliezer would say:** Concerning **uncertainty** with regard to **entry,** i.e., whether or not he entered the place, he is **ritually pure;** however, if one certainly entered the place and the **uncertainty** is with regard to **contact** with **ritual impurity,** he is **ritually impure.** According to this opinion, the principle with regard to uncertain impurity in the private domain applies only in a case where the uncertainty is with regard to contact. The Rabbis, however, do not distinguish between these situations, as they maintain he is impure regardless of whether the uncertainty is with regard to entry or with regard to contact. This dispute applies to the case of whether or not one is required to conduct an additional search for leaven in a case where there is uncertainty whether or not leaven was taken into the house.

HALAKHA

One pile of leavened bread and before it two houses – צִבּוּר אֶחָד שֶׁל חָמֵץ וּלְפָנָיו שְׁנֵי בָּתִּים: With regard to a pile of leaven in front of two houses in both of which a search was already conducted, if a mouse took leaven into one of the houses but we do not know which, some authorities rule that there is no need to conduct an additional search (*Shulḥan Arukh*, based on Rambam), while others rule that one must conduct an additional search (Rema, in accordance with most authorities; *Shulḥan Arukh, Oraḥ Ḥayyim* 439:2).

Two paths – שְׁנֵי שְׁבִילִין: With regard to two paths, one ritually pure and the other impure, if one person walked along one of them before engaging in an activity that requires ritual purity, and another person walked on the other path and engaged in a similar activity, and neither is certain which path he took, if each came separately for a ruling with regard to his status, each one and the pure objects that he handled are deemed ritually pure. If they came together or if one came to inquire about both of them, they are both deemed ritually impure. This ruling is in accordance with the opinion of Rabbi Yosei, as the *halakha* is usually ruled in accordance with his opinion (Rambam *Sefer Tahara, Hilkhot She'ar Avot HaTumot* 19:2).

A valley during the rainy reason – בִּקְעָה בִּימוֹת הַגְּשָׁמִים: With regard to one who, during the rainy season, enters a valley containing multiple fields, at least one of which is ritually impure, and he states that he definitely went into the valley but is uncertain whether or not he entered the impure field, he is impure. This is because the legal status of a valley during the rainy season is that of a private domain, and in cases of uncertainty with regard to ritual impurity in a private domain, the person is deemed impure. The *halakha* is in accordance with the opinion of the Rabbis (Rambam *Sefer Tahara, Hilkhot She'ar Avot HaTumot* 20:9).

NOTES

If each one asked on his own – נִשְׁאַל כֹּל אֶחָד לְעַצְמוֹ: This ruling is based on the consideration that although both paths were traversed, each by one of the individuals, each person was previously presumed to be ritually pure. Given this presumption, a doubt of this nature is inadequate to negate the purity of each separate individual (*Tosefot* of Rabbi Shimshon of Saens).

About himself and about the other – עָלָיו וְעַל חֲבֵירוֹ: Some commentaries explain that he first asked with regard to himself before returning to inquire about his friend who walked on the other path (*Tosafot* in tractate *Ketubot*).

That is akin to a valley – הַיְינוּ בִּקְעָה: It can be argued that these two situations are not at all similar because the case of the valley involves a compound uncertainty, i.e., there are two doubts at play. First, it is uncertain whether the person in question entered the field, and even if he did so, it remains uncertain as to whether he became ritually impure through contact with the impurity. With regard to leaven there is apparently only one doubt, whether or not the mouse brought the leaven into the house. To resolve this discrepancy, some commentaries explain that the case of leaven should also be understood as involving a compound uncertainty. That is, it is unclear whether the mouse entered either of the houses, and even if it did, it is uncertain which house it entered (Rabbi Zeraḥya HaLevi). According to the Ra'avad, the case of leaven admittedly includes only one doubt, but as the search for leaven involves a rabbinic obligation, this is comparable to a compound uncertainty involving Torah law.

עַל וּבְדַק וְלָא אַשְׁכַּח – פְּלוּגְתָּא דְּרַבִּי מֵאִיר וְרַבָּנַן. דִּתְנַן, הָיָה רַבִּי מֵאִיר אוֹמֵר: כָּל דָּבָר שֶׁבְּחֶזְקַת טוּמְאָה – לְעוֹלָם הוּא בְּטוּמְאָתוֹ עַד שֶׁיִּוָּדַע לְךָ הַטּוּמְאָה הֵיכָן הִיא.

The Gemara discusses another case: If one saw a mouse **enter** a house with leaven in its mouth **and** someone **searched and did not find** any leaven there, this is akin to **the dispute between Rabbi Meir and the Rabbis. As we learned** in a mishna, **Rabbi Meir would say: Any object that has** the **presumptive status of ritual impurity,**[H] i.e., it is certain that an impure object was buried in a particular place, that place **forever** remains **in its ritual impurity,** even if it was excavated and the source of impurity was not found, **until it becomes known to you where the ritual impurity is.** The assumption is that the impurity was not found because the search was not conducted properly.

וַחֲכָמִים אוֹמְרִים: בּוֹדֵק עַד שֶׁמַּגִּיעַ לְסֶלַע אוֹ לְקַרְקַע בְּתוּלָה.

And the Rabbis say in this case: He continues **searching until he reaches bedrock or virgin soil,** under which there is certainly no ritual impurity. If he searched that extensively and failed to discover any impurity, it is apparently no longer there. This dispute applies to the aforementioned case involving leaven.

עַל וּבְדַק וְאַשְׁכַּח – פְּלוּגְתָּא דְּרַבִּי וְרַבָּן שִׁמְעוֹן בֶּן גַּמְלִיאֵל.

The Gemara analyzes yet another case: If one saw a mouse **enter** a house with leaven in its mouth **and** one **searched and found** a crumb of leaven[H] there, but there is uncertainty whether or not the crumb that he found is the crumb that the mouse took into the house, this would be akin to **the dispute between Rabbi** Yehuda HaNasi **and Rabban Shimon ben Gamliel.**

דְּתַנְיָא: שָׂדֶה שֶׁנֶּאֱבַד בָּהּ קֶבֶר – הַנִּכְנָס לְתוֹכָהּ טָמֵא. נִמְצָא בָּהּ קֶבֶר – הַנִּכְנָס לְתוֹכָהּ טָהוֹר, שֶׁאֲנִי אוֹמֵר: קֶבֶר שֶׁאָבַד – הוּא קֶבֶר שֶׁנִּמְצָא, דִּבְרֵי רַבִּי. רַבָּן שִׁמְעוֹן בֶּן גַּמְלִיאֵל אוֹמֵר: תִּיבָּדֵק כָּל הַשָּׂדֶה כּוּלָּהּ.

As it was taught in a *baraita*: With regard to **a field in which a grave was lost,** i.e., there is certainly a grave located in the field but its precise location is unknown, **one who enters** the field **is ritually impure,** as he might have stepped on the grave. **If a grave was** later **found** and marked **in the** field, **one who enters** and walks on the other parts of the field **is ritually pure, as I say:** The **grave that was** previously **lost** is the **grave that was** subsequently **found.** This is **the statement of Rabbi** Yehuda HaNasi. **Rabban Shimon ben Gamliel says: The entire field must be searched,** as perhaps the grave discovered is not the one that was lost. This dispute applies to the above case of leaven.

הִנִּיחַ תֵּשַׁע וּמָצָא עֶשֶׂר – פְּלוּגְתָּא דְּרַבִּי וְרַבָּנַן. דְּתַנְיָא: הִנִּיחַ מָנֶה וּמָצָא מָאתַיִם – חוּלִּין וּמַעֲשֵׂר שֵׁנִי מְעוֹרָבִין זֶה בָּזֶה, דִּבְרֵי רַבִּי.

The Gemara discusses another situation: If a person **placed nine** crumbs of leaven **and found ten,**[HN] indicating that mice had added at least one crumb, this is akin to **the dispute between Rabbi** Yehuda HaNasi **and the Rabbis. As it was taught** in a *baraita* with regard to a person who **placed a *maneh*,** one hundred dinars, of second tithe, **and found two hundred**[H] dinars: Since it is evident that someone came and placed at least one extra *maneh* there whose status is unclear, the pile is presumed to contain **non-sacred** money **and second-tithe** money **intermingled with each other.** The assumption is that the additional money is non-sacred, and it is impossible to determine which is the non-sacred money and which is the second-tithe money. This is **the statement of Rabbi** Yehuda HaNasi.

וַחֲכָמִים אוֹמְרִים: הַכֹּל חוּלִּין.

And the Rabbis say: It is **all non-sacred** money. Since someone else was clearly involved, it is possible that he took the *maneh* and left behind two hundred other dinars. Consequently, it is impossible to identify any of this money as the original *maneh*. This same reasoning can be applied to the case of leaven. Since there were undoubtedly mice present, it is possible that the mice took the crumbs, moved them, and replaced them with other crumbs. As a result, the entire house must be searched again.

הִנִּיחַ עֶשֶׂר וּמָצָא תֵּשַׁע – הַיְינוּ סֵיפָא, דְּתַנְיָא: הִנִּיחַ מָאתַיִם וּמָצָא מָנֶה – מָנֶה מוּנָּח וּמָנֶה מוּטָּל, דִּבְרֵי רַבִּי,

The Gemara raises the reverse situation. If one **placed ten** crumbs **and found nine, this is** comparable to the case mentioned in **the latter clause** of that same *baraita*, **as it was taught** in the *baraita*: If one **left two hundred** dinars of second-tithe money **and found a *maneh*,** presumably, one ***maneh*** from the initial two hundred remains **placed, and** the other ***maneh*** is **taken** and missing. This is **the statement of Rabbi** Yehuda HaNasi.

וַחֲכָמִים אוֹמְרִים: הַכֹּל חוּלִּין.

And the Rabbis say, in keeping with their aforementioned opinion: It is **all non-sacred** money, as the assumption is that whoever took part of the money actually took it all, and this is a different *maneh*. Since it is different money, it is presumably non-sacred money, not second-tithe money. This dispute applies to the case where one finds fewer crumbs of leaven than he left.

HALAKHA

Any object that has the presumptive status of ritual impurity – דָּבָר שֶׁבְּחֶזְקַת טוּמְאָה: With regard to a place whose presumptive status is that there is a corpse buried there, but during excavation no grave was found, if the field was excavated until the diggers reached bedrock or virgin soil and no grave was found, the field's presumptive status becomes one of ritual purity, in accordance with the opinion of the Rabbis (Rambam *Sefer Tahara*, *Hilkhot Tumat Met* 9:10).

Searched and found leaven – בָּדַק וּמָצָא חָמֵץ: If a mouse went into a house with leaven in its mouth and a person then entered, searched, and found leaven, he need not continue his search. Others disagree and rule that he must continue his search (*Shulḥan Arukh*, *Oraḥ Ḥayyim* 439:2, and in the comment of the Rema).

Placed nine and found ten – הִנִּיחַ תִּשְׁעָה וּמָצָא עֲשָׂרָה: If a person placed nine crumbs of leaven and found ten, or if he placed ten and found nine, he is required to conduct an additional search. Some authorities rule that he is required to search until he finds all of the crumbs only if they were connected and one of them disappeared; otherwise, he must search only until he finds the crumb that disappeared (*Tosafot*). Most authorities rule in accordance with that opinion, and one may rely upon this lenient ruling provided that he rendered his leaven null and void (*Mishna Berura*; *Shulḥan Arukh*, *Oraḥ Ḥayyim* 439:3).

Placed a *maneh* and found two hundred dinars – הִנִּיחַ מָנֶה וּמָצָא מָאתַיִם: If a person placed a *maneh* of second-tithe money and found two hundred dinars there, or if he placed two hundred dinars and found a *maneh*, even if each *maneh* was in a separate bag, the assumption is that it is all non-sacred money (Rambam *Sefer Zera'im*, *Hilkhot Ma'aser Sheni* 6:3).

NOTES

Placed nine and found ten – הִנִּיחַ תֵּשַׁע וּמָצָא עֶשֶׂר: In tractate *Beitza*, Rashi and *Tosafot* explain that this dispute depends on the question of whether or not one is permitted to leave non-sacred produce near second-tithe food (see Rashash).

הניח בזוית זו ומצא בזוית אחרת – פלוגתא דרבן שמעון בן גמליאל ורבנן. דתניא: קרדום שאבד בבית – הבית טמא, שאני אומר: אדם טמא נכנס לשם ונטלו. רבן שמעון בן גמליאל אומר: הבית טהור, שאני אומר: השאילו לאחר ושכח, או שנטלו מזוית זו והניח בזוית האחרת ושכח.

The Gemara addresses yet another case: If one **placed** leaven **in this corner and found it in another corner,**[H] this is akin to **the dispute between Rabban Shimon ben Gamliel and the Rabbis, as it was taught** in a *baraita*: With regard to **an axe**[B] **that was lost in a house,**[NH] **the house is impure, as I say** that **a ritually impure person entered** the house **and took** the axe, touching other items in the process. **Rabban Shimon ben Gamliel says: The house is ritually pure, as I say** that **he lent** the axe **to another** person **and forgot, or that he took it from this corner and placed it in the other corner and forgot.**

זוית מאן דכר שמיה?

The Gemara asks: **A corner, who mentioned anything about it?** The *baraita* was referring to an axe that was lost, not one that was in a different corner.

חסורי מחסרא והכי קתני: קרדום שאבד בבית – הבית טמא, שאני אומר: אדם טמא נכנס לשם ונטלו; או שהניחו בזוית זו ומצאו בזוית אחרת – הבית טמא, שאני אומר: אדם טמא נכנס לשם ונטלו מזוית זו והניחו בזוית אחרת. רבן שמעון בן גמליאל אומר: הבית טהור, שאני אומר: השאילו לאחר ושכח, או שנטלו מזוית זו והניח בזוית זו ושכח.

The Gemara answers: The *baraita* **is incomplete, and is teaching the following:** With regard to **an axe that was lost in a house, the house is ritually impure, as I say that an impure person entered** the house **and took** the axe, **or,** if the owner **placed it in this corner and** later **found it in another corner, the house is** likewise **ritually impure, as I say** that **an impure person entered** the house **and took** the axe **from this corner and placed in another corner. Rabban Shimon ben Gamliel says: The house is ritually pure, as I say that he lent it to another** person **and forgot, or that he took it from this corner and placed it in that corner and forgot** about it. When the *baraita* is interpreted in this manner, the dispute between Rabban Shimon ben Gamliel and the Rabbis applies to the question about leaven.

אמר רבא: עכבר נכנס וככר בפיו, ונכנס אחריו ומצא פירורין – צריך בדיקה, מפני שאין דרכו של עכבר לפרר. ואמר רבא: תינוק נכנס וככר בידו, ונכנס אחריו ומצא פירורין – אין צריך בדיקה, מפני שדרכו של תינוק לפרר.

Rava said: If one saw **a mouse**[B] **enter** a house with **a loaf** of bread **in its mouth, and he entered after** the mouse **and found crumbs,** the house **requires** additional **searching, due to** the fact that **a mouse does not typically generate crumbs.**[N] Therefore, it cannot be assumed that these crumbs are from the loaf snatched by the mouse. **And Rava also said:** If one saw **a child enter with a loaf in his hand, and he entered after** the child **and found crumbs,** the house **does not require** additional **searching, because a child typically generates crumbs,** and one can therefore assume that the crumbs are from that loaf.[H]

HALAKHA

One placed leaven in this corner and found it in another corner – הניח בזוית זו ומצא בזוית אחרת: If one placed leaven in one corner of his house and found it in another corner, he must conduct an additional search. This *halakha* can be inferred from the Gemara's analogy between this case and that of an axe. The ruling is in accordance with the opinion of the Rabbis (*Shulḥan Arukh*, *Oraḥ Ḥayyim* 439:4).

An axe that was lost in a house – קרדום שאבד בבית: If one lost an axe in his house, or he left it in one corner and found it in another corner, the contents of the entire house are deemed ritually impure. This is due to the suspicion that an impure person entered his house and moved the axe, in accordance with the opinion of the Rabbis (Rambam *Sefer Tahara*, *Hilkhot Metamei Mishkav UMoshav* 12:16).

A mouse and a child who left crumbs – עכבר ותינוק שהניחו פירורים: If one saw a mouse with a loaf of bread in its mouth enter a house that had already been searched for leaven, and he then finds crumbs in the house, even if they together constitute the volume of the original loaf, he must search the entire house again. However, if he saw a child bring a piece of bread into a house that was already searched, and he then found crumbs, he is not required to search the house again. Some authorities rule that if the crumbs together constitute the volume of the original loaf, he must search the house again (*Tosafot*; Rabbeinu Gershom; and others). The ruling is stringent, in accordance with the second opinion in a case where one did not render his leaven null and void (*Mishna Berura*; *Shulḥan Arukh*, *Oraḥ Ḥayyim* 438:1).

BACKGROUND

Axe – קרדום:

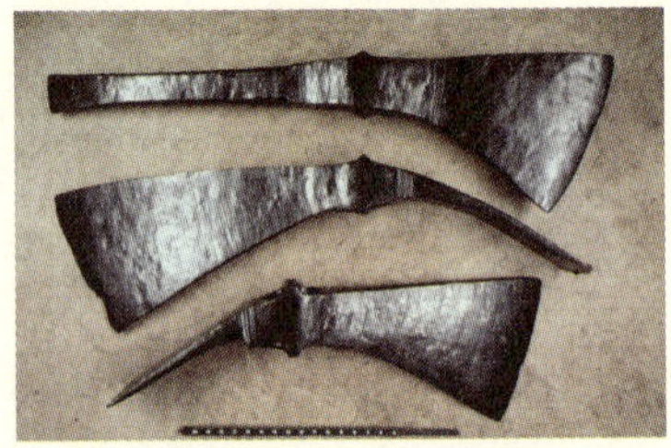

Roman axes known as dolabras

Mouse – עכבר: The mouse mentioned here is apparently the domestic mouse, *Mus musculus*, a small gray rodent with a white belly that can grow to 8 cm. This mouse eats various types of food found in most houses, and is sustained primarily by bread crumbs or similar scraps.

Domestic mouse

NOTES

An axe that was lost in a house – קרדום שאבד בבית: See *Tosafot*, who ask: Why is the assumption with regard to the axe that the person who moved it was ritually impure, whereas with regard to a loaf of bread there is no such assumption? The Rambam explains in his responsa that one who borrows an axe without permission is a thief, with regard to whom there is suspicion that he is not scrupulous about ritual impurity either. In contrast, one who borrows a loaf of bread and returns another, maintains the presumptive status of an upright person, as the owner loses nothing in the process.

A mouse does not typically generate crumbs – אין דרכו של עכבר לפרר: The commentaries disagree over the meaning of this statement. Some explain that a mouse does not ordinarily crumble its bread at all; therefore any crumbs found, even if they do not together constitute the size of the original loaf, must certainly be from some other bread and one is required to conduct an additional search to find the loaf taken by the mouse (Maharam Ḥalawa, citing the Rif). Others explain that a mouse does not crumble food and leave all the crumbs behind, which means that if one finds crumbs that together constitute the size of the original loaf they are certainly not from the bread taken by the mouse. Had the mouse generated crumbs, it would have taken them. Therefore, one must conduct an additional search as these crumbs are clearly not from the original loaf. However, if the crumbs found constitute less than the size of the original loaf, one need not conduct an additional search, as evidently the mouse ate the rest of that loaf (Ramban).

בָּעֵי רָבָא: עַכְבָּר נִכְנַס וְכִכָּר בְּפִיו, וְעַכְבָּר יוֹצֵא וְכִכָּר בְּפִיו מַהוּ? מִי אָמְרִינַן: הַיְינוּ הַאי דְּעַל, וְהַיְינוּ הַאי דִּנְפַק. אוֹ דִּילְמָא: אַחֲרִינָא הוּא?

Although the rulings in these cases were clear to Rava, **Rava raised a dilemma** with regard to a related case: If one saw **a mouse enter with a loaf in its mouth, and** he saw **a mouse leave**[H] **with a loaf in its mouth, what is the** *halakha*? The Gemara elaborates: **Do we say** that **this** mouse **that entered is that** same mouse **that left** and there is no more leaven left in the house? **Or perhaps it is a different** mouse.

אִם תִּמְצָא לוֹמַר: הַיְינוּ הַאי דְּעַל וְהַיְינוּ הַאי דִּנְפַק, עַכְבָּר לָבָן נִכְנַס וְכִכָּר בְּפִיו, וְעַכְבָּר שָׁחוֹר יוֹצֵא וְכִכָּר בְּפִיו מַהוּ? הַאי וַדַּאי אַחֲרִינָא הוּא, אוֹ דִּילְמָא אַרְמוּיֵי אַרְמְיֵהּ מִינֵּיהּ?

The Gemara adds: **If you say** that **this** mouse **that entered was this** one **that left,** another dilemma arises: If one saw **a white mouse enter with a loaf** of bread **in its mouth and a black mouse leave with a loaf** of bread **in its mouth, what is the** *halakha*? Do I say **this is certainly a different** mouse, **or perhaps** the black mouse **took** the loaf **from** the white mouse?

וְאִם תִּמְצָא לוֹמַר: עַכְבָּרִים לָא שָׁקְלִי מֵהֲדָדֵי, עַכְבָּר נִכְנַס וְכִכָּר בְּפִיו, וְחוּלְדָּה יוֹצְאָה וְכִכָּר בְּפִיהָ מַהוּ? חוּלְדָּה וַדַּאי מֵעַכְבָּר שְׁקַלְתֵּיהּ, אוֹ דִּילְמָא: אַחֲרִינָא הוּא, דְּאִם אִיתָא דְּמֵעַכְבָּר שְׁקַלְתֵּיהּ – עַכְבָּר בְּפִיהָ הֲוָה מִשְׁתַּכַּח,

The Gemara continues to suggest variations on this case: **And if you say** that **mice do not take from each other,** as one mouse is generally not significantly stronger than another, if one saw **a mouse enter with a loaf** of bread **in its mouth and a marten leave with a loaf** of bread **in its mouth, what is the** *halakha*? Do I say that **the marten certainly took it** from the mouse, as it is larger and stronger? **Or perhaps it is a different** loaf, **for if it is so, that** the marten **took** the loaf **from the mouse, the mouse** itself **would** also **be found in its mouth,** as the marten would presumably take not only the loaf of bread but the mouse as well.

וְאִם תִּמְצָא לוֹמַר: אִם אִיתָא דְּמֵעַכְבָּר שְׁקַלְתֵּיהּ עַכְבָּר בְּפִיהָ הֲוָה מִשְׁתַּכַּח – עַכְבָּר נִכְנַס וְכִכָּר בְּפִיו, וְחוּלְדָּה יוֹצְאָה וְכִכָּר וְעַכְבָּר בְּפִי חוּלְדָּה, מַהוּ? הָכָא וַדַּאי אִיהוּ הוּא, אוֹ דִּילְמָא: אִם אִיתָא דְּאִיהוּ נִיהוּ – כִּכָּר בְּפִי עַכְבָּר מִשְׁתַּכַּח הֲוָה בָּעֵי אִישְׁתַּכּוֹחֵי. אוֹ דִּילְמָא: מִשּׁוּם בִּיעֲתוּתָא הוּא נָפַל, וּשְׁקַלְתֵּיהּ? תֵּיקוּ.

And if you say that we accept the contention that **if it is so, that** if the marten **took it from the mouse the mouse** itself **would be in its mouth,** in regard to a case where one saw **a mouse enter with a loaf** of bread **in its mouth and a marten leave with** both **a loaf** of bread **and a mouse in its mouth, what is the** *halakha*? Do I say that **this is certainly the same** mouse and loaf, **or perhaps** even this conclusion can be disputed: **If it is so, that this is the same** mouse, the **loaf would have been found in the mouse's mouth** rather than in the marten's mouth. Consequently, this must be a different loaf of bread. **Or perhaps** the loaf of bread **fell** from the mouse's mouth **due to** its **fear** and the marten **took it** separately. No satisfactory answer was found for these dilemmas and the Gemara concludes: **Let** them **stand** unresolved.

בָּעֵי רָבָא: כִּכָּר בִּשְׁמֵי קוֹרָה צָרִיךְ סוּלָּם לְהוֹרִידָהּ אוֹ אֵין צָרִיךְ? מִי אָמְרִינַן כּוּלֵּי הַאי לָא אַטְרַחוּהוּ רַבָּנַן כֵּיוָן דְּלָא נָחֵית מִנַּפְשֵׁיהּ – לָא אָתֵי לְמֵיכְלָהּ, אוֹ דִּילְמָא: זִימְנִין דְּנָפַל וְאָתֵי לְמֵיכְלָהּ.

Rava raised a dilemma: If there was **a loaf** of bread **on a high beam** in the ceiling, does one **need** to climb **a ladder** to **take it down or** is this effort **not necessary? Do we say: The Sages did not** obligate one to **exert** himself that much in his search for leaven, and **since** the loaf of bread **will not fall on its own he will not come to eat it? Or perhaps** it can be claimed that **sometimes** the loaf may **fall and he will come to eat it,** as objects placed high up occasionally drop.

וְאִם תִּמְצֵי לוֹמַר זִימְנִין דְּנָפַל וְאָתֵי לְמֵיכְלָהּ – כִּכָּר בַּבּוֹר צָרִיךְ סוּלָּם לְהַעֲלוֹתָהּ אוֹ אֵין צָרִיךְ? הָכָא וַדַּאי דְּלָא עֲבִידָא דְּסָלְקָה מִנַּפְשָׁהּ, אוֹ דִּילְמָא: זִימְנִין דְּנָחֵית לְמֶעֱבַד צוֹרְכֵּיהּ, וְאָתֵי לְמִיכְלֵיהּ.

And if you say with regard to a loaf of bread on a beam, **sometimes** it will **fall and he will come to eat it,** in a case where the **loaf was in a pit,** does one **need** to use **a ladder to bring it up, or** is this effort **not necessary?** The Gemara explains the two sides of the dilemma: **Here** the loaf **will certainly not come up on its own,** and one can therefore let it remain where it is; **or perhaps** there is still a concern that **sometimes he** might **go down** into the pit **to perform** some **requirement of his, and he will come to eat it.**[H]

אִם תִּמְצָא לוֹמַר: זִימְנִין דְּנָחֵית לְצוֹרְכֵּיהּ וְאָתֵי לְמֵיכְלָהּ, כִּכָּר בְּפִי נָחָשׁ צָרִיךְ חַבָּר לְהוֹצִיא אוֹ אֵין צָרִיךְ?

The Gemara continues to discuss the various permutations of this case. And **if you say** that **sometimes one goes down** into the pit **for** some **requirement of his, and he will come to eat it,** with regard to **a loaf** that was **in the mouth of a snake,**[H] is it **necessary** for him to bring **a snake charmer to take** the loaf **out** of the snake's mouth, **or** is this effort **not necessary?**

בְּגוּפֵיהּ אַטְרַחוּהוּ רַבָּנַן, בְּמָמוֹנֵיהּ לָא אַטְרַחוּהוּ רַבָּנַן, אוֹ דִּילְמָא לָא שְׁנָא? תֵּיקוּ.

Once again the Gemara explains the two sides of the dilemma: Do I say that **with regard to his** own **body the Sages** obligate one to **exert** himself and search everywhere, but **with regard to his money the Sages do not** obligate one to **exert** himself,[N] i.e., he is not required to spend money in order to destroy leaven? **Or perhaps,** the legal status of his money is **no different** than that of his body, as one must remove leaven wherever he finds it, in any way he can? This series of dilemmas is also left answered and the Gemara concludes: **Let** them **stand** unresolved.

HALAKHA

A mouse enter…and a mouse leave – עַכְבָּר נִכְנַס וְיוֹצֵא: If one saw a mouse enter a house with a loaf in its mouth and he then saw a mouse leave with a loaf in its mouth, the assumption is that he saw the same mouse on both occasions. If one mouse was black and the other white, he is required to conduct an additional search, in keeping with the Rambam's principle that the *halakha* is ruled in accordance with any suggestion introduced by the phrase: If you say. Likewise, if one saw mouse enter a house with a loaf in its mouth and a marten leave with a loaf in its mouth, he is required to conduct an additional search. If he saw the marten leaving with both a mouse and a loaf in its mouth he is not required to conduct an additional search, as here too the Rambam accepts the suggestion introduced by the phrase: And if you say (*Maggid Mishne*). The *Shulḥan Arukh* does not cite these *halakhot*, as these cases are very uncommon (Rema; Rambam *Sefer Zemanim, Hilkhot Ḥametz UMatza* 2:13).

Leavened bread on a beam and in a pit – חָמֵץ עַל קוֹרָה וּבְבוֹר: If one sees a loaf resting on a beam in his ceiling he is required to bring a ladder to remove it. If there is a loaf in a pit one is not required to remove it; it is sufficient to render it null and void in his heart, in accordance with the suggestion introduced by the phrase: And if you say (*Shulḥan Arukh, Oraḥ Ḥayyim* 438:2).

A loaf that was in the mouth of a snake – כִּכָּר בְּפִי נָחָשׁ: One who finds a loaf in a snake's mouth is not required to hire an expert to remove it. The ruling in this case is lenient, as the issue, which involves a rabbinic ordinance, is not resolved in the Gemara (Rambam *Sefer Zemanim, Hilkhot Ḥametz UMatza* 2:13).

NOTES

With regard to his money the Sages do not obligate one to exert himself – בְּמָמוֹנֵיהּ לָא אַטְרַחוּהוּ רַבָּנַן: See *Tosafot*, who question this explanation in light of the accepted principle that a person seeks to perform a mitzva with his own money. *Tosafot* explain that one seeks to perform mitzvot with one's money only in cases where the person has both the obligation and capacity to perform the action himself. In that case he is willing to pay another person to act in his stead. However, if he entirely lacks the capacity to perform the mitzva himself he is unwilling to pay another to perform it on his behalf (Maharshal).

מתני׳ רַבִּי יְהוּדָה אוֹמֵר: בּוֹדְקִין אוֹר אַרְבָּעָה עָשָׂר, וּבְאַרְבָּעָה עָשָׂר שַׁחֲרִית, וּבִשְׁעַת הַבִּיעוּר. וַחֲכָמִים אוֹמְרִים: לֹא בָּדַק אוֹר אַרְבָּעָה עָשָׂר – יִבְדּוֹק בְּאַרְבָּעָה עָשָׂר,

MISHNA Rabbi Yehuda says: **One searches** for leaven **on the evening of the fourteenth** of Nisan, **and on the fourteenth** in **the morning, and at the time of** the **removal** of leaven. **And the Rabbis say:** that is not the case; however, if **one did not search on the evening of the fourteenth he** should **search on the fourteenth** during the day.

לֹא בָּדַק בְּאַרְבָּעָה עָשָׂר – יִבְדּוֹק בְּתוֹךְ הַמּוֹעֵד, לֹא בָּדַק בְּתוֹךְ הַמּוֹעֵד יִבְדּוֹק לְאַחַר הַמּוֹעֵד. וּמַה שֶּׁמְּשַׁיֵּיר יַנִּיחֶנּוּ בְּצִינְעָא, כְּדֵי שֶׁלֹּא יְהֵא צָרִיךְ בְּדִיקָה אַחֲרָיו.

If **he did not search on the fourteenth, he should search during the festival** of Passover. If **he did not search during the Festival, he should search after the Festival,** as any leaven that remained in his possession during the Festival is classified as leaven owned by a Jew during Passover, which one is obligated to remove.[H] **And** the principle is: With regard to the leaven **that** one **leaves** after the search,[H] he should **place it in a concealed** location where it will most likely be left untouched, **so that it will not require searching after it** if it goes missing.

גמ׳ מַאי טַעְמָא דְּרַבִּי יְהוּדָה? רַב חִסְדָּא וְרַבָּה בַּר רַב הוּנָא דְּאָמְרִי תַּרְוַיְיהוּ: כְּנֶגֶד שָׁלֹשׁ הַשְׁבָּתוֹת שֶׁבַּתּוֹרָה: ״לֹא יֵרָאֶה לְךָ חָמֵץ וְלֹא יֵרָאֶה לְךָ שְׂאֹר״, ״שִׁבְעַת יָמִים שְׂאֹר לֹא יִמָּצֵא בְּבָתֵּיכֶם״, ״אַךְ בַּיּוֹם הָרִאשׁוֹן תַּשְׁבִּיתוּ שְּׂאֹר מִבָּתֵּיכֶם״.

GEMARA The Gemara asks: **What is the reason for** the statement **of Rabbi Yehuda** that one must conduct a search three times? The Gemara answers: It is **Rav Ḥisda and Rabba bar Rav Huna who both say:** The requirement to conduct three searches **corresponds to** the **three** times that **the removal** of leaven **is** mentioned **in the Torah.** One verse says: "*Matzot* shall be eaten for seven days, and **no leavened bread shall be seen with you, neither shall there be leaven seen with you,** in all your borders" (Exodus 13:7), and another verse states: **"Seven days shall there be no leaven found in your houses"** (Exodus 12:19), while a third verse says: "Seven days shall you eat *matzot*, **yet on the first day you shall remove leaven from your houses"** (Exodus 12:15).

מֵתִיב רַב יוֹסֵף, רַבִּי יְהוּדָה אוֹמֵר: כֹּל שֶׁלֹּא בָּדַק בִּשְׁלֹשָׁה פְּרָקִים הַלָּלוּ – שׁוּב אֵינוֹ בּוֹדֵק. אַלְמָא: בְּמִכָּאן וְאֵילָךְ הוּא דִּפְלִיגִי!

Rav Yosef raised an objection to this explanation, seeking to prove that even according to Rabbi Yehuda one need not conduct three searches for leaven. He explained that Rabbi Yehuda lists the three times when one may conduct a search for leaven. It was taught in a *baraita* that **Rabbi Yehuda says: Anyone who did not search at these three times** may **no longer search. Apparently,** Rabbi Yehuda does not hold that one must conduct three searches. Rather, in regard to whether or not one may conduct a search for leaven if he failed to conduct a search at one of those three opportunities, it is **from this** point **forward that they disagree.** The Rabbis hold that one may conduct the search even after the time of the removal of leaven, and Rabbi Yehuda disagrees.

מָר זוּטְרָא מַתְנֵי הָכִי: מֵתִיב רַב יוֹסֵף, רַבִּי יְהוּדָה אוֹמֵר: כֹּל שֶׁלֹּא בָּדַק בְּאֶחָד מִשְּׁלֹשָׁה פְּרָקִים הַלָּלוּ – שׁוּב אֵינוֹ בּוֹדֵק. אַלְמָא: בְּשׁוּב אֵינוֹ בּוֹדֵק הוּא דִּפְלִיגִי!

Mar Zutra taught[N] Rav Yosef's statement in **this manner: Rav Yosef raised an objection** from that which **Rabbi Yehuda says: Anyone who did not search at one of these three times** may **no longer search.** In Mar Zutra's version, Rabbi Yehuda explicitly states: One of these three times, which reinforces the claim that he obligates one to conduct only one search. The Gemara similarly concludes: **Apparently,** it is with regard to whether or not **one may no longer search that they disagree.**

אֶלָּא: רַבִּי יְהוּדָה נָמֵי אִם לֹא בָּדַק קָאָמַר.

Rather, the Gemara concludes that **Rabbi Yehuda also said: If one did not search** for leaven bread at the first opportunity, he may do so at the second or third opportunities; however, he may not search for leaven after these three times have passed.

וְהָכָא בְּהָא קָמִיפַּלְגִי, מָר סָבַר: מִקַּמֵּי אִיסּוּרָא – אִין, בָּתַר אִיסּוּרָא – לָא, גְּזֵירָה דִּילְמָא אָתֵי לְמֵיכַל מִינֵּיהּ. וְרַבָּנַן סָבְרִי: לָא גָּזְרִינַן.

And here, in the mishna, it is **about this that they disagree:** One **Sage,** Rabbi Yehuda, **maintains** that **before the prohibition** against eating leaven takes effect, **yes,** one may conduct a search; **after the prohibition** against eating leaven takes effect, **no,** one may no longer conduct a search, due to a rabbinic **decree lest one come to eat from** the leaven while searching for it. **And the Rabbis maintain: We do not issue a decree** lest one come to eat from the leaven, and he may therefore conduct a search even after the prohibition against eating leaven has taken effect.

וּמִי גָּזַר רַבִּי יְהוּדָה דִּילְמָא אָתֵי לְמֵיכַל מִינֵּיהּ? וְהָא תְּנַן: מִשֶּׁקָּרַב הָעוֹמֶר יוֹצְאִין וּמוֹצְאִין שׁוּקֵי יְרוּשָׁלַיִם שֶׁהֵם מְלֵאִים קֶמַח וְקָלִי.

The Gemara raises a difficulty: **And does Rabbi Yehuda issue a decree lest one come to eat** from the leaven in whose removal he is engaged? **But didn't we learn** in a mishna: **Once the** ***omer***[N] offering **was sacrificed,** people would **go out and find the markets of Jerusalem filled with flour and toasted grain,** all from the new crop. This grain was undoubtedly harvested and processed when the Torah prohibition against eating from the new crop[N] was still in effect.

HALAKHA

One who did not search for leaven at the proper time – **מִי שֶׁלֹּא בָּדַק בִּזְמַנּוֹ**: One who did not search for leaven on the evening of the fourteenth of Nisan should do so the next day, and if he did not conduct the search then he should do so during Passover itself. If he did not conduct the search by the conclusion of the Festival, he should do so even after Passover, in accordance with the opinion of the Rabbis, as explained by *Tosafot* (*Shulḥan Arukh, Oraḥ Ḥayyim*, 435).

Leaven that one leaves after the search – **מַה שֶּׁמְּשַׁיֵּיר לְאַחַר בְּדִיקָה**: Any leaven that one retains for use after he searched for leaven should be placed in a concealed location so that it will remain untouched, in order that he will not be required to conduct an additional search (*Shulḥan Arukh, Oraḥ Ḥayyim* 434:1).

NOTES

Mar Zutra taught – **מָר זוּטְרָא מַתְנֵי**: The difference between the first version of Rav Yosef's statement and Mar Zutra's version of it is that according to the first version the possibility exists that Rabbi Yehuda and the Rabbis disagree about both the number of times one must conduct the search and when it may be performed. According to Mar Zutra's version, it is clear that Rabbi Yehuda requires one to search for leaven only once (Maharam Ḥalawa).

Omer – **עוֹמֶר**: A measure of grain, one-tenth of an ephah. This term is used to refer to the measure of barley offered in the Temple on the sixteenth of Nisan, the day following the first day of Passover. Once the *omer* had been offered, grain from the new harvest could be eaten.

The prohibition of the new crop – **אִיסּוּר חָדָשׁ**: The prohibition against eating grain from the new crop before the *omer* offering is sacrificed is based on the verse: "And you shall eat neither bread, nor toasted grain, nor fresh stalks, until this day, until you have brought the offering of your God; it is a statute forever throughout your generations in all your dwellings" (Leviticus 23:14). The details of this *halakha* appear in tractate *Menaḥot*, where the Gemara discusses in detail the types of grain included in this *halakha*, its application in Eretz Yisrael and in the Diaspora, and its practical halakhic implementation, both when the Temple stood and after its destruction.

BACKGROUND

Grinding with a hand mill – **טְחִינָה בְּרֵחַיָּא דְּיָד**: Hand mills were made with one hole in the top where the grain could be inserted, and another hole on the side where a stick could be placed, allowing the grindstone to be turned. These hand mills were often used at home by the women responsible for running the kitchen. When the flour was produced commercially, larger mills were used, whose stones were turned by water power or by animals. Such mills could, in emergencies, be turned by people as well; see, for example, Judges 16:21.

Hand mill

NOTES

One may harvest from a field that requires irrigation – **קוֹצְרִין בֵּית הַשְּׁלָחִים**: Rashi in tractate *Menahot* explains that harvesting does not require as much exertion as grinding and sifting. Consequently, it is permitted to harvest grain before the *omer* is sacrificed if necessary.

Seeking out leaven to burn it – **מְחַזֵּר עָלָיו לְשׂוֹרְפוֹ**: Why did the Sages prohibit any involvement with the new crop, a stringency that they did not apply to other Torah prohibitions? Perhaps the reason is that the Sages are especially stringent with regard to an item whose prohibition is not eternal and that will become permitted in the future, either because a more stringent ruling will not cause significant loss or because people tend to treat a prohibition of that kind with contempt (*Penei Yehoshua*).

שֶׁלֹּא בִּרְצוֹן חֲכָמִים (הֵן עוֹשִׂין), דִּבְרֵי רַבִּי מֵאִיר. רַבִּי יְהוּדָה אוֹמֵר: בִּרְצוֹן חֲכָמִים הָיוּ עוֹשִׂין. וְלָא קָא גָּזַר רַבִּי יְהוּדָה דִּילְמָא אָתֵי לְמֵיכַל מִינֵּיהּ! אָמַר רָבָא: שָׁאנֵי חָדָשׁ, מִתּוֹךְ שֶׁלֹּא הִתַּרְתָּ לוֹ אֶלָּא עַל יְדֵי קִטּוּף – הוּא זָכוּר.

However, with regard to those people who harvest the crop before the *omer* is sacrificed, **they act contrary to the will of the Sages.** This is **the statement of Rabbi Meir.** The concern is that while working with the grain they might come to eat from it, despite the fact that it is still prohibited. **Rabbi Yehuda says: They act in accordance with the will of the Sages. And in that case, Rabbi Yehuda did not issue a decree lest one eat from it.** Why, then, does he issue a decree with regard to leaven? **Rava said** that the prohibition of **new grain is different: Since** before the *omer* **you permitted one** to harvest the crop **only by picking** it by hand and may not harvest it in the typical manner, **he will remember** the prohibition and refrain from eating it. That is not the case with regard to leaven.

אֲמַר לֵיהּ אַבַּיֵי: תֵּינַח בִּשְׁעַת קְטִיפָה, טְחִינָה וְהַרְקָדָה מַאי אִיכָּא לְמֵימַר? הָא לָא קַשְׁיָא; טְחִינָה – בְּרֵחַיָּא דְּיָד, הַרְקָדָה – עַל גַּבֵּי נָפָה.

Abaye said to him: This works out **well** in explaining Rabbi Yehuda's opinion with regard **to the time** when one is **picking** the grain; however, with regard to the time of **grinding and sifting, what can be said?** Apparently, it is permitted to perform these acts in a typical manner. Why, then, is there no concern lest one eat the grain at that stage? The Gemara responds: **This is not difficult,** as one also performs **grinding** in an atypical manner. One must grind the grain before the sacrificing of the *omer* **with a hand mill,**[B] not with a mill powered by an animal or by water. Likewise, **sifting** is performed atypically, not in the interior of the sifter. Instead, it is performed **on top of** the **sifter.** Since all of these actions are performed in an atypical manner, there is no concern lest he come to eat the grain.

אֶלָּא הָא דִּתְנַן: קוֹצְרִין בֵּית הַשְּׁלָחִים וְשֶׁבָּעֲמָקִים אֲבָל לֹא גּוֹדְשִׁין, וְאוֹקִימְנָא כְּרַבִּי יְהוּדָה, מַאי אִיכָּא לְמֵימַר?

The Gemara raises another difficulty: **However,** with regard to that **which we learned** in a mishna: **One may harvest** grain from **a field that requires irrigation**[N] **and** from fields **in the valleys,** as their grain ripens long before the *omer* is sacrificed, **but** one may **not pile** the produce, and the Gemara adds: **And we established** that this mishna is **in accordance with** the opinion of **Rabbi Yehuda; what can be said?** The use of the term: One may harvest, in this mishna indicates that the grain was harvested in a typical manner, not by hand.

אֶלָּא אָמַר אַבַּיֵי: חָדָשׁ – בָּדֵיל מִינֵּיהּ, חָמֵץ – לָא בָּדֵיל מִינֵּיהּ.

Rather, Abaye said: This difference between the cases of the *omer* and leaven is not based on the manner in which one harvests, grinds, or sifts. Instead, the reason for the different rulings is that **from new** grain, one **distances himself,** as it is prohibited to eat the new grain all year until the *omer* is offered. But **from leavened bread** one **does not distance himself,** as it is permitted during the rest of the year. Therefore, he is more likely to unwittingly eat leaven.

אָמַר רָבָא: דְּרַבִּי יְהוּדָה אַדְּרַבִּי יְהוּדָה קַשְׁיָא, דְּרַבָּנַן אַדְּרַבָּנַן לָא קַשְׁיָא?

Rava said: Is the contradiction between one statement **of Rabbi Yehuda** and the other statement **of Rabbi Yehuda difficult,** while the contradiction between one statement **of the Rabbis** and the other statement **of the Rabbis** is **not difficult?** There is also an apparent contradiction between the opinion of the Rabbis, i.e., Rabbi Meir, who rule that the Sages issued a decree with regard to new grain but did not issue a decree with regard to leaven.

דְּרַבִּי יְהוּדָה אַדְּרַבִּי יְהוּדָה לָא קַשְׁיָא – כִּדְשָׁנֵינַן. דְּרַבָּנַן אַדְּרַבָּנַן נַמִּי לָא קַשְׁיָא: הוּא עַצְמוֹ מְחַזֵּר עָלָיו לְשׂוֹרְפוֹ, מֵיכַל קָאָכֵיל מִינֵּיהּ?!

Rava explains as follows: The contradiction between one statement **of Rabbi Yehuda** and the other statement **of Rabbi Yehuda** is **not difficult, as we resolved** it above. The contradiction between one ruling **of the Rabbis** and the other ruling **of the Rabbis** is **also not difficult:** The Rabbis maintain that there is no need to issue a decree prohibiting searching for leaven after leaven is prohibited, as, with regard to one who **himself is seeking out** leaven **to burn it,**[N] will **he eat from** that leaven? However, in the case of new grain, he is processing the grain, preparing it for consumption. Therefore, the concern is that he will come to eat it unwittingly.

רב אַשִׁי אָמַר: דְּרַבִּי יְהוּדָה אַדְּרַבִּי יְהוּדָה לָא קַשְׁיָא; קֶמַח וְקָלִי תְּנַן.

Rav Ashi said: The contradiction between one statement **of Rabbi Yehuda** and the other statement **of Rabbi Yehuda is not difficult,** as the difficulty can be resolved in an alternative manner, **as we learned** in the mishna that the markets of Jerusalem were filled with **flour and toasted grain.** It is permitted to prepare only these foods before the *omer*, as they will not be eaten without further preparation. Therefore, there is no concern lest one eat it unwittingly before the *omer* offering is sacrificed.

הָא דְּרַב אַשִׁי בְּדוּתָא הִיא; הָתִינַח מִקָּלִי וְאֵילָךְ – מֵעִיקָּרָא עַד קָלִי מַאי אִיכָּא לְמֵימַר?

The Gemara rejects this interpretation: **That** statement **of Rav Ashi is a mistake,**[N] as this suggestion can easily be refuted. **That** works out **well** with regard to the status of the grain **from** the point that the grain was processed into flour or **toasted grain and forward,** as there is no concern lest one come to eat it. However, with regard to its status **initially until** it became **toasted grain, what can be said?** There must have been a certain point when the grain kernels were edible before they were transformed into toasted grain. Why is there no concern that one might come to eat the grain at this earlier stage?

וְכִי תֵּימָא עַל יְדֵי קִיטוּף כִּדְרָבָא – אֶלָּא קוֹצְרִין בֵּית הַשְּׁלָחִין וְשֶׁבָּעֲמָקִים, וְאוֹקִימְנָא כְּרַבִּי יְהוּדָה מַאי אִיכָּא לְמֵימַר? אֶלָּא דְּרַב אַשִׁי בְּדוּתָא הִיא.

And lest you say that the grain is distinguished **by** the atypical manner in which it is **harvested, in accordance with** the earlier statement of **Rava, but** with regard to the difficulty raised to Rava's opinion that **one may harvest a field that requires irrigation and** a field **that is in the valleys** in the typical manner **and we established** that statement **in accordance with** the opinion of **Rabbi Yehuda, what can be said? Rather,** the Gemara rejects this explanation and concludes that **Rav Ashi's** statement **is a mistake.**

וְכָל הֵיכָא דְּלָא בָּדֵיל מִינֵּיהּ מִי גָּזַר רַבִּי יְהוּדָה?

The above conclusion was that Rabbi Yehuda distinguishes between prohibitions involving substances from which people regularly separate themselves and prohibitions involving substances from which people are not used to keeping their distance. The Gemara asks: **And anywhere that** one **does not distance** himself from a prohibition, **does Rabbi Yehuda issue a decree** that one must keep away from a prohibited item to avoid accidentally using it?

וְהָתְנַן: לֹא יִקּוֹב אָדָם שְׁפוֹפֶרֶת שֶׁל בֵּיצָה וִימַלְּאֶנָּה שֶׁמֶן וְיִתְּנֶנָּה בְּצַד הַנֵּר בִּשְׁבִיל שֶׁתְּהֵא מְנַטֶּפֶת, וַאֲפִילּוּ הִיא שֶׁל חֶרֶס,

But didn't we learn in a mishna: **A person may not pierce** a hole **in an eggshell,**[H] **and fill it with oil, and place it beside a lamp so that** the egg **will drip** additional oil into the lamp[B] and thereby extend the time that it burns? **And** this is the ruling **even if it is** not an actual egg but **an earthenware** tube, from which most people consider it unsuitable to drink. The concern is lest one forget and take the tube and use the oil for some other purpose, and violate the prohibition against extinguishing a flame on Shabbat.

וְרַבִּי יְהוּדָה מַתִּיר! הָתָם מִשּׁוּם חוּמְרָא דְּשַׁבָּת מִבְדַּל בְּדִילִי.

And Rabbi Yehuda permits using a tube in that manner, as he is not concerned lest one remove it. Apparently, Rabbi Yehuda does not issue a decree even with regard to an item from which people do not distance themselves, e.g., oil. The Gemara answers: **There, due to the stringency of Shabbat, one distances** himself,[N] as on Shabbat one is careful to distance himself from a candle or anything placed alongside it.

וְרָמֵי דְּשַׁבָּת אַשַּׁבָּת; דְּתַנְיָא: חֶבֶל דְּלִי שֶׁנִּפְסַק לֹא יְהֵא קוֹשְׁרוֹ אֶלָּא עוֹנְבוֹ, רַבִּי יְהוּדָה אוֹמֵר: כּוֹרֵךְ עָלָיו פּוּנְדָּא אוֹ פְּסִקְיָא, וּבִלְבַד שֶׁלֹּא יַעַנְבֶנּוּ.

And the Gemara **raised a contradiction** between this *halakha* of **Shabbat** and another *halakha* of **Shabbat, as it was taught** in a *baraita*: With regard to **the rope of a bucket that was severed** on Shabbat, where one needs the rope to draw water from a well, **he may not tie it** with a regular knot, as by Torah law it is prohibited to tie a permanent knot. **Rather,** he may **tie it into a bow.** However, **Rabbi Yehuda says: One** may **wrap a money belt** [*punda*][L] **around it or a sash** [*pesikya*],[L] **provided that he does not tie it into a bow,** lest he tie a proper knot.[H]

קַשְׁיָא דְּרַבִּי יְהוּדָה אַדְּרַבִּי יְהוּדָה, קַשְׁיָא דְּרַבָּנַן אַדְּרַבָּנַן!

This presents **a difficulty,** as there is a contradiction between one statement **of Rabbi Yehuda,** who permits placing a tube of oil beside the lamp, and the other statement **of Rabbi Yehuda,** who prohibits tying a bow to reattach the severed rope of a bucket. There is likewise **a difficulty** between one statement **of the Rabbis,** who prohibit placing a tube of oil beside the lamp, and the other ruling **of the Rabbis,** where they permit tying a bow to reattach the severed rope of a bucket.

NOTES

Mistake [*beduta*] – בְּדוּתָא: This phrase appears in several places, usually in the context of a complete rejection of statements attributed to later *amora'im*, e.g., Rav Ashi. Two versions of this term appear, *beduta* and *baruta*. According to the first version the statement is erroneous and unfounded. In other words, Rav Ashi could never have issued this statement, and it must have been erroneously attributed to him. The second version means: External, i.e., this statement cannot be accepted and must remain outside the walls of the study hall.

Due to the stringency of Shabbat one distances himself – מִשּׁוּם חוּמְרָא דְּשַׁבָּת מִבְדַּל בְּדִילִי: This does not mean that all people are careful to avoid any wrongdoing due to the stringency of Shabbat prohibitions. For if that were so, Rabbi Yehuda would have to reject all the stringencies and decrees issued with regard to Shabbat, and this is most unlikely. Rather, the Gemara means that with regard to a prohibition involving consumption, a person will not eat or even pick up the prohibited item, due to the severity of the prohibition (Rabbi Meir Arak).

HALAKHA

Eggshell – שְׁפוֹפֶרֶת שֶׁל בֵּיצָה: One may not place an eggshell filled with oil alongside a burning lamp on Shabbat, lest he move it in order to use the oil in it. Consequently, the decree is not in effect if he attaches the eggshell to the lamp; it is permitted (*Shulḥan Arukh, Oraḥ Ḥayyim*, 265:1).

Tying a bucket – קְשִׁירַת דְּלִי: It is permitted to tie a bucket to a well with a belt and the like, as that is certainly not a permanent knot (*Shulḥan Arukh, Oraḥ Ḥayyim*, 317:4).

BACKGROUND

A lamp and a container of oil – נֵר וּמֵיכַל שֶׁמֶן: The image depicts an earthenware lamp attached to a container filled with oil to enable it to burn longer.

Lamp and container of oil

LANGUAGE

Money belt [*punda*] – פּוּנְדָּא: The source of this word, which occasionally appears as *apunda*, is the Greek φοῦνδα, *founda*, meaning belt or pocket, or the Latin funda, meaning a belt pack or a money belt. A *punda* is a hollow belt with a pocket for money; thereby it serves as both a belt and a wallet.

Sash [*pesikya*] – פְּסִקְיָא: From the Greek φασκία, *faskiya*, or the Latin fascia, meaning sash or belt.

דְּרַבָּנַן אַדְּרַבָּנַן לָא קַשְׁיָא, שֶׁמֶן בְּשֶׁמֶן – מִיחֲלַף, עֲנִיבָה בִּקְשִׁירָה – לָא מִיחֲלַף.

The Gemara answers: The apparent contradiction between one statement **of the Rabbis** and the other statement **of the Rabbis is not difficult**, as one usage of **oil** might **be confused with** another usage of **oil.** Given that it is permitted to use oil for other purposes, one is apt to utilize this oil as well. However, tying a **bow will not be confused with** the dissimilar tying of **a knot.** Consequently, the Rabbis do not issue a decree in that case.

דְּרַבִּי יְהוּדָה אַדְּרַבִּי יְהוּדָה לָא קַשְׁיָא; טַעְמָא דְּרַבִּי יְהוּדָה לָאו מִשּׁוּם דְּגָזַר עֲנִיבָה אַטּוּ קְשִׁירָה, אֶלָּא מִשּׁוּם דְּקָסָבַר: עֲנִיבָה גּוּפָהּ קְשִׁירָה הִיא.

The Gemara continues: Likewise, the contradiction between one statement **of Rabbi Yehuda** and the other statement **of Rabbi Yehuda is not difficult,** as **the reason for** the opinion **of Rabbi Yehuda is not because he issues a decree** to prohibit tying **a bow due to** the prohibition against tying **a knot. Rather,** the reason is more fundamental, **because Rabbi Yehuda maintains** that **a bow itself is** a full-fledged **knot.** According to Rabbi Yehuda, tying a bow is included in the prohibition against tying a knot on Shabbat.

וְרָמֵי רַבָּנַן אַדְּרַבָּנַן, דִּתְנַן קוֹשְׁרִין דְּלִי בִּפְסִקְיָא אֲבָל לֹא בְּחֶבֶל, וְרַבִּי יְהוּדָה מַתִּיר. חֶבֶל דְּמַאי? אִילֵימָא חֶבֶל דְּעָלְמָא – "וְרַבִּי יְהוּדָה מַתִּיר"? קֶשֶׁר שֶׁל קַיָּימָא הוּא! דְּוַדַּאי אָתֵי לְבַטּוֹלֵי.

And the Gemara **raised a contradiction between** one statement of **the Rabbis** and another statement **of the Rabbis, as we learned** in a mishna: **One may tie a bucket with a sash,** to draw water from a well, **but** one may **not** do so **with a rope, and Rabbi Yehuda permits** the use of a rope. Before addressing the aforementioned contradiction, the Gemara asks: The mishna is referring to **a rope of what** kind? **If you say** it is referring to **a standard rope,** does **Rabbi Yehuda permit** tying a knot in this rope? **It is a permanent knot, as** in tying the rope to the bucket **he certainly comes to negate** any other use of the rope. He performs a primary category of prohibited labor by tying a permanent knot.

אֶלָּא פְּשִׁיטָא – דְּגַרְדִּי,

Rather, it is **obvious** that the mishna is speaking about a rope used in the work **of a weaver** [*gardi*].[L] The legal status of this rope differs from that of an ordinary rope, as the weaver will certainly not leave his rope attached to a bucket and thereby negate any other use. Consequently, this knot is a temporary one.

וְגָזְרוּ רַבָּנַן חֶבֶל דְּגַרְדִּי אַטּוּ חֶבֶל דְּעָלְמָא?! אִין, חֶבֶל בְּחֶבֶל – מִיחֲלַף, עֲנִיבָה בִּקְשִׁירָה – לָא מִיחַלְפָא.

The Gemara asks: **And** did **the Rabbis issue a decree** prohibiting the rope **of a weaver due to a standard rope** but they did not issue a decree prohibiting a bow due to a knot? The Gemara explains: **Yes,** the Rabbis indeed issued a decree prohibiting the rope of a weaver, as one **rope may be interchanged with** another **rope,** leading one to mistakenly tie a knot with a different rope. However, a **bow is not interchanged with a knot.**

וְכָל הֵיכָא דְּבָדֵיל מִינֵּיהּ לֹא גָּזַר רַבִּי יְהוּדָה? וְהָתַנְיָא: בְּכוֹר שֶׁאֲחָזוֹ דָּם, אֲפִילּוּ הוּא מֵת – אֵין מַקִּיזִין לוֹ דָּם, דִּבְרֵי רַבִּי יְהוּדָה.

The Gemara asks: **And anywhere that** one **distances himself** from the prohibition, does **Rabbi Yehuda not issue a decree? But wasn't it taught** in a *baraita*: What should one do if he has an unblemished **firstborn** kosher **animal**[N] whose **blood** circulation is **constricted,**[H] and it can be healed only through bloodletting? This situation is problematic, as an unblemished firstborn animal is consecrated, and wounding it is prohibited. **Even if it dies** due to this condition, **one** may **not let its blood**[B] at all; this is **the statement of Rabbi Yehuda.**

וַחֲכָמִים אוֹמְרִים יַקִּיז וּבִלְבַד שֶׁלֹּא יַטִּיל בּוֹ מוּם. הָתָם, מִתּוֹךְ שֶׁאָדָם בָּהוּל

And the Rabbis say: One may **let** the animal's blood, **provided that he does not inflict a blemish on** the firstborn animal. In this case Rabbi Yehuda issues a decree with regard to a firstborn animal, despite the fact that its use is generally prohibited and people distance themselves from consecrated items. The Gemara answers: **There,** in the case of a firstborn animal, **since a person is agitated** and anxious

LANGUAGE

Weaver [*gardi*] – **גַּרְדִּי**: From the Greek γέρδιος, *gerdios*, meaning weaver.

NOTES

Firstborn kosher animal – **בְּכוֹר**: The unblemished firstborn of a kosher animal belonging to a Jew is consecrated at birth. When the Temple stood it was sacrificed as an offering, and after the destruction of the Temple, firstborn animals were given to priests. The priest would care for the animal until it developed a blemish. At that stage it was permitted to slaughter the animal, whose flesh and hide were the property of the priest. However, if the firstborn animal remains unblemished, it retains its consecrated status, and the prohibition against inflicting a blemish on offerings applies to firstborn animals just as it does to all offerings.

HALAKHA

Unblemished firstborn kosher animal whose blood circulation is constricted – **בְּכוֹר שֶׁאֲחָזוֹ דָּם**: If the firstborn of a kosher animal is sick and can be healed only through bloodletting, one may let its blood only in a manner that will not cause a blemish that would disqualify it, in accordance with the opinion of the Rabbis (*Shulḥan Arukh, Yoreh De'a* 313:6).

BACKGROUND

One may not let its blood – **אֵין מַקִּיזִין לוֹ דָּם**: Bloodletting was based on an ancient system of medicine in which blood and other bodily fluids were considered to be humors, the proper balance of which was believed to maintain health. It was the most common medical practice performed by doctors on both humans and animals from antiquity through the late nineteenth century, a period of almost two millennia. Today it is well established that bloodletting is not effective for most diseases. One of the only remaining conditions for which it is used is polycythemia vera, a disease in which the body produces too many red blood cells.

עַל מָמוֹנוֹ, אָמְרִינַן: אִי שָׁרֵית לֵיהּ בְּמָקוֹם שֶׁאֵין עוֹשִׂין בּוֹ מוּם – אָתֵי לְמֶעְבַּד בְּמָקוֹם שֶׁעוֹשִׂין בּוֹ מוּם.

about his property,[N] as the priest who is watching the firstborn wants to slaughter it before it dies, as if it dies, eating it would be prohibited. Therefore, **we say: If you permit him** to let blood **in a place that does not cause a blemish in** the animal, **he will come to** do so **in a place that causes a blemish in it,** to save his animal.

וְרַבָּנַן – כׇּל שֶׁכֵּן, דְּאִי לָא שָׁרֵית לֵיהּ כְּלָל – אָתֵי לְמֶעְבַּד.

And the Rabbis respond that if that is the case, **all the more so** should it be permitted to let blood in a manner that will not cause a blemish, **for if you do not permit him** to take any steps to save the animal **at all, he will come to act** in a prohibited manner and cause a blemish. If there is a legitimate alternative, he will not cause a blemish in the firstborn.

וּמִי אָמְרִינַן לְרַבִּי יְהוּדָה אָדָם בָּהוּל עַל מָמוֹנוֹ? וְהָתְנַן, רַבִּי יְהוּדָה אוֹמֵר: אֵין (מְקַדְּרִין) הַבְּהֵמָה בְּיוֹם טוֹב – מִפְּנֵי שֶׁהוּא עוֹשֶׂה חַבּוּרָה, אֲבָל מְקַרְצְפִין. וַחֲכָמִים אוֹמְרִים: אֵין מְקַדְּרִין, אַף אֵין מְקַרְצְפִין.

The Gemara challenges this explanation: **And do we say that according to Rabbi Yehuda a person is agitated about his property? But didn't we learn** in a mishna that **Rabbi Yehuda says: One** may **not scrape an animal on a Festival** with a fine-tooth comb, **because** in doing so **he inflicts a wound,** which is prohibited on Festivals? **However, one** may **scratch**[B] an animal with a wide-tooth comb, as this does not inflict a wound. **And the Rabbis say: One** may **neither scrape nor even scratch,** for if one were permitted to scratch an animal he might come to scrape it as well.

וְתַנְיָא: אֵיזֶהוּ קִידּוּר וְאֵיזֶהוּ קִרְצוּף? קִידּוּר – קְטַנִּים, וְעוֹשִׂין חַבּוּרָה. קִרְצוּף – גְּדוֹלִים, וְאֵין עוֹשִׂין חַבּוּרָה!

And it was taught in the *Tosefta*: **What is scraping and what is scratching? Scraping** is performed with a comb with **small** teeth **and** with which **one inflicts a wound. Scratching** is performed with a comb that has **large teeth and** with which **one does not inflict a wound.** Apparently, Rabbi Yehuda does not issue a decree to prohibit scratching lest one come to scrape, even though he is agitated over his property.

הָתָם דְּאִי שָׁבֵיק לֵיהּ מָיֵית – אָמְרִינַן: אָדָם בָּהוּל עַל מָמוֹנוֹ, הָכָא אִי שָׁבֵיק לֵיהּ – צַעֲרָא בְּעָלְמָא הוּא – לָא אָמְרִינַן: אָדָם בָּהוּל עַל מָמוֹנוֹ.

The Gemara rejects this contention: **There,** with regard to a firstborn, it is different, **for if he leaves it** and does nothing the animal **will die,** and therefore **we say** that **a person is agitated over his property.** In his agitated state he will overlook the details of permitted and prohibited actions and violate a prohibition. **Here,** however, **if he leaves** his animal and does not comb it, **it will merely** suffer **pain** from the stinging insects. In that case **we do not say** that **a person is agitated about his property.**

וְרַבִּי יְהוּדָה, מַאי שְׁנָא גַּבֵּי חָמֵץ דְּגָזַר וּמַאי שְׁנָא גַּבֵּי קִרְצוּף דְּלָא גָּזַר? לֶחֶם בְּלֶחֶם – מִיחְלַף, קִידּוּר בְּקִרְצוּף – לָא מִיחְלַף.

The Gemara asks: **And** according to **Rabbi Yehuda, what is different with regard to leavened bread that he issued a decree** lest a person come to eat the prohibited food, **and what is different with regard to scraping that he did not issue** a comparable **decree?** The Gemara answers: Rabbi Yehuda maintains that unleavened **bread** might be **interchanged with** leavened **bread,** whereas **scraping** would **not be interchanged with scratching.** Since one uses a completely different utensil in the performance of the prohibited action, interchanging the two actions is unlikely.

מתני׳ רַבִּי מֵאִיר אוֹמֵר: אוֹכְלִים כׇּל חָמֵשׁ, וְשׂוֹרְפִין בִּתְחִלַּת שֵׁשׁ. רַבִּי יְהוּדָה אוֹמֵר: אוֹכְלִין כׇּל אַרְבַּע, וְתוֹלִין כׇּל חָמֵשׁ, וְשׂוֹרְפִין בִּתְחִלַּת שֵׁשׁ.

MISHNA The *tanna'im* disagree regarding until what time leaven may be eaten and at what time it must be removed on Passover eve. **Rabbi Meir says: One** may **eat** leaven **the entire fifth** hour of the fourteenth of Nisan, **and one** must **burn** it immediately afterward **at the beginning of the sixth** hour. **Rabbi Yehuda says: One** may **eat the entire fourth** hour **and** one **places it in abeyance** for **the entire fifth** hour,[N] **and one burns** it **at the beginning of the sixth** hour.[BH]

HALAKHA

Mealtime and removing leavened bread – זְמַן אֲכִילָה וּבִיעוּר חָמֵץ: On Passover eve it is permitted to eat leavened bread until the end of the fourth hour. During the fifth hour it is prohibited to eat leavened bread, but he may benefit from the leaven, either by selling it or feeding it to his animal, as the *halakha* is in accordance with the opinion of Rabbi Yehuda. At the beginning of the sixth hour one burns all leaven (*Shulḥan Arukh*, *Oraḥ Ḥayyim* 443:1).

NOTES

A person is agitated about his property – אָדָם בָּהוּל עַל מָמוֹנוֹ: Some commentaries explain that these questions refer both to Rabbi Yehuda's opinion and that of the Rabbis, and the answers likewise apply to both opinions (contrary to the opinion of *Tosafot*). According to Rabbi Yehuda, as one is agitated about the prospect of losing his property, it is prohibited to perform even a minor action lest as a result of his panic he will overlook subtle details. According to the Rabbis, as one is agitated about losing his property, if there is no viable solution available, he will resolve the matter in a prohibited manner and disregard the prohibition. On the other hand, if there is a permitted method to save the animal he will act accordingly. The continuation of the Gemara should be understood along the same lines (Maharam Ḥalawa, based on the *ge'onim*).

One places it in abeyance for the entire fifth hour – תּוֹלִין כׇּל חָמֵשׁ: According to Rabbi Yehuda, it is permitted to derive benefit from leaven during the fifth hour. Why did Rabbi Yehuda issue a decree to extend the time that eating leaven is prohibited, but did not extend the time that deriving benefit from leaven is prohibited, as that is also prohibited by Torah law? Some answer that the Sages did not wish to issue a decree that would cause significant financial loss (*Penei Yehoshua*). Another explanation is that the Sages do not typically issue decrees prohibiting one from deriving benefit. For example, in the case of a mixture of milk and meat, which is prohibited by rabbinic decree, there is no prohibition against deriving benefit. That is prohibited only with regard to meat cooked in milk, which is prohibited by Torah law (Rashash). Alternatively, the reason is that the actions that are permitted at that time, i.e., feeding one's animal or selling the leaven, are not significant actions and do not warrant a decree (*Beit Avraham*).

BACKGROUND

Scraping and scratching – קִידּוּר וְקִרְצוּף: The *ge'onim* explain that scraping removes small insects from under the skin of the animal, which cannot be accomplished without wounding the animal. Scratching removes larger insects and can be accomplished with a comb that has larger bristles, without causing a wound.

The hours of the day and the night – שְׁעוֹת הַיּוֹם וְהַלַּיְלָה: The diagram, which is divided into twenty-four sections and should be read counterclockwise, depicts the hours of the day and night, in accordance with the system used in talmudic times. Sunrise is at the end of the twelfth hour of the night. The afternoon begins at the end of the sixth hour, while sunset is at the end of the twelfth hour of the day. Based on this model, the length of an hour clearly varies and the hours of the day are longer in the summer and shorter in the winter, while the hours of the night are longer in the winter and shorter in the summer.

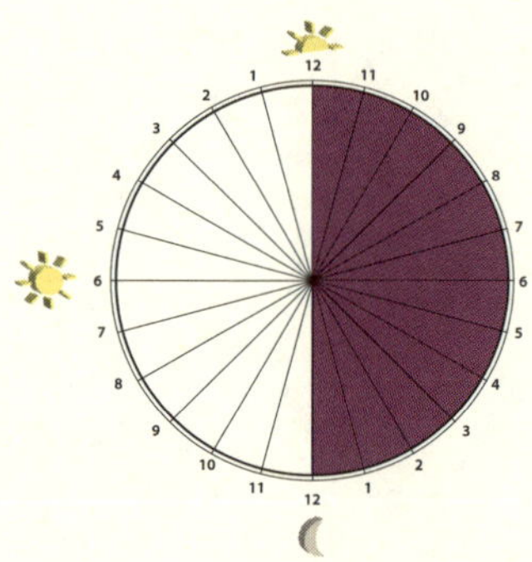

Diagram of the hours of the day

וְעוֹד אָמַר רַבִּי יְהוּדָה: שְׁתֵּי חַלּוֹת שֶׁל תּוֹדָה פְּסוּלוֹת מוּנָּחוֹת עַל גַּב הָאִיצְטַבָּא, כׇּל זְמַן שֶׁמּוּנָּחוֹת – כׇּל הָעָם אוֹכְלִין, נִיטְּלָה אַחַת – תּוֹלִין, לֹא אוֹכְלִין וְלֹא שׂוֹרְפִין, נִיטְּלוּ שְׁתֵּיהֶן – הִתְחִילוּ כׇּל הָעָם שׂוֹרְפִין.

And furthermore, Rabbi Yehuda said: Two disqualified loaves of a thanks-offering are placed on the bench in the colonnade in the Temple as an indicator. There was a specially designated place for these loaves in the Temple. **As long as** the loaves **are placed** there, **the entire nation** continues to **eat** leaven. When **one** of the loaves **was taken** away, the people know that the time had come **to place** the leaven **in abeyance,** meaning that they **neither eat nor burn** their leaven. When **they were both taken** away, **the entire nation began burning** their leaven.

רַבָּן גַּמְלִיאֵל אוֹמֵר: חוּלִּין נֶאֱכָלִין כׇּל אַרְבַּע, וּתְרוּמָה כׇּל חָמֵשׁ, וְשׂוֹרְפִין בִּתְחִלַּת שֵׁשׁ.

Rabban Gamliel says that the times are divided differently: **Non-sacred** foods **are eaten the entire fourth** hour, **and** *teruma* may be eaten during **the entire fifth** hour. Since it is a mitzva to eat *teruma* and burning it is prohibited, additional time was allocated for its consumption. **And one burns** all leaven including *teruma* **at the beginning of the sixth** hour.

גמ׳ תְּנַן הָתָם: אֶחָד אוֹמֵר בִּשְׁנַיִם בַּחֹדֶשׁ וְאֶחָד אוֹמֵר בִּשְׁלֹשָׁה – עֵדוּתָן קַיֶּימֶת,

GEMARA The Gemara seeks to draw a comparison between this dispute of Rabbi Meir and Rabbi Yehuda and a dispute between them on a different topic. **We learned** in a mishna **there:** If **one** witness **says** that an incident occurred **on the second** day **of the month and one** other witness **says** that it happened on **the third** day of that month, **their testimony is valid.** This minor contradiction does not invalidate the testimony.

שֶׁזֶּה יוֹדֵעַ בְּעִבּוּרוֹ שֶׁל חֹדֶשׁ וְזֶה אֵינוֹ יוֹדֵעַ בְּעִבּוּרוֹ שֶׁל חֹדֶשׁ.

The mishna explains: The reason is **that this** witness **knows about the addition** of an extra day **to** the previous **month.** Since he knows that the court added a day to the previous month, which lasted thirty days, he testifies that the incident occurred on the second day of the month. **And that** witness **does not know about the addition** of an extra day **to** the previous **month,**[N] and he therefore thinks that the incident in question occurred on the third of the month.

אֶחָד אוֹמֵר בִּשְׁלֹשָׁה וְאֶחָד אוֹמֵר בַּחֲמִשָּׁה – עֵדוּתָן בְּטֵלָה. אֶחָד אוֹמֵר בִּשְׁתֵּי שָׁעוֹת וְאֶחָד אוֹמֵר בְּשָׁלֹשׁ שָׁעוֹת – עֵדוּתָן קַיֶּימֶת, אֶחָד אוֹמֵר בְּשָׁלֹשׁ וְאֶחָד אוֹמֵר בְּחָמֵשׁ – עֵדוּתָן בְּטֵלָה, דִּבְרֵי רַבִּי מֵאִיר.

If **one says** that the incident occurred on **the third** day of the month **and one says** it happened **on the fifth, their testimony is void,** as there is no way to rationalize this contradiction.[H] Similarly, if **one says** the incident occurred **at two hours** of the day **and one says** it happened **at three hours, their testimony is valid,** as that discrepancy could be the result of the lack of precision. However, if **one says** it occurred **at three** hours **and one says** it took place **at five** hours, **their testimony is void.** This is **the statement of Rabbi Meir.**

רַבִּי יְהוּדָה אוֹמֵר: עֵדוּתָן קַיֶּימֶת. אֶחָד אוֹמֵר בְּחָמֵשׁ וְאֶחָד אוֹמֵר בְּשֶׁבַע – עֵדוּתָן בְּטֵלָה, שֶׁבְּחָמֵשׁ חַמָּה בַּמִּזְרָח וּבְשֶׁבַע חַמָּה בַּמַּעֲרָב.

Rabbi Yehuda says: In the last case, **their testimony is valid,** as it could be that one is slightly mistaken. However, if **one says** it happened **at five** hours **and one says at seven** hours, everyone agrees that **their testimony is void.** That is a clear contradiction that cannot be rationalized as a miscalculation, **as at five** hours of the day **the sun** is **in the east, and at seven** hours **the sun** is already **in the west.** It is impossible to confuse the fifth hour with the seventh.

אָמַר אַבָּיֵי: כְּשֶׁתִּמְצָא לוֹמַר, לְדִבְרֵי רַבִּי מֵאִיר – אֵין אָדָם טוֹעֶה וְלֹא כְּלוּם, לְדִבְרֵי רַבִּי יְהוּדָה – אָדָם טוֹעֶה חֲצִי שָׁעָה. לְדִבְרֵי רַבִּי מֵאִיר – אֵין אָדָם טוֹעֶה וְלֹא כְּלוּם, מַעֲשֶׂה כִּי הֲוָה בְּמִיפַּק תַּרְתֵּי וּמֵעַיֵּיל תְּלָת, וְהָא דְּקָאָמַר שְׁתַּיִם – בְּסוֹף שְׁתַּיִם, וְהָא דְּקָאָמַר שָׁלֹשׁ – בִּתְחִלַּת שָׁלֹשׁ.

Abaye said: When analyzing the matter, **you will find** that you can **say** that **according to the statement of Rabbi Meir a person does not err at all,** as Rabbi Meir assumes that people know the exact time of day. **According to the statement of Rabbi Yehuda a person errs** up to **half an hour.** Abaye elaborates: **According to the statement of Rabbi Meir, a person does not err at all,** and the reason that in the case where one says two hours and one says three the testimony is valid is that **the incident** actually **occurred as the second** hour **ended and the third** hour **began. And** when **this** witness **said** it happened in **the second** hour he was referring to **the end of the second** hour. When **that** witness **said the third** hour he was referring to **the beginning of the third** hour.[B] It is possible that both witnesses spoke the truth.

לְדִבְרֵי רַבִּי יְהוּדָה אָדָם טוֹעֶה חֲצִי שָׁעָה, מַעֲשֶׂה כִּי הֲוָה – בְּפַלְגָא דְּאַרְבַּע הֲוָה, וְהַאי דְּקָאָמַר שָׁלֹשׁ – בְּסוֹף שָׁלֹשׁ וְקָטָעֵי פַּלְגָא דְּשַׁעְתָּא לְקַמֵּיהּ, וְהַאי דְּקָאָמַר חָמֵשׁ – בִּתְחִלַּת חָמֵשׁ וְקָטָעֵי פַּלְגָא דְּשַׁעְתָּא לְאַחוֹרֵיהּ.

Abaye continues his explanation: **According to the statement of Rabbi Yehuda, a person errs** by **half an hour,** as **when** the **incident occurred, it occurred at the midpoint of the fourth** hour, at three and a half hours of the day. **And this** witness, **who says three** hours, means **the end of the third hour, and** he **errs** by saying that it occurred **half an hour before** the incident actually occurred. **And that** witness, **who says five** hours, means **the beginning of the fifth** hour, i.e., the end of the fourth hour, **and he errs** by saying that it occurred **half an hour after** the incident actually occurred.[B] Since it is possible that their testimonies do not conflict, their testimony is valid.

NOTES

Does not know about the addition of an extra day to the previous month – אֵינוֹ יוֹדֵעַ בְּעִבּוּרוֹ שֶׁל חֹדֶשׁ: Some commentaries explain that this means simply that the witness did not know when the new month began, and this explanation is unrelated to the question of whether or not the court added a day to the month (*Nimmukei Yosef* on tractate *Sanhedrin*).

HALAKHA

Contradictions in testimony – סְתִירוֹת בְּעֵדוּת: If two witnesses submitted contradictory testimony with regard to the day of the month when an incident occurred, e.g., one says it happened on the second day while the other claims it was on the third day, their testimony is valid. If there was a difference of two days between their accounts, their testimony is disqualified (*Shulḥan Arukh, Ḥoshen Mishpat* 30:7).

BACKGROUND

The opinion of Rabbi Meir – שִׁיטַת רַבִּי מֵאִיר: The image directly below depicts Rabbi Meir's opinion according to the first version of Abaye's explanation. The incident occurred at precisely the second hour of the day, as indicated by the arrow. Both witnesses referred to that time but referred to it by different names.

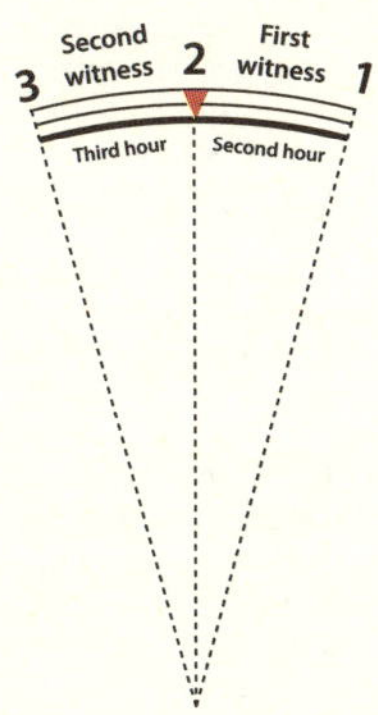

The opinion of Rabbi Yehuda – שִׁיטַת רַבִּי יְהוּדָה: The image directly below depicts Rabbi Yehuda's opinion according to the first version of Abaye's explanation. The range of error, marked with a dotted line, is half an hour, while the incident itself occurred at three and a half hours of the day, as marked by the arrows. Each of the witnesses erred by half an hour.

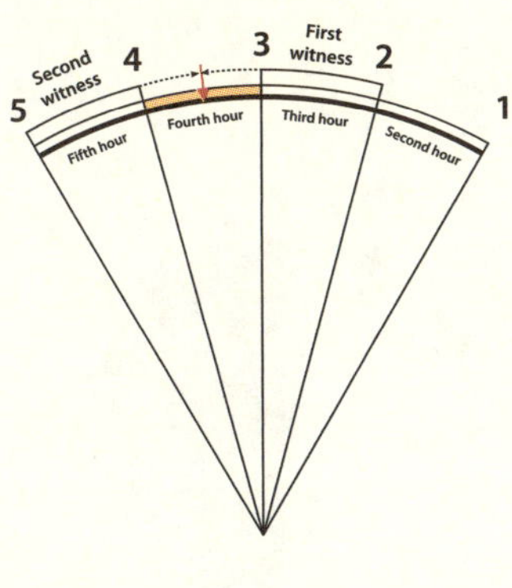

אִיכָּא דְּאָמְרִי, אָמַר אַבָּיֵי: כְּשֶׁתִּמְצָא לוֹמַר, לְדִבְרֵי רַבִּי מֵאִיר – אָדָם טוֹעֶה מַשֶּׁהוּ, לְדִבְרֵי רַבִּי יְהוּדָה – אָדָם טוֹעֶה שָׁעָה וּמַשֶּׁהוּ. לְדִבְרֵי רַבִּי מֵאִיר אָדָם טוֹעֶה מַשֶּׁהוּ, מַעֲשֶׂה כִּי הֲוָה – אוֹ בְּסוֹף שְׁתַּיִם הֲוָה אוֹ בִּתְחִלַּת שָׁלֹשׁ, וְחַד מִינַּיְיהוּ טוֹעֶה מַשֶּׁהוּ. לְדִבְרֵי רַבִּי יְהוּדָה – אָדָם טוֹעֶה שָׁעָה וּמַשֶּׁהוּ, מַעֲשֶׂה כִּי הֲוָה – אוֹ בְּסוֹף שָׁלֹשׁ אוֹ בִּתְחִלַּת חָמֵשׁ,

Some say a different version of this statement. **Abaye said: When** analyzing the matter, **you will find** that you can **say** that **according to Rabbi Meir a person errs a bit,** and **according to Rabbi Yehuda a person errs** by **an hour and a bit.** Abaye elaborates: **According to Rabbi Meir, a person errs a bit,** as **when** the **incident occurred, it occurred either at the end of the second** hour **or at the beginning of the third** hour, **and one of the** two witnesses **errs a bit.**[B] **According to Rabbi Yehuda, a person errs by an hour and a bit,** as **when** the **incident occurred, it occurred either at the end of the third** hour **or at the beginning of the fifth** hour,[B]

BACKGROUND

The opinion of Rabbi Meir – שִׁיטַת רַבִּי מֵאִיר: Rabbi Meir's opinion according to the second version of Abaye's explanation is that the incident occurred either at the end of the second hour or at the beginning of the third hour, as marked by the vertical lines in the image below. The area marked by the shading is the range of time that can be attributed to error.

The opinion of Rabbi Yehuda – שִׁיטַת רַבִּי יְהוּדָה: Rabbi Yehuda's opinion according to the second version of Abaye's explanation is that a person errs by slightly more than an hour, as indicated by the dotted lines in the image below. The incident occurred either at the end of the third hour or at the beginning of the fifth hour, each marked with a vertical line, as one of the witnesses erred by slightly more than an hour.

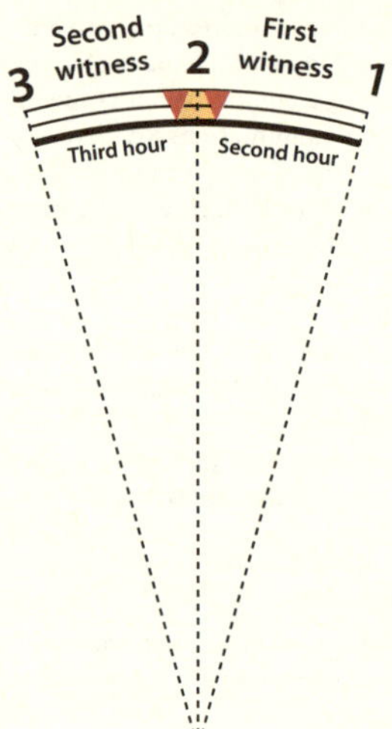

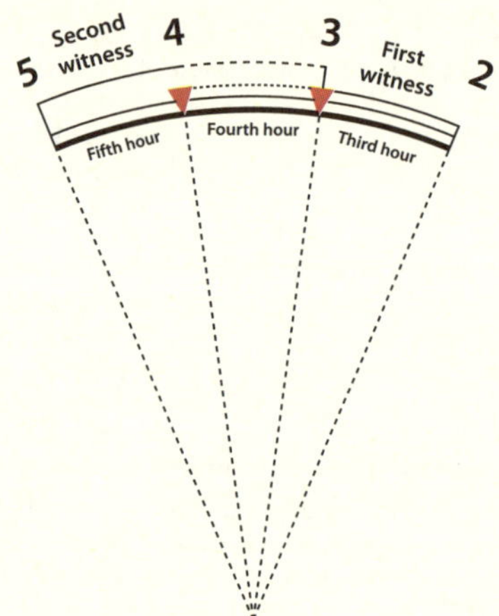

Perek **I**
Daf **12** Amud **a**

וְחַד מִינַּיְיהוּ קָטָעֵי שָׁעָה וּמַשֶּׁהוּ.

and one of them errs by an hour and a bit.

אֲזַל רַב הוּנָא בְּרֵיהּ דְּרַב יְהוּדָה אֲמָרַהּ לִשְׁמַעְתְּתָא קַמֵּיהּ דְּרָבָא, אֲמַר: וּמָה אִילּוּ דַּיְיקִינַן בְּהָנֵי סָהֲדֵי דְּהַאי דְּקָאָמַר שָׁלֹשׁ – בִּתְחִלַּת שָׁלֹשׁ, וְהַאי דְּקָאָמַר חָמֵשׁ – בְּסוֹף חָמֵשׁ, וְהָוְיָא עֵדוּת מוּכְחֶשֶׁת וְלָא קָטְלִינַן, וַאֲנַן נֵיקוּם וְנִקְטֹיל מִסְּפֵקָא? וְרַחֲמָנָא אָמַר: ״וְשָׁפְטוּ הָעֵדָה״ ״וְהִצִּילוּ הָעֵדָה״!

Rav Huna, son of Rav Yehuda, went and said the ***halakha*** of Abaye **before Rava. Rava said** to him that Abaye's explanation must be rejected: **And were we to closely examine** the statements **of these witnesses** and ask them when precisely the incident occurred, and find **that the one who says at three** hours means that it occurred **at the beginning of the third** hour, **and the one who says at five** hours means that it occurred **at the end of the fifth** hour,[N] it would **be contradictory testimony and we would not kill** the accused on the basis of this testimony; **and will we arise** and kill based **on uncertainty?** Although their testimony could be valid, it could also be void. Can the court execute the accused based on that uncertainty? **And** consider that **the Merciful One says** in the Torah: **"And the congregation shall judge... and the congregation shall deliver"** (Numbers 35:24–25),[N] from which it is derived that judges must do everything in their power to save an accused from the death penalty.

NOTES

A mistake in hours – טָעוּת בְּשָׁעוֹת: It is important to keep in mind that these witnesses did not determine the time by consulting a clock. Rather, they based their assessment on the position of the sun in the sky, the temperature, and other factors. Consequently, depending on the climactic conditions on that day, it was entirely possible that a person could have erred by two or three hours in his assessment of the time.

And the congregation shall judge...and the congregation shall deliver – וְשָׁפְטוּ הָעֵדָה וְהִצִּילוּ הָעֵדָה: There is a principle with regard to capital cases that the court is directed to consider the innocence of the accused. In fact, the court's approach should be to seek out ways to establish his innocence and reach a verdict of acquittal for the accused whenever possible. Due to the fact that in these courts there were no advocates for either the prosecution or the defense, it was critical that all claims supporting the defendant's innocence were illuminated by the court itself to the fullest extent possible.

BACKGROUND

The opinion of Rabbi Meir – שִׁיטַת רַבִּי מֵאִיר: Rabbi Meir's opinion, as explained by Rava, is that a person errs by almost two hours. The incident occurred near the end of the third hour, as indicated by the arrow on the left in the image directly below, and one witness erred from the first hour until then; or the incident occurred at the beginning of the second hour, marked by the arrow on the right, and the second witness erred by nearly two hours.

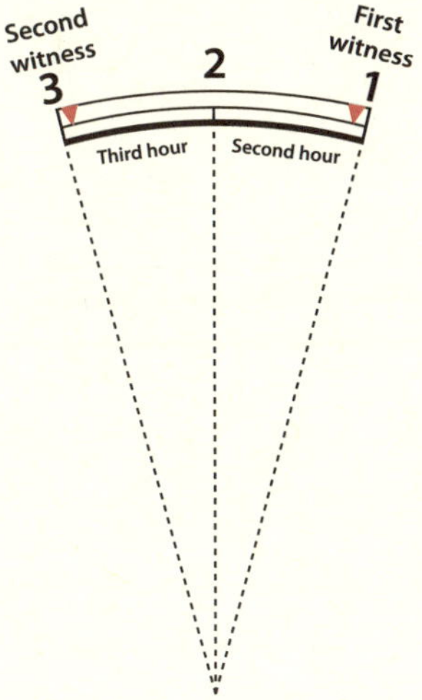

The opinion of Rabbi Yehuda – שִׁיטַת רַבִּי יְהוּדָה: Rabbi Yehuda's opinion, as explained by Rava, is that a person errs by nearly three hours. One witness, who says the incident occurred in the third hour, might have meant that it occurred at exactly two hours of the day, but erred and said it occurred adjacent to the fifth hour. Likewise, the second witness, who said the incident occurred in the fifth hour, meant that it occurred at exactly five hours of the day and thus erred by almost three hours, as the incident occurred just after the second hour, as indicated by the arrow in the image below.

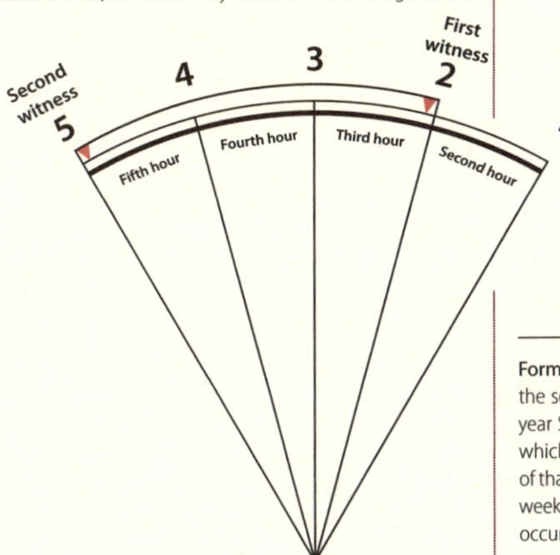

אֶלָּא אָמַר רָבָא: לְדִבְרֵי רַבִּי מֵאִיר אָדָם טוֹעֶה שְׁתֵּי שָׁעוֹת חָסֵר מַשֶּׁהוּ, לְדִבְרֵי רַבִּי יְהוּדָה אָדָם טוֹעֶה שָׁלֹשׁ שָׁעוֹת חָסֵר מַשֶּׁהוּ. לְדִבְרֵי רַבִּי מֵאִיר אָדָם טוֹעֶה שְׁתֵּי שָׁעוֹת חָסֵר מַשֶּׁהוּ, מַעֲשֶׂה כִּי הֲוָה – אוֹ בִּתְחִלַּת שְׁתַּיִם אוֹ בְּסוֹף שָׁלֹשׁ, וְחַד מִינַּיְיהוּ קָטָעֵי שְׁתֵּי שָׁעוֹת חָסֵר מַשֶּׁהוּ.

Rather, Rava said: In fact, according to the statement of Rabbi Meir, a person errs by two hours less a bit; according to the statement of Rabbi Yehuda, a person errs by three hours less a bit. The Gemara elaborates: According to the statement of Rabbi Meir, a person errs by two hours less a bit. How so? When the incident occurred, it was either at the beginning of the second hour or at the end of the third hour and one of the witnesses erred by two hours less a bit, as that is a reasonable discrepancy.[B]

לְדִבְרֵי רַבִּי יְהוּדָה אָדָם טוֹעֶה שָׁלֹשׁ שָׁעוֹת חָסֵר מַשֶּׁהוּ, מַעֲשֶׂה כִּי הֲוָה – אוֹ בִּתְחִלַּת שָׁלֹשׁ אוֹ בְּסוֹף חָמֵשׁ, וְחַד מִינַּיְיהוּ קָטָעֵי שָׁלֹשׁ שָׁעוֹת חָסֵר מַשֶּׁהוּ.

According to the statement of Rabbi Yehuda, a person errs by three hours less a bit. How so? When the incident occurred, it was either in the beginning of the third hour or at the end of the fifth hour, and one of them errs by three hours less a bit.[B] According to Rabbi Yehuda, that is a reasonable discrepancy.

תְּנַן: הָיוּ בּוֹדְקִין אוֹתוֹ בְּשֶׁבַע חֲקִירוֹת: בְּאֵיזוֹ שָׁבוּעַ, בְּאֵיזוֹ שָׁנָה, בְּאֵיזֶה חֹדֶשׁ, בְּכַמָּה בַּחֹדֶשׁ, בְּאֵיזֶה יוֹם, בְּאֵיזוֹ שָׁעָה, בְּאֵיזֶה מָקוֹם. (וְתַנְיָא) מַה בֵּין חֲקִירוֹת לִבְדִיקוֹת? חֲקִירוֹת, אָמַר אֶחָד מֵהֶן אֵינִי יוֹדֵעַ – עֵדוּתָן בְּטֵילָה. בְּדִיקוֹת, אֲפִילּוּ שְׁנֵיהֶם אוֹמְרִים אֵין אָנוּ יוֹדְעִים – עֵדוּתָן קַיֶּימֶת.

We learned in a mishna: The judges of the court would examine witnesses with seven forms of interrogation:[H] In which seven-year Sabbatical cycle of the Jubilee did the incident occur, in which year of the seven-year Sabbatical cycle, in which month of that year, on which date of that month, on which day of the week, at which hour of the day, at which place did the incident occur? And it was taught in a *baraita*: What is the difference between interrogations and examinations? With regard to each of the forms of interrogation, if one of the witnesses said: I do not know, their testimony is void. However, with regard to examinations, even if they both say: We do not know, their testimony is valid.

וְהָוֵינַן בָּהּ: מַאי שְׁנָא חֲקִירוֹת וּמַאי שְׁנָא בְּדִיקוֹת?

The Gemara continues. And we discussed this *baraita*: In what way are interrogations different and in what way are examinations different?[HN] Why is the testimony of a person who cannot answer one of the interrogations void, but his testimony is valid if he cannot answer one of the examinations?

וְאָמְרִינַן: חֲקִירוֹת, אָמַר אֶחָד מֵהֶן אֵינִי יוֹדֵעַ עֵדוּתָן בְּטֵילָה – דְּהָוְיָא לָהּ עֵדוּת שֶׁאִי אַתָּה יָכוֹל לַהֲזִימָּהּ,

And we said in response: With regard to interrogations, if one of them says: I do not know, their testimony is void, as this is testimony that you cannot render as false, conspiring testimony. Witnesses are determined to be false, conspiring witnesses when other witnesses arrive in court and testify that the first pair of witnesses could not possibly have witnessed the incident in question, as they were at a different place at that time together with them. If a witness says he does not know when the incident occurred or where it occurred, it would be impossible to testify that he was elsewhere and render him a false, conspiring witness. The Torah disqualifies the testimony of a witness who cannot be rendered a false, conspiring witness.

HALAKHA

Forms of interrogation – חֲקִירוֹת: The court asks all witnesses the seven questions known as interrogations: In which seven-year Sabbatical cycle of the Jubilee did the incident occur? In which year of the seven-year Sabbatical cycle? In which month of that year? On which date of that month? On which day of the week? At which hour of the day? At which place did the incident occur? (Rambam *Sefer Shofetim*, *Hilkhot Edut* 1:4).

Interrogations and examinations – חֲקִירוֹת וּבְדִיקוֹת: With regard to the interrogation and basic scrutiny of witnesses, if one witness does not know the answer to even one of these questions, the testimony is void. However, with regard to examinations, even if neither witness is able to answer a particular question, their testimony is valid, provided they do not contradict each other (Rambam *Sefer Shofetim*, *Hilkhot Edut* 2:1).

NOTES

Interrogations and examinations – חֲקִירוֹת וּבְדִיקוֹת: The *Me'iri*, based on the Rambam, analyzes this issue at length, and explains that there are in fact three types of questions posed to witnesses. The first category consists of interrogations, inquiries with regard to when and where the incident occurred, i.e., the seven questions mentioned in the Gemara that are asked of every witness. The next group of questions concerns the details of the act with regard to which they are testifying, as well as questions about the perpetrator. These questions include: Do you know the parties involved, how did the accused perform the act, and similar questions. With regard to this second category as well, if the witnesses answer that they do not know, their testimony is void. The third group of questions consists of specific examinations that clarify the details of the incident. These queries pertain to tangential issues and not to the act itself. Accordingly, the question of the weapon used in the murder falls into the second category. If the witnesses are unable to answer that question their testimony is void. However, an inquiry into the clothes the murderer was wearing falls into the third category, and the testimony is disqualified only if the witnesses contradict each other.

בְּדִיקוֹת – עֵדוּת שֶׁאַתָּה יָכוֹל לַהֲזִימָּהּ הִיא.

However, with regard to **examinations,** even if the witness cannot remember every detail, **it** remains **testimony that you can render as false, conspiring** testimony. Even without that detail, the second pair of witnesses can still testify that the first pair of witnesses was with them in a different place at that time.

וְאִי אָמְרַתְּ טָעֵי אִינִישׁ כּוּלֵּי הַאי – חֲקִירוֹת דְּאֵיזוֹ שָׁעָה נַמִּי עֵדוּת שֶׁאִי אַתָּה יָכוֹל לַהֲזִימָּהּ הִיא, דְּאָמְרִי "מִטְעֵי קָטָעֵינַן"!

Based on the above, the Gemara returns to discuss the matter of discrepancies in the testimony of the witnesses with regard to the hour that the incident occurred. **And if you say that a person errs** by **that much,** e.g., several hours, with regard to the **interrogations of what time** of day the incident occurred, this **is also testimony that you cannot render as false, conspiring** testimony, **for** if other witnesses claim that they were elsewhere at that time, the witnesses can **say: We are mistaken,** and the incident did not actually occur at that time, but a few hours earlier or later. Consequently, it is impossible to prove that they are false, conspiring witnesses.

דְּיָהֲבִינַן לְהוּ כּוּלֵּי טָעוּתַיְיהוּ. לְרַבִּי מֵאִיר יָהֲבִינַן לְהוּ מִתְּחִילַּת שָׁעָה רִאשׁוֹנָה עַד סוֹף חָמֵשׁ.

The Gemara explains **that we give** leeway to the first pair of witnesses for **the entire** duration of the potential margin of **their error.** In order to render them false, conspiring witnesses, the second pair of witnesses must testify that the first witnesses were with them for the entire period during which their testimony would be accepted, despite the discrepancy with regard to the hour in which it occurred. **According to Rabbi Meir, we give** the witnesses who testified that the incident occurred at two or three hours of the day, **from the beginning of the first hour until the end of the fifth** hour. If they testified that the incident occurred in the second hour or the third hour, the court must take into account a mistake of two hours in either direction.[B]

וּבְדִין הוּא דְּנֵיתִיב לְהוּ מֵעִיקָּרָא טְפֵי, אֶלָּא בֵּין יְמָמָא לְלֵילְיָא לָא טָעוּ אֱינָשֵׁי.

And by right we should give them even more leeway **at the beginning.** Since one errs by two hours less a bit, if the witnesses testified that the incident occurred at approximately two hours of the day, they might have erred by roughly two hours and the incident actually occurred before sunrise. **However,** since **between day and night people do not err,** and as the witnesses testify that the incident occurred during the second or third hour of the day, it could not have occurred before sunrise.

וּלְרַבִּי יְהוּדָה יָהֲבִינַן לְהוּ מִתְּחִילַּת שָׁעָה רִאשׁוֹנָה וְעַד סוֹף שֵׁשׁ. וּבְדִין הוּא דְּנֵיתִיב לְהוּ מֵעִיקָּרָא טְפֵי,

And according to Rabbi Yehuda, we give the witnesses a margin of error **from the beginning of the first hour until the end of the sixth** hour.[B] **And by right we should give them even more** leeway **at the beginning,** as according to his opinion one errs by three hours less a bit, and therefore the margin for error should be greater.

BACKGROUND

The opinion of Rabbi Meir – שִׁיטַת רַבִּי מֵאִיר: The acceptable margin of error according to the Gemara's final explanation of Rabbi Meir's opinion is marked here with arrows. If the incident occurred at the third hour of the day, it is possible that the witness erred by two hours in either direction, and his testimony is accepted if he said the incident occurred anytime between the first and fifth hours of the day. If the incident happened at the second hour, it is possible that he erred and said it occurred between the beginning of the day and the fourth hour. However, if the incident occurred at the end of the first hour, the witness has a margin of error of two hours after the incident but only one hour beforehand, as marked by the dotted line, as it is unreasonable that one would confuse day and night.

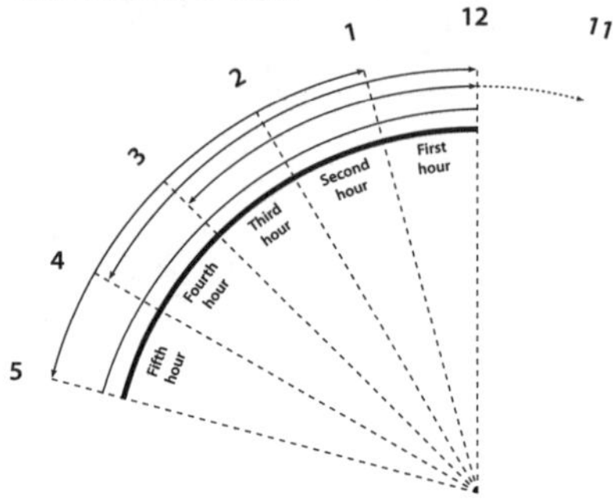

The opinion of Rabbi Yehuda – שִׁיטַת רַבִּי יְהוּדָה: According to the Gemara's final explanation of Rabbi Yehuda's opinion, the court grants a witness a margin of error of three hours in either direction, which would mean that with regard to an incident that occurred at the first hour of the day, testimony that occurred at the tenth hour of the night, i.e., two hours before sunrise, should be accepted. However, in practice that is not the case, as it is unreasonable that one would confuse day and night.

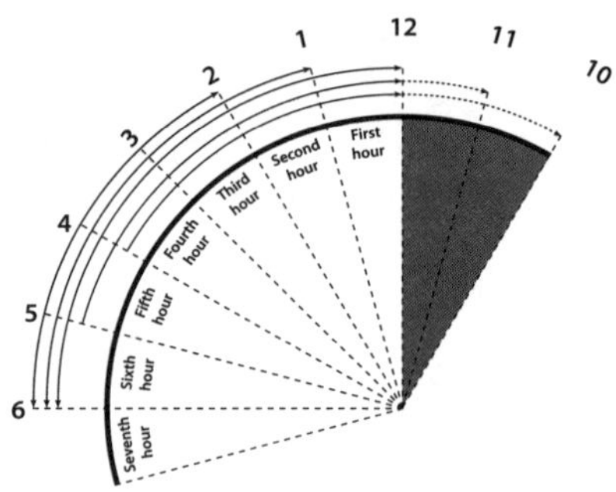

Perek **I**
Daf **12** Amud **b**

אֶלָּא בֵּין יְמָמָא לְלֵילְיָא לָא טָעוּ אֱינָשֵׁי. וּבְדִין הוּא דְּנֵיתִיב לְקַמֵּיהּ טְפֵי, אֶלָּא שֶׁבְּחָמֵשׁ חַמָּה בַּמִּזְרָח וּבְשֶׁבַע חַמָּה בַּמַּעֲרָב.

However, between day and night people do not err, and therefore there is no concern that they might have erred in this regard. **And** similarly, **by right we should give them even more** leeway **at the end** of the period. **However,** this too is not a reasonable discrepancy, **as at five** hours of the day **the sun** is **in the east and at seven** hours **the sun** is **in the west.** No one confuses the morning with the afternoon.

תְּנַן, רַבִּי מֵאִיר אוֹמֵר: אוֹכְלִין כׇּל חָמֵשׁ, וְשׂוֹרְפִין בִּתְחִילַּת שֵׁשׁ. רַבִּי יְהוּדָה אוֹמֵר: אוֹכְלִין כׇּל אַרְבַּע, וְתוֹלִין כׇּל חָמֵשׁ, וְשׂוֹרְפִין בִּתְחִילַּת שֵׁשׁ.

In light of the above conclusions, the Gemara returns to address the issue of leaven. **We learned** in the mishna that **Rabbi Meir says: One** may eat leaven **the entire fifth** hour of the fourteenth of Nisan, **and one** must **burn** it immediately afterward **at the beginning of the sixth** hour. **Rabbi Yehuda says: One** may **eat the entire fourth** hour, **and one places it in abeyance** for **the entire fifth** hour, **and one burns** it **at the beginning of the sixth** hour.

NOTES

Testimony is entrusted to the vigilant – עֵדוּת מְסוּרָה לִזְרִיזִים: Not everyone testifies. One who knows that he will testify and be interrogated in court ensures that he is well aware of when the incident took place. In contrast, the prohibition against eating leaven applies to everyone, and most people are not sufficiently accurate in their assessment of time to be certain that they will remove the leaven at the appropriate hour.

The removal of leaven can be performed only by burning it – אֵין בִּיעוּר חָמֵץ אֶלָּא שְׂרֵיפָה: The early commentaries discuss at what stage Rabbi Yehuda insists that leaven must be removed by means of burning alone (see *Tosafot*). Some say that although Rabbi Yehuda maintains that it is always preferable to remove leaven by burning it, if the time for the leaven's removal is approaching and one is unable to burn it, he may eliminate it in any manner (*Me'iri*).

לְאַבַּיֵי אַלִּיבָּא דְּרַבִּי מֵאִיר, דְּאָמַר: אֵין אָדָם טוֹעֶה וְלֹא כְּלוּם – נֵיכוּל כּוּלַּהּ שֵׁית! וּלְהָךְ לִישָּׁנָא נַמִי דְּאָמַר: אָדָם טוֹעֶה מַשֶּׁהוּ – נֵיכוּל עַד סוֹף שֵׁית!

The Gemara raises a difficulty: **According to Abaye's** explanation **in accordance with** the opinion **of Rabbi Meir, that he said a person does not err** about the time **at all, let him eat** leaven for **the entire sixth** hour, as by Torah law it is permitted to eat until the end of the sixth hour, i.e., midday. The Sages issued a decree prohibiting the consumption of leaven from the beginning of the sixth hour, lest one unwittingly come to eat after midday. However, according to Rabbi Meir, people do not err in this regard at all and that concern is unfounded. **And according to that version** of Rabbi Meir's opinion, **that he said a person errs a bit, let him eat** leaven **until** just before **the end of the sixth** hour.

וְאַבַּיֵי אַלִּיבָּא דְּרַבִּי יְהוּדָה, דְּאָמַר: אָדָם טוֹעֶה חֲצִי שָׁעָה – נֵיכוּל עַד פַּלְגָא דְשֵׁית. וּלְהָךְ לִישָּׁנָא נַמִי דְּאָמְרַתְּ אָדָם טוֹעֶה שָׁעָה וּמַשֶּׁהוּ – נֵיכוּל עַד סוֹף חָמֵשׁ!

And according to **Abaye's** explanation **in accordance with** the opinion **of Rabbi Yehuda, that he said: A person errs** by **half an hour; let** him **eat** leaven **until the midpoint of the sixth** hour. **And even according to the version** of Rabbi Yehuda's opinion, **that** he **said: A person errs** by **an hour plus a bit; let him eat** leaven **until** just before **the end of the fifth** hour. From the fact that this is not the ruling of these Sages, apparently Abaye's assessment of the amount of time that a person errs is incorrect.

(אֶלָּא) אָמַר אַבַּיֵי: עֵדוּת – מְסוּרָה לִזְרִיזִים, חָמֵץ – לַכֹּל מָסוּר.

Rather, Abaye said: There is a difference between the issues of testimony and leaven, as **testimony is entrusted to the vigilant.**[N] One comes to testify only if he thoroughly scrutinized the subject of his testimony. Therefore, he will not err significantly with regard to the time in question. However, the prohibition against eating **leavened bread is** a *halakha* **entrusted to all,** and not everyone is able to correctly determine the time. Consequently, Rabbi Meir and Rabbi Yehuda both extend the margin for error, so that people will not unwittingly eat leaven after the time that it is prohibited to do so.

וְרָבָא אַלִּיבָּא דְּרַבִּי מֵאִיר, דְּאָמַר: אָדָם טוֹעֶה שְׁתֵּי שָׁעוֹת חָסֵר מַשֶּׁהוּ – מִתְּחִילַּת חָמֵשׁ לֹא נֵיכוּל! חָמֵשׁ – חַמָּה בַּמִּזְרָח וְשֶׁבַע – חַמָּה בַּמַּעֲרָב.

The Gemara raises another difficulty: **And** according to **Rava's** explanation **in accordance with** the opinion **of Rabbi Meir, that he said: A person errs** by **two hours less a bit; from the beginning of the fifth** hour **let one no** longer **eat** leaven. After all, one could confuse the fifth hour with the seventh hour, when it is prohibited to eat leaven by Torah law. The Gemara answers: Since at **five** hours **the sun** is **in the east and** at **seven** hours **the sun** is **in the west,** no one confuses morning with afternoon.

אִי הָכִי, בְּשֵׁית נַמִי נֵיכוּל! אָמַר רַב אַדָּא בַּר אַהֲבָה: שֵׁית יוֹמָא בְּקַרְנָתָא קָאֵי.

The Gemara raises a difficulty: **If so, during the sixth** hour **let him eat** leaven **as well,** as one distinguishes between the sixth hour and the seventh hour since the sun tends westward only during the seventh hour. **Rav Adda bar Ahava said:** In the **sixth** hour, **the day,** i.e., the sun, **stands at the meridian,** equidistant between east and west, and it is unclear toward which direction it tends. Therefore, confusion between the sixth and seventh hours is possible.

וְרָבָא אַלִּיבָּא דְּרַבִּי יְהוּדָה, דְּאָמַר: אָדָם טוֹעֶה שָׁלֹשׁ שָׁעוֹת חָסֵר מַשֶּׁהוּ, מִתְּחִילַּת אַרְבַּע לֹא נֵיכוּל! חָמֵשׁ – חַמָּה בַּמִּזְרָח, וְשֶׁבַע – חַמָּה בַּמַּעֲרָב, וְכׇל שֶׁכֵּן אַרְבַּע. אִי הָכִי, בְּחָמֵשׁ נַמִי נֵיכוּל!

The Gemara asks: **And** according to **Rava's explanation in accordance with** the opinion **of Rabbi Yehuda, that he said: A person errs** by **three hours less a bit; from the beginning of the fourth** hour **let one no** longer **eat** leaven. The Gemara answers: If, since at **five** hours **the sun** is **in the east and at seven** hours **the sun** is **in the west,** one does not confuse the morning with the evening, **and all the more so** one will not confuse seven hours of the day with **four** hours of the day, when the sun is further east. The Gemara raises a difficulty: **If so,** i.e., there is no concern lest one confuse morning and afternoon, **during the fifth** hour **let him eat** leaven **as well.**

תַּרְגְּמַהּ אַבַּיֵי אַלִּיבָּא דְּרָבָא: עֵדוּת מְסוּרָה לִזְרִיזִים, חָמֵץ לַכֹּל מָסוּר.

Abaye interpreted it in accordance with the opinion **of Rava: Testimony is entrusted to the vigilant,** and therefore a witness is less likely to err, whereas the prohibition against eating **leavened bread is entrusted to all.** Since a common person is more likely to err, the Sages were more stringent with regard to leaven than with regard to testimony.

וְרָבָא אָמַר: לָאו הַיְינוּ טַעְמָא דְּרַבִּי יְהוּדָה, אֶלָּא רַבִּי יְהוּדָה לְטַעְמֵיהּ, דְּאָמַר: אֵין בִּיעוּר חָמֵץ אֶלָּא שְׂרֵיפָה, וְיָהֲבוּ לֵיהּ רַבָּנַן שָׁעָה אַחַת לְלַקּוֹט בָּהּ עֵצִים.

And Rava said: That is not the reason for the added hour in the opinion **of Rabbi Yehuda,** as he is not concerned lest people err. **Rather, Rabbi Yehuda** conforms **to his** standard line of **reasoning, as he said: The removal of leaven** can be performed **only** by **burning** it,[N] **and** therefore by prohibiting the consumption of leaven, **the Sages provided him** with **one hour during which to gather wood** to burn the leaven.

אֵיתִיבֵיהּ רָבִינָא לְרָבָא, אָמַר רַבִּי יְהוּדָה: אֵימָתַי – שֶׁלֹּא בִּשְׁעַת בִּיעוּרוֹ, אֲבָל בִּשְׁעַת בִּיעוּרוֹ – הַשְׁבָּתָתוֹ בְּכָל דָּבָר!

Ravina raised an objection to the opinion of **Rava** from a *baraita*. **Rabbi Yehuda said: When** is it that the elimination of leaven can be performed only by burning it? It is only when one removes the leaven **not at the time** designated **for its removal.** Then, one should seek out the preferred method of removal and implement it in the ideal manner. **However,** when one removes the leaven **at the time** designated **for its removal,** at the end of the sixth hour when he must remove the leaven immediately, **the removal of** leaven may be performed **in any manner,** and one need not seek wood for burning. Why, then, was it necessary for the Sages to provide him with an hour to gather wood?

אֶלָּא אָמַר רָבָא: גְּזֵירָה מִשּׁוּם יוֹם הַמְעוּנָּן. אִי הָכִי, אֲפִילּוּ בְּאַרְבַּע שָׁעוֹת נַמִי לֹא נֵיכוֹל! אָמַר רַב פַּפָּא: אַרְבַּע זְמַן סְעוּדָה לַכֹּל הִיא.

Rather, Rava reconsidered the previous explanation and **said: It is a** rabbinic **decree due to a cloudy day,**[HN] when one is unable to observe the precise position of the sun, increasing the likelihood of confusion. The Gemara raises a difficulty: **If so,** then **even at fourth** hour **let one no** longer **eat** leaven, as according to Rabbi Yehuda a person errs by three hours less a bit. **Rav Pappa said:** The **fourth** hour **is mealtime for everyone,**[N] and therefore everyone is aware of that hour and will not confuse it with another.

תָּנוּ רַבָּנַן: שָׁעָה רִאשׁוֹנָה – מַאֲכַל לוּדִים, שְׁנִיָּה – מַאֲכַל לִיסְטִין, שְׁלִישִׁית – מַאֲכַל יוֹרְשִׁין, רְבִיעִית – מַאֲכַל פּוֹעֲלִין, חֲמִישִׁית – מַאֲכַל תַּלְמִידֵי חֲכָמִים, שִׁשִּׁית – מַאֲכַל כָּל אָדָם.

In light of Rav Pappa's statement, the Gemara discusses the topic of mealtimes.[B] **The Sages taught in a** *baraita*: Eating in **the first hour** of the morning is the time of **eating for *Ludim*,**[BL] who are members of a nation of cannibals, and they are ravenous and in a hurry to eat. **The second** hour is the time of **eating for robbers** [***listin***].[L] Since they spend the night stealing, they eat early in the morning. **The third** hour is the time of **eating for heirs,** i.e., people who inherited a lot of money and do not work for their sustenance. Their only preoccupation in the early hours of the morning is eating. **The fourth** hour is the time of **eating for workers. The fifth** hour is the time of **eating for Torah scholars. The sixth** hour is the time of **eating for all people.**

וְהָאָמַר רַב פַּפָּא: רְבִיעִית זְמַן סְעוּדָה לַכֹּל הִיא! אֶלָּא אֵיפוּךְ: רְבִיעִית – מַאֲכַל כָּל אָדָם, חֲמִישִׁית – מַאֲכַל פּוֹעֲלִים, שִׁשִּׁית – מַאֲכַל תַּלְמִידֵי חֲכָמִים.

The Gemara raises a difficulty: But **didn't Rav Pappa say** that the **fourth** hour **is the time of eating for all? Rather, reverse** the fourth, fifth, and sixth hours: The **fourth** hour is **mealtime**[H] **for all people,** the **fifth** hour is the time of **eating for workers,** and **the sixth** hour is the time of **eating for Torah scholars.**[N]

מִכָּאן וְאֵילָךְ – כְּזוֹרֵק אֶבֶן לַחֵמֶת. אָמַר אַבַּיֵי: לָא אֲמַרַן אֶלָּא דְּלָא טָעֵים מִידֵּי בְּצַפְרָא, אֲבָל טָעֵים מִידֵּי בְּצַפְרָא – לֵית לָן בָּהּ.

One who eats **from** this point **forward** does not benefit from eating, as he is **like one who throws a stone into a** leather **bottle,**[N] i.e., it does not contribute to his health. **Abaye said: We only said that** eating from the sixth hour onward is not beneficial, **when he did not taste anything in the morning; however, if he tasted something in the morning we have no** problem **with it.**

אָמַר רַב אַשִׁי: כְּמַחֲלוֹקֶת בְּעֵדוּת כָּךְ מַחֲלוֹקֶת בְּחָמֵץ. פְּשִׁיטָא, הַיְינוּ הַךְ דְּאָמְרִינַן! הָא קָא מַשְׁמַע לָן: שִׁינּוּיֵי דְּשָׁנֵינַן – שִׁינּוּיָא הוּא, וְלָא תֵּימָא תַּנָּאֵי הִיא.

Rav Ashi said: Like the dispute between Rabbi Meir and Rabbi Yehuda **with regard to testimony, so too is their dispute with regard to leavened bread.** The Gemara comments: This is **obvious,** as **this is** precisely **that which we said.** The Gemara explains: Rav Ashi comes to **teach us that the answers that we answered,** distinguishing between the cases of testimony and leaven, **are** legitimate **answers.**[N] **And do not say** that the different rulings in the two cases reflect a dispute between ***tanna'im*** with regard to the opinions of Rabbi Meir and Rabbi Yehuda and the answers are merely forced attempts to resolve the contradiction but not legitimate answers.

HALAKHA

A decree due to a cloudy day – גְּזֵירָה מִשּׁוּם יוֹם הַמְעוּנָּן: One may not eat leaven during the fifth hour on Passover eve, lest people come to confuse the fifth and sixth hours on a cloudy day. However, this decree applies only to eating, not to the prohibition against deriving benefit from leaven at that time, in accordance with Rava's explanation of the opinion of Rabbi Yehuda (Rambam *Sefer Zemanim, Hilkhot Ḥametz UMatza* 1:9).

Mealtime – זְמַן סְעוּדָה: The healthy mealtime for an ordinary person is the fourth hour after sunrise (*Shulḥan Arukh, Oraḥ Ḥayyim* 157).

BACKGROUND

Mealtimes – זְמַנֵּי סְעוּדָה: To understand the context of this discussion, one must be aware that people typically ate two meals each day, a larger meal in the morning and a smaller one in the evening, just before sunset. Naturally, people sometimes ate between meals, but on weekdays people would not eat additional meals. On Shabbat they would eat three meals, as required by *halakha*. Since workers would begin working very early in the morning, at sunrise or even before, they would eat their meals at or around the middle of the workday. However, people who were not day laborers might eat their meal at an earlier time.

***Ludim* – לוּדִים:** Some explain that these were gladiators who fought in Roman amphitheaters and ate very early, before they entered into their regimen of intense training, which lasted for many hours. Even on days when they would fight they would eat early because they wished to enjoy life as much as possible before they died during these encounters, as most fights were to the death.

LANGUAGE

Cannibals [*Ludim*] – לוּדִים: Some explain that the *Ludim* are a people indigenous to a land in Asia Minor called Ludiya, whose residents were both ravenous and pampered. However, other sources indicate that the word *Ludim* is from the Latin luderi, to play, and ludi, the games. Apparently it refers to gladiators who fought each other as well as wild animals in the Roman circus. Because of their need for frequent training and their desire to enjoy life until their inevitable demise in the arena, they would eat early and ravenously.

Robbers [*listin*] – לִיסְטִין: From the Greek λῃστής, *lestès*, meaning thief or bandit.

NOTES

A cloudy day – יוֹם הַמְעוּנָּן: Clouds obscure the position of the sun in the sky, rendering the sundials in use at that time ineffective.

Mealtime for everyone – זְמַן סְעוּדָה לַכֹּל: Some commentaries explain that as everyone eats at the fourth hour throughout the year, one will feel hunger pangs when that time arrives. That will alert them that the fourth hour has arrived (Rabbeinu Yehonatan).

The time of eating for Torah scholars – מַאֲכַל תַּלְמִידֵי חֲכָמִים: Since they are engaged in Torah they are in no rush to eat and they would therefore take their meals later than everyone else.

Like one who throws a stone into a leather bottle – כְּזוֹרֵק אֶבֶן לַחֵמֶת: Rashi provides two explanations of this statement. One suggestion is that someone who throws a stone into a bottle damages the bottle, and similarly, one who eats after this time harms himself. Alternatively, throwing a stone achieves nothing, as the bottle is filled with water, and the stone will therefore have no impact on it.

The answers that we answered are legitimate answers – שִׁינּוּיֵי דְּשָׁנֵינַן שִׁינּוּיָא הוּא: The status of many answers of the Gemara is often left unclear. Since the Gemara does not entirely accept or reject a position without incontrovertible proof, many weak answers are cited only to negate a proof, even though these answers are not ultimately accepted. Consequently, in certain situations the Sages found it necessary to note that a certain answer was well founded, various difficulties notwithstanding.

HALAKHA

Before sunrise…during sunrise – קוֹדֶם הָנֵץ...בְּתוֹךְ הָנֵץ: With regard to two witnesses who testify about an incident, and one of them says it occurred before sunrise while the other says it took place during sunrise, their testimony is rejected. This is because the difference between their statements cannot be attributed to error, and therefore their accounts are considered contradictory testimonies (Rambam *Sefer Shofetim*, *Hilkhot Edut* 2:5).

אָמַר רַב שִׁימִי בַּר אַשִׁי: לֹא שָׁנוּ אֶלָּא בְּשָׁעוֹת, אֲבָל אֶחָד אוֹמֵר קוֹדֶם הָנֵץ הַחַמָּה, וְאֶחָד אוֹמֵר אַחַר הָנֵץ הַחַמָּה – עֵדוּתָן בְּטֵילָה. פְּשִׁיטָא!

Rav Shimi bar Ashi said: They taught that the court does not reject testimony due to a discrepancy over time **only with regard to** testimony ascribed to different **hours** of the day. **However,** if **one** witness **says** that the incident occurred **before sunrise and** the other **one says** it occurred **after sunrise, their testimony is void.** The Gemara asks: It is **obvious** that this is the case, as a blatant contradiction of this kind could not possibly be the result of miscalculation.

אֶלָּא: אֶחָד אוֹמֵר קוֹדֶם הָנֵץ הַחַמָּה, וְאֶחָד אוֹמֵר בְּתוֹךְ הָנֵץ הַחַמָּה – עֵדוּתָן בְּטֵילָה. הָא נַמִי פְּשִׁיטָא! מַהוּ דְּתֵימָא: תַּרְוַיְיהוּ חֲדָא מִילְּתָא קָאָמְרִי, וְהָא דְּקָאָמַר

Rather, emend the previous statement: If **one** witness **says** the incident occurred **before sunrise and one says** it occurred **during sunrise,**[H] **their testimony is void.** The Gemara asks: **That too is obvious,** as the difference between those times is similarly conspicuous. The Gemara answers: It is necessary to teach this *halakha*, **lest you say** that **both of** the witnesses **are saying one matter, and** the fact **that** one witness **says**

Perek **I**
Daf **13** Amud **a**

NOTES

Rabban Gamliel is not a decisor – רַבָּן גַּמְלִיאֵל לָאו מַכְרִיעַ הוּא: These two principles, that the *halakha* is in accordance with the opinion of the decisor, and the counterclaim that this is not a compromise opinion, are expressions of the same basic concept. When two Sages disagree with regard to the details of an issue and a third Sage agrees with one of them with regard to certain details and with the other with regard to other details, this third opinion is that of the decisor. The reason is that there is a majority with regard to certain details in accordance with the first opinion, and a different majority with regard to the other details in accordance with the second opinion. However, this principle applies only if the opinion of the third Sage actually addresses details of the first two rulings. When the third Sage expresses an independent opinion, not dependent on the previous dispute, it is merely considered to be a third opinion, even if the actual ruling is an intermediate opinion.

בְּתוֹךְ הָנֵץ הַחַמָּה – בְּגִילּוּיָא הֲוָה קָאֵי, וְזַהֲרוּרֵי בְּעָלְמָא הוּא דַּחֲזָא, קָא מַשְׁמַע לַן.

that the incident occurred **during sunrise** is because **he was standing** out **in the open and** they were **mere rays of light that he saw** which he mistook for sunrise. In actuality, he too is testifying to an incident that occurred before sunrise, and the testimony of the two witnesses is therefore compatible testimony. Rav Shimi bar Ashi therefore **teaches us** that there is no concern that it transpired in that manner.

אָמַר רַב נַחְמָן אָמַר רַב: הֲלָכָה כְּרַבִּי יְהוּדָה. אֲמַר לֵיהּ רָבָא לְרַב נַחְמָן: וְנֵימָא מָר הֲלָכָה כְּרַבִּי מֵאִיר, דִּסְתַם לַן תַּנָּא כְּוָותֵיהּ!

Rav Naḥman said that **Rav said: The *halakha* is in accordance with** the opinion of **Rabbi Yehuda. Rava said to Rav Naḥman: And let the Master say** that **the *halakha* is in accordance with** the opinion of **Rabbi Meir,** who maintains that one may eat during the entire fifth hour, **as the *tanna* taught** an **unattributed** mishna **in accordance with his opinion,** indicating that this is the *halakha*.

דִּתְנַן: כָּל שָׁעָה שֶׁמּוּתָּר לֶאֱכוֹל – מַאֲכִיל.

As we learned in a mishna: For the **entire time that one is permitted to eat** leaven himself, **he feeds** it to his animal. It can be inferred from this mishna that there is no intermediate period when it is prohibited for a person to eat leaven but he may feed it to his animal. This unattributed mishna must be in accordance with the opinion of Rabbi Meir, as Rabbi Yehuda maintains that during the fifth hour it is prohibited to eat leaven but one may feed it to an animal.

הַהִיא לָאו סְתָמָא הוּא, מִשּׁוּם דְּקַשְׁיָא ״מוּתָּר״.

The Gemara rejects this contention: **That** mishna **is not** classified as **unattributed,** as it is in accordance with the opinion of Rabban Gamliel, **due to** the fact **that** had the mishna been in accordance with the opinion of Rabbi Meir, the term: **Permitted,** is **difficult.** Instead, the mishna should have been formulated: When one eats he may feed.

וְנֵימָא מָר הֲלָכָה כְּרַבָּן גַּמְלִיאֵל, דַּהֲוָה לֵיהּ מַכְרִיעַ! אֲמַר לֵיהּ: רַבָּן גַּמְלִיאֵל לָאו מַכְרִיעַ הוּא, טַעַם דְּנַפְשֵׁיהּ קָאָמַר.

Rava raised an additional difficulty to Rav Naḥman: **And let the Master say** that **the *halakha* is in accordance with** the opinion **of Rabban Gamliel, as he is** the **decisor** in this dispute, and there is a general principle that the *halakha* is always in accordance with the decisor who states an opinion that compromises between two opinions cited previously. **He said to him: Rabban Gamliel is not a decisor;**[N] **he is stating a reason of his** own. Rabbi Yehuda and Rabbi Meir disagree with regard to consumption of any type of leaven; they do not distinguish between *teruma* and non-sacred food. Since Rabban Gamliel distinguishes between the time one must desist from eating *teruma* and the latest time that one may eat non-sacred food, his is evidently an unrelated opinion that is in no way a compromise between the other two rulings.

וְאִיבָּעֵית אֵימָא: רַב דְּאָמַר כִּי הַאי תַּנָּא, דְּתַנְיָא: אַרְבָּעָה עָשָׂר שֶׁחָל לִהְיוֹת בַּשַּׁבָּת – מְבַעֲרִין אֶת הַכֹּל מִלִּפְנֵי הַשַּׁבָּת, וְשׂוֹרְפִין תְּרוּמוֹת טְמֵאוֹת תְּלוּיוֹת וּטְהוֹרוֹת, וּמְשַׁיְּירִין מִן הַטְּהוֹרוֹת מְזוֹן שְׁתֵּי סְעוּדוֹת, כְּדֵי לֶאֱכוֹל עַד אַרְבַּע שָׁעוֹת, דִּבְרֵי רַבִּי אֶלְעָזָר בֶּן יְהוּדָה אִישׁ בַּרְתּוֹתָא שֶׁאָמַר מִשּׁוּם רַבִּי יְהוֹשֻׁעַ.

And if you wish, say instead: When **Rav said** that the *halakha* is in accordance with the opinion of Rabbi Yehuda, he ruled **in accordance with** the opinion of **this *tanna*, as it was taught** in a *baraita*: With regard to **the fourteenth** of Nisan **that occurs on Shabbat,** one does not remove leaven on Passover eve in the usual manner.[H] Rather, **one removes everything** leavened **before Shabbat, and one burns ritually impure *teruma*:** *Teruma* **in abeyance,** whose purity is uncertain, **and** even any **pure** *teruma* that he does not require for his Shabbat meals. **And one leaves from the pure** leaven[N] **food for two meals,** the meal at night and the one in the morning, **in order to eat** and finish **until four hours** of Shabbat morning. This is **the statement of Rabbi Elazar ben Yehuda of Bartota, who said it in the name of Rabbi Yehoshua.**

אָמְרוּ לוֹ: טְהוֹרוֹת לֹא יִשָּׂרְפוּ, שֶׁמָּא יִמָּצְאוּ לָהֶן אוֹכְלִין. אָמַר לָהֶן: כְּבָר בִּקְּשׁוּ וְלֹא מָצְאוּ. אָמְרוּ לוֹ: שֶׁמָּא חוּץ לַחוֹמָה לָנוּ?

The Sages **said to him: One** should **not burn pure** *teruma*, as **perhaps those** who can **eat it will be found** on Shabbat, and he will have retroactively violated a Torah prohibition by burning pure *teruma* unnecessarily. Instead, one places the *teruma* aside, and if no one is found to eat it, he feeds it to the dogs or renders it null and void in his heart. **He said to them: They already sought** people to eat the *teruma* **and they did not find** any other priests in the city to eat it. **They said to him: Perhaps** those priests who could eat the *teruma* on that Shabbat **slept outside the wall** of the city and will enter the city on Shabbat morning, at which point they could eat the *teruma*.

אָמַר לָהֶם: לְדִבְרֵיכֶם, אַף תְּלוּיוֹת לֹא יִשָּׂרְפוּ – שֶׁמָּא יָבֹא אֵלִיָּהוּ וִיטַהֲרֵם. אָמְרוּ לוֹ: כְּבָר מוּבְטָח לָהֶן לְיִשְׂרָאֵל שֶׁאֵין אֵלִיָּהוּ בָּא לֹא בְּעַרְבֵי שַׁבָּתוֹת וְלֹא בְּעַרְבֵי יָמִים טוֹבִים מִפְּנֵי הַטּוֹרַח.

He said to the Sages: **According to your statement,** that you take into account this unlikely scenario, **one** should **not** even **burn** *teruma* **in abeyance,** as **perhaps Elijah** the Prophet **will come**[N] on Shabbat and establish prophetically that the *teruma* is not ritually impure, **and render it ritually pure. They said to him:** That possibility is no source of concern, as **the Jewish people have already been assured that Elijah will come neither on a Friday nor on the eve of a Festival, due to the exertion** involved preparing for the upcoming holy day. Consequently, Elijah will certainly come neither on Friday, nor on Shabbat itself, which is Passover eve.

אָמְרוּ: לֹא זָזוּ מִשָּׁם עַד שֶׁקָּבְעוּ הֲלָכָה כְּרַבִּי אֶלְעָזָר בֶּן יְהוּדָה אִישׁ בַּרְתּוֹתָא שֶׁאָמַר מִשּׁוּם רַבִּי יְהוֹשֻׁעַ.

They said: They did not move from there until the Sages voted and **they established the *halakha* in accordance with** the opinion of **Rabbi Elazar ben Yehuda of Bartota, who said it in the name of Rabbi Yehoshua.**

מַאי לָאו אֲפִילּוּ לֶאֱכוֹל? אָמַר רַב פַּפָּא מִשְּׁמֵיהּ דְּרָבָא: לֹא, לְבַעֵר.

Apropos the previous statement that the *halakha* is in accordance with the opinion of Rabbi Yehuda, **what, is it not** that the *halakha* is in accordance with his opinion **even** with regard **to eating?** Rav's ruling indicates that one may eat leaven until the end of the fourth hour, in accordance with the opinion of Rabbi Yehuda. **Rav Pappa said in the name of Rava: No,** the aforementioned ruling applies only to the obligation **to remove** leaven, i.e., the Sages agreed that it is permitted to remove pure *teruma* on Friday only if there is no one available to eat it.

וְאַף רַבִּי סָבַר לְהָא דְּרַב נַחְמָן, דְּאָמַר רָבִין בַּר רַב אַדָּא: מַעֲשֶׂה בְּאָדָם אֶחָד שֶׁהִפְקִיד דִּיסַקַּיָּא מְלֵאָה חָמֵץ אֵצֶל יוֹחָנָן חֲקוּקָאָה, וְנִקְּבוּהָ עַכְבָּרִים וְהָיָה חָמֵץ מְבַצְבֵּץ וְיוֹצֵא, וּבָא לִפְנֵי רַבִּי. שָׁעָה רִאשׁוֹנָה אָמַר לוֹ: הַמְתֵּן, שְׁנִיָּה – אָמַר לוֹ: הַמְתֵּן, שְׁלִישִׁית – אָמַר לוֹ: הַמְתֵּן, רְבִיעִית – אָמַר לוֹ: הַמְתֵּן, חֲמִישִׁית – אָמַר לוֹ: צֵא וּמׇכְרָהּ בַּשּׁוּק.

The Gemara notes: **And even Rabbi** Yehuda HaNasi **holds in accordance with this** statement **of Rav Naḥman,** and rules that the *halakha* is in accordance with the opinion of Rabbi Yehuda. **As Ravin bar Rav Adda said:** There was **an incident** that occurred involving **a certain person who deposited a saddlebag** [*disakkayya*][L] **filled with leavened bread**[H] **with Yoḥanan Ḥakuka'a, and mice bore** a hole **in** the bag, **and leavened bread was spilling out** of the sack. **And he came before Rabbi** Yehuda HaNasi on Passover eve to ask what he should do. In **the first hour** of the day Rabbi Yehuda HaNasi **said to him: Wait,** as the owner of the bag might yet return to take it from you and eat the leaven. In **the second** hour **he said to him: Wait. In the third** hour **he said to him: Wait.** In **the fourth** hour **he said to him: Wait. In the fifth** hour, concluding that the person was not coming, **he said to him: Go and sell it in the market.**

HALAKHA

Passover eve that occurs on Shabbat – עֶרֶב פֶּסַח שֶׁחָל לִהְיוֹת בַּשַּׁבָּת: When Passover begins at the conclusion of Shabbat, one removes the leaven before Shabbat, leaving enough food for two meals, in accordance with the opinions of Rabbi Elazar ben Yehuda of Bartota and Rabbi Eliezer bar Tzadok (*Shulḥan Arukh, Oraḥ Ḥayyim* 444:1).

A deposit of leavened bread – פִּקְדוֹן שֶׁל חָמֵץ: With regard to one who has in his possession on Passover eve a deposit of leaven that belongs to a Jew, he should wait until the beginning of the fifth hour before selling it to a gentile. This is in accordance with the conclusion of the Gemara and Rabbi Yehuda's opinion cited here (*Shulḥan Arukh, Oraḥ Ḥayyim* 443:2).

NOTES

And one leaves from the pure leaven – וּמְשַׁיְּירִין מִן הַטְּהוֹרוֹת: The early commentaries discuss the *halakha* of non-sacred food, which is not addressed by the Gemara. Some say that if one removes *teruma* before Shabbat, all the more so should he remove non-sacred food before Shabbat. This is because there is no prohibition against destroying non-sacred food, whereas the destruction of *teruma* is prohibited (*Tosafot*; Rif; Rambam; Ra'avad; and others). Others claim to the contrary, that since *teruma* is eaten only by the few, it makes sense to remove it the day before. In contrast, one is likely to find people to eat non-sacred food, and therefore this leaven should not be removed prematurely (*Tosefot* of Rabbi Shimshon of Saens; Rabbi Zeraḥya HaLevi).

Perhaps Elijah the Prophet will come – שֶׁמָּא יָבֹא אֵלִיָּהוּ: This *teruma* in abeyance is *teruma* with regard to which there is uncertainty whether or not it is ritually impure. This uncertainty could be the result of uncertain contact with an object or a person that is definitely impure, or definite contact with an item or a person whose ritual purity status is uncertain. These issues can be resolved only by means of the principles of resolving uncertainties, as there is no way to reveal what actually happened. Consequently, the arrival of Elijah could resolve the uncertainty; although he will not issue new halakhic rulings, he will reveal facts that were hitherto unknown.

LANGUAGE

Saddlebag [*disakkayya*] – דִּיסַקַּיָּא: From the Greek δισάκκιον, *disakkiyon*, meaning double bag.

HALAKHA

The practice of collectors of charity – מִנְהַג גַּבָּאֵי צְדָקָה: Charity collectors who gathered food or money but find no poor people available to whom they can deliver the items may change the money with other people or sell them the food. However, they may not change the charity coins themselves, nor may they purchase the food for themselves, in order to be clear before both God and the Jewish people (*Shulḥan Arukh, Yoreh De'a* 257:2).

A deposit that decreases in value – פִּקָּדוֹן הַמִּתְמַעֵט: If a person deposits produce or a similar item with another and the deposit deteriorates at the standard rate, the bailee may not touch it. If it begins to lose its value at an accelerated rate, he should sell it in court. This is in accordance with the statement of the Rabbis, as explained by Rabbi Yoḥanan (*Shulḥan Arukh, Ḥoshen Mishpat* 292:16).

NOTES

They change the money with other people – פּוֹרְטִין לַאֲחֵרִים: In this context, changing the money refers to the exchange of smaller *perutot* for larger coins, e.g., dinars, as copper *perutot* tarnish and lose their value, or for reasons of convenience. Some commentaries add that one who changes *perutot* for dinars would ordinarily be offered a good exchange rate, as *perutot* were in greater demand. Consequently, by making this exchange, the charity collector could profit. However, as it is prohibited for one who collected charity to benefit from this money he is required to change it with other people (*Me'iri*).

מַאי לָאו? לְגוֹיִם, כְּרַבִּי יְהוּדָה? אָמַר רַב יוֹסֵף: לֹא, לְיִשְׂרָאֵל, כְּרַבִּי מֵאִיר. אָמַר לֵיהּ אַבָּיֵי: אִי לְיִשְׂרָאֵל – נִישְׁקְלֵיהּ לְנַפְשֵׁיהּ!

What, did Rabbi Yehuda HaNasi **not** mean that Yoḥanan Ḥakuka'a should sell this leaven **to gentiles, in accordance with** the opinion of **Rabbi Yehuda,** who says that it is prohibited for a Jew to eat leaven during the fifth hour? **Rav Yosef said: No,** it could be that he meant to sell it **to a Jew, in accordance with** the opinion of **Rabbi Meir** that one may eat leaven during the fifth hour. Rabbi Yehuda HaNasi was simply advising him to sell the leaven quickly before the sixth hour begins, at which point it would be prohibited for Jews to eat it. **Abaye said to him: If** it is permitted **for a Jew** to eat leaven, **let him take it for himself** and pay the owner back later. Why trouble him to sell it to someone else?

מִשּׁוּם חֲשָׁדָא. דְּתַנְיָא: גַּבָּאֵי צְדָקָה שֶׁאֵין לָהֶם עֲנִיִּים לְחַלֵּק – פּוֹרְטִין לַאֲחֵרִים וְאֵין פּוֹרְטִין לְעַצְמָן.

The Gemara responds: Eating it himself is not an option **due to** the potential of **suspicion. As it was taught** in a *baraita* with regard to a similar situation: **Collectors of charity**[H] **who have no poor people to** whom they can **distribute** the money, **change** the money **with other people**[N] **and do not change it themselves,** i.e., with their own coins.

גַּבָּאֵי תַמְחוּי שֶׁאֵין לָהֶם עֲנִיִּים לְחַלֵּק – מוֹכְרִין לַאֲחֵרִים וְאֵין מוֹכְרִין לְעַצְמָן, מִשּׁוּם שֶׁנֶּאֱמַר: "וִהְיִיתֶם נְקִיִּם מֵה׳ וּמִיִּשְׂרָאֵל".

Likewise, **collectors of** food for **the charity plate,** who would collect food in large vessels for the poor to eat, **who do not have poor people** to whom **to distribute** the food, **sell** the food **to others and do not sell it to themselves, as it is stated: "And you shall be clear before God and before Israel"** (Numbers 32:22). It is not sufficient that a person is without sin in the eyes of God. He must also appear upright in the eyes of other people so that they will not suspect him of wrongdoing.

אֲמַר לֵיהּ רַב אַדָּא בַּר מַתְנָה לְרַב יוֹסֵף: בְּפֵירוּשׁ אָמְרַתְּ לַן: צֵא וּמוֹכְרָן לְגוֹיִם כְּרַבִּי יְהוּדָה.

Rav Adda bar Mattana said to Rav Yosef: You told us explicitly that Rabbi Yehuda HaNasi meant: **Go and sell it to gentiles, in accordance with** the opinion of **Rabbi Yehuda.** Rav Yosef took ill late in life and forgot his studies, and therefore his student would remind him that he also agreed with that version of the incident.

אָמַר רַב יוֹסֵף: כְּמַאן אָזְלָא הָא שְׁמַעְתָּא דְּרַבִּי – כְּרַבָּן שִׁמְעוֹן בֶּן גַּמְלִיאֵל. דִּתְנַן: הַמַּפְקִיד פֵּירוֹת אֵצֶל חֲבֵירוֹ, אֲפִילּוּ הֵן אֲבוּדִין – לֹא יִגַּע בָּהֶן. רַבָּן שִׁמְעוֹן בֶּן גַּמְלִיאֵל אוֹמֵר: מוֹכְרָן בְּבֵית דִּין מִפְּנֵי הֲשָׁבַת אֲבֵידָה.

Rav Yosef said: In accordance with whose opinion, i.e., the opinion of which *tanna,* **is that** ***halakha*** **which was taught by Rabbi** Yehuda HaNasi, that one should sell leaven deposited with him in order to prevent the depositor from losing his possession?[H] Rav Yosef explains: It is **in accordance with** the opinion of **Rabban Shimon ben Gamliel, as we learned** in a mishna: With regard to **one who deposits produce with another, even if** the produce will be **ruined** by insects or mold, **he** should **not touch them. Rabban Shimon ben Gamliel says:** He should **sell them in court, due to** the obligation to **restore lost property.** Just as one is required to return a lost item, he is likewise required to prevent loss of another's property for which he assumed responsibility.

אֲמַר לֵיהּ אַבָּיֵי: וְלָאו אִיתְּמַר עֲלָהּ, אָמַר רַבָּה בַּר בַּר חָנָה אָמַר רַב יוֹחָנָן: לֹא שָׁנוּ אֶלָּא

Abaye said to him: Wasn't it stated with regard to that mishna that **Rabba bar bar Ḥana said** that **Rabbi Yoḥanan said:** The Rabbis **taught** that one may not touch them **only** if

Perek **I**
Daf **13** Amud **b**

NOTES

On the roof of the colonnade – עַל גַּג הָאִיצְטְבָא: The parallel discussion in tractate *Sukka* cites the exchange of opinions in reverse. The *tanna* initially says: On the roof of [*al gag*] the colonnade, which is corrected to: On [*al gav*] the bench (*Tosafot* of Rabbi Shimshon of Saens).

בִּכְדֵי חֶסְרוֹנָן, אֲבָל יוֹתֵר מִכְּדֵי חֶסְרוֹנָן – מוֹכְרָן בְּבֵית דִּין, וְכָל שֶׁכֵּן הָכָא דְּהָא פְּסִידֵי לְגַמְרֵי.

their decrease in value is **at the standard** rate of stored produce, due to rot and rodents. **However,** if **their decrease** in value is **beyond the standard** rate, everyone agrees that **one sells them in court; and all the more so** in the case **here,** with regard to leavened bread, **as** the bread will be **entirely lost.** Once the leaven is prohibited, it remains prohibited even after Passover. Consequently, everyone agrees that one is obligated to sell the leaven.

"וְעוֹד אָמַר רַבִּי יְהוּדָה שְׁתֵּי חַלּוֹת כּו׳". תָּנֵי תַּנָּא קַמֵּיהּ דְּרַב יְהוּדָה: עַל גַּב הָאִיצְטְבָא. אָמַר לֵיהּ: וְכִי לְהַצְנִיעָן הוּא צָרִיךְ?! תְּנֵי: עַל גַּג הָאִיצְטְבָא

We learned in the mishna: **And furthermore, Rabbi Yehuda said: Two** disqualified **loaves** of a thanks-offering are placed on the pillars surrounding the Temple as an indicator. The ***tanna*** who recited *mishnayot* in the study hall **taught** a *baraita* **before Rav Yehuda:** The loaves were placed **on [*al gav*] the bench** in the Temple. **He said to him: And does he need to conceal them?** No one would see them if they were placed there. Rather, **teach** the *baraita*: **On the roof of [*al gag*] the colonnade,**[N1] where everyone could see them.

אָמַר רַחֲבָא אָמַר רַבִּי יְהוּדָה. הַר הַבַּיִת סְטָיו כָּפוּל הָיָה. תַּנְיָא נַמִּי הָכִי: הַר הַבַּיִת סְטָיו כָּפוּל הָיָה, רַבִּי יְהוּדָה אוֹמֵר: אִיסְטְוָונִית הָיְתָה נִקְרֵאת, סְטָיו לִפְנִים מִסְּטָיו.

Raḥava said that Rabbi Yehuda said:[N] The Temple Mount was a double colonnade, i.e., surrounded by two rows of columns. That was also taught in a *baraita*: Rabbi Yehuda says it was called an *istevanit*[L] and it was a colonnade within a colonnade.[HB]

"פְּסוּלוֹת וכו'". אַמַּאי פְּסוּלוֹת? אָמַר רַבִּי חֲנִינָא: מִתּוֹךְ שֶׁהָיוּ מְרוּבּוֹת – נִפְסָלוֹת בְּלִינָה, דְּתַנְיָא: אֵין מְבִיאִין תּוֹדָה בְּחַג הַמַּצּוֹת, מִפְּנֵי חָמֵץ שֶׁבָּהּ.

We learned in the mishna that Rabbi Yehuda says these two loaves placed outside were **disqualified.** The Gemara asks: **Why were they disqualified?** What caused their disqualification? **Rabbi Ḥanina said: Since** the thanks-offerings brought that day **are numerous,** and the priests are unable to eat their portions from the loaves of all the offerings, the remaining loaves **are disqualified by** virtue of their being **left overnight.** The Gemara explains that so many loaves were brought that day, **as it was taught** in a *baraita*: **One** may **not bring a thanks-offering on the festival of Passover due to the leavened bread** included **with it,** as ten of the forty loaves brought with a thanks-offering are loaves of leavened bread.

פְּשִׁיטָא! אָמַר רַב אַדָּא בַּר אַהֲבָה: הָכָא בְּאַרְבָּעָה עָשָׂר עָסְקִינַן, וְקָסָבַר: אֵין מְבִיאִין קָדָשִׁים לְבֵית הַפְּסוּל.

The Gemara raises a difficulty: It is **obvious** that one may not bring this offering on Passover, as it contains leaven. **Rav Adda bar Ahava said: Here** this *baraita* is not referring to the prohibition against bringing the offering on Passover itself. Rather, **we are dealing with** the issue of sacrificing a thanks-offering on **the fourteenth** of Nisan,[H] **and** this *tanna* **maintains: One** may **not bring consecrated** offerings **to a situation** where the time that they may be eaten is restricted, thereby increasing **the** likelihood of **disqualification.** Although it is permitted to eat leavened bread until the sixth hour of the fourteenth of Nisan, one may not bring a thanks-offering on Passover eve. The reason is that a thanks-offering may be eaten for one full day and the following night, and if it is brought on the eve of Passover, the time available before disqualification is reduced.

וְכוּלֵּי עָלְמָא בִּשְׁלֹשָׁה עָשָׂר מַיְיתִי לְהוּ, וּמִתּוֹךְ שֶׁהֵן מְרוּבּוֹת – נִפְסָלוֹת בְּלִינָה.

And therefore, **everyone** who ascended on the pilgrimage to Jerusalem and were obligated to bring thanks-offerings **brought them on the thirteenth** of Nisan. **And since** these thanks-offerings **are numerous, they are disqualified by** virtue of their being **left overnight,** as priests are unable to eat their portions from the loaves of all the offerings brought that day.

מִשּׁוּם רַבִּי יַנַּאי אָמְרוּ: כְּשֵׁירוֹת הָיוּ, וְאֶלָּא אַמַּאי קָרֵי לְהוּ פְּסוּלוֹת – שֶׁלֹּא נִשְׁחַט עֲלֵיהֶן הַזֶּבַח. וְנִשְׁחוֹט! שֶׁאָבַד הַזֶּבַח.

They said in the name of Rabbi Yannai: The loaves placed as an indicator **were not disqualified**[N] by being left overnight. **Rather, why did** the *tanna* **call them disqualified?** It was due to the fact **that no** animal **offering was slaughtered together** with **them** to consecrate them, but they were consecrated as thanks-offering loaves independently. They could not be eaten until the offering with which they were brought was slaughtered. The Gemara asks: **And let us slaughter** the thanks-offering to render the loaves permitted. The Gemara answers: The mishna is referring to a case **where the** animal for the **offering was lost.**

וְנֵייתִי זֶבַח אַחֵר וְנִשְׁחוֹט! דְּאָמַר: זוֹ תּוֹדָה וְזוֹ לַחְמָהּ, וּכְדְרַבָּה. דְּאָמַר רַבָּה: אָבַד הַלֶּחֶם – מֵבִיא לֶחֶם אַחֵר, אָבְדָה תּוֹדָה – אֵין מֵבִיא תּוֹדָה אַחֶרֶת. מַאי טַעְמָא? לֶחֶם גְּלַל תּוֹדָה, וְאֵין תּוֹדָה גְּלַל לֶחֶם.

The Gemara raises a further difficulty: **And let us bring another** animal to replace the first one for **sacrifice and let them slaughter** it. The Gemara answers: This is a case **where** the one who consecrated the thanks-offering **said: This is a thanks-offering and these are its loaves.**[H] He consecrated the animal and the loaves together, **and this is in accordance with** the opinion of **Rabba, as Rabba said: If the loaf** of a thanks-offering is **lost,** its owner **brings another loaf** to complete the offering. However, if **the thanks-offering was lost** and the loaves remain, one may **not bring another thanks-offering. What is the reason** for this? **The loaves** are brought **due to the thanks-offering**[N] **but the thanks-offering is not brought on account of the loaves.** The animal sacrificed is the primary component of the offering while the loaves are subordinate to it.

NOTES

Raḥava said that Rabbi Yehuda said – אָמַר רַחֲבָא אָמַר רַבִּי יְהוּדָה: Several commentaries discuss this statement, which is cited in many places as an example of the precise transmission of a tradition. See *Tosafot*, who explain that since Raḥava was the preeminent student of Rav Yehuda he addressed him as Rabbi Yehuda. Others claim that he was uncertain whether Rav Yehuda or Rabbi Yehuda issued this statement (see *Arukh*).

The loaves were not disqualified – כְּשֵׁירוֹת הָיוּ: Rabbi Yannai does not interpret the mishna as referring to loaves that were disqualified by being left overnight, as those loaves must be burned immediately, to prevent a situation where they might be eaten unwittingly (Maharam Ḥalawa).

The loaves are brought due to the thanks-offering – לֶחֶם גְּלַל תּוֹדָה: This *halakha* is derived from the verse: "And he shall offer, together with the thanks-offering, loaves" (Leviticus 7:12), which indicates that the loaves brought with this offering are subordinate to it (Rashi).

LANGUAGE

Istevanit – **אִיסְטְוָונִית:** A Hebraized form of the Greek στοά, *stoa*, meaning a row of columns or a hall between rows of columns.

HALAKHA

A colonnade within a colonnade – סְטָיו לִפְנִים מִסְּטָיו: The Temple Mount was built in the form of one row of columns inside another row of columns, in accordance with the statement of Raḥava (Rambam *Sefer Avoda, Hilkhot Beit HaBeḥira* 5:1).

A thanks-offering on the eve of Passover – תּוֹדָה בְּעֶרֶב פֶּסַח: One may not bring a thanks-offering on the day before Passover, as it is prohibited to sacrifice offerings in a manner that the time they may be eaten is restricted, thereby increasing the likelihood of disqualification (Rambam *Sefer Korbanot, Hilkhot Ḥagiga* 2:13).

A thanks-offering and its loaves – תּוֹדָה וְלַחְמָהּ: If one says: This is my thanks-offering and these are its loaves, and the loaves are lost, one brings other loaves. If the offering itself was lost he does not bring another offering with those loaves, in accordance with Rabba's statement (Rambam *Sefer Avoda, Hilkhot Pesulei HaMukdashin* 12:11).

BACKGROUND

A colonnade within a colonnade – סְטָיו לִפְנִים מִסְּטָיו: Apparently, the rows of columns on the Temple Mount were built in this fashion to increase the light and to provide space for pilgrims. The loaves from the thanks-offering that served as an indicator were placed upon the roof of these pillars.

Colonnade within a colonnade on the Temple Mount

HALAKHA

The loaves brought with the lambs sacrificed on the festival of Assembly – לֶחֶם כִּבְשֵׂי עֲצֶרֶת: If the lambs sacrificed on *Shavuot* were slaughtered or their blood sprinkled not for their own sake, the loaves brought with them are not consecrated. This ruling is in accordance with the opinion of Rabbi Yehuda HaNasi, as his rulings are accepted as *halakha* in disputes with a single Sage (Rambam *Sefer Avoda, Hilkhot Pesulei HaMukdashin* 17:18).

וְנִיפְרְקִינְהוּ וְנַפְּקִינְהוּ לְחוּלִּין! אֶלָּא: לְעוֹלָם שֶׁנִּשְׁחַט עֲלֵיהֶן הַזֶּבַח, וְנִשְׁפַּךְ הַדָּם.

The Gemara asks: **And let us redeem** the loaves from their consecrated status **and render them non-sacred,** and there will be no need to burn the loaves. **Rather,** the Gemara explains that **actually,** the case is one **where the** animal **offering was** indeed **slaughtered over** the loaves to permit **them, but** the animal's **blood spilled** before it could be sprinkled on the altar. Once the animal has been slaughtered, the loaves are fully consecrated and cannot be redeemed, but in this case, neither can they be eaten, as the blood was not sprinkled on the altar.

וּכְמַאן – כְּרַבִּי, דְּאָמַר רַבִּי: שְׁנֵי דְבָרִים הַמַּתִּירִין מַעֲלִין זֶה בְּלֹא זֶה. דְּתַנְיָא: כִּבְשֵׂי עֲצֶרֶת אֵין מְקַדְּשִׁין אֶת הַלֶּחֶם אֶלָּא בִּשְׁחִיטָה. כֵּיצַד? שְׁחָטָן לִשְׁמָן, וְזָרַק דָּמָן לִשְׁמָן – קִידֵּשׁ הַלֶּחֶם.

And in accordance with whose opinion is this statement that the slaughter of the animal consecrates the loaves and from that point they can no longer be redeemed? It is **in accordance with** the opinion of **Rabbi** Yehuda HaNasi, **as Rabbi** Yehuda HaNasi **said: Each** of **two factors** that are indispensable in **permitting** the sacrifice of an offering, **elevates** the subordinate components of the offering to consecrated status, **without the other.**[N] In this case, the loaves are consecrated when the animal to be sacrificed is slaughtered, even if the blood was not sprinkled, **as it was taught** in a *baraita*: **The lambs sacrificed** on the festival of **Assembly,** i.e., *Shavuot,* **consecrate the loaves** that accompany them **only by** means of their **slaughter.**[H] **How so? If one slaughtered** the lambs **for their** own **sake,** i.e., as lambs for *Shavuot,* in the appropriate manner, **and** the priest **sprinkled their blood for their** own **sake, the loaves are consecrated.**

שְׁחָטָן שֶׁלֹּא לִשְׁמָן וְזָרַק דָּמָן שֶׁלֹּא לִשְׁמָן – לֹא קִידֵּשׁ הַלֶּחֶם. שְׁחָטָן לִשְׁמָן וְזָרַק דָּמָן שֶׁלֹּא לִשְׁמָן – לֶחֶם קָדוֹשׁ וְאֵינוֹ קָדוֹשׁ, דִּבְרֵי רַבִּי.

However, if **one slaughtered them not for their** own **sake, and** the priest **sprinkled their blood not for their** own **sake, the loaves are not consecrated,** as the factors indispensable in rendering the offering permitted were not properly performed. **If one slaughtered them for their** own **sake, and he sprinkled their blood not for their** own **sake,** the fact that the lambs were properly slaughtered renders the loaves partially consecrated. Therefore, **the loaves are consecrated** to the extent that they cannot be redeemed, **but they are not consecrated** to the extent that they may be eaten. This is **the statement of Rabbi** Yehuda HaNasi.

רַבִּי אֶלְעָזָר בְּרַבִּי שִׁמְעוֹן אוֹמֵר: לְעוֹלָם אֵינוֹ קָדוֹשׁ הַלֶּחֶם עַד שֶׁיִּשְׁחוֹט לִשְׁמָן וְיִזְרוֹק דָּמָן לִשְׁמָן.

Rabbi Elazar, son of Rabbi Shimon, says: Actually, the loaves are consecrated only when one slaughters the offerings **for their** own **sake and sprinkles their blood for their** own **sake,** i.e., only if both factors indispensable in rendering the offering permitted were properly performed. The previous answer in the Gemara is in accordance with the opinion of Rabbi Yehuda HaNasi.

אֲפִילּוּ תֵּימָא רַבִּי אֶלְעָזָר בְּרַבִּי שִׁמְעוֹן, הָכָא בְּמַאי עָסְקִינַן – כְּגוֹן שֶׁנִּתְקַבֵּל הַדָּם בַּכּוֹס וְנִשְׁפַּךְ.

The Gemara adds: **Even if you say** that the previous answer is in accordance with the opinion of **Rabbi Elazar, son of Rabbi Shimon,** it is understood, as **with what** case **are we dealing here?** It is in a unique case **where** after the slaughter, **the blood was received in the cup and it** only then **spilled** before it was sprinkled.

וְרַבִּי אֶלְעָזָר בְּרַבִּי שִׁמְעוֹן סָבַר לַיהּ כְּאָבוּהּ, דְּאָמַר: כָּל הָעוֹמֵד לִזְרוֹק – כִּזְרוּק דָּמֵי.

And Rabbi Elazar, son of Rabbi Shimon, holds in accordance with the opinion of **his father,** Rabbi Shimon, **who stated** a principle: The legal status of **any** blood **that is about to be sprinkled** and prepared for sprinkling **is like** that of blood that **had** already **been sprinkled.** Therefore, the loaves are consecrated when the blood is received in the vessel and thereby prepared to be sprinkled. They may not be eaten until the blood is actually sprinkled.

תָּנָא, מִשּׁוּם רַבִּי אֶלְעָזָר אָמְרוּ: כְּשֵׁירוֹת הָיוּ, כָּל זְמַן שֶׁמּוּנָּחוֹת – כָּל הָעָם אוֹכְלִין, נִיטְּלָה אַחַת מֵהֶן – תּוֹלִין, לֹא אוֹכְלִין וְלֹא שׂוֹרְפִין. נִיטְּלוּ שְׁתֵּיהֶן – הִתְחִילוּ כּוּלָּן שׂוֹרְפִין.

It was taught in the *Tosefta* that **they said in the name of Rabbi Elazar:**[N] These loaves **were** entirely **fit. As long as** the loaves **were placed** there, **the entire nation** continued to **eat** leaven. When **one of** the loaves **was taken** away, the people knew that the time had come **to place** the leaven **in abeyance,** meaning that they **neither eat nor burn** their leaven. When **both** of the loaves **were taken** away, **they all began burning** their leaven.

תַּנְיָא אַבָּא שָׁאוּל אוֹמֵר:

It was taught in a *baraita* that **Abba Shaul says:**

NOTES

Each...elevates [*ma'alin*] without the other – מַעֲלִין זֶה בְּלֹא זֶה: Some versions of the Gemara read *mo'alin*, i.e., they are subject to the prohibition against the misuse of consecrated property. According to this opinion, this means that either of these acts performed alone consecrates the offering to the extent that one who derives benefit from it is considered to have misused consecrated property, despite the fact that each of these acts performed alone does not permit the priests to eat it (Rabbeinu Ḥananel).

They said in the name of Rabbi Elazar – מִשּׁוּם רַבִּי אֶלְעָזָר אָמְרוּ: The formulation of this phrase indicates that this statement is not cited in support of Rabbi Yannai's ruling, but it is an independent opinion (Maharam Ḥalawa).

שְׁתֵּי פָרוֹת הָיוּ חוֹרְשׁוֹת בְּהַר הַמִּשְׁחָה, כָּל זְמַן שֶׁשְּׁתֵּיהֶן חוֹרְשׁוֹת – כָּל הָעָם אוֹכְלִין, נִיטְּלָה אַחַת מֵהֶן – תּוֹלִין, לֹא אוֹכְלִין וְלֹא שׂוֹרְפִין. נִיטְּלוּ שְׁתֵּיהֶן – הִתְחִילוּ כָּל הָעָם שׂוֹרְפִין.

Two cows would plow[N] **on the Mount of Olives** on Passover eve. **As long as both of them are plowing, the entire nation** continues **to eat** leavened bread. When **one of the cows is taken** away, the people know that the time has come **to place** their leaven **in abeyance,** meaning that they **neither eat nor burn** it. When **both of them were taken** away, **the entire nation began burning** their leaven.

מתני׳ רַבִּי חֲנִינָא סְגַן הַכֹּהֲנִים אוֹמֵר: מִימֵיהֶם שֶׁל כֹּהֲנִים לֹא נִמְנְעוּ מִלִּשְׂרוֹף אֶת הַבָּשָׂר שֶׁנִּטְמָא בִּוְולַד הַטּוּמְאָה עִם הַבָּשָׂר שֶׁנִּטְמָא בְּאַב הַטּוּמְאָה, אַף עַל פִּי שֶׁמּוֹסִיפִין טוּמְאָה עַל טוּמְאָתוֹ.

MISHNA Apropos the removal of leaven on Passover eve, including the consecrated loaves of thanks-offerings and *teruma*, the mishna cites a related *halakha*. **Rabbi Ḥanina the deputy High Priest**[P] **says: In all the days of the priests,**[N] **they did not refrain from burning meat that became ritually impure by** coming into contact with **a secondary source of ritual impurity,** i.e., an object that had come into contact with a primary source of impurity, together **with meat that became ritually impure by** contact with **a primary source of impurity.**[H] They would do so **even though they** would thereby **add** a degree of **impurity to the impurity** of the first piece of meat, which was previously impure to a lesser degree.

הוֹסִיף רַבִּי עֲקִיבָא וְאָמַר: מִימֵיהֶם שֶׁל כֹּהֲנִים לֹא נִמְנְעוּ מִלְּהַדְלִיק אֶת הַשֶּׁמֶן שֶׁנִּפְסַל בִּטְבוּל יוֹם בְּנֵר שֶׁנִּטְמָא בִּטְמֵא מֵת, אַף עַל פִּי שֶׁמּוֹסִיפִין טוּמְאָה עַל טוּמְאָתוֹ.

Rabbi Akiva added to the statement of Rabbi Ḥanina the deputy High Priest **and said: In all the days of the priests, they did not refrain from lighting** *teruma* **oil that was** ritually **disqualified by** coming into contact with **one who immersed himself during that day** and who does not become completely purified until nightfall **in a lamp that became ritually impure** with first-degree impurity **through** contact with one who became **ritually impure** with impurity imparted by **a corpse.** They did so **even though they** would thereby **add impurity to** the **impurity** of the oil. A person who immersed himself during that day assumes the status of second-degree ritual impurity. His contact renders the oil ritually impure with third-degree ritual impurity. The lamp with first-degree ritual impurity renders the oil ritually impure with second-degree impurity.

אָמַר רַבִּי מֵאִיר: מִדִּבְרֵיהֶם לָמַדְנוּ שֶׁשּׂוֹרְפִין תְּרוּמָה טְהוֹרָה עִם הַטְּמֵאָה בַּפֶּסַח. אָמַר רַבִּי יוֹסֵי: אֵינָהּ הִיא הַמִּדָּה.

Rabbi Meir said: From their statements we learned that one may **burn ritually pure** *teruma* **with impure** *teruma* when removing leaven **on Passover** eve. The rationale that applies to the two previous cases applies here as well. Since both items are being burned, one may disregard the fact that one item will assume a higher degree of ritual impurity in the process. **Rabbi Yosei said: That is not the inference**[NH] from which the *halakha* in the case of ritually pure and ritually impure *teruma* can be learned. In those first two cases, the two items are both ritually impure, albeit at different degrees of ritual impurity. Rabbi Meir is referring to the combination of impure *teruma* with pure *teruma*, which would render pure *teruma* ritually impure.

וּמוֹדִים רַבִּי אֱלִיעֶזֶר וְרַבִּי יְהוֹשֻׁעַ שֶׁשּׂוֹרְפִין זוֹ לְעַצְמָהּ וְזוֹ לְעַצְמָהּ, עַל מָה נֶחְלְקוּ – עַל הַתְּלוּיָה וְעַל הַטְּמֵאָה, שֶׁרַבִּי אֱלִיעֶזֶר אוֹמֵר: תִּשָּׂרֵף זוֹ לְעַצְמָהּ וְזוֹ לְעַצְמָהּ, וְרַבִּי יְהוֹשֻׁעַ אוֹמֵר: שְׁתֵּיהֶן כְּאַחַת.

And in fact **Rabbi Eliezer and Rabbi Yehoshua,** who disagree with regard to the burning of leavened *teruma*, nevertheless **concede that one burns this** ritually pure *teruma* **by itself and that** impure *teruma* **by itself. With regard to what did they disagree?** They disagreed **with regard to** whether one may burn *teruma* **in abeyance,** i.e., *teruma* whose purity is uncertain, **and** definitely **impure** *teruma* together, **as Rabbi Eliezer says: This** *teruma* in abeyance **should be burned by itself, and that** impure *teruma* **should be burned by itself; and Rabbi Yehoshua says:** In that case, **both of them** may be burned **as one.**

NOTES

Two cows would plow – שְׁתֵּי פָרוֹת הָיוּ חוֹרְשׁוֹת: In the Jerusalem Talmud similar indicators are listed, e.g., lighting two lamps or unfurling two sheets. With regard to the question how they could have plowed on Passover eve when the custom is not to perform labor (see *Tosafot*), some explain that the Mount of Olives was not a field that needed plowing, and therefore this act involved no labor and was purely symbolic (Maharam Ḥalawa).

In all the days of the priests – מִימֵיהֶם שֶׁל כֹּהֲנִים: This mishna is from tractate *Eduyyot*, which consists of the testimonies of various Sages with regard to accepted practices, based on either firsthand experience or other Sages' opinions that were not universally known. These testimonies were generally accepted, and the *halakha* was ruled accordingly.

That is not the inference – אֵינָהּ הִיא הַמִּדָּה: This is a technical phrase used in legal expositions to note a logical error in the process of arriving at a previously noted conclusion. It states that the method of derivation, e.g., an *a fortiori* inference or analogy, is not appropriate in this context.

PERSONALITIES

Rabbi Ḥanina the deputy High Priest – רַבִּי חֲנִינָא סְגַן הַכֹּהֲנִים: Rabbi Ḥanina, or Ḥananya, the deputy High Priest, was one of the Sages who lived through the destruction of the Second Temple. He became a *tanna* while the Temple still stood and continued teaching after it was destroyed. According to one tradition, he was one of the ten martyrs killed by the Roman government in one of its infamous decrees after the destruction of the Temple.

As indicated by his title, Rabbi Ḥanina held the prominent position of deputy High Priest. This meant he was active in leading the daily Temple service and was next in line to replace the High Priest in the event that he was unable to serve due to illness or impurity. Rabbi Ḥanina apparently came from a very distinguished family that maintained close relations with the house of the *Nasi*.

Most of Rabbi Ḥanina's statements concern issues that relate to the Temple service, e.g., offerings or the *halakhot* of purity and impurity. One of Rabbi Ḥanina's sons, known as Rabbi Shimon, son of the deputy, was also a *tanna*.

HALAKHA

Burning impure meat – שְׂרֵיפַת בָּשָׂר טָמֵא: If a piece of meat became ritually impure through contact with a secondary source of ritual impurity, which is an object that had come into contact with a primary source of impurity, the priests did not refrain from burning it with meat that became ritually impure through contact with a primary source of impurity. The priests did so even though they thereby added a degree of impurity to the impurity of the first piece of meat, which had previously been impure to a lesser degree. This statement is in accordance with the opinion of Rabbi Ḥanina the deputy High Priest (see *Kesef Mishne*; Rambam *Sefer Avoda, Hilkhot Pesulei HaMukdashin* 19:6).

That is not the inference – אֵינָהּ הִיא הַמִּדָּה: One may not burn ritually pure leavened *teruma* with impure leavened *teruma* on Passover eve, in accordance with the opinion of Rabbi Yosei, as the *halakha* is ruled in accordance with his opinion in disputes with Rabbi Meir (Rambam *Sefer Zemanim, Hilkhot Ḥametz UMatza* 3:4).

GEMARA The Gemara analyzes the mishna's first statement: **Now consider, what is** the status of **meat that became ritually impure by** coming into contact with **a secondary source of impurity?**[B] It assumes **second**-degree ritual impurity status. **When one burns** that meat together **with meat that became ritually impure by** coming into contact with **a primary source of ritual impurity, what is** the status of that first piece of meat? It assumes **second**-degree ritual impurity status. Meat that touches a primary source of impurity assumes first-degree ritual impurity status, which transmits second-degree impurity to other meat.[B]

גמ׳ מִכְּדִי, בָּשָׂר שֶׁנִּטְמָא בִּוְלַד הַטּוּמְאָה מַאי הָוֵי – שֵׁנִי, כִּי שָׂרֵיף לֵיהּ בַּהֲדֵי בָּשָׂר שֶׁנִּטְמָא בְּאַב הַטּוּמְאָה מַאי הָוֵי – שֵׁנִי,

The Gemara continues: Since when the first piece of meat is placed next to the meat that came into contact with a primary source it assumes second-degree impurity, this **is** a case where the meat is with **second**-degree status, **and** through contact with the primary source it would assume **second**-degree status. In **what** sense **is there** a case of **adding impurity to its impurity** here? There is no change in the status of the first piece of meat at all.

שֵׁנִי וְשֵׁנִי הוּא, מַאי מוֹסִיף לוֹ טוּמְאָה עַל טוּמְאָתוֹ אִיכָּא?!

Rav Yehuda said: The above interpretation is incorrect, as **here we are dealing with** the **secondary source of a secondary source of ritual impurity,** i.e. meat that came in contact with second-degree ritual impurity. The statement in the mishna: That became ritually impure by coming into contact with a secondary source of ritual impurity, should not be understood as saying that it came into contact with meat with first-degree ritual impurity status, **as** in this case, the meat came into contact with meat with second-degree ritual impurity status and **is** impure with **third**-degree ritual impurity. **And** Rabbi Ḥanina the deputy High Priest **maintains** that **it is permitted to render** impure with **second**-degree impurity an object with **third**-degree ritual impurity by burning it with meat that came into contact with a primary source of ritual impurity.

אָמַר רַב יְהוּדָה: הָכָא בִּוְלַד וְולַד עָסְקִינַן, דְּהָוֵי לֵיהּ שְׁלִישִׁי, וְקָסָבַר: שְׁלִישִׁי מוּתָּר לַעֲשׂוֹתוֹ שֵׁנִי.

BACKGROUND

Meat that became ritually impure by a secondary source of impurity – בָּשָׂר שֶׁנִּטְמָא בִּוְלַד הַטּוּמְאָה: A straightforward reading of the mishna indicates that according to Rabbi Ḥanina, it is permitted to transmit impurity to meat that became impure through contact with a secondary source of impurity, with meat that became impure through contact with a primary source of impurity. However, the Gemara points out that this would cause no change in the degree of impurity of the meat that became impure through contact with a secondary source of impurity, as it began with second-degree status, and contact with meat with first-degree impurity would similarly confer upon it second-degree status.

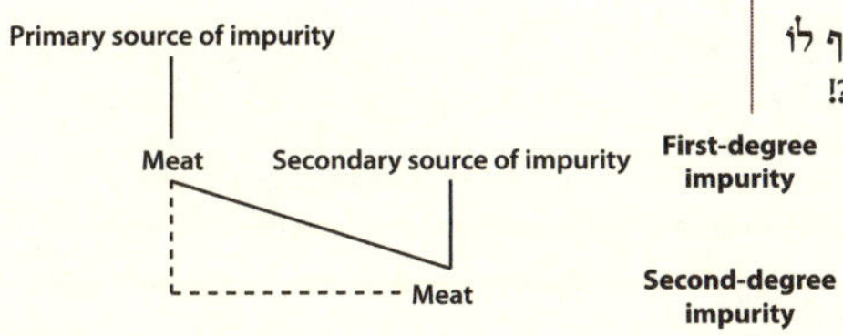

The Gemara answers that the meat that became impure through contact with a secondary source of impurity initially assumes third-degree ritual impurity status, and when it comes into contact with the other meat it assumes second-degree ritual impurity status.

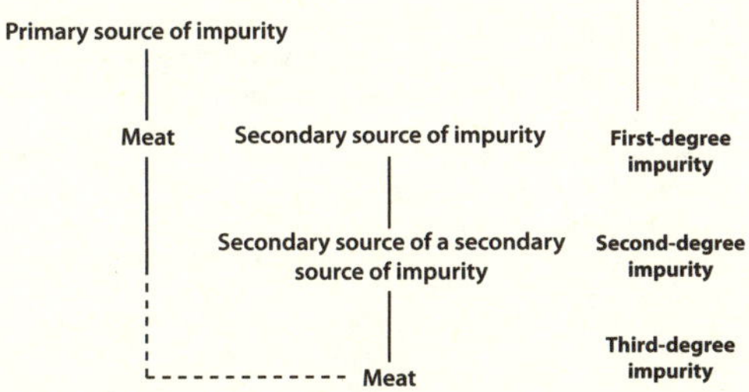

Table of levels of impurity – דַּרְגּוֹת הַטּוּמְאָה: This chart delineates the primary framework of the *halakhot* of ritual purity and impurity. However, it is important to remember that numerous details do not appear in this table of general principles.

Source	Example	Manner in which it transmits impurity
Ultimate primary source of ritual impurity	Corpse	Renders anything susceptible to ritual impurity, i.e., a primary source of ritual impurity
Primary source of ritual impurity	Any person or vessel that comes in contact with a corpse; leper; *zav*; dead creeping animal; animal carcass	Confers first-degree ritual impurity status upon any person, vessel, or food item
First-degree ritual impurity (secondary source of ritual impurity)	A person, vessel, or food item that comes in contact with a primary source of ritual impurity, e.g., dead creeping animal; *zav*; animal carcass; etc.	Confers second-degree ritual impurity status upon any foods or liquids; disqualifies non-sacred foods and liquids
Second-degree ritual impurity	Foods and liquids that come in contact with first-degree ritual impurity; one who immersed himself during that day; hands	Confers third-degree ritual impurity status upon consecrated foods and liquids; disqualifies *teruma*
Third-degree ritual impurity (applies only to *teruma* and consecrated items)	Foods and liquids that come in contact with second-degree ritual impurity	*Teruma* with this status is disqualified, and disqualifies consecrated foods and liquids
Fourth-degree ritual impurity (applies only to consecrated items)	Consecrated foods and liquids that come in contact with third-degree ritual impurity	Consecrated foods and liquids with this status are disqualified

Certain principles relating to the details of ritual purity and impurity must be added to this general outline. In the context of the *halakhot* of impurity, when the term disqualified is used, it means that the item in question is itself ritually impure; however, that item cannot render other items impure. In contrast, when the term ritually impure is used as opposed to the term disqualified, the item in question can transmit its impurity to other items.

The standard *halakha* is that the status of non-sacred foods is ritually impure when they have first-degree ritual impurity status and their status is disqualified when they have second-degree status. *Teruma*, which is of elevated sanctity, is disqualified even when it has third-degree status. Consecrated items, which have an even higher level of sanctity, are disqualified when they have fourth-degree status. There are additional levels of impurity, although they are not enumerated with the standard levels. During certain periods in Jewish history, there were groups who were especially vigilant in the fulfillment of mitzvot and were careful to eat their non-sacred foods according to the purity standards of *teruma*, i.e., they avoided having their food come in contact with second-degree ritual impurity. There were even those who were careful to eat their non-sacred foods according to the purity standards of consecrated items.

Another principle in the *halakhot* of impurity is that food can render other food ritually impure only by means of liquids, which serve as conductors of ritual impurity. An additional rabbinic decree was added to this *halakha*: All impure liquids, regardless of their degree of impurity, will always have first-degree ritual impurity status. There are very few cases where this decree does not apply.

וְהָא אֵין אוֹכֶל מְטַמֵּא אוֹכֶל! דְּתַנְיָא: יָכוֹל יְהֵא אוֹכֶל מְטַמֵּא אוֹכֶל – תַּלְמוּד לוֹמַר: "וְכִי יֻתַּן מַיִם עַל זֶרַע וְנָפַל מִנִּבְלָתָם עָלָיו טָמֵא הוּא" – הוּא טָמֵא, וְאֵין עוֹשֶׂה כַּיּוֹצֵא בּוֹ טָמֵא.

The Gemara raises a difficulty: **Isn't** there a principle that **food does not transmit ritual impurity to** other **food, as it was taught** in a *baraita*: I **might** have thought that **food transmits impurity to** other **food**; therefore, **the verse states: "And if water is placed upon the seed, and any** part **of a carcass falls upon it, it is impure"** (Leviticus 11:38). The Sages derived from this verse: **It,** the food exposed to the source of impurity, **is impure, but it does not render similar** foods **impure.** Apparently, food does not transmit impurity to other food.

הָנִיחָא לְאַבַּיֵי דְּאָמַר: לֹא שָׁנוּ אֶלָּא בְּחוּלִּין, אֲבָל בִּתְרוּמָה וְקָדָשִׁים – עוֹשֶׂה כַּיּוֹצֵא בּוֹ.

This works out **well according to** the opinion of **Abaye, who said: They taught** this principle that food does not transmit ritual impurity to other food **only with regard to non-sacred** food; **however, with regard to** ***teruma*** **and consecrated** food, food **transmits** impurity to other foods it touches, and **it renders** the *teruma* or consecrated food **similar to it** in terms of impurity.

וּלְרַב אַדָּא בַּר אַהֲבָה מִשְּׁמֵיהּ דְּרָבָא נַמִי, דְּאָמַר: לֹא שָׁנוּ אֶלָּא חוּלִּין וּתְרוּמָה אֲבָל בְּקָדָשִׁים – עוֹשֶׂה כַּיּוֹצֵא בָּהֶן – שַׁפִּיר.

And this is **also** the case **according to** the opinion stated by **Rav Adda bar Ahava in the name of Rava, who said: They taught** this principle, that food does not transmit ritual impurity to other food, **only with regard to non-sacred** food **and** ***teruma*****; however, with regard to consecrated** food, food **transmits** impurity to other foods it touches, and **it renders** the consecrated food **similar to it** in terms of impurity. According to this opinion, it works out **well.** As the mishna is dealing with a case of consecrated meat, impurity can be transmitted from one food item to another.

אֶלָּא לְרָבִינָא מִשְּׁמֵיהּ דְּרָבָא, דְּאָמַר: מִקְרָא מָלֵא דִּיבֵּר הַכָּתוּב, לָא שְׁנָא חוּלִּין לָא שְׁנָא תְּרוּמָה, לָא שְׁנָא קָדָשִׁים – אֵינוֹ עוֹשֶׂה כַּיּוֹצֵא בּוֹ. מַאי אִיכָּא לְמֵימַר?

However, this is not the case **according to** the opinion stated by **Ravina in the name of Rava, who said: The Torah stated** this principle in **a categorical verse,** without any exceptions, meaning it is **no different** with regard to **non-sacred** food, and it is **no different** with regard to ***teruma*****, and** it is **no different** with regard to **consecrated** food, as in all of these cases one type of food **does not render** other food **similar to it** in terms of impurity. According to this opinion, **what can be said** in terms of understanding the statement in the mishna: Even though they thereby add impurity to its impurity?

הָכָא בְּמַאי עָסְקִינַן – דְּאִיכָּא מַשְׁקִין בַּהֲדֵי בָּשָׂר, דְּקָא מִיטַּמֵּא מֵחֲמַת מַשְׁקִין.

The Gemara answers in defense of this opinion: **With what are we dealing here?** It is with a case **where there are liquids with the meat** when it comes into contact with the primary source of ritual impurity. Since the other piece of meat comes into contact with the liquid on that meat, **it becomes impure due to** contact with **the liquid.** Although food does not transmit impurity to food, liquid transmits impurity to food.

אִי הָכִי, הַאי "עִם הַבָּשָׂר שֶׁנִּטְמָא בְּאַב הַטּוּמְאָה"? "עִם הַבָּשָׂר וּמַשְׁקִין" מִיבָּעֵי לֵיהּ! אֶלָּא: נְהִי דְּאֵין אוֹכֶל מְטַמֵּא אוֹכֶל מִדְּאוֹרַיְיתָא, מִדְּרַבָּנַן מִיהוּ מְטַמֵּא.

The Gemara raises a difficulty: **If so, this** phrase: **With meat that became ritually impure by** contact with **a primary source of impurity,** is imprecise. The *tanna* **should have** said: **With meat and liquids,** as the liquids are essential for the transmission of impurity. **Rather,** the Gemara explains: **Although food does not transmit impurity to** other **food by Torah law, in any event, by rabbinic law,** food **transmits impurity** to other food.[H] The mishna is based on the rabbinic decree that food transmits impurity to other food.

"הוֹסִיף רַבִּי עֲקִיבָא מִימֵיהֶן שֶׁל כֹּהֲנִים לֹא נִמְנְעוּ מִלְּהַדְלִיק כו'". מִכְּדִי, שֶׁמֶן שֶׁנִּפְסַל בִּטְבוּל יוֹם מַאי הָוֵי – שְׁלִישִׁי, וְכִי מַדְלִיק לֵיהּ בְּנֵר שֶׁנִּטְמָא בִּטְמֵא מֵת מַאי הָוֵי – שֵׁנִי,

It was stated in the mishna that **Rabbi Akiva added: In** all **the days of the priests, they did not refrain from lighting** *teruma* oil that was ritually disqualified by coming into contact with one who immersed himself during that day, in a lamp that was rendered ritually impure with first-degree impurity through contact with one who became ritually impure with impurity imparted by a corpse. The Gemara asks: **Now** consider, **what is** the status of **oil that was disqualified by one who immersed himself during that day?** As one who immersed himself during that day assumes second-degree impurity, the oil that he touches assumes **third**-degree ritual impurity status. **And when he lights it in a lamp that was rendered ritually impure through** contact with one who became **ritually impure** with impurity imparted by **a corpse,** who has first-degree impurity status, **what is** the impurity status of the oil? It assumes **second**-degree ritual impurity status.

HALAKHA

Food transmits impurity to food – **אוֹכֶל מְטַמֵּא אוֹכֶל:** Food does not transmit impurity to other food by Torah law; however, it does do so by rabbinic decree (Rambam *Sefer Tahara, Hilkhot She'ar Avot HaTumot* 7:1).

BACKGROUND

Metal lamp – נֵר שֶׁל מַתֶּכֶת:

Metal lamp from the talmudic period discovered in Beit She'an

HALAKHA

An impure lamp and oil – נֵר טָמֵא וְשֶׁמֶן: One may light oil that was disqualified by contact with a person who immersed himself during that day and thereby assumed third-degree ritual impurity status, in a metal lamp that came into contact with one who is impure with impurity imparted by a corpse and who thereby assumed first-degree ritual impurity status. This ruling is in accordance with Rabbi Akiva's testimony and Rav Yehuda's ensuing explanation (Rambam *Sefer Avoda, Hilkhot Pesulei HaMukdashin* 19:6).

מַאי קָא מַשְׁמַע לָן – שְׁלִישִׁי מוּתָּר לַעֲשׂוֹתוֹ שֵׁנִי, הַיְינוּ הָךְ! אָמַר רַב יְהוּדָה: הָכָא בְּנֵר שֶׁל מַתֶּכֶת עָסְקִינַן, דְּרַחֲמָנָא אָמַר

If so, **what is** Rabbi Akiva **teaching us** by this *halakha*? This statement apparently teaches us that with regard to an object that is ritually impure with **third**-degree impurity status, **it is permitted to render it** impure with **second**-degree impurity status. Yet **this is** the same *halakha* as **that** which was taught by Rabbi Ḥanina the deputy High Priest. What is novel about the *halakha* taught by Rabbi Akiva? **Rav Yehuda said: Here, we are dealing with a metal lamp,**[B] which has a unique halakhic status.[H] **As the Merciful One states:**

Perek **I**
Daf **14** Amud **b**

NOTES

One who is slain with a sword – חֲלַל חֶרֶב: With regard to the statement: The legal status of a metal sword is like that of one who is slain, the *Arukh* explains that if the verse had merely wanted to teach the basic *halakha*, it could have stated simply: One who is slain. By stating "one who is slain with a sword," the verse teaches that the sword itself is rendered impure with a degree of impurity equal to that of a corpse. Some commentaries explain that since the subject of a sentence and its modifier can be reversed, the expression: One slain with a sword, can be interpreted hermeneutically as though it read: The sword of one who is slain, i.e., a sword that kills a person, assumes the degree of impurity of a corpse (Rashash).

Metal that touched a corpse – מַתֶּכֶת שֶׁנָּגְעָה בְּמֵת: There are different opinions with regard to this *halakha*. Some commentaries explain that any metal vessel other than a sword that touches a dead body is rendered a primary source of ritual impurity (Maharam Ḥalawa). Others maintain that the legal status of metal and all other types of vessels, e.g., wooden or earthenware utensils, is similar with regard to their degree of impurity due to contact with a corpse (Rambam; Rashba). Yet others contend that earthenware vessels that come into contact with a corpse assume first-degree ritual impurity status, while other types of vessels that touch a corpse are rendered a primary source of impurity. Metal vessels, however, are rendered an ultimate primary source of impurity, like the corpse itself (Rabbeinu Tam). Some authorities suggest that this *halakha* applies only to a weapon used to kill a person. They explain that the Gemara is referring to a case where the lamp was used to kill someone (cited in Rabbeinu Ḥananel, based on the *ge'onim*).

"בַּחֲלַל חֶרֶב" – חֶרֶב הֲרֵי הוּא כֶּחָלָל, וְהָוְיָא לֵיהּ אַב הַטּוּמְאָה, וְקָסָבַר: שְׁלִישִׁי מוּתָּר לַעֲשׂוֹתוֹ רִאשׁוֹן.

"And whoever touches **one who is slain with a sword**[N] in the open field, or one who dies on his own, or a bone of a man, or a grave, shall be unclean seven days" (Numbers 19:16). The Sages derived from the phrase: One who is slain with a sword, that the legal status of a metal **sword** in terms of its degree of impurity **is like** that of **one who is slain.** Any metal vessel that becomes impure through contact with a corpse[N] assumes the impurity status of a corpse, the ultimate primary source of ritual impurity. The same is true with regard to a metal vessel that came into contact with a person or vessel that became impure with impurity imparted by a corpse. In that case the metal vessel assumes the impurity status of that person or vessel, **and** therefore, **this** metal lamp **is a primary source of impurity. And** yet Rabbi Akiva **maintains** that **it is permitted to render** this oil, which is impure with **third**-degree impurity, impure with **first**-degree impurity through contact with the metal lamp.[B]

וּמַאי דּוֹחְקֵיהּ דְּרַב יְהוּדָה לְאוֹקְמֵיהּ בְּנֵר שֶׁל מַתֶּכֶת? נוֹקְמֵיהּ בְּנֵר שֶׁל חֶרֶס,

The Gemara asks: **And what impelled Rav Yehuda to establish** the mishna as referring specifically to the case **of a metal lamp? Let him establish it** as referring specifically to the case **of an earthenware lamp.**

BACKGROUND

Oil in a metal lamp – שֶׁמֶן בְּנֵר מַתֶּכֶת: The diagram depicts how oil that was ritually impure with third-degree impurity assumes first-degree ritual impurity status through contact with a lamp that came into contact with a corpse.

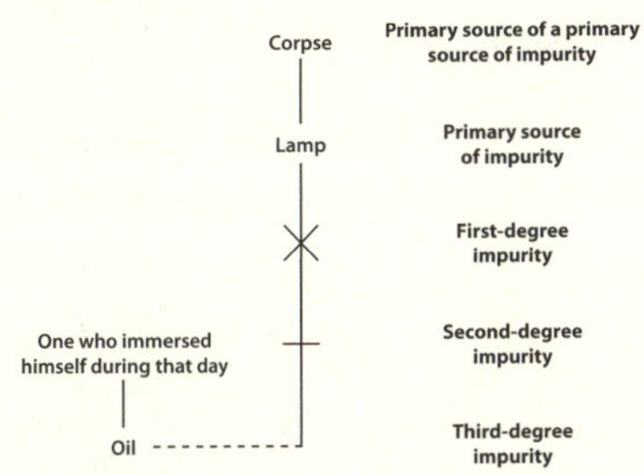

וּמַאי הוֹסִיף – דְּאִילּוּ הָתָם טָמֵא וְטָמֵא, וְאִילּוּ הָכָא – פָּסוּל וְטָמֵא!

And if so, **what does** Rabbi Akiva's statement **add?** The Gemara answers: **Whereas there,** in Rabbi Ḥanina's testimony, he is referring to a case where one piece of **ritually impure** meat came into contact with another piece of **impure** meat, **here,** in Rabbi Akiva's testimony, he is referring to a case where oil that is **disqualified** came into contact with a lamp with first-degree impurity status, rendering the oil **impure.**[N] Oil with second-degree ritual impurity status disqualifies *teruma*, as *teruma* with third-degree ritual impurity status does not transmit ritual impurity to other *teruma*. In that case, the novelty in Rabbi Akiva's statement is that a disqualified item is burned together with an impure item even though it is thereby rendered impure.

אָמַר רָבָא: מַתְנִיתִין קְשִׁיתֵיהּ, מַאי אִירְיָא דְּתָנֵי נֵר שֶׁנִּטְמָא בִּטְמֵא מֵת? נִיתְנֵי שֶׁנִּטְמָא בְּשֶׁרֶץ!

Rava said: The mishna was difficult for Rav Yehuda: **Why** did the *tanna* **specifically teach** the case of **a lamp that became ritually impure** with first-degree impurity **through** contact with one who became **ritually impure** with impurity imparted by **a corpse? Let it teach that** the lamp **became impure by** contact with **a creeping animal,** which is a much more common primary source of impurity.

אֶלָּא: אֵיזֶהוּ דָּבָר שֶׁחֲלוּקָה טוּמְאָתוֹ בֵּין טוּמְאַת מֵת לְשֶׁרֶץ – הֱוֵי אוֹמֵר זֶה מַתֶּכֶת.

Rather, what is the substance with regard to **which** there is **a distinction between its impurity** when exposed to **impurity** imparted by **a corpse** and its impurity when exposed to impurity imparted by **a creeping animal? You must say** that the substance **is metal.** A metal vessel that comes into contact with a creeping animal assumes first-degree ritual impurity status, whereas if it comes into contact with a person or a vessel that came into contact with a corpse, it becomes a primary source of impurity.

אָמַר רָבָא: שְׁמַע מִינָּהּ, קָסָבַר רַבִּי עֲקִיבָא: טוּמְאַת מַשְׁקִין לְטַמֵּא אֲחֵרִים – דְּאוֹרַיְיתָא. דְּאִי סָלְקָא דַּעְתָּךְ דְּרַבָּנַן – מִכְּדִי, הַאי נֵר מַאי קָא מְהַנְּיָא לְהַאי שֶׁמֶן? אִי לְאִיפְּסוּלֵי גּוּפֵיהּ – הָא פָּסִיל וְקָאֵי.

Rava said: Learn from this statement that **Rabbi Akiva holds: The ritual impurity of liquids** with regard **to transmitting impurity to other** objects **is by Torah law,** contrary to those *tanna'im* who hold that liquids transmit impurity only by rabbinic decree. **As, if it enters your mind** that this type of impurity is **by rabbinic law, now, this lamp, what effect does** this lamp **have on that oil? If** it is to **disqualify** the oil **itself, it is** already **disqualified from the outset.** Rather, Rabbi Akiva evidently maintains that through contact with the lamp this oil becomes impure and transmits impurity to food by Torah law.

מִמַּאי, דִּילְמָא לְטַמֵּא אֲחֵרִים מִדְּרַבָּנַן! אִי מִדְּרַבָּנַן – מַאי אִירְיָא בְּאַב הַטּוּמְאָה, אֲפִילּוּ בְּרִאשׁוֹן וְשֵׁנִי נַמִּי תְּחִלָּה הָוֵי,

The Gemara raises a difficulty: **From where** do you know that this is Rabbi Akiva's opinion? **Perhaps** Rabbi Akiva holds that through contact with the lamp, the oil will be able **to transmit ritual impurity to other** objects **by rabbinic law.** The Gemara rejects this suggestion: **If** the oil confers impurity **by rabbinic law, why** does Rabbi Akiva refer **particularly** to a case where the oil became impure **by** contact with **a primary source of impurity?** If Rabbi Akiva sought to cite an example of rabbinic impurity, he could have cited **even** a case where the oil came into contact **with** an object with **first**-degree impurity status, **or** an item with **second**-degree impurity status. By rabbinic law, in those cases **too,** the oil **is** impure with **first**-degree ritual impurity and transmits impurity to food.

דִּתְנַן: כָּל הַפּוֹסֵל אֶת הַתְּרוּמָה – מְטַמֵּא מַשְׁקִין לִהְיוֹת תְּחִלָּה, חוּץ מִטְּבוּל יוֹם.

The Gemara cites the source for that *halakha*. **As we learned** in a mishna: **Any item that disqualifies *teruma*,**[H] e.g., anything with second-degree ritual impurity status, **transmits impurity to liquids,** conferring upon them **first**-degree ritual impurity status. These liquids assume a higher degree of impurity than the item that rendered them impure. This rabbinic decree applies to anything with second-degree ritual impurity status **except** for one **who** was impure and **immersed himself during that day**[N] and the sun has not yet set. If such a person touches liquids, he does not confer upon them first-degree impurity status. Instead, that case conforms to the standard process of transmission of ritual impurity, and he confers upon them third-degree ritual impurity status and invalidates them.[H]

NOTES

Disqualified and impure – **פָּסוּל וְטָמֵא**: Some commentaries maintain that there is no Torah prohibition against adding impurity to an already impure item. However, there is a prohibition against disqualifying items from their intended purpose in the performance of a mitzva, i.e., if the mitzva can be performed only with ritually pure items (*Ḥazon Ish*).

One who immersed himself during that day – **טְבוּל יוֹם**: A unique set of *halakhot* applies to one who immersed himself during that day. Although he assumes second-degree ritual impurity status, he does not render *teruma* liquids impure. There are two different reasons for this leniency. First, the impurity of the one who immersed himself during that day is a weak form of impurity, as he has already immersed, and only a vestige of his former impurity remains. Therefore the Sages were not as stringent with him as they were with items with second-degree ritual impurity. Conversely, unlike other types of second-decree ritual impurity, the impurity of one who immersed himself during that day is by Torah law, and therefore the Sages did not deem it necessary to issue additional decrees with regard to his impurity (Rabbi Meir Arak).

HALAKHA

Any item that disqualifies *teruma* – **כָּל הַפּוֹסֵל אֶת הַתְּרוּמָה**: Any item that disqualifies *teruma*, i.e., an item with second-degree ritual impurity, renders liquid impure with first-degree impurity (Rambam *Sefer Tahara*, *Hilkhot She'ar Avot HaTumot* 7:5).

Liquid touched by one who immersed himself during that day – **מַשְׁקִים שֶׁנָּגַע בָּהֶם טְבוּל יוֹם**: If one who immersed himself during that day touches *teruma* liquid, he does not render it impure with first-degree impurity. Instead, the liquid assumes third-degree ritual impurity status. This is a unique *halakha* that applies only to one who immersed himself during that day (Rambam *Sefer Tahara*, *Hilkhot She'ar Avot HaTumot* 10:3).

NOTES

A primary source of impurity by Torah law – אַב הַטּוּמְאָה דְּאוֹרַיְיתָא: See Rashi. Some commentaries maintain that certain primary sources of impurity are by rabbinic decree, such as the impurity of a *beit haperas*, a field in which there is a grave or a corpse that cannot be located, and the impurity of the land of the nations, i.e., all lands outside Eretz Yisrael (*Tosafot*).

אֶלָּא שְׁמַע מִינַּהּ: דְּאוֹרַיְיתָא הִיא.

The Gemara concludes: **Rather, learn from** the fact that Rabbi Akiva did not cite the example of oil that became impure through contact with an item with first or second-degree ritual impurity that Rabbi Akiva holds that the *halakha* that liquids transmit impurity to other items **is by Torah law.**

"אָמַר רַבִּי מֵאִיר מִדִּבְרֵיהֶם לָמַדְנוּ וכו׳". מִדִּבְרֵיהֶם דְּמַאן? אִילֵּימָא מִדִּבְרֵי רַבִּי חֲנִינָא סְגַן הַכֹּהֲנִים – מִי דָּמֵי? הָתָם – טָמֵא וְטָמֵא, הָכָא – טָהוֹר וְטָמֵא.

It was taught in the mishna that **Rabbi Meir said: From their statements we learned** that one may burn ritually pure *teruma* with impure *teruma* when removing leaven on Passover eve. The Gemara asks: **From whose statements** was this conclusion inferred? **If you say** that this conclusion is inferred **from the statement of Rabbi Ḥanina, the deputy High Priest, is** Rabbi Meir's statement **comparable** to that case? **There,** Rabbi Ḥanina said that one may burn one **ritually impure** item **and** another **ritually impure** item together, whereas **here,** Rabbi Meir is referring to burning **pure and impure** *teruma* together.

וְאֶלָּא מִדִּבְרֵי רַבִּי עֲקִיבָא – מִי דָּמֵי? הָתָם – פָּסוּל וְטָמֵא, הָכָא – טָהוֹר וְטָמֵא.

But rather, Rabbi Meir's conclusion is inferred **from the statement of Rabbi Akiva. Is it comparable** to that case? **There,** Rabbi Akiva said that a **disqualified** item and an **impure** item may be burned together, whereas **here,** Rabbi Meir is referring to burning a **pure** item and an **impure** item together.

נֵימָא קָסָבַר רַבִּי מֵאִיר: מַתְנִיתִין בְּאַב הַטּוּמְאָה דְּאוֹרַיְיתָא, וּוְלַד הַטּוּמְאָה דְּרַבָּנַן. דְּמִדְּאוֹרַיְיתָא טָהוֹר מַעַלְיָא,

The Gemara suggests: **Let us say** that **Rabbi Meir maintains** that **the mishna** is referring **to** an object that is **a primary source of impurity by Torah law**[N] **and** an object that is **a secondary source of impurity by rabbinic law, which by Torah law is entirely pure.** Since the *teruma* is pure by Torah law, the novelty of Rabbi Meir's statement is that although by Torah law one of the foods is pure and the other is impure, due to the rabbinic decree of impurity, one may burn the two items together.

Perek **I**
Daf **15** Amud **a**

NOTES

From their statements – מִדִּבְרֵיהֶם: In the Jerusalem Talmud it is stated that Rabbi Meir's inference is based on the statements of both Rabbi Ḥanina the deputy High Priest and Rabbi Akiva, which resolves the grammatical difficulty of the use of a plural phrase to refer to a statement by one Sage. Rabbi Meir refers to the statements of both Sages because Rabbi Akiva agrees with Rabbi Ḥanina's statement and elaborates upon it.

He may place it in a vulnerable place – יַנִּיחֶנָּה בְּמָקוֹם הַתּוּרְפָּה: Some commentaries explain that with regard to *teruma* about which uncertainty developed as to its impurity, one need not place it in an exposed place, but one is permitted to do so. However, others maintain that one should specifically place the barrel in a vulnerable place so that it will definitely contract ritual impurity, as it is improper to destroy *teruma* whose impurity is uncertain. In this case, it is preferable that the *teruma* be rendered definitely impure so that it can be destroyed (Rambam's Commentary on the Mishna). Yet other authorities reach the same conclusion with a different rationale: They base their ruling on the principle that it is a mitzva to derive benefit from *teruma*, whether by eating pure *teruma* or by burning impure *teruma*. However, there is no permitted manner to derive benefit from *teruma* whose impurity is uncertain. Consequently, it is preferable for the *teruma* to be rendered impure so that benefit may be derived from it (Rabbeinu Ḥananel).

Safeguarding *teruma* – שְׁמִירַת הַתְּרוּמָה: Since *teruma* is awarded to priests as a sacred gift, it must be treated appropriately and protected so that it is neither lost nor destroyed. Everyone agrees that it is both permitted and proper for priests to derive benefit from impure *teruma*, provided there is no concern lest they unwittingly come to eat it. Rabbi Yehoshua and Rabbi Eliezer disagree only with regard to whether the priest must protect *teruma* whose impurity is uncertain, or whether he is not obligated to do so and the produce is treated as though it were definitely impure (see Rabbeinu Ḥananel).

וּמַאי מִדִּבְרֵיהֶם – מִדִּבְרֵי רַבִּי חֲנִינָא סְגַן הַכֹּהֲנִים.

And what did Rabbi Meir mean when he said: **From their statements?**[N] He meant: **From the statement of Rabbi Ḥanina the deputy High Priest.**

אָמַר רֵישׁ לָקִישׁ מִשּׁוּם בַּר קַפָּרָא: מַתְנִיתִין בְּאַב הַטּוּמְאָה דְּאוֹרַיְיתָא וּוְלַד הַטּוּמְאָה דְּאוֹרַיְיתָא, וּמַאי מִדִּבְרֵיהֶם – מִדִּבְרֵי רַבִּי אֱלִיעֶזֶר וְרַבִּי יְהוֹשֻׁעַ.

Reish Lakish said another explanation of the mishna **in the name of bar Kappara:** The case in the **mishna** is one involving **a primary source of ritual impurity by Torah law and a secondary source of impurity by Torah law. And what** did Rabbi Meir mean by the phrase: **From their statements?** He was not referring to the *tanna'im* in this mishna, but rather: **From the statements of Rabbi Eliezer and Rabbi Yehoshua** cited elsewhere.

הֵי רַבִּי יְהוֹשֻׁעַ? אִילֵּימָא הָא רַבִּי יְהוֹשֻׁעַ, דִּתְנַן: חָבִית שֶׁל תְּרוּמָה שֶׁנּוֹלַד לָהּ סְפֵק טוּמְאָה, רַבִּי אֱלִיעֶזֶר אוֹמֵר: אִם הָיְתָה מוּנַּחַת בְּמָקוֹם הַתּוּרְפָּה – יַנִּיחֶנָּה בְּמָקוֹם הַמּוּצְנָע, וְאִם הָיְתָה מְגוּלָּה – יְכַסֶּנָּה.

The Gemara asks: To **which** statement of **Rabbi Yehoshua** is Rabbi Meir referring? **If you say** he is referring to **this** statement of **Rabbi Yehoshua, as we learned** in a mishna: In the case of a **barrel of *teruma*** produce **with regard to which uncertainty developed** with regard to its **impurity,** and which therefore may not be eaten, **Rabbi Eliezer says** that one must nevertheless safeguard the *teruma* from ritual impurity. Therefore, he maintains: **If** the barrel **was resting in a vulnerable place,** where it may come into contact with impurity, **one should place it in a concealed place, and if it was exposed, he should cover it.**

רַבִּי יְהוֹשֻׁעַ אוֹמֵר: אִם הָיְתָה מוּנַּחַת בְּמָקוֹם הַמּוּצְנָע – יַנִּיחֶנָּה בְּמָקוֹם הַתּוּרְפָּה, וְאִם הָיְתָה מְכוּסָּה – יְגַלֶּנָּה.

Rabbi Yehoshua says: That is not necessary. Rather, even **if it was placed in a concealed place,** he may **place it in a vulnerable place**[N] if he chooses. **And if it was covered, he** may **expose it,** as he need no longer safeguard this *teruma* from impurity.[N] According to Rabbi Yehoshua, as *teruma* whose impurity status is uncertain, may be used only for lighting a fire, there is no requirement to prevent it from contact with ritual impurity. The same reasoning applies to pure leaven: One is not required to safeguard it from impurity in the process of its removal.

מִי דָּמֵי? הָתָם – גְּרָמָא בְּעָלְמָא, הָכָא – בְּיָדַיִם.

The Gemara rejects the comparison: **Is** this dispute with regard to the placement of doubtfully impure *teruma* **comparable** to the case of burning ritually pure and impure items together? **There,** Rabbi Yehoshua permits **mere** passive **causation** of impurity; however, he does not permit one to actively render *teruma* whose impurity status is uncertain, impure. **Here,** however, in the statement of Rabbi Meir, he actively renders leavened *teruma* **impure with** his **hands.**

אֶלָּא – הָא רַבִּי יְהוֹשֻׁעַ, דִּתְנַן: חָבִית שֶׁל תְּרוּמָה שֶׁנִּשְׁבְּרָה בַּגַּת הָעֶלְיוֹנָה, וְתַחְתּוֹנָה חוּלִּין טְמֵאִין,

Rather, Rabbi Meir did not infer his opinion from that statement; instead, he inferred it from **this** other statement of **Rabbi Yehoshua. As we learned** in a mishna: With regard to **a barrel of** *teruma* wine **that broke in the upper** area of a **winepress,** where grapes are pressed, **and** there is **impure, non-sacred** wine in the **lower** area of the press,[B] where the wine flows from the upper area, the following dilemma arises: If the *teruma* wine flows into the non-sacred wine, the *teruma* will be rendered ritually impure. The result will be significant financial loss, as the legal status of all the wine in the lower press will be that of impure *teruma*, which is prohibited even for priests to drink.

מוֹדֶה רַבִּי אֱלִיעֶזֶר וְרַבִּי יְהוֹשֻׁעַ שֶׁאִם יָכוֹל לְהַצִּיל מִמֶּנָּה רְבִיעִית בְּטׇהֳרָה – יַצִּיל. וְאִם לָאו, רַבִּי אֱלִיעֶזֶר אוֹמֵר: תֵּרֵד וְתִטַּמֵּא וְאַל יְטַמְּאֶנָּה בַּיָּד, רַבִּי יְהוֹשֻׁעַ אוֹמֵר: אַף יְטַמְּאֶנָּה בַּיָּד.

In that case, **Rabbi Eliezer and Rabbi Yehoshua concede that if one is able to rescue** even **a quarter-*log* from** the barrel that broke by receiving the *teruma* wine in a vessel before it becomes impure, and thereby keep the wine **in** a state of **ritual purity, he** should **rescue** it. **And if** one **cannot** receive the wine in a pure vessel, as only impure vessels are available, such that if he uses them to receive the wine or to seal the upper press he will render the *teruma* impure, **Rabbi Eliezer says:** The *teruma* wine should be allowed to **descend and become impure** on its own, **but** one should **not** actively **render it impure with** his **hand. Rabbi Yehoshua says:**[N] **One** may **even render it impure with** his **hand.** Since it will become impure on its own regardless of his actions, there is no objection to rendering the *teruma* impure preemptively in order to prevent greater financial loss. Apparently, according to Rabbi Yehoshua, it is permitted to render an item impure if it will be lost in any case.

אִי הָכִי, הַאי "מִדִּבְרֵיהֶם"? "מִדְּבָרָיו" מִיבְּעֵי לֵיהּ!

The Gemara raises a difficulty: **If so,** that Rabbi Meir is referring to the above dispute, **this** expression: **From their statements,** is imprecise, as his ruling is not based on Rabbi Eliezer's opinion at all. Instead, Rabbi Meir **should have** said: **From his statement,** as he learns his ruling solely from the opinion of Rabbi Yehoshua.

הָכִי קָאָמַר: מִמַּחֲלוֹקְתָּן שֶׁל רַבִּי אֱלִיעֶזֶר וְרַבִּי יְהוֹשֻׁעַ לָמַדְנוּ. דַּיְקָא נָמֵי, דְּקָתָנֵי: מוֹדֶה רַבִּי אֱלִיעֶזֶר וְרַבִּי יְהוֹשֻׁעַ, שְׁמַע מִינַּהּ.

The Gemara answers that **this is** what Rabbi Meir **is saying: We learned** this ruling **from the dispute between Rabbi Eliezer and Rabbi Yehoshua.** Since the *halakha* is in accordance with the opinion of Rabbi Yehoshua, this is a substantive source. The Gemara comments: The language of the mishna **is also precise,** as the continuation of the mishna **teaches: Rabbi Eliezer and Rabbi Yehoshua concede.** This indicates that Rabbi Meir is referring to their opinions. The Gemara concludes: Indeed, **learn from it** that this is the correct interpretation of Rabbi Meir's statement.

וְכֵן אָמַר רַב נַחְמָן אָמַר רַבָּה בַּר אֲבוּהּ: מַתְנִיתִין בְּאַב הַטּוּמְאָה דְּאוֹרָיְיתָא וּוְלַד הַטּוּמְאָה דְּאוֹרָיְיתָא. וּמַאי "מִדִּבְרֵיהֶם" – מִדִּבְרֵי רַבִּי אֱלִיעֶזֶר וְרַבִּי יְהוֹשֻׁעַ.

And likewise, Rav Naḥman said that **Rabba bar Avuh said: The** case in the **mishna** is one involving **a primary source of ritual impurity by Torah law and a secondary source of impurity by Torah law. And what** is the meaning of the phrase: **From their statements?** It means **from the statements** of **Rabbi Eliezer and Rabbi Yehoshua** in the dispute cited above.

אֵיתִיבֵיהּ רָבָא לְרַב נַחְמָן, אָמַר רַבִּי יוֹסֵי: אֵין הַנִּדּוֹן דּוֹמֶה לָרְאָיָה, כְּשֶׁהֵעִידוּ רַבּוֹתֵינוּ, עַל מָה הֵעִידוּ – אִם עַל הַבָּשָׂר שֶׁנִּטְמָא בִּוְולַד הַטּוּמְאָה שֶׁשּׂוֹרְפִין אוֹתוֹ עִם הַבָּשָׂר שֶׁנִּטְמָא בְּאַב הַטּוּמְאָה – זֶה טָמֵא וְזֶה טָמֵא;

Rava raised an objection to the opinion of **Rav Naḥman** from the *Tosefta* that elaborates on the mishna. **Rabbi Yosei said** to Rabbi Meir: **The** inferred **conclusion** of burning pure and impure leaven together **is not similar to the** case from which you cited **proof. When the Sages testified, about what did they testify? If** your source is the testimony of Rabbi Ḥanina, the deputy High Priest, he testified **about the meat that became ritually impure through** contact with **a secondary source of impurity,** saying **that one** may **burn it** together **with the meat that became impure through** contact with **a primary source of impurity.** In that case, **this** meat **is impure and that** meat is similarly **impure.**

BACKGROUND

Upper and lower press – גַּת עֶלְיוֹנָה וְתַחְתּוֹנָה: In the talmudic era these types of presses were typically carved into a rock into which grapes were placed and pressed. Between the upper press, where the grapes were pressed, and the lower press, where the wine was collected, there was a small pipe carved into the rock through which the liquid flowed.

Upper and lower press

NOTES

Rabbi Yehoshua says, etc. – רַבִּי יְהוֹשֻׁעַ אוֹמֵר וכו׳: Rabbi Yehoshua's opinion is not actually stated in this mishna, which concludes with Rabbi Eliezer's opinion. However, based on the *mishnayot* later in that chapter, it is clear that Rabbi Yehoshua disagrees with Rabbi Eliezer and contends that the prohibition against actively rendering *teruma* impure does not apply in this case. Consequently, his opinion is treated by the Gemara as the continuation of the mishna, despite the fact that it does not actually appear in the mishna (see the commentary of Rabbi Shimshon of Saens in tractate *Terumot*).

אם על השמן שנפסל בטבול יום שמדליקין אותו בנר שנטמא בטמא מת – זה פסול וזה טמא. אף אנו מודים בתרומה שנטמאת בוולד הטומאה, ששורפין אותה עם התרומה שנטמאת באב הטומאה.

If your source is the testimony of Rabbi Akiva, he testified **about** *teruma* **oil that was** ritually **disqualified by** coming into contact with **one who immersed himself during that day,** saying **that one may kindle it in a lamp that became ritually impure** with first-degree impurity **through** contact with one who became **ritually impure** with impurity imparted **by a corpse.** That is a case where **this** oil **is disqualified and that** lamp **is impure. We also concede with regard to** *teruma* **that became impure through** contact with **a secondary source of impurity that** one may **burn it with** *teruma* **that became impure through** contact with **a primary source of impurity.**

אבל היאך נשרף התלויה עם הטמאה? שמא יבא אליהו ויטהרנה.

However, how will we burn *teruma* **in abeyance,** whose impurity status is uncertain, together **with** ritually **impure** *teruma*? **Perhaps Elijah** the Prophet **will come** and establish prophetically that the *teruma* is not ritually impure, **and he will render it ritually pure.** The legal status of *teruma* in abeyance is uncertain. How can one actively render it impure when it might ultimately be determined that it is pure?

Perek **I**
Daf **15** Amud **b**

HALAKHA

Burning different disqualified items – שריפת פסולים שונים: One may burn *piggul*, *notar*, and impure sacrificial meat together, in accordance with the opinion of Beit Hillel, as the *halakha* is ruled in accordance with their opinion (Rambam *Sefer Avoda*, *Hilkhot Pesulei HaMukdashin* 19:5).

NOTES

Not in mind – לאו אדעתיה: This answer, which appears in several places, is used only when there is no other option. The reason that this resolution is a last resort is that it is based on the assumption that the two Sages involved in the dispute did not properly understand each other's opinion and that later Sages understood it better. In this case the conclusion is apparently justifiable due to the marked discrepancy between the beginning of the mishna and the proof based on the statements of Rabbi Eliezer and Rabbi Yehoshua.

הפיגול והנותר והטמא, בית שמאי אומרים: אין נשרפין כאחת, ובית הלל אומרים: נשרפין כאחת.

The *Tosefta* continues: ***Piggul*** is an offering disqualified by the improper intention during the performance of the four sacrificial rites to sacrifice it or eat it after its appropriate time; **and *notar*** is the flesh of a sacrifice that is left over beyond its allotted time. The Sages decreed ritual impurity on both, and both, as well as sacrificial meat deemed **ritually impure** by Torah law, may not be eaten and must be burned. **Beit Shammai say: They** may **not be burned together,** as in doing so the *piggul* and *notar*, which are impure by rabbinic law, will come into contact with meat impure by Torah law, adding impurity to their impurity. **And Beit Hillel say: They** may **be burned together.**[H]

ואי סלקא דעתך רבי מאיר מדברי רבי יהושע קאמר – אמאי מהדר ליה רבי יוסי מדרבי חנינא סגן הכהנים? אמר ליה רב נחמן: רבי יוסי לאו אדעתיה, דהוא סבר: רבי מאיר מדרבי חנינא סגן הכהנים קאמר ליה, ואמר ליה: אנא מדרבי יהושע קאמינא.

The Gemara returns to the issue under discussion: **And if it enters your mind** that **Rabbi Meir is saying** that he derives his opinion **from the statement of Rabbi Yehoshua, why does Rabbi Yosei respond to him from the statement of Rabbi Ḥanina the deputy High Priest? Rav Naḥman said to him: Rabbi Yosei** did **not** have Rabbi Meir's reasoning **in mind,**[N] as he did not understand Rabbi Meir's reasoning. **As** Rabbi Yosei **maintains** that **Rabbi Meir is saying to him** proof **from** the statement of **Rabbi Ḥanina the deputy High Priest, and** Rabbi Meir **said to him: I am stating** my proof **from** the statement of **Rabbi Yehoshua.**

ואמר ליה: ואפילו לרבי יהושע נמי אינה היא המדה, דהא מודה רבי אליעזר ורבי יהושע ששורף זו בפני עצמה וזו בפני עצמה.

And Rabbi Yosei **said to** Rabbi Meir in response: **And even according to Rabbi Yehoshua, that is not the inference** from which the *halakha* of burning pure and impure leavened *teruma* together can be learned, **as Rabbi Eliezer and Rabbi Yehoshua concede that** one should **burn this** meat **by itself and that** meat **by itself,** as stated in the mishna. From an analysis of the mishna and the *Tosefta*, it is possible to reconstruct the original dispute.

ואמאי אינה היא המדה? מדה ומדה היא!

The Gemara raises a difficulty with regard to the above statement: **But why** does Rabbi Yosei say: **That is not the inference** from which it can be learned? On the contrary, it is a perfectly **legitimate inference.** In both cases the dispute is the same: Is one permitted to actively render an object impure preemptively if it will ultimately be destroyed regardless?

שאני התם, דאיכא הפסד חולין.

The Gemara rejects this contention: The case **there,** of the broken barrel in the upper press, where according to Rabbi Yehoshua it is permitted to actively render the *teruma* impure, **is different,** as in that case **there is** the potential **loss of non-sacred** produce. If one does not render the *teruma* in the upper press impure by receiving it in impure vessels, it will flow down and render the impure, non-sacred wine in the lower press impure *teruma*. However, in the case of leaven, no loss will be incurred. Why, then, shouldn't each *teruma* be burned independently?

מַתְקִיף לָהּ רַב יִרְמְיָה: מַתְנִיתִין נַמִי אִיכָּא הֶפְסֵד דְּעֵצִים! אֲמַר לֵיהּ הַהוּא סָבָא: לְהֶפְסֵד מְרוּבֶּה – חָשְׁשׁוּ, לְהֶפְסֵד מוּעָט – לֹא חָשְׁשׁוּ.

Rav Yirmeya strongly objects to this claim: In **the mishna, too, there is** the **loss of wood,** as one requires additional wood to kindle a second fire and burn the impure *teruma* separately. **A certain Elder said to him:** With regard to this and similar issues, the Sages **were concerned about a great loss;** however, **they were not concerned about** the **minimal loss** of several pieces of wood.

אָמַר רַבִּי אַסִי אָמַר רַבִּי יוֹחָנָן: מַחֲלוֹקֶת – בְּשֵׁשׁ, אֲבָל בְּשֶׁבַע – דִּבְרֵי הַכֹּל שׂוֹרְפִין.

Rabbi Asi said that **Rabbi Yoḥanan said:** This **dispute** between Rabbi Meir and Rabbi Yosei refers **to the sixth** hour, when leaven is prohibited by rabbinic decree. **However, in the seventh** hour, when leaven is prohibited by Torah law, **everyone agrees** that one may **burn** ritually pure leavened *teruma* together with impure leavened *teruma*.[H]

אָמַר לֵיהּ רַבִּי זֵירָא לְרַבִּי אַסִי, נֵימָא קָסָבַר רַבִּי יוֹחָנָן: מַתְנִיתִין בְּאַב הַטּוּמְאָה דְּאוֹרַיְיתָא, וּוְלַד הַטּוּמְאָה דְּרַבָּנַן, וּמַאי מִדִּבְרֵיהֶם – מִדִּבְרֵי רַבִּי חֲנִינָא סְגַן הַכֹּהֲנִים.

Rabbi Zeira said to Rabbi Asi: Let us say that **Rabbi Yoḥanan maintains** that **the mishna** is referring **to** an object that is **a primary source of impurity by Torah law and** an object that is **a secondary source of impurity by rabbinic law. And what** is the meaning of Rabbi Meir's statement: **From their statements?** He meant **from the statement of Rabbi Ḥanina the deputy High Priest,** as explained above. The dispute refers to a rabbinic prohibition, e.g., a secondary source of impurity or the obligation to burn leaven during the sixth hour. In a case where the leaven is not yet prohibited by rabbinic law, e.g., in the fourth or fifth hour, even Rabbi Meir agrees that one may not burn ritually pure and impure *teruma* together.

אָמַר לֵיהּ: אִין. אִיתְּמַר נַמִי, אָמַר רַבִּי יוֹחָנָן: מַתְנִיתִין בְּאַב הַטּוּמְאָה דְּאוֹרַיְיתָא וּוְלַד הַטּוּמְאָה דְּרַבָּנַן, וּמַאי מִדִּבְרֵיהֶם – מִדִּבְרֵי רַבִּי חֲנִינָא סְגַן הַכֹּהֲנִים. וּמַחֲלוֹקֶת בְּשֵׁשׁ, אֲבָל בְּשֶׁבַע – דִּבְרֵי הַכֹּל שׂוֹרְפִין.

Rabbi Asi **said to him: Yes,** Rabbi Yoḥanan indeed interprets the mishna in this manner. **It was also stated** explicitly that this is the case, as **Rabbi Yoḥanan said: The mishna** is referring **to** an object that is **a primary source of impurity by Torah law and** an object that is **a secondary source of impurity by rabbinic law. And what** is the meaning of: **From their statements?** It means **from the statement of Rabbi Ḥanina the deputy High Priest. And the dispute** between Rabbi Meir and Rabbi Yosei is with regard **to the sixth** hour, when leaven is prohibited by rabbinic law. **However, everyone agrees** that **in** the **seventh** hour **one** may **burn** them together, as both pieces of leavened *teruma* are prohibited by Torah law.

לֵימָא מְסַיַּיע לֵיהּ: הַפִּיגּוּל וְהַנּוֹתָר וְהַטָּמֵא, בֵּית שַׁמַּאי אוֹמְרִים: אֵין נִשְׂרָפִין כְּאַחַת, וּבֵית הִלֵּל אוֹמְרִים: נִשְׂרָפִין כְּאַחַת.

The Gemara suggests: **Let us say** that the end of the *baraita* **supports** Rabbi Yoḥanan's assertion that even Rabbi Yosei agrees that it is permitted to burn together two objects prohibited by Torah law. As the *baraita* states with regard to ***piggul*, *notar*, and ritually impure** sacrificial meat that **Beit Shammai say: They** may **not be burned together, and Beit Hillel say: They** may **be burned together.** All of these items are prohibited by Torah law, and Rabbi Yosei would agree that the *halakha* is in accordance with the opinion of Beit Hillel.

שָׁאנֵי הָתָם, דְּאִית לְהוּ טוּמְאָה מִדְּרַבָּנַן. דִּתְנַן: הַפִּיגּוּל וְהַנּוֹתָר – מְטַמְּאִין אֶת הַיָּדַיִם.

The Gemara rejects this contention: **It is different there,** as *piggul* and *notar* **are ritually impure by rabbinic law,** and therefore Rabbi Yosei would agree that they may be burned together in that case. That is not true in the case of leaven in the seventh hour, which is not impure even by rabbinic law, although it is prohibited by Torah law. **As we learned** in a mishna: ***Piggul* and *notar*,** leftover sacrificial flesh, **render** one's **hands impure** by rabbinic decree.[N]

לֵימָא מְסַיַּיע לֵיהּ: הַפַּת שֶׁעִיפְּשָׁה וְנִפְסְלָה מִלֶּאֱכוֹל לָאָדָם, וְהַכֶּלֶב יָכוֹל לְאָכְלָהּ – מְטַמְּאָה טוּמְאַת אוֹכָלִין בִּכְבֵיצָה, וְנִשְׂרֶפֶת עִם הַטְּמֵאָה בְּפֶסַח.

The Gemara suggests: **Let us say** that the following *baraita* **supports** Rabbi Yoḥanan's opinion: With regard to **bread that became moldy**[N] **and is no longer fit for a person to eat, but a dog can still eat it,** this bread can **become impure** with **the ritual impurity of food** if it is the size **of an egg-bulk,** as it is still classified as food. If it is pure leavened *teruma*, **it is burned with impure** *teruma* **on Passover** eve. Since the moldy bread is no longer edible, it is not necessary to refrain from burning it together with impure items. Apparently, this is Rabbi Yosei's opinion, as Rabbi Meir maintains that pure and impure *teruma* are burned together even if neither is moldy. Since Rabbi Yosei concedes in the case of moldy bread, the same should apply to leavened *teruma* after the seventh hour, which is prohibited by Torah law.

שָׁאנֵי הָתָם, דְּעַפְרָא בְּעָלְמָא הוּא.

The Gemara rejects this contention: **It is different there,** in the case of moldy bread, **as it is** for all intents and purposes **mere dust,**[N] and its legal status is no longer that of food.

HALAKHA

Burning *teruma* in the sixth and the seventh hours – **שְׂרֵיפַת תְּרוּמָה בְּשֵׁשׁ וּבְשֶׁבַע**: Once the seventh hour has arrived on Passover eve one may burn pure leavened *teruma* together with impure leavened *teruma*, in accordance with the opinion of Rabbi Yoḥanan (*Kesef Mishne*; *Leḥem Mishne*; Rambam *Sefer Zemanim*, *Hilkhot Ḥametz UMatza* 3:4).

NOTES

***Piggul* and *notar* render…impure** – **פִּיגּוּל וְנוֹתָר מְטַמְּאִין**: The Sages occasionally issued degrees imposing ritual impurity with the aim of distancing people from certain objects. Sometimes the impurity is designed to ensure that people will be careful in their treatment of sacred objects, e.g., sacred writings. In other cases it is a safeguard to prevent a person from keeping a prohibited item in his possession, as in the case of *piggul* and *notar*.

Bread that became moldy – **הַפַּת שֶׁעִיפְּשָׁה**: The ritual impurity of foods takes effect only on food that is edible for people. Consequently, moldy bread cannot become ritually impure. However, if impure bread became moldy, it remains impure until it completely loses its food status, i.e., when it is no longer fit to be eaten even by a dog.

As it is mere dust – **דְּעַפְרָא בְּעָלְמָא**: The fact that bread is moldy does not automatically render it mere dust. Given that this bread can still be eaten by a dog, it retains some value. However, in this case the Gemara is speaking about *teruma*, which may not be given to a dog due to its sanctity. Since it is too moldy to be eaten by a person, this bread is indeed considered mere dust (*Yefe Einayim*).

HALAKHA

Ritual impurity of liquids – טוּמְאַת מַשְׁקִין: Liquids do not transmit impurity to other items by Torah law but by rabbinic decree, as is evident from the discussions in the Gemara (Rambam *Sefer Tahara, Hilkhot She'ar Avot HaTumot* 7:1).

אִי הָכִי, מַאי מוֹדֶה? הָכִי קָאָמַר לֵיהּ רַבִּי יוֹסֵי לְרַבִּי מֵאִיר: אֲפִילּוּ לְרַבִּי יְהוֹשֻׁעַ דְּמֵיקֵל, כִּי מֵיקֵל – בִּתְלוּיָה וּטְמֵאָה, אֲבָל בִּטְהוֹרָה וּטְמֵאָה – לֹא.

The Gemara asks: **If so,** that Rabbi Meir's proof is based on the statement of Rabbi Ḥanina the deputy High Priest, **why** does the mishna mention that Rabbi Eliezer **concedes** to Rabbi Yehoshua? The Gemara explains that **this is what Rabbi Yosei is saying to Rabbi Meir: Even according to Rabbi Yehoshua,** who **rules leniently** in this case, **when he rules leniently** it is **with regard to** burning *teruma* **in abeyance** together **with impure** *teruma*; **however,** with regard **to** burning **pure** *teruma* **and impure** *teruma* together, **no,** he does not permit doing so.

אִי הָכִי, אַמַּאי אֵינָהּ הִיא הַמִּדָּה? מִדָּה וּמִדָּה הִיא!

The Gemara raises a difficulty: **If so,** that Rabbi Meir's proof is based on the statement of Rabbi Ḥanina the deputy High Priest, **why** did Rabbi Yosei say: **That is not the inference** from which it can be learned? On the contrary, it **is** a perfectly **legitimate inference.** According to Rabbi Meir, pure *teruma* is prohibited during the sixth hour by rabbinic law. Just as Rabbi Ḥanina holds that one may actively transmit impurity to an object that is impure by rabbinic law by burning it together with an object that is impure by Torah law, so too, according to Rabbi Meir one may transmit impurity to an item prohibited by rabbinic law by burning it together with an item that is impure by Torah law.

אָמַר רַבִּי יִרְמְיָה: הָכָא בְּבָשָׂר שֶׁנִּטְמָא בְּמַשְׁקִין שֶׁנִּטְמְאוּ מֵחֲמַת שֶׁרֶץ, וְאַזְדָּא רַבִּי מֵאִיר לְטַעְמֵיהּ וְרַבִּי יוֹסֵי לְטַעְמֵיהּ:

Rabbi Yirmeya said: Here, the mishna is referring **to meat that became ritually impure** through contact with a secondary source of impurity **by means of liquids that became impure due to** contact with **a creeping animal** and thereby assumed second-degree ritual impurity. **And Rabbi Meir conforms to his** standard line of **reasoning, and Rabbi Yosei** conforms **to his** standard line of **reasoning.**

רַבִּי מֵאִיר לְטַעְמֵיהּ, דְּאָמַר: טוּמְאַת מַשְׁקִין לְטַמֵּא אֲחֵרִים – דְּרַבָּנַן,

Rabbi Meir conforms **to his** standard line of **reasoning** with regard to this issue, **as he said: The ritual impurity of liquids**[H] with regard **to transmitting impurity to other** objects is **by rabbinic law.** The meat that became impure through contact with a secondary source of impurity is in fact entirely pure by Torah law. Therefore, he learns from the mishna that it is permitted to burn pure and impure items together.

וְרַבִּי יוֹסֵי לְטַעְמֵיהּ, דְּאָמַר: טוּמְאַת מַשְׁקִין לְטַמֵּא אֲחֵרִים – דְּאוֹרַיְיתָא, דְּתַנְיָא:

And Rabbi Yosei conforms **to his** standard line of **reasoning, as he said: The ritual impurity of liquids** with regard **to transmitting impurity to other** objects is **by Torah law.** Accordingly, the meat that Rabbi Ḥanina the deputy High Priest referred to in the mishna was impure by Torah law. Therefore, this case cannot serve as a precedent for the claim that it is permitted to burn pure and impure *teruma* together on Passover eve. **As it was taught** in a *baraita*:

Perek **I**
Daf **16** Amud **a**

HALAKHA

Uncertainty whether or not a liquid has become ritually impure – סְפֵק מַשְׁקִין לִיטַּמֵּא: In a case of an uncertainty whether a liquid itself has been rendered ritually impure, its presumptive status is impure. If the issue is whether the liquid has transmitted impurity to another object, it is pure, in accordance with the unattributed mishna in tractate *Teharot* (Rambam *Sefer Tahara, Hilkhot She'ar Avot HaTumot* 14:7).

סְפֵק מַשְׁקִין לִיטַּמֵּא – טָמֵא, לְטַמֵּא אֲחֵרִים – טָהוֹר, דִּבְרֵי רַבִּי מֵאִיר; וְכֵן הָיָה רַבִּי אֶלְעָזָר אוֹמֵר כִּדְבָרָיו. רַבִּי יְהוּדָה אוֹמֵר: לַכֹּל טָמֵא.

If there is **uncertainty** whether or not a certain **liquid has become ritually impure,**[H] it is presumed **impure.** It is an uncertainty with regard to Torah law, and the *halakha* is stringent in such cases. However, if the uncertainty is with regard **to rendering other** items **impure,** they are **pure,** as liquids transmit impurity by rabbinic law, and the *halakha* is lenient with regard to uncertainties of that kind. These are **the statements of Rabbi Meir, and Rabbi Elazar would say likewise in accordance with his statements. Rabbi Yehuda says:** When there is uncertainty with regard to these liquids, the item is **impure in all** cases, even in terms of transmitting impurity to other items, as he maintains that the impurity of liquids is by Torah law.

רַבִּי יוֹסֵי וְרַבִּי שִׁמְעוֹן אוֹמְרִים: לְאוֹכָלִין – טְמֵאִין, לַכֵּלִים – טְהוֹרִין.

Rabbi Yosei and Rabbi Shimon say: In cases of uncertainty as to whether or not these liquids transmitted impurity **to foods,** the ruling is that the foods are **impure,** in accordance with the principle that when there is uncertainty in cases of Torah law, the *halakha* is stringent. Rabbi Yosei and Rabbi Shimon maintain that liquids transmit impurity to food by Torah law. However, when there is uncertainty as to whether or not these liquids transmitted impurity **to vessels,** the *halakha* is lenient, and they are **pure.** Even Rabbi Yosei and Rabbi Shimon concede that liquids transmit impurity to vessels only by rabbinic law. This *baraita* clearly indicates that Rabbi Meir and Rabbi Yosei indeed dispute whether or not the impurity of liquids applies by Torah law.

וְסָבַר רַבִּי אֶלְעָזָר מַשְׁקִין אִית לְהוּ טוּמְאָה בְּעוֹלָם? וְהָתַנְיָא, רַבִּי אֶלְעָזָר אוֹמֵר: אֵין טוּמְאָה לְמַשְׁקִין כׇּל עִיקָּר. תֵּדַע, שֶׁהֲרֵי הֵעִיד (יוֹסֵף) בֶּן יוֹעֶזֶר אִישׁ צְרֵידָה עַל אַיִל קַמְצָא דָּכָן, וְעַל מַשְׁקִין בֵּית מִטְבְּחַיָּא דָּכָן.

With regard to the *Tosefta*, the Gemara asks: **And does Rabbi Elazar maintain that liquids have ritual impurity** by Torah law **at all? Wasn't it taught** in a *baraita* that **Rabbi Elazar says: There is no impurity for liquids at all** by Torah law. **Know that this is so, as Yosei ben Yo'ezer**[P] **of Tzereida testified about** the grasshopper called ***eil kamtza*** that it is **kosher**[N] and may be eaten; **and** he testified **about liquids in the slaughterhouse** in the Temple that they were **ritually pure,**[H] as there was no decree of impurity issued with regard to them. The fact that these liquids are ritually pure indicates that by Torah law liquids cannot transmit impurity at all. Instead, that type of impurity is by rabbinic law, and rabbinic decrees of impurity were not in effect in the Temple.

הָנִיחָא לִשְׁמוּאֵל, דְּאָמַר: דָּכָן מִלְּטַמֵּא טוּמְאַת אֲחֵרִים, אֲבָל טוּמְאַת עַצְמָן יֵשׁ לָהֶן – שַׁפִּיר. אֶלָּא לְרַב, דְּאָמַר דָּכָן מַמָּשׁ – מַאי אִיכָּא לְמֵימַר?

The Gemara adds: **This** works out **well according to** the opinion of **Shmuel, who said** that in this context the term **ritually pure** means that they do not **transmit impurity to other** items; **however, they themselves** can **become impure.** If that is Rabbi Elazar's opinion, he indeed holds in accordance with the statement of Rabbi Meir that liquids transmit impurity by rabbinic law but themselves become impure by Torah law, as stated in the *baraita* above. **However, according to Rav, who said that** Yosei ben Yo'ezer holds that the liquids are **actually ritually pure** and they themselves cannot be rendered impure, **what can be said?** According to Rav, Rabbi Elazar maintains that there is no impurity at all by Torah law with regard to liquids. In what sense does he hold in accordance with the opinion of Rabbi Meir, who said that liquids themselves can become impure by Torah law?

אָמַר רַב נַחְמָן בַּר יִצְחָק: אַחֲדָא.

Rav Naḥman bar Yitzḥak said: When the *baraita* said that Rabbi Elazar agreed with Rabbi Meir, it was **with regard to one** of Rabbi Meir's opinions. Rabbi Elazar agrees with Rabbi Meir that in a case where there is uncertainty with regard to rendering other items impure, they are pure, as liquids transmit impurity by rabbinic law. However, Rabbi Elazar maintains that the impurity of liquids themselves is also not by Torah law, and therefore in a case of uncertainty with regard to impurity of the liquids themselves, the ruling is that they are pure.

וְהָא ״כִּדְבָרָיו״ קָאָמַר דִּנְפִישִׁי, וְעוֹד: וְהָא ״וְכֵן״ קָתָנֵי! קַשְׁיָא.

The Gemara raises a difficulty: **But isn't** the *baraita* **saying:** And Rabbi Elazar would say **in accordance with** Rabbi Meir's **statements,**[N] in the plural, indicating **that** the points of agreement are **many? And furthermore,** the *baraita* **is teaching: Likewise.** This term also indicates that Rabbi Elazar agrees completely with Rabbi Meir. Since no resolution was found for this contradiction, the Gemara concludes that it is indeed **difficult** to understand the *baraita* according to Rav.

גּוּפָא, רַב אָמַר: דָּכָן מַמָּשׁ, וּשְׁמוּאֵל אָמַר: דָּכָן מִלְּטַמֵּא טוּמְאַת אֲחֵרִים, אֲבָל טוּמְאַת עַצְמָן – יֵשׁ לָהֶן. רַב אָמַר: דָּכָן מַמָּשׁ, קָסָבַר: טוּמְאַת מַשְׁקִין דְּרַבָּנַן, וְכִי גָּזְרוּ רַבָּנַן – בְּמַשְׁקִין דְּעָלְמָא, וּבְמַשְׁקִין בֵּית מִטְבְּחַיָּא לָא גְּזוּר.

After citing the testimony of Yosei ben Yo'ezer and the associated amoraic dispute, the Gemara analyzes **the matter itself. Rav said:** Yosei ben Yo'ezer said that the liquids in the Temple are **actually ritually pure** and neither become impure nor transmit impurity. **And Shmuel said** that the liquids are **ritually pure** in the sense that they do not **transmit impurity to other** items; **however, they themselves** can **become impure.** The Gemara elaborates: **Rav said** that liquids are **actually pure,** as **he maintains** that **the ritual impurity of liquids is by rabbinic law, and when the Sages issued** this **decree** they did so only with regard **to ordinary liquids.** However, with regard **to the liquids of the slaughterhouse** in the Temple, **they did not issue** the **decree.**

NOTES

***Eil kamtza* is kosher – אַיִל קַמְצָא דָּכָן:** There are four types of grasshoppers that may be eaten according to the Torah: *Arbe*, *solam*, *ḥargol*, and *ḥagav*. Although the Torah provided indicators to identify the kosher species, the Sages maintain that these indicators apply only to certain kinds of grasshoppers. In practice one may eat only an insect with regard to which there is a tradition that its species is kosher. It was therefore necessary for Yosei ben Yo'ezer to testify that this particular grasshopper may be eaten.

Many researchers identify the *eil kamtza* as the slant-faced grasshopper know scientifically as *Acrida bicolor*. This grasshopper has antennae that are shaped like horns, hence its name, *eil kamtza*, which literally means grasshopper ram. There is a certain problem with this since the horns of a ram are generally curved while the horns of goats are straight, as are the antennae of the slant-faced grasshopper. It is possible that the term *ayil*, generally used to refer to a male sheep, may be used to refer to a male goat as well.

Slant-faced grasshopper

Alpine ibex, a species of wild goat

But isn't the *baraita* saying, in accordance with Rabbi Meir's statements, etc. – וְהָא כִּדְבָרָיו וכו׳: Some commentaries suggest that Rabbi Elazar agrees with Rabbi Meir with regard to the accepted practice, but he does not agree with the principle that there is no impurity of liquids by Torah law. Rather, Rabbi Elazar maintains that although the impurity of liquids is by rabbinic decree, the Sages decreed impurity on liquids even in a case where their impurity is uncertain. This explanation accounts for the fact that the *Tosefta* was not formulated: These are the statements of Rabbi Meir and Rabbi Elazar, but instead their opinions were listed separately (Rabbi David Pardo).

HALAKHA

The purity of liquids in the slaughterhouse – טַהֲרַת מַשְׁקֵי בֵּית מִטְבְּחַיָּא: The blood and water of the slaughterhouse in the Temple courtyard are entirely pure, i.e., they neither contract nor transfer ritual impurity, in accordance with the testimony of Yosei ben Yo'ezer (Rambam *Sefer Tahara*, *Hilkhot Tumat Okhalin* 10:16).

PERSONALITIES

Yosei ben Yo'ezer – יוֹסֵי בֶּן יוֹעֶזֶר: Yosei ben Yo'ezer of Tzereida is one of the earliest known Sages. These early Sages were not called Rabbi or Rabban, and it was stated in that regard: Greater than a title is their name. Yosei ben Yo'ezer and his colleague Yosei ben Yoḥanan of Jerusalem studied under Antigonus of Sokho. They were the first group of pairs (see tractate *Avot*, ch. 1), with Yosei ben Yo'ezer serving as the *Nasi* of the Sanhedrin. These were also the first Sages between whom there is a recorded dispute, which laid the groundwork for disagreements between Beit Shammai and Beit Hillel in subsequent generations.

Based on the midrash, it is known that Yosei ben Yo'ezer lived during the period of the decrees of Antiochus Epiphanes. His nephew, Yakum of Tzerorot, was one of the heads of a group of extreme Hellenistic Jews; some suggest that he is the Alcimus mentioned in the book of Maccabees. According to the midrash, Yosei ben Yo'ezer was killed during the persecutions of that era, and the Sages eulogized him with the statement: The men of *eshkolot* ceased. That term is explained as an acronym for *ish she-hakol bo*, literally: A man in whom there is everything. After Yosei ben Yo'ezer there were no more men who possessed outstanding character traits, great Torah knowledge, fear of transgression, and kindness.

NOTES

Did Shmuel say, etc. – מִי אָמַר שְׁמוּאֵל וכו׳: Why is this question asked specifically of Shmuel? Shouldn't it be inquired of Rabbi Meir himself, who maintains that the liquids transmit impurity by rabbinic law? Some commentaries suggest that perhaps Rabbi Meir stated his position only with regard to non-sacred liquids, but with regard to consecrated liquids he concedes that anything that can become impure also transmits impurity by Torah law. Consequently, the verse cited as proof in the Gemara does not contradict his opinion (Rashash).

This is called impure, etc. – הַאי אִיקְרִי טָמֵא וכו׳: Some commentaries add that the Torah invariably characterizes the impurity of liquids as disqualified, rather than impure, which indicates that liquids do not transmit impurity to other objects (Rabbi David Pardo).

וּשְׁמוּאֵל אָמַר: דָּכָן מִלְּטַמֵּא טוּמְאַת אֲחֵרִים, אֲבָל טוּמְאַת עַצְמָן – יֵשׁ לָהֶן. קָסָבַר: טוּמְאַת מַשְׁקִין עַצְמָן דְּאוֹרָיְיתָא, לְטַמֵּא אֲחֵרִים – דְּרַבָּנַן. וְכִי גְּזוּר רַבָּנַן – בְּמַשְׁקִין דְּעָלְמָא, בְּמַשְׁקִין בֵּית מִטְבְּחַיָּא – לָא גְּזוּר. וְכִי לָא גְּזוּר רַבָּנַן – לְטַמּוֹיֵי אֲחֵרִים, אֲבָל טוּמְאַת עַצְמָן – יֵשׁ לָהֶן.

And the Gemara elaborates on the opinion of Shmuel: **Shmuel said** that the liquids are **ritually pure** in the sense that they do not **transmit impurity to other** items; **however, they themselves** can **become impure,** as Shmuel **maintains** that the **ritual impurity of liquids** themselves is **by Torah law,** whereas their capacity **to transmit impurity to other** objects is **by rabbinic law. And when the Sages issued** this **decree,** they did so only with regard **to ordinary liquids.** However, with regard **to the liquids of the slaughterhouse** in the Temple **they did not issue** the **decree. And when** Shmuel said that **the Sages did not issue** their **decree** with regard to the liquids of the slaughterhouse, he meant that they did not do so with regard to their capacity **to transmit impurity to other** items; **however,** as far as **their own impurity** is concerned, **they become** impure like other liquids.

אָמַר לֵיהּ רַב הוּנָא בַּר חִינָּנָא לִבְרֵיהּ: כִּי עָיְילַתְּ לְקַמֵּיהּ דְּרַב פָּפָּא, רְמִי לֵיהּ: מִי אָמַר שְׁמוּאֵל דָּכָן מִלְּטַמֵּא טוּמְאַת אֲחֵרִים, אֲבָל טוּמְאַת עַצְמָן – יֵשׁ לָהֶן, קְרִי כָּאן: ״וְהַבָּשָׂר אֲשֶׁר יִגַּע בְּכָל טָמֵא לֹא יֵאָכֵל״!

Rav Huna bar Ḥinnana said to his son: When you enter before Rav Pappa, raise the following **contradiction before him: Did Shmuel** actually **say**[N] that the liquids are **ritually pure** in the sense that they do not **transmit impurity to other** items **but they themselves are** susceptible to **impurity?** Is there anything that by Torah law can itself become impure but does not transmit impurity to other items? **Read here** a verse that clearly states that any item that is itself impure, including liquids, transmits impurity to other items: **"And the flesh that touches anything impure shall not be eaten;** it shall be burnt in fire" (Leviticus 7:19).

אָמַר רַב שִׁישָׁא בְּרֵיהּ דְּרַב אִידִי: מִידֵּי דַּהֲוָה אַרְבִיעִי בַּקֹּדֶשׁ. מַתְקִיף לַהּ רַב אַשִׁי: רְבִיעִי בַּקֹּדֶשׁ – לָא אִיקְּרִי טָמֵא, הַאי – אִיקְּרִי טָמֵא! קַשְׁיָא.

Rav Sheisha, son of Rav Idi, said: The legal status of liquids is **just as it is** in the case **of fourth**-degree ritual impurity **in a consecrated** item, with regard to which everyone agrees that it becomes impure but does not transmit impurity to other items. **Rav Ashi strongly objects to this** contention: How is it possible to compare these two cases? **Fourth**-degree impurity **in** a **consecrated** item **is not called impure;** it is disqualified. However, **this** liquid **is called impure.**[N] Therefore, the two *halakhot* are not comparable. No resolution is found for this contradiction, and the Gemara concludes that it is indeed **difficult.**

תָּא שְׁמַע: ״וְכָל מַשְׁקֶה אֲשֶׁר יִשָּׁתֶה בְּכָל כְּלִי יִטְמָא״! מַאי יִטְמָא – הַכְשִׁיר.

The Gemara cites several sources to decide the dispute between the *tanna'im* and between Rav and Shmuel with regard to whether or not the impurity of liquids is by Torah law. **Come** and **hear: "And all drink that may be drunk in any vessel shall be impure"** (Leviticus 11:34). This verse clearly indicates that liquids can become impure. The Gemara rejects this contention: **What is** the meaning of the term: **Shall be impure,** in this context? It means that the liquid **renders** produce **susceptible** to ritual impurity.

הַכְשִׁיר? מֵרֵישָׁא דִּקְרָא שָׁמְעַתְּ לֵיהּ ״מִכָּל הָאֹכֶל אֲשֶׁר יֵאָכֵל וגו׳״! חַד בִּתְלוּשִׁין וְחַד בִּמְחוּבָּרִין.

The Gemara retorts: Does it in fact mean that the liquid **renders** produce **susceptible** to ritual impurity? That cannot be as **you** already **learned** that **from the beginning of** this **verse: "From all food that may be eaten,** on which water has come shall be impure" (Leviticus 11:34). The Gemara answers: Nevertheless, the second part of the verse is also necessary: **One** part of the verse, the latter part, is referring **to** water **detached** from its source, in vessels, **and one** part, the former part, is referring **to** water still **attached** to its source in the ground.

וּצְרִיכִי, דְּאִי אַשְׁמְעִינַן בִּתְלוּשִׁין – מִשּׁוּם דְּאַחְשְׁבִינְהוּ, אֲבָל מְחוּבָּרִין – אֵימָא לָא.

And both derivations **are necessary,** as neither *halakha* could have been derived from the other. **As, had** the Torah **taught us** only about the *halakha* **of** water **detached** from its source, one might have thought that this water renders food susceptible to ritual impurity **due to** the fact **that he ascribed significance to** the water by drawing it from its source. **However,** with regard to water still **attached** to its source, say that it does **not** render food susceptible to ritual impurity.

וְאִי תְּנָא מְחוּבָּרִין – מִשּׁוּם דְּקַיְימִי בְּדוּכְתַּיְיהוּ חֲשִׁיבִי, אֲבָל תְּלוּשִׁין – אֵימָא לָא, צְרִיכִי.

And had the Torah **taught** only the *halakha* **of** water still **attached** to its source, one might have thought that **due to** the fact **that it stands in its place** this water **is significant; however,** with regard to water **detached** from its source, **say no,** it does **not** render food susceptible to ritual impurity, as it is disconnected from its source. It was therefore **necessary** for the Torah to mention both cases.

תָּא שְׁמַע: "אַךְ מַעְיָן וּבוֹר מִקְוֵה מַיִם יִהְיֶה טָהוֹר"! מַאי "יִהְיֶה טָהוֹר" – מִטּוּמְאָתוֹ.

The Gemara cites another proof. **Come and hear: "However, a spring or a cistern, a gathering of water shall be pure,** but he who touches their carcass shall be impure" (Leviticus 11:36). It can be inferred from this verse that all water can be rendered impure, with the exception of spring water and water in a cistern, which are in the ground. The Gemara rejects this contention: **What is** the meaning of the phrase: **"Shall be pure"?** This phrase means that one who immerses in this water is purified **from his ritual impurity,** and does not refer to the impurity of liquids at all.

וּתְלוּשִׁין מִי מַכְשִׁירִין? וְהָאָמַר רַבִּי יוֹסֵי בְּרַבִּי חֲנִינָא: מַשְׁקִין בֵּית מִטְבְּחַיָּא, לֹא דַּיָּין שֶׁהֵן דָּכִן – אֶלָּא שֶׁאֵין מַכְשִׁירִין!

The Gemara stated that both water detached from its source and water still **attached** to its source render food susceptible to ritual impurity. The Gemara asks: **And does** water **detached** from its source **render** food **susceptible** to contract impurity? **Didn't Rabbi Yosei, son of Rabbi Ḥanina, say:** With regard to the **liquids of the slaughterhouse** in the Temple, **not only are they pure,** but **neither do they render** produce **susceptible** to ritual impurity?[H] Apparently, water detached from its source does not render food susceptible to impurity by Torah law. The fact that the Sages suspend the capacity of certain liquids to render produce susceptible to impurity indicates that the fact that water removed from its source renders food susceptible to impurity must be by rabbinic decree. Otherwise, that capability could not have been suspended in the Temple.

תִּירְגְּמָא עַל דָּם. דְּאָמַר רַבִּי חִיָּיא בַּר אַבָּא אָמַר רַבִּי יוֹחָנָן: מִנַּיִן לְדַם קָדָשִׁים שֶׁאֵינוֹ מַכְשִׁיר – שֶׁנֶּאֱמַר: "עַל הָאָרֶץ תִּשְׁפְּכֶנּוּ כַּמָּיִם" דָּם שֶׁנִּשְׁפַּךְ כַּמַּיִם – מַכְשִׁיר,

The Gemara rejects this contention: **Explain this** statement as referring **to blood.** Rabbi Yosei, son of Rabbi Ḥanina was not referring to all liquids in the Temple, but only to blood. **As Rabbi Ḥiyya bar Abba said** that **Rabbi Yoḥanan said: From where** is it derived **with regard to blood of consecrated** offerings **that it does not render** produce **susceptible** to impurity?[H] **As it is stated:** "You shall surely not eat the blood; **you shall pour it upon the earth like water"** (Deuteronomy 12:16). The Sages derived from this verse: **Blood that is poured like water,** i.e., blood from a non-sacred domesticated animal that pours out when it is slaughtered and is not received in a vessel as sacrificial blood assumes the legal status of water and **renders** produce **susceptible** to ritual impurity.

HALAKHA

Susceptibility to impurity with liquids in the slaughterhouse – הַכְשָׁרָה בְּמַשְׁקֵי בֵּית מִטְבְּחַיָּא: Unlike other liquids, the liquids of the Temple slaughterhouse do not render foods susceptible to impurity, in accordance with the statement of Rabbi Yosei bar Ḥanina (Rambam *Sefer Tahara, Hilkhot Tumat Okhalin* 10:16).

Susceptibility to impurity with the blood of consecrated offerings – הַכְשָׁרָה בְּדַם קָדָשִׁים: The blood of offerings does not render food susceptible to become impure, as its legal status is not that of a liquid at all in this regard (Rambam *Sefer Tahara, Hilkhot Tumat Okhalin* 10:16 and *Sefer Avoda, Hilkhot Pesulei HaMukdashin* 1:10).

Perek **I**
Daf **16** Amud **b**

דָּם שֶׁאֵינוֹ נִשְׁפַּךְ כַּמַּיִם – אֵינוֹ מַכְשִׁיר. מַתְקִיף לָהּ רַב שְׁמוּאֵל בַּר אַמִּי: הֲרֵי דַּם הַתַּמְצִית, דְּנִשְׁפַּךְ כַּמַּיִם וְאֵינוֹ מַכְשִׁיר!

Conversely, **blood that is not poured out like water** but is received in a vessel to be sprinkled on the altar **does not render** produce **susceptible** to contract impurity.[N] **Rav Shmuel bar Ami strongly objects to this: There is** the **blood squeezed** from an animal[H] after slaughter once the initial spurt of blood has concluded, **which is poured like water,** as it is unfit for sprinkling upon the altar. **And** nevertheless, this blood **does not render** produce **susceptible** to impurity.

אָמַר לֵיהּ רַבִּי זֵירָא: הַנַּח לְדַם הַתַּמְצִית, דַּאֲפִילּוּ בְּחוּלִּין נַמִי לֹא מַכְשִׁיר.

Rabbi Zeira said to him: Leave aside **the blood squeezed** after the initial spurt, which is an exceptional case, **as even from non-sacred** animals it **does not render** produce **susceptible** to ritual impurity **either.** With regard to the *halakha* that blood renders produce susceptible to ritual impurity, the legal status of blood squeezed after the initial spurt is not that of blood at all.

קִבְּלָהּ מִינֵּיהּ רַב שְׁמוּאֵל בַּר אַמִּי. דְּאָמַר רַחֲמָנָא: "רַק חֲזַק לְבִלְתִּי אֲכֹל הַדָּם כִּי הַדָּם הוּא הַנָּפֶשׁ", דָּם שֶׁהַנֶּפֶשׁ יוֹצְאָה בּוֹ – קָרוּי דָּם, דָּם שֶׁאֵין הַנֶּפֶשׁ יוֹצְאָה בּוֹ – אֵינוֹ קָרוּי דָּם.

The Gemara comments: **Rav Shmuel bar Ami accepted this** statement **from** Rabbi Zeira and cited a verse that supports it. **As the Merciful One states: "Only be strong not to eat the blood; for the blood is the soul"** (Deuteronomy 12:23). This verse indicates: **Blood** with regard to which **the soul leaves** the body when it is spilled **is called blood;** however, **blood** with regard to which **the soul** does not **leave** the body when it is spilled, but which is squeezed out afterward, **is not called blood.**

NOTES

Blood that…does not render produce susceptible to impurity – דָּם...שֶׁאֵינוֹ מַכְשִׁיר: The *halakha* that liquid renders produce susceptible to impurity is stated explicitly in the Torah with regard to water. The Sages applied this *halakha* to other liquids by means of a verbal analogy. In all, seven liquids render produce susceptible to ritual impurity: Wine, honey, oil, milk, dew, blood, and water. There are exceptions with regard to each of these liquids, because the *halakha* is based on the Torah edict derived through the verbal analogy and not on a logical rationale.

HALAKHA

Blood squeezed from an animal – דַּם הַתַּמְצִית: An animal's blood that is squeezed out after the initial spurt of blood has concluded and the animal has died does not render food susceptible to impurity (Rambam *Sefer Tahara, Hilkhot Tumat Okhalin* 10:3).

NOTES

The atonement of the frontplate – רִיצּוּי צִיץ: The Torah states that the frontplate atones for Israel's sins related to consecrated items, as cited here and below. The Sages debate the identity of the transgressions atoned for by the frontplate. A similar discussion pertains to the transgressions atoned for by the periodic sin-offerings, i.e., the goat sacrificed on the New Moon and the goats sacrificed on the Festivals, which also atone for the ritual impurity of the Temple and its offerings.

Frontplate

As impurity was exempted from its general prohibition on behalf of the community – שֶׁהוּתְּרָה מִכְּלָלָהּ בְּצִיבּוּר: A prohibition for which there are exceptions, e.g., at certain times or in certain places, is characterized as exempted from its general prohibition. The legal status of this type of prohibition is deemed as less severe than that of an unequivocal prohibition. In this case, the fact that certain offerings may be sacrificed in a state of impurity when most or all of the community or the sacred vestments are ritually impure indicates that ritual impurity in this case is less severe than the prohibitions of *piggul* and *notar*.

תָּא שְׁמַע: דָּם שֶׁנִּטְמָא וּזְרָקוֹ, בְּשׁוֹגֵג – הוּרְצָה, בְּמֵזִיד – לֹא הוּרְצָה! מִדְּרַבָּנַן, וּדְלָא כְּרַבִּי יוֹסֵי בֶּן יוֹעֶזֶר אִישׁ צְרֵידָה.

The Gemara cites an additional proof that the impurity of liquids is by Torah law. **Come and hear:** With regard to **blood that became ritually impure, and** a priest **sprinkled it** on the altar, the following distinction applies: If he did so **unwittingly,** the offering **is accepted.** If he sprinkled the blood **intentionally,** the offering **is not accepted.** Apparently, blood becomes ritually impure by Torah law, even if it does not transmit impurity to other items. The Gemara rejects this contention: This impurity is **by rabbinic law, and** this ruling is **not in accordance with** Rav's explanation of the opinion of **Rabbi Yosei ben Yo'ezer of Tzereida,** as he maintains that sacrificial blood does not become impure at all.

תָּא שְׁמַע: עַל מָה הַצִּיץ מְרַצֶּה – עַל הַדָּם וְעַל הַבָּשָׂר וְעַל הַחֵלֶב, שֶׁנִּטְמָא בֵּין בְּשׁוֹגֵג בֵּין בְּמֵזִיד, בֵּין בְּאוֹנֶס בֵּין בְּרָצוֹן, בֵּין בְּיָחִיד בֵּין בְּצִבּוּר!

The Gemara cites a proof from another mishna. **Come and hear: For what does the frontplate** of the High Priest **atone**[N] and thereby allow the blood of the offering to be sprinkled? It atones **for the blood, and for the meat, and for the fat that became impure, whether** one caused it to become impure **unwittingly or intentionally, whether due to** circumstances **beyond** his **control or willfully,** and **whether** it is the offering **of an individual or** that **of a community.** Apparently, the blood of an offering can become impure.

מִדְּרַבָּנַן, וּדְלָא (כְּיוֹסֵף) בֶּן יוֹעֶזֶר אִישׁ צְרֵידָה.

The Gemara rejects this proof: The mishna is referring to blood that is impure **by rabbinic law, and** here too, it **is not in accordance with** the opinion of **Yosei ben Yo'ezer of Tzereida,** who says that consecrated blood does not become impure at all.

תָּא שְׁמַע: "וְנָשָׂא אַהֲרֹן אֶת עֲוֹן הַקֳּדָשִׁים"

The Gemara cites an additional proof: **Come** and **hear** another verse written about the frontplate: "And it shall be upon Aaron's forehead, **and Aaron shall bear the sin committed with the consecrated** objects, which the children of Israel shall hallow, even all their sacred gifts; and it shall be always upon his forehead, that they may be accepted before God" (Exodus 28:38).

וְכִי אֵיזֶה עָוֹן הוּא נוֹשֵׂא? אִם עֲוֹן פִּיגּוּל – הֲרֵי כְּבָר נֶאֱמַר: "לֹא יֵרָצֶה", אִם עֲוֹן נוֹתָר – הֲרֵי כְּבָר נֶאֱמַר: "לֹא יֵחָשֵׁב",

And the Sages expounded: **Which sin does it bear?** If you say it atones for **the sin of *piggul*,** an offering disqualified by the intention to sacrifice or eat the offering after the permitted time, **it is already stated:** "And if it is eaten at all on the third day, it is *piggul*; **it shall not be accepted**" (Leviticus 19:7). **If** you say it atones for ***notar*,** i.e., meat of an offering left after the time that one was permitted to eat it, **it is already stated:** "And if any of the flesh of the sacrifice of his peace-offerings is eaten on the third day, it shall not be accepted, **neither shall it be credited** to he who offered it" (Leviticus 7:18).

הָא אֵינוֹ נוֹשֵׂא אֶלָּא עֲוֹן טוּמְאָה שֶׁהוּתְּרָה מִכְּלָלָהּ בְּצִיבּוּר. מַאי לָאו – טוּמְאַת דָּם? אָמַר רַב פַּפָּא: לֹא, טוּמְאַת קְמָצִים.

Evidently, the frontplate **bears only the sin of impurity** in the offering of an individual, **as** in some circumstances, impurity **was exempted from its general** prohibition on behalf **of the community.**[N] It was permitted to sacrifice communal offerings in the Temple in a state of impurity. **What, does** this **not** apply to **impure blood** as well? Apparently, blood can also become impure. **Rav Pappa said: No,** the reference is not to impure blood but to **the impurity of handfuls** of flour separated by the priest from a meal-offering. The handful of flour renders the meal-offering permitted to be eaten by the priests, parallel to the blood of an animal offering.

תָּא שְׁמַע: "הֵן יִשָּׂא אִישׁ בְּשַׂר קֹדֶשׁ בִּכְנַף בִּגְדוֹ וְנָגַע בִּכְנָפוֹ אֶל הַלֶּחֶם וְאֶל הַנָּזִיד וְאֶל הַיַּיִן וְאֶל שֶׁמֶן וְאֶל כָּל מַאֲכָל הֲיִקְדָּשׁ וַיַּעֲנוּ הַכֹּהֲנִים וַיֹּאמְרוּ לֹא" (יִקְדָּשׁ)

The Gemara cites an additional proof. **Come** and **hear** that which was said to the prophet Haggai: "Thus said the Lord of Hosts: Ask now the priests with regard to the Torah, saying: **If a person bears hallowed flesh**[N] **in the corner of his garment, and with his garment he touches bread, or stew, or wine, or oil, or any food, shall it be sacred? And the priests answered and said: No"** (Haggai 2:11–12). This question is asked with regard to the flesh of a creeping animal and whether or not the substances that come into contact with it become impure.

NOTES

If a person bears hallowed flesh – הֵן יִשָּׂא אִישׁ בְּשַׂר קֹדֶשׁ: These verses from the book of Haggai describe halakhic questions that the prophet Haggai asked the priests of his time. The Gemara provides several explanations for these inquiries. Some commentaries suggest that these questions are a metaphor for prophecy, while others say that Haggai was actually testing the priests' knowledge of the *halakhot*. According to the Gemara's explanation that the questions referred to matters of ritual purity and impurity, the verses should be explained as follows: The hallowed flesh here is not actually consecrated meat but a dead creeping animal, as the term hallowed is sometimes used in reference to anything that must be avoided and not touched (see Deuteronomy 22:9). The person in this example is carrying the dead creeping animal in his garment, not in his hand, as he does not want to become impure by touching it. This explanation is based on the *halakha* in tractate *Eiruvin* that a priest who finds a dead creeping animal in the Temple should remove it in his belt from the holy area (*Arukh*).

וְאָמַר רַב: אִישְׁתַּבַּשׁ כָּהֲנֵי! מִידֵּי הוּא טַעְמָא אֶלָּא לְרַב, רַב "מַשְׁקֵי בֵּית מִטְבְּחַיָּא" תָּנֵי, אֲבָל מַשְׁקֵי בֵּי מִדְבְּחַיָּא – מְטַמֵּא.

And Rav said: The priests erred in this regard, as those substances are actually impure. This source indicates that along with the meat,[N] the stew, wine, and oil, which are liquids, also become ritually impure. The Gemara rejects this proof. **This difficulty is reasonable only** according **to Rav,** and **Rav teaches** that the testimony of Yosei ben Yo'ezer was that **the liquids of the slaughterhouse,** blood and water associated with the slaughter of offerings, do not become ritually impure. **However,** Rav agrees that **the liquids of the chamber of the altar,** wine and oil that accompany the offering on the altar, can **become impure.** The rabbinic decree that liquids can become impure is not in effect with regard to the liquids of the Temple slaughterhouse, but it is in effect with regard to the liquids offered on the altar. Therefore, the liquids listed by Haggai can become impure and transmit impurity by rabbinic law.

גּוּפָא: רַב אָמַר: אִישְׁתַּבַּשׁ כָּהֲנֵי, וּשְׁמוּאֵל אָמַר: לָא אִישְׁתַּבַּשׁ כָּהֲנֵי.

Apropos Rav's statement with regard to Haggai's exchange with the priests,[N] the Gemara discusses **the matter itself. Rav said: The priests erred,** as they should have said the oil is rendered impure. **And Shmuel said: The priests did not err.**

רַב אָמַר: אִישְׁתַּבַּשׁ כָּהֲנֵי, וְבִיעִי בַּקֹּדֶשׁ בְּעָא מִינַּיְיהוּ, וַאֲמַרוּ לֵיהּ טָהוֹר.

The Gemara elaborates: **Rav said** that **the priests erred,** as Haggai **raised the dilemma before them** whether or not **consecrated** items become impure with **fourth**-degree ritual impurity. The question in the verse pertains to the following case: One is carrying a dead creeping animal in the corner of his garment and bread comes into contact with it, conferring upon the bread first-degree ritual impurity status; and stew comes in contact with the bread, conferring upon the stew second-degree ritual impurity status; and wine comes in contact with the stew, conferring upon the wine third-degree ritual impurity status; and oil comes into contact with the wine. The question is: In that case, does the wine confer upon the oil fourth-degree ritual impurity? **And** when **the priests said to him** that it is **pure,** they erred. In fact, the oil is disqualified with fourth-degree ritual impurity, because it is a consecrated item.

וּשְׁמוּאֵל אָמַר: לָא אִישְׁתַּבַּשׁ כָּהֲנֵי, חֲמִישִׁי בַּקֹּדֶשׁ בְּעָא מִינַּיְיהוּ וַאֲמַרוּ לֵיהּ טָהוֹר.

And Shmuel said: The priests did not err, as Haggai **raised the dilemma before them** whether or not **consecrated** items become impure with **fifth**-degree ritual impurity. According to Shmuel's explanation, the case is as follows: The corner of the garment comes into contact with a dead creeping animal, conferring upon the garment first-degree ritual impurity status; bread comes into contact with the garment, conferring upon the bread second-degree ritual impurity status; stew comes in contact with the bread, conferring upon the stew third-degree ritual impurity status; and wine comes in contact with the stew, conferring upon the wine fourth-degree ritual impurity status; and oil comes into contact with the wine. In that case, does the wine confer upon the oil fifth-degree ritual impurity? **And** the priests correctly **said to him** that the oil is **pure.**

בִּשְׁלָמָא לְרַב – הַיְינוּ דִּכְתִיב "אַרְבָּעָה" לֶחֶם וְנָזִיד וְיַיִן וְשֶׁמֶן. אֶלָּא לִשְׁמוּאֵל, חֲמִשָּׁה מְנָא לֵיהּ?

The Gemara analyzes this dispute: **Granted,** according **to** the opinion of **Rav, that is** the reason that it is **four** items **that are written** in the dilemma raised in the verse: **Bread, stew, wine, and oil,** as the dilemma pertains to fourth-degree ritual impurity. **However,** according **to Shmuel, from where does he** learn that the dilemma involves **five** items?

מִי כְּתִיב "וְנָגַע כְּנָפוֹ", "וְנָגַע בִּכְנָפוֹ" כְּתִיב – בַּמֶּה שֶׁנָּגַע בִּכְנָפוֹ.

The Gemara explains Shmuel's opinion. **Is it written** in the verse: **And its corner touched** the bread, indicating that the primary source of impurity that was in the corner of the garment touched the bread? **It is** actually **written** in the verse: **"And it touched the corner of his garment,"** meaning the bread came into contact **with that** which **touched** the primary source of ritual impurity that was in **the corner of his garment.** The bread came into contact with the corner of the garment, not with the primary source of impurity itself. Accordingly, the garment assumes first-degree ritual impurity status, which confers upon the bread second-degree ritual impurity status, which confers upon the stew third-degree ritual impurity status, which confers upon the wine fourth-degree ritual impurity status. Since the wine cannot confer fifth-degree ritual impurity status upon the oil, the oil remains pure.

NOTES

Consecrated meat – בְּשַׂר קוֹדֶשׁ: Rav Hai Gaon maintains that the prophet's question indeed referred to consecrated meat and not to a dead creeping animal. The question is whether or not consecrated meat can become ritually impure through contact with stew and oil that became impure from contact with another source.

Haggai's exchange with the priests – שְׁאֵלַת חַגַּי לַכֹּהֲנִים: The verses clearly indicate that Haggai's question referred to the basic *halakha* by Torah law, as the verse introduces his question with the phrase: "Ask now the priests with regard to the Torah, saying" (Haggai 2:11). However, there are differences of opinion with regard to the content of the question. In the Jerusalem Talmud, tractate *Sota*, other opinions are cited apart from those mentioned here. For example, Rabbi Yoḥanan contends that this question was asked before the Sages issued their decree that a consecrated object can assume fourth-degree ritual impurity status. Therefore, the priests were correct when they answered that it was not impure. According to Rabbi Abba bar Kahana, the priests were experts on impurity imparted by moving certain impure objects, which is by Torah law, but not with regard to impurity conferred by indirect contact, which is by rabbinic law. Another opinion cited there is that the question was with regard the possibility of fifth-degree ritual impurity for consecrated items.

NOTES

As if they sacrificed offerings in a state of impurity – כְּאִילּוּ הִקְרִיבוּ בְּטוּמְאָה: In the Jerusalem Talmud it is similarly explained that Haggai wanted the priests to answer: Impure, so that he could respond: So is all the work of your hands.

HALAKHA

Consecrated liquids – מַשְׁקֵי קֹדֶשׁ: Yosei ben Yo'ezer's testimony with regard to the purity of liquids applies only to blood and water, the liquids of the Temple slaughterhouse, in accordance with Rav's interpretation of his statement (Rambam *Sefer Tahara, Hilkhot Tumat Okhalin* 10:16).

תָּא שְׁמַע: ״וַיֹּאמֶר חַגַּי אִם יִגַּע טְמֵא נֶפֶשׁ בְּכָל אֵלֶּה הֲיִטְמָא וַיַּעֲנוּ הַכֹּהֲנִים וַיֹּאמְרוּ יִטְמָא״. בִּשְׁלָמָא לִשְׁמוּאֵל – מִדְּהָכָא לָא אִישְׁתַּבַּשׁ – הָתָם נַמִּי לָא אִישְׁתַּבַּשׁ. אֶלָּא לְרַב, מַאי שְׁנָא הָכָא דְּאִישְׁתַּבַּשׁ וּמַאי שְׁנָא הָתָם דְּלָא אִישְׁתַּבַּשׁ?

The Gemara cites proof from the subsequent verse. **Come and hear: "And Haggai said: If one who is impure with** impurity imparted by **a corpse touches any of these, shall he be impure? And the priests answered and said: He shall be impure"** (Haggai 2:13). **Granted,** according **to Shmuel, from** the fact that **here,** with regard to a dead creeping animal, the priests **did not err,** as Shmuel maintains that the dilemma was with regard to fifth-degree ritual impurity, **there too they did not err. However,** according **to Rav, what is different here,** concerning the impurity of a creeping animal, such **that** the priests **erred, and what is different there,** with regard to impurity imparted by a corpse, such **that they did not err?**

אָמַר רַב נַחְמָן אָמַר רַבָּה בַּר אֲבוּהּ: בְּקִיאִין הֵן בְּטוּמְאַת מֵת, וְאֵין בְּקִיאִין הֵן בְּטוּמְאַת שֶׁרֶץ.

Rav Naḥman said that **Rabba bar Avuh said:** The priests of Haggai's era **were experts with regard to** the severe **ritual impurity** imparted by **a corpse,** as they knew that the impurity of a dead body confers upon a consecrated item fourth-degree ritual impurity status. However, **they were not experts with regard to the** lesser **impurity of a creeping animal.**

רָבִינָא אָמַר: הָתָם רְבִיעִי, הָכָא שְׁלִישִׁי.

Ravina said that the distinction between the cases is different. **There,** the first dilemma addressed **fourth**-degree ritual impurity, whereas **here,** the dilemma addressed **third**-degree ritual impurity. Haggai's second dilemma does not begin with contact with an item that came into contact with a corpse; rather, it begins with contact with the corpse itself. Since a corpse is the ultimate primary source of impurity, the fourth item is impure with third-degree ritual impurity. The priests knew that *halakha*.

תָּא שְׁמַע: ״וַיַּעַן חַגַּי וַיֹּאמֶר כֵּן הָעָם הַזֶּה וְכֵן הַגּוֹי הַזֶּה לְפָנַי נְאֻם ה׳ וגו׳״. בִּשְׁלָמָא לְרַב – הַיְינוּ דִּכְתִיב טָמֵא, אֶלָּא לִשְׁמוּאֵל אַמַּאי טָמֵא?

Come and **hear** a resolution to this matter from the next verse: **"And Haggai answered and said: So is this people, and so is this nation before me, said God;** and so is all the work of their hands; and that which they offer there is impure" (Haggai 2:14). **Granted,** according **to** the opinion of **Rav** that the priests erred, **that is** the reason **that it is written:** "That which they offer there is **impure,**" as the priests' lack of familiarity with the *halakhot* of impurity increase the likelihood that all of their Temple service is ritually impure. **However,** according **to Shmuel, why** does the verse say that their offerings are **ritually impure?**

אִיתְמוּהֵי קָא מְתַמַּהּ. וְהָא ״וְכֵן כָּל מַעֲשֵׂה יְדֵיהֶם״ כְּתִיב! אָמַר מַר זוּטְרָא וְאִיתֵימָא רַב אַשִׁי: מִתּוֹךְ שֶׁקִּלְקְלוּ אֶת מַעֲשֵׂיהֶם – מַעֲלֶה עֲלֵיהֶם הַכָּתוּב כְּאִילּוּ הִקְרִיבוּ בְּטוּמְאָה.

The Gemara answers: According to Shmuel, this is not a statement. Rather, the verse **is** a rhetorical question expressing **bewilderment:** Is all the Temple service of the priests really impure? Apparently, they are familiar with the *halakhot* of impurity. The Gemara raises a difficulty: **But isn't it written** in that verse: **"And so is all the work of their hands,"** which is a statement, not a question? **Mar Zutra, and some say** it was **Rav Ashi, said: Since they corrupted their deeds** by sinning in general, **the verse ascribes to them** wrongdoing **as if they sacrificed offerings in** a state of **impurity.**[N]

גּוּפָא, רַב תָּנֵי ״מַשְׁקֵי בֵּית מִטְבְּחַיָּא״ וְלֵוִי תָּנָא ״מַשְׁקֵי בֵּי מִדְבְּחַיָּא״.

Apropos the two versions of Yosei ben Yo'ezer's testimony that the liquids in the Temple are ritually pure, the Gemara addresses **the** matter **itself. Rav teaches** that Yosei ben Yo'ezer spoke of **the liquids of the slaughterhouse,** blood and water, **and Levi taught** that this *halakha* applies to **the liquids of the altar,** which include the wine of libations and oil of meal-offerings in addition to blood and water.[H]

לְלֵוִי, הָנִיחָא אִי סְבִירָא לֵיהּ כִּשְׁמוּאֵל, דְּאָמַר: דָּכָן מִלְּטַמֵּא טוּמְאַת אֲחֵרִים, אֲבָל טוּמְאַת עַצְמָן יֵשׁ לָהֶן – מַשְׁכַּחַתְּ לָהּ דְּנָגְעֵי כּוּלְּהוּ בְּרִאשׁוֹן.

The Gemara comments: **According to** the opinion of **Levi, this** works out **well if he holds in accordance with** the opinion of **Shmuel, who said** that Yosei ben Yo'ezer testified that the liquids are **ritually pure** in the sense that they do not **transmit impurity to other** items **but they themselves** can **become impure.** In that case, **you** can **find** a scenario for Haggai's second question; **all** the substances mentioned **made contact** with an object with first-degree ritual impurity status. Levi can explain that the prophet's dilemma is not in a case where the different items came into contact with each other, as he is of the opinion that liquids do not transmit impurity. Rather, the stew, wine, and oil each came in contact with an object with first-degree impurity, in accordance with Shmuel's opinion that consecrated liquids themselves can become impure. Accordingly, the priests answered that these objects are impure.

אֶלָּא אִי סָבַר לֵיהּ כְּרַב דְּאָמַר: דָּכָן מַמָּשׁ, הֵיכִי מַשְׁכַּחַתְּ לַהּ? עַל כָּרְחָךְ כִּשְׁמוּאֵל סְבִירָא לֵיהּ.

However, if Levi **holds in accordance with** the opinion of **Rav** that the liquids are **actually ritually pure, under what circumstances can** a scenario in which wine and oil, liquids offered on the altar, can become ritually impure **be found?** Rather, **perforce** you must say that **he holds in accordance with** the opinion of **Shmuel** with regard to the meaning of the term pure in this context.

וְלִשְׁמוּאֵל, הָנִיחָא אִי סָבַר לַהּ כְּרַב, דְּתָנֵי: מַשְׁקֵי בֵּית מִטְבְּחַיָּא, אֲבָל מַשְׁקֵי בֵּי מַדְבְּחַיָּא אַחֲרִינֵי נַמִי מִיטַּמְּאוּ – רְבִיעִי הוּא דְּלָא עָבֵיד חֲמִישִׁי, הָא שְׁלִישִׁי – עָבֵיד רְבִיעִי.

The Gemara continues: **And** according **to Shmuel, this** works out **well if he holds in accordance with** the opinion of **Rav, who taught** that the decree to which Yosei ben Yo'ezer testified was issued with regard to **the liquids of the slaughterhouse, but the other liquids of the altar transmit impurity as well.** If that is Shmuel's opinion he can explain Haggai's dilemma, as **it is** only an item with **fourth**-degree impurity status **that does not render** another item impure with **fifth**-degree ritual impurity. However, an item with third-degree impurity status **renders** another item impure with **fourth**-degree ritual impurity.

אֶלָּא, אִי סָבַר לֵיהּ כְּלֵוִי, דְּתָנֵי מַשְׁקֵי בֵּי מַדְבְּחַיָּא – מַאי אִירְיָא רְבִיעִי דְּלָא עָבֵיד חֲמִישִׁי? אֲפִילּוּ שֵׁנִי וּשְׁלִישִׁי נַמִי לָא עָבְדִי! עַל כָּרְחֵיךְ כְּרַב סְבִירָא לֵיהּ.

However, if he holds in accordance with the opinion of **Levi, who taught** that **the liquids of the altar,** including wine and oil, do not transmit impurity, **why** does Haggai **specifically** state that a liquid with **fourth**-degree impurity status **does not render** another liquid impure with **fifth**-degree ritual impurity? Even if these liquids had first or second degree ritual impurity status, they **do not render** another item impure with **second- and third**-degree ritual impurity, as Levi maintains that consecrated liquids do not transmit impurity at all. Rather, **perforce he holds in accordance with** the opinion of **Rav** with regard to the object of Yosei ben Yo'ezer's decree.

תַּנְיָא כְּוָותֵיהּ דְּרַב, תַּנְיָא כְּוָותֵיהּ דְּלֵוִי. תַּנְיָא כְּוָותֵיהּ דְּלֵוִי: הַדָּם וְהַיַּיִן וְהַשֶּׁמֶן וְהַמַּיִם, מַשְׁקֵי בֵּי מַדְבְּחַיָּא, שֶׁנִּטְמְאוּ בִּפְנִים וְהוֹצִיאָן לַחוּץ – טְהוֹרִין. נִטְמְאוּ בַּחוּץ וְהִכְנִיסָן בִּפְנִים – טְמֵאִין.

The Gemara cites a source in support of each version, as **it was taught** in a *baraita* **in accordance with** the opinion of **Rav,** and **it was taught** in a *baraita* **in accordance with** the opinion of **Levi.** The Gemara elaborates: **It was taught** in a *baraita* **in accordance with** the opinion of **Levi:** With regard to **the blood, the wine, the oil, and the water,** in the case of all **liquids of the altar that became ritually impure inside** the Temple **and** one **took them outside, they are pure** in the sense that they do not transmit impurity to other objects. This is because when they were within the Temple confines that more stringent form of impurity did not take effect. However, **if they became impure outside** the Temple **and** one **took them inside** the Temple, **they are impure** even in terms of transmitting impurity to other items, as they too retain their prior level of impurity.

אִינִי?! וְהָאָמַר רַבִּי יְהוֹשֻׁעַ בֶּן לֵוִי: מַשְׁקֵי בֵּי מַדְבְּחַיָּא, לֹא אָמְרוּ דָּכָן אֶלָּא בִּמְקוֹמָן. מַאי לָאו – לְמַעוֹטֵי נִטְמְאוּ בִּפְנִים וְהוֹצִיאָן לַחוּץ! לֹא, לְמַעוֹטֵי נִטְמְאוּ בַּחוּץ וְהִכְנִיסָן בִּפְנִים.

The Gemara raises a difficulty: **Is that so? Didn't Rabbi Yehoshua ben Levi say:** With regard to **the liquids of the altar,** the Sages **said they are ritually pure only in their place. What, does** this statement **not** come **to exclude liquids that became impure inside** the Temple **and** one **took them outside,** as in that case once they left the Temple they would be retroactively impure in terms of transmitting impurity? This contradicts the Gemara's previous assertion. The Gemara responds: **No,** the statement comes **to exclude** liquids **that became impure outside** the Temple **and** one **brought them inside.**

וְהָא "בִּמְקוֹמָן" קָאָמַר! הָכִי קָאָמַר: לֹא אָמְרוּ דָּכָן – אֶלָּא שֶׁנִּטְמְאוּ בִּמְקוֹמָן.

The Gemara raises a difficulty: **Didn't** Rabbi Yehoshua ben Levi **say: In their place,** indicating that these liquids are pure in terms of transmitting impurity only if they remain inside the Temple? The Gemara answers that **this is** what Rabbi Yehoshua ben Levi **is saying:** The Sages **said they are pure only** with regard **to those** liquids **that became impure in their place,** not with regard to those that became impure elsewhere and were brought into the Temple. In any case, the language of the *baraita* clearly indicates that the legal status of wine and oil is like that of other sacred liquids, in accordance with the opinion of Levi.

תַּנְיָא כְּוָותֵיהּ דְּרַב: הַדָּם וְהַמַּיִם, מַשְׁקֵי בֵּית מִטְבְּחַיָּא, שֶׁנִּטְמְאוּ בֵּין בְּכֵלִים בֵּין בְּקַרְקַע – טְהוֹרִין.

And it **was taught** in a *baraita* **in accordance with** the opinion of **Rav: The blood and the water, the liquids of the slaughterhouse, that became ritually impure, whether** they were **in vessels or on the ground, are pure.**

NOTES

Deriving from a *halakha* transmitted to Moses from Sinai – לְמוּד מֵהֲלָכָה: The authority of a *halakha* transmitted to Moses from Sinai is equivalent to one explicitly written in the Torah. A law of this type might even supersede the plain meaning of a verse, or it can instruct as to the manner in which a mitzva in the Torah is to be performed. However, one of the main differences between *halakhot* written in the Torah and those that are transmitted to Moses from Sinai is that written *halakhot* can serve as paradigms for other *halakhot*, whereas *halakhot* transmitted to Moses from Sinai cannot serve that purpose, as each *halakha* of this type is unique.

What difference is there to me if the liquids are in vessels and what difference is there to me if the liquids are in the ground – מַה לִּי בְּכֵלִים מַה לִּי בְּקַרְקַע: According to Rabbeinu Ḥananel's version of the text, the difficulty raised by the Gemara does not remain difficult. Instead, the ensuing statement of Rav Pappa answers the question about the difference between water in vessels and water in the ground: By Torah law, a quarter-*log* of water in the ground cannot become impure, as it has the legal status of a ritual bath. Other commentaries explain that this case involves less than a quarter-*log* of water. Although this amount of water does not have the capacity to purify as a ritual bath by Torah law, there is a tradition transmitted to Moses from Sinai that it does not become ritually impure in the Temple (Rabbi Meir Arak).

It is difficult – קַשְׁיָא: Some commentaries explain this as follows: Although according to Rabbi Shimon, and perhaps Rabbi Elazar as well, Yosei ben Yo'ezer's statement is not a *halakha* transmitted to Moses from Sinai. It is still possible that Rabbi Yehuda agrees that there is indeed a *halakha* transmitted to Moses from Sinai that liquids in the Temple are ritually pure, despite the fact that Rabbi Yehuda maintains that in general, liquids can become impure by Torah law (Rabbi David Pardo).

HALAKHA

Taught this only with regard to water – לֹא שָׁנוּ אֶלָּא מַיִם: With regard to the *halakhot* of ritual purity and impurity, the distinction between liquids in vessels and liquids in the ground applies only to water. This ruling is in accordance with Rav Pappa's statement (Rambam *Sefer Tahara, Hilkhot Tumat Okhalin* 15:5).

(רַבָּן) שִׁמְעוֹן אוֹמֵר: בְּכֵלִים – טְמֵאִין, בַּקַּרְקַע – טְהוֹרִין.

Rabban Shimon says: If the liquids were **in vessels,** they are **ritually impure;** however, if they were **in the ground,** they are **ritually pure,** as explained below.

אָמַר רַב פַּפָּא: אֲפִילּוּ לְמַאן דְּאָמַר טוּמְאַת מַשְׁקִין דְּאוֹרָיְיתָא – מַשְׁקֵי בֵּית מִטְבְּחַיָּא הִלְכְתָא גְּמִירִי לַהּ. אֲמַר לֵיהּ רַב הוּנָא בְּרֵיהּ דְּרַב נָתָן לְרַב פַּפָּא: וְאֶלָּא הָא דְּאָמַר רַבִּי אֱלִיעֶזֶר: אֵין טוּמְאָה לַמַּשְׁקִין כׇּל עִיקָּר, תֵּדַע, שֶׁהֲרֵי הֵעִיד (יוֹסֵף) בֶּן יוֹעֶזֶר אִישׁ צְרֵידָה עַל מַשְׁקֵי בֵּית מִטְבְּחַיָּא דְּכָן.

Rav Pappa said: Even according to the one who says that in general **the ritual impurity of liquids is by Torah law,** the purity of **the liquids of the** Temple **slaughterhouse is a** ***halakha*** transmitted to Moses from Sinai, which the Sages **learned through tradition. Rav Huna, son of Rav Natan, said to Rav Pappa: But** with regard to **that which Rabbi Eliezer said: There is no impurity for liquids at all** by Torah law, **know** that this is so, **as Yosei ben Yo'ezer of Tzereida testified about liquids** in **the slaughterhouse** in the Temple that they were **ritually pure.** This statement indicates that liquids become impure only by rabbinic decree, a decree that is not in effect in the Temple.

וְאִי הִלְכְתָא גְּמִירִי לַהּ – מִי גָּמְרִינַן מִינַּהּ?

Rav Huna, son of Rav Natan, continued: **And if they learned** the ritual purity of liquids of the slaughterhouse as **a** ***halakha*** transmitted to Moses from Sinai **through tradition, do we derive** other *halakhot* **from it?**[N] There is a principle that one cannot derive halakhic principles from *halakhot* transmitted to Moses from Sinai. How, then, could Rabbi Eliezer cite this *halakha* as a proof for his opinion?

אָמַר לֵיהּ רָבִינָא לְרַב אַשִׁי: וְהָא רַבִּי שִׁמְעוֹן, דְּאָמַר טוּמְאַת מַשְׁקִין דְּאוֹרָיְיתָא, דְּתַנְיָא, רַבִּי יוֹסֵי וְרַבִּי שִׁמְעוֹן אוֹמְרִים: לַכֵּלִים – טְהוֹרִין, לָאוֹכָלִין – טְמֵאִין.

Furthermore, **Ravina said to Rav Ashi,** also in rejection of Rav Pappa's statement: **Isn't it Rabbi Shimon, who said** that in general **the ritual impurity of liquids** is **by Torah law? As it was taught** in a *baraita* that **Rabbi Yosei and Rabbi Shimon say:** With regard **to vessels** that came into contact with impure liquid, the vessels **are pure,** as by Torah law liquids do not transmit impurity to vessels. However, with regard **to foods** that came into contact with impure liquid, the foods are **impure,** as by Torah law liquids transmit impurity to foods.

וְהָכָא קָאָמַר (רַבָּן) שִׁמְעוֹן: בְּכֵלִים – טְמֵאִין, בַּקַּרְקַע – טְהוֹרִין. וְאִי הִלְכְתָא הִיא – מַה לִּי בְּכֵלִים מַה לִּי בְּקַרְקַע? קַשְׁיָא.

Ravina continues: **And yet here,** with regard to the liquids in the Temple, **Rabban Shimon said:** Liquids **in vessels are ritually impure,** and liquids **in the ground are pure. And if** you say that the purity of the liquids of the Temple slaughterhouse **is a** ***halakha*** transmitted to Moses from Sinai, **what** difference **is** there **to me** if the liquids are **in vessels** and **what** difference **is** there **to me** if the liquids are **in the ground?**[N] If there is an accepted halakhic tradition that ritual impurity does not apply to these liquids, there should be no difference whether the liquid is in vessels or in the ground. The Gemara comments: Indeed, it is **difficult**[N] according to Rav Pappa's opinion.

אָמַר רַב פַּפָּא: הָא דְּאָמְרַתְּ בַּקַּרְקַע טְהוֹרִין – לֹא שָׁנוּ אֶלָּא מַיִם, אֲבָל דָּם לֹא.

Rav Pappa said: That which **you said,** that the liquids in the Temple **are ritually pure** when **in the ground,** the Sages **taught** this *halakha* **only** with regard to **water,**[H] **but** with regard to **blood, no,** it does not apply. According to Rabbi Shimon, blood can become impure even in the ground.

וּמַיִם נַמִי, לָא אֲמַרַן אֶלָּא דְּהָוֵי רְבִיעִית, דַּחֲזֵי לְהַטְבִּיל בֵּיהּ מְחָטִין וְצִינּוֹרוֹת, אֲבָל לָא הָוֵי רְבִיעִית – טְמֵאִין.

And even with regard to **water, we said** that it is ritually pure **only when it is a quarter-*log*, which is a suitable** measure **in which to immerse needles and hooks.** By Torah law, a quarter-*log* of water collected in one place can serve as a ritual bath in which one can immerse objects that can be completely immersed in that amount of water. Because it has the status of a ritual bath, it too does not become ritually impure. Although the Sages decreed that one should not immerse vessels in a quarter-log of water, the water is pure by Torah law. Therefore, the Sages did not extend their decree to this measure of water inside the Temple. **However,** if the water **is less than a quarter-*log*,** it is **ritually impure** even in the ground, as that water cannot be used as a ritual bath.

אָמַר מַר: ״רַבִּי יְהוּדָה אוֹמֵר: לַכֹּל טָמֵא״. לְמֵימְרָא דְּסָבַר רַבִּי יְהוּדָה טוּמְאַת מַשְׁקִין לְטַמֵּא טוּמְאַת כֵּלִים דְּאוֹרָיְיתָא?

The Master said in the *baraita* cited above, with regard to uncertainty about contact with impure liquids, that **Rabbi Yehuda says:** They are **impure in all** cases. The Gemara asks: **Is that to say that Rabbi Yehuda maintains** that **the impurity** of **liquids** in terms of their capability **to transmit impurity to vessels** is **by Torah law?**

וְהָתְנַן: כׇּל הַכֵּלִים שֶׁיֵּשׁ לָהֶן אֲחוֹרַיִם וָתוֹךְ, כְּגוֹן הַכָּרִים וְהַכְּסָתוֹת וְהַשַּׂקִּין וְהַמַּרְצוּפִין, נִטְמָא תּוֹכוֹ – נִטְמָא גַּבּוֹ, נִטְמָא – גַּבּוֹ – לֹא נִטְמָא תּוֹכוֹ.

But didn't we learn in a mishna: With regard to **all vessels that have an exterior** that can be used **and an interior**[H] that serves as a receptacle, **such as cushions, blankets, sacks, and leather** grain **sacks,** if the **interior of** one of these vessels **became ritually impure, its exterior is impure** as well. However, if **its exterior became impure, its interior is not impure,** because the primary use of these vessels is as a receptacle.

אָמַר רַבִּי יְהוּדָה בַּמֶּה דְּבָרִים אֲמוּרִים – שֶׁנִּטְמְאוּ מֵחֲמַת מַשְׁקִין, אֲבָל נִטְמְאוּ מֵחֲמַת שֶׁרֶץ – נִטְמָא תּוֹכוֹ נִטְמָא גַּבּוֹ, נִטְמָא גַּבּוֹ נִטְמָא תּוֹכוֹ.

Rabbi Yehuda said: In what case **is this statement said?** It is in a case **where** the vessels **became impure due to** contact with impure **liquids. However, if they became impure due to** contact with **a creeping animal,** then if **the interior became impure the exterior is impure,** and likewise, if **the exterior became impure the interior** is also **impure.**

וְאִי סָלְקָא דַּעְתָּךְ טוּמְאַת מַשְׁקִין לְטַמֵּא כֵּלִים דְּאוֹרַיְיתָא, מָה לִי נִטְמָא מֵחֲמַת מַשְׁקִין, מָה לִי נִטְמָא מֵחֲמַת שֶׁרֶץ? אָמַר רַב יְהוּדָה אָמַר שְׁמוּאֵל: חָזַר בּוֹ רַבִּי יְהוּדָה.

The Gemara explains the difficulty posed by Rabbi Yehuda's statement in this mishna: **And if it enters your mind that the ritual impurity of liquids** with regard to their capacity **to transmit impurity to vessels** is **by Torah law, what** difference **is** there **to me** if the vessel **is rendered impure due to liquids,** and **what** difference **is** there **to me** if the vessel **is rendered impure due to a creeping animal?** Rather, Rabbi Yehuda maintains that the impurity of liquids is by rabbinic law, and the Sages distinguished between the impurity of the exterior and interior of a vessel to distinguish between impurity by Torah law and impurity by rabbinic law and prevent the burning of *teruma* that is impure with impurity by rabbinic law. **Rav Yehuda said** that **Shmuel said: Rabbi Yehuda retracted** his previous statement in the *baraita* and accepted the ruling that the impurity of liquids is only by rabbinic decree.

רָבִינָא אָמַר: לְעוֹלָם לָא הֲדַר. הָא – בְּמַשְׁקִין הַבָּאִין מֵחֲמַת יָדַיִם, הָא – בְּמַשְׁקִין הַבָּאִין מֵחֲמַת שֶׁרֶץ.

Ravina said: Actually, it is possible that Rabbi Yehuda **did not retract** his previous statement, as **this** case, where he distinguishes between impurity on the interior and the exterior of vessels, was stated with regard **to liquids that come to** a state of impurity **due to** contact with impure **hands** that did not undergo ritual washing. Unwashed hands are impure by rabbinic decree, and therefore the impurity of such liquid is likewise rabbinic. Conversely, **that** case, where the impurity of liquids is by Torah law, was stated with regard **to liquids that come to** a state of impurity **due to** contact with **a creeping animal.** As that impurity is by Torah law, no distinction is made between the interior and exterior of vessels.

אִי הָכִי, אַדְּתָנֵי ״בַּמֶּה דְּבָרִים אֲמוּרִים שֶׁנִּטְמְאוּ מֵחֲמַת מַשְׁקִין״, לִיפְלוֹג וְלִיתְנֵי בְּדִידָהּ: בַּמֶּה דְּבָרִים אֲמוּרִים – בְּמַשְׁקִין הַבָּאִין מֵחֲמַת יָדַיִם, אֲבָל בְּמַשְׁקִין הַבָּאִין מֵחֲמַת שֶׁרֶץ – נִטְמָא תּוֹכוֹ נִטְמָא גַּבּוֹ, נִטְמָא גַּבּוֹ נִטְמָא תּוֹכוֹ! אֶלָּא מְחַוַּורְתָּא כִּדְשָׁנִין מֵעִיקָּרָא: חָזַר בּוֹ רַבִּי יְהוּדָה.

The Gemara raises a difficulty: **If so, instead of teaching: In what** case **is this statement said?** In a case where the vessels **were rendered impure due to** contact with **liquids,** as opposed to the other case in which the vessels became impure due to contact with creeping animals, **let him distinguish and teach** the distinction **within** the case **itself: In what** case **is this statement said?** It is in a case where these vessels **became impure by** contact with **liquids that come to** a state of impurity **due to** contact with impure **hands. However,** in a case where these vessels **became impure by** contact with **liquids that come to** a state of impurity **due to** contact with **a creeping animal,** if **the interior became impure, the exterior is impure,** and if **the exterior became impure, the interior** is likewise **impure. Rather,** the Gemara rejects Ravina's explanation and states that **it is clear as we initially answered,** that **Rabbi Yehuda retracted** his previous ruling.

אִיבַּעְיָא לְהוּ: מִכֵּלִים הוּא דַּהֲדַר בֵּיהּ, אֲבָל בְּאוֹכָלִין כְּרַבִּי יוֹסֵי וְרַבִּי שִׁמְעוֹן סְבִירָא לֵיהּ. אוֹ דִּילְמָא: לְגַמְרֵי הֲדַר בֵּיהּ, כְּרַבִּי מֵאִיר?

A dilemma was raised before the Sages: Was **it** only **from** his ruling with regard to liquids that transmitted ritual impurity to **vessels** by Torah law **that** Rabbi Yehuda **retracted** his opinion, **but with regard to foods he** still **holds in accordance with** the opinions of **Rabbi Yosei and Rabbi Shimon,** that liquids transmit impurity to foods by Torah law? **Or perhaps he completely retracted** his previous opinion, and Rabbi Yehuda in fact holds **in accordance with** the opinion of **Rabbi Meir,** who rules that there is no Torah basis for the impurity of liquids.

אָמַר רַב נַחְמָן בַּר יִצְחָק: תָּא שְׁמַע, פָּרָה שֶׁשָּׁתְתָה מֵי חַטָּאת – בְּשָׂרָהּ טָמֵא, רַבִּי יְהוּדָה אוֹמֵר:

Rav Naḥman bar Yitzḥak said: Come and **hear** a resolution to this dilemma from a mishna: With regard to **a cow that drank purification waters**[N4H3] in which the ashes of the red heifer were mixed and which were to be sprinkled on one who was ritually impure with impurity imparted by a corpse, and the cow was slaughtered before it digested the water, **its flesh is impure** due to contact with this water. Pure items that come in contact with the purification waters become impure, as derived from a verse. **Rabbi Yehuda says:**

HALAKHA

All vessels that have…an interior – כֵּלִים שֶׁיֵּשׁ לָהֶן תּוֹךְ: With regard to concave vessels, i.e., ones that can hold liquids, if they became ritually impure on their exterior, their interior remains pure. If their interior becomes impure, the entire vessel is impure. If the vessel became impure due to contact with a creeping animal, the whole vessel is impure, whether it contracted impurity on its interior or its exterior. This ruling is in accordance with the opinion of Rabbi Yehuda in the mishna, as it is a general rule that when Rabbi Yehuda says: In what case is this statement said, he is explaining the previous opinion rather than disputing it, and his explanation is accepted as *halakha* (Rambam *Sefer Tahara, Hilkhot Kelim* 28:1).

בָּטְלוּ בְּמֵעֶיהָ. וְאִי סָלְקָא דַּעְתָּךְ מִכֵּלִים הוּא דַּהֲדַר בֵּיהּ, אֲבָל בְּאוֹכָלִין כְּרַבִּי יוֹסֵי וְרַבִּי שִׁמְעוֹן סְבִירָא לֵיהּ – אַמַּאי בָּטְלוּ בְּמֵעֶיהָ לְגַמְרֵי?

The purification waters **are nullified in its innards** and do not impurify the meat of the cow. **And if it enters your mind** that it was **from** his ruling with regard to liquids transmitting impurity to **vessels** by Torah law **that** Rabbi Yehuda **retracted** his opinion, **but with regard to foods he holds in accordance with** the opinions of **Rabbi Yosei and Rabbi Shimon** that liquids transmit ritual impurity to food by Torah law, **why** does he say that the purification waters **are nullified in its innards entirely** and no longer transfer impurity at all?

נְהִי דְּטוּמְאָה חֲמוּרָה לֹא מְטַמְּאוּ, טוּמְאָה קַלָּה מִיהָא נִיטַמְּאוּ!

The Gemara elaborates: **Although** these waters **do not transmit a severe** form of **ritual impurity** to a person or vessel that comes into contact with them, **in any event let them transmit a lesser** form of **impurity** to food that comes into contact with them. Rabbi Yehuda's ruling with regard to the purification waters indicates that he retracted his previous opinion entirely and he maintains that there is no impurity of liquids by Torah law at all. Since this impurity is by rabbinic law, the Sages did not extend their decree to the uncommon circumstance of the purification waters.

מַאי "בָּטְלוּ בְּמֵעֶיהָ" נַמִי – בָּטְלוּ מִטּוּמְאָה חֲמוּרָה. אֲבָל טוּמְאָה קַלָּה מְטַמְּאוּ, מִכְּלָל דְּתַנָּא קַמָּא סָבַר טוּמְאָה חֲמוּרָה נַמִי מְטַמְּאוּ? הָא בְּשָׂרָהּ טָמֵא קָתָנֵי!

The Gemara rejects this contention: **What, too,** is the meaning of Rabbi Yehuda's phrase: **They are nullified in its innards? It** means that **they are nullified** only **from a severe** form of **impurity. However,** according to Rabbi Yehuda, the purification waters **transmit a lesser form of impurity.** This proves **by inference that the first *tanna* maintains** that the purification waters **also transmit a severe** form of **impurity** to people and vessels. This is a problematic conclusion, as the first *tanna* **teaches: Its flesh is impure,** which clearly indicates that its flesh alone is impure, whereas the purification waters swallowed by the cow do not transmit impurity to people or vessels. The result is that according to this approach, there is no difference between the opinions of Rabbi Yehuda and the first *tanna*.

כּוּלָּהּ רַבִּי יְהוּדָה הִיא, וְחַסּוֹרֵי מִיחַסְּרָא וְהָכִי קָתָנֵי: פָּרָה שֶׁשָּׁתְתָה מֵי חַטָּאת – בְּשָׂרָהּ טָמֵא, בַּמֶּה דְּבָרִים אֲמוּרִים – טוּמְאָה קַלָּה, אֲבָל טוּמְאָה חֲמוּרָה – לֹא. שֶׁרַבִּי יְהוּדָה אוֹמֵר: בָּטְלוּ בְּמֵעֶיהָ.

The Gemara answers: The **entire** mishna **is** in accordance with the opinion of **Rabbi Yehuda, and** the mishna **is incomplete and is teaching the following:** With regard to **a cow that drank the purification waters, its flesh is impure. In what** case **is this statement said?** It is said with regard to **a lesser** form of **impurity, but** with regard to **a severe** form of **purity, no,** its flesh is not impure, **as Rabbi Yehuda says:** The waters **are nullified in its innards** and their status is no longer that of purification waters. Instead, their impurity is by rabbinic law, like any other liquid.

רַב אַשִׁי אָמַר: לְעוֹלָם בָּטְלוּ בְּמֵעֶיהָ לְגַמְרֵי, מִשּׁוּם דַּהֲוָה לֵיהּ מַשְׁקֶה סָרוּחַ.

Rav Ashi said: Actually, it is possible to explain that the waters **are nullified in its innards entirely** from any type of impurity, as this issue is unrelated to the question of whether the impurity of liquids is by Torah law or rabbinic law. Rather, this *halakha* **is due to** the fact that purification waters **become a foul liquid** when ingested, and the principle is that offensive liquid can neither be rendered impure itself nor transfer impurity to other items.

"רַבִּי יוֹסֵי וְרַבִּי שִׁמְעוֹן אוֹמְרִים: לָאוֹכָלִין – טְמֵאִין, לַכֵּלִים – טְהוֹרִים". אָמַר רַבָּה בַּר בַּר חָנָה אָמַר רֵישׁ לָקִישׁ: רַבִּי יוֹסֵי בְּשִׁיטַת רַבִּי עֲקִיבָא רַבּוֹ אֲמָרָהּ, דְּדָרֵישׁ "יִטְמָא" – יְטַמֵּא.

It was taught in the *baraita* about uncertainty as to the impurity of liquids that **Rabbi Yosei and Rabbi Shimon say:** With regard **to foods** that came into contact with impure liquid, the foods **are impure.** However, with regard **to vessels** that came into contact with impure liquid, the vessels **are pure. Rabba bar bar Ḥana said that Reish Lakish said: Rabbi Yosei said** this *halakha* **in accordance with the opinion of Rabbi Akiva, his teacher, who interpreted** the term ***yitma***, which is an intransitive verb in the simple conjugation meaning: **It shall be impure,** as though it were written ***yetamme***, a transitive verb in the intensive conjugation meaning: **It shall render impure,** i.e., it transmits impurity to other items.[N]

NOTES

Shall be impure…shall render impure – יִטְמָא יְטַמֵּא: Rabbi Akiva's interpretation is not based solely on the fact that the words *yitma* and *yetamme* are spelled identically. Rather, it also takes into account the similarity of meanings between *yitma* and *yetamme*. Rabbi Akiva apparently distinguishes between the two meanings based on the varying tenses of the verb in the simple conjugation. The past-tense verb *tameh*, became impure, which is always passive, means that a given object became impure due to another object. However, the verb *yitma* in the future tense, which in this case is actually the continuous present tense, connotes a more active form, as it underscores the severity of the object's impurity, indicating that its impurity can be transferred to other items.

דִּתְנַן, בּוֹ בַּיּוֹם דָּרַשׁ רַבִּי עֲקִיבָא: ״וְכָל כְּלִי חֶרֶשׂ אֲשֶׁר יִפֹּל מֵהֶם וגו׳״ אֵינוֹ אוֹמֵר טָמֵא, אֶלָּא ״יִטְמָא״ – יְטַמֵּא אֲחֵרִים. לִימֵּד עַל כִּכָּר שֵׁנִי שֶׁעוֹשֶׂה שְׁלִישִׁי בְּחוּלִּין.

As we learned in a mishna: **On that day,**[N] when they appointed Rabbi Elazar ben Azarya the *Nasi*, **Rabbi Akiva taught: "And every earthenware vessel** into which **any of them** falls, whatever is in it shall be impure [*yitma*], and you shall break it" (Leviticus 11:33). The verse **does not say: It is impure** [*tameh*]; **rather,** it says: **It shall be impure** [*yitma*], indicating that an item in an impure earthenware vessel **transmits impurity to other** items. **This** verse **teaches about a loaf** with **second**-degree ritual impurity status,[N] i.e., ritual impurity imparted through contact with a vessel impurified by a creeping animal, **that** the loaf **renders** other items impure with **third**-degree ritual impurity, even **non-sacred** items.

וְהָכָא הֵיכִי דָּרֵישׁ – ״וְכָל מַשְׁקֶה אֲשֶׁר יִשָּׁתֶה בְּכָל כְּלִי יִטְמָא״ – יְטַמֵּא, לְטַמֵּא טוּמְאַת אוֹכָלִין. אַתָּה אוֹמֵר לְטַמֵּא טוּמְאַת אוֹכָלִין, אוֹ אֵינוֹ אֶלָּא לְטַמֵּא טוּמְאַת מַשְׁקִין? אָמַרְתָּ: לֹא כָּךְ הָיָה.

The Gemara inquires: **And here,** with regard to the ritual impurity of liquids, **how does** Rabbi Yosei **interpret** the verses? The Gemara cites the verse: "From all food which may be eaten, upon which water has come, shall be impure; **and all drink that may be drunk in every vessel, shall be impure** [*yitma*]" (Leviticus 11:34). Rabbi Yosei interprets the end of the verse as: **Shall render impure** [*yetamme*], indicating that liquid also **transmits impurity to foods.** The Gemara discusses this derivation: Do **you say** that this expression teaches that liquid **transmits ritual impurity to foods, or perhaps** the verse **is** teaching **only** that **it transmits impurity to** other **liquids,** but not to food? **You said** in response: **That was not** the correct interpretation.[N]

מַאי ״לֹא כָּךְ הָיָה״? אָמַר רַב פַּפָּא: לֹא מָצִינוּ טוּמְאָה שֶׁעוֹשָׂה כַּיּוֹצֵא בָּהּ.

The Gemara wonders about the unusual expression. **What is** the meaning of the phrase: **That was not** the correct interpretation? How can this difficulty be dismissed so easily? **Rav Pappa said:** It means that **we did not find** any case of **ritual impurity that renders a similar** item impure. Therefore, it must be that the verse teaches that this liquid transmits impurity to food.

רָבִינָא אָמַר: מִגּוּפֵיהּ דִּקְרָא נַמִי לָא מָצֵית אָמְרַתְּ ״יִטְמָא״ – לְטַמֵּא טוּמְאַת מַשְׁקִין, דְּאִי סָלְקָא דַּעְתָּךְ יִטְמָא דְּסֵיפָא לְטַמֵּא טוּמְאַת מַשְׁקִין, יִטְמָא דְּרֵישָׁא נַמִי – לְטַמֵּא טוּמְאַת מַשְׁקִין, נִיעַרְבִינְהוּ וְנִיכְתְּבִינְהוּ: ״מִכָּל הָאֹכֶל אֲשֶׁר יֵאָכֵל אֲשֶׁר יָבוֹא עָלָיו מַיִם וְכָל מַשְׁקֶה אֲשֶׁר יִשָּׁתֶה בְּכָל כְּלִי יִטְמָא״.

Ravina said: From an analysis of **the verse itself you also cannot say** that the term: **Shall be impure,** means that the liquid **transmits ritual impurity** only to **liquids. As, if it enters your mind** to say that the term: **Shall be impure, in the latter** portion of the verse means that **it transmits ritual impurity** only to **liquids,** then the term: **Shall be impure, in the first** portion of the verse, in reference to food, should **also** mean that **it transmits ritual impurity** only to **liquids.** And if that is so, **let** the verse **combine** the two cases **and write them** together as follows: **From all food which may be eaten, upon which water has come, and all drink that may be drunk in every vessel, shall be impure.**

תְּרֵי יִטְמָא לָמָּה לִי? אֶלָּא: יִטְמָא דְּרֵישָׁא – לְטַמֵּא טוּמְאַת מַשְׁקִין, יִטְמָא דְּסֵיפָא – לְטַמֵּא טוּמְאַת אוֹכָלִין.

Ravina concludes his proof: **Why do I** need the term: **Shall be impure, twice? Rather,** it must be that the term: **Shall be impure, in the first** portion of the verse teaches that food **transmits ritual impurity** to **liquids,** while the term: **Shall be impure, in the latter** portion of the verse teaches that liquid **transmits ritual impurity** to **food.**

וְאֵימָא לְטַמֵּא אֶת הַכֵּלִים! וְלָאו קַל וָחוֹמֶר הוּא? וּמַה כְּלִי שֶׁמְּטַמֵּא מַשְׁקֶה – אֵין מְטַמֵּא כְּלִי, מַשְׁקִין הַבָּאִין מֵחֲמַת כְּלִי – אֵינוֹ דִּין שֶׁלֹּא יְטַמְּאוּ אֶת הַכֵּלִים!

The Gemara asks: **And say** that the term teaches that liquid **transmits ritual impurity to vessels.** The Gemara rejects this contention: **And isn't it an *a fortiori*** inference? **Just as** an impure **vessel, which transmits impurity to liquid** that comes into contact with it, nevertheless **does not transmit impurity to** another **vessel,** so too, **liquids that come to** a state of impurity **due to** contact with **a vessel, is it not right that they** should **not transmit impurity to vessels?**

וְאֵימָא: כִּי לֹא מְטַמְּאוּ – מַשְׁקִין הַבָּאִין מֵחֲמַת כְּלִי, אֲבָל מַשְׁקִין הַבָּאִין מֵחֲמַת שֶׁרֶץ – הָכִי נַמִי דִּמְטַמְּאוּ! מַשְׁקִין הַבָּאִין מֵחֲמַת שֶׁרֶץ מִי כְּתִיבִי?

The Gemara suggests: **And say that when** liquids **do not transmit ritual impurity** to a vessel, that is in the case of **liquids that come to** a state of impurity **due to** contact with an impure **vessel,** as the vessel itself does not transmit impurity to another vessel. **However,** with regard to **liquids that come to** a state of impurity **due to** contact with **a creeping animal,** a more severe form of impurity, **indeed, they** should **transmit impurity** even to vessels. The Gemara rejects this contention: **Are liquids that come to** a state of impurity **due to** contact with **a creeping animal stated** explicitly in the Torah? The impure liquids mentioned in the verse became impure by contact with a vessel that came into contact with a dead creeping animal.

NOTES

On that day – בּוֹ בַּיּוֹם: In the Mishna this phrase generally refers to the day on which Rabban Gamliel was removed from the position of *Nasi* and replaced by Rabbi Elazar ben Azarya (*Berakhot* 27a). On that day the Sages abrogated several of the demanding requirements established by Rabban Gamliel for entry into the study hall. This move led to a more wide-ranging debate and the introduction of previously unheard opinions and novel halakhic interpretations. In tractate *Eduyyot* these opinions are called testimonies and introduced with the phrase: On that day it was taught.

A loaf with second-degree ritual impurity status – כִּכָּר שֵׁנִי: The Gemara chooses to teach the example of a loaf because the verse deals with earthenware vessels and ovens, and the most common item baked in an oven is a loaf of bread (Rashi).

That was not the correct interpretation – לֹא כָּךְ הָיָה: This expression is sometimes used in halakhic midrash to reject the previous contention. Often the Gemara leaves the rejection unexplained. However, the expression typically indicates that the previous statement, question, or derivation is unjustified due to the fact that it cannot withstand logical scrutiny or careful analysis.

וְלָאו מִקַּל וָחוֹמֶר קָאָתֵי? וּמַה מַּשְׁקִין הַבָּאִין מֵחֲמַת כְּלִי – מְטַמְּאִין, מַשְׁקִין הַבָּאִין מֵחֲמַת שֶׁרֶץ – לֹא כׇּל שֶׁכֵּן?!

The Gemara asks: **And doesn't** the impurity of liquids that came into contact with a creeping animal **come from an *a fortiori* inference: Just as liquids that come to** a state of impurity **due to** contact with **a vessel,** which itself became impure due to contact with a creeping animal, **transmit impurity,** with regard to **liquids that come to** a state of impurity **due to** contact with **a creeping animal, all the more so** is it **not** clear that they transmit impurity to a vessel?

דַּיּוֹ לַבָּא מִן הַדִּין לִהְיוֹת כַּנִּדּוֹן.

The Gemara answers: Since the basic *halakha* of these liquids is derived by means of an *a fortiori* inference, no stringencies are added to it, in accordance with the principle: **It is sufficient** [*dayyo*] for the conclusion that **emerged from the *a fortiori* inference to be like the source of the inference.**[N] In other words, a *halakha* derived by means of an *a fortiori* inference is no more stringent that the source from which it is derived. In this case, liquid that became impure through contact with a creeping animal transmits impurity to the same extent that liquid that became impure through contact with a vessel does.

יִטְמָא דְּרֵישָׁא הֵיכִי דָּרֵישׁ – ״מִכׇּל הָאֹכֶל אֲשֶׁר יֵאָכֵל אֲשֶׁר יָבוֹא עָלָיו מַיִם יִטְמָא״ יִטְמָא – לְטַמֵּא אֶת הַמַּשְׁקִין. אַתָּה אוֹמֵר לְטַמֵּא אֶת הַמַּשְׁקִין, אוֹ אֵינוֹ אֶלָּא לְטַמֵּא אֶת הַכְּלִי?

The Gemara asks: **How does** Rabbi Akiva **interpret** the term: **Shall be impure, in the first** portion of the verse: **"From all food which may be eaten, upon which water has come, shall be impure"** (Leviticus 11:34)? He interprets the term: **Shall be impure,** as: Shall render impure. Food **transmits ritual impurity to liquids. Do you say** that the term teaches that food **transmits impurity to liquids, or perhaps** the term teaches **only** that food **transmits impurity to a vessel?**

אָמַרְתָּ קַל וָחוֹמֶר: וּמַה מַּשְׁקֶה שֶׁמְּטַמֵּא אוֹכֶל – אֵינוֹ מְטַמֵּא כְּלִי, אוֹכֶל שֶׁאֵין מְטַמֵּא אוֹכֶל – אֵינוֹ דִּין שֶׁלֹּא יְטַמֵּא כְּלִי! הָא מָה אֲנִי מְקַיֵּים יִטְמָא – לְטַמֵּא אֶת הַמַּשְׁקִין, שֶׁהֵן עֲלוּלִין לְקַבֵּל טוּמְאָה.

The Gemara answers: **You** can **say an *a fortiori*** inference that negates this possibility: **Just as liquid, which transmits impurity to food, does not transmit impurity to a vessel,** with regard to **food, which does not transmit impurity to food, is it not right that it** should **not transmit impurity to a vessel?** If so, **how** then **do I establish** the meaning of the term: **Shall be impure,** which in this context indicates that food impurifies other items? This term indicates that food **transmits impurity to liquids, which are susceptible to contracting impurity.**

מַאי אִירְיָא מַשְׁקִין מִשּׁוּם דַּעֲלוּלִין לְקַבֵּל טוּמְאָה, תֵּיפוֹק לֵיהּ מִשּׁוּם דְּלֵיכָּא מִידֵּי אַחֲרִינָא!

The Gemara asks: **Why did** Rabbi Akiva mention **specifically** that food impurifies **liquids due to** the fact that **they are susceptible to contracting impurity? Let him derive** this proof from the simple fact **that there is no other item** that food could render impure. As food does not transmit impurity to food, the only remaining alternative is that food impurifies liquids.

הָכִי קָאָמַר: וְכִי תֵּימָא אוֹכֶל חָמוּר, דִּמְטַמֵּא מַשְׁקִין נִיטַמְּיֵיהּ לִכְלִי – הַהוּא חוּמְרָא דְּמַשְׁקִין הוּא, מִשּׁוּם דְּמַשְׁקִין עֲלוּלִין לְקַבֵּל טוּמְאָה.

The Gemara answers that **this is** what Rabbi Akiva **is saying: And lest you say** that the impurity of **food is severe,** as evidenced by the fact **that** it **transmits ritual impurity to liquids** despite the fact that liquids do not transfer impurity to other liquids, and therefore **let** food **transmit impurity to a vessel,** despite the fact that liquid does not transmit impurity to a vessel; therefore, the Gemara states **that** the fact that food transmits impurity to liquids **is** actually **a stringency** characteristic of **liquids,** not of food. The impurity of food is not more severe than that of liquids; rather, food transmits impurity to liquids **due to** the fact **that liquids** are **susceptible to contracting impurity.**

וּמַה הִיא עֲלִילָתָן – שֶׁמְּקַבְּלִין טוּמְאָה שֶׁלֹּא בְּהֶכְשֵׁר.

And in **what** manner **is their susceptibility** manifest? It is manifest in the fact **that they become ritually impure without** being first rendered **susceptible** to impurity. Foods can become impure only after first coming into contact with one of seven liquids. Liquids do not require any preparatory stage before becoming impure.

NOTES

It is sufficient [*dayyo*] for the conclusion that emerged from the *a fortiori* inference to be like the source of the inference – דַּיּוֹ לַבָּא מִן הַדִּין לִהְיוֹת כַּנִּדּוֹן: This halakhic principle, referred to in shorthand as *dayyo*, restricts the conclusion that may be derived from an *a fortiori* inference. It prevents establishing limitless leniencies or stringencies from an *a fortiori* inference by creating parameters for its implementation. *Dayyo* is an extension of another principle: If you grasped the maximum, you did not grasp the proper interpretation; if you grasped the minimum, you grasped the proper interpretation. The principle of *dayyo* establishes that an *a fortiori* inference teaches in the following manner: Just as X is more stringent than Y with regard to point A, X is no less stringent than Y with regard to point B. It does not teach: Just as X is more stringent than Y with regard to point A, X is similarly more stringent than Y with regard to point B. If that were the case, there would be no limits to the conclusion derived from the inference.

יִטְמָא – דְּאֵין עוֹשֶׂה כַּיּוֹצֵא בָּהּ, מֵהָכָא נָפְקָא? מֵהָתָם נָפְקָא: "וְכִי יֻתַּן מַיִם עַל זֶרַע וְנָפַל מִנִּבְלָתָם עָלָיו טָמֵא הוּא" – הוּא טָמֵא, וְאֵין עוֹשֶׂה טוּמְאָה כַּיּוֹצֵא בָּהּ! חַד בְּמַשְׁקִין הַבָּאִין מֵחֲמַת שֶׁרֶץ, וְחַד בְּמַשְׁקִין הַבָּאִין מֵחֲמַת כְּלִי.

Is the principle: **Shall be impure** teaches **that** ritual impurity **does not render a similar** item impure, e.g., that food does not transfer ritual impurity to other food, **derived from here?** It is **derived from there: "But if water is put upon the seed, and any of their carcass falls upon it, it is impure for you"** (Leviticus 11:38), from which it is inferred: **It is impure;** however, **it does not transmit impurity** to **a similar** item. Why is an additional source necessary to teach this same principle? The Gemara explains: Both verses are necessary, as **one** refers **to liquids that come to** a state of impurity **due to** contact with **a creeping animal,** while **one** verse refers **to liquids that come to** a state of impurity **due to** contact with an impure **vessel.**

וּצְרִיכִי, דְּאִי אַשְׁמוֹעִינַן בְּמַשְׁקִין הַבָּאִין מֵחֲמַת כְּלִי – מִשּׁוּם דְּלָא חֲמִירִי, אֲבָל בְּמַשְׁקִין הַבָּאִין מֵחֲמַת שֶׁרֶץ, דַּחֲמִירִי – אֵימָא עוֹשֶׂה טוּמְאָה כַּיּוֹצֵא בָּהּ.

The Gemara adds: **And** both verses **are necessary,** as neither of the *halakhot* could have been derived from the other. **As, had** the verse **taught us** only the *halakha* **with regard to liquids that come** to a state of impurity **due to** contact with **a vessel,** one might have thought that liquids do not transfer impurity to similar items only **due to** the fact that **their** impurity is **not severe,** as it did not result from contact with a primary source of impurity; **however, with regard to liquids that come** to a state of impurity **due to** contact with **a creeping animal, which are** impure with a **severe** form of impurity that resulted from contact with a primary source of impurity, **say that** they **transmit impurity** to a **similar** item.

וְלַשְׁמְעִינַן מַשְׁקִין הַבָּאִין מֵחֲמַת שֶׁרֶץ, וְכׇל שֶׁכֵּן מַשְׁקִין הַבָּאִין מֵחֲמַת כְּלִי! מִילְּתָא דְּאָתְיָא בְּקַל וָחוֹמֶר – טָרַח וְכָתַב לַהּ קְרָא.

The Gemara asks: **And let** the verse **teach us** that liquids do not transmit impurity with regard to **liquids that come** to a state of impurity **due to** contact with **a creeping animal, and all the more so** will that be the case with regard to **liquids that come** to a state of impurity **due to** contact with **a vessel.** The Gemara answers: This is not difficult, as at times with regard to **a matter that** could be **derived by** means of **an *a fortiori* inference,**[N] **the verse** nevertheless **unnecessarily wrote it** explicitly.

אֲמַר לֵיהּ רָבִינָא לְרַב אַשִׁי, וְהָא אָמַר רָבָא: לֹא רַבִּי יוֹסֵי סָבַר כְּרַבִּי עֲקִיבָא,

Ravina said to Rav Ashi: But didn't Rava say that **Rabbi Yosei does not hold in accordance with** the opinion of **Rabbi Akiva** with regard to the third-degree ritual impurity status of non-sacred items? Contrary to the opinion of Rabbi Akiva, Rabbi Yosei maintains that an item with second-degree ritual impurity does not confer third-degree impurity status upon non-sacred items by Torah law.

וְלֹא רַבִּי עֲקִיבָא סָבַר כְּרַבִּי יוֹסֵי!

And similarly, **Rabbi Akiva does not hold in accordance with** the opinion of **Rabbi Yosei** with regard to the fourth-degree impurity of consecrated property. The relevance of these observations to the issue at hand is that if Rabbi Yosei maintains that the impurity of liquids is by Torah law, he evidently interprets the verse as: *Yetamme,* just as Rabbi Akiva does. However, in that case, he would also hold that second-degree ritual impurity confers upon another non-sacred item third-degree impurity status, as that *halakha* is also derived from the term: *Yetamme.*

אֲמַר לֵיהּ: רַבִּי יוֹסֵי בְּשִׁיטַת רַבִּי עֲקִיבָא רַבּוֹ אֲמָרָהּ, וְלֵיהּ לָא סְבִירָא לֵיהּ.

Rav Ashi **said to him: Rabbi Yosei said** this *halakha* that liquids transmit impurity by Torah law **in accordance with the opinion of Rabbi Akiva, his teacher;** however, **he himself does not hold** accordingly,[N] as Rabbi Yosei is of the opinion that liquids do not transmit impurity to other items by Torah law.

אֲמַר לֵיהּ רַב אַשִׁי לְרַב כָּהֲנָא: בִּשְׁלָמָא רַבִּי יוֹסֵי לָא סָבַר לַהּ כְּרַבִּי עֲקִיבָא, דְּתַנְיָא אָמַר רַבִּי יוֹסֵי: מִנַּיִן לִרְבִיעִי בְּקוֹדֶשׁ שֶׁהוּא פָּסוּל?

Rav Ashi said to Rav Kahana with regard to Rava's statement: **Granted, Rabbi Yosei does not hold in accordance with** the opinion of **Rabbi Akiva, as it was taught** in a *baraita* that **Rabbi Yosei said: From where** is it derived with regard **to a consecrated** item with **fourth**-degree ritual impurity **that it is** only **disqualified** and does not transfer impurity to other objects?

וְדִין הוּא, וּמָה מְחוּסַּר כִּפּוּרִים שֶׁמּוּתָּר בִּתְרוּמָה – פָּסוּל בְּקוֹדֶשׁ, שְׁלִישִׁי שֶׁפָּסוּל בִּתְרוּמָה – אֵינוֹ דִּין שֶׁיַּעֲשֶׂה רְבִיעִי בְּקוֹדֶשׁ.

The *baraita* continues: **And** this *halakha* **is a logical *a fortiori* inference: Just as one who lacks atonement,** e.g., a *zav* or leper who immersed at the conclusion of his period of impurity but has not yet brought an offering for his atonement, **who is permitted** to eat ***teruma,*** **disqualifies** a **consecrated** item if he comes into contact with it, with regard to **third**-degree ritual impurity, **which disqualifies *teruma,*** and in that way is more severe than one who lacks atonement, **is it not right that it** should **confer fourth**-degree ritual impurity status **upon a consecrated** item? The status of an item with third-degree ritual impurity should be no less severe than that of a person who lacks atonement.

NOTES

A matter that could be derived by means of an *a fortiori* inference – מִילְּתָא דְּאָתְיָא בְּקַל וָחוֹמֶר: Some commentaries explain that this rule can also be applied to other hermeneutic principles of Torah exposition, such as verbal analogy, juxtaposition, and analogy. In these cases, too, the Torah sometimes writes a *halakha* explicitly even though it could have been derived by means of one of these principles (Rabbeinu Gershom). Many commentaries add that there is nonetheless a difference between a *halakha* derived by means of an *a fortiori* inference and one written explicitly in the Torah, as a greater level of stringency applies to *halakhot* that appear in the Torah. In other words, the reason the Torah unnecessarily wrote it explicitly, in the Gemara's words, was to underscore its significance (*Tosafot*; Rabbi Yehuda Mintz; see *Yad Malakhi*).

He himself does not hold accordingly – לֵיהּ לָא סְבִירָא לֵיהּ: This oft-recurring comment means that although a certain Sage expands upon or explains an opinion, he himself disagrees with it. In actuality, many of the discussions in the Gemara are of this type, as the Gemara often analyzes and clarifies opinions that are ultimately rejected as *halakha.*

וְלָמַדְנוּ שְׁלִישִׁי בַּקּוֹדֶשׁ מִן הַתּוֹרָה, וּרְבִיעִי מִקַּל וָחוֹמֶר.

The Gemara notes: **And we derived third**-degree impurity **with regard to consecrated** items **from the Torah, and fourth**-degree impurity of consecrated items **by** means of the above ***a fortiori* inference.** In light of the *dayyo* principle, one might have thought that this *a fortiori* inference cannot serve as the basis of the *halakha* that consecrated property can assume fourth-degree impurity status. Since the source of this inference is third-degree impurity status, the conclusion that emerges can be only that consecrated objects can assume third-degree impurity status, like *teruma* itself. The Gemara explains that the *dayyo* principle does not apply in this case. If the *a fortiori* inference is rendered moot as a result of applying that principle, the principle is not applied. Because the fact that consecrated objects can assume third-degree impurity status is derived from the verse, if that which emerges from the inference is that *halakha* itself, the *a fortiori* inference is moot. Therefore, the principle does not apply and the fact that consecrated objects can assume fourth-degree impurity status is derived from the inference.

שְׁלִישִׁי מִן הַתּוֹרָה – דִּכְתִיב: ״וְהַבָּשָׂר אֲשֶׁר יִגַּע

The Gemara elaborates. The fact that consecrated objects can assume third-degree impurity status is derived **from the Torah, as it is written: "And the flesh that touches**

Perek **I**
Daf **19** Amud **a**

NOTES

Will we stand and rely on that proof – אַהָכִי נֵיקוּם וְנִסְמוֹךְ: The weakness of this proof is that it is based on the fact that no evidence to the contrary was discovered. Clearly this type of proof is not compelling, and indeed the Sages say explicitly that the fact that a certain phenomenon has not been witnessed is no proof that it does not exist. It is not insignificant that while numerous *mishnayot* discuss the *halakhot* of ritual impurity not one of them mentions a fifth degree of impurity; however, that is insufficient evidence to establish a definitive conclusion.

He left the study hall, analyzed, and found – נְפַק...דַּק וְאַשְׁכַּח: The Sages would sit in the study hall and debate different *halakhot*. Rav Ashi's question was raised in the context of these discussions. When a Sage sought to review material on his own or consult others who knew *mishnayot* and *baraitot* by heart, he would leave the study hall to analyze and ponder the issue alone without disturbing the proceedings inside.

HALAKHA

Joining consecrated objects – צֵירוּף לַקֹּדֶשׁ: If an impure object touches a fruit that is inside a vessel, all of the fruits that the vessel contains become ritually impure. This *halakha* applies specifically to consecrated objects, but not to *teruma* (Rambam *Sefer Tahara, Hilkhot She'ar Avot HaTumot* 12:7).

בְּכָל טָמֵא לֹא יֵאָכֵל״ מִי לָא עָסְקִינַן דְּנָגַע בְּשֵׁנִי? רְבִיעִי מִקַּל וָחוֹמֶר – כִּדְאָמְרִינַן.

any impure thing shall not be eaten" (Leviticus 7:19). **Are we not dealing** even with a case **where** meat **touched** an object that was ritually impure with **second**-degree ritual impurity? And nevertheless, the verse states explicitly that it is impure and assumes third-degree ritual impurity status. No other source is needed to teach that consecrated objects can assume third-degree ritual impurity status. Therefore, **fourth**-degree impurity status can be derived **by** means of the ***a fortiori*** inference, **as we stated** above.

וְאִי סָלְקָא דַּעְתָּךְ סָבַר כְּרַבִּי עֲקִיבָא, נִיתְנֵי נָמֵי רְבִיעִי בִּתְרוּמָה וַחֲמִישִׁי בַּקּוֹדֶשׁ!

The Gemara returns to its previous point: **And if it enters your mind** that Rabbi Yosei **holds in accordance with** the opinion of **Rabbi Akiva** that non-sacred objects can assume third-degree impurity status, **let him also teach** the *halakha* of the **fourth** degree of impurity **with regard to *teruma*, and the fifth** degree **with regard to consecrated** items, on the basis of that same *a fortiori* inference. The fact that he does not extend the *a fortiori* inference to include these *halakhot* proves that Rabbi Yosei does not agree with Rabbi Akiva's opinion on this issue.

אֶלָּא רַבִּי עֲקִיבָא לָא סָבַר כְּרַבִּי יוֹסֵי מְנָלַן?

However, with regard to the fact that **Rabbi Akiva does not hold in accordance with** the opinion of **Rabbi Yosei, from where do we** derive this? Perhaps he accepts Rabbi Yosei's *a fortiori* inference and holds that *teruma* assumes fourth-degree impurity status and consecrated items assume fifth-degree impurity status.

אֲמַר לֵיהּ: דְּלָא לִישְׁתַּמִּיט תַּנָּא וְלִיתְנֵי רְבִיעִי בִּתְרוּמָה וַחֲמִישִׁי בַּקּוֹדֶשׁ, וְנֵימָא רַבִּי עֲקִיבָא הִיא. וַאֲנַן אַהָכִי נֵיקוּם וְנִסְמוֹךְ?

Rav Kahana **said to** Rav Ashi that there is indirect proof that this is the case. **As it is not** possible **to avoid** finding at least one ***tanna* who teaches fourth**-degree impurity with regard to *teruma* and fifth-degree impurity with regard to **consecrated** items, **and says** that **this is** the opinion of **Rabbi Akiva,** who derived it from the *a fortiori* inference of Rabbi Yosei. In response to this claim, the Gemara asks: **And will we stand and rely on that** proof?[N] Can proof for Rabbi Akiva's opinion be cited from the fact that no such *tanna* was found? Perhaps there is some source for that *halakha*.

נְפַק רַב אַשִׁי, וְאִי תֵּימָא רַב כָּהֲנָא, דַּק וְאַשְׁכַּח, הָא דִּתְנַן: הַכְּלִי מְצָרֵף אֶת מַה שֶּׁבְּתוֹכוֹ לַקּוֹדֶשׁ, אֲבָל לֹא לַתְּרוּמָה, וְהָרְבִיעִי בַּקּוֹדֶשׁ פָּסוּל וְהַשְּׁלִישִׁי בַּתְּרוּמָה.

Rav Ashi, and some say it was **Rav Kahana, left** the study hall to examine this matter. **He analyzed** the issue **and found**[N] proof positive that Rabbi Akiva does not hold that there is fifth-degree impurity with regard to consecrated items. He proved this from **that which we learned** in a mishna: **A vessel joins that which is in it** into a single unit. For example, if there are fruits in a vessel between which there is no contact and one of them became ritually impure, all of the fruits are impure, as they are joined by the vessel. This principle applies **with regard to consecrated property, but not with regard to *teruma*.**[H] **And the fourth** degree of impurity **disqualifies consecrated** items but does not transmit impurity, **while third**-degree impurity **disqualifies *teruma*.**

וְאָמַר רַבִּי חִיָּיא בַּר אַבָּא אָמַר רַבִּי יוֹחָנָן: מֵעֵדוּתוֹ שֶׁל רַבִּי עֲקִיבָא נִשְׁנֵית מִשְׁנָה זוֹ, (דְּתַנְיָא): הוֹסִיף רַבִּי עֲקִיבָא הַסּוֹלֶת וְהַקְּטוֹרֶת וְהַלְּבוֹנָה וְהַגֶּחָלִים, שֶׁאִם נָגַע טְבוּל יוֹם בְּמִקְצָתָן – פָּסַל אֶת כּוּלָּן.

And Rabbi Ḥiyya bar Abba said that **Rabbi Yoḥanan said:** It is **from the testimony of Rabbi Akiva** that **this mishna is taught, as it was taught** in a *baraita*: **Rabbi Akiva added** in his testimony with regard to **the fine flour, the incense,**[N] **the frankincense, and the coals** on the altar, which are not foods and do not ordinarily become impure, **that if** a person **who immersed during that day,** who disqualifies consecrated items, **touches some of them, he disqualifies all of them,** as the vessel joins them into one unit.

רְבִיעִי – אִין, חֲמִישִׁי – לָא. שְׁלִישִׁי – אִין, רְבִיעִי – לָא.

This *baraita*, which is the opinion of Rabbi Akiva, states that with regard to **fourth**-degree impurity, **yes,** consecrated objects assume that status; however, with regard to **fifth**-degree impurity, **no,** consecrated objects do not assume that status. With regard to **third**-degree impurity, **yes,** *teruma* assumes that status; however, with regard to **fifth**-degree impurity, **no,** *teruma* does not assume that status.

אַלְמָא קָסָבַר: צֵירוּף דְּרַבָּנַן. וּפְלִיגָא דְּרַבִּי חָנִין, דְּאָמַר: צֵירוּף דְּאוֹרַיְיתָא, שֶׁנֶּאֱמַר: ״כַּף אַחַת עֲשָׂרָה זָהָב מְלֵאָה קְטֹרֶת״ – הַכָּתוּב עָשָׂה כָּל מַה שֶּׁבַּכַּף – אַחַת.

The Gemara comments: **Apparently,** Rabbi Yoḥanan **holds** that **joining** in a single vessel, of frankincense, incense, or coals, is a *halakha* **by rabbinic law,**[H] not by Torah law, as the ritual impurity of frankincense and coals is by rabbinic law. **And** Rabbi Yoḥanan **disputes that** statement of **Rabbi Ḥanin, who said: Joining** in a vessel is a *halakha* **by Torah law, as it is stated: "One golden spoon of ten shekels, filled with incense"** (Numbers 7:20). **The verse rendered everything in the spoon,** i.e., all the incense, as **one** entity.

תְּנַן הָתָם: עַל מַחַט שֶׁנִּמְצֵאת בַּבָּשָׂר – שֶׁהַסַּכִּין וְהַיָּדַיִם טְהוֹרוֹת וְהַבָּשָׂר טָמֵא. נִמְצֵאת בַּפֶּרֶשׁ – הַכֹּל טָהוֹר. אָמַר רַבִּי עֲקִיבָא: זָכִינוּ שֶׁאֵין טוּמְאַת יָדַיִם בַּמִּקְדָּשׁ.

Apropos ritual purity and impurity in the Temple, the Gemara cites that **we learned** in a mishna **there:** The Sages testified **about** the case of **a needle that was found in the meat** of an animal that was led through water, **that the knife and the hands** that touched the needle **are ritually pure but the meat is impure,** as the needle might have been impure. If the needle **was found in the secretions** of the animal's stomach, **everything is pure,** as secretions do not transfer impurity to the meat. **Rabbi Akiva said: We were privileged**[N] to learn a novel *halakha* from here, which is **that there is no impurity of hands in the Temple**[H] as in this case the hands did not become impure upon contact with the needle.

NOTES

Fine flour and incense – הַסּוֹלֶת וְהַקְּטוֹרֶת: Some commentaries explain that the novelty of Rabbi Akiva's statement is not its application to a situation where these items were placed inside a regular, concave vessel. Rather, he is teaching that even if they were placed on a wooden or leather board and an impure object touched one of them, they are all rendered impure. This is due to the principle of joining (Rambam's Commentary on the Mishna).

We were privileged – זָכִינוּ: Some commentaries explain this statement as follows: This testimony taught us nothing new about the status of the meat, which is certainly ritually impure through contact with the needle, or the status of the knife, which would remain pure even if it were non-sacred. Instead, we were privileged to learn a new *halakha* with regard to the impurity of hands in the Temple (Rashash).

HALAKHA

Joining is by rabbinic law – צֵירוּף מִדְּרַבָּנַן: The principle that a vessel joins everything inside it into a single entity is a rabbinic decree that was instituted to raise the standards of preserving the purity of consecrated property. The verses cited from the Torah serve merely as support for this decree (Rambam *Sefer Tahara, Hilkhot She'ar Avot HaTumot* 12:7).

Impurity of hands in the Temple – טוּמְאַת יָדַיִם בַּמִּקְדָּשׁ: There is no ritual impurity of hands in the Temple, as the rabbinic degree with regard to the impurity of hands was not in effect in the Temple, in accordance with Rabbi Akiva's observation (Rambam *Sefer Tahara, Hilkhot She'ar Avot HaTumot* 8:6).

Perek **I**
Daf **19** Amud **b**

וְנֵימָא: שֶׁאֵין טוּמְאַת יָדַיִם וְכֵלִים בַּמִּקְדָּשׁ! אָמַר רַב יְהוּדָה אָמַר רַב, וְאִיתֵימָא רַבִּי יוֹסֵי בְּרַבִּי חֲנִינָא: יָדַיִם קוֹדֶם גְּזֵירַת כֵּלִים נִשְׁנוּ.

The Gemara asks: **And let us say** that Rabbi Akiva says that we learn from here **that there is no ritual impurity of hands and vessels in the Temple,** as the mishna says that the knife which touched the needle is also pure. **Rav Yehuda said** that **Rav said, and some say** that it was **Rabbi Yosei, son of Rabbi Ḥanina:** The testimony that there is no ritual impurity for **hands was taught prior to the decree** of impurity **for vessels** that came in contact with impure liquids outside the Temple. Therefore, there was no novelty in the fact that there is no ritual impurity of vessels in the Temple.

אָמַר רָבָא: וְהָא תַּרְוַיְיהוּ בּוֹ בַּיּוֹם גָּזְרוּ, דִּתְנַן: הַסֵּפֶר, וְהַיָּדַיִם, וְהַטְּבוּל יוֹם, וְהָאוֹכָלִין וְהַכֵּלִים שֶׁנִּטְמְאוּ בְּמַשְׁקִין!

Rava said: But weren't both decrees issued on the same day? As we learned in a mishna: The impurity of a Torah **scroll** and other sacred scrolls, **and** the impurity of **hands** that were not washed or immersed, **and** the impurity of **one who immersed himself during that day, and** the impurity of **foods and vessels that became impure by** contact with impure **liquids,** all these are included in the eighteen matters with regard to which decrees were issued on the same day.

אֶלָּא אָמַר רָבָא: הַנַּח לְטוּמְאַת סַכִּין, דַּאֲפִילּוּ בְּחוּלִּין נַמִי לָא מְטַמֵּא. הַאי סַכִּין דְּנָגַע בְּמַאי? אִילֵימָא דְּנָגַע בַּבָּשָׂר – הָא אֵין אוֹכֶל מְטַמֵּא כְּלִי, וְאֶלָּא דְּנָגַע בַּמַּחַט – וְהָא אֵין כְּלִי מְטַמֵּא כְּלִי.

Rather, Rava said: Leave the impurity of the **knife, as even** outside the Temple **in non-sacred** circumstances **it does not become impure.** As in the case of **this knife, what did it touch** that could transmit impurity? **If you say that it touched the meat, food does not transmit impurity to a vessel.** If you say, **rather, that it touched the needle, a vessel does not transmit impurity to** another **vessel.**

הַאי מַחַט מַאי עֲבִידְתֵּיהּ? אִי נֵימָא סְפֵק מַחַט – וְהָא אִיתְּמַר: רַבִּי אֶלְעָזָר וְרַבִּי יוֹסֵי בְּרַבִּי חֲנִינָא, חַד אָמַר: לֹא גָּזְרוּ עַל סְפֵק הָרוּקִין שֶׁבִּירוּשָׁלַיִם, וְחַד אָמַר: לֹא גָּזְרוּ עַל סְפֵק הַכֵּלִים שֶׁבִּירוּשָׁלַיִם!

With regard to **this needle,** the Gemara asks: **What is its** impurity **status? If we say** that there is **uncertainty** with regard to the impurity of the **needle, wasn't it stated** that there is a dispute between **Rabbi Elazar and Rabbi Yosei, son of Rabbi Ḥanina? One said:** The Sages **did not issue a decree** in the case of **uncertainty** with regard to the impurity of **spittle that is** found **in Jerusalem.** Any spittle found outside of Jerusalem might have come from a *zav* or from a gentile, whose legal status in this regard is like that of a *zav*. The Sages decreed that any contact with this spittle should be treated as uncertain contact with a primary source of ritual impurity. That decree was not issued with regard to spittle found in Jerusalem. **And one said:** The Sages **did not issue a decree** in the case of **uncertainty** with regard to the impurity of **vessels in Jerusalem.** As opposed to the situation outside of Jerusalem, there is no presumption of impurity with regard to vessels found in Jerusalem, including a needle.

אָמַר רַב יְהוּדָה אָמַר רַב: כְּגוֹן שֶׁאָבְדָה לוֹ מַחַט טְמֵא מֵת, וְהִכִּירָהּ בַּבָּשָׂר. רַבִּי יוֹסֵי בְּרַבִּי אָבִין אָמַר: כְּגוֹן שֶׁהָיְתָה פָּרָה חֲסוּמָה וּבָאָה מִחוּץ לִירוּשָׁלַיִם.

Rav Yehuda said that **Rav said:** This is referring to a case **where one lost a needle** that became impure through contact with a person or vessel impure with **ritual impurity** imparted **by a corpse.** Since the needle is a metal utensil, it assumes the same degree of impurity as the source of its impurity, in this case a primary source of impurity. **And he** then **recognized** the needle **in the meat** of the offering. **Rabbi Yosei, son of Rabbi Avin, said:** This is referring to a case **where the cow was muzzled as it came from outside of Jerusalem.** The needle is clearly from outside of Jerusalem, and in all cases of uncertainty with regard to vessels outside of Jerusalem the ruling is that they are impure.

גּוּפָא, רַבִּי אֶלְעָזָר וְרַבִּי יוֹסֵי בְּרַבִּי חֲנִינָא; חַד אָמַר: לֹא גָּזְרוּ עַל סְפֵק הָרוּקִין שֶׁבִּירוּשָׁלַיִם, וְחַד אָמַר: לֹא גָּזְרוּ עַל סְפֵק הַכֵּלִים שֶׁבִּירוּשָׁלַיִם. רוּקִין תְּנֵינָא, כֵּלִים תְּנֵינָא.

The Gemara analyzes **the** dispute with regard to the decree that was not issued in Jerusalem **itself. Rabbi Elazar and Rabbi Yosei, son of Rabbi Ḥanina,** disagreed. **One said:** The Sages **did not issue a decree** in the case of **uncertainty** with regard to the impurity of **spittle that is** found **in Jerusalem.**[H] **And one said:** The Sages **did not issue a decree** in the case of **uncertainty** with regard to the impurity of **vessels in Jerusalem.** The Gemara asks: **We** already **learned** the *halakha* **of spittle,** and similarly, **we** already **learned** the *halakha* **of vessels.** What do these *amora'im* add to the earlier tannaitic rulings?

רוּקִין תְּנֵינָא, דִּתְנַן: כׇּל הָרוּקִין הַנִּמְצָאִין בִּירוּשָׁלַיִם טְהוֹרִין, חוּץ מִשֶּׁל שׁוּק הָעֶלְיוֹן! לָא צְרִיכָא, אַף עַל גַּב דְּאִיתְחֲזַק זָב.

The Gemara elaborates: **We** already **learned** the *halakha* **of spittle, as we learned** in a mishna: **Any spittle found in Jerusalem is pure, except for** the spittle **that is** found in the **upper market,** an area frequented by gentiles (Rambam). The Gemara explains: **No,** it is **necessary** for the *amora* to teach that this *halakha* applies **even** in a case **where** there is **a presumption** that there had been **a** *zav* in the area where the spittle was found. Even in that case, no decree of impurity was issued with regard to spittle in Jerusalem.

כֵּלִים תְּנֵינָא, דִּתְנַן: כׇּל הַכֵּלִים הַנִּמְצָאִים בִּירוּשָׁלַיִם, דֶּרֶךְ יְרִידָה לְבֵית הַטְּבִילָה – טְמֵאִין. הָא דְּעָלְמָא – טְהוֹרִין!

Likewise, **we** already **learned** the *halakha* **of vessels, as we learned** in a mishna: With regard to **all the vessels found in Jerusalem,**[H] if they were found **on the path** leading **down to the ritual bath** they **are** presumed **ritually impure.** These vessels were probably not yet immersed, as people typically bring impure vessels to the ritual bath. By inference, **all other** vessels found elsewhere **are** presumed **pure.**

וְלְטַעְמֵיךְ, אֵימָא סֵיפָא: דֶּרֶךְ עֲלִיָּה – טְהוֹרִין. הָא דְּעָלְמָא – טְמֵאִין.

The Gemara raises a difficulty: **And according to your reasoning, say the latter clause** of the mishna as follows: If the vessels were discovered **on the path up**[N] from the ritual bath, **they are** presumed **ritually pure.** One can learn by inference from this statement the diametric opposite: **All other** vessels **are** presumed **ritually impure.**

אֶלָּא: רֵישָׁא דַּוְקָא, וְסֵיפָא לָאו דַּוְקָא, וּלְאַפּוֹקֵי גַּזְיָיתָא.

Rather, the first clause of the mishna **is precise**[N] in its formulation, and therefore inferences may be drawn with regard to other vessels. **And the latter clause is not precise** in this way, **and** it comes **to exclude** only the small **passageways**[N] near the ritual bath, where it is unclear whether the vessels there were being taken to the bath for immersion or from the bath after being immersed. Since the vessels were certainly impure when brought to the ritual bath, and it is uncertain whether or not they were immersed, they retain the presumptive status of impurity. However, in cases where the uncertainty is whether or not the vessels were impure at all, then where the impurity is by rabbinic decree, that decree is not in effect in Jerusalem, and the vessels are ritually pure.

HALAKHA

Spittle that is in Jerusalem – רוּקִין שֶׁבִּירוּשָׁלַיִם: Spittle found in the middle of the street in Jerusalem is ritually impure by rabbinic law, as most people who walked there were impure. If it was on the side of the road it is pure, as that is where pure people would walk. During a Festival, when most people are pure, the reverse is true: Spittle found in the middle of the street is pure, whereas spittle found on the side of the street is impure. This ruling is in accordance with the opinion of Rabbi Yosei in the mishna (*Shekalim* 8:1; Rambam *Sefer Tahara, Hilkhot She'ar Avot HaTumot* 13:8).

Vessels found in Jerusalem – כֵּלִים הַנִּמְצָאִים בִּירוּשָׁלַיִם: All vessels found in Jerusalem are presumed pure, whether they are found on the path down to the ritual bath or on the path up from it. However, this principle does not apply to knives used in the slaughter of offerings, in accordance with Rabbi Yosei's statement in the mishna (tractate *Shekalim* 8:2; Rambam *Sefer Tahara, Hilkhot She'ar Avot HaTumot* 13:5).

NOTES

On the path down…on the path up – דֶּרֶךְ יְרִידָה וְדֶרֶךְ עֲלִיָּה: Some commentaries explain that the ritual baths had two separate openings. Impure people would come in through the entrance to immerse themselves, while pure people would leave through the exit after their immersion. This arrangement prevented those still impure from transmitting impurity to those who had already immersed (*Korban HaEida*; Rabbi Eliyahu Fulda). Others say that by examining the position of the vessels themselves it could be determined whether they were being brought to the ritual bath or taken away from it (*Me'iri*).

Ancient ritual bath in Gush Etzion with two separate openings

Rather, the first clause is precise – אֶלָּא רֵישָׁא דַּוְקָא: Since inference from the language of the mishna itself does not fully resolve this matter, the Gemara could have said that no conclusion may be inferred from the mishna, as neither the first nor the latter clause of the mishna is formulated precisely. This is the typical response to contradictory inferences from two sections of a tannaitic source. The novelty of the statement of the *amora* here is that the first clause of the mishna was indeed formulated in a precise manner.

Small passageways [*gazyata*] – גַּזְיָיתָא: The *ge'onim* explain that *gazyata* is derived from the term *ganuz*, meaning secluded. It refers to a passageway to the ritual bath with regard to which there is uncertainty whether the vessels there were being brought down to the bath or taken up from it. Other commentaries explain that it means crooked, a passageway not clearly designated for either ascent or descent. Yet others read: *Gavyata*, internal, meaning passageways off the main path.

וּלְרַב, דְּאָמַר: כְּגוֹן שֶׁאָבְדָה לוֹ מַחַט טְמֵא מֵת וְהִכִּירָהּ בַּבָּשָׂר, כֵּיוָן דְּאָמַר מָר: ״בַּחֲלַל חֶרֶב״ – חֶרֶב הֲרֵי הוּא כֶּחָלָל, אָדָם וְכֵלִים נַמִּי לִיטַּמֵּא!

And the Gemara suggests that according **to Rav, who said** this is referring to a case **where one lost a needle** that became impure through contact with a person or vessel impure with **ritual impurity** imparted **by a corpse, and he recognized** the needle **in the meat** of the offering, **the conclusion should be different. Since the Master said** that the verse: **"One who is slain with a sword"** (Numbers 19:16) teaches that the legal status of a metal **sword is like** that of **one who is slain** in terms of its degree of impurity, not only the meat, but **a person and vessels as well** should **become ritually impure** by touching the needle. Just as a sword that comes into contact with a corpse assumes its status as an ultimate primary source of ritual impurity, so too, any metal vessel that comes into contact with a person or vessel that is impure with impurity imparted by a corpse assumes its status as a primary source of ritual impurity.

אָמַר רַב אַשִׁי: זֹאת אוֹמֶרֶת עֲזָרָה רְשׁוּת הָרַבִּים הִיא, וַהֲוָה לֵיהּ סְפֵק טוּמְאָה בִּרְשׁוּת הָרַבִּים, וְכָל סְפֵק טוּמְאָה בִּרְשׁוּת הָרַבִּים – סְפֵיקוֹ טָהוֹר.

Rav Ashi said: That is to say that the Temple **courtyard is a public domain**[H] with regard to the *halakhot* of uncertain impurity. **And** therefore, the ruling in this case **is** that of **uncertainty** with regard to **impurity in a public domain,** as there is no proof that either the vessels or one's hands came into contact with the ritually impure needle. **And** the guiding principle in **any** case of **uncertainty** with regard to **impurity in a public domain** is that **its uncertainty** is ruled to be **ritually pure.** Therefore, the meat, which definitely came into contact with the needle, is impure, while everything else is ritually pure.

הָא בִּרְשׁוּת הַיָּחִיד – סְפֵיקוֹ טָמֵא הוּא. מִכְּדִי, הַאי מַחַט – דָּבָר שֶׁאֵין בּוֹ דַּעַת לִישָּׁאֵל הוּא, וְכָל דָּבָר שֶׁאֵין בּוֹ דַּעַת לִישָּׁאֵל בֵּין בִּרְשׁוּת הָרַבִּים בֵּין בִּרְשׁוּת הַיָּחִיד סְפֵיקוֹ טָהוֹר!

The Gemara asks: One can learn by inference that if this uncertainty developed **in the private domain, its uncertainty** is ruled to be **ritually impure.** Why would that be the case? **Since this needle** is **an item that does not have knowledge to be asked,**[H] as an inanimate object cannot be consulted with regard to how it became impure or whether it became impure at all, the following principle is in effect: With regard to **any item** or person **that does not have knowledge to be asked,** the person referring to one who lacks the competence to answer the question, **whether** the uncertainty developed **in the public domain or whether** it was **in the private domain, its uncertainty** is ruled to be **ritually pure.**

מִשּׁוּם דַּהֲוֵי סְפֵק טוּמְאָה הַבָּאָה בִּידֵי אָדָם, וְאָמַר רַבִּי יוֹחָנָן: סְפֵק טוּמְאָה הַבָּאָה בִּידֵי אָדָם

The Gemara responds: Although a needle does not have knowledge to be asked, it is nevertheless impure **due to the fact that** its uncertainty **is uncertainty** with regard to **impurity that comes** about **by means of a person.** The knife did not come into contact with the needle on its own; rather, a person was holding the knife. **And Rabbi Yoḥanan stated** another principle: In a case of **uncertainty** with regard to **impurity that comes** about **by means of a person,**[H]

HALAKHA

The Temple courtyard is a public domain – עֲזָרָה רְשׁוּת הָרַבִּים: The Temple courtyard is considered a public domain for the purposes of ruling in cases of uncertainty with regard to impurity, as per the statement of Rav Ashi (Rambam *Sefer Tahara, Hilkhot She'ar Avot HaTumot* 20:3).

An item that does not have knowledge to be asked – דָּבָר שֶׁאֵין בּוֹ דַּעַת לִישָּׁאֵל: An inanimate object, which that does not have knowledge to be asked about a certain situation, or a person who lacks that knowledge, is presumed ritually pure in cases of uncertain impurity (Rambam *Sefer Tahara, Hilkhot She'ar Avot HaTumot* 16:2).

Uncertainty with regard to impurity that comes about by means of a person – סְפֵק טוּמְאָה הַבָּאָה בִּידֵי אָדָם: The ruling in cases of uncertainty with regard to impurity transmitted by a person is the same as other cases of uncertain impurity, i.e., pure in a public domain and impure in a private domain. This is the case even if the uncertainty whether or not impurity was transmitted relates to an inanimate object, which does not have knowledge to be asked. The *halakha* is in accordance with the opinion of Rabbi Yoḥanan (Rambam *Sefer Tahara, Hilkhot She'ar Avot HaTumot* 16:6).

נִשְׁאָלִין עָלֶיהָ, אֲפִילּוּ בִּכְלִי הַמּוּנָּח עַל גַּבֵּי קַרְקַע – כְּדָבָר שֶׁיֵּשׁ בּוֹ דַּעַת לִישָּׁאֵל.

its owners will have no choice but to **consult** a Sage **about it**[N] to determine whether or not it is ritually pure, as **even with regard to a vessel that is placed upon the ground,** which is certainly not capable of providing an answer if asked, its legal status is **like** that of **an item that has knowledge to be asked.** The fact that the knife is an inanimate object is not reason enough to rule it ritually pure. It was therefore necessary to say that the knife is ritually pure because the Temple courtyard is a public domain. If it was a private domain, the knife would be deemed impure.

״וְהַבָּשָׂר טָמֵא״. הַאי בָּשָׂר דְּאִיתַּכְשַׁר בְּמַאי?

It was taught that if an impure needle were found in an animal, **the meat is ritually impure.** The Gemara asks: **With what** liquid **was this meat rendered susceptible** to impurity? A food can become impure only if it were rendered susceptible to impurity through contact with a liquid; how, then, could the sacrificial meat become impure immediately after the animal was slaughtered?

NOTES

Uncertainty with regard to impurity and consultation – סְפֵק טוּמְאָה וּשְׁאֵלָה: The Sages derived the *halakhot* of uncertainty with regard to impurity from the *sota*, a woman suspected by her husband of adultery. The ruling in the Torah in the case of uncertainty whether or not a *sota* is ritually impure is stringent. The Sages derived from the *sota* that the ruling is stringent in cases of uncertainty with regard to impurity. However, the *sota* is also the source for the lenient ruling in cases of uncertainty with regard to impurity, as the uncertainty with regard to the *sota* developed in the private domain, where no one else was present. Likewise, a *sota* can be asked whether or not she committed adultery, rendering her impure, from which it can be derived that in a case where the uncertainty involves an inanimate object or an incompetent person, who cannot be asked, the ruling is lenient.

NOTES

Esteem for sacred objects – חִיבַּת הַקּוֹדֶשׁ: The idea is that consecrated items are more susceptible to ritual impurity due to their heightened sanctity. The more sacred an object, the more degrees of impurity apply to it. Accordingly, non-sacred items can assume no more than second-degree ritual impurity status, *teruma* can assume third-degree ritual impurity status, while consecrated items can assume fourth-degree ritual impurity status. The Sages extended this susceptibility even to certain non-food items, e.g., incense and coals, as well as to objects that were not rendered susceptible to impurity through contact with liquids. Reish Lakish's question was whether the legal status of an object that became impure due to this consideration is that of an object actually impure by rabbinic law, to the extent that it transmits impurity to other items, or whether it is merely disqualified, in which case it can become impure itself but cannot transmit impurity to other items.

A mass from meal-offerings – צְרִיד שֶׁל מְנָחוֹת: *Tosafot* explain that this phrase refers to a meal-offering, part of which is wet and part of which is dry. Others maintain that it refers to the coarse bran sifted from the flour of the meal-offering in the preparation of fine flour (Rabbeinu Ḥananel; *Arukh*).

HALAKHA

A mass from meal-offerings – צְרִיד שֶׁל מְנָחוֹת: If a mass from a meal-offering became impure, it can assume first- and second-degree ritual impurity status by rabbinic law, as stated in the Gemara in tractate *Menaḥot* (*Kesef Mishne*; Rambam *Sefer Tahara*, *Hilkhot She'ar Avot HaTumot* 8:3).

Needle in a cow – מַחַט שֶׁבְּפָרָה: If a cow passed through a river and was slaughtered while still wet, and an impure needle was found in the meat, the meat is ritually impure. If the needle was found in the secretions of the animal's stomach, the meat remains pure, even if the secretions were soft, in accordance with the proofs in the Gemara and the statement of Rav Ashi (Rambam *Sefer Tahara*, *Hilkhot Tumat Okhalin* 10:17).

אִי נֵימָא דְּאִיתְכְּשַׁר בְּדָם – וְהָא אָמַר רַבִּי חִיָּיא בַּר אַבָּא אָמַר רַבִּי יוֹחָנָן: מִנַּיִן לְדַם קָדָשִׁים שֶׁאֵינוֹ מַכְשִׁיר – שֶׁנֶּאֱמַר: ״לֹא תֹּאכְלֶנּוּ עַל הָאָרֶץ תִּשְׁפְּכֶנּוּ כַּמָּיִם״ דָּם שֶׁנִּשְׁפָּךְ כַּמַּיִם – מַכְשִׁיר, וְשֶׁאֵינוֹ נִשְׁפָּךְ כַּמַּיִם – אֵינוֹ מַכְשִׁיר.

If we say that it was rendered susceptible to impurity **by the blood** that flowed when it was slaughtered, **didn't Rabbi Ḥiyya bar Abba say** that **Rabbi Yoḥanan said: From where** is it derived **with regard to blood of consecrated** offerings **that it does not render** produce **susceptible** to impurity? **As it is stated: "You shall surely not eat the blood; you shall pour it upon the earth like water"** (Deuteronomy 12:16). The Sages derived from this verse: **Blood that is poured like water,** i.e., blood from a non-sacred domesticated animal that is poured out when it is slaughtered and not received in a vessel like sacrificial blood, assumes the legal status of water and **renders** food **susceptible** to ritual impurity. **Blood that is not poured out like water,** but is received in a vessel to be sprinkled on the altar, **does not render** food **susceptible** to impurity.

וְאֶלָּא דְּאִיתְכְּשַׁר בְּמַשְׁקֵי בֵּית מִטְבְּחַיָּא – וְהָא אָמַר רַבִּי יוֹסֵי בְּרַבִּי חֲנִינָא: מַשְׁקֵי בֵּית מִטְבְּחַיָּא לֹא דַּיָּין שֶׁהֵן דָּכִן, אֶלָּא שֶׁאֵין מַכְשִׁירִין.

Rather, say **that** this meat **was rendered susceptible** to ritual impurity **by the** other **liquids of the slaughterhouse,** e.g., the water that was kept near the altar for washing the offerings. **But didn't Rabbi Yosei, son of Rabbi Ḥanina, say** with regard to **the liquids of the slaughterhouse: Not only are they ritually pure,** as noted in the testimony of Yosei ben Yo'ezer, **but they do not** even **render** meat **susceptible** to impurity?

וְאֶלָּא דְּאִיתְכְּשַׁר בְּחִיבַּת הַקּוֹדֶשׁ – אֵימוּר דִּמְהַנְיָא לֵיהּ חִיבַּת הַקּוֹדֶשׁ לְאִיפְסוּלֵי גּוּפֵיהּ, לְמִימְנָא בֵּיהּ רִאשׁוֹן וְשֵׁנִי נָמֵי?

Rather, say that the meat **is rendered susceptible** to ritual impurity **by the esteem for sacred** objects.[N] According to this principle, certain items that cannot become impure by Torah law become susceptible to impurity by rabbinic law due to their extreme sanctity. The Gemara rejects that possibility: **Say that the esteem for sacred** objects **is effective to disqualify** the meat **itself** despite the fact that it was not rendered susceptible to receive impurity, but **does it also** transmit impurity to the extent that one **counts first- and second**-degree impurity from contact with that meat? Can impurity based on the esteem for sacred objects be transmitted to other objects like standard impurity?

תִּיפְשׁוֹט דְּבָעֵי רֵישׁ לָקִישׁ: צְרִיד שֶׁל מְנָחוֹת, מוֹנִין בּוֹ רִאשׁוֹן וְשֵׁנִי אוֹ לֹא?

If so, **resolve** from here **that which Reish Lakish raised as a dilemma:** With regard to **a mass from meal-offerings,**[NH] does one **count first- and second**-degree impurity from contact with it **or not?** Due to the esteem for sacred objects, the offering itself can become impure without having been rendered susceptible through contact with liquid; however, the dilemma is whether or not it transmits impurity to other objects.

אָמַר רַב יְהוּדָה אָמַר שְׁמוּאֵל: כְּגוֹן שֶׁהָיְתָה פָּרָה שֶׁל זִבְחֵי שְׁלָמִים, וְהֶעֱבִירָהּ בְּנָהָר וּשְׁחָטָהּ, וַעֲדַיִין מַשְׁקֶה טוֹפֵחַ עָלֶיהָ.

The Gemara responds: Perhaps the dilemma with regard to the status of ritual impurity due to esteem for sacred objects has not in fact been resolved. In the case of meat, **Rav Yehuda said** that **Shmuel said:** It is referring to a case **where** the meat **was** from **a cow** brought as **a peace-offering sacrifice,** whose hide and meat belong to its owner, **and** the owner **led it through the river** to clean it, and he slaughtered it **while liquid was still moist upon it.** While the animal was being flayed, water fell on the meat, rendering it susceptible to impurity.

״נִמְצֵאת בַּפֶּרֶשׁ הַכֹּל טָהוֹר״. וְנִיהְדַּר פֶּרֶשׁ וְנִיטַמְּיֵיהּ לְבָשָׂר! אָמַר רַב אַדָּא בַּר אַהֲבָה: בְּפֶרֶשׁ עָבֶה. רַב אָשֵׁי אָמַר: אֲפִילּוּ תֵּימָא בְּפֶרֶשׁ רַכָּה, מִשּׁוּם דַּהֲוֵי מַשְׁקֶה סָרוּחַ.

We learned in a mishna cited above: If the needle **was found in the secretions** of the animal's stomach,[H] **everything,** meat, knife, and hands, **is pure.** The Gemara raises a difficulty: **And let these secretions,** which are liquid, **return and transmit impurity to the meat** itself. Like any other liquid, the secretions assume first-degree ritual impurity by rabbinic decree. **Rav Adda bar Ahava said:** It is referring **to thick,** solid **secretions,** which are not liquid. **Rav Ashi said: Even if you say** that it is referring **to soft secretions,** it does not transfer impurity **because it is an offensive liquid,** which does not transmit impurity.

תָּנֵי תַּנָּא קַמֵּיהּ דְּרַב שֵׁשֶׁת: שֶׁרֶץ מְטַמֵּא אֶת הַמַּשְׁקִין, וּמַשְׁקִין מְטַמְּאִין אֶת הַכְּלִי, וּכְלִי מְטַמֵּא אֶת הָאוֹכָלִין, וְהָאוֹכָלִין מְטַמְּאִין אֶת הַמַּשְׁקִין, וְלָמַדְנוּ שָׁלֹשׁ טוּמְאוֹת בַּשֶּׁרֶץ. הָנֵי אַרְבְּעָה הֵן! גּוֹז מַשְׁקִין דְּרֵישָׁא.

The *tanna* who recited *mishnayot* and *baraitot* in the study hall **taught** a *baraita* **before Rav Sheshet.** Based on the verses, it is possible to create the following scenario: The carcass of **a creeping animal transmits impurity to liquids,** the **liquids transmit impurity to a vessel,** the **vessel transmits impurity to foods, and** the **foods transmit impurity to liquids. And we have** thereby **learned** that there are **three** successive levels **of impurity with regard to** a dead **creeping animal.** The Gemara notes: **These are four** levels, not three. The Gemara answers: **Cut** the **liquids of the first clause,** so that the *baraita* reads: The carcass of a creeping animal transmits impurity to a vessel and the vessel to foods, etc.

אַדְּרַבָּה, גּוֹז מַשְׁקִין דְּסֵיפָא! לָא אַשְׁכַּחַן תַּנָּא דְּאָמַר מַשְׁקִין מְטַמְּאִין כֵּלִים אֶלָּא רַבִּי יְהוּדָה, וַהֲדַר בֵּיהּ. וְסִימָנֵיךְ נְזִיְיתָא.

The Gemara asks: **On the contrary, cut the liquids of the latter clause,**[N] which states that foods transmit impurity to liquids. The Gemara explains: **The only** ***tanna*** **that we find who said** that **liquids transmit impurity to a vessel is Rabbi Yehuda.** And even **he retracted** this statement. **And your mnemonic** to remember the order of the transfer of impurity in this *baraita* is **a brewing vat,** as the order is similar to the production of beer. First one brings the vessel, then one places barley, the food, in it, and then the water. That is the order of the transmission of impurity in the *baraita*.

תְּנַן הָתָם: שֶׁרֶץ שֶׁנִּמְצָא בַּתַּנּוּר – הַפַּת שֶׁבְּתוֹכוֹ שְׁנִיָּה, מִפְּנֵי שֶׁהַתַּנּוּר תְּחִלָּה.

We learned in a mishna **there:** With regard to the carcass of **a creeping animal that was found in an oven, the bread inside it** is impure with **second**-degree ritual impurity.[H] This is **due to** the fact that **the oven** is impure with **first**-degree impurity and transmits impurity to the bread.

אֲמַר לֵיהּ רַב אַדָּא בַּר אַהֲבָה לְרָבָא: וְנֶיחְזֵי לְהַאי תַּנּוּר כְּמַאן דְּמָלֵי טוּמְאָה דָּמֵי, וְתֶיהֱוֵי הַאי פַּת רִאשׁוֹנָה!

Rav Adda bar Ahava said to Rava: And let us view that oven as one filled with impurity,[N] as an earthenware vessel is rendered impure by a creeping animal in the airspace of the oven even without making contact with it. **And** consequently **this bread** should **be** impure with the **first**-degree of impurity. The oven should be considered as if it were filled with carcasses of creeping animals and the bread should assume first-degree impurity status as though it became impure directly from a creeping animal.

אֲמַר לֵיהּ: לָא סָלְקָא דַּעְתָּךְ, דְּתַנְיָא: יָכוֹל יְהוּ כָּל הַכֵּלִים מִטַּמְּאִין מֵאֲוִיר כְּלִי חֶרֶס –

He said to him: This suggestion **cannot enter your mind, as it was taught** in a *baraita*: I **might** have thought that **all the vessels** found in an earthenware oven **become impure from the airspace of** an impure **earthenware vessel.**

NOTES

Cut the liquids of the latter clause – גּוֹז מַשְׁקִין דְּסֵיפָא: This is a reasonable question, as it makes more sense from a stylistic perspective to delete the end of a statement than to delete the beginning or body of a statement.

That oven as one filled with impurity – לְהַאי תַּנּוּר כְּמַאן דְּמָלֵי טוּמְאָה דָּמֵי: This is a fundamental question with regard to the *halakhot* of ritual impurity transmitted by a dead creeping animal. Although the final conclusion is known, a thorough analysis is required to ascertain the reasoning behind this *halakha*. See the introduction of the Rambam to the order of *Teharot* in his Commentary on the Mishna.

HALAKHA

Bread inside an oven that became impure – פַּת בְּתַנּוּר שֶׁנִּטְמָא: If a dead creeping animal fell into the airspace of an earthenware oven and rendered it impure, the oven assumes first-degree impurity status, while the bread inside the oven assumes second-degree impurity status (Rambam *Sefer Tahara, Hilkhot She'ar Avot HaTumot* 11:2).

Perek **I**
Daf **20** Amud **b**

תַּלְמוּד לוֹמַר: ״כֹּל אֲשֶׁר בְּתוֹכוֹ יִטְמָא״ וּסְמִיךְ לֵיהּ: ״מִכָּל הָאֹכֶל״ – אוֹכֶל מִטַּמֵּא מֵאֲוִיר כְּלִי חֶרֶס, וְאֵין כָּל הַכֵּלִים מִטַּמְּאִין מֵאֲוִיר כְּלִי חֶרֶס.

Therefore, **the verse states** with regard to creeping animals: "And every earthenware vessel into which any of them falls, **whatever is in it shall be impure,** and you shall break it" (Leviticus 11:33). **And juxtaposed to it** is the verse: **"From all food** in it which may be eaten, upon which water comes, shall be impure" (Leviticus 11:34). This indicates that **food is rendered impure by the airspace of an earthenware vessel,**[H] **but not all vessels are rendered impure by the airspace of an earthenware vessel.**[H] This *baraita* proves that the earthenware vessel itself is not considered to be filled with carcasses of creeping animals, and therefore it does not render everything inside it impure with first-degree impurity. Were the earthenware vessel indeed considered as if it were filled with impurity, vessels inside it would also assume first-degree ritual impurity.

רַב חִסְדָּא רָמֵי פִּיסְחָא אַפִּיסְחָא וּמְשַׁנֵּי; מִי אָמַר רַבִּי יְהוֹשֻׁעַ שְׁתֵּיהֶן כְּאַחַת,

Rav Ḥisda raised a contradiction between one statement with regard to **Passover and** another statement with regard to **Passover, and he resolved** this contradiction himself. The Gemara elaborates: **Did Rabbi Yehoshua** actually **say** that **both of them** may be burned **as one,** *teruma* whose purity is uncertain, and definitely impure *teruma*, on Passover eve?

וּרְמִינְהוּ, אָמַר רַבִּי יוֹסֵי: אֵין הַנִּדּוֹן דּוֹמֶה לָרְאָיָה, כְּשֶׁהֵעִידוּ רַבּוֹתֵינוּ עַל מָה הֵעִידוּ – אִם עַל הַבָּשָׂר שֶׁנִּטְמָא בִּוְלַד הַטּוּמְאָה שֶׁשּׂוֹרְפִין אוֹתוֹ עִם הַבָּשָׂר שֶׁנִּטְמָא בְּאַב הַטּוּמְאָה – זֶה טָמֵא וְזֶה טָמֵא.

And he raised a contradiction from the *Tosefta*, as **Rabbi Yosei said: The** inferred **conclusion** of burning pure and impure leaven together **is not similar to the** case from which you cited **proof. When** Rabbi Meir said that **the Sages,** Rabbi Ḥanina the deputy High Priest and Rabbi Akiva, **testified, about what did they testify?** **If** you assert that Rabbi Meir said with regard **to meat that became ritually impure through** contact with **a secondary source of impurity, that one** may **burn it** together **with meat that became impure through** contact with **a primary source of impurity,** that is a case where both **this** meat **is impure and that** meat **is impure,** albeit not at the same level of impurity.

HALAKHA

Food in the airspace of an earthenware vessel – אוֹכֶל בַּאֲוִיר כְּלִי חֶרֶס: Any food in the airspace of a ritually impure earthenware vessel is rendered impure by the vessel (Rambam *Sefer Tahara, Hilkhot Kelim* 13:2).

Vessels in the airspace of the earthenware vessel – כֵּלִים בַּאֲוִיר כְּלִי חֶרֶס: Vessels inside a ritually impure earthenware vessel are not rendered impure, even if they were in the airspace of the earthenware vessel together with the source of impurity (Rambam *Sefer Tahara, Hilkhot Kelim* 13:3).

NOTES

In accordance with the opinion of Rabbi Yehoshua – אַלִּיבָּא דְּרַבִּי יְהוֹשֻׁעַ: Disputes with regard to the opinion of a given *tanna* are found not only between *amora'im*, but even between *tanna'im* themselves, as there are often conflicting traditions concerning the statement of a certain Sage from the previous generation. In cases of this type, each *tanna* taught his students the dispute in the manner that he understood it. It is therefore possible that two different *baraitot* or *mishnayot* will cite conflicting statements by the same Sage. Generally, the Gemara seeks to resolve contradictions logically by pointing to contextual differences between the two cases. However, if there is a source indicating that there was a dispute with regard to the opinion of a Sage on this matter, this contradiction might be left unresolved. Instead, the Gemara assigns each source to one of the later Sages who quoted his teacher or his teacher's teacher.

אִם עַל הַשֶּׁמֶן שֶׁנִּפְסַל בִּטְבוּל יוֹם, שֶׁמַּדְלִיקִין אוֹתוֹ בְּנֵר שֶׁנִּטְמָא בִּטְמֵא מֵת – זֶה פָּסוּל וְזֶה טָמֵא. אַף אָנוּ מוֹדִים בַּתְּרוּמָה שֶׁנִּטְמֵאת בִּוְלַד הַטּוּמְאָה שֶׁשּׂוֹרְפִין אוֹתָהּ עִם הַתְּרוּמָה שֶׁנִּטְמֵאת בְּאַב הַטּוּמְאָה, אֲבָל הֵיאַךְ נִשְׂרוֹף אֲפִילּוּ תְּלוּיָה עִם הַטְּמֵאָה, שֶׁמָּא יָבֹא אֵלִיָּהוּ וִיטַהֲרֵם?

Rabbi Yosei continues: **If** you say that Rabbi Meir is referring **to** the statement of Rabbi Akiva, with regard **to oil that was disqualified by one who immersed himself during that day, that one** may **kindle it in a lamp that became ritually impure** with first-degree impurity **through** contact with one who became **ritually impure** with impurity imparted by **a corpse,** that is a case where **this** substance **is disqualified and that** object **is impure. We also concede with regard to** ***teruma*** **that became impure from a secondary source of impurity, that one** may **burn it with** ***teruma*** **that became ritually impure from a primary source of impurity,** even though the first *teruma* will assume a greater degree of impurity. **However, how will we burn** *teruma* **in abeyance,** i.e., *teruma* whose impure status is uncertain, together **with ritually impure** *teruma*? **Perhaps Elijah** the Prophet **will come** and establish prophetically that the *teruma* is not ritually impure, **and render it ritually pure.**

וּמְשַׁנֵּי: הָא – רַבִּי שִׁמְעוֹן וְאַלִּיבָּא דְּרַבִּי יְהוֹשֻׁעַ, הָא – רַבִּי יוֹסֵי וְאַלִּיבָּא דְּרַבִּי יְהוֹשֻׁעַ.

And Rav Ḥisda himself **resolved** the contradiction: **This** statement that was taught in the name of Rabbi Yehoshua, that one burns *teruma* in abeyance together with ritually impure *teruma*, is the ruling of **Rabbi Shimon and in accordance with** the opinion **of Rabbi Yehoshua,** whereas **that** statement, that one may not burn them together, is the ruling of **Rabbi Yosei and in accordance with** the opinion **of Rabbi Yehoshua.**[N]

דְּתַנְיָא: אַרְבָּעָה עָשָׂר שֶׁחָל לִהְיוֹת בַּשַּׁבָּת מְבַעֲרִין אֶת הַכֹּל מִלִּפְנֵי הַשַּׁבָּת, וְשׂוֹרְפִין תְּרוּמוֹת טְמֵאוֹת תְּלוּיוֹת וּטְהוֹרוֹת, דִּבְרֵי רַבִּי מֵאִיר. רַבִּי יוֹסֵי אוֹמֵר: טְהוֹרָה בִּפְנֵי עַצְמָהּ, וּתְלוּיָה בִּפְנֵי עַצְמָהּ, וּטְמֵאָה בִּפְנֵי עַצְמָהּ.

The Gemara cites the source of this tannaitic dispute with regard to Rabbi Yehoshua's opinion. **As it was taught** in a *baraita*: If the **fourteenth** of Nisan **occurs on Shabbat,** one may not remove the leaven on Passover eve in the usual manner, and therefore **one removes everything before Shabbat, and he burns** all ***teruma*** together, **impure** *teruma*, *teruma* **in abeyance, and pure** *teruma*. This is **the statement of Rabbi Meir. Rabbi Yosei says:** One burns **pure** *teruma* **by itself,** *teruma* **in abeyance by itself, and impure** *teruma* **by itself.**

אָמַר רַבִּי שִׁמְעוֹן: לֹא נֶחְלְקוּ רַבִּי אֱלִיעֶזֶר וְרַבִּי יְהוֹשֻׁעַ עַל הַטְּהוֹרָה וְעַל הַטְּמֵאָה שֶׁאֵין שׂוֹרְפִין, עַל הַתְּלוּיָה וְעַל הַטְּהוֹרָה – שֶׁשּׂוֹרְפִין, עַל מָה נֶחְלְקוּ – עַל הַתְּלוּיָה וְעַל הַטְּמֵאָה, שֶׁרַבִּי אֱלִיעֶזֶר אוֹמֵר: תִּישָּׂרֵף זוֹ בְּעַצְמָהּ וְזוֹ בְּעַצְמָהּ, וְרַבִּי יְהוֹשֻׁעַ אוֹמֵר: שְׁתֵּיהֶן כְּאַחַת.

Rabbi Shimon said: Rabbi Eliezer and Rabbi Yehoshua did not disagree about ritually pure *teruma* **and about impure** *teruma*. They agree **that one** may **not burn** them together. And neither did they disagree **about** *teruma* **in abeyance and about pure** *teruma*. They agree **that one** may **burn** them together. Since the *teruma* is not definitely impure, he does not appear to be directly impurifying the *teruma*. **With regard to what did they disagree?** They disagree **with regard to** burning *teruma* **in abeyance and impure** *teruma* together, **as Rabbi Eliezer says: This** *teruma* should **be burned by itself and that** *teruma* **by itself.** Since this case involves *teruma* that is definitely impure, if the *teruma* in abeyance is actually pure, by burning them together he will have rendered it impure. **And Rabbi Yehoshua says:** One may burn **both of them as one.**

וְהָא מַתְנִיתִין רַבִּי יוֹסֵי הִיא! הָכִי קָאָמַר רַבִּי יוֹסֵי לְרַבִּי מֵאִיר: אֲפִילּוּ רַבִּי שִׁמְעוֹן וְאַלִּיבָּא דְּרַבִּי יְהוֹשֻׁעַ, דְּמֵיקֵל – כִּי מֵיקֵל בִּתְלוּיָה וּטְמֵאָה, אֲבָל בִּטְהוֹרָה וּטְמֵאָה – לֹא.

The Gemara raises a difficulty: **Isn't the mishna** in accordance with the opinion of **Rabbi Yosei?** How can Rabbi Yosei's statement be attributed to Rabbi Shimon? The Gemara answers: **This is** what **Rabbi Yosei is saying to Rabbi Meir: Even** according to **Rabbi Shimon in accordance with** the opinion of **Rabbi Yehoshua, who is lenient, where he** rules **leniently** it is only **with regard to** burning *teruma* **in abeyance and impure** *teruma* together. **However, with regard to ritually pure** *teruma* **and impure** *teruma* together, **no,** even he does not permit burning them together.

רַבִּי יוֹסֵי בְּרַבִּי חֲנִינָא רָמֵי תְּרוּמָה אַפִּיסְחָא וּמְשַׁנֵּי; מִי אָמַר רַבִּי יְהוֹשֻׁעַ שְׁתֵּיהֶן כְּאַחַת,

Similarly, **Rabbi Yosei, son of Rabbi Ḥanina, raised a contradiction** between the previous statement with regard to ***teruma*** and a *halakha* **of Passover, and he resolved it** himself. The Gemara clarifies: **Did Rabbi Yehoshua** actually **say** that **both** *teruma* in abeyance and impure *teruma* may be burned **together?**

ורמינהו: חבית של תרומה שנולד בה ספק טומאה, רבי אליעזר אומר: אם היתה מונחת במקום התורפה – יניחנה במקום המוצנע, ואם היתה מגולה – יכסנה. רבי יהושע אומר: אם היתה מונחת במקום המוצנע – יניחנה במקום התורפה, ואם היתה מכוסה – יגלנה.

And he **raised a contradiction** from a mishna: In the case of a **barrel of** ***teruma*** produce **with regard to which uncertainty developed** about its **impurity, Rabbi Eliezer says: If** the barrel **was resting in a vulnerable place,** where it may come into contact with impurity, **one** should **place it in a concealed place, and if it was exposed he** should **cover it. Rabbi Yehoshua says: If it was placed in a concealed place** he may **place it in a vulnerable place. And if it was covered he** may **expose it.**

גרמא – אין, בידים – לא! ומשני: הא – רבי שמעון אליבא דרבי יהושע, הא – רבי יוסי אליבא דרבי יהושע.

The Gemara infers from this mishna: In any case, passive **causation** of *teruma* whose impurity is uncertain to become definitely impure, **yes,** it is permitted. However, to actively render *teruma* impure **with** one's **hands, no,** it is prohibited. This ruling contradicts the previous *halakha* that one may burn *teruma* in abeyance and impure *teruma* together. **And** Rabbi Yosei, son of Rabbi Ḥanina, **resolved** this apparent contradiction himself: **This** statement, that one is permitted to burn *teruma* in abeyance together with ritually impure *teruma,* is the ruling of **Rabbi Shimon in accordance with** the opinion **of Rabbi Yehoshua,** whereas **that** statement, that one may cause this impurity only passively, is the ruling of **Rabbi Yosei in accordance with** the opinion **of Rabbi Yehoshua.**

רבי אלעזר רמי תרומה אתרומה ומשני; מי אמר רבי יהושע: גרמא – אין, בידים – לא,

Similarly, **Rabbi Elazar raised a contradiction** between one *halakha* with regard to **teruma** and another *halakha* with regard to ***teruma,*** **and resolved** the contradiction himself. The Gemara explains: **Did Rabbi Yehoshua** actually **say** that passive **causation** of *teruma* whose impurity is uncertain to become definitely impure, **yes,** it is permitted; however, to actively render *teruma* impure **with** his **hands, no,** it is prohibited?

ורמינהו: חבית של תרומה שנשברה בגת העליונה ותחתיה חולין טמאין –

And he **raised a contradiction** against this from a mishna: With regard to **a barrel of** ***teruma*** wine **that broke**[H] **in the upper** area **in a winepress,** where grapes are pressed, **and** there is **impure, non-sacred** wine in the **lower** area of the press, where the wine flows from the upper area, if the *teruma* wine would flow into the non-sacred wine, the *teruma* wine would be rendered ritually impure. The result would be significant financial loss, as the legal status of all the wine in the lower press would be that of impure *teruma,* which is prohibited even for priests to drink.

מודה רבי אליעזר (לרבי) יהושע שאם יכול להציל ממנה רביעית בטהרה – יציל. ואם לאו, רבי אליעזר אומר: תרד ותטמא, ואל יטמאנה ביד.

Rabbi Eliezer concedes to Rabbi Yehoshua that if one is able to rescue even **a quarter-*log*** **from** the barrel that broke and keep the wine **in** a state of **ritual purity,** by receiving the *teruma* wine in a vessel before it becomes impure, **he** should **rescue** it. **And** if **one cannot** receive the wine in a pure vessel, as only impure vessels are available, so that if he uses them to receive the wine or to seal the upper press he will render the *teruma* impure, **Rabbi Eliezer says:** The *teruma* wine should be allowed to **descend and become impure** on its own, **but one** should **not** actively **render it impure with** his **hand.**

רבי יהושע אומר: יטמאנה ביד!

Rabbi Yehoshua says: One may even actively **render it impure with** his **hand,** by stopping the pipe connecting between the upper and lower presses with an impure vessel or by receiving the wine in impure vessels. Evidently, Rabbi Yehoshua allows one even to actively impurify pure *teruma.*

ומשני: שאני התם דאיכא הפסד חולין.

And Rabbi Elazar **resolved** this contradiction himself: **There,** with regard to the broken barrel, **it is different, as,** in that case, **there is** the potential **loss of non-sacred** produce, when the *teruma* wine descends to the lower press. The non-sacred wine will become prohibited due to the mixture with impure *teruma.*

מתקיף לה רבא: מתניתין נמי איכא הפסד עצים! אמר ליה אביי: להפסד מרובה – חששו, להפסד מועט – לא חששו.

Rava strongly objects to this claim: In **the mishna too there is** a **loss of wood,** as one requires additional wood to kindle a second fire and burn the impure *teruma* separately. **Abaye said to him:** With regard to this and similar issues, the Sages **were concerned about a great loss.** However, **they were not concerned about** the **minimal loss** of several pieces of wood.

HALAKHA

A barrel…that broke – חבית...שנשברה: With regard to a barrel of ritually pure *teruma* wine that broke in the upper press while there was impure, non-sacred wine in the lower press, if one can rescue a quarter-*log* of wine while maintaining its purity, he should do so. If he is unable to do so, he may rescue it all, even if he renders it impure in the process. However, this applies only to a barrel of wine, which will cause the owner considerable financial loss. In contrast, a barrel of oil should be left to descend and contract impurity by itself, as the owner will not thereby incur significant financial loss (Rambam *Sefer Zera'im, Hilkhot Terumot* 12:4–5).

NOTES

One drinks from wine valued at a *log* for a *sela* – שׁוֹתִין מִלּוֹג בְּסֶלַע: Some commentaries explain that a person may spend up to a *sela* on wine for drinking without being labeled a spendthrift. Likewise, one may appropriately spend up to two *sela* on wine for sprinkling (Rashash).

It should be poured out all at once – תִּשָּׁפֵךְ חֲבַל: The *Arukh* cites a version that reads: *Hevel*, with the letter *heh*, instead of: *Ḥaval*, with a *ḥet*, i.e., the wine should be poured out immediately, without delay.

וּמְנָא תֵּימְרָא דִּלְהֶפְסֵד מְרוּבֶּה חָשְׁשׁוּ וּלְהֶפְסֵד מוּעָט לֹא חָשְׁשׁוּ – דְּתַנְיָא: חָבִית שֶׁל שֶׁמֶן תְּרוּמָה שֶׁנִּשְׁבְּרָה בַּגַּת הָעֶלְיוֹנָה, וּבַתַּחְתּוֹנָה חוּלִּין טְמֵאִין – מוֹדֶה רַבִּי אֱלִיעֶזֶר לְרַבִּי יְהוֹשֻׁעַ שֶׁאִם יָכוֹל לְהַצִּיל מִמֶּנָּה רְבִיעִית בְּטׇהֳרָה – יַצִּיל, וְאִם לָאו – תֵּרֵד וְתִטַּמֵּא וְאַל יְטַמְּאֶנָּה בַּיָּד.

And from where do you say that the Sages were concerned about a great loss and they were not concerned about a minimal loss? As it was taught in a *baraita*: With regard to **a barrel of *teruma* oil that broke in the upper** area of the olive **press, and in the lower** area of the press there is **impure, non-sacred** produce, **Rabbi Eliezer concedes to Rabbi Yehoshua that if one can rescue** even **a quarter-*log*** of the oil **in** a state of **purity** from the barrel, **he** should **rescue** it. **And if one cannot** receive the oil in a pure vessel, the *teruma* wine should be allowed to **descend and become impure** on its own, **but one** should **not** actively **render it impure with** his **hand.**

מַאי שְׁנָא שֶׁמֶן – דְּרָאוּי לְהַדְלִיק, יַיִן נַמִי רָאוּי לְזִילּוּף!

The Gemara answers: **What is different** about **oil** that, as opposed to wine, everyone agrees may not be actively rendered impure? If you say the reason is **that** even if the *teruma* falls into the lower press and is intermingled with impure *teruma*, **it is** still **suitable for lighting** and not entirely lost, if so, **wine is also fit for sprinkling** in one's house to provide a pleasant fragrance. Impure *teruma* wine could be used for that purpose.

וְכִי תֵּימָא זִילּוּף לָאו מִילְּתָא הִיא – וְהָאָמַר שְׁמוּאֵל מִשּׁוּם רַבִּי חִיָּיא: שׁוֹתִין מִלּוֹג בְּסֶלַע, וּמְזַלְּפִין מִלּוֹג בִּשְׁתַּיִם! בְּחָדָשׁ.

And lest you say that **sprinkling** wine **is not** a significant **matter,** and would be tantamount to destroying the *teruma*, **didn't Shmuel say in the name of Rabbi Ḥiyya: One drinks from** wine valued at **a *log* for a *sela*,**[N] **and one sprinkles from** wine valued at **a *log*** for **two** *sela*. Apparently, sprinkling is a more significant use than drinking. The Gemara answers: The *baraita* is referring **to new** wine still in the press, which does not have a strong fragrance and cannot be used for sprinkling.

וְהָא רָאוּי לְיַשְּׁנוֹ! אָתֵי בֵּיהּ לִידֵי תַּקָּלָה. שֶׁמֶן נַמִי אָתֵי בֵּיהּ לִידֵי תַּקָּלָה!

The Gemara raises an objection: **But isn't** the wine **fit to be aged,** at which point it could be used for sprinkling, and would not be entirely lost. The Gemara answers: One may **thereby come to encounter a stumbling block,** as he might, with the passage of time, forget that it is ritually impure and come to drink it. The Gemara asks: If so, with regard to **oil too, one** may **thereby come to encounter a stumbling block,** in the same way.

דְּרָמֵי לֵיהּ בִּכְלִי מָאוּס. יַיִן נַמִי רָמֵי לֵיהּ בִּכְלִי מָאוּס! לְזִילּוּף קָא בָּעֵי לֵיהּ, בִּכְלִי מָאוּס רָמֵי לֵיהּ?!

The Gemara answers: The Gemara answers: Ritually impure *teruma* oil is permitted **because he places it in a repulsive vessel,**[H] so that people will be disinclined to consume it and will use it only for lighting. The Gemara suggests: With regard to **wine, too,** he can **place it in a repulsive vessel.** The Gemara rejects this suggestion: That is not possible. Is it reasonable that **one** who **wants** the wine **for sprinkling will place it in a repulsive vessel?** One sprinkles wine to add a pleasant odor, which would not be the case if the wine has been left in a disgusting vessel.

וְתַקָּלָה עַצְמָהּ תַּנָּאֵי הִיא, דְּתַנְיָא: חָבִית שֶׁל יַיִן שֶׁל תְּרוּמָה שֶׁנִּטְמֵאת, בֵּית שַׁמַּאי אוֹמְרִים: תִּשָּׁפֵךְ חֲבַל, וּבֵית הִלֵּל אוֹמְרִים: תֵּעָשֶׂה זִילּוּף.

The Gemara comments: **And** concern for **a stumbling block** by keeping prohibited items **is itself** subject to a dispute between *tanna'im*. **As it was taught** in a *baraita*: With regard to **a barrel of *teruma* wine that became ritually impure, Beit Shammai say:** It should **be poured out all at once,**[N] **and Beit Hillel say:** One should wait until it ages, at which stage **it** may **be used for spraying.**

אָמַר רַבִּי יִשְׁמָעֵאל בְּרַבִּי יוֹסֵי: אֲנִי אַכְרִיעַ, בַּשָּׂדֶה – תִּשָּׁפֵךְ חֲבַל, בַּבַּיִת – תֵּעָשֶׂה זִילּוּף. אִיכָּא דְּאָמְרִי: בְּחָדָשׁ – תִּשָּׁפֵךְ חֲבַל, בְּיָשָׁן – תֵּעָשֶׂה זִילּוּף. אָמְרוּ לוֹ:

Rabbi Yishmael, son of Rabbi Yosei, said: I will decide this dispute. If the barrel was **in a field, it** should **be poured out all at once,** lest the ritual impurity of the barrel be forgotten by the time it is brought inside the house. However, if the barrel was **in the house,** where it could be used immediately, **it** may **be used for sprinkling. Some say** that Rabbi Yishmael, son of Rabbi Yosei, decided: **In** the case of **new** wine, **it** should **be poured out all at once;** but in the case of **old** wine, **it should be used for spraying. They said to him:**

HALAKHA

***Teruma* oil that became ritually impure – שֶׁמֶן תְּרוּמָה שֶׁנִּטְמָא:** *Teruma* oil that became impure should be placed in a repulsive vessel so that no one will come to consume it unwittingly (Rambam *Sefer Zera'im*, *Hilkhot Terumot* 12:12).

אֵין הַכְרָעַת שְׁלִישִׁית מַכְרַעַת.

The decision of the **third** opinion[N] of Rabbi Yishmael, son of Rabbi Yosei, is **not** considered **a decision** in this case, as the other two Sages do not raise the issue of a stumbling block at all.

אָמַר רַבִּי יוֹסֵי בְּרַבִּי חֲנִינָא: מַחֲלוֹקֶת – שֶׁנָּפְלָה לְפָחוֹת מִמֵּאָה סְאָה חוּלִּין טְמֵאִין,

Rabbi Yosei, son of Rabbi Ḥanina, said: The **dispute** between Rabbi Eliezer and Rabbi Yehoshua with regard to a barrel of *teruma* that broke in an upper press and was flowing down into the lower press applies only to a case **where** one *se'a* of *teruma* **fell into less than one hundred** ***se'a***[N] **of impure, non-sacred** wine in the lower press.

אֲבָל נָפְלָה לְמֵאָה חוּלִּין טְמֵאִין – דִּבְרֵי הַכֹּל תֵּרֵד וְתִטַּמֵּא וְאַל יְטַמְּאֶנָּה בַּיָּד.

However, if the *teruma* wine **fell into one hundred** ***se'a***[H] **of ritually impure, non-sacred** produce, **everyone agrees** that the wine should be allowed to **descend and become ritually impure** by itself, **and one** should **not** actively **render it impure with** his **hand.** The reason is that if *teruma* falls into non-sacred produce one hundred times greater in quantity than itself, the *teruma* is nullified by the non-sacred produce, and therefore, it would be permitted for a non-priest to eat it. Although it becomes ritually impure, the legal status of the nullified *teruma* is that of non-sacred produce.

תַּנְיָא נַמִּי הָכִי: חָבִית שֶׁנִּשְׁבְּרָה בַּגַּת הָעֶלְיוֹנָה וְתַחְתֶּיהָ מֵאָה חוּלִּין טְמֵאִין – מוֹדֶה רַבִּי אֱלִיעֶזֶר לְרַבִּי יְהוֹשֻׁעַ, שֶׁאִם יָכוֹל לְהַצִּיל מִמֶּנָּה רְבִיעִית בְּטָהֳרָה – יַצִּיל, וְאִם לָאו – תֵּרֵד וְתִטַּמֵּא וְאַל יְטַמְּאֶנָּה בַּיָּד.

The Gemara comments: **That was also taught** in a *baraita*: With regard to **a barrel of** ***teruma*** wine **that broke in the upper winepress, and in the lower** press there is **one hundred** times that amount of **ritually impure, non-sacred** wine, **Rabbi Eliezer concedes to Rabbi Yehoshua that if one is able to rescue** even a **quarter-*log*** **from** the barrel that broke and keep the wine **in** a state of **ritual purity, he** should **rescue** it. **And** if **not,** one should let the *teruma* wine **descend and become impure** on its own, **but he** should **not** actively **render it impure with** his **hand.**

הַאי מוֹדֶה רַבִּי אֱלִיעֶזֶר לְרַבִּי יְהוֹשֻׁעַ? מוֹדֶה רַבִּי יְהוֹשֻׁעַ לְרַבִּי אֱלִיעֶזֶר מִיבְּעֵי לֵיהּ! אָמַר רָבָא: אֵיפוֹךְ.

After citing proof for the opinion of Rabbi Yosei, son of Rabbi Ḥanina, from this source, the Gemara questions the formulation of the *baraita* itself. **This** expression: **Rabbi Eliezer concedes to Rabbi Yehoshua,** is puzzling, as Rabbi Eliezer ruled that one may never directly render the barrel impure. The *baraita* **should** say the opposite: **Rabbi Yehoshua concedes to Rabbi Eliezer,** as it is Rabbi Yehoshua who concedes that one may not render impure the barrel of *teruma* in the upper vat. **Rava said: Reverse** the names, so that it is Rabbi Yehoshua who concedes to Rabbi Eliezer.

רַב הוּנָא בְּרֵיהּ דְּרַב יְהוֹשֻׁעַ אָמַר: לְעוֹלָם לֹא תֵּיפוֹךְ, הָכָא בְּמַאי עָסְקִינַן – בִּכְלִי שֶׁתּוֹכוֹ טָהוֹר וְגַבּוֹ טָמֵא. מַהוּ דְּתֵימָא: נִיגְזוֹר דִּילְמָא נָגַע גַּבּוֹ בִּתְרוּמָה, קָא מַשְׁמַע לָן.

Rav Huna, son of Rav Yehoshua, said: Actually, do not reverse the names. Rather, **with what are we dealing here?** We are referring to a case where it is possible to collect the wine only **in a vessel whose interior is ritually pure and whose exterior is impure** by rabbinic law, having become impure through contact with impure liquids. **Lest you say** that **we** should **issue a decree** that one may not rescue even a quarter-*log*, **lest the** vessel's **exterior touch the** ***teruma*** and render it impure, the *baraita* **teaches us** that Rabbi Eliezer concedes to Rabbi Yehoshua that despite that concern, it is permitted to rescue a quarter-*log* of pure *teruma*.

הדרן עלך אור לארבעה עשר

NOTES

The decision of the third opinion – הַכְרָעַת שְׁלִישִׁית: See *Tosafot*, who cite the explanation of Rabbeinu Ḥananel. Apparently, a deciding third opinion is rejected if it is suggested by a Sage of a third generation or later, as this is not considered a determination of a student with regard to a disagreement between his teachers, but as an inter-generational dispute. In this case, Rabbi Yishmael, son of Rabbi Yosei, a late-second-century *tanna*, is attempting to decide between the opinions of Beit Hillel and Beit Shammai, Sages from the Second Temple era.

Less than one hundred *se'a* – פָּחוֹת מִמֵּאָה סְאָה: Most prohibited objects are nullified if they become intermingled with a permitted substance sixty times greater in volume than themselves. In other words, if a prohibited food falls into permitted food sixty times greater in volume, the prohibited substance is nullified and the entire mixture is permitted. However, in the case of *teruma*, sixty times greater is not sufficient. Instead, the non-sacred produce must be one hundred times greater than the *teruma* for the mixture to be considered non-sacred.

HALAKHA

Fell into one hundred *se'a* – נָפְלָה לְמֵאָה סְאָה: With regard to a barrel of pure *teruma* that broke in the upper press while there was ritually impure, non-sacred produce in the lower press, if the amount of wine in the lower press was one hundred times greater than the wine in the barrel, one may allow the *teruma* to descend into the lower press and become impure by itself. This is due to the fact that the *teruma* will be nullified by the majority, in accordance with the opinions of both Rabbi Eliezer and Rabbi Yehoshua (Rambam *Sefer Zera'im*, *Hilkhot Terumot* 12:5).

Summary of
Perek I

The major focus of this chapter was a discussion of the rabbinic enactment to conduct a search for leaven before the onset of the Festival. The Gemara concluded that the search should ideally be conducted on the night preceding Passover; however, if the search was not conducted then, one is obligated to perform it on the following morning in order to allow for the removal of all leaven from his or her possession by the appropriate time. Furthermore, the search needs to be conducted only in areas of one's property where there is a possibility that leaven will be present.

The Gemara explained that by Torah law, it is sufficient to nullify any leaven in one's possession, and one does not have to physically remove it from his or her property. The search, then, is not essentially necessary to prevent one from transgressing the prohibition against possessing leaven. The Gemara therefore explained that the true goal of the search is to ensure that leaven is not physically found on one's property even after it has been nullified. This is required due to the concern that a person might come across some leaven remaining in his or her property on the Festival and absentmindedly decide to take ownership of it or to eat it, transgressing the biblical prohibitions involved.

Since the search is not required to prevent a biblical transgression but is due to a rabbinic concern, various leniencies exist. One is not required to search in places where it would be dangerous to do so or would involve excessive effort. One does not need to consider farfetched situations such as the possibility that animals may have brought new leaven into an area that was already searched or where leaven is never brought.

The Gemara also discussed the time by which all leaven must be removed from one's possession – whether by physically destroying it or by nullifying it. Its conclusion was that the biblical prohibition of possessing leaven begins at the end of the sixth hour. However, by rabbinic decree, one is already prohibited from benefiting from leaven from the fifth hour and from eating it from the fourth.

The discussion surrounding the removal of leaven concerned many cases in which the presence of leaven is doubtful to begin with, thus highlighting similar cases involving doubts and the principles of how to legislate for them.

Incidental to the Gemara's discussion of the removal of leaven, the chapter introduced further discussions about the laws of ritual purity and impurity of foods, including the different degrees of ritual impurity; the special rules that apply to sacrificial foods that become ritually impure; and whether liquids can become ritually impure, and if they can, whether they can impart impurity to other foods. Also highlighted was whether these principles are of biblical or rabbinic origin. The ramifications of these discussions affect the question of what to do with sacred leavened foods that have become impure and whether they may be destroyed before the biblical prohibition against possession of leaven begins.

Image **Credits**

p10 © **courtesy of the Temple Institute**; **p15** 1st image © Filip Maljkovic; **p17** © Udi Steinwell; **p24** 1st image © Yoavd; **p24** 2nd image © GFreihalter; **p24** 3rd image © Brian Stansberry; **p32** © George McMillan; **p33** © bonchan, www.shutterstock.com; **p39** © Jose Viana; **p41** left image © Hindrik Sijens; **p41** right image © Ya'akov; **p46** Vladimir Chernyanskiy, www.shutterstock.com; **p51** 1st image © Dr. K. Grote; **p54** © Matthias Kabel; **p67** © HaRav Menachem Makover, courtesy of *Harenu Bevinyano*; **p72** © Rama; **p75** © Y. S.; **p79** 1st image © shalunts, www.shutterstock.com; **p79** 2nd image © Mathieu Despont; **p94** © Ron Peled, www.allaboutjerusalem.com.

Contents

For the vocalized Vilna Shas layout, please open as a Hebrew book.

- Critical contextual tools surround the text and translation: personality notes, providing short biographies of the Sages; language notes, explaining foreign terms borrowed from Greek, Latin, Persian, or Arabic; and background notes, giving information essential to the understanding of the text, including history, geography, botany, archaeology, zoology, astronomy, and aspects of daily life in the talmudic era.
- Halakhic summaries provide references to the authoritative legal decisions made over the centuries by the rabbis. They explain the reasons behind each halakhic decision as well as the ruling's close connection to the Talmud and its various interpreters.
- Photographs, drawings, and other illustrations have been added throughout the text – in full color in the Standard and Electronic editions, and in black and white in the Daf Yomi edition – to visually elucidate the text.

This is not an exhaustive list of features of this edition, it merely presents an overview for the English-speaking reader who may not be familiar with the "total approach" to Talmud pioneered by Rabbi Steinsaltz.

Several professionals have helped bring this vast collaborative project to fruition. My many colleagues are noted on the Acknowledgments page, and the leadership of this project has been exceptional.

RABBI MENACHEM EVEN-ISRAEL, DIRECTOR OF THE STEINSALTZ CENTER, was the driving force behind this enterprise. With enthusiasm and energy, he formed the happy alliance with Koren and established close relationships among all involved in the work.

RABBI DR. TZVI HERSH WEINREB שליט״א, EDITOR-IN-CHIEF, brought to this project his profound knowledge of Torah, intellectual literacy of Talmud, and erudition of Western literature. It is to him that the text owes its very high standard, both in form and content, and the logical manner in which the beauty of the Talmud is presented.

RABBI JOSHUA SCHREIER, EXECUTIVE EDITOR, assembled an outstanding group of scholars, translators, editors, and proofreaders, whose standards and discipline enabled this project to proceed in a timely and highly professional manner.

RABBI MEIR HANEGBI, EDITOR OF THE HEBREW EDITION OF THE STEINSALTZ TALMUD, lent his invaluable assistance throughout the work process, supervising the reproduction of the Vilna pages.

RAPHAËL FREEMAN, EXECUTIVE EDITOR OF KOREN, created this Talmud's unique typographic design which, true to the Koren approach, is both elegant and user friendly.

It has been an enriching experience for all of us at Koren Publishers Jerusalem to work with the Steinsaltz Center to develop and produce the *Koren Talmud Bavli*. We pray that this publication will be a source of great learning and, ultimately, greater *avodat Hashem* for all Jews.

Matthew Miller, Publisher
Koren Publishers Jerusalem
Jerusalem 5772

Introduction by the Publisher

The Talmud has sustained and inspired Jews for thousands of years. Throughout Jewish history, an elite cadre of scholars has absorbed its learning and passed it on to succeeding generations. The Talmud has been the fundamental text of our people.

Beginning in the 1960s, Rabbi Adin Even-Israel Steinsaltz שליט״א created a revolution in the history of Talmud study. His translation of the Talmud, first into modern Hebrew and then into other languages, as well the practical learning aids he added to the text, have enabled millions of people around the world to access and master the complexity and context of the world of Talmud.

It is thus a privilege to present the *Koren Talmud Bavli*, an English translation of the talmudic text with the brilliant elucidation of Rabbi Steinsaltz. The depth and breadth of his knowledge are unique in our time. His rootedness in the tradition and his reach into the world beyond it are inspirational.

Working with Rabbi Steinsaltz on this remarkable project has been not only an honor, but a great pleasure. Never shy to express an opinion, with wisdom and humor, Rabbi Steinsaltz sparkles in conversation, demonstrating his knowledge (both sacred and worldly), sharing his wide-ranging interests, and, above all, radiating his passion. I am grateful for the unique opportunity to work closely with him, and I wish him many more years of writing and teaching.

Our intentions in publishing this new edition of the Talmud are threefold. First, we seek to fully clarify the talmudic page to the reader – textually, intellectually, and graphically. Second, we seek to utilize today's most sophisticated technologies, both in print and electronic formats, to provide the reader with a comprehensive set of study tools. And third, we seek to help readers advance in their process of Talmud study.

To achieve these goals, the *Koren Talmud Bavli* is unique in a number of ways:

- The classic *tzurat hadaf* of Vilna, used by scholars since the 1800s, has been reset for great clarity, and opens from the Hebrew "front" of the book. Full *nikkud* has been added to both the talmudic text and Rashi's commentary, allowing for a more fluent reading with the correct pronunciation; the commentaries of *Tosafot* have been punctuated. Upon the advice of many English-speaking teachers of Talmud, we have separated these core pages from the translation, thereby enabling the advanced student to approach the text without the distraction of the translation. This also reduces the number of volumes in the set. At the bottom of each *daf*, there is a reference to the corresponding English pages. In addition, the Vilna edition was read against other manuscripts and older print editions, so that texts which had been removed by non-Jewish censors have been restored to their rightful place.
- The English translation, which starts on the English "front" of the book, reproduces the *menukad* Talmud text alongside the English translation (in bold) and commentary and explanation (in a lighter font). The Hebrew and Aramaic text is presented in logical paragraphs. This allows for a fluent reading of the text for the non-Hebrew or non-Aramaic reader. It also allows for the Hebrew reader to refer easily to the text alongside. Where the original text features dialogue or poetry, the English text is laid out in a manner appropriate to the genre. Each page refers to the relevant *daf*.

Steinsaltz Center

Executive Director, Steinsaltz Center

Rabbi Meni Even-Israel

Managing Editor

Rabbi Jason Rappoport

Senior Content Editor

Rabbi Dr. Shalom Z. Berger

Editors

Rabbi Joshua Amaru, *Coordinating Editor*
Rabbi David Jay Derovan
Betzalel Philip Edwards
Rabbi Dov Karoll
Rabbi Adin Krohn
Sally Mayer
Rabbi Avishai Magence, *Content Curator*
Rabbi Jonathan Mishkin
Jay Shapiro
Shira Shmidman
Rabbi Michael Siev
Avi Steinhart
Rabbi David Strauss
Amiel Vick
Rabbi Abe Y. Weschler

Copy Editors

Aliza Israel, *Coordinator*
Bracha Hermon
Ita Olesker
Debbie Ismailoff
Shira Finson
Ilana Sobel
Deena Nataf

Language Consultants

Dr. Stephanie E. Binder, *Greek & Latin*
Rabbi Yaakov Hoffman, *Arabic*
Dr. Shai Secunda, *Persian*
Shira Shmidman, *Aramaic*

KOREN

Design & Typesetting

Raphaël Freeman, *Design & Typography*
Dena Landowne Bailey, *Typesetting*
Tani Bayer, *Jacket Design*

Images

Eliahu Misgav, *Illustration*
Yehudit Cohen, *Image Acquisition*

Digital Edition

Raphaël Freeman, *Team Leader*
Eliyahu Skoczylas, *Senior Architect*
Tani Bayer, *User Interface Design*
Dena Landowne Bailey, *Concept*
Rabbi Hanan Benayahu, *Concept*
Laura Messinger, *Commercial Liaison*

הִנֵּה יָמִים בָּאִים, נְאֻם אֲדֹנָי יֱהוִה, וְהִשְׁלַחְתִּי רָעָב בָּאָרֶץ,
לֹא־רָעָב לַלֶּחֶם וְלֹא־צָמָא לַמַּיִם, כִּי אִם־לִשְׁמֹעַ אֵת דִּבְרֵי יהוה.

Behold, days are coming – says the Lord God – I will send a hunger to the land, not a hunger for bread nor a thirst for water, but to hear the words of the Lord. (AMOS 8:11)

The Noé edition of the Koren Talmud Bavli
with the commentary of Rabbi Adin Even-Israel Steinsaltz
is dedicated to all those who open its covers
to quench their thirst for Jewish Knowledge,
in our generation of Torah renaissance.

This beautiful edition is for the young, the aged,
the novice and the savant alike,
as it unites the depth of Torah knowledge
with the best of academic scholarship.

Within its exquisite and vibrant pages,
words become worlds.

It will claim its place in the library of classics,
in the bookcases of the Beit Midrash,
the classrooms of our schools,
and in the offices of professionals and business people
who carve out precious time to grapple with its timeless wisdom.

For the Student and the Scholar

DEDICATED BY LEO AND SUE NOÉ

Supported by the Matanel Foundation

Koren Talmud Bavli, The Noe Edition
Vol. 4.1: Tractate Pesaḥim, Daf 2a through Daf 21a
Paperback, ISBN, 978-965-7765-38-8

First Hebrew/English paperback edition, 2020

Koren Publishers Jerusalem Ltd.
PO Box 4044, Jerusalem 91040, ISRAEL
PO Box 8531, New Milford, CT 06776, USA
www.korenpub.com

Steinsaltz Center

Steinsaltz Center is the parent organization of institutions established by Rabbi Adin Even-Israel Steinsaltz

PO Box 45187, Jerusalem 91450 ISRAEL
Telephone: +972 2 646 0900, Fax +972 2 624 9454
www.steinsaltz-center.org

תלמוד בבלי

KOREN TALMUD BAVLI

THE NOÉ EDITION

פסחים

PESAḤIM

Daf 2a through Daf 21a

COMMENTARY BY

Rabbi Adin Even-Israel Steinsaltz

EDITOR-IN-CHIEF

Rabbi Dr Tzvi Hersh Weinreb

SENIOR CONTENT EDITOR

Rabbi Dr Shalom Z Berger

EXECUTIVE EDITOR

Rabbi Joshua Schreier

•

STEINSALTZ CENTER

KOREN PUBLISHERS JERUSALEM

Koren Talmud Bavli

THE NOÉ EDITION

PEASAḤIM • PART ONE

Steinsaltz
Center

KOREN